Recht der Nachhaltigen Entwicklung

herausgegeben von

Wolfgang Kahl

11

Wolfgang Kahl
Marcus Schmidtchen

Kommunaler Klimaschutz durch Erneuerbare Energien

Mohr Siebeck

Wolfgang Kahl, geboren 1965, Studium der Rechts- und Politikwissenschaften in München und Augsburg, 1992 Promotion, 1999 Habilitation, 2000–2004 Professor für Öffentliches Recht an der Universität Gießen, 2004–2009 Inhaber des Lehrstuhls für Öffentliches Recht und Europarecht der Universität Bayreuth, seit 2009 Inhaber des Lehrstuhls für Öffentliches Recht, insbesondere deutsches und europäisches Verwaltungsrecht der Universität Heidelberg, Direktor des Instituts für deutsches und europäisches Verwaltungsrecht und der Forschungsstelle für Nachhaltigkeitsrecht der Universität Heidelberg.

Marcus Schmidtchen, geboren 1986, Studium der Rechtswissenschaft an der Universität Bayreuth, 2009–2012 Wissenschaftlicher Mitarbeiter an der Universität Heidelberg (Forschungsstelle für Nachhaltigkeitsrecht).

ISBN 978-3-16-152418-9
ISSN 1862-0426 (Recht der Nachhaltigen Entwicklung)

Die Deutsche Nationalbibliothek verzeichnet diese Publikation in der Deutschen Nationalbibliographie; detaillierte bibliographische Daten sind im Internet über *http://dnb.dnb.de* abrufbar.

Das Buch wurde von Gulde-Druck in Tübingen aus der Garamond gesetzt, auf alterungsbeständiges Werkdruckpapier gedruckt und von der Buchbinderei Spinner in Ottersweier gebunden.

Vorwort

Die vorliegende Studie entstand im Rahmen des vom Bundesministerium für Umwelt, Naturschutz und Reaktorsicherheit geförderten dreijährigen Projektes „Rechtliche Maßnahmen zur Förderung der Erneuerbaren Energien durch Kommunen“ (Förderkennzeichen 03MAP165). Sie untersucht die Rechtsgrundlagen, Kompetenzen und Instrumente der Gemeinden zum Klimaschutz durch Erneuerbare Energien, insbesondere mit Blick auf deren Zusammenwirken („Instrumentenverbund“) und auf möglichen rechtspolitischen Reformbedarf. Gesetzgebung, Rechtsprechung und Literatur befinden sich grundsätzlich auf dem Stand vom 1. November 2012; im Einzelfall konnten noch spätere Entwicklungen berücksichtigt werden.

Herzlicher Dank gilt – stellvertretend für die zahlreichen interessierten Gesprächspartner im Bundesumweltministerium – Herrn ORR Dr. *Guido Wustlich* und dem Forschungszentrum Jülich GmbH, Projektträger Jülich, namentlich Frau Dr. *Sabine Kleemann*, für die vorzügliche fachliche und administrative Betreuung des Vorhabens. Zu danken ist darüber hinaus den studentischen Hilfskräften der Forschungsstelle für Nachhaltigkeitsrecht der Universität Heidelberg, Frau *Anna-Lena Beate* und Herrn *Benjamin Traa*, für ihre engagierte Unterstützung bei der Materialbeschaffung und Korrekturlektüre. Schließlich gebührt Dank der Hohbühl-Stiftung für die freundliche Förderung der Drucklegung dieses Buches.

Heidelberg, im Dezember 2012

Wolfgang Kahl
Marcus Schmidtchen

Inhaltsverzeichnis

Teil 2

Kommunale Handlungsoptionen zur Förderung Erneuerbarer Energien

Teil 3

Kommunaler Anschluss- und Benutzungszwang und Wärmenetzversorgung

Teil 4

Übergreifende kommunale Klimaschutzplanungen

Abkürzungsverzeichnis

A. A./a. A.	andere Ansicht
a.a.O.	am angegebenen Ort
a. E.	am Ende
a. F.	alte Fassung
A-Drs.	Ausschussdrucksachen
ABl	Amtsblatt
Abs.	Absatz
ABZ	Anschluss- und Benutzungszwang
AEUV	Vertrag über die Arbeitsweise der Europäischen Union
Alt.	Alternative
Anm.	Anmerkung
ARegV	Verordnung über die Anreizregulierung der Energieversorgungsnetze (Anreizregulierungsverordnung)
Art.	Artikel
Aufl.	Auflage
AVBFernwärmeV	Verordnung über Allgemeine Bedingungen für die Versorgung mit Fernwärme
Az.	Aktenzeichen
BAnz.	Bundesanzeiger
BauGB	Baugesetzbuch
BauNVO	Verordnung über die bauliche Nutzung der Grundstücke (Baunutzungsverordnung)
BauR	Baurecht (Zeitschrift)
BauROG	Gesetz zur Änderung des Baugesetzbuchs und zur Neuregelung des Rechts der Raumordnung (Bau- und Raumordnungsgesetz)
BaWü-	Baden-Württembergisch
Bay-	Bayerisch
BayGT	Bayerischer Gemeindetag (Zeitschrift)
BayVBl.	Bayerische Verwaltungsblätter (Zeitschrift)
BBauBl	Bundesbaublatt (Zeischrift)
BBauG	Bundesbaugesetz
Bbg-	Brandenburgisch
Bd.	Band
Beck-OK	Beck'scher Online-Kommentar
Berl-	Berliner
BGB	Bürgerliches Gesetzbuch
BGBl.	Bundesgesetzblatt
BGH	Bundesgerichtshof
BGHZ	Entscheidungen des Bundesgerichtshofs in Zivilsachen (amtliche Sammlung)
BImSchG	Gesetz zum Schutz vor schädlichen Umwelteinwirkungen durch Luftverunreinigungen, Geräusche, Erschütterungen und ähnliche Vorgänge (Bundes-Immissionsschutzgesetz)

BImSchV	Verordnung zur Durchführung des Bundes-Immissionsschutzgesetzes (Bundes-Immissionsschutzverordnung)
BO	Bauordnung
BR-Drs.	Bundesratsdrucksachen
Brem-	Bremer/Bremisch
BTOElt	Bundestarifordnung Elektrizität
BT-Drs.	Bundestagsdrucksachen
BVerfG	Bundesverfassungsgericht
BVerfGE	Entscheidungen des Bundesverfassungsgerichts (amtliche Sammlung)
BVerwG	Bundesverwaltungsgericht
BVerwGE	Entscheidungen des Bundeswaltungsgerichts (amtliche Sammlung)
BWGZ	Baden-Württembergische Gemeindezeitung (Zeitschrift)
BWVP	Baden-Württembergische Verwaltungspraxis (Zeitschrift)
bzw.	beziehungsweise
ca.	circa
CCS	Carbon Dioxide Capture and Storage
CDM	Clean Development Mechanism
CDU	Christlich Demokratische Union
CID	Climate Improvement District
CO_2	Kohlenstoffdioxid
CSU	Christlich Soziale Union
Ct/kWh	Cent pro Kilowattstunde
CuR	Contracting und Recht (Zeitschrift)
d.h.	das heißt
dena	Deutsche Energieagentur
DG	Durchführungsgesetz
DIN	Deutsche Industrienorm
DÖV	Die öffentliche Verwaltung (Zeitschrift)
DStGB	Deutscher Städte- und Gemeindebund
DV	Die Verwaltung (Zeitschrift)
DVBl.	Deutsches Verwaltungsblatt (Zeitschrift)
EAG Bau	Gesetz zur Anpassung des Baugesetzbuchs an EU-Richtlinien (Europarechtsanpassungsgesetz Bau)
EAG EE	Gesetz zur Umsetzung der RL 2009/28/EG zur Förderung der Nutzung von Energie aus erneuerbaren Quellen (Europarechtsanpassungsgesetz Erneuerbare Energien)
eBAnz.	elektronischer Bundesanzeiger
ebd.	ebenda
EE	Erneuerbare Energien
EEG	Gesetz für den Vorrang Erneuerbarer Energien (Erneuerbare-Energien-Gesetz)
EE-RL	Richtlinie 2009/28/EG des Europäischen Parlaments und des Rates v. 23.4. 2009 zur Förderung der Nutzung von Energie aus erneuerbaren Quellen und zur Änderung und anschließenden Aufhebung der Richtlinien 2001/77/EG und 2003/30/EG
EEWärmeG	Gesetz zur Förderung Erneuerbarer Energien im Wärmebereich (Erneuerbare-Energien-Wärmegesetz)
EG	Europäische Gemeinschaft
Einf	Einführung
Einl	Einleitung
EL	Ergänzungslieferung
EnBW	Energie Baden-Württemberg AG
endg.	endgültig

EnEG	Gesetz zur Einsparung von Energie in Gebäuden (Energieeinspargesetz)
EnergieStG	Energiesteuergesetz
EnEV	Verordnung über energiesparenden Wärmeschutz und energiesparende Anlagentechnik bei Gebäuden (Energieeinsparverordnung)
EnLAG	Energieleitungsausbaugesetz
EnSpG	Energiespargesetz
EnWG	Gesetz über die Elektrizitäts- und Gasversorgung (Energiewirtschaftsgesetz)
Erg.-Lief.	Ergänzungslieferung
ET	Energiewirtschaftliche Tagesfragen (Zeitschrift)
et al.	et alia
etc.	et cetera
EU	Europäische Union
EuGH	Europäischer Gerichtshof
EurUP	Zeitschrift für Europäisches Umwelt- und Planungsrecht
EUV	Vertrag über die Europäische Union
EUWID NE	Europäischer Wirtschaftsdienst Neue Energien
EuZW	Europäische Zeitschrift für Wettbewerbsrecht (Zeitschrift)
EWG	Europäische Wirtschaftsgemeinschaft
f.	folgende
FAZ	Frankfurter Allgemeine Zeitung
FDP	Freie Demokratische Partei
ff.	fortfolgende
FHöV	Fachhochschule für öffentliche Verwaltung
fub	Flächenmanagement und Bodenordnung (Zeitschrift)
Fn.	Fußnote
GBl.	Gesetzblatt
GEEG-RL	Richtlinie 2010/31/EU des Europäischen Parlaments und des Rates v. 19.5. 2010 über die Gesamtenergieeffizienz von Gebäuden (Neufassung)
GewArch	Gewerbearchiv (Zeitschrift)
GG	Grundgesetz
ggf.	gegebenenfalls
GO	Gemeindeordnung
GOVBl./GV./GVBl.	Gesetz- und Verordnungsblatt/Gesetzes- und Verordnungsblatt
GWB	Gesetz gegen Wettbewerbsbeschränkungen
h.M.	herrschende Meinung
ha	Hektar
HBeglG	Haushaltsbegleitgesetz
Hess-	Hessisch
HID	Housing Improvement District
Hmb-	Hamburgisch
Hrsg.	Herausgeber
Hs.	Halbsatz
HStR	Handbuch des Staatsrechts
i.E.	im Ergebnis
i.e.S.	im engeren Sinne
i.H.v.	in Höhe von
i.S.v.	im Sinne von
i.V.m.	in Verbindung mit
i.w.S.	im weiteren Sinne

IPCC	Intergovernmental Panel on Climate Change
IR	Infrastrukturrecht (Zeitschrift)
JbUTR	Jahrbuch für Umwelt- und Technikrecht
JI	Joint Implementation
JURA	Juristische Ausbildung (Zeitschrift)
JuS	Juristische Schulung (Zeitschrift)
KAP	Klimaaktionsplan
Kap.	Kapitel
KAV	Verordnung über Konzessionsabgaben für Strom und Gas (Konzessionsabgabenverordnung)
KEKK	Kommunales Energie- und Klimaschutzkonzept
Kfz	Kraftfahrzeug
KliSchG	Klimaschutzgesetz
KliSchVO	Klimaschutzverordnung
KO	Kommunalordnung
KOM	Kommission der Europäischen Union
KommJur	Kommunaljurist (Zeitschrift)
KommP BY	Kommunalpraxis Bayern (Zeitschrift)
KommP spezial	Kommunalpraxis spezial (Zeitschrift)
KomVG	Kommunalverfassungsgesetz
KrWG	Gesetz zur Förderung der Kreislaufwirtschaft und Sicherung der umweltverträglichen Bewirtschaftung von Abfällen (Kreislaufwirtschaftsgesetz)
KSVG	Kommunalselbstverwaltungsgesetz
KV/KVerf	Kommunalverfassung
kV	Kilovolt
kW	Kilowatt
kWh	Kilowattstunde
$kWh/m^2 \cdot a$	Kilowattstunde pro Quadratmeter und Jahr
KWK	Kraft-Wärme-Kopplung
KWKG	Gesetz für die Erhaltung, die Modernisierung und den Ausbau der Kraft-Wärme-Kopplung (Kraft-Wärme-Kopplungsgesetz)
KWK-RL	Richtlinie 2004/8/EG des Europäischen Parlaments und des Rates v. 11. 2. 2004 über die Förderung einer am Nutzwärmebedarf orientierten Kraft-Wärme-Kopplung im Energiebinnenmarkt und zur Änderung der Richtlinie 92/42/EWG
LBO	Landesbauordnung
LG	Landgericht
lit.	litera
LKRZ	Zeitschrift für Landes- und Kommunalrecht
LKV	Landes- und Kommunalverwaltung (Zeitschrift)
LSA	Land Sachsen-Anhalt
LT-Drs.	Landtagsdrucksachen
LT-Pl.Prot.	Landtagsplenarprotokolle
LV	Landesverfassung
m.	mit
m. w. N.	mit weiteren Nachweisen
m.z.w.N.	mit zahlreichen weiteren Nachweisen
M-V	Mecklenburg-Vorpommern
MAP	Marktanreizprogramm
Mio.	Millionen
Mrd.	Milliarden
MW	Megawatt

n.F.	neue Fassung
N&R	Netzwirtschaften und Recht (Zeitschrift)
NABEG	Netzausbaubeschleunigungsgesetz Übertragungsnetze
Nds-	Niedersächsisch
NJW	Neue Juristische Wochenschrift (Zeitschrift)
NordÖR	Zeitschrift für öffentliches Recht in Norddeutschland
Nr.	Nummer
NRW	Nordrhein-Westfalen
NuR	Natur und Recht (Zeitschrift)
NVwZ	Neue Zeitschrift für Verwaltungsrecht
NVwZ-RR	Rechtsprechungsreport der Neuen Zeitschrift für Verwaltungsrecht
NWVBl.	Nordrhein-Westfälische Verwaltungsblätter (Zeitschrift)
NZBau	Neue Zeitschrift für Baurecht und Vergaberecht
NZM	Neue Zeitschrift für Miet- und Wohnungsrecht
o.	oben
OVG	Oberverwaltungsgericht
PK	Praxiskommentar
PKW	Personenkraftwagen
ProdSG	Produktsicherheitsgesetz
PV	Photovoltaik
RdE	Recht der Energiewirtschaft (Zeitschrift)
REE	Recht der Erneuerbaren Energien (Zeitschrift)
Rh-Pf-	Rheinland-Pfälzisch
RL	Richtlinie
Rn.	Randnummer
Rs.	Rechtssache
S.	Seite
Saarl-	Saarländisch
Sächs-	Sächsisch
SächsVBl.	Sächsische Verwaltungsblätter (Zeitschrift)
Slg.	Sammlung
SchlH-	Schleswig-Holsteinisch
sog.	sogenannte
SPD	Sozialdemokratische Partei Deutschlands
SRU	Sachverständigenrat für Umweltfragen
Städtetag	Der Städtetag, Zeitschrift für Kommunalpolitik und kommunale Praxis
StBauFG	Städtebauförderungsgesetz
StromNEV	Stromnetzentgeltverordnung
SUP	Strategische Umweltprüfung
TEHG	Gesetz über den Handel mit Berechtigungen zur Emission von Treibhausgasen (Treibhausgas-Emissionshandelsgesetz)
THG	Treibhausgas
Thür-	Thüringer
ThürVBl.	Thüringer Verwaltungsblätter (Zeitschrift)
TÜV	Technischer Überwachungsverein
Tz.	Textziffer
u.a.	und andere/unter anderem
u.Ä.	und Ähnliches
UAbs.	Unterabsatz
UBA	Umweltbundesamt
UIG	Umweltinformationsgesetz
UN	Vereinte Nationen
UPR	Zeitschrift für Umwelt- und Planungsrecht

Urt.	Urteil
usw.	und so weiter
UVP	Umweltverträglichkeitsprüfung
UVP-Report	Informationen zu Umweltverträglichkeitsprüfung, Umweltmanagement und nachhaltiger Entwicklung (Zeitschrift)
UVPG	Gesetz über die Umweltverträglichkeitsprüfung
v.	von/vom
Var.	Variante
VBlBW	Verwaltungsblätter Baden-Württemberg (Zeitschrift)
Verf	Verfassung
VersWirt	Versorgungswirtschaft (Zeitschrift)
VerwArch	Verwaltungsarchiv (Zeitschrift)
VG	Verwaltungsgericht
VGH	Verwaltungsgerichtshof
vgl.	vergleiche
VgV	Vergabeverordnung
VVO	Verfahrensverordnung
VwVfG	Verwaltungsverfahrensgesetz
WBGU	Wissenschaftlicher Beirat der Bundesregierung Globale Umweltveränderungen
z.B.	zum Beispiel
z.T.	zum Teil
ZfBR	Zeitschrift für deutsches und internationales Bau- und Vergaberecht
ZG	Zeitschrift für Gesetzgebung
ZHR	Zeitschrift für das gesamte Handelsrecht und Wirtschaftsrecht
ZMR	Zeitschrift für Miet- und Raumrecht
ZNER	Zeitschrift für Neues Energierecht
ZuG 2012	Gesetz über den nationalen Zuteilungsplan für Treibhausgas-Emissionsberechtigungen in der Zuteilungsperiode 2008 bis 2012 (Zuteilungsgesetz 2012)
ZUR	Zeitschrift für Umweltrecht

Einleitung

I. Hintergrund

1. Klimawandel

Der negative Einfluss des Menschen auf das globale Klima durch die Einbringung von so genannten Treibhausgasen in die Atmosphäre wird praktisch nicht mehr in Frage gestellt. Auch der Verweis auf die natürlichen und vom Menschen unbeeinflussbaren Temperaturschwankungen auf der Erde vermag die düsteren Aussichten kaum zu erhellen, da die Geschwindigkeit der sozio-ökonomischen Entwicklung[1] und die mit ihr verbundenen Treibhausgasemissionen dazu führen, dass der anthropogen verursachte Klimawandel in seiner Geschwindigkeit die natürlichen Klimaveränderungen um ein Vielfaches übertrifft.[2] Gerade aufgrund dieser vergleichsweise schnell eintretenden Veränderungen bleibt dem Menschen nicht genügend Zeit, sich an die Auswirkungen hinreichend anzupassen.[3] Im Übrigen widerspricht die Lebensweise der heutigen Bevölkerung, die den Klimawandel verursacht und damit die Lebensbedingungen zukünftiger Generationen in kaum bzw. nicht reversiblem Maße verschlechtert, diametral dem Nachhaltigkeitsprinzip.[4]

---

[1] Siehe zu deren Grenzen bereits frühzeitig *Meadows*, Die Grenzen des Wachstums, 1972, S. 110ff., der zwar ausdrücklich nicht davon ausgeht, dass die dortigen Berechnungen als echte Voraussagen geeignet wären und dies mit der Komplexität der Wechselbeziehungen zwischen den verschiedenen Einflussfaktoren begründet (vgl. a.a.O., S. 75ff., 82ff.). Es finden sich jedoch eindrucksvolle Abschätzungen wesentlicher Tendenzen (siehe etwa a.a.O., S. 41f. zum Landflächenbedarf und S. 116ff. zum [begrenzten] Potenzial der technologischen Entwicklung) sowie bereits erste Überlegungen zur CO_2-Problematik (a.a.O., S. 60f.). Siehe außerdem *Meadows/Randers/Meadows*, Grenzen des Wachstums – Das 30-Jahre-Update, 2006, passim, sowie die zum Teil ernüchternden Ausblicke von Vertretern verschiedenster Fachrichtungen zur zukünftigen Entwicklung trotz Kenntnis der Menschheit von den stattfindenden Fehlentwicklungen bei *Randers*, 2052. Der neue Bericht an den Club of Rome: Eine globale Prognose für die nächsten 40 Jahre, 2012, passim.

[2] Das *Wuppertal Institut für Klima, Umwelt, Energie*, Zukunftsfähiges Deutschland in einer globalisierten Welt, 2008, S. 35, geht von einer „Beschleunigung" bis zum Faktor 100 aus.

[3] Auch *Krautzberger*, Urbane Strategien zum Klimawandel, UPR 2012, 99, sieht in der „Entwicklung im Zeitraffer" die maßgebliche Schwierigkeit des anthropogen verursachten Klimawandels.

[4] Siehe zum Begriff und insbesondere zu den rechtlichen Bezügen die zahlreichen Beiträge in *Kahl* (Hrsg.), Nachhaltigkeit als Verbundbegriff, 2008.

Die Begrenzung des anthropogen verursachten Klimawandels dürfte deshalb wohl die größte Herausforderung des 21. Jahrhunderts darstellen.[5] Zu Recht wird außerdem darauf hingewiesen, dass sich wegen der Akkumulationseffekte von Einträgen in die Atmosphäre die Erderwärmung selbst dann noch lange Zeit fortsetzt, wenn es gelänge, weitere Emissionen (vollständig) zu unterbinden.[6]

Umfassende Untersuchungen zu Gefahren und Folgen des Klimawandels liefert regelmäßig das *International Panel on Climate Change (IPCC)* mit seinen Sachstandsberichten, die im Abstand von 5–6 Jahren erstellt werden.[7] Der *Sachverständigenrat für Umweltfragen (SRU)* ist den – so wörtlich – „alarmierenden" Erkenntnissen und Prognosen des 4. IPCC-Sachstandsberichts, der von Erhöhungen der globalen Durchschnittstemperatur im Korridor von 1,4–5,8°C (!) ausgeht, gefolgt und plädiert für eine Erhöhung der Anstrengungen zur Treibhausgasreduktion.[8] Außerdem hat auch der *Wissenschaftliche Beirat der Bundesregierung Globale Umweltveränderungen (WBGU)* in seinem aktuellen Hauptgutachten von 2011 nochmals darauf hingewiesen, dass der Klimaschutz die *conditio sine qua non* für eine nachhaltige Entwicklung darstellt.[9]

Die zu erwartenden Folgen des Klimawandels sind neben der sukzessiven Verschiebung von Vegetationszonen[10] vor allem Extremwetterereignisse im weitesten Sinne, die von Starkniederschlägen und Überflutungen einerseits bis hin zu Hitzewellen andererseits reichen.[11] Die Auswirkungen des Klimawan-

[5] Verdeutlicht wurde dies etwa bereits durch den ausführlichen Schlussbericht der Enquete-Kommission „Schutz der Erdatmosphäre" vom 31. 10. 1994 mit dem Titel „Mehr Zukunft für die Erde – Nachhaltige Energiepolitik für dauerhaften Klimaschutz" (BT-Drs. 12/8600).

[6] *Groß*, Welche Klimaschutzpflichten ergeben sich aus Art. 20a GG, ZUR 2009, 364.

[7] Verfügbar unter http://www.ipcc.ch/publications_and_data/publications_and_data_reports.shtml (abgerufen: 30. 10. 2012). Darstellungen wesentlicher Aussagen des derzeit aktuellsten 4. Sachstandsberichts von 2007 finden sich etwa bei *Deutsches Institut für Urbanistik* (Hrsg.), Klimaschutz in Kommunen, 2011, S. 12 (auch online unter http://leitfaden.kommunaler-klimaschutz.de/; abgerufen: 30. 10. 2012); *Oschmann/Rostankowski*, Das Internationale Klimaschutzrecht nach Kopenhagen, ZUR 2010, 59 (59f.).

[8] *Sachverständigenrat für Umweltfragen*, Umweltgutachten 2008: Umweltschutz im Zeichen des Klimawandels, Tz. 87ff., 235ff. (= BT-Drs. 16/9990, S. 96ff., 158ff.).

[9] *Wissenschaftlicher Beirat der Bundesregierung Globale Umweltveränderungen*, Welt im Wandel. Gesellschaftsvertrag für eine Große Transformation, Hauptgutachten 2011, S. 66 (auch online unter http://www.wbgu.de/hauptgutachten/hg-2011-transformation/; abgerufen: 30. 10. 2012).

[10] Näher *Bundesministerium für Umwelt, Naturschutz und Reaktorsicherheit* (Hrsg.), Umweltbericht 2010, S. 42 (auch online unter http://www.bmu.de/files/pdfs/allgemein/application/pdf/broschuere_umweltbericht_2010_bf.pdf; abgerufen: 30. 10. 2012).

[11] Mit konkreten Beispielen *Umweltbundesamt* (Hrsg.), Anpassung an Klimaänderungen in Deutschland, 2006 (http://www.umweltbundesamt.de/uba-info-medien/3545.html; abgerufen: 30. 10. 2012). Zu den hieraus für einzelne Sektoren (z. B. Wasserversorgung, Hochwasser- und Küstenschutz, Landwirtschaft, Gesundheitsschutz, Infrastruktur, Forstwirtschaft, Siedlungsentwicklung, Verkehr, Tourismus etc.) erwachsenden Folgen siehe *Umweltbundesamt* (Hrsg.), Stakeholder-Dialoge: Chancen und Risiken des Klimawandels, Climate Change

dels werden regional unterschiedlich ausfallen und lassen sich (noch) nicht im Detail voraussagen.[12] Nichtsdestoweniger besteht auch in Deutschland ein dringender Handlungsbedarf zur Vorbereitung auf die zu erwartenden Klimaveränderungen, der sich etwa in der Ausarbeitung der in 2008 vom Bundeskabinett beschlossenen „Deutschen Anpassungsstrategie“[13] zeigt. In Erinnerung zu rufen ist jedoch, dass die Klimawandelfolgekosten – bei aller Schwierigkeit detaillierter Prognosen – diejenigen eines rechtzeitigen Klimaschutzes wohl deutlich übersteigen werden.[14]

2. Klimaschutz durch Erneuerbare Energien

Zur Vermeidung des Treibhausgases CO_2, das fast 90% der gesamten Treibhausgasmengen in Deutschland ausmacht,[15] ist in erster Linie eine Reduzierung der Verbrennung fossiler Brennstoffe zur Energieerzeugung notwendig. Der gesamte Energieerzeugungsbereich (Strom, Wärme, Verkehr) ist in Deutschland für ca. 80% der Treibhausgasemissionen verantwortlich.[16] Um die notwendige Reduzierung des CO_2-Ausstoßes zu erreichen, müssen mehrere Strategien parallel verfolgt werden. Im Prinzip unumstritten sind dabei allein die Ersetzung fossiler durch erneuerbare Energieträger und die Erhöhung der Energieeffizienz, um den Verbrauch klimaschädlicher Brennstoffe wie Kohle, Öl und Gas einzuschränken.

Keine Einigkeit besteht hingegen bezüglich der Forcierung der so genannten CCS-Technologie (Carbon Capture and Storage).[17] Bei dieser – aktuell noch

03/2011, S. 9ff. (http://www.umweltdaten.de/publikationen/fpdf-l/4071.pdf; abgerufen: 30. 10. 2012). Vgl. ferner die allgemeine Aufzählung bei *Krautzberger*, Urbane Strategien zum Klimawandel, UPR 2012, 99 (100).

[12] Beispielhaft für die deshalb durchgeführten Untersuchungen etwa *Umweltbundesamt* (Hrsg.), Klimaauswirkungen und Anpassung in Deutschland – Phase 1: Erstellung regionaler Klimaszenarien für Deutschland, Climate Change 11/2008 (http://www.umweltdaten.de/publikationen/fpdf-l/3513.pdf; abgerufen: 30. 10. 2012). Vgl. ferner auch *Umweltbundesamt* (Hrsg.), Stakeholder-Dialoge: Chancen und Risiken des Klimawandels, Climate Change 03/2011 (http://www.umweltdaten.de/publikationen/fpdf-l/4071.pdf; abgerufen: 30. 10. 2012).

[13] BT-Drs. 16/11959.

[14] *Stern*, The Economics of Climate Change – The Stern Review, 2006, S. 138ff., 161ff., 238ff.; dies im Prinzip ebenfalls bereits frühzeitig erkennend *Meadows*, Die Grenzen des Wachstums, 1972, S. 73.

[15] *Sachverständigenrat für Umweltfragen*, Sondergutachten 2011: Wege zur 100% erneuerbaren Stromversorgung, Tz. 187 (= BT-Drs. 17/4890, S. 126).

[16] *Umweltbundesamt* (Hrsg.), Daten zur Umwelt – Ausgabe 2011 – Umwelt und Landwirtschaft, S. 74 (http://www.umweltdaten.de/publikationen/fpdf-l/4056.pdf; abgerufen: 30. 10. 2012).

[17] Zur (vorläufigen) Rechtslage siehe etwa *Vogt*, Einordnung der CCS-Technologie in das geltende Recht und Ausblick auf den künftigen Rechtsrahmen, 2011.

nicht zur Verfügung stehenden – Technologie soll das bei der Nutzung von (fossilen) Brennstoffen entstehende CO_2 abgeschieden und in unterirdische Speicher gepresst werden. Nicht zuletzt aufgrund des erheblichen Energieeinsatzes für die CCS-Technologie selbst, der etwa bei Kohlekraftwerken um eine Reduzierung des ohnehin schon relativ niedrigen Wirkungsgrades um rund ein Drittel führt, scheint große Zurückhaltung beim Rückgriff auf dieses Instrument angebracht,[18] das im Übrigen in den Bereichen Wärmeversorgung und Verkehr kaum Fortschritte für den Klimaschutz bringt. Dies gilt jedenfalls im Hinblick auf die Energiewirtschaft, für die mit Erneuerbaren Energien hinreichende und weniger risikobehaftete Substitutionsmöglichkeiten zur Verfügung stehen.[19] Größte Vorbehalte sind außerdem hinsichtlich der teilweise in Erwägung gezogenen und mehr und mehr beforschten Idee des *Climate Engineering* angebracht,[20] bei der durch großmaßstäbliche Einbringung von Stoffen in die Ozeane oder die Atmosphäre über verschiedene Wirkungsmechanismen die Menge der in der Atmosphäre befindlichen Treibhausgase reduziert oder aber die Strahlungsbilanz der Erde verändert werden soll.[21]

Allenfalls eine theoretische Möglichkeit zur Reduzierung der Treibhausgasemissionen stellt eine verstärkte Nutzung der Atomkraft dar.[22] Nach der Reaktorkatastrophe im japanischen Fukushima am 11. 3. 2011 wurde in Deutschland der Beschluss zum endgültigen Ausstieg aus der Atomkraft bis zum Jahr 2022 gefasst, der im Atomgesetz[23] durch das 13. Änderungsgesetz[24] umgesetzt wurde und feste Restlaufzeiten für die noch in Betrieb befindlichen Kernkraftwerke

[18] Vgl. insgesamt die differenzierte Darstellung bei *Sachverständigenrat für Umweltfragen*, Umweltgutachten 2008: Umweltschutz im Zeichen des Klimawandels, Tz. 217 f. (= BT-Drs. 16/9990, S. 149).

[19] Eine andere Beurteilung ist möglicherweise für die Verringerung von CO_2-Emissionen im Industriebereich (Stahlerzeugung, Zementproduktion etc.) angezeigt, wo derzeit praktisch nicht auf fossile Energieträger verzichtet werden kann.

[20] So auch die Einschätzung der Bundesregierung in Reaktion auf eine Kleine Anfrage der SPD-Fraktion zum Thema *Climate Engineering* (BT-Drs. 17/10311). Aus den Antworten geht hervor, dass das Kabinett das *Climate Engineering* als risikoreich und dementsprechend zurückhaltend bewertet (siehe insbesondere die Antworten auf die Fragen 9, 11 und 12) und weitere Forschungsanstrengungen für notwendig hält (Antworten auf die Fragen 7, 18 f. und 49).

[21] Ausführlich zu den verschiedenen Formen und zu aktuellen Forschungsaktivitäten *Gawel*, Climate Engineering als Mittel der Klimapolitik – Optionen und Herausforderungen, ZUR 2011, 451 ff., der darüber hinaus auch differenziert auf die Vorteile, die Nachteile und die Herausforderungen, gerade für die Rechtswissenschaft, eingeht.

[22] Allerdings ist die Gesamt-CO_2-Bilanz der Atomkraft (einschließlich Uranförderung, Schaffung von Endlagermöglichkeiten etc.), soweit sich dies überhaupt bereits abschätzen lässt, kaum besser als die einer neuen erdgasbetriebenen KWK-Anlage, so m. w. N. *Longo*, Neue örtliche Energieversorgung als kommunale Aufgabe, 2010, S. 53.

[23] Gesetz über die friedliche Verwendung der Kernenergie und den Schutz gegen ihre Gefahren v. 15. 7. 1985 (BGBl. I S. 1565), letzte berücksichtigte Änderung durch Gesetz v. 24. 2. 2012 (BGBl. I S. 212).

[24] Dreizehntes Gesetz zur Änderung des Atomgesetzes v. 31. 7. 2011 (BGBl. I S. 1704).

vorsieht (siehe nunmehr die fixen Abschalttermine gemäß § 7 Abs. 1a Atomgesetz).

Mithin bleibt auf der Energie*erzeugungs*seite vor allem die Nutzung Erneuerbarer Energien (im Folgenden: EE) als wirksamste und risikoärmste Klimaschutzstrategie. Deren Bedeutung wird auf allen Ebenen immer wieder betont und es wird versucht, durch verschiedene Zielvorgaben einen Weg zur weitgehenden Umstellung des Energiesektors aufzuzeigen, wobei darauf hingewiesen werden sollte, dass in die Berechnungen auch regelmäßig Annahmen von bedeutenden Steigerungen der Energieeffizienz mit einfließen.

Von wissenschaftlicher Seite wird empfohlen, für die internationale Ebene bis 2050 einen EE-Anteil von 50% anzustreben.[25] Auf Unionsebene lässt sich die EE-Strategie in zahlreichen Kommissionsmitteilungen nachvollziehen, wobei die Kernaussage noch immer das 2008 erklärte Ziel einer 20%-igen Versorgung aus Erneuerbaren Energien bis zum Jahr 2020 ist.[26]

Betreffend die Bundesrepublik wurde in dem „Integrierten Energie- und Klimaprogramm" der Bundesregierung von 2007 erklärt, bis 2020 einen EE-Anteil von 25–30% im Stromsektor und von 14% im Wärmesektor erreichen zu wollen.[27] Weitere Ziele enthält das Energiekonzept der Bundesregierung vom 28. 9. 2010, wonach der EE-Anteil am gesamten Bruttoendenergieverbrauch (Strom, Wärme, Verkehr) in 2020 18% betragen und bis 2050 auf 60% steigen soll.[28]

---

[25] *Wissenschaftlicher Beirat der Bundesregierung Globale Umweltveränderungen*, Welt im Wandel: Energiewende zur Nachhaltigkeit, Hauptgutachten 2003, S. 224 (auch online unter http://www.wbgu.de/hauptgutachten/hg-2003-energiewende/; abgerufen: 30. 10. 2012). Vgl. ferner für die internationale Ebene den Sonderreport über Erneuerbare Energien des *Intergovernmental Panel on Climate Change* von 2011 (http://srren.ipcc-wg3.de/report; abgerufen: 30. 10. 2012).

[26] KOM(2008) 30 endgültig v. 23. 1. 2008, S. 3. Siehe außerdem die Kommissionsmitteilungen KOM(2010) 639 endgültig v. 10. 11. 2010: Energie 2020 – Eine Strategie für wettbewerbsfähige, nachhaltige und sichere Energie, S. 17 ff.; KOM(2011) 31 endgültig v. 31. 1. 2011: Erneuerbare Energien: Fortschritte auf dem Weg zum Ziel für 2020, passim; KOM(2011) 112 endgültig v. 8. 3. 2011: Fahrplan für den Übergang zu einer wettbewerbsfähigen CO_2-armen Wirtschaft bis 2050, S. 6 ff.; KOM(2012) 271 endgültig v. 6. 6. 2012: Erneuerbare Energien: ein wichtiger Faktor auf dem europäischen Energiemarkt, passim. Insgesamt zielt die Kommission mit ihrer Strategie neben dem Klimaschutzaspekt auch auf die nachhaltige Sicherung der Wettbewerbsfähigkeit der Union ab.

[27] Hierzu ausführlich *Bosecke*, Das Integrierte Energie- und Klimaprogramm der Bundesregierung, EurUP 2008, 122 ff.; *Schalast*, Vorrang für den Klimaschutz: Der Umbau des Regelungsrahmens der Energieversorgung in Deutschland durch die Eckpunkte der Bundesregierung für ein integriertes Energie- und Klimaprogramm, IR 2008, 34 ff.

[28] BT-Drs. 17/3049, S. 2. Zu den aktuellen Umsetzungsplänen siehe etwa *Bundesministerium für Umwelt, Naturschutz und Reaktorsicherheit* (Hrsg.), Leitstudie 2011 (http://erneuerbare-energien.de/files/pdfs/allgemein/application/pdf/leitstudie2011_bf.pdf; abgerufen: 30. 10. 2012). Differenzierend und kritisch zu den dem Energiekonzept zu Grunde liegenden Szenarien *Leprich*, Das EEG als Nukleus einer neuen Energiewirtschaftsordnung, in: Müller (Hrsg.), 20 Jahre Recht der Erneuerbaren Energien, 2012, S. 815 (836 ff.). Siehe außerdem zur tatsächlichen Entwicklung *Musiol/Nieder/van Mark*, Mit dem Aufschwung Schritt gehalten: Entwicklung der erneuerbaren Energien im Jahr 2010, ET 10/2011, 64 ff., die einen

Zum Teil liegen ambitioniertere Abschätzungen für einzelne Sektoren vor, so geht etwa der *Sachverständigenrat für Umweltfragen* davon aus, dass jedenfalls der Strombereich bis 2050 zu 100% auf Erneuerbare Energien umgestellt werden kann.[29] An anderer Stelle wird noch weiter gegangen und sogar eine globale Vollversorgung aus Erneuerbaren Energien in Betracht gezogen, was jedoch ausdrücklich als „Gedankenexperiment" bezeichnet wird.[30]

Unabhängig von den Abweichungen im Detail und ungeachtet des Umstands, dass der Verkündung von Zielwerten zwingend konkrete Maßnahmen zu ihrer Erreichung folgen müssen, deren Beschluss sich regelmäßig bedeutend schwieriger gestaltet als die abstrakte Erklärung von Klimaschutzabsichten, lässt sich festhalten, dass die Förderung Erneuerbarer Energien trotz der hiermit verbundenen Herausforderungen beim Umbau der Energieversorgung als Säule des Klimaschutzes über alle Ebenen hinweg akzeptiert wird.

3. Handlungsbedarf

Der anthropogen verursachte Klimawandel stellt eine langfristig wirkende Beeinträchtigung der Lebensbedingungen dar. Da sich seine (negativen) Folgen nicht hinreichend präzise prognostizieren lassen und es sich um globale Zusammenhänge sowohl hinsichtlich der Verursachung wie auch in Bezug auf die Auswirkungen handelt, mithin also eine äußerst diffuse Gefahrenlage vorliegt, werden die notwendigen Vorsorgemaßnahmen nur auf staatliche, am (generationenübergreifenden) Gemeinwohl orientierte Initiative hin ergriffen werden. Hinreichend spürbar, um eine „eigenverantwortliche" Umstellung der Lebensweise auf eine höhere Klimaverträglichkeit bei der breiten Masse der Bevölkerung hervorzurufen, werden die Folgen des Klimawandels (wohl) erst zu einem Zeitpunkt, in dem es für effektive Gegenmaßnahmen zu spät sein wird.[31] Selbstverpflichtungen und ähnliche freiwillige Maßnahmen zur Reduktion der Treibhausgasemissionen zeigen deshalb regelmäßig nicht die erhoffte Wirkung.

Gesamtüberblick über die statistische Entwicklung der Erneuerbaren Energien (in Deutschland) in 2010 geben.

[29] *Sachverständigenrat für Umweltfragen*, Sondergutachten 2011: Wege zur 100% erneuerbaren Stromversorgung (= BT-Drs. 17/4890).

[30] So der *Wissenschaftliche Beirat der Bundesregierung Globale Umweltveränderungen*, Welt im Wandel: Gesellschaftsvertrag für eine Große Transformation, Hauptgutachten 2011, S. 128 f. (auch online unter http://www.wbgu.de/hauptgutachten/hg-2011-transformation/; abgerufen: 30. 10. 2012). Der konkrete Nutzen solcher Visionen, die unter expliziter Ausblendung ökonomischer Zusammenhänge erdacht werden, dürfte freilich gering bleiben.

[31] Es fällt auf, dass eine Vielzahl der auch aktuell beklagten Hemmnisse für den Umbau der Energieversorgung bereits vor etlichen Jahren identifiziert wurde, ohne dass diese Probleme zwischenzeitlich entschieden angegangen worden wären. Siehe etwa bereits *Fiebig/Kallen*, Kommunaler Klimaschutz – Entwicklung von Programmen und konsequente Umsetzung, Städtetag 1994, 476 (479).

Die Größe der Herausforderung eines wirksamen Klimaschutzes muss ferner zu der Erkenntnis führen, dass sowohl die internationale als auch die europäische und die nationale Ebene einschließlich der Länder und der Kommunen aufgerufen sind, einen jeweils angemessenen und zugleich ambitionierten Beitrag zur Bewältigung der Aufgabe zu leisten. Trotz der globalen Zusammenhänge von Klimawandel und Klimaschutz kann die Verantwortung nicht auf die internationale Ebene abgewälzt werden. Tatsächlich lassen sich auf allen genannten Ebenen Anstrengungen für den Klimaschutz ausmachen, die jedoch hinsichtlich ihrer Effektivität stark voneinander abweichen.[32] Gerade vor diesem Hintergrund birgt die kommunale Ebene mit den dort (mittlerweile) verfügbaren rechtlichen Instrumenten ein bisher noch zu wenig genutztes Potenzial, die Klimaschutzrahmenbedingungen, die insbesondere seitens der Union und des Bundes vorgegeben werden, auszufüllen und die auf höherer Ebene implementierten Mechanismen zu ergänzen.

Notwendig ist jedoch auch die Bereitschaft, auf ordnungsrechtliche Maßnahmen zurückzugreifen, sollten sich alle übrigen milderen Mittel als unzureichend herausstellen, um die „Jahrhundertaufgabe" Klimaschutz (und die hiermit verbundenen Herausforderungen wie etwa eine dauerhafte Versorgungssicherheit) rechtzeitig anzugehen. Die undifferenzierten Vorbehalte gegenüber „freiheitsbeschränkenden" ordnungsrechtlichen Maßnahmen müssen vielmehr zu Gunsten einer kohärenten, langfristig lebenserhaltenden und damit überhaupt erst in einem fundamentalen Sinne freiheitssichernden Klimaschutzpolitik überwunden werden.

II. Kommunaler Klimaschutz im Mehrebenensystem

1. Internationale Ebene

Die Verhandlungen um ein internationales Klimaschutzabkommen haben in der jüngeren Vergangenheit praktisch keine vorzeigbaren Ergebnisse hervorgebracht. Zuletzt wurde auf der 15. UN-Klimakonferenz in Dänemark im Jahre 2009 der so genannte „Kopenhagen Akkord"[33] verabschiedet, in dem die Vertragsstaaten lediglich (unverbindlich) anerkannt haben, dass Maßnahmen ergriffen werden müssen, um den Anstieg der globalen Durchschnittstemperatur in Folge des anthropogen verursachten Klimawandels auf nicht mehr als 2°C zu

[32] Zum Stand der Klimapolitik siehe etwa den Überblick bei *Bundesministerium für Umwelt, Naturschutz und Reaktorsicherheit* (Hrsg.), Umweltbericht 2010, S. 43 ff., 60 ff. (auch online unter http://www.bmu.de/files/pdfs/allgemein/application/pdf/broschuere_umweltbericht_2010_bf.pdf; abgerufen: 30. 10. 2012).

[33] Verfügbar unter http://unfccc.int/resource/docs/2009/cop15/eng/11a01.pdf (abgerufen: 30. 10. 2012).

begrenzen.[34] Dieses Ziel wurde auf der 16. UN-Klimakonferenz 2010 im mexikanischen Cancún im Wesentlichen bestätigt und um die Anerkennung einer bis 2020 notwendigen Reduktion der CO_2-Emissionen um 25–40% ergänzt. Ferner wurde die Einrichtung eines Klimafonds beschlossen. Ein Nachfolgeabkommen für das Kyoto-Protokoll[35] zur Klimarahmenkonvention[36], das lediglich (moderate) Treibhausgasreduktionspflichten für den Verpflichtungszeitraum von 2008 bis 2012 enthielt, ist hingegen bisher nicht vereinbart worden. Auf der 17. UN-Klimakonferenz 2011 im südafrikanischen Durban einigte man sich, bis 2015 ein Nachfolgeabkommen erarbeiten zu wollen, das ab 2020 umgesetzt werden soll.[37] Auch für die 18. UN-Klimakonferenz vom 26. 11. bis 7. 12. 2012 in Doha (Katar) wurden im Vorfeld keine wesentlichen Fortschritte erwartet.

2. Unionsebene

Das Hauptinstrument der Europäischen Union zur Verringerung des Treibhausgasausstoßes stellt derzeit der Emissionszertifikatehandel[38] dar, der zuletzt mit der RL 2009/29/EG[39] wesentlich fortentwickelt wurde.[40] Ob der Emissionszertifikatehandel die an ihn gestellten Erwartungen hinsichtlich eines effektiven und effizienten Klimaschutzes im Laufe der nächsten Zuteilungsperiode(n) erfüllen kann, bleibt noch abzuwarten. Aufgrund der aktuell niedrigen Preise für CO_2-Zertifikate ist die Anreizwirkung für Investitionen in Vermeidungstechnologien, die einen zentralen Bestandteil dieses ökonomischen Instruments darstellt, begrenzt.[41] Im Übrigen erfasst der Emissionszertifikatehandel nur Klimagase aus Anlagen ab einer bestimmten Größenordnung, sodass bei weitem nicht der gesamte Treibhausgasausstoß durch dieses Instrument reglementiert werden kann. In Bezug auf die Bundesrepublik ist beispielhaft festzustellen, dass nach den das Unionsrecht umsetzenden Vorgaben zur Ge-

---

[34] Ausführlich zum Kopenhagen Akkord *Oschmann/Rostankowski*, Das Internationale Klimaschutzrecht nach Kopenhagen, ZUR 2010, 59 (61 ff.).

[35] BGBl. 2002 Teil II, S. 966.

[36] BGBl. 1993 Teil II, S. 1784.

[37] Näher und mit Recht kritisch zu den Ergebnissen von Durban *Schlacke*, Nach Durban und vor Katar: Globaler Klimaschutz erneut in der Warteschleife, ZUR 2012, 69 f.

[38] Hierzu und insbesondere zur deutschen Umsetzungsgesetzgebung etwa *Schmidt/Kahl*, Umweltrecht, 8. Aufl. 2010, § 3 Rn. 29 ff.

[39] Richtlinie 2009/29/EG des Europäischen Parlaments und des Rates v. 23. 4. 2009 zur Änderung der Richtlinie 2003/87/EG zwecks Verbesserung und Ausweitung des Gemeinschaftssystems für den Handel mit Treibhausgasemissionszertifikaten (ABlEU L 140 S. 63).

[40] Siehe ausführlich und insgesamt kritisch *Epiney*, Zur Entwicklung des Emissionshandels in der EU, ZUR 2010, 236 ff.

[41] Siehe die Preisentwicklung für CO_2-Zertifikate seit 2005 in FAZ Nr. 90 v. 17. 4. 2012, S. 11.

samtmenge der Treibhausgasemissionen einerseits bzw. zu der vom Zertifikatehandel erfassten Menge andererseits, die sich in § 4 Abs. 1 bzw. Abs. 2 Zuteilungsgesetz 2012 (ZuG 2012[42]) finden, nur etwa die Hälfte der klimaschädlichen Emissionen in den Emissionszertifikatehandel einbezogen wird. Unberücksichtigt bleibt im Energiebereich z.B. der große Sektor der (dezentralen) Wärmeversorgung über die traditionellen Einzelgebäudeheizungsanlagen, der in der vorliegenden Untersuchung im Mittelpukt stehen soll.[43] Ferner kann auch der Verkehrssektor nicht vom Emissionshandelssystem adressiert werden.

Vor diesem Hintergrund entfaltet die Union auch in weiteren Klimaschutzbereichen erhebliche gesetzgeberische Aktivitäten. Dazu gehört zum einen die Stärkung der Erneuerbaren Energien, die in Art. 194 Abs. 1 lit. c AEUV ausdrücklich als energiepolitisches Ziel aufgeführt wird. Obgleich sich die Union dabei aus Subsidiaritätsgründen zum Teil eher zurückhält und namentlich im Strombereich den Mitgliedstaaten die Entscheidung über ihre Fördersysteme weitgehend überlässt, finden sich gerade im hier schwerpunktmäßig zu untersuchenden Wärmesektor durchaus ambitionierte Vorgaben, auf die noch zurückzukommen sein wird.[44] Des Weiteren existiert mittlerweile ein sehr stark ausdifferenziertes unionsgeprägtes Energieeffizienzrecht, dessen Instrumentenvielfalt sich nur noch schwer überblicken lässt.[45] Zur Vermeidung des klimaschädlichen CO_2-Ausstoßes wird außerdem versucht, die Entwicklung der CCS-Technologie zu forcieren, wenngleich die Entscheidung über ihren Einsatz gemäß Art. 4 Abs. 1 S. 2 der einschlägigen CCS-RL[46] vollständig in das Ermessen der Mitgliedstaaten gestellt wurde.

3. Bundesebene

Auf nationaler Ebene wurde ein wesentlicher Schritt zur Fortentwicklung der Klimaschutzgesetzgebung mit dem „Integrierten Energie- und Klimaprogramm" der Bundesregierung bzw. der Umsetzung wesentlicher Inhalte dieses

[42] Gesetz über den nationalen Zuteilungsplan für Treibhausgas-Emissionsberechtigungen in der Zuteilungsperiode 2008 bis 2012 v. 7. 8. 2007 (BGBl. I S. 1788), letzte berücksichtigte Änderung durch Gesetz v. 22. 12. 2011 (BGBl. I S. 3044).

[43] Näher zum genauen Untersuchungsgegenstand unten S. 16 ff.

[44] Unten S. 23 ff. und S. 83 ff.

[45] Siehe ausführlich etwa die Beiträge in *Britz/Eifert/Reimer* (Hrsg.), Energieeffizienzrecht, 2010, sowie die dortige (zwischenzeitlich bereits ergänzungsbedürftige) umfangreiche Aufzählung der Rechtsakte auf S. 279 ff.

[46] Richtlinie 2009/31/EG des Europäischen Parlaments und des Rates vom 23. 4. 2009 über die geologische Speicherung von Kohlendioxid und zur Änderung der Richtlinie 85/337/EWG des Rates sowie der Richtlinien 2000/60/EG, 2001/80/EG, 2004/35/EG, 2006/12/EG und 2008/1/EG des Europäischen Parlaments und des Rates sowie der Verordnung (EG) Nr. 1013/2006 (ABlEU L 140 S. 114).

Programms unternommen.[47] Hierzu gehörte unter anderem der Erlass des für die vorliegende Untersuchung ganz zentralen EEWärmeG.[48] Wesentliche Aussagen zur Ausrichtung der Bundespolitik enthält auch das Energiekonzept der Bundesregierung vom 28. 9. 2010.[49] Die Breite der dort behandelten energiepolitischen Themenfelder zeigt, dass wichtige Entscheidungen zur Förderung der EE-Versorgung auch in absehbarer Zeit weiterhin auf Bundesebene gefällt werden, wenngleich unter zunehmendem unionsrechtlichen Einfluss. Einen weiteren Meilenstein in der Entwicklung der Vorgaben zum Klimaschutz stellt sodann das Gesetzespaket dar, das im Sommer 2011 in Reaktion auf die Reaktorkatastrophe im japanischen Fukushima im März 2011 beschlossen wurde.[50] Mit diesem Bündel an Änderungen im Bereich des Umweltenergierechts wurde zugleich das Schlagwort der „Energiewende“ etabliert, das damit nunmehr Eingang in den allgemeinen Sprachgebrauch gefunden hat.[51] Mit der Weiterentwicklung des Klimaschutzrechts wird nicht zuletzt auch zur Erfüllung der Staatszielbestimmung in Art. 20a GG beigetragen.[52]

Im europäischen und internationalen Vergleich zeigt sich, dass die Instrumente des deutschen Umweltenergierechts relativ weit entwickelt sind.[53] Gleichwohl würde ein allzu großer Optimismus der Situation nicht gerecht werden. An vielen Stellen besteht nach wie vor erheblicher Handlungs- bzw. Verbesserungsbedarf. Besonders deutlich hat sich der noch immer bestehende Widerspruch zwischen den gesetzten langfristigen Umwelt- und Klimaschutzzielen und kurzfristig wirksamen (Haushalts-)Entscheidungen zuletzt im Streit um die steuerliche Förderung energetischer Sanierungen im Gebäudebestand gezeigt, über die bisher keine Einigkeit erzielt werden konnte.[54]

---

[47] Hierzu m. w. N. bereits oben S. 5.

[48] Ausführlich dazu unten S. 22 ff.

[49] BT-Drs. 17/3049. Hierzu im Überblick etwa *Becker*, Das Energiekonzept der Bundesregierung, ZNER 2010, 531 ff.; *Schütte/Winkler*, Aktuelle Entwicklungen im Bundesumweltrecht, ZUR 2010, 607 ff.

[50] Überblick bei *Sellner/Fellenberg*, Atomausstieg und Energiewende 2011 – das Gesetzespaket im Überblick, NVwZ 2011, 1025 ff.; *Scholtka/Helmes*, Energiewende 2011 – Schwerpunkte der Neuregelungen im Energiewirtschafts- und Energieumweltrecht, NJW 2011, 3185 ff.

[51] Allerdings wurde die Vokabel bereits vor einigen Jahren in der umweltrechtlichen Literatur verwendet und inhaltlich ausdifferenziert. Siehe *Jänicke/Wiesenthal*, Eckpunkte und Entwicklungslinien einer nachhaltigen Energiewirtschaft, ZUR 2004 (Sonderheft), 385 ff. Vom Öko-Institut Freiburg wurde die Energiewende im Übrigen bereits 1991 proklamiert, siehe den Nachweis bei *Meßerschmidt*, Europäisches Umweltrecht, § 16 Rn. 131 mit Fn. 314.

[52] Vgl. auch *Groß*, Welche Klimaschutzpflichten ergeben sich aus Art. 20a GG, ZUR 2009, 364 (366 f.); *Groß*, Die Bedeutung des Umweltstaatsprinzips für die Nutzung erneuerbarer Energien, NVwZ 2011, 129 (132 f.).

[53] Siehe die Studie zum Umweltenergierecht ausgewählter Staaten von *Mitschang* (Hrsg.), Energieeffizienz und Erneuerbare Energien im Städtebaurecht, 2010.

[54] Siehe den Gesetzentwurf in BT-Drs. 17/6074.

4. Länderebene

Auch die Bundesländer haben jeweils eigene THG-Emissionsreduktionsziele aufgestellt.[55] Konkrete und erfolgreich abgeschlossene Gesetzgebungsinitiativen zur Verbesserung des Klimaschutzes sind hingegen immer noch die Ausnahme. Zwar sind einzelne Länder wie Baden-Württemberg und Hamburg mit fortschrittlichen Regelungen vorangegangen, wenngleich es auch dort mittlerweile angezeigt ist, über eine Weiterentwicklung die verbleibenden Potenziale zu heben.[56] Die weit überwiegende Mehrheit der Bundesländer kann hingegen keine effektiven Klimaschutz- bzw. EE-Förderungsgesetze vorweisen. Auch diverse Ankündigungen zur Ausarbeitung konkreter Entwürfe bzw. die existierenden Gesetzentwürfe vermögen die Aussichten auf wirksame Regelungen zur Förderung des Klimaschutzes auf Landesebene aktuell wenig zu erhellen.[57] Selbst dort, wo nützliche Ermächtigungen vorhanden waren, wurden sie entweder nicht genutzt (Berlin[58]) oder sogar wieder gestrichen (Hessen[59]). Erschwerend kommt hinzu, dass die Landesgesetzgebung, die für den Vollzug von umweltenergierechtlichen Bundesregelungen notwendig ist, (derzeit) ebenfalls hinter den notwendigen Anforderungen zurückbleibt.[60]

5. Kommunale Ebene

Zwar stellt der Klimaschutz einerseits eine globale Herausforderung dar. Diese wird andererseits jedoch nach der aktuellen Entwicklung und den überschaubaren Fortschritten insbesondere hinsichtlich der Klimaschutzvorgaben im Völkerrecht kaum vollständig durch Beschlüsse auf internationaler Ebene bewältigt werden können. Wie unzureichend die Klimaschutzinitiativen der höheren Ebenen in der Praxis derzeit sind, zeigt sich exemplarisch am bereits erwähnten Emissionshandel. Zu Recht wird deshalb etwa im Zusammenhang mit der Diskussion um die Spielräume des kommunalen Klimaschutzes im Bauplanungsrecht betont, dass die Städte und Gemeinden einen ebenenspezifischen Beitrag zum globalen Klimaschutz leisten müssen.[61] Obwohl die in der öffentlichen Diskussion wahrgenommenen Klimaschutzziele, wie gesehen, vor allem auf nationaler und gegebenenfalls internationaler Ebene gesetzt werden, obliegt

---

[55] Zusammenstellung bei *Umweltbundesamt* (Hrsg.), Klimaschutzziele in den Bundesländern, Climate Change 15/2011, S. 37 ff. (http://www.umweltdaten.de/publikationen/fpdf-l/4146.pdf; abgerufen: 30. 10. 2012).

[56] Näher unten S. 96 ff. und S. 102 f.

[57] Ausführlich zur Landesgesetzgebung im EE-Bereich unten S. 91 ff.

[58] Zur Ermächtigung für den Erlass einer Solarverordnung für Berlin unten S. 100 f.

[59] Zum Fall der Marburger Solarsatzung unten S. 223 f. sowie ausführlich S. 228 ff.

[60] Ausführlich unten S. 70 ff.

[61] *Battis/Kersten/Mitschang*, Klimaschützende Stadterneuerung, ZG 2010, 246 (251).

deren Erreichung doch zu einem wesentlichen Teil (auch) den Städten und Gemeinden.[62]

Selbstverständlich existieren verschiedene Klimaschutzinstrumente auf Unions- und Bundesebene, die sich als durchaus nützlich erwiesen haben. Dies gilt im Strombereich etwa für das EEG, unabhängig von der Notwendigkeit laufender Fortentwicklung und Anpassung an die Fortschritte beim EE-Ausbau. Selbst die EEG-Förderung kommt aber nicht ohne eine steuernde Planung der Anlagenerrichtung auf regionaler und kommunaler Ebene aus. Es ist die besondere Nähe der Kommunen als Träger öffentlicher Verwaltung zu den konkreten Bedürfnissen, Verhältnissen und Umständen vor Ort, die für ihre besondere Eignung zur Förderung des Klimaschutzes spricht.

Es würde kein überzeugendes Vorbringen gegen kommunale Klimaschutzbemühungen darstellen, wenn darauf verwiesen würde, dass einzelne Städte und Gemeinden keine Emissionseinsparungen in hinreichend großem Maßstab bewirken könnten, die bei den global verursachten Treibhausgasmengen ins Gewicht fallen. So könnte angesichts der CO_2-Emissionen insbesondere der USA und Chinas die überwiegende Zahl der Maßnahmen auf nationaler und europäischer Ebene jeweils für sich in Zweifel gezogen werden.[63]

Die kommunale Ebene ist nicht per se schlechter geeignet, Klimaschutz zu betreiben als staatliche Stellen.[64] Freilich darf die Rolle der Kommunen nicht überschätzt werden. Das Engagement, das etwa mit dem „Agenda 21"-Prozess[65] verstärkt werden soll, bleibt in vielen Städten und Gemeinden hinter den Möglichkeiten zurück.[66] Teilweise üben sich die Städte und Gemeinden selbst in Zurückhaltung, wenn es um die Einschätzung ihrer Handlungsoptionen, d. h. speziell ihrer rechtlichen Möglichkeiten zur verbindlichen Durchsetzung von Klimaschutzzielen geht.[67] Dies beruhte bisher jedoch zu einem guten Teil auf

---

[62] *Deutsches Institut für Urbanistik* (Hrsg.), Klimaschutz in Kommunen, 2011, S. 9 (auch online unter http://leitfaden.kommunaler-klimaschutz.de/; abgerufen: 30. 10. 2012).

[63] Dies erwähnt auch *VG Berlin*, Urteil v. 14. 5. 2009–1 A 417/08, ZUR 2009, 556 (557), das über ein Verbot so genannter „Heizpilze" aus Klimaschutzgründen entscheiden musste. Zum Urteil *Ingold*, Möglichkeiten eines Ausschlusses der Nutzung sog. Heizpilze in der Gastronomie, GewArch 2010, 89 (92 f.).

[64] Allerdings ist Städten und Gemeinden umgekehrt auch nicht stets eine vorrangige Stellung diesbezüglich einzuräumen, vgl. *Schmidt-Aßmann*, Der Umweltschutz im Spannungsfeld zwischen Staat und Selbstverwaltung, NVwZ 1987, 265 (267).

[65] Hierzu ausführlich *Nolte*, Lokale Agenda 21 zwischen Wunsch und Wirklichkeit, 2006; außerdem *Bärenbrinker*, Nachhaltige Stadtentwicklung durch Urban Governance, 2012, S. 94 ff.; *Brkić*, Nachhaltige kommunale Energieversorgung, in: Kratz (Hrsg.), Energie der Zukunft, 2007, S. 125 ff.

[66] Zu den Ursachen und Hemmnissen etwa *Rogall*, Akteure der nachhaltigen Entwicklung, 2. Aufl. 2003, S. 197 ff.

[67] Siehe *Deutscher Städtetag*, Positionspapier Klimaschutz in den Städten, 19. 5. 2008, Az. 70.18.00 D, S. 9, 11. Das Positionspapier wird auch wiedergegeben in A-Drs. 17(15)269-E (http://www.bundestag.de/bundestag/ausschuesse17/a15/Oeffentliche_Anhoerungen/

bestehenden Rechtsunsicherheiten, die erst durch die neuere Gesetzgebung ausgeräumt wurden.[68]

Vor diesem Hintergrund dürfte der Klimaschutzbeitrag der Kommunen seinen „Scheitelpunkt" noch keinesfalls erreicht haben.[69] Betrachtet man die nationale Ebene, so ist jedoch festzustellen, dass die in den Städten und Gemeinden bestehenden Potenziale für die Umstellung des Energieversorgungssystems – insbesondere hinsichtlich der Siedlungsplanung – etwa im Energiekonzept der Bundesregierung vom 28.9. 2010 überhaupt nicht erwähnt werden.[70] Es erscheint zweifelhaft, ob dies der Bedeutung der Kommunen gerecht wird.

6. Multifunktionalität kommunaler Klimaschutzmaßnahmen

Entscheidungen zur Verbesserung der Klimaverträglichkeit der Energieversorgung werden in der Praxis regelmäßig nicht *allein* aus Klimaschutzgründen getroffen. Sie haben vielmehr eine Reihe von „Begleiteffekten", die gegebenenfalls im Einzelfall sogar zur Hauptmotivation werden können. Diese Multifunktionalität kommunaler Klimaschutzmaßnahmen sollte in der Kommunikation des Einsatzes kommunaler (ordnungs- und planungsrechtlicher) Instrumente unter Bezugnahme auf die Situation in der konkreten Stadt oder Gemeinde hervorgehoben werden, um so akzeptanzstiftend zu wirken. Im Übrigen können die positiven Parallelwirkungen von Maßnahmen zur Bekämpfung des Klimawandels auch im Rahmen von Abwägungsentscheidungen mit herangezogen werden.

a) Kommunale Wertschöpfung und Arbeitsplatzeffekte

Die Umgestaltung der Energieversorgung erfordert unter anderem erhebliche Investitionen in Anlagen und Gebäude. Da sich kommunale Vorgaben zur Verwendung Erneuerbarer Energien, deren Reichweite hier näher beleuchtet werden soll, auf die Wärmeversorgung konzentrieren,[71] die grundsätzlich dezentral

---

Archiv/Klimaschutz-Energieeffizienz_im_Gebaeudebereich_28_09_2011/Stellungnahmen/A-Drs_17_15_269-E.pdf; abgerufen: 30.10. 2012).

[68] Siehe etwa zu den Weiterentwicklungen des Rechts der Bauleitplanung ausführlich unten § 3.

[69] Auf Unionsebene versucht deshalb der Ausschuss der Regionen die Bedeutung der Kommunen zur Erreichung der Energie- und Klimaziele in Erinnerung zu rufen, so etwa in seiner „Prospektivstellungnahme ‚wie die Regionen zur Verwirklichung der Europäischen Energie- und Klimaziele beitragen – der Konvent der Bürgermeister'" v. 26.11. 2008 (ABlEU 2009 C 76 S. 19).

[70] Kritisch auch *Ekardt/Hehn*, Peak Oil: Postfossile Stadtentwicklung als BauGB-Ziel, ZUR 2011, 413 (415).

[71] Näher zum Untersuchungsgegenstand sogleich auf S. 16 ff.

strukturiert und von Kleinanlagen geprägt ist, führen Investitionen regelmäßig zu einer Beauftragung ortsansässiger kleiner und mittlerer Unternehmen, sodass die kommunale Wertschöpfung steigt. Zu berücksichtigen ist dabei, dass ein nicht unerheblicher Teil der Investitionssumme in Form diverser Steuereinnahmen an den Staat fließt, wenngleich bei den hieraus zu ziehenden Schlüssen, etwa über Art und Umfang der finanziellen Förderung von Klimaschutzmaßnahmen, im Einzelnen nach den komplexen finanzverfassungsrechtlichen Verteilungsregelungen für das Aufkommen der verschiedenen Steuerarten an Bund, Länder und Gemeinden zu differenzieren ist. Eine steigende kommunale Wertschöpfung durch Investitionen in energetische Verbesserungen ist im Übrigen mit positiven Auswirkungen für den örtlichen Arbeitsmarkt verbunden.[72]

Die Umstellung auf Erneuerbare Energien und die damit verbundene Einsparung fossiler Brennstoffe führt weiterhin dazu, dass der Abfluss von Geldmitteln ins Ausland für den Import dieser Brennstoffe reduziert wird. In Anbetracht der aktuellen Zahlen[73] und der Tendenz stetig steigender Energiepreise darf dies nicht unterschätzt werden.

Die Wirkungen wurden sowohl für den Wärmebereich[74] wie auch für den – hier nicht schwerpunktmäßig behandelten – Strombereich[75] untersucht und in

---

[72] Siehe in diesem Zusammenhang die ausführliche Untersuchung zur Beschäftigungswirkung der Erneuerbaren Energien insgesamt, deren Ergebnisse wiedergegeben werden in *Bundesministerium für Umwelt, Naturschutz und Reaktorsicherheit* (Hrsg.), Erneuerbar beschäftigt!, 2011 (auch online unter http://www.bmu.de/erneuerbare_energien/downloads/doc/46538.php; abgerufen: 30. 10. 2012). Vgl. ferner auch KOM(2011) 112 endgültig v. 8. 3. 2011: Fahrplan für den Übergang zu einer wettbewerbsfähigen CO_2-armen Wirtschaft bis 2050, S. 13 f.

[73] Siehe etwa *Conrad*, Nachhaltige Regionalentwicklung durch erneuerbare Energien?, in: Kratz (Hrsg.), Energie der Zukunft, 2007, S. 73 (91). Danach fließen 59% der Ausgaben für Heizöl und 74% der Ausgaben für Erdgas ins Ausland ab, während es bei Holzpellets nur 3% sind. Auch wenn zur reinen Förderung der fossilen Rohstoffe und deren Import noch weitere Wertschöpfungsstufen im Inland hinzukommen, relativieren diese den Kapitalabfluss kaum. Besonders anschaulich wird dies im Bereich des Erdöls, denn mit einer Ausnahme hat kein einziger der Kapitaleigner der in Deutschland vertretenen Mineralölgesellschaften seinen Sitz in Deutschland, vgl. *Schiffer*, Energiemarkt Deutschland, 11. Aufl. 2010, S. 57. Vgl. auch die Zahlen bei *Höfken*, Energie 2.0 – Die grünen Maßnahmen bis 2020 und der Weg zur kommunalen Energie-Agenda, in: Kratz (Hrsg.), Energie der Zukunft, 2007, S. 161 (163), die auch den Anstieg der Geldabflüsse aus Deutschland für fossile Energieträger dokumentieren (2000: 44 Mrd. Euro; 2005: 91 Mrd. Euro). Für die europäische Ebene siehe die Zahlen in KOM(2011) 112 endgültig v. 8. 3. 2011: Fahrplan für den Übergang zu einer wettbewerbsfähigen CO_2-armen Wirtschaft bis 2050, S. 12 f. Außerdem zum Kapitalabfluss für Energieträger anhand von konkreten Kommunen unterschiedlicher Größe *B. Müller*, Erneuerbare Energien und regionale Wertschöpfung, in: Dratwa/Ebers/Pohl/Spiegel/Strauch (Hrsg.), Energiewirtschaft in Europa, 2010, S. 47 ff.

[74] *Institut für ökologische Wirtschaft* (Hrsg.), Kommunale Wertschöpfung durch Erneuerbare Energien, Schriftenreihe des IÖW 196/10, 2010, S. 84 ff., 93 ff., 100 ff., 136 ff., 144 ff. (http://www.unendlich-viel-energie.de/uploads/media/IOEW_ZEE_Kommunale_Wertschoepfung_durch_Erneuerbare_Energien_SR_nov10_03.pdf; abgerufen: 30. 10. 2012).

[75] Ausführlich anhand mehrerer Modellregionen *Bundesministerium für Verkehr, Bau*

typisierter Form quantifiziert. Sowohl die Steigerung der kommunalen Wertschöpfung als auch die Arbeitsplatzeffekte lassen sich jedoch für die einzelne Kommune regelmäßig nicht präzise oder aber nur mit unverhältnismäßig großem Aufwand prognostizieren bzw. erfassen. Gegenüber den häufig zur „Abwehr" von Klimaschutzvorgaben vorgebrachten Kosten der notwendigen Maßnahmen, die sich bedeutend leichter beziffern lassen, sind diese akzeptanzsteigernden Effekte deshalb strukturell im Nachteil.

b) *Energieversorgungssicherheit*

Derzeit verbraucht die Menschheit in einem Jahr diejenige Menge an fossilen Energieträgern, die sich in etwa einer Million Jahren erdgeschichtlicher Entwicklung gebildet hat.[76] Auch unter Einbeziehung so genannter „unkonventioneller Lagerstätten" (Tiefseeöl, Öl aus Teersanden, in Gesteinsschichten eingeschlossenes Erdgas etc.), deren zunehmende Ausbeutung im Übrigen die sonstigen Umweltbelastungen (neben den Klimaschäden) drastisch erhöht, einschließlich (potenziell) negativer Auswirkungen auf die existenzielle Wasserversorgung, kann folglich nicht von Versorgungssicherheit gesprochen werden, solange die Energieversorgung im Wesentlichen auf der Verbrennung bzw. Nutzung von Kohle, Erdöl, Erdgas und Uran beruht. Neben dem Knappheitsproblem wird die Energiefrage durch die geopolitischen Spannungen, die von der weltweiten Nachfrage nach Brennstoffen ausgelöst werden, zusätzlich verschärft. Echte „Sicherheit" im Sinne dauerhafter Verfügbarkeit und Importunabhängigkeit kann folglich nur eine (weitestgehend) auf „heimischen" Erneuerbaren Energien basierende Versorgung bieten.[77] Auch wenn hierfür ganz erhebliche technische Herausforderungen bewältigt werden müssen, so ist doch in Erinnerung zu rufen, dass dies im Allgemeinen seit jeher gilt bzw. galt, um die Energieversorgung überhaupt auf den bereits erreichten Stand zu bringen.

c) *Umweltschutz*

Neben den Klimaschäden ruft die herkömmliche Energiegewinnung durch Nutzung fossiler oder atomarer Brennstoffe auch weitere Umweltbeeinträchtigungen hervor, die bei der Verwendung Erneuerbarer Energien zum großen Teil

---

und Stadtentwicklung (Hrsg.), Strategische Einbindung regenerativer Energien in regionale Energiekonzepte – Wertschöpfung auf regionaler Ebene, BMVBS-Online-Publikation Nr. 18/2011 (http://www.bbsr.bund.de/cln_032/nn_21918/BBSR/DE/Veroeffentlichungen/BMVBS/Online/2011/ON182011.html; abgerufen: 30. 10. 2012).

[76] *Wuppertal Institut für Klima, Umwelt, Energie*, Zukunftsfähiges Deutschland in einer globalisierten Welt, 2008, S. 36.

[77] Siehe auch *Bundesministerium für Umwelt, Naturschutz und Reaktorsicherheit* (Hrsg.), Leitstudie 2011, S. 291 f. (http://erneuerbare-energien.de/files/pdfs/allgemein/application/pdf/leitstudie2011_bf.pdf; abgerufen: 30. 10. 2012).

vermieden bzw. ganz erheblich reduziert werden können. Zu diesen Beeinträchtigungen gehören die Emission zahlreicher weiterer Luftschadstoffe (Staub, Schwermetalle, Ruß, Kohlenmonoxid u. a.), hierdurch verursachter saurer Regen und seine Folgen insbesondere für den Waldbestand, Flächenverbrauch und hiermit verbundene Lebensraumverluste (speziell bei der Gewinnung von Braunkohle in Tagebauen), Landschaftsveränderungen durch Bodenabsenkungen oder Tagebaurestlöcher, Industriebrachen und Altlasten, Meeresbelastungen durch Erdöl-/Erdgasförderung und -transport, Wasserverbrauch, -verschmutzung und -erwärmung (etwa bei der Entnahme von Kühlwasser für herkömmliche Kraftwerke), Beeinträchtigungen des Oberflächen- und Grundwasserhaushalts und im Falle der Kernenergienutzung nicht zuletzt auch die Belastung der Umwelt durch radioaktive Strahlung.[78] Zwar ist auch die Versorgung über Erneuerbare Energien mit Umweltinterferenzen verbunden. Allerdings sind diese Belastungen insgesamt bedeutend niedriger als bei fossilen Energieträgern.[79] Ferner ist darauf hinzuweisen, dass ein großer Teil der „sonstigen" Umweltschutzmaßnahmen auf den Klimaschutz als *conditio sine qua non* angewiesen ist.[80] Nimmt der anthropogen verursachte Klimawandel erst einmal ein bestimmtes Ausmaß an, so können etwa Anstrengungen zum Schutz der Biodiversität wegen der sich erheblich verändernden Lebensbedingungen schnell obsolet werden.

III. Untersuchungsgegenstand

Kommunale Klimaschutzmaßnahmen existieren in großer Vielfalt. Aus den bereits genannten Sachbereichen des Klimaschutzes[81] soll hier der zentrale Problemkreis der Nutzung Erneuerbarer Energien herausgegriffen werden. Die Förderung der Energieeffizienz wird hingegen nur insoweit eine Rolle spielen als es unmittelbare rechtliche Verknüpfungen zwischen diesen beiden Säulen des Klimaschutzes gibt.

Die Aktivitäten von Städten und Gemeinden zur EE-Förderung lassen sich kaum mehr im Einzelnen überschauen, wenn man auch die auf Eigeninitiative und Freiwilligkeit aufbauenden Maßnahmen mit hinzunimmt.[82] Freiwillige

---

[78] *Sailer*, Klimaschutzrecht und Umweltenergierecht – Zur Systematisierung beider Rechtsgebiete, NVwZ 2011, 718 (721).

[79] Siehe im Überblick *Groß*, Die Bedeutung des Umweltstaatsprinzips für die Nutzung erneuerbarer Energien, NVwZ 2011, 129 (129f.).

[80] *Kahl*, Klimaschutz und Bayerische Verfassung, BayVBl. 2009, 97 (101).

[81] Oben S. 3ff.

[82] Vgl. etwa *Bundesministerium für Umwelt, Naturschutz und Reaktorsicherheit* (Hrsg.), Kommunaler Klimaschutz, 2011 (http://www.bmu.de/klimaschutz/downloads/publ/46961.php; abgerufen: 30. 10. 2012). Einen vielgestaltigen und sehr heterogenen Komplex bilden dabei die finanziellen Förderprogramme der Kommunen, die hier nicht im Einzelnen dargestellt

Maßnahmen werfen allerdings vergleichsweise wenige rechtliche Fragen auf. Größere Unsicherheit besteht dagegen hinsichtlich des Einsatzes planungs- und ordnungsrechtlicher Instrumente auf kommunaler Ebene, wobei die Grenzen zwischen Planungs- und Ordnungsrecht zunehmend verschwimmen. Auf diesen Ausschnitt kommunaler Verwaltungstätigkeit konzentriert sich die vorliegende Untersuchung.[83]

Im Zentrum steht dabei die Wärmeversorgung von Gebäuden, auf deren klimaschonenden Gestaltung die Kommunen, wie im Verlauf der Untersuchung zu zeigen sein wird, großen Einfluss nehmen können. Der Gebäudebereich ist in Deutschland für etwa 40% des Endenergieverbrauchs und ca. ein Drittel der CO_2-Emissionen verantwortlich.[84]

Zunächst wird die Entwicklung der grundlegenden Vorgaben des Bundes und der Länder im EEWärmeG bzw. in den einschlägigen Landesregelungen beleuchtet und es wird ein Ausblick vor dem Hintergrund der unionsrechtlichen Vorgaben gegeben.[85] Im Rahmen der Bewertung der Bundes- und Landesregelungen werden dabei die Defizite und der verbleibende Handlungsbedarf, der auch die kommunale Ebene anspricht, identifiziert.

Hierauf aufbauend sind die Spielräume der Städte und Gemeinden im Recht der Bauleitplanung ausführlich zu untersuchen, wobei insbesondere die Neuerungen im BauGB, die das Gesetzespaket zur Energiewende gebracht hat, sowie das Zusammenspiel bzw. das mögliche Ergänzungsverhältnis von EEWärmeG und kommunaler Bauleitplanung umfassend gewürdigt werden. Auf die Instrumentalisierung der hergebrachten Planungsformen (Bebauungsplan, Flächennutzungsplan) wird ebenso eingegangen wie auf städtebauliche Verträge, Sanierungsmaßnahmen und den Einsatz der neueren Mittel des Stadtumbaus.[86] Dabei wird besonderer Wert auf die Einbindung von Beispielen aus der Planungs- und Verwaltungspraxis gelegt.

Neben den bauplanerischen Elementen des kommunalen Klimaschutzes wird auch die bauordnungsrechtliche Perspektive, die sich in Folge diverser Ermächtigungen in den Landesbauordnungen eröffnet und die zuletzt durch die Marburger Solarsatzung auch zum Gegenstand öffentlicher Diskussionen geworden ist, ausgeleuchtet.[87]

---

werden können. Dazu im Überblick *Rösler*, Fördermöglichkeiten für den kommunalen Klimaschutz, KommP spezial 2010, 165 ff. Einen guten Eindruck von der Vielfalt kommunaler Tätigkeitsfelder geben außerdem die Beiträge bei *Kratz* (Hrsg.), Energie der Zukunft, 2007.

[83] Wenngleich auch mit freiwilligen Initiativen bedeutende Fortschritte beim grundlegenden Umbau der Energieversorgung möglich sind, werden sie die notwendige Heranziehung des Planungs- und Ordnungsrechts wohl nur flankieren, aber nicht ersetzen können.

[84] *Bundesregierung*, Energiekonzept v. 28. 9. 2010 für eine umweltschonende, zuverlässige und bezahlbare Energieversorgung, BT-Drs. 17/3049, S. 12.

[85] Unten S. 22 ff., 91 ff.

[86] Unten S. 108 ff.

[87] Unten S. 215 ff.

Einen weiteren Schwerpunkt der Untersuchung bilden die rechtlichen Möglichkeiten der Städte und Gemeinden zur Förderung einer klimaschonenden Wärme*netz*versorgung durch den Einsatz des Anschluss- und Benutzungszwangs.[88]

Um die Potenziale für eine konzeptionelle Koordinierung der genannten Instrumente bzw. der Klima- und Energiepolitik einer Kommune insgesamt heben zu können, werden anschließend die übergreifenden Planungsmöglichkeiten in Gestalt von Kommunalen Klimaschutzkonzepten und Wärme- bzw. Klimaaktionsplänen umrissen.[89] Für die letztgenannten Aktionspläne wird in diesem Zusammenhang der Vorschlag einer konkreten gesetzlichen Regelung unterbreitet.

Die Untersuchung schließt mit einer Gesamtbewertung des Instrumentenverbundes im kommunalen Klimaschutzrecht, der im Hinblick auf seine Kohärenz und Effektivität in den Blick genommen wird.[90]

Weitgehend außer Betracht bleibt damit der (EE-)Stromsektor, auf dem Kommunen zwar eine entscheidende Rolle bei der Auswahl geeigneter Standorte für die Errichtung entsprechender Anlagen spielen, ohne allerdings im Zuge dieser „Angebotsplanung" final über die EE-Nutzung bestimmen zu können. In neuerer Zeit hat sich dabei insbesondere das Problemfeld des „Repowering" von Windenergieanlagen herauskristallisiert, auf das in diesem Zusammenhang jedoch lediglich hingewiesen werden soll.[91] Wegen der Konzentration auf die Wärmeversorgung werden auch die rechtlichen Fragen, die durch so genannte „intra-ökologische Konflikte" vorrangig im Zusammenhang mit der Errichtung von EE-*Strom*erzeugungsanlagen aufgeworfen werden, nicht näher erörtert.[92]

---

[88] Unten S. 288 ff., 298 ff., 312 ff., 327 ff.

[89] Unten S. 342 ff., 357 ff.

[90] Unten S. 382 ff.

[91] Näher *Deutscher Städte- und Gemeindebund* (Hrsg.), Repowering von Windenergieanlagen – Kommunale Handlungsmöglichkeiten, DStGB Dokumentation Nr. 94, 2009; *Dirnberger*, „Repowering" bei Windenergieanlagen – Chancen und Risiken für die städtebauliche Entwicklung, in: Spannowsky/Hofmeister (Hrsg.), Umweltrechtliche Einflüsse in der städtebaulichen Planung, 2009, S. 99 ff.; *Köck*, Planungsrechtliche Anforderungen an die räumliche Steuerung der Windenergienutzung, ZUR 2010, 507 ff.; *Lutz*, Repowering-Steuerung aus planungsrechtlicher Perspektive, 2012; *Maslaton*, Repowering von Windenergieanlagen außerhalb des Planungsumgriffs der Regionalplanung?, LKV 2007, 259 ff.; *Mayer*, Raumordnungs- und bauleitplanerische Probleme des Repowerings von Windenergieanlagen, EurUP 2009, 236 ff., 281 ff.; *Quambusch*, Repowering als Planungsproblem, BauR 2007, 1824 ff.; *Schomerus/Degenhart* (Hrsg.), Repowering – Hindernisse und Lösungsmöglichkeiten, 2010; *Schomerus/Stecher*, Mehr Fragen als Antworten – das Repowering nach dem EEG 2009, RdE 2009, 269 ff.; *Söfker*, Zur bauplanungsrechtlichen Absicherung des Repowering von Windenergieanlagen, ZfBR 2008, 14 ff.; *Stüer/Stüer*, Die BauGB-Klimanovelle und das Energiefach- und -finanzierungsrecht 2011, DVBl. 2011, 1117 (1122 f.); *Wustlich*, Das Recht der Windenergie im Wandel, ZUR 2007, 16 (20 f.). Siehe ferner die zahlreichen Hintergrundinformationen und Praxisbeispiele der eigens eingerichteten „Repowering InfoBörse" unter http://www.repowering-kommunal.de/ (abgerufen: 30. 10. 2012).

[92] Siehe zu intra-ökologischen Konflikten etwa *Brand*, Naturschutzrechtliche, insbeson-

Die grundsätzliche Konzentration der Untersuchung auf die Wärmeversorgung wird nur im Hinblick auf die Rechtsfragen rund um die Konzessionsverträge der Kommunen mit den Energieversorgungsunternehmen, die das Stromnetz auf dem Gebiet der jeweiligen Stadt bzw. Gemeinde betreiben, durchbrochen. Wegen der besonderen Herausforderungen und Potenziale, die der Netzausbau birgt, verdient das Instrument der Konzessionsverträge besondere Beachtung.[93]

Nicht behandelt werden ferner die Implikationen eines kommunalen Klimaschutzes durch Verminderung der CO_2-Emissionen des Verkehrssektors. Obwohl die Städte und Gemeinden durch eine (planerische) Reduktion des PKW-Verkehrs,[94] den Ausbau der ÖPNV-Angebote und die Schaffung günstiger Bedingungen für den Radverkehr über etliche Handlungsalternativen verfügen,[95] sind diese doch vor allem auf Verkehrsvermeidung und -verlagerung gerichtet, ohne damit den hier schwerpunktmäßig betrachteten EE-Einsatz fördern zu können.

Ferner können Städte und Gemeinden neben ihrer hoheitlichen Tätigkeit auch als Marktteilnehmer Einfluss auf die Klimaverträglichkeit der Energieversorgung nehmen. Zu den Einflussbereichen zählt auf der Angebotsseite die energiewirtschaftliche Betätigung der Kommunen bzw. kommunalen Unternehmen.[96] Auf der Nachfrageseite eröffnen sich im Rahmen der Vergabe öffent-

---

dere artenschutzrechtliche Fragestellungen bei der Planung von Windenergieanlagen, ZNER 2010, 33ff.; *Gärditz*, Ökologische Binnenkonflikte im Klimaschutzrecht, DVBl. 2010, 214ff.; *Hentschel*, Umweltschutz bei Errichtung und Betrieb von Windkraftanlagen, 2010; *Pestke*, Offshore-Windfarmen in der Ausschließlichen Wirtschaftszone, 2008, S. 27ff., 147ff.; *Roßnagel/Hentschel*, Rechtliche Gewährleistung des Umweltschutzes bei erneuerbaren Energien, JbUTR 2009, 253 (286ff.); *Wachholz*, Ökologische Anforderungen an Erneuerbare Energien, in: Köck/Faßbender (Hrsg.), Klimaschutz durch Erneuerbare Energien, 2010, S. 133ff.

93 Unten S. 247ff.

94 Bedeutend schwieriger wird hingegen die klimaverträgliche Gestaltung des Güterkraftverkehrs sein. Hierzu ausführlich *Sachverständigenrat für Umweltfragen*, Umweltgutachten 2012: Verantwortung in einer begrenzten Welt, 2012, Tz. 237ff. (= BT-Drs. 17/10285, S. 137ff.)

95 Vgl. dazu *Umweltbundesamt* (Hrsg.), CO_2-Emissionsminderung im Verkehr in Deutschland, Texte 05/2010, S. 17ff. (http://www.umweltdaten.de/publikationen/fpdf-l/3773.pdf; abgerufen: 30. 10. 2012).

96 Siehe hierzu etwa *Britz*, in: Schneider/Theobald (Hrsg.), Recht der Energiewirtschaft, 3. Aufl. 2011, § 5 Rn. 1ff.; *Buchmann*, Kommunale Energieversorgungsunternehmen in der Krise, 2009; *Burgi*, Neuer Ordnungsrahmen für die energiewirtschaftliche Betätigung der Kommunen, 2010; *Danner/Theobald* (Hrsg.), Energierecht, GemEnW XII B; *Dazert/Mahlberg*, Betrieb eines kommunalen Windparks – Voraussetzungen und Grenzen nach dem Gemeindewirtschaftsrecht, NVwZ 2004, 158ff.; *Heintzen*, Zur Tätigkeit kommunaler (Energieversorgungs-)Unternehmen außerhalb der kommunalen Gebietsgrenzen, NVwZ 2000, 743ff. Siehe außerdem die neueren gesetzlichen Regelungen bzw. Änderungen, die zum Teil auch Bezüge zu Erneuerbaren Energien aufweisen, in § 121 Abs. 1a HessGO (Hessische Gemeindeordnung v. 7.3. 2005 [GVBl. I S. 142], letzte berücksichtigte Änderung durch Gesetz v. 16. 12. 2011 [GVBl. I S. 786]); §§ 2 Abs. 2, 68 Abs. 3 Nr. 4 M-V KV (Kommunalverfassung für das Land Mecklenburg-Vorpommern v. 13. 7. 2011 [GVOBl. S. 777]) sowie § 107a NRW GO (Gemeindeordnung für das Land Nordrhein-Westfalen v. 14. 7. 1994 [GV. S. 666], letzte be-

licher Aufträge ebenfalls zunehmend Spielräume zur Berücksichtigung ökologischer Erwägungen.[97] Die sich dabei stellenden Rechtsfragen weisen jedoch regelmäßig weniger EE- bzw. kommunalspezifische Bezüge auf, sodass auf nähere Ausführungen an dieser Stelle verzichtet werden soll, ohne hiermit die große Bedeutung dieser fiskalpolitischen Betätigungsfelder für den Klimaschutz in Frage zu stellen.

---

rücksichtigte Änderung durch Gesetz v. 13. 12. 2011 [GV. S. 685]). Zur zitierten Neuregelung in der HessGO ausführlich *Olgemöller*, Der Hessische Weg: Förderung erneuerbarer Energien durch kommunale Wirtschaftstätigkeit unter Beteiligung Privater, REE 2012, 139 ff.; ferner auch *Risch/Schweitzer*, Die neue Hessische Gemeindeordnung, LKRZ 2012, 173 (177 f.).

[97] Siehe die 2009 in das deutsche Vergaberecht eingefügte Rechtsgrundlage in § 97 Abs. 4 S. 2 GWB (Gesetz gegen Wettbewerbsbeschränkungen) v. 15. 7. 2005 (BGBl. I S. 2114; 2009 I S. 3850), letzte berücksichtigte Änderung durch Gesetz v. 22. 12. 2011 (BGBl. I S. 3044). Näher und mit engen Bezügen zum Klimaschutz bzw. zum Energiesektor im weiteren Sinne siehe *Britz*, Ökologisierte Auftragsvergabe im Bereich des öffentlichen Personennahverkehrs, in: Schneider (Hrsg.), Beihilfe- und Vergaberecht als Rahmenbedingungen der Umweltpolitik, 2005, S. 109 (124 ff.); *Gabriel/Weiner*, Vergaberecht und Energieeffizienz, REE 2011, 213 ff.; *Otting*, Grünes Vergaberecht – Die Beschaffung energieeffizienter Produkte und Dienstleistungen nach der Vergaberechtsreform, CuR 2009, 44 ff.; *Rosenkötter*, Die Vergabe öffentlicher Aufträge im Energieversorgungsbereich, in: Germer/Loibl (Hrsg.), Energierecht, 2. Aufl. 2007, S. 315 ff.; *Siegel*, Vergaberechtliche Aspekte des kommunalen Klima- und Umweltschutzes, in: Glenewinkel/Treutner (Hrsg.), Kommunaler Umwelt- und Klimaschutz, 2010, S. 95 ff.; *Zeiss*, Weniger Energieverbrauch! – Beschaffung energieeffizienter Geräte und Ausrüstung, NZBau 2011, 658 ff. Speziell zur Beschaffung umwelt- und klimagerechterer Kraftfahrzeuge siehe die Vorgaben der Richtlinie 2009/33/EG des Europäischen Parlaments und des Rates v. 23. 4. 2009 über die Förderung sauberer und energieeffizienter Straßenfahrzeuge (ABlEU L 120 S. 5; Berichtigung durch ABlEU L 173 S. 15), die mit § 4 Abs. 7–10 VgV (Vergabeverordnung v. 11. 2. 2003 [BGBl. I S. 169], letzte berücksichtigte Änderung durch VO vom 14. 3. 2012 [BGBl. I S. 488]) umgesetzt wurden. Hierzu *Schrotz/Mayer*, Verordnete Innovationsförderung – Neue Vorgaben für die öffentliche Kfz-Beschaffung, KommJur 2011, 81 ff. Vgl. ferner zu einem Praxisbeispiel für die Ausschreibung eines Ökostromliefervertrages auf Bundesebene die Dokumentation unter http://www.bmu.de/energieeffizienz/beschaffung/doc/37938.php (abgerufen: 30. 10. 2012).

Teil 1

Unmittelbare bundes- und landesgesetzliche Pflichten zur Nutzung von Erneuerbaren Energien

§ 1 Das Erneuerbare-Energien-Wärmegesetz des Bundes

I. Entwicklung

1. Erlass des EEWärmeG

Nach der sehr erfolgreichen Förderung des EE-Einsatzes zur Stromerzeugung durch das EEG wurde auch eine Erhöhung des EE-Anteils an der Gebäudeheizung und der Warmwassererzeugung („Erneuerbare Wärme“[1]) durch gesetzliche Maßnahmen ins Auge gefasst, um die dort bestehenden enormen CO_2-Emissionsreduktionspotenziale heben zu können.[2] Damit sollte das umweltenergierechtliche Instrumentarium erweitert werden, das lange Zeit im Bereich der Gebäudewärme nur die Erhöhung der Energieeffizienz fokussierte (siehe das Energieeinspargesetz [EnEG][3] und die Energieeinsparverordnung [EnEV][4]).[5]

Die Strukturen des Strommarktes einerseits und des Wärmemarktes andererseits weichen jedoch erheblich voneinander ab. Die Wärmeversorgung erfolgt regelmäßig dezentral in den einzelnen Gebäuden und nicht netzgebunden wie bei der Stromversorgung, sieht man einmal von den derzeit vergleichsweise wenigen und kleinräumigen Nah- und Fernwärmenetzen ab.[6] Damit entfällt im Wärmebereich der Anknüpfungspunkt etwa für ein vollzugsfähiges Fördermo-

---

[1] *Wustlich*, „Erneuerbare Wärme“ im Klimaschutzrecht, ZUR 2008, 113.

[2] Zur Entstehungsgeschichte des EEWärmeG ausführlich *T. Müller*, in: Müller/Oschmann/Wustlich (Hrsg.), EEWärmeG, 2010, Einleitung Rn. 71 ff.; ferner *Milkau*, Ansätze zur Förderung der erneuerbaren Energien im Wärmemarkt, 2009, S. 240.

[3] Gesetz zur Einsparung von Energie in Gebäuden v. 1. 9. 2005 (BGBl. I S. 2684), letzte berücksichtigte Änderung durch Gesetz v. 28. 3. 2009 (BGBl. I S. 643).

[4] Verordnung über energiesparenden Wärmeschutz und energiesparende Anlagentechnik bei Gebäuden v. 24. 7. 2007 (BGBl. I S. 1519), letzte berücksichtigte Änderung durch Verordnung v. 29. 4. 2009 (BGBl. I S. 954).

[5] Zu erwähnen ist jedoch, dass neben dieser Fokussierung gleichwohl Bezüge der Effizienzregelungen zur EE-Nutzung bestanden, etwa über die aus § 3 Abs. 2 Nr. 2 i. V. m. Nr. 2.1.1 der Anlage 1 zur EnEV erwachsende Möglichkeit der Anrechnung von EE-Strom auf die EnEV-Vorgaben.

[6] *Klemm*, Das Erneuerbare-Energien-Wärmegesetz, CuR 2008, 124 (125); *Milkau*, Ansätze zur Förderung der erneuerbaren Energien im Wärmemarkt, 2009, S. 179; *Wustlich*, in: Danner/Theobald (Hrsg.), Energierecht, EEG VI B 4 Einf Rn. 10.

dell nach Art des EEG, nämlich die stufenweise Vernetzung von Millionen Verbrauchern, die im Strombereich zu einem Zusammenlaufen bei nur vier großen Übertragungsnetzbetreibern führt. Eine Übertragung des EEG-Modells auf den Wärmebereich wäre nur in stark abgewandelter Form möglich gewesen,[7] sodass diese Option schließlich verworfen wurde. Daneben wurden noch verschiedene weitere Fördermodelle in Erwägung gezogen, um die EE-Wärmeversorgung in Deutschland zu forcieren.[8] Ausgewählt wurde schließlich die Variante der ordnungsrechtlichen Pflicht, flankiert von einer finanziellen Förderung.[9] Diese beiden Säulen wurden in dem am 1.1. 2009 in Kraft getretenen EEWärmeG[10] etabliert.

2. Weiterentwicklung durch das EAG EE

Seine erste wesentliche Weiterentwicklung erfuhr das EEWärmeG durch das „Europarechtsanpassungsgesetz Erneuerbare Energien“[11] (EAG EE), mit dem die Vorgaben der RL 2009/28/EG[12], der sog. Erneuerbare-Energien-Richtlinie (EE-RL), umgesetzt wurden.[13] Der Umsetzungsbedarf war vergleichsweise begrenzt, weil der grundlegende Schritt bereits zuvor mit dem Erlass des EEWärmeG selbst vollzogen worden war. Die EE-RL enthält jedoch einen weiterführenden Impuls zur Erhöhung des EE-Anteils im Wärmesektor, indem sie den

---

[7] Ein solches „Bonusmodell“ wird ausführlich auf seine Vereinbarkeit mit dem Grundgesetz und dem Unionsrecht untersucht von *Milkau*, Ansätze zur Förderung der erneuerbaren Energien im Wärmemarkt, 2009, S. 178 ff. Hierzu auch kompakt *T. Müller*, in: Müller/Oschmann/Wustlich (Hrsg.), EEWärmeG, 2010, Einleitung Rn. 86; *Wustlich*, in: Danner/Theobald (Hrsg.), Energierecht, EEG VI B 4 Einf Rn. 16.

[8] Ausführlich zu den verschiedenen diskutierten Modellen *Fischer/Klinski*, Modelle für eine Förderung erneuerbarer Energien im Wärmemarkt aus rechtlicher Sicht, ZUR 2007, 8 (9 ff.); *Milkau*, Ansätze zur Förderung der erneuerbaren Energien im Wärmemarkt, 2009, S. 39 ff.; zusammenfassend *T. Müller*, in: Müller/Oschmann/Wustlich (Hrsg.), EEWärmeG, 2010, Einleitung Rn. 83 ff.; *Wustlich*, in: Danner/Theobald (Hrsg.), Energierecht, EEG VI B 4 Einf Rn. 10 ff.

[9] Damit wurde an die bereits bestehende Praxis der Förderung klimafreundlicher Wärmeversorgung angeknüpft, die sich bis zum EEWärmeG ausschließlich auf finanzielle Anreize beschränkte; vgl. näher *T. Müller*, in: Müller/Oschmann/Wustlich (Hrsg.), EEWärmeG, 2010, Einleitung Rn. 73 ff.

[10] Gesetz zur Förderung Erneuerbarer Energien im Wärmebereich v. 7. 8. 2008 (BGBl. I S. 1658); Gesetzesbegründung in BT-Drs. 16/8149. Zu Kompetenzfragen siehe unten S. 30 ff. sowie S. 298 ff.

[11] Gesetz zur Umsetzung der RL 2009/28/EG zur Förderung der Nutzung von Energie aus erneuerbaren Quellen v. 12. 4. 2011 (BGBl. I S. 619).

[12] Richtlinie 2009/28/EG des Europäischen Parlaments und des Rates v. 23. 4. 2009 zur Förderung der Nutzung von Energie aus erneuerbaren Quellen und zur Änderung und anschließenden Aufhebung der Richtlinien 2001/77/EG und 2003/30/EG (ABlEU L 140 S. 16).

[13] Im Überblick und unter Einbeziehung der Änderungen im EEG *Klemm*, Vorgaben aus Brüssel: Das Europarechtsanpassungsgesetz Erneuerbare Energien im Überblick, REE 2011, 61 ff.

Gebäudebestand mit in den Blick nimmt und den Mitgliedstaaten zeitlich gestaffelte Pflichten zur Schaffung entsprechender rechtlicher Vorgaben zur EE-Nutzung auferlegt. Mit dem EAG EE wurden die unionsrechtlichen Vorgaben zur Vorbildfunktion der öffentlichen Hand bei der klimafreundlichen Wärmeversorgung (auch) von Bestandsgebäuden umgesetzt.[14]

Des Weiteren wurden die Bestimmungen des EEWärmeG an allen erforderlichen Stellen um den Begriff der Kälte aus Erneuerbaren Energien ergänzt. Nach der Gesetzesbegründung sollte es sich hierbei nur um eine Klarstellung handeln.[15] Nach dem allgemeinen Sprachverständnis von „Wärme" dürfte die rechtstatsächliche Wirkung aber wohl hierüber hinausgehen, da anzunehmen ist, dass bisherige Verpflichtete mit der EE-*Wärme*nutzungspflicht nicht in jedem Fall auch die EE-*Kälte*nutzungspflicht assoziierten.

Das EAG EE änderte auch die Begrifflichkeiten zu Wärmenetzen im EEWärmeG. Der Begriff der Nahwärme, der noch in der ursprünglichen Fassung des Gesetzes enthalten war, wurde gestrichen. Inhaltliche Auswirkungen sollten damit nicht verbunden sein.[16] Der klimapolitisch bedeutsame Bereich der EE-Wärmenetze wird an späterer Stelle[17] noch ausführlich dargestellt.

Darüber hinaus wurden mit dem EAG EE noch einige kleinere Änderungen vorgenommen, die in ihrer Wirkung zwar nicht zu unterschätzen sind, auf die hier jedoch nicht näher eingegangen werden muss. Dazu gehört etwa die Regelung zur Fortbildung der Handwerker, die für den Einbau von EE-Anlagen verantwortlich sind,[18] sowie die Einführung der Berichtspflichten der Länder (§ 18a EEWärmeG), mit denen die empirische Grundlage für die Weiterentwicklung des EEWärmeG erweitert wird. Wünschenswert wäre, dass die Berichte die bestehenden Defizite objektiv und klar benennen und hieraus konsequent die notwendigen Schlussfolgerungen seitens des Bundesgesetzgebers gezogen werden. Die Berichterstattung darf jedenfalls nicht zum Selbstzweck reduziert bzw. nur zur Erfüllung von entsprechenden Berichtspflichten gegenüber der EU genutzt werden.[19]

---

[14] Ausführlich hierzu auf S. 28 ff. sowie auf S. 36 ff. Vgl. außerdem bereits an dieser Stelle den Überblick über die neuen Vorbildregelungen bei *Wustlich*, Öffentliche Gebäude als Vorbilder für Erneuerbare Energien, DVBl. 2011, 525 (526 ff.).

[15] BT-Drs. 17/3629, S. 39.

[16] BT-Drs. 17/3629, S. 40, 52, 58.

[17] Unten §§ 6 ff. (S. 288 ff.).

[18] Die noch immer defizitären Kenntnisse und Erfahrungen im Umgang mit EE-Anlagen sind nach *R. Müller*, Das neue Wärmegesetz als Instrument deutscher Klimaschutzpolitik, ZNER 2008, 132 (133, 137), und *Wustlich*, Öffentliche Gebäude als Vorbilder für Erneuerbare Energien, DVBl. 2011, 525 (526), eines der Hindernisse für die EE-Entwicklung im Wärmemarkt.

[19] Dieser Zweck steht jedoch ausweislich der Gesetzesbegründung anscheinend im Vordergrund; vgl. BT-Drs. 17/3629, S. 53. Näher zu den Länderberichten im Zusammenhang mit dem Vollzug des EEWärmeG durch die Länder siehe unten S. 72 ff.

Im Energiekonzept der Bundesregierung von 2010 wurde außerdem die Überlegung geäußert, das EEWärmeG „stärker technologieoffen" auszugestalten. Der Gedanke überrascht, da das EEWärmeG bereits in seiner aktuellen Fassung durch die Berücksichtigung sämtlicher EE-Arten und weiterer Erfüllungsmöglichkeiten, bei denen gar keine EE-Nutzung stattfindet (§7 Abs. 1 EEWärmeG), denkbar technologieoffen ausgestaltet ist. Es steht demnach zu befürchten, dass durch eine Novellierung, welche die Technologieoffenheit (vermeintlich) ausbauen soll, die in den §§5f. EEWärmeG vorgegebenen Deckungsraten herabgesetzt werden. Im Rahmen des EAG EE ist es gleichwohl zu keiner derartigen Herabsetzung gekommen. Im Sinne einer größtmöglichen Effektivität des EEWärmeG bleibt zu hoffen, dass es dabei bleibt und die Deckungsraten bei entsprechenden technischen Fortschritten eher noch angehoben werden.

II. Struktur

1. EE-Nutzungspflicht

Im Folgenden sollen nicht alle Einzelheiten der Nutzungspflichten gemäß dem EEWärmeG beleuchtet werden, für detaillierte Informationen sei vielmehr auf das einschlägige Schrifttum verwiesen.[20] An dieser Stelle ist vor allem auf diejenigen Aspekte näher einzugehen, die für die weitere Untersuchung des kommunalen Klimaschutzes mittels bauplanungs- und bauordnungsrechtlicher Instrumente von Bedeutung sind. Denn es stellt sich die Frage, inwieweit es für eine Gemeinde möglich (und erforderlich) ist, Regelungen zu treffen, die über das EEWärmeG hinausgehen bzw. das Gesetz auf Grundlage der individuellen Verhältnisse in der einzelnen Gemeinde modifizieren.[21]

a) Anwendungsbereich

Die EE-Nutzungspflicht im EEWärmeG beschränkt sich derzeit auf Neubauten, während Bestandsgebäude, abgesehen von denen der öffentlichen Hand[22], unberücksichtigt bleiben.[23] Der Gesetzgeber rechnete bei Beschluss des EEWärmeG mit etwa 175.000 Anwendungsfällen pro Jahr, davon 150.000

---

[20] Allen voran die Kommentierungen der §§3–9 EEWärmeG bei *Müller/Oschmann/Wustlich* (Hrsg.), EEWärmeG, 2010; *Wustlich*, in: Danner/Theobald (Hrsg.), Energierecht, EEG VI B 4 Einf Rn. 70ff.

[21] Siehe hierzu auch die Ausführungen auf S. 48ff., 65ff., 78f., 90, 163ff.

[22] Dazu unten S. 28ff.

[23] Zur perspektiven Einbeziehung der privaten Bestandsgebäude aufgrund der Vorgaben des Unionsrechts siehe unten S. 80ff.

Wohngebäude und 25.000 Nichtwohngebäude.[24] In 2009 wurden diese Zahlen nicht erreicht, da in Folge der in 2008 ausgelösten Wirtschaftskrise nur etwa 110.000 Wohn- und Nichtwohngebäude errichtet wurden.[25] In 2010 stieg diese Zahl gleichfalls nur leicht an.[26]

Die Nutzungspflicht bezieht sich nur auf denjenigen Wärmeenergiebedarf, der zur Heizung und Warmwasserbereitung bzw. zur Kühlung („negative Wärme") eines Gebäudes erforderlich ist. Damit bleibt der in quantitativer Hinsicht durchaus beachtliche Bereich der Prozesswärme außen vor (vgl. die Legaldefinition von Wärme in § 2 Abs. 2 Nr. 9 EEWärmeG).[27]

Bedeutung für die Effektivität des EEWärmeG haben ferner die zahlreichen Anwendungsbereichsausnahmen in § 4 EEWärmeG. Es gibt unterschiedliche Ansichten zur Frage, ob der Katalog der Ausnahmen vom Anwendungsbereich des EEWärmeG abschließend ist, wobei sich die bejahende Ansicht zutreffend auf den Wortlaut (keine Formulierung wie „insbesondere" oder „vor allem") und den Telos des EEWärmeG (möglichst weitgehende EE-Verpflichtungen) stützen kann,[28] während für die Gegenansicht[29] bislang keine Argumente vorgebracht wurden.

Die Anwendungsbereichsausnahmeregelung des § 4 EEWärmeG verfolgt verschiedene miteinander verbundene Ziele. Mit ihr soll die EE-Nutzungspflicht für Fälle ausgeschlossen werden, in denen der EE-Einsatz tendenziell unwirtschaftlich ist. Dabei soll der bürokratische Aufwand begrenzt und Rechtssicherheit für die Betroffenen geschaffen werden. Zuletzt soll auch ein Gleichlauf mit Vorschriften der EnEV gewährleistet sein.[30] Das überlagernde Ziel ist dabei die Sicherstellung der Wirtschaftlichkeit, die übrigen Ziele dienen lediglich der vereinfachten Erreichung desselben. Besonders deutlich wird der ökonomische Gedanke bei der Mindestgröße von 50 m² und in § 4 Nr. 1–6, 8 und 9 EEWärmeG, wobei einige der Ausnahmefälle durchaus Anlass zur Kritik geben.[31] § 4 Nr. 7 EEWärmeG nimmt eine gewisse Sonderstellung ein, vor allem

---

[24] BT-Drs. 16/8149, S. 14.

[25] *Agentur für Erneuerbare Energien*, Renews Spezial 24/2010, S. 4 (http://www.unendlich-viel-energie.de/de/service/mediathek/renewsspezial.html; abgerufen: 30. 10. 2012).

[26] Zahlen bei *Wustlich*, in: Danner/Theobald (Hrsg.), Energierecht, EEG VI B 4 Einf Rn. 7: 84.000 neue Wohngebäude, 27.000 neue Nichtwohngebäude.

[27] Prozesswärme bezeichnet die für industrielle Prozesse benötigte Wärme. Zur Bewertung der Nichterfassung dieses Bereichs durch das EEWärmeG siehe unten S. 41 ff.

[28] *Klemm*, Das Erneuerbare-Energien-Wärmegesetz, CuR 2008, 124 (126); ohne Begründung *Rostankowski*, in: Müller/Oschmann/Wustlich (Hrsg.), EEWärmeG, 2010, § 4 Rn. 23.

[29] *R. Müller*, Das neue Wärmegesetz als Instrument deutscher Klimaschutzpolitik, ZNER 2008, 132 (134).

[30] Zum Ganzen BT-Drs. 16/8149, S. 19, 22; *Rostankowski*, in: Müller/Oschmann/Wustlich (Hrsg.), EEWärmeG, 2010, § 4 Rn. 3; *Wustlich*, in: Danner/Theobald (Hrsg.), Energierecht, EEG VI B 4 § 4 Rn. 4 f., 11 ff.

[31] Dazu unten S. 43 ff.

wegen des dortigen Bezuges zum Nutzungszweck und nicht – wie bei den übrigen Ausnahmetatbeständen der Fall – zur Beschaffenheit des Gebäudes, wobei darauf hinzuweisen ist, dass Nr. 7 nur dann erfüllt ist, wenn das *gesamte* Gebäude religiösen Zwecken dient, sodass die Ausnahme zum Beispiel nicht für alle Gebäude gilt, die im Eigentum der Kirche oder sonstigen Religionsgemeinschaften stehen.[32] § 4 Nr. 10 EEWärmeG wurde nicht aus ökonomischen Gründen aufgenommen, sondern dient der Abgrenzung vom TEHG-Regime, § 4 Nr. 11 EEWärmeG soll schließlich dafür sorgen, dass die militärische Leistung der Bundeswehr nicht durch Umweltschutzvorgaben beeinträchtigt wird.

b) *Inhalt der EE-Nutzungspflicht im Neubaubereich*

Die EE-Nutzungspflicht für Neubauten, die § 3 Abs. 1 EEWärmeG aufstellt, wird in § 5 EEWärmeG durch die dortigen, in Abhängigkeit von der gewählten EE-Technologie unterschiedlichen Mindestdeckungsraten konkretisiert. Weitere detaillierte technische Anforderungen enthält die Anlage zum EEWärmeG, die außerdem etwa für die Biomassenutzung auf die einschlägigen Verordnungen über Nachhaltigkeitsanforderungen verweist. Aus den verschiedenen EE-Formen und den darüber hinaus bestehenden, voraussetzungslosen Ersatzmaßnahmen in § 7 EEWärmeG sowie den flankierenden Gemeinschafts- und Kombinationslösungen (§ 6 bzw. § 8 EEWärmeG) ergibt sich die geradezu beispielhafte Technologieoffenheit des EEWärmeG.[33] Diese Technologieoffenheit ist keinesfalls verfassungsrechtlich gefordert, sondern offenbar Ausdruck der Bestrebung, die Zahl der Befreiungen von der Nutzungspflicht wegen technischer Unmöglichkeit (§ 9 Abs. 1 Nr. 1 lit. b EEWärmeG) möglichst gering zu halten,[34] was durchaus gelungen sein dürfte.[35] Einen anderen Ansatz verfolgt demgegenüber das BaWüEWärmeG, das unten[36] noch näher beschrieben wird.

---

[32] Näher auch zu weiteren Restriktionen durch gesetzeszweckkonforme Auslegung dieser Ausnahme *Rostankowski*, in: Müller/Oschmann/Wustlich (Hrsg.), EEWärmeG, 2010, § 4 Rn. 62 ff.

[33] Die Technologieoffenheit ist derart weitgehend, dass die Begrifflichkeiten sogar so gewählt wurden, dass auch solare Strahlungsenergie, die nicht durch den Einsatz herkömmlicher Kollektoren, sondern auf andere Weise nutzbar gemacht wird, erfasst wird. Dazu näher *Klemm*, Das Erneuerbare-Energien-Wärmegesetz, CuR 2008, 124 (126).

[34] Zu theoretisch denkbaren Fällen siehe *Pause*, in: Müller/Oschmann/Wustlich (Hrsg.), EEWärmeG, 2010, § 9 Rn. 44.

[35] So auch *Wiehe*, Die Wärmegesetze von Land und Bund im Überblick, BWGZ 2009, S. 155 (158). Zur Empirie: In Thüringen wurden im Zeitraum von 2009 bis Mitte 2011 lediglich insgesamt 6 Anträge auf Befreiung von den EEWärmeG-Pflichten gestellt – bei etwa 2000 Bauanträgen bzw. -anzeigen pro Jahr; so *Thüringer Ministerium für Wirtschaft, Arbeit und Technologie*, Bericht nach § 18a EEWärmeG, 2011, S. 1 (http://www.erneuerbare-energien.de/files/pdfs/allgemein/application/pdf/eewaerme_erfahrungsbericht_th_bf.pdf; abgerufen: 30. 10. 2012).

[36] Siehe S. 96 ff.

Besonders hervorzuheben ist, dass im EEWärmeG kein strenger Wirtschaftlichkeitsvorbehalt wie in § 5 EnEG bzw. § 25 Abs. 1 S. 2 EnEV enthalten ist. Eine entsprechende Herleitung aus § 1 Abs. 2 EEWärmeG wäre abzulehnen.[37] Daneben liegt auch eine unbillige Härte (§ 9 Abs. 1 Nr. 2 und Abs. 2 Nr. 2 EEWärmeG) nicht bereits dann vor, wenn sich die Kosten nicht vollständig amortisieren, wie es etwa – bei Zugrundelegung von Energiepreisprognosen[38] – bei Solarthermieanlagen oder Anlagen zur Verfeuerung von Biogas und Bioöl aufgrund der Mehrkosten der flüssigen Bioenergieträger gegenüber Erdgas und Erdöl/Heizöl der Fall sein kann.[39] Hierbei handelt es sich auch um eine bewusste und richtige Entscheidung des Gesetzgebers, da sich aufgrund der zahlreichen verschiedenen Erfüllungsmöglichkeiten regelmäßig wenigstens eine Maßnahme finden wird, die im Neubaubereich – für den das EEWärmeG derzeit ausschließlich gilt – wirtschaftlich ist.[40] Im Gegensatz dazu bezieht die EnEV auch den Gebäudebestand ein und bietet nur relativ wenige Erfüllungsvarianten.

c) *Vorbildfunktion öffentlicher Gebäude*

Neben verschiedenen kleineren Änderungen und Anpassungen im EEWärmeG wurde durch das großteils am 1. 5. 2011 in Kraft getretene EAG EE[41] die so genannte Vorbildfunktion öffentlicher Gebäude bei der klimafreundlichen Wärmeversorgung in das EEWärmeG eingefügt, die insbesondere auf den Neuregelungen in § 3 Abs. 2–3 EEWärmeG[42] und § 5a EEWärmeG beruht.[43] Damit wurde der erste Schritt hin zur notwendigen Einbeziehung des Gebäudebestands in

[37] Näher *T. Müller*, in: Müller/Oschmann/Wustlich (Hrsg.), EEWärmeG, 2010, § 1 Rn. 38; *Wustlich*, in: Danner/Theobald (Hrsg.), Energierecht, EEG VI B 4 § 1 Rn. 3, 18 f.

[38] Ausführlich und kritisch zu derartigen Maßstäben *Longo*, Neue örtliche Energieversorgung als kommunale Aufgabe, 2010, S. 232 ff.

[39] Zum Ganzen näher und mit der gleichen positiven Bewertung wie hier *Wustlich*, „Erneuerbare Wärme" im Klimaschutzrecht, ZUR 2008, 113 (117); *Wustlich*, Das Erneuerbare-Energien-Wärmegesetz – Ziel, Inhalt und praktische Auswirkungen, NVwZ 2008, 1041 (1046).

[40] So die Gegenäußerung der Bundesregierung auf die Stellungnahme des Bundesrats hin, BT-Drs. 17/8395, S. 3.

[41] Fundstelle oben Fn. 11.

[42] Vgl. die Synopse des § 3 EEWärmeG bei *Wustlich*, in: Danner/Theobald (Hrsg.), Energierecht, EEG VI B 4 § 3 Rn. 5.

[43] Siehe zu den nachfolgenden Erläuterungen insgesamt die ausführliche Darstellung bei *Wustlich*, Öffentliche Gebäude als Vorbilder für Erneuerbare Energien, DVBl. 2011, 525 (526 ff.); *Wustlich*, in: Danner/Theobald (Hrsg.), Energierecht, EEG VI B 4 Einf Rn. 108 ff. sowie § 3 Rn. 18 ff.; ferner *Klemm*, Vorgaben aus Brüssel: Das Europarechtsanpassungsgesetz Erneuerbare Energien im Überblick, REE 2011, 61 (65 ff.). Zu sonstigen Vorbildpflichten der öffentlichen Hand siehe *Wustlich*, Ist die öffentliche Hand ein Vorbild beim Umwelt- und Klimaschutz? (und falls nein: warum sich das ändern wird), ZUR 2011, 113 (114); *Wustlich*, in: Danner/Theobald (Hrsg.), Energierecht, EEG VI B 4 § 1a Rn. 7.

die ordnungsrechtlichen Vorgaben des EEWärmeG gemacht. Diese sinnvolle Fortentwicklung beruht allerdings nicht auf der Eigeninitiative des deutschen Gesetzgebers, sondern auf unionsrechtlichen Vorgaben, genauer auf Art. 13 Abs. 5 EE-RL. Eine ähnliche Pflicht in Sachen Gebäudeenergieeffizienz statuiert Art. 9 Abs. 1 S. 1 lit. b der Richtlinie über die Gesamtenergieeffizienz von Gebäuden (im Folgenden: GEEG-RL).[44]

Für die Vorbildpflicht im Bereich der Erneuerbaren Wärme ist darauf hinzuweisen, dass zwar eine gewisse „Schonfrist“ für *neue* öffentliche Gebäude einzuräumen ist, weil Deutschland mit dem EEWärmeG den Vorgaben der EE-RL insoweit schon zeitlich vorausgegangen ist. Im Übrigen ist die Vorbildpflicht der öffentlichen Gebäude aber weder sachlich noch zeitlich beschränkt, sodass auch im Neubaubereich die öffentliche Hand ab 2015 eine Vorbildfunktion durch Erfüllung höherer Anforderungen wird übernehmen müssen.[45]

Nach der Begründung zum Gesetzentwurf fallen ca. 197.000 Gebäude unter die neue Definition des öffentlichen Gebäudes (§ 2 Abs. 2 Nr. 5 EEWärmeG).[46] Zu bemerken ist, dass definitionsgemäß nur Nichtwohngebäude erfasst sind. Jährlich sollen hiervon etwa 2.470 Gebäude von der neuen Pflicht zur EE-Nutzung im Wärmebereich im Falle einer Renovierung des Gebäudes betroffen sein, wovon der weit überwiegende Teil kommunale Gebäude sein werden.[47] Bei derzeit wohl ca. 18–19 Mio. Gebäuden[48] kommt der Pflicht damit eher Signalwirkung zu, die jedoch durchaus nicht unterschätzt werden sollte. Die Bedeutung, die der Vorbildfunktion beigemessen wird, spiegelt sich auch in der Ergänzung der allgemeinen Bestimmungen durch § 1a EEWärmeG wider.

Inhaltlich unterteilt sich die Vorbildpflicht in zwei wesentliche Bereiche. Zum einen muss bei der grundlegenden Renovierung von Gebäuden *im Eigentum* der öffentlichen Hand ein bestimmter EE-Anteil an der Wärmeversorgung

---

[44] RL 2010/31/EU des Europäischen Parlaments und des Rates v. 19. 5. 2010 über die Gesamtenergieeffizienz von Gebäuden (Neufassung) (ABlEU L 153 S. 13).

[45] So mit überzeugender Begründung *Nast/Bürger/Klinski/Schulz/Steinbach*, Ergänzende Untersuchungen und vertiefende Analysen zum EEWärmeG (Folgevorhaben), 2010, S. 147 f. (http://elib.dlr.de/69183/1/Endbericht_Folgevorhaben_EEW%C3%A4rmeG_final-2.pdf; abgerufen: 30. 10. 2012).

[46] Ausführlich hierzu BT-Drs. 17/3629, S. 41 ff.

[47] BT-Drs. 17/3629, S. 27.

[48] Die letzten verlässlichen Zahlen wiesen einen Bestand von ca. 17 Mio. Gebäuden für 2001 aus; vgl. *Ginter*, Zensustest – Ergebnisse der Gebäude- und Wohnungszählung, Wirtschaft und Statistik 2004, S. 1256 (1259). Unter Verweis auf das Statistische Bundesamt ist aktuell von 17 Mio. *Wohn*gebäuden und 1,5 Mio. *Nichtwohn*gebäuden die Rede; so *Wustlich*, in: Danner/Theobald (Hrsg.), Energierecht, EEG VI B 4 Einf Rn. 7. An anderer Stelle wird die Zahl der *Wohn*gebäude unter Verweis auf das Statistische Bundesamt bereits mit ca. 18 Mio. (Stand 2010) angegeben; so *Mechel*, Immobilien und Klimaschutz – Wärmeschutz und Erneuerbare Energien, ZUR 2011, 184 (185 mit Fn. 15). Zur Altersstruktur des Gebäudebestands in Deutschland siehe *Deutsches Institut für Urbanistik* (Hrsg.), Klimaschutz in Kommunen, 2011, S. 231 (auch online unter http://leitfaden.kommunaler-klimaschutz.de/; abgerufen: 30. 10. 2012).

sichergestellt werden. Zum anderen werden auch für Gebäude, die sich „nur" *im Besitz* der öffentlichen Hand befinden (Ausnahme: nur vorübergehende[49] Anmietung), entsprechende Pflichten aufgestellt (§ 3 Abs. 2 und Abs. 3 EEWärmeG), wobei auch in letzterem Fall nicht der (private) Eigentümer, sondern die Kommune verpflichtet wird, auf einen entsprechenden Zustand des Gebäudes bei Abschluss des Miet- oder Pachtvertrages[50] bzw. auf vertragliche Regelungen zur Erfüllung der EE-Nutzungspflicht im Renovierungsfall zu achten.[51] Das *Bundesministerium für Umwelt, Naturschutz und Reaktorsicherheit* hat Vorschläge ausarbeiten lassen, wie der letztgenannte Pflichtenkreis betreffend gemietete oder gepachtete Gebäude, über vertragliche Regelungen sichergestellt werden kann.[52] Diese Vorschläge wurden auch bereits mit den kommunalen Spitzenverbänden abgestimmt.

Auslöser der Pflicht ist wie erwähnt eine „grundlegende Renovierung", die laut Definition (§ 2 Abs. 2 Nr. 3 EEWärmeG) jedoch nur dann vorliegt, wenn innerhalb von zwei Jahren *kumulativ* die Heizanlage erneuert wird und mehr als 20% der Oberfläche der Gebäudehülle renoviert werden.[53]

Für die Erfüllung der Nutzungspflicht gelten im Übrigen reduzierte Mindestdeckungsraten (§ 5a EEWärmeG) und die zulässigen Ersatzmaßnahmen wurden modifiziert (§ 7 Abs. 1 Nr. 2 i. V. m. Nr. VII.2. der Anlage zum EEWärmeG) bzw. um § 7 Abs. 2 EEWärmeG ergänzt, der eine Variante der Unionslösung darstellt. Diese Variante ist strikt von § 6 EEWärmeG zu unterscheiden, denn bei ihr geht es um die Nutzung von EE-Wärme für Gebäude, die – anders als bei § 6 EEWärmeG – selbst *nicht* unter das EEWärmeG fallen.

Auch die Ausnahmetatbestände des § 9 EEWärmeG wurden an die neuen Pflichten angepasst, wobei die für Kommunen in prekärer Finanzlage geltende Regelung des § 9 Abs. 2a EEWärmeG besondere Erwähnung verdient.

Eine kontroverse Diskussion hat sich zu der Frage der Vereinbarkeit der Vorbildpflichten mit dem Aufgabenübertragungsverbot in Art. 84 Abs. 1 S. 7 GG entwickelt. Im Mittelpunkt der von den kommunalen Spitzenverbänden angestoßenen Auseinandersetzungen stand die (ausgabenträchtige) Erfüllung der

[49] Ausweislich der Gesetzesbegründung soll die maximale Dauer bei 5 Jahren liegen, siehe BT-Drs. 17/3629, S. 45.

[50] So genannte Altverträge werden hiervon nicht erfasst, vgl. § 19 Abs. 4 EEWärmeG.

[51] Näher zum Hintergrund dieser Lösung zur Erfassung des öffentlich genutzten Gebäudebestands *Wustlich*, in: Danner/Theobald (Hrsg.), Energierecht, EEG VI B 4 § 3 Rn. 25.

[52] *Bundesministerium für Umwelt, Naturschutz und Reaktorsicherheit* (Hrsg.), Mietrechtliche Umsetzung der Vorbildfunktion öffentlicher Gebäude, 2011 (http://www.erneuerbare-energien.de/files/pdfs/allgemein/application/pdf/eewaermeg_gebauede_bf.pdf; abgerufen: 30. 10. 2012); wiedergegeben werden die Mustervertragsklauseln auch bei *von Oppen/Klinski*, Mietrechtliche Umsetzung der Vorbildfunktion öffentlicher Gebäude, KommJur 2012, 201 (203 ff.).

[53] Zur Kritik an diesen relativ engen Voraussetzungen siehe unten S. 36 ff.

EE-Nutzungspflichten. Ein Verstoß gegen Art. 84 Abs. 1 S. 7 GG ist jedoch zu verneinen.[54]

Demgegenüber hat § 10a EEWärmeG nahezu keine Rolle in der Diskussion gespielt. Nach dieser Bestimmung wird zur Sicherstellung der Einhaltung der Vorbildpflichten an Stelle von herkömmlichen Kontrollen auf eine Veröffentlichungspflicht gesetzt, mit der über die bloße Kontrollfunktion hinaus auch die für eine Signalwirkung essentielle Außenwahrnehmung gefördert werden soll. Dass diese Bestimmung im Gesetzgebungsverfahren kaum Kritik hervorrief, dürfte an der geringen (Zusatz-)Belastung durch die Veröffentlichungspflicht im Vergleich zu den eigentlichen EE-Nutzungspflichten liegen. Auch der Bundesrat beruft sich in seiner Stellungnahme zum EAG EE-Entwurf nicht auf einen Verstoß gegen das Verbot der Aufgabenübertragung an Kommunen, sondern fordert die Streichung von § 10a EEWärmeG nur mit der Begründung, dass diese Informationspflicht über eine 1:1-Umsetzung der EE-RL hinausginge.[55] Als Alternative zur Veröffentlichungspflicht hätte sich betreffend die Kommunen als Verpflichtete eine Überwachung der Kommunen durch die Aufsichtsbehörden der Länder angeboten. Allerdings ging der Gesetzgeber davon aus, dass eine derartige „Eigenüberwachung" der öffentlichen Hand nicht notwendig sei.[56] Für den Bund und die Länder stellt sich die Situation wiederum anders dar, allerdings gilt die „Schranke" des Art. 84 Abs. 1 S. 7 GG insofern ohnehin nicht.

Die Argumente, die in den bereits zitierten Abhandlungen für die Vereinbarkeit der EE-Nutzungspflicht mit Art. 84 Abs. 1 S. 7 GG angeführt werden, lassen sich auf § 10a EEWärmeG nicht übertragen. Insbesondere handelt es sich nicht um eine Erweiterung bereits bestehender (Informations-)Aufgaben, sodass der mehrfach verwendete Verweis in der Gesetzesbegründung[57] auf § 10 UIG des Bundes[58], der für Kommunen keine Geltung hat, nicht missverstanden werden darf. Die Kommunen sind lediglich über die Landes-UIG zur Umweltinformation verpflichtet. Die dort jeweils enthaltenen Normen, die § 10 UIG des Bundes vergleichbar sind,[59] können jedoch nicht ohne weiteres durch § 10a

[54] Siehe ausführlich *Kahl/Schmidtchen*, Die Pflicht der Gemeinden zur Nutzung Erneuerbarer Energien für die Wärmeerzeugung in ihren Bestandsgebäuden – Ein Verstoß gegen Art. 84 I 7 GG?, LKV 2011, 439 ff., sowie die dort gleichfalls behandelte Gegenmeinung von *Burger/Faber*, Art. 84 I 7 GG vor weiterer Bewährungsprobe – Zur Vereinbarkeit des EAG EE mit dem Verbot der Aufgabenübertragung vom Bund auf die Kommunen, KommJur 2011, 161 ff.

[55] BT-Drs. 17/4233, S. 5

[56] BT-Drs. 17/3629, S. 30.

[57] BT-Drs. 17/3629, S. 30, 48 f.

[58] Umweltinformationsgesetz vom 22. 12. 2004 (BGBl. I S. 3704).

[59] In die Umweltformationsgesetze der Länder wurden entweder eigene entsprechende Regelungen aufgenommen oder es wurde mit Verweisen auf das UIG des Bundes gearbeitet. Vgl. näher *Schomerus/Tolkschmitt*, Die Umweltinformationsgesetze der Länder im Vergleich, NVwZ 2007, 1119 (1120).

EEWärmeG „modifiziert" werden, ohne mit Art. 84 Abs. 1 S. 7 GG in Konflikt zu geraten. Die Konstellation erinnert an die Erweiterung der Ermächtigungsgrundlagen für die Verhängung eines Anschluss- und Benutzungszwangs an Wärmenetze, die sich in diversen Landesgesetzen finden und durch § 16 EEWärmeG erweitert wurden. Allerdings kann die Argumentation zur Vereinbarkeit mit Art. 84 Abs. 1 S. 7 GG nicht auf § 10a EEWärmeG übertragen werden, weil es sich bei letzterem eben nicht nur um eine Erweiterung der Möglichkeiten der Kommunen handelt, sondern um eine echte Verpflichtung. Insgesamt ist damit nicht erkennbar, wie § 10a EEWärmeG – bei allem Nutzen, den die Norm ohne Zweifel bringt – vor Art. 84 Abs. 1 S. 7 GG bestehen kann. In der Praxis allerdings sollte den Kommunen schon aus eigenem Interesse (Imagegewinn etc.) daran gelegen sein, in der von § 10a EEWärmeG angedachten Art und Weise über die Erfüllung ihrer bestehenden Pflichten zu informieren.

2. Finanzielle Förderung (MAP)

Die finanzielle Förderung von EE-Anlagen zur Wärmeerzeugung durch das Marktanreizprogramm (MAP) tritt als „zweite Säule" neben die ordnungsrechtliche Nutzungspflicht.[60] Das MAP als solches ist nicht neu, wurde aber mit den §§ 13 ff. EEWärmeG erstmals auf eine gesetzliche Grundlage gestellt.[61] Nach teilweise vertretener Ansicht dürfte hierfür eher eine erhoffte politische Signalwirkung anstelle rechtlicher Notwendigkeit ursächlich gewesen sein.[62]

Modelle der finanziellen Förderung zur Realisierung nachhaltigen Verhaltens weisen spezifische Nachteile auf. Dazu gehört die Belastung der öffentlichen Haushalte sowie die daraus folgende Haushaltsabhängigkeit, die wiederum häufig zu Rechtsunsicherheit im Hinblick auf die zukünftige Gewährung der Förderung für den Einzelnen führt, erst recht wenn kein gesetzlicher Anspruch auf die Zuschüsse besteht. Außerdem ist die Finanzierung von technischen Einrichtungen zur Reduktion der vom Einzelnen verursachten Umweltbelastung durch die Gesamtheit der Steuerzahler nicht verursachergerecht.[63]

---

[60] Zum unionsrechtlichen Kontext siehe Art. 2 lit. f EE-RL.

[61] Zum Hintergrund und zur Entwicklung des seit 1999 bzw. (unter Einbeziehung des Vorgängerprogramms) 1994 bestehenden MAP *T. Müller*, in: Müller/Oschmann/Wustlich (Hrsg.), EEWärmeG, 2010, Einleitung Rn. 73 ff. bzw. *Oschmann*, in: Müller/Oschmann/Wustlich (Hrsg.), EEWärmeG, 2010, § 13 Rn. 27.

[62] *Klemm*, Das Erneuerbare-Energien-Wärmegesetz – Ein Überblick über die wichtigsten Regelungen, CuR 2008, 124 (129); ähnlich *Oschmann*, in: Müller/Oschmann/Wustlich (Hrsg.), EEWärmeG, 2010, § 13 Rn. 16; dem folgend *Wustlich*, in: Danner/Theobald (Hrsg.), Energierecht, EEG VI B 4 Einf Rn. 157.

[63] *Ekardt/Heitmann*, Energetische Sanierung im Altbestand und das EEWärmeG, RdE 2009, 118 (123); *Fischer/Klinski*, Modelle für eine Förderung erneuerbarer Energien im Wär-

Das EEWärmeG, kann diese Nachteile mit seiner Kombination aus Nutzungspflicht und Fördermöglichkeiten für Techniken, mit denen die Nutzungspflicht übererfüllt wird, zumindest abmildern, wenngleich sie damit nicht ausgeräumt werden.

Speziell die aus der Haushaltsabhängigkeit folgende Unsicherheit für die Investoren, die mangels eines Anspruchs auf Förderung nicht darauf vertrauen können, dass die von ihnen geplante Investition tatsächlich die jeweiligen Zuschüsse erhält, konnte durch die §§ 13 ff. EEWärmeG nicht ausgeräumt werden,[64] obwohl genau dies durch die Aufnahme des MAP in das EEWärmeG und die damit verbundene Mittelaufstockung gegenüber früheren Haushaltsjahren erreicht werden sollte.[65] Dieses Anliegen wurde jedoch bereits durch die endgültige Fassung von § 13 EEWärmeG relativiert, in der – anders als in den vorangegangenen Referentenentwürfen – eine zeitliche Begrenzung auf die Jahre 2009–2012 vorgesehen ist.[66] Geradezu ignoriert wurde die Bedeutung finanzieller Unterstützung zur Beschleunigung der Energiewende, als das Programm im Mai 2010 zu Sparzwecken kurzfristig gestoppt wurde.[67] Diese Maßnahme erwies sich jedoch nicht nur ökologisch, sondern auch finanzpolitisch als kurzsichtig und kontraproduktiv, weil die privaten Investitionen, die durch öffentliche Förderung ausgelöst werden, den eigentlichen Förderbetrag in aller Regel um ein Vielfaches übersteigen, sodass sich die Förderung bereits nach kurzer Zeit durch die auf die Gesamtinvestition erhobenen Steuern refinanziert.[68] Nach berechtigter Kritik wurde die Haushaltssperre deshalb bereits am 7. 7. 2010 wieder zurückgenommen.[69]

Die Förderbedingungen sind in den so genannten „Richtlinien zur Förderung von Maßnahmen zur Nutzung erneuerbarer Energien im Wärmemarkt"[70], einer Verwaltungsvorschrift des Bundesministeriums für Umwelt, Naturschutz und Reaktorsicherheit, die im Einvernehmen mit dem Bundesministerium für

---

memarkt aus rechtlicher Sicht, ZUR 2007, 8 (9); *Wustlich*, in: Danner/Theobald (Hrsg.), Energierecht, EEG VI B 4 Einf Rn. 63.

64 Nach *Oschmann*, in: Müller/Oschmann/Wustlich (Hrsg.), EEWärmeG, 2010, § 13 Rn. 15, stellt § 13 S. 1 EEWärmeG zwar nicht nur einen bloßen Programmsatz dar, allerdings folgt aus der Norm auch kein Anspruch des Einzelnen.

65 BT-Drs. 16/8149, S. 28.

66 Hierzu sowie zum Hintergrund der Änderung und zum Anpassungsbedarf mit Ablauf des Jahres 2012 *Oschmann*, in: Müller/Oschmann/Wustlich (Hrsg.), EEWärmeG, 2010, § 13 Rn. 4 ff., Rn. 22; *Wustlich*, Das Erneuerbare-Energien-Wärmegesetz – Ziel, Inhalt und praktische Auswirkungen, NVwZ 2008, 1041 (1047). Bereits im EAG EE-Gesetzgebungsverfahren hat sich der Bundesrat für eine Änderung des § 13 EEWärmeG durch Einfügung von 2015 an Stelle von 2012 ausgesprochen; siehe BR-Drs. 647/1/10, S. 14 f.

67 EUWID NE Nr. 9 v. 5. 5. 2010, 30.

68 Näher DER SPIEGEL Nr. 19 v. 10. 5. 2010, 37.

69 Hierzu *Schütte/Winkler*, Aktuelle Entwicklungen im Bundesumweltrecht, ZUR 2010, 499; UMWELT 2010, 406.

70 Richtlinien zur Förderung von Maßnahmen zur Nutzung erneuerbarer Energien im Wärmemarkt vom 20. 7. 2012, BAnz AT 08. 08. 2012 B4.

Finanzen erlassen wurde (§ 13 S. 2 EEWärmeG), niedergelegt. Diese Richtlinien werden regelmäßig an die sich verändernden Gegebenheiten auf dem Markt angepasst, um so auch dem Begleitziel der Technologieförderung (siehe § 1 Abs. 1 EEWärmeG) gerecht zu werden. Wesentlich hierfür ist etwa die zuletzt vorgenommene grundsätzliche Begrenzung der Förderung auf den ökologisch besonders bedeutsamen und auch technisch anspruchsvolleren Bestandsgebäudebereich seit der Überarbeitung der Förderrichtlinien im Zusammenhang mit der Aufhebung der Haushaltssperre im Juli 2010.

Betreffend das Verhältnis der beiden Säulen (EE-Nutzungspflicht und finanzielle Förderung) ist darauf hinzuweisen, dass eine finanzielle Förderung ausscheidet, soweit Anlagen installiert werden, die *ausschließlich* der Erfüllung einer gesetzlichen EE-Nutzungspflicht dienen. Dieser Grundsatz, der sich aus der Überlegung herleitet, dass der Staat den Bürger nicht finanziell unterstützen muss, soweit dieser nur seine ohnehin bestehenden Pflichten erfüllt, kommt in § 23 BHO zum Ausdruck und wird in § 15 EEWärmeG näher ausgestaltet.[71]

Von praktischer Bedeutung sind damit vor allem die Ausnahmen in § 15 Abs. 2–5 EEWärmeG. Sie waren zum Teil auch deshalb erforderlich, um zu vermeiden, dass Gebäudeeigentümer in Ländern wie Baden-Württemberg, die eigene EE-Nutzungspflichten für Bestandsgebäude geschaffen haben bzw. schaffen wollen, von einer Förderung durch Bundesmittel vollständig ausgeschlossen werden. Die klimapolitisch erwünschten Nutzungspflichten im Landesrecht sollen nicht zu einer Benachteiligung der Betroffenen führen.[72] Im Vergleich zur Bundespflicht für Neubauten findet bei Landespflichten für Bestandsbauten sogar eine Privilegierung im Hinblick auf die Fördermöglichkeiten statt.[73] Wenn es zukünftig zu einer flächendeckenden EE-Nutzungspflicht für Bestandsgebäude in Umsetzung der EE-RL kommt,[74] dürfte das MAP darüber hinaus Bedeutung erlangen für die Unterstützung in Fällen, in denen ohne staatliche Förderung eine unbillige Härte und damit ein Grund zur Befreiung von der Nutzungspflicht vorliegen würde.[75]

---

[71] Näher auch zur Rechtfertigung der in § 15 Abs. 2–5 enthaltenen Ausnahmen vom Grundsatz *Wustlich*, in: Müller/Oschmann/Wustlich (Hrsg.), EEWärmeG, 2010, § 15 Rn. 3, 12 ff., 19 f.

[72] Näher und m. w. N. *Wustlich*, Das Erneuerbare-Energien-Wärmegesetz – Ziel, Inhalt und praktische Auswirkungen, NVwZ 2008, 1041 (1047 f.); *Wustlich*, in: Müller/Oschmann/Wustlich (Hrsg.), EEWärmeG, 2010, § 15 Rn. 2, 4, 10 f., sowie *Wustlich*, „Erneuerbare Wärme" im Klimaschutzrecht, ZUR 2008, 113 (118), wo bereits vor Erlass des EEWärmeG auf die Notwendigkeit einer Anpassung des anders lautenden Kabinettsentwurfs hingewiesen wurde. Zur Privilegierung bei vorhandenen landesrechtlichen Pflichten siehe *Wustlich*, in: Müller/Oschmann/Wustlich (Hrsg.), EEWärmeG, 2010, § 15 Rn. 37.

[73] Im Einzelnen *Wustlich*, in: Müller/Oschmann/Wustlich (Hrsg.), EEWärmeG, 2010, § 15 Rn. 23.

[74] Dazu unten S. 80 ff.

[75] *Wustlich*, „Erneuerbare Wärme" im Klimaschutzrecht, ZUR 2008, 113 (118).

3. Forcierung der Wärmenetzversorgung durch § 16 EEWärmeG

§ 16 EEWärmeG wird teilweise – im Anschluss an die Einordnung gemäß der Gesetzesbegründung[76] – als „dritte Säule" des EEWärmeG bewertet.[77] Hiermit soll den Kommunen eine weitere Möglichkeit für eigene Initiativen zur Förderung des Klimaschutzes durch Erneuerbare Energien mit Hilfe verbindlicher Instrumente eröffnet werden. Die Norm hat aufgrund ihrer Ausgestaltung, mit der im Ergebnis der *Bund* auf das Recht der *Länder* durchgreift, um *Kommunen* größere Entscheidungsfreiheiten einzuräumen, zahlreiche Fragen aufgeworfen, die von zentraler Bedeutung für die Möglichkeiten des kommunalen Klimaschutzes sind und deshalb an späterer Stelle noch ausführlich erörtert werden.[78]

Es bleibt zu hoffen, dass die Gemeinden von der Erweiterung ihrer rechtlichen Spielräume Gebrauch machen werden. Die netzgebundene Versorgung mit Wärme hat enormes Zukunftspotenzial, weil damit die Fähigkeit, Wärme zu speichern, effizienter ausgenutzt und eine Energieträgerumstellung bei der zentralen Wärmeerzeugung leichter vorgenommen werden kann als bei der herkömmlichen und immer noch weit überwiegenden Verteilung der Wärmeerzeugungsanlagen auf die einzelnen Gebäude. In welchem Umfang Anschluss- und Benutzungszwänge durch Rechtfertigung über § 16 EEWärmeG verhängt werden, dürfte sich jedoch nur schwer ermitteln lassen. Umso wichtiger erscheint eine entsprechende Aufbereitung im Rahmen des Erfahrungsberichts der Bundesregierung nach § 18 EEWärmeG, der jedoch ungeachtet der dortigen Frist (31. 12. 2011) bis zum 1. 11. 2012 noch nicht vorlag.

III. Bewertung

1. Anwendungsbereich des EEWärmeG

a) Gebäudebestand

In der Begrenzung der Nutzungspflicht auf Neubauten liegt wohl das größte Defizit des EEWärmeG. Abgeschwächt wird dieser Mangel mittlerweile durch die Verpflichtung der öffentlichen Hand zur Übernahme einer Vorbildfunktion sowie die Pflichten zur EE-Nutzung bei einer grundlegenden Renovierung, wenngleich die Anforderungen an eine grundlegende Renovierung noch zu

---

[76] Auch in BT-Drs. 16/8149, S. 13, wurde § 16 EEWärmeG als einer von drei Schwerpunkten des Gesetzes eingeordnet.

[77] *Koch*, Klimaschutzrecht, NVwZ 2011, 641 (653); *Wustlich*, in: Danner/Theobald (Hrsg.), Energierecht, EEG VI B 4 Einf Rn. 52.

[78] Unten S. 298 ff.

streng ausgestaltet sind, sodass wiederum der Anwendungsbereich unnötig eingeschränkt wird.[79] Eine weitere Abmilderung ist durch das BaWüEWärmeG eingetreten, das jedoch nur räumlich begrenzt gilt und darüber hinaus nur Wohngebäude erfasst.[80] Schließlich erfolgt auch eine Erhöhung des EE-Anteils bei der Wärmeerzeugung im Gebäudebestand durch die MAP-Förderung, die sich seit einiger Zeit auf Anlagen im Gebäudebestand konzentriert.[81] Alle diese Maßnahmen stellen jedoch keinen gleichwertigen Ersatz zur ordnungsrechtlichen Verpflichtung des gesamten Gebäudebestands dar, zumal in Simulationsrechnungen davon ausgegangen wird, dass der Bund allein zur Erreichung des 14%-Ziels in § 1 Abs. 2 EEWärmeG das MAP auf 700 Mio. Euro pro Jahr erhöhen müsste, wenn weiterhin auf eine flächendeckende EE-Nutzungspflicht für Bestandsgebäude verzichtet würde.[82] Folgerichtig wurde zuletzt auch wieder im Gesetzgebungsverfahren zum Erlass des EAG EE die vollständige Einbeziehung des Gebäudebestands gefordert,[83] jedoch blieben diese Hinweise (erneut) erfolglos. Dieser Missstand muss jedoch wegen der Vorgabe in Art. 13 Abs. 4 UAbs. 3 EE-RL bis zum Ablauf des Jahres 2014 behoben werden.[84]

b) Vorbildpflicht der öffentlichen Hand

Es ist zu begrüßen, dass der Einstieg in eine klimaschonende Energieversorgung für Gebäude und die damit einhergehenden Verpflichtungen für bereits errichtete Gebäude erleichtert werden sollen, indem den betroffenen Privatpersonen die Möglichkeiten einer solchen Energieversorgung zunächst an öffentlichen Gebäuden vor Augen geführt werden. Die von der EU vorgegebene Vorbildpflicht kann damit durchaus zu einer erhöhten Sensibilisierung der privaten Eigentümer für das Thema der EE-Versorgung beitragen. Es stellt sich jedoch die Frage, ob die vom Bundesgesetzgeber gewählte Umsetzung ausreicht oder ob vielmehr zu befürchten steht, dass hierdurch die Effektivität der Regelung gefährdet bzw. in erheblichem Maße der Initiative der potenziell Betroffenen überantwortet wird.

---

[79] Dazu sogleich unter b).

[80] Zu weiteren Restriktionen in Bezug auf die Wirksamkeit des BaWüEWärmeG siehe unten S. 96 ff.

[81] Siehe näher Nr. 2 der Richtlinien zur Förderung von Maßnahmen zur Nutzung erneuerbarer Energien im Wärmemarkt vom 20. 7. 2012, BAnz AT 08. 08. 2012 B4. Diese grundsätzliche Beschränkung wurde erstmals mit der Neufassung der Förderrichtlinien vom 9. 7. 2010 eingeführt.

[82] *Oschmann*, in: Müller/Oschmann/Wustlich (Hrsg.), EEWärmeG, 2010, § 13 Rn. 36 m. w. N.

[83] BT-Drs. 17/5778, S. 5; A-Drs. 17(16)205-A, S. 3.

[84] Näher zu den Fragen im Zusammenhang mit der Umsetzung und zur Notwendigkeit einer schnellstmöglichen Einbeziehung des Gebäudebestands unten S. 80 ff.

In Folge der Legaldefinition der „grundlegenden Renovierung“ in §2 Abs.2 Nr.3 EEWärmeG aktualisiert sich die Vorbildpflicht der öffentlichen Hand erst, wenn in einem Gebäude die Heizungsanlage erneuert wird *und* 20% der Oberfläche der Gebäudehülle renoviert werden. Eine gewisse Ähnlichkeit zu den Voraussetzungen für die noch im 2. Referentenentwurf für das EEWärmeG enthaltenen EE-Nutzungspflicht für alle Bestandsbauten (§5 Nr.2 i.V.m. §3 Nr.2 des 2. Referentenentwurfs[85]) lässt sich nicht leugnen, sodass der Rückgriff auf diese bereits schon einmal – vor Erlass der EE-RL – angedachte Regelung unter Umständen die nunmehr für die Vorbildpflicht gewählten Voraussetzungen zu erklären vermag.

Die Definition in §2 Abs.2 Nr.3 EEWärmeG ist angesichts des Ziels des EEWärmeG, die Zahl der EE-Anlagen zur Wärmeversorgung von Gebäuden zu erhöhen, kritisch zu sehen. Energieeffizienz und EE-Verwendung müssen unbestritten kumulativ zum Einsatz kommen, um eine klimaschonende Energieversorgung im Gebäudesektor zu erreichen. Zuzugeben ist weiterhin, dass die Wärmedämmung von Bestandsgebäuden, die bei den in der Definition aufgeführten großflächigen Arbeiten an der Gebäudehülle regelmäßig vorgenommen wird, Vorrang vor der Heizungserneuerung haben oder jedenfalls zeitgleich – und damit aufeinander abgestimmt – erfolgen sollte, um den Einbau von Heizungsanlagen, die sich bei zeitlich nachgelagerter Verbesserung der Wärmedämmung als überdimensioniert erweisen würden, zu verhindern. Dazu erscheint es jedoch eher angeraten, die Durchführung einer Heizungserneuerung mit der Pflicht zur Wärmedämmung und dem Einsatz von EE, d.h. mit einer Kumulierung auf Rechts*folgen*seite, zu verbinden. Die Kumulation der beiden Maßnahmen auf Rechts*grund*seite, wie sie in §2 Abs.2 Nr.3 EEWärmeG erfolgt, führt dagegen zu einer Verengung des Anwendungsbereichs, weil so eine Umgehungsmöglichkeit durch die Aufsplittung einer (energetischen) Sanierung geschaffen wird.

Für die Einführung einer EE-Nutzungspflicht würde ohne weiteres auch die Bindung an eine Erneuerung der Heizungsanlage als auslösendes Moment genügen, um Kosteneinsparungen durch Synergieeffekte bei der Durchführung der Maßnahme zu nutzen, wenngleich zusätzliche *alternative* Auslösetatbestände damit nicht ausgeschlossen sind. Eine kumulative Bindung an Arbeiten an der Gebäudehülle kann demgegenüber dazu führen, dass gerade bei einem bloßen Austausch der Heizungsanlage die Synergieeffekte nicht genutzt werden. Ebenso wenig dürfte die Erstreckung der Kumulation auf ein Zeitfenster von bis zu zwei Jahren geeignet sein, etwaige Umgehungsgefahren zu vermeiden.

Es sollte darauf hingewiesen werden, dass die realisierte Fassung von §2 Abs.2 Nr.3 EEWärmeG in dieser Form nicht in der vom Bundesministerium für Umwelt, Naturschutz und Reaktorsicherheit im Vorfeld in Auftrag gege-

---

[85] Abgedruckt in CuR 2008, 114ff.

benen Untersuchung zum Umsetzungsbedarf der EE-RL empfohlen wurde. Dort wurde vielmehr ein vollständiger Gleichklang mit der sogleich noch näher behandelten GEEG-RL[86] angeregt.[87] Mit der Berücksichtigung der Heizungsanlagenerneuerung als zusätzliches Merkmal ist der Gesetzgeber demnach zwar vom Untersuchungsergebnis in sinnvoller Weise abgewichen, allerdings wurde durch die kumulative Ausgestaltung zugleich die Wirksamkeit der Vorbildpflicht herabgesetzt.

Fraglich ist, ob die unionsrechtlichen Vorgaben zur Vorbildpflicht eine abweichende Regelung erfordern, um die Effektivität der Bestimmungen sicherzustellen. Art. 13 Abs. 5 S. 1 EE-RL knüpft die Vorbildpflicht an das Vorliegen einer „größeren Renovierungsmaßnahme". Zur Auslegung dieses Begriffes enthält die EE-RL weder im Definitionskatalog des Art. 2 EE-RL noch an anderer Stelle Anhaltspunkte.[88] Die sprachliche Nähe zum Begriff der „größeren Renovierung", der in Art. 2 Nr. 10 der GEEG-RL legal definiert wird, ist jedoch evident. Dort bezeichnet „größere Renovierung" die Renovierung eines Gebäudes, bei der a) die Gesamtkosten der Renovierung der Gebäudehülle oder der gebäudetechnischen Systeme 25% des Gebäudewerts – den Wert des Grundstücks, auf dem das Gebäude errichtet wurde, nicht mitgerechnet – übersteigen *oder* b) mehr als 25% der Oberfläche der Gebäudehülle einer Renovierung unterzogen werden. Ausdrücklich klargestellt ist darüber hinaus, dass die Mitgliedstaaten entscheiden können, ob sie die Option a oder b verankern wollen.

Allerdings sollte die Ähnlichkeit der Begriffe in der EE-RL und der GEEG-RL nicht vorschnell zur Gleichsetzung der beiden Begriffe führen. Stattdessen ist zu beachten, dass Art. 2 Nr. 10 der GEEG-RL ausweislich des Einleitungssatzes des Artikels streng genommen nur für eben diese Richtlinie gilt. Hinzu kommt, dass die novellierte GEEG-RL erst nach der EE-RL erlassen wurde, sodass man ein von der dortigen Begrifflichkeit geprägtes Vorverständnis des (EE-)Richtliniengebers ablehnen könnte. Hiergegen wird allerdings vorgebracht, dass auch die Vorgängerrichtlinie (RL 2002/91/EG[89]) in ihrem 13. Erwägungsgrund dieselbe Begriffserklärung aufführte.[90]

---

86 Fundstelle oben Fn. 44.

87 *Fouquet et al.*, Fachliche Bewertung des Umsetzungsbedarfs der Erneuerbare-Energien-Richtlinie der EU, 2011, S. 435, 481 (http://www.bmu.de/erneuerbare_energien/downloads/doc/47170.php; abgerufen: 30. 10. 2012).

88 Dieselbe Frage stellt sich auch für die Auslegung der „größeren Renovierungsarbeit" in Art. 13 Abs. 4 UAbs. 3 S. 1 EE-RL, der erst noch umzusetzen ist. Die hier für Art. 13 Abs. 5 EE-RL gegebene Antwort gilt indessen auch für Art. 13 Abs. 4 UAbs. 3 S. 1 EE-RL.

89 Richtlinie 2002/91/EG des Europäischen Parlaments und des Rates v. 16. 12. 2002 über die Gesamtenergieeffizienz von Gebäuden (ABlEG L 1 S. 65).

90 So *Nast/Bürger/Klinski/Schulz/Steinbach*, Ergänzende Untersuchungen und vertiefende Analysen zum EEWärmeG (Folgevorhaben), 2010, S. 153 f. (http://elib.dlr.de/69183/1/Endbericht_Folgevorhaben_EEW%C3%A4rmeG_final-2.pdf; abgerufen: 30. 10. 2012). Allerdings erscheint die damit einhergehende Gleichsetzung von Erwägungsgründen und Le-

Zunächst ist also festzuhalten, dass es zwar nicht zu einer völligen Trennung der Inhalte von GEEG-RL und EE-RL kommen kann, erst recht nicht angesichts der thematischen Zusammengehörigkeit der Regelungsbereiche der Richtlinien, deren enge Verbindung zur Erreichung der Klimaschutzziele in Erwägungsgrund Nr. 17 der EE-RL zum Ausdruck kommt. Jedoch sind die Besonderheiten der jeweiligen Sachbereiche zu berücksichtigen. In der Untersuchung, die vom Bundesministerium für Umwelt, Naturschutz und Reaktorsicherheit in Auftrag gegeben wurde, um den Umsetzungsbedarf, der sich aus der EE-RL ergibt, zu ermitteln, wird zutreffend darauf hingewiesen, dass auch bei sachlich zusammenhängenden Richtlinien immer darauf zu achten ist, dass „der systematische und sachliche Kontext der auszulegenden Richtlinie im Vordergrund" steht und im Zweifel „eine eigenständige, von anderen Richtlinien unabhängige Auslegung zu wählen" ist.[91] Umso mehr überrascht es, dass trotz dieser zutreffenden Prämissen in der genannten Untersuchung offenbar nicht auf die Besonderheiten der EE-Nutzung gegenüber Energieeffizienzmaßnahmen Rücksicht genommen wird. Vielmehr dient die aus Klimaschutzgründen notwendige Kombination beider Instrumente, die sich aus den verschiedenen Richtlinien der Union ergibt, als Anlass für eine einheitliche – undifferenzierte – Auslegung der Begrifflichkeiten,[92] die zwar nicht ausdrücklich in das EEWärmeG übernommen wurde, aber für die Kumulation der Merkmale in § 2 Abs. 2 Nr. 3 EEWärmeG (mit-)ursächlich gewesen sein dürfte.

Die Beachtung der komplexen technischen Zusammenhänge ist für eine effektive Steuerung durch das Umweltenergierecht unabdingbar. So ist von Bedeutung, dass die Energieeffizienz von Gebäuden hauptsächlich[93] von der Wärmedämmung abhängt. Dementsprechend steht die Verbesserung der Wärmedämmung im Fokus der GEEG-RL, auch wenn diese Maßnahme – wie bei der EnEV – noch von weiteren Instrumenten flankiert wird.[94] In der Folge ist es

galdefinitionen (hinsichtlich ihrer jeweiligen Bedeutung für die Auslegung) durchaus problematisch.

[91] *Fouquet et al.*, Fachliche Bewertung des Umsetzungsbedarfs der Erneuerbare-Energien-Richtlinie der EU, 2011, S. 410 (http://www.bmu.de/erneuerbare_energien/downloads/doc/47170.php; abgerufen: 30. 10. 2012).

[92] *Fouquet et al.*, Fachliche Bewertung des Umsetzungsbedarfs der Erneuerbare-Energien-Richtlinie der EU, 2011, S. 411 ff., 435 (http://www.bmu.de/erneuerbare_energien/downloads/doc/47170.php; abgerufen: 30. 10. 2012). Dagegen wird a.a.O., S. 436, im Hinblick auf die Beurteilung der ebenso wenig auf die Besonderheiten der EE-Nutzung ausgelegten, sondern schlicht aus der EnEV übernommenen Ausnahmetatbestände in § 4 EEWärmeG (zur Kritik hieran siehe unten S. 43 ff.) durchaus eine Differenzierung zwischen Effizienz- und EE-Vorgaben angeregt.

[93] Daneben ist die Anlageneffizienz der gebäudetechnischen Systeme wie Heizung, Klimaanlage etc. von Bedeutung.

[94] Dieser Fokus ergibt sich aus der wohl wichtigsten Norm, nämlich Art. 9 Abs. 1 S. 1 lit. a GEEG-RL, wonach bis Ende 2020 alle Neubauten Niedrigstenergiegebäude sein müssen. Ein derart niedriger Bedarf an fossiler Energie, wie er durch die Festlegung des Niedrigstenergiegebäude-Standards zur Pflicht gemacht wird (laut Definition des Niedrigstenergiegebäudes

nahezu zwingend, dass als auslösendes Moment für Verbesserungen der Effizienz im Gebäudebestand an grundlegende Renovierungen angeknüpft wird und diese sich wiederum *nur* über Arbeiten an der Gebäudehülle definieren, wie es in Art. 2 Nr. 10 GEEG-RL der Fall ist.

Die Übertragung der Regelungen zur Wärme*dämmung* (Gebäudeeffizienz) auf die Wärme*erzeugung* (EE-Einsatz), wie sie sich in der Definition des § 2 Abs. 2 Nr. 3 EEWärmeG zum Teil widerspiegelt, erscheint demgegenüber eher als konterkarierende Kombination beider Aspekte auf der Rechts*grund*seite der Vorbildpflicht. Hieran ändert auch die geringfügige Herabsetzung der Renovierungsquote betreffend die Gebäudehülle im EEWärmeG (20%) im Vergleich zur GEEG-RL (25%) nichts.[95] Der These von der „widerspruchsfreien und in sich stringenten Energie- und Klimastrategie", die in der Gesetzesbegründung zum EAG EE geliefert wird,[96] um die Einbeziehung des in der GEEG-RL verwendeten Renovierungsbegriffs zu rechtfertigen, verdient deshalb nur begrenzt Zustimmung.

Vor dem Hintergrund dieser Zusammenhänge wurde den Beratungen zum EAG EE der Vorwurf einer unzureichenden Umsetzung der EE-RL durch die nunmehr Gesetz gewordene Ausgestaltung der Vorbildpflicht mit ihrem engen Auslösetatbestand erhoben. Diese Kritik wurde nicht von den Fachverbänden der (EE-)Anlagenbauer vorgebracht, sondern von unabhängiger Seite.[97] Die Gefahr der Unionsrechtswidrigkeit ist zwar nicht gänzlich abzustreiten, allerdings eröffnen die Vorgaben der EE-RL insoweit einen nicht unerheblichen Auslegungsspielraum. Zwar dürfte in dogmatischer Hinsicht kein Fall der unionsrechtskonformen Auslegung vorliegen, denn es steht nicht die Auslegung der deutschen Umsetzungsnorm (der Wortlaut des § 2 Abs. 2 Nr. 3 EEWärmeG lässt keine Spielräume für eine alternative Verknüpfung der Merkmale) in Rede, sondern ausschließlich eine Auslegung der Begrifflichkeiten in der EE-RL. Gerade die fehlenden Vorgaben zur „größeren Renovierungsmaßnahme" belassen den Mitgliedstaaten allerdings sehr große Entscheidungsfreiheit. Die vom Bundesgesetzgeber gewählte Definition lässt sich in gewissem Umfang mit dem Bestreben begründen, die Umstellung einer Heizungsanlage auf Erneuerbare Energien mit dem Wärmebedarf eines Gebäudes, der unter Einbeziehung von Effizienzmaßnahmen verbleibt, abzustimmen. Der Bundesgesetzgeber setzt

in Art. 2 Nr. 2 GEEG-RL: fast bei Null liegender oder jedenfalls sehr geringer Energiebedarf), lässt sich nur durch entsprechende Dämmung erreichen. Eine bloße Substitution durch Erneuerbare Energien würde dagegen keine Effizienzverbesserung bedeuten.

[95] So aber BT-Drs. 17/3629, S. 41.

[96] BT-Drs. 17/3629, S. 41.

[97] Siehe *T. Müller*, in: Wortprotokoll der öffentlichen Anhörung im Umweltausschuss des Bundestages v. 17. 1. 2011, S. 16, 27 f. (http://www.bundestag.de/bundestag/ausschuesse17/a16/Oeffentliche_Anhoerungen/archiv/29_Sitzung/prot_17_29.pdf; abgerufen: 30. 10. 2012).

damit sehr stark auf die Eigenverantwortung der Betroffenen, obwohl die Erfahrungswerte hier eher wenig Anlass zum Optimismus geben.

Auch wenn der vom Bundesgesetzgeber gewählte Auslösetatbestand also aus klimaschutzpolitischer Sicht einigen Anlass zur Kritik gibt, so dürfte sich hieraus dennoch nicht die Unionsrechtswidrigkeit der Norm ableiten lassen. Freilich können die verbleibenden Zweifel nur durch eine Nachbesserung unter Berücksichtigung der hier dargelegten Zusammenhänge ausgeräumt werden. Auch aus rechtspolitischer Sicht sind weiter gefasste Auslösetatbestände, die eine Umgehung weitgehend verhindern, ohne Zweifel vorzugswürdig, gerade wenn die Regelungen zur Vorbildpflicht ab 2015 wiederum „1:1" auf private Bestandsgebäude erstreckt werden sollten.[98]

c) *Prozesswärme*

Der Bereich der Prozesswärme wird vom EEWärmeG ausweislich der Definition in § 2 Abs. 2 Nr. 9 EEWärmeG nicht erfasst. Als Prozesswärme wird diejenige Wärme bezeichnet, die zur Durchführung industrieller Prozesse benötigt wird. Hierfür werden häufig Temperaturen von über 130°C gebraucht, weshalb hierfür auch das Synonym der Hochtemperaturwärme Verwendung findet.[99] Mit einem Anteil von über 30% am gesamten Wärmebedarf in Deutschland hat die Prozesswärme für die Umstellung auf eine EE-Versorgung eine enorme quantitative Bedeutung,[100] insbesondere da sie derzeit praktisch ausschließlich durch Verbrennung fossiler Energieträger erzeugt wird. Perspektivisch stellt sich deshalb die Frage nach der Einbeziehung der Prozesswärme in das EEWärmeG.

Man kann Raumwärme und Prozesswärme insofern unterscheiden, als die notwendige Menge an Raumwärme eher durch die Bausubstanz eines Gebäudes bestimmt wird, wohingegen der Prozesswärmebedarf sich hiervon unabhängig – und damit streng genommen gebäudeunabhängig – durch technische Erfordernisse in der Güterproduktion ergibt.[101] Damit ist der Raumwärmebedarf enger als der Prozesswärmebedarf mit den spezifischen (baulichen) Eigenschaften eines Gebäudes verbunden. Die vom Gesetzgeber bewusst[102] gewählte Nichterfassung der Prozesswärme durch das EEWärmeG folgt damit einer ge-

---

[98] Näher unten S. 84 f.

[99] *Bockhorst*, ABC Energie, 2002, S. 317.

[100] BT-Drs. 16/8149, S. 20; *R. Müller*, Das neue Wärmegesetz als Instrument deutscher Klimaschutzpolitik, ZNER 2008, 132 (135).

[101] Wegen ihrer „Raumbindung" sind deshalb auch bestimmte „Prozesse" der Nahrungs- und Pflanzenproduktion nicht der Prozess-, sondern der Raumwärme zuzuordnen und nach der gesetzgeberischen Entscheidung wiederum vom EEWärmeG ausgenommen (§ 4 Nr. 1 und Nr. 4 EEWärmeG).

[102] BT-Drs. 16/8149, S. 20 f.

wissen Logik, weil § 3 EEWärmeG eher gebäudebezogen ausgerichtet ist.[103] Daraus kann allerdings nicht abgeleitet werden, dass eine Einbeziehung der Prozesswärme durch Gesetzesänderung unzulässig wäre. Die genaue Abgrenzung anhand der Nutzung eines Gebäudes stößt ohnehin bereits bei der in das EEWärmeG einbezogenen Warmwassererzeugung an ihre Grenzen.

Man könnte erwägen, dass derartige Vorgaben rechtssystematisch wegen ihrer Anlagenbezogenheit eher dem Regelungsbereich des Bundes-Immissionsschutzgesetzes (BImSchG[104]) zuzuordnen wären. Das trifft freilich nicht zu. Die klimaschutzrelevanten Regelungen des BImSchG (vgl. § 5 Abs. 1 BImSchG) verdeutlichen, dass dort nur genehmigungsbedürftige Anlagen fokussiert werden und unter diesen wiederum nur solche, die den Vorgaben des TEHG unterliegen. Gebäude, die Teil dieser Anlagen sind, werden vom EEWärmeG ohnehin nicht erfasst (§ 4 Nr. 11 EEWärmeG). Für sonstige immissionsschutzrechtlich genehmigungsbedürftige Anlagen gilt im Übrigen nur die allgemein gehaltene *Effizienz*pflicht des § 5 Abs. 1 S. 1 Nr. 4 BImSchG, für genehmigungsfreie Anlagen wurde seitens des Gesetzgebers sogar hierauf verzichtet. Eine *EE*-Pflicht enthält das BImSchG demnach nicht. Diese vom Gesetzgeber bereits vorgenommene Abgrenzung legt es nahe, dass Vorgaben zur EE-Nutzung bei der Prozesswärme im EEWärmeG zu verankern sind.[105] Hieran ändert es auch nichts, dass das BImSchG grundsätzlich für EE-Vorgaben zum Schutz des Globalklimas geeignet wäre, wie sich aus der Nennung der „Allgemeinheit“ in § 3 Abs. 1 und der „Atmosphäre“ in § 3 Abs. 2 BImSchG ergibt.

Mitursächlich für die Ausklammerung der Prozesswärme aus dem EEWärmeG dürften die technischen Schwierigkeiten einer EE-Nutzung in diesem Bereich sein, die sich aufgrund der Heterogenität des Prozesswärmebereichs mit seinen ganz unterschiedlichen Temperatur- und Prozesserfordernissen ergeben. Folglich ist die Anlagentechnik hier noch vergleichsweise wenig entwickelt, verfügt aber gleichwohl über ein erhebliches Potenzial, auch hinsichtlich der Nutzung der Solarenergie.[106] Es stellt sich damit dasselbe Problem wie bei

---

[103] Ähnlich *Wustlich*, in: Müller/Oschmann/Wustlich (Hrsg.), EEWärmeG, 2010, § 3 Rn. 58, wenngleich das dortige Abstellen auf die „Nutzung“ eines Gebäudes zu allgemein erscheint.

[104] Gesetz zum Schutz vor schädlichen Umwelteinwirkungen durch Luftverunreinigungen, Geräusche, Erschütterungen und ähnliche Vorgänge v. 26. 9. 2002 (BGBl. I S. 3830), letzte berücksichtigte Änderung durch Gesetz v. 27. 6. 2012 (BGBl. I S. 1421).

[105] Eine partielle Einbeziehung der Prozesswärme fand sich außerdem seinerzeit im 1. Referentenentwurf für das EEWärmeG, so *T. Müller*, in: Müller/Oschmann/Wustlich (Hrsg.), EEWärmeG, 2010, Einleitung Rn. 92.

[106] Ausführlich *Vajen/Schmitt/Lauterbach*, Das Potential solarer Prozesswärme in Deutschland, 2011, passim (http://solar-publikationen.umwelt-uni-kassel.de/uploads/Potential_solarer_Prozesswaerme_in_Deutschland.pdf; abgerufen: 30. 10. 2012); siehe ferner *Nast/Bürger/Klinski/Schulz/Steinbach*, Ergänzende Untersuchungen und vertiefende Analysen zum EEWärmeG (Folgevorhaben), 2010, S. 34 f. (http://elib.dlr.de/69183/1/Endbericht_Folgevorhaben_EEW%C3%A4rmeG_final-2.pdf; abgerufen: 30. 10. 2012).

der EE-Nutzung zur Raumkühlung. Zudem verschwimmen im Prozesswärmebereich teilweise die Grenzen zwischen der Erzeugung bzw. Nutzung von Wärme und Strom, da letzterer häufig zur Erzeugung hoher Temperaturen eingesetzt wird bzw. werden muss. In großem Maßstab zeigt sich dies am Beispiel des für die industrielle Produktion in Deutschland äußerst bedeutsamen elektrischen Schweißens. Genauso kann aber auch der einzelne Verbraucher von der Abgrenzung unmittelbar betroffen sein, etwa beim heimischen Elektroherd. Diese und weitere Abgrenzungsfragen müssten bzw. müssen – abstrakt-generell – für eine effektive und zugleich angemessene EE-Nutzungspflicht für den Prozesswärmebereich im EEWärmeG bewältigt werden. Den kleinsten Regelungsaufwand würde sicherlich ein genereller Ausschluss aller strombasierten Prozesswärmeanwendungen aus dem EEWärmeG erfordern, sodass die Verantwortung eher dem Rechtsbereich der Steigerung des EE-Anteils an der Stromerzeugung, d.h. dem EEG-System, übertragen würde.

Abschließend stellt sich jedoch wiederum die Frage, welche Anforderungen zur Prozesswärme aus der EE-RL abgeleitet werden können. Zunächst ist festzustellen, dass der gewerbliche Sektor (Industrie, Handel, Dienstleistungen etc.) in der EE-RL nicht ausgenommen, sondern bewusst und ausnahmslos mit einbezogen wird (siehe Art. 2 lit. f, Art. 5 Abs. 4 UAbs. 1, Art. 13 Abs. 3 und Abs. 6 UAbs. 2, Art. 14 Abs. 5 EE-RL). Konsequenterweise wurde auch die Prozesswärme in die EE-RL mit aufgenommen (vgl. Art. 2 lit. g EE-RL, Art. 5 Abs. 4 UAbs. 1 EE-RL). Die *pauschale* Ausklammerung der Prozesswärme erscheint deshalb nicht mit Art. 13 Abs. 4 UAbs. 3 EE-RL vereinbar.[107] Folglich ist auf eine Einbeziehung der Prozesswärme in das EEWärmeG hinzuwirken, wenngleich hier die bestehenden technischen Grenzen, wie am Vorbehalt der Angemessenheit in Art. 13 Abs. 4 UAbs. 3 S. 1 EE-RL abgelesen werden kann, zu berücksichtigen sind.

d) Ausnahmenkatalog

aa) Gesamtbewertung

Die Mehrzahl der in § 4 EEWärmeG aufgeführten Ausnahmetatbestände wird in der Literatur kritisch bewertet. Es sollte nicht unerwähnt bleiben, dass die Ausnahmen im 1. Referentenentwurf noch sehr viel enger ausgestaltet waren. Seinerzeit waren lediglich Gebäude mit einer Fläche von weniger als 25 m², Traglufthallen u.Ä., provisorische Gebäude, die höchstens zwei Jahre genutzt werden sowie Gebäude, die zu Anlagen gehören, die dem TEHG unterfallen, vom Gesetz ausgenommen.[108]

---

[107] Siehe auch unten S. 86.

[108] Siehe – auch zur weiteren Entwicklung des Ausnahmenkatalogs über den 2. Referenten-

Mit § 4 EEWärmeG wurde – wie bereits erwähnt[109] – auch das Ziel verfolgt, einen Gleichklang zwischen EnEV (dort § 1 Abs. 2 S. 1) und EEWärmeG zu gewährleisten. In diesem Zusammenhang ist darauf hinzuweisen, dass die EnEV-Ausnahmen ihren Ursprung teilweise im zugrunde liegenden Art. 4 Abs. 3 der Gebäudeeffizienz-RL in der Fassung von 2002[110] haben. Zum einen sind jedoch in der im Hinblick auf EE-Nutzungspflichten einschlägigen EE-RL keine derartigen Ausnahmetatbestände vorgesehen und zum anderen sieht auch die novellierte Fassung dieser Richtlinie von 2010 (GEEG-RL[111]) im entsprechenden Art. 4 Abs. 2 einige Verschärfungen vor, sodass spätestens mit der Anpassung der EnEV an die neuen Regelungen nicht mehr von einem „Gleichlauf" gesprochen werden kann.

Ein solcher Gleichlauf ist jedoch ohnehin nicht anzustreben. Zu Recht ist diese Erwägung einer möglichst parallelen Ausgestaltung von Effizienz- und EE-Vorgaben bereits in die Kritik geraten, denn die zwar zielidentischen (Klimaschutz durch Reduzierung des Verbrauchs von fossilen Energieträgern), aber bisweilen doch hinsichtlich ihrer praktischen Wirkungsweise recht unterschiedlichen Instrumente der Energieeffizienz einerseits und des EE-Einsatzes andererseits lassen eine derartige Harmonisierung nicht immer sachgerecht erscheinen. Eine undifferenzierte Übernahme von EnEV-Normen in das EEWärmeG ist deshalb nicht gerechtfertigt, erst recht solange bzw. soweit das EEWärmeG nur Neubauten erfasst.[112]

Der umfangreiche Ausnahmenkatalog wurde gerade deshalb in die EnEV aufgenommen, weil die dortigen Anforderungen dem Korrektiv eines strengen Wirtschaftlichkeitsmaßstabs unterliegen (siehe Art. 5 Abs. 1 EnEG), dessen Überprüfung gerade für Bestandsbauten im Einzelfall erheblichen Verwaltungsaufwand verursachen kann, sodass eine Vollzugsvereinfachung durch Ausschluss derjenigen Gebäude gerechtfertigt erscheint, bei denen *Effizienzmaßnahmen* (Wärmedämmung etc.) nur geringen (zusätzlichen) Nutzen versprechen. Dies ist etwa bei unterirdischen Bauten wegen des ohnehin schon bestehenden „natürlichen" Wärmeschutzes der Fall oder etwa bei Gebäuden, die „großflächig und lang anhaltend offen gehalten werden müssen", denn dort können *Effizienzmaßnahmen* wegen des häufigen Wärmeabflusses über die offenen Bereiche nur wenig ausrichten.

entwurf und den Kabinettsentwurf – *Rostankowski*, in: Müller/Oschmann/Wustlich (Hrsg.), EEWärmeG, 2010, § 4 Rn. 4–6.

[109] Oben S. 26.

[110] Fundstelle oben Fn. 89.

[111] Fundstelle oben Fn. 44.

[112] Zum Ganzen *Rostankowski*, in: Müller/Oschmann/Wustlich (Hrsg.), EEWärmeG, 2010, § 4 Rn. 27 ff., die daraus den Schluss zieht, dass für § 4 EEWärmeG ein engerer Auslegungsmaßstab anzulegen sein soll, was jedoch in der konkreten Umsetzung mangels Auslegungsspielräumen regelmäßig schwierig werden dürfte.

Diese Erwägungen lassen sich schon aus sachlichen Gründen nicht ohne weiteres auf das EEWärmeG übertragen, weil dort gerade Pflichten für die – trotz bestehender Hemmnisse für wirkungsvolle Effizienzmaßnahmen – verwendeten Heizungsanlagen statuiert werden.

In rechtlicher Hinsicht kommt hinzu, dass das EEWärmeG ohnehin keinen strengen Wirtschaftlichkeitsvorbehalt kennt. Die Erwähnung der wirtschaftlichen Vertretbarkeit in § 1 Abs. 2 EEWärmeG hat vielmehr deklaratorischen Charakter. Es soll zum Ausdruck gebracht werden, dass mit den Regelungen im EEWärmeG die wirtschaftliche Vertretbarkeit bei einer Gesamtbetrachtung gewahrt wurde. Dies zeigt sich daran, dass die eigentliche „Pflichtengrenze" aus Kostengründen die „unbillige Härte" in § 9 Abs. 1 Nr. 2 EEWärmeG darstellt.[113] Wegen des Fehlens einer generellen Befreiungsmöglichkeit bei Unwirtschaftlichkeit reduziert sich also bereits der Verwaltungsaufwand gegenüber der EnEV, sodass es nicht im selben Maße einer Vereinfachung durch pauschale Ausnahmetatbestände bedarf. Zwar ist der Gesetzgeber nicht an der Schaffung derartiger Regelungen gehindert, es zeigt sich aber anhand der vorstehenden Überlegungen, dass die Ausnahmen gemäß § 4 EEWärmeG, soweit sie vorrangig auf der Wirtschaftlichkeitsbetrachtung beruhen, Zugeständnisse darstellen, die einer stetigen Überprüfung und ggf. einer Korrektur unterliegen müssen, gerade im Hinblick auf das langfristige Ziel einer (nahezu) vollständigen Umstellung der Energieversorgung auf EE.

Die Notwendigkeit eines Gleichlaufs der Anwendungsbereichsausnahmen von EnEV und EEWärmeG lässt sich auch nicht allein aus der Existenz der EnEV-Übererfüllung als Ersatzmaßnahme (§ 7 Abs. 1 Nr. 2 EEWärmeG) schlussfolgern. Sollte sich diese Ersatzmaßnahme als unwirtschaftlich erweisen, stehen stattdessen noch etliche weitere Erfüllungsoptionen zur Verfügung. Im Übrigen ist die Vereinbarkeit dieser Ersatzmaßnahme mit dem Unionsrecht, solange sie ohne nähere Voraussetzungen neben den EE-Erfüllungsoptionen steht, zu bezweifeln.[114]

bb) Einzelfragen

Wie bereits erwähnt war der Wunsch nach einer Vollzugsvereinfachung im Hinblick auf Grenzfälle der Angemessenheit von EE-Nutzungspflichten mitursächlich für die zahlreichen Ausnahmeregelungen. Diese Erwägung kann vor allem für die 50-m^2-Grenze in § 4 EEWärmeG vorgebracht werden, um die hieraus folgende Ungleichbehandlung von Gebäuden vor Art. 3 Abs. 1 GG zu rechtfertigen. Dies ist notwendig, weil allein der geringere Energieverbrauch solch kleiner Gebäude für sich genommen keinen hinreichenden Grund für eine

---

[113] *T. Müller*, in: Müller/Oschmann/Wustlich (Hrsg.), EEWärmeG, 2010, § 1 Rn. 38.
[114] Dazu unten S. 55 ff.

Besserstellung darstellt, da einige der im EEWärmeG zugelassenen Erfüllungsmöglichkeiten bei kleinen Gebäuden *nicht* zu einer übermäßigen relativen Erhöhung gegenüber größeren Gebäuden führen, sodass der Gesetzgeber an sich bereits durch die Technologieoffenheit des EEWärmeG entsprechend vorgesorgt hat.[115] Gerade um eine aufwendige Prüfung der tatsächlichen Realisierbarkeit *aller* Erfüllungsmodi bei kleinen Gebäuden zu vermeiden, kann die „De-minimis-Regel" sinnvoll sein. Dabei ist im Übrigen nicht außer Acht zu lassen, dass nur wenige Gebäude die 50-m^2-Grenze[116] unterschreiten. Für Wohngebäude werden kleine Ferienhäuser und Bungalows als Anwendungsbeispiele für die 50-m^2-Klausel angeführt,[117] wobei diese im Einzelfall auch unter § 4 Nr. 8 EEWärmeG fallen könnten. Im Bereich der Nichtwohngebäude sind vor allem Kioske als Beispiele zu nennen.

Vor dem Hintergrund der Wirtschaftlichkeitsbetrachtung, die bei der Übernahme des Ausnahmenkatalogs aus der EnEV – wie soeben beschrieben – von entscheidender Bedeutung war, sind vor allem die Nr. 1–6 sowie Nr. 8 und Nr. 9 des § 4 EEWärmeG noch im Einzelnen zu untersuchen.[118]

Zu Recht wird etwa gegen § 4 Nr. 1 EEWärmeG vorgebracht, dass durch die pauschale Privilegierung von Betriebsgebäuden große Potenziale ungenutzt bleiben, die sich aus der im landwirtschaftlichen Bereich günstigen Möglichkeit der Beheizung der hier genannten Gebäude durch die in Biomasse-Blockheizkraftwerken, die im Übrigen auch im Außenbereich privilegiert sind (§ 35 Abs. 1 Nr. 6 BauGB), generierte Wärme ergeben.[119]

Auch bei § 4 Nr. 2 EEWärmeG wird bezweifelt, ob das Abstellen auf Wärmeverluste ein sinnvolles Kriterium für eine pauschale Befreiung von der EE-Nutzungspflicht darstellt.[120] Dem ist ebenfalls zuzustimmen. Zwar leuchtet ein, dass derartige Gebäude von der EnEV ausgenommen werden, weil Dämmmaßnahmen nur sinnvoll sind, wenn es keine großen Öffnungen gibt, durch die Wärme (bzw. Kälte) ungehindert ausströmen kann. Anders ist dies jedoch in Sachen Wärmeversorgung zu beurteilen. Die Wärmeverluste durch großflächige Öffnungen wirken sich auf die Notwendigkeit einer Substitution der herkömmlich für die – trotzdem stattfindende[121] – Heizung verwendeten (fos-

---

[115] Näher zum Ganzen *Rostankowski*, in: Müller/Oschmann/Wustlich (Hrsg.), EEWärmeG, 2010, § 4 Rn. 14 ff.

[116] Zur Bestimmung der hierfür ausschlaggebenden „Nutzfläche" siehe die nach Wohn- und Nichtwohngebäuden unterscheidende Definition in § 2 Abs. 2 Nr. 4 EEWärmeG.

[117] *Rostankowski*, in: Müller/Oschmann/Wustlich (Hrsg.), EEWärmeG, 2010, § 4 Rn. 12.

[118] Auch § 4 Nr. 7 EEWärmeG wird darüber hinaus in Frage gestellt von *Ekardt/Heitmann*, Probleme des EEWärmeG bei Neubauten, ZNER 2009, 346 (347).

[119] *Rostankowski*, in: Müller/Oschmann/Wustlich (Hrsg.), EEWärmeG, 2010, § 4 Rn. 34.

[120] *Rostankowski*, in: Müller/Oschmann/Wustlich (Hrsg.), EEWärmeG, 2010, § 4 Rn. 37, 39.

[121] Ansonsten würde das EEWärmeG gemäß § 4 EEWärmeG („die unter Einsatz von Energie beheizt oder gekühlt werden") ohnehin keine Anwendung finden.

silen) Energieträger nicht aus. Ein „effizienter“ Energieeinsatz ist in derartigen Gebäuden per se weder leichter noch schwerer mit Erneuerbaren Energien zu erreichen als mit fossilen Energieträgern. Die kaum nachvollziehbare Anknüpfung an die Schwierigkeiten von wirkungsvollen Dämmmaßnahmen bei der Verpflichtung zum EE-Einsatz findet auch bei § 4 Nr. 4 EEWärmeG statt, dessen Fragwürdigkeit zudem durch erfolgreiche Gegenbeispiele aus der Praxis besonders deutlich wird.[122]

§ 4 Nr. 3 EEWärmeG lässt sich ähnlich beurteilen. Dass unterirdische Gebäude nicht zwingend gedämmt werden müssen, sondern bereits ihre Lage für einen guten Wärmeschutz sorgt, ist nachvollziehbar. Warum allerdings die Wärmeversorgung solcher Bauwerke, soweit eine solche stattfindet, nicht auf Erneuerbare Energien umgestellt werden sollte, ist kaum erklärlich. Bunkeranlagen, die auf eine zuverlässige und autarke Energieversorgung angewiesen sind, dürften ohnehin unter § 4 Nr. 11 EEWärmeG fallen.

Abschließend werden auch § 4 Nr. 8 und Nr. 9 EEWärmeG speziell im Hinblick auf die in unterschiedlicher Form enthaltene „4-Monats-Regelung“ in Frage gestellt mit der Begründung, dass das EEWärmeG bereits ausreichende Erfüllungsmöglichkeiten biete, die gegenüber der ohnehin zu installierenden Heizungsanlage auch bei Berücksichtigung einer aufgrund der selteneren Nutzung längeren Amortisationsdauer nur geringe Mehrkosten auslösten.[123] Darüber hinaus wird eine Ausnahme zu Gunsten von Ferien- und Wochenendhäusern, wie sie mit § 4 Nr. 8 EEWärmeG vorliegt (bei allen übrigen Wohngebäuden ist von ganzjähriger Nutzung auszugehen), hinsichtlich ihrer sozialen Ausgewogenheit in Frage gestellt.[124]

cc) Weiterentwicklungsoption

Insgesamt erscheint § 4 EEWärmeG in seiner aktuellen Fassung zu weit. Als Alternative zur alleinigen und pauschalen Anknüpfung an die Gebäudetypen könnte auf den prognostizierten Energiebedarf (pro Jahr für Heizung bzw. Kühlung und Warmwasser) der in § 4 EEWärmeG genannten Gebäude abgestellt werden. Eine solche Lösung enthielt bereits andeutungsweise Art. 4 Abs. 3 3. Spiegelstrich der „alten“ Gebäudeeffizienz-RL (RL 2002/91/EG),[125] der zur Voraussetzung machte, dass die ausgenommenen Gebäude nur einen „geringen Energiebedarf“ aufweisen. Eine solche Regelung dürfte jedoch kaum justiziabel sein, sodass ein Grenzwert vorzugswürdig wäre. Eine konkretere Variante fin-

[122] *Rostankowski*, in: Müller/Oschmann/Wustlich (Hrsg.), EEWärmeG, 2010, § 4 Rn. 43 f.
[123] *Rostankowski*, in: Müller/Oschmann/Wustlich (Hrsg.), EEWärmeG, 2010, § 4 Rn. 65, 68.
[124] *Ekardt/Heitmann*, Probleme des EEWärmeG bei Neubauten, ZNER 2009, 346 (347 f.).
[125] Fundstelle oben Fn. 89.

det sich etwa in Art. 4 Abs. 2 lit. d 2. Alt. der novellierten GEEG-RL[126]. Auch absolute Grenzwerte für die einzelnen Gebäudetypen (in kWh/m²·a) wären denkbar. Zuzugeben ist, dass hiermit zusätzlich gesetzgeberischer bzw. administrativer Aufwand bei der Festsetzung der Grenzwerte bzw. dem Vollzug dieser Regelung verbunden wäre. Die schlichte Streichung derjenigen Ausnahmetatbestände, die sich wie gesehen sachlich kaum rechtfertigen lassen, wäre demgegenüber wiederum vorzugswürdig, denn es ist zu bezweifeln, dass diese Ausnahmen unter den Angemessenheitsvorbehalt des Art. 13 Abs. 4 UAbs. 3 S. 1 EE-RL fallen.

e) Schlussfolgerungen für Kommunen

Die Beschränkungen des Anwendungsbereichs des EEWärmeG stellen kehrseitig zugleich das Potenzial für kommunale Klimaschutzmaßnahmen dar. Aufbauend auf der soeben erfolgten Bewertung des EEWärmeG lässt sich demnach ein erheblicher Bedarf an kommunaler Steuerung erkennen, der an dieser Stelle zunächst benannt werden soll, um dann im weiteren Verlauf der Untersuchung die rechtlichen Möglichkeiten der Kommunen in den einzelnen betroffenen Rechtsbereichen vor dem Hintergrund dieses Bedarfs beleuchten zu können.

Solange auf Bundesebene keine Regelung existiert, die den Gebäudebestand adressiert und die dort vorhandenen großen CO_2-Einsparpotenziale umfassend hebt, sind die Kommunen aufgerufen, ihrer Klimaschutzverantwortung gerecht zu werden, indem sie die ihnen zur Verfügung stehenden Instrumente[127] für einen Ausbau der klimafreundlichen Energieversorgung nutzen. Dabei können Kommunen wiederum diejenigen Erkenntnisse verwerten, die sich durch die beginnende Einbeziehung des Gebäudebestands im Wege der Vorbildpflichten für öffentliche Gebäude gewinnen lassen. Neben ersten Anhaltspunkten für den konkreten zahlenmäßigen Umfang von EE-Nutzungspflichten für bestehende Gebäude gehört hierzu auch die Schlussfolgerung, dass eine allzu großzügige Regelung des Auslösetatbestands (konkret: § 2 Abs. 2 Nr. 3 EEWärmeG) die Gefahr einer Umgehung durch die potenziellen Adressaten schafft.

Aufgrund der Ausklammerung des Prozesswärmebereichs aus den Bundesregelungen sind gerade die Kommunen aufgerufen, hier durch zielgerichtete Vorgaben erste Erfahrungen zu sammeln. Da das EEWärmeG für Neubauten abschließende Regelungen trifft, haben die Länder keine Möglichkeit, im Rahmen eigener Wärmegesetze voranzuschreiten. Davon unberührt bleibt jedoch die Befugnis der Gemeinden, durch bauleitplanerische Festsetzungen auf

---

[126] Fundstelle oben Fn. 44.

[127] Diese finden sich vor allem im Bauordnungsrecht (unten § 4 [S. 215 ff.]) und im Kommunalrecht (unten §§ 6 ff. [S. 288 ff.]).

Grundlage von § 9 Abs. 1 Nr. 23 lit. b BauGB Festsetzungen zur klimaschonenden Erzeugung von Prozesswärme zu treffen,[128] mit denen vor allem auf den Einzelfall eingegangen werden kann. Zugleich könnten auch wichtige Erfahrungen zur späteren Standardisierbarkeit auf Bundesebene gewonnen werden.

Die Ausnahmeregelungen in § 4 EEWärmeG eignen sich ebenfalls für eine Modifizierung auf kommunaler Ebene mit Hilfe der Bauleitplanung. Es wurde gezeigt, dass EE-Pflichten für die in § 4 EEWärmeG aufgeführten Gebäude nicht für alle Ausnahmetatbestände durch zwingende Sachzusammenhänge ausgeschlossen sind, sondern vielfach eine kritikwürdige Übertragung von Erwägungen aus dem Energieeffizienzrecht für die Schaffung des Ausnahmekatalogs verantwortlich war. Für diejenigen Tatbestände des § 4 EEWärmeG, die soeben bereits im Einzelnen gewürdigt wurden, drängt sich deshalb eine Nachsteuerung durch entsprechende differenziertere Festsetzungen in Bebauungsplänen auf. Eine „Korrektur" der 50-m^2-Grenze durch bauleitplanerische Festsetzungen, die sich ohnehin nur auf Neubauten beziehen könnten,[129] wäre demgegenüber angesichts der zu erwartenden geringen Wirkung nur dann angezeigt, wenn sich aus verlässlichen Daten zur quantitativen Bedeutung der „De-minimis-Grenze" ergeben würde, dass eben diese bisher unterschätzt wurde. Bis auf weiteres sprechen jedoch die Bundesregelung und die im Zusammenhang mit der Bagatellgrenze ergangene Rechtsprechung[130] für eine Außerachtlassung kleiner Gebäude.

Neben der Verantwortung für private Gebäude im Gemeindegebiet stehen die Kommunen im Hinblick auf ihre eigenen Liegenschaften in der Pflicht. Die Wahrnehmung dieser Verantwortung soll durch die Vorbildpflichten im EEWärmeG sichergestellt werden, die in quantitativer Hinsicht vornehmlich die Kommunen betreffen. Es wurde gezeigt, dass die aktuelle Ausgestaltung der Vorbildpflichten speziell im Hinblick auf den pflichtauslösenden Tatbestand durchaus Friktionen enthält. Obgleich die bestehenden Regelungen damit nicht die Grenze der Unionsrechtswidrigkeit überschreiten dürften, so ist doch vor einer allzu minimalistischen Erfüllung der gesetzlichen Vorgaben zu warnen. Die (potenziell) betroffenen Städte und Gemeinden sollten nicht der Versuchung einer „Umgehungstaktik" bei der Beurteilung der Notwendigkeit und Sinnhaftigkeit einer umfassenden energetischen Sanierung ihrer Gebäude unterliegen. Stattdessen gilt es, in größtmöglichem Umfang Synergieeffekte zu nutzen, auch und gerade mit Blick auf kommende finanzielle Belastungen kom-

---

[128] So bereits *Wustlich*, in: Müller/Oschmann/Wustlich (Hrsg.), EEWärmeG, 2010, § 3 Rn. 98 f. Näher zum Verhältnis von EEWärmeG und Festsetzungen im Bebauungsplan und auch zur Berücksichtigung der Prozesswärme unten § 3 IV. 7. b).

[129] Dazu unten S. 154 ff.

[130] Näher hierzu unten S. 228 ff., wo die Rechtsprechung des *VG Gießen* zur Marburger Solarsatzung behandelt wird, die in ihrer ersten Fassung noch eine solche Grenze vermissen ließ.

munaler Haushalte. Eine kurzsichtige Strategie der Vermeidung von Investitionen in eine nachhaltige Versorgung würde nicht nur die Glaubwürdigkeit der regelmäßig proklamierten kommunalen Klimaschutzambitionen unterminieren, sondern angesichts stetig steigender Energieversorgungskosten auch die finanziellen Spielräume künftig noch stärker verengen.

2. Technologieoffenheit des EEWärmeG

a) Ambivalenz der Bioenergie

Die Nutzung von Biomasse zur Energieerzeugung ist mit spezifischen Problemen verbunden, die eine umsichtige Steuerung und größtmögliche Verwertungseffizienz notwendig machen. Die begrenzte Verfügbarkeit wegen der Limitierung der Anbauflächen steht einer großmaßstäblichen Nutzung bei der Biomasse stärker im Wege als bei der Solarenergie, der Umweltwärme oder der Geothermie, auch wenn diese ebenfalls in gewissem Umfang auf die Nutzung von Flächen angewiesen sind. Diese Begrenzung ergibt sich auch speziell aus dem Konflikt zur Nutzung von Flächen zur Nahrungs- und Futtermittelherstellung oder auch gerade zur *Nicht*nutzung von Flächen von besonderem ökologischem Wert. Die aus der Biomassenutzung erwachsenden Nachhaltigkeitsprobleme (Biodiversitätsverlust durch Flächenumwandlung, Belastung von Boden und Wasserhaushalt in Folge landwirtschaftlicher Nutzung, soziale Konflikte durch Nutzungskonkurrenzen) erwachsen in multiplizierter Form bei der Einfuhr von Biomasseprodukten (vor allem flüssige Bioenergieprodukte), die in Schwellen- und Entwicklungsländern hergestellt werden.[131] Dies begründet sich darin, dass dort die bestehenden Anforderungen der einschlägigen Nachhaltigkeitsverordnungen praktisch kaum zuverlässig auf ihre Einhaltung hin kontrolliert werden können, sodass sogar der Klimavorteil im Einzelfall entfallen kann.[132] Hinzu kommt die – trotz der rechnerischen (theoretischen) CO_2-Neutralität – vor Ort durch die Biomasseverbrennung hervorgerufene Emission sonstiger Luftschadstoffe (Feinstaub etc.), die sich auch durch

[131] Ausführlich *Ekardt/Schmeichel/Heering*, Europäische und nationale Regulierung der Bioenergie und ihrer ökologisch-sozialen Ambivalenzen, NuR 2009, 222ff.; *Wissenschaftlicher Beirat der Bundesregierung Globale Umweltveränderungen* (Hrsg.), Welt im Wandel: Zukunftsfähige Bioenergie und nachhaltige Landnutzung, 2009, S. 61ff.

[132] Näher *Ekardt/Hennig*, Die Biomassestrom-Nachhaltigkeitsverordnung: Chancen und Grenzen von Nachhaltigkeits-Kriterienkatalogen, ZUR 2009, 543 (544, 550); *Ludwig*, Nachhaltigkeitsanforderungen beim Anbau nachwachsender Rohstoffe im europäischen Recht, ZUR 2009, 317 (318ff.); *T. Müller*, Der Rechtsrahmen zur Förderung und Nutzung Erneuerbarer Energien, insbesondere Erneuerbare-Energien-Gesetz und Erneuerbare-Energien-Wärmegesetz, in: Köck/Faßbender (Hrsg.), Klimaschutz durch Erneuerbare Energien, 2010, S. 15 (34).

fortgeschrittene Anlagentechnik nur vermindern, aber nicht vermeiden lässt.[133] Die Forcierung der Bioenergienutzung wirft damit die wohl größten intra-ökologischen Konflikte im Bereich der Wärmeerzeugung auf.[134] Nähere Ausführungen zu den hier bestehenden, äußerst komplexen Herausforderungen können an dieser Stelle nicht erfolgen, da sie die Thematik dieser Untersuchung verlassen würden.[135] Es ist jedoch darauf hinzuweisen, dass sich etwa Anlagen zur Verfeuerung flüssiger Biomasse im Heizungsbereich schlicht aufgrund sehr geringer Investitionsmehrkosten[136] (und nicht aufgrund ihres ökologischen Nutzens) auch künftig großer Beliebtheit erfreuen dürften.

Aufgrund der Nachteile, die die Nutzung von Bioenergie mit sich bringt, wäre es angeraten, die Verfeuerung – soweit angemessen – nur in KWK-Anlagen zuzulassen.[137] Für den Strombereich weist die EEG-Novelle 2012 bereits eine Regelung auf, die solchen Erwägungen Rechnung trägt,[138] sodass eine Übertragung auf den Wärmesektor nur konsequent wäre. Betroffen von einer derartigen Einschränkung wären insbesondere große Anlagen, die durch Verfeuerung von Biomasse Wärme für eine Netzversorgung erzeugen. Damit wären also reine (Biomasse-)Heizwerke, wie sie derzeit ausweislich des § 7 Abs. 1 Nr. 3 i. V. m. Nr. VIII.1. lit. a der Anlage zum EEWärmeG noch zulässig sind, ausgeschlossen. Des Weiteren sollte die Verfeuerung von flüssiger[139] Biomasse ausschließlich, also auch bei Anlagen, die „nur" *einzelne Gebäude* versorgen, im KWK-Betrieb zugelassen werden, denn für Flüssigbrennstoffe existieren

133 Hierauf wird mit entsprechender Verschärfung der Anforderungen der 1. BImSchV reagiert. Zur jüngsten Novellierung siehe *Röckinghausen*, Die neue Verordnung über kleine und mittlere Feuerungsanlagen (1. BImSchV), ZUR 2011, 65 ff., der die 1. BImSchV in diesem Zusammenhang als einen Baustein eines klimapolitischen Regelungskonzepts ansieht.

134 Zu intra-ökologischen Konflikten siehe auch oben S. 18 mit Fn. 92.

135 Verwiesen sei etwa auf *Czybulka*, Biomasseerzeugung als Regelungsgegenstand des Naturschutz-, Landwirtschafts- und Forstwirtschaftsrechts?, EurUP 2010, 13 ff.; *Ekardt/Heitmann*, Probleme des EEWärmeG bei Neubauten, ZNER 2009, 346 (349 ff.); *Gawel/Ludwig*, Nachhaltige Bioenergie – Instrumente zur Vermeidung negativer indirekter Landnutzungseffekte, NuR 2011, 329 ff.

136 *Groth/Schöneich*, Auswirkungen der neuen Klimaschutzvorschriften auf Bauleit- und Gebäudeplanung, vhw-Forum Wohneigentum 2008, 241 (242), geben den investiven Mehraufwand bei einem Einfamilienhaus mit nur 100–200 Euro an.

137 Näher *Ludwig*, Energetische Verwendung von Biomasse nur mit Augenmaß vorantreiben, NuR 2009, 831 (833) sowie *Nast/Bürger/Klinski/Leprich/Ragwitz/Schulz*, Ergänzende Untersuchungen und vertiefende Analysen zu möglichen Ausgestaltungsvarianten eines Wärmegesetzes, 2009, S. 124 f., 128 f. (http://www.erneuerbare-energien.de/files/pdfs/allgemein/application/pdf/endbericht_waermegesetz.pdf; abgerufen: 30. 10. 2012), die aus den Ambivalenzen der Bioenergie weitgehende Empfehlungen abgeleitet haben (z. B. Nichtzulassung der Bioölnutzung zur Erfüllung des EEWärmeG), hiermit aber offenbar kein Gehör gefunden haben.

138 Siehe § 27 Abs. 4 Nr. 1 EEG.

139 Bei der gasförmigen Biomasse ist diese Anforderung bereits (für die meisten Fälle) in das Gesetz aufgenommen worden; siehe § 5 Abs. 2 i. V. m. Nr. II.1. der Anlage zum EEWärmeG.

KWK-Anlagen auch in kleineren Leistungsklassen. Soweit es allerdings um die Beheizung *einzelner Etagen* eines Gebäudes geht, dürfte – mangels technischer Lösungen mit KWK – eine Ausnahme vom hier vorgeschlagenen grundsätzlichen KWK-Erfordernis notwendig sein. Diese sog. Etagenheizungen finden in etwa 2,7 Mio. bestehenden Wohnungen Verwendung und es erfolgt regelmäßig nur ein sukzessiver Austausch der einzelnen Anlagen, sodass keine zentrale Heizungsanlage zum Einsatz kommen kann.[140] Auf die Herausforderung einer klimafreundlichen Umrüstung dieser Wohnungen wird mit einer weiteren Ausdifferenzierung des EEWärmeG reagiert werden müssen.[141] Rechtstechnisch dürfte sich dies am einfachsten mit einem KWK-Erfordernis ab dem Erreichen einer bestimmten Leistungsgrenze für Biomassefeuerungsanlagen erreichen lassen.

Im Zusammenhang mit dem KWK-Ausbau ist auf eine weitere Aufgabe hinzuweisen, die sich zwar aus der Umstellung der Stromversorgung auf Erneuerbare Energien ergibt, die jedoch über die KWK-Technologie auch auf den Wärmemarkt durchschlägt. Als Prämisse ist dabei festzuhalten, dass der Fluktuationsausgleich, d. h. der Ausgleich des nur unregelmäßig anfallenden Stroms aus Photovoltaik- und Windkraftanlagen, jedenfalls in Deutschland die größte technische Herausforderung bei der Energiewende hin zu einer EE-Vollversorgung sein wird. Zugleich soll die KWK für die zukünftige Stromversorgung eine bedeutende Rolle spielen.[142] Und schließlich kann der aus der Verfeuerung von Biomasse in KWK-Anlagen erzeugte Strom bei ständiger Verfügbarkeit der Brennstoffe und aufgrund der Regelbarkeit von KWK-Anlagen zur Grundlastdeckung und – wohl noch wichtiger – eben zum Fluktuationsausgleich herangezogen werden.[143] Diese Fähigkeit zum Ausgleich haben KWK-Anlagen jedoch nur dann, wenn sie „*strom*geführt" betrieben werden,[144] d. h. wenn die *Strom-*

---

[140] Zum Problemfeld der Etagenheizungen siehe *Nast/Bürger/Klinski/Schulz/Steinbach*, Ergänzende Untersuchungen und vertiefende Analysen zum EEWärmeG (Folgevorhaben), 2010, S. 45, 50 (http://elib.dlr.de/69183/1/Endbericht_Folgevorhaben_EEW%C3%A4rmeG_final-2.pdf; abgerufen: 30. 10. 2012).

[141] Im BaWüEWärmeG wurde diesem Problem durch eine Beschränkung auf den Austausch *zentraler* Heizungsanlagen aus dem Weg gegangen; vgl. § 3 Nr. 3 BaWüEWärmeG.

[142] Gemäß § 1 Kraft-Wärme-Kopplungsgesetz (KWKG) v. 19. 3. 2002 (BGBl. I S. 1092), letzte berücksichtigte Änderung durch Gesetz v. 12. 7. 2012 (BGBl. I S. 1494), wird ein KWK-Anteil von 25% an der Stromversorgung angestrebt. Ausweislich der Regierungsbegründung soll dieser Anteil bis 2020 erreicht sein, was eine Verdoppelung im Vergleich zum Anteil von 2007 bedeuten würde, so BT-Drs. 16/8305, S. 14. Wegen der sich abzeichnenden Verfehlung dieses Ziels wurde 2012 eine Novellierung des Gesetzes verabschiedet, vgl. BT-Drs. 17/8801, S. 13.

[143] Dieser Aspekt wird auch im Zusammenhang mit der in 2012 wieder aufgenommenen finanziellen Förderung der sog. Mini-KWK-Anlagen durch den Bund betont und durch das Erfordernis eines Wärmespeichers in den Förderbedingungen zum Ausdruck gebracht. Vgl. etwa UMWELT 3/2012, 16 ff.

[144] Kontraproduktiv im Hinblick auf die Fähigkeit zum Fluktuationsausgleich kann deshalb die Förderungsvoraussetzung des streng wärmegeführten Betriebs wirken, die in

nachfrage und nicht die Wärmenachfrage entscheidend für den Betriebszeitpunkt ist, wobei idealerweise natürlich auch beides zusammenfallen kann, etwa an wind- und sonnenarmen Tagen während der Heizperiode. Für diejenigen Zeiten, in denen Strom- und Wärmenachfrage auseinanderfallen (namentlich im Sommer) ist deshalb bei der großmaßstäblichen Nutzung von KWK-Anlagen zum Fluktuationsausgleich die Speicherung der produzierten und nicht sofort genutzten Wärme in Langzeitwärmespeichern („Saisonspeicher") nötig,[145] denn im Unterschied zum Strom kann Wärme auch nach dem heutigen Stand der Technik bereits in großen Mengen und mit verkraftbaren Verlusten gespeichert werden. Die Speicherung von Wärme kann also den Bedarf an Stromspeichern – die ohnehin noch nicht zur Verfügung stehen – zumindest abmildern.[146] Dem wurde etwa mit der Einfügung eines neuen Fördertatbestands für Wärmespeicher in Form von § 5b KWKG n.F. durch die KWKG-Novelle 2012 Rechnung getragen.[147]

Die Heranziehung der (umlagegeförderten) KWK zum Fluktuationsausgleich scheitert auch nicht an den unionsrechtlichen Vorgaben in der KWK-RL.[148] Zwar wird die KWK-Förderung in Art. 7 Abs. 1 KWK-RL daran gebunden, dass sie sich „am Nutzwärmebedarf" orientiert. Dies setzt allerdings keinen streng wärmegeführten Betrieb voraus. Vielmehr orientiert sich eine Anlage auch dann am Nutzwärmebedarf, wenn sie zwar im Hinblick auf den jeweils aktuellen Betrieb vorrangig zur Stromproduktion, d.h. zum Fluktuationsausgleich im Stromnetz, läuft, dabei aber die anfallende Wärme in einen (Langzeit-)Speicher aufgenommen und zu einem späteren Zeitpunkt verbraucht wird.[149] Diese Auslegung wird zum einen unterstützt von dem zweiten in Art. 7

Nr. 14.1.1.2 der Richtlinien zur Förderung von Maßnahmen zur Nutzung erneuerbarer Energien im Wärmemarkt vom 20.7.2012, BAnz AT 08.08.2012 B4, festgelegt ist.

[145] So auch *Bundesministerium für Umwelt, Naturschutz und Reaktorsicherheit* (Hrsg.), Leitstudie 2011, S. 282 (http://erneuerbare-energien.de/files/pdfs/allgemein/application/pdf/leitstudie2011_bf.pdf; abgerufen: 30.10.2012).

[146] Siehe auch *Attig*, Kraft-Wärme-Kopplung als Ergänzung der erneuerbaren Energien, ET 3/2012, 13 (14).

[147] BGBl. 2012 I S. 1494. Die Gesetzesbegründung findet sich in BT-Drs. 17/8801, ist aber im Hinblick auf den Speicherfördertatbestand kaum aussagekräftig. Zu den Änderungen im Rahmen der KWKG-Novelle, die einen stromgeführten Betrieb fördern sollen, siehe etwa *Guss/Zipp*, Novellierung des KWKG: Ein Schritt in die richtige Richtung?, ET 3/2012, 28 (28, 30), die die Änderungen auch positiv bewerten.

[148] Richtlinie 2004/8/EG des Europäischen Parlaments und des Rates v. 11.2.2004 über die Förderung einer am Nutzwärmebedarf orientierten Kraft-Wärme-Kopplung im Energiebinnenmarkt und zur Änderung der Richtlinie 92/42/EWG (ABlEU L 52 S. 50). Siehe nunmehr Richtlinie 2012/27/EU des Europäischen Parlaments und des Rates v. 25.10.2012 zur Energieeffizienz, zur Änderung der Richtlinien 2009/125/EG und 2010/30/EU und zur Aufhebung der Richtlinien 2004/8/EG und 2006/32/EG (ABlEU L 315 S. 1).

[149] Eine abweichende Beurteilung ist gegebenenfalls dann geboten, wenn der Speicher vollständig geladen ist. Zweifelhaft ist ferner, ob die Voraussetzungen für die Wärmeauskopplung aus großen Kohlekraftwerken erfüllt sind. Diese Form der Wärmenetzversorgung spielt in Deutschland eine erhebliche Rolle. Allein bei den zehn im Juni 2012 in Deutschland im Bau

Abs. 1 KWK-RL genannten Merkmal, der „Orientierung an Primärenergieeinsparungen“, das eine Berücksichtigung der notwendigen Verknüpfung von EE-Stromerzeugung, zu der künftig immer mehr auch der Fluktuationsausgleich gehören wird, und Wärmeproduktion in KWK-Anlagen zulässt. Zum anderen lässt sich zur „Rechtfertigung“ des stromgeführten Betriebs auch Art. 7 Abs. 1 2. Hs. KWK-RL heranziehen.

b) Mindestdeckungsraten und Effizienzanforderungen

In der (rechts-)politischen Diskussion wird zum Teil die Forderung erhoben, die Technologieoffenheit des EEWärmeG noch weiter auszubauen.[150] Ein derartiges Postulat verwundert zunächst angesichts der Konzeption des EEWärmeG, das grundsätzlich bereits alle derzeit bekannten EE-Techniken im Wärmebereich als Erfüllungsoptionen zulässt. Hierüber hinaus eröffnet das EEWärmeG aktuell sogar sonstige Optionen, bei denen nicht einmal eine echte Substitution durch Erneuerbare Energien vorgenommen wird, sondern nur eine Reduktion des Primärenergiebedarfs durch Erhöhung der Effizienz (fossile KWK, Abwärme, verstärkte Wärmedämmung). Eine „Beschränkung“ der Technologieoffenheit ließe sich einzig in den Qualitätsanforderungen an die jeweiligen EE-Arten erkennen, wie sie in der Anlage zum EEWärmeG aufgeführt sind und wie sie im weiteren Sinne auch von den Mindestdeckungsanteilen für die einzelnen EE-Arten in §§ 5 f. EEWärmeG ausgehen. Tatsächlich liegt hierin aber keine Beschränkung der Technologieoffenheit, sondern vielmehr eine zur Effektuierung der EE-Nutzungspflicht notwendige Konkretisierung. Angesichts der aktuell eher moderaten Mindestdeckungsanteile sollte bei künftigen Novellierungen deshalb einzig eine *Erhöhung* der Mindestdeckungsanteile in Betracht gezogen werden. Mit den derzeit geltenden Vorgaben lässt sich eine langfristig angestrebte EE-Vollversorgung ohnehin nicht erreichen.

---

befindlichen neuen Kohlekraftwerken soll die ausgekoppelte Wärmeleistung insgesamt ca. 1.500.000 kW betragen, vgl. *Deutsche Umwelthilfe*, Kohlekraftwerksprojekte in Deutschland, Stand: Juni 2012, S. 1 (http://www.duh.de/1960.html; abgerufen: 30. 10. 2012). Zum Vergleich: Die Leistung der Heizungsanlagen neu errichteter Ein- und Zweifamilienhäuser liegt regelmäßig im Bereich bis 15 kW.

[150] Vgl. etwa den entsprechenden Prüfauftrag im Energiekonzept der Bundesregierung von 2010, BT-Drs. 17/3049, S. 14.

c) Ersatzmaßnahmen ohne EE-Verwendung

aa) Energieeinsparung/EnEV-Übererfüllung

Die Einfügung der EnEV-Übererfüllung als Ersatzmaßnahme ist teilweise auf Zustimmung gestoßen.[151] Zwar ist ein Instrumentenverbund von EE-Einsatz und Energieeffizienzmaßnahmen im Grunde zu begrüßen, es wird aber mit Recht bemängelt, dass es mit der Ersatzmaßnahme in § 7 Abs. 1 Nr. 2 EEWärmeG (Übererfüllung der EnEV) prinzipiell zu einem „Entweder Oder-Verhältnis" von Energieeffizienz und EE-Nutzung kommt, das dazu führt, dass beide Bereiche in bestimmtem Maße gegeneinander ausgespielt werden, weil diese Ersatzmaßnahme häufig schlicht aufgrund der niedrigeren Investitionskosten gewählt wird.[152] Eine verantwortungsvolle, konsequente und damit umfassende Klimapolitik und Klimaschutzrechtsetzung muss jedoch größtmögliche (verfassungsrechtlich zulässige) Verbesserungen auf beiden Gebieten fordern.[153] Die bei Errichtung eines Gebäudes vergleichsweise kostengünstige Einbindung von EE-Heizungsanlagen sollte daher besser *kumulativ* zur bestmöglichen[154] Wärmedämmung erfolgen. Da von der Regelung des § 7 Abs. 1 Nr. 2 EEWärmeG demgegenüber das Signal ausgeht, dass die alternative Ausführung von EE-Einsatz oder Effizienzmaßnahmen als ausreichend angesehen werden könnte, handelt es sich hierbei eher um ein Beispiel für eine nicht überzeugende Verknüpfung der Einzelelemente des Umweltenergierechts. Besonders deutlich wird die mangelhafte Abstimmung zwischen EE- und Effizienzvorgaben, wenn man darüber hinaus noch die föderale Dimension mit einbezieht. So können die Länder aufgrund der Öffnungsklauseln in § 1 Abs. 3, § 2 Abs. 4, § 3 Abs. 3 EnEG eigene Effizienzvorgaben machen, die über die EnEV-Standards hinausgehen. Hiervon hat Hamburg mit seiner Klimaschutzverordnung Gebrauch ge-

---

[151] *Ekardt*, in: Frenz/Müggenborg (Hrsg.), EEG, 2. Aufl. 2011, Einleitung Rn. 92.

[152] Nach einer Befragung von Architekten, Bauunternehmen etc. wurde die EnEV-Übererfüllung immerhin in ca. 20% der EEWärmeG-Anwendungsfälle in 2009 gewählt, siehe *Agentur für Erneuerbare Energien*, Renews Spezial 24/2010, S. 5, 8 (http://www.unendlich-viel-energie.de/de/service/mediathek/renewsspezial.html; 30. 10. 2012) oder alternativ die Wiedergabe der Ergebnisse bei *Nast/Bürger/Klinski/Schulz/Steinbach*, Ergänzende Untersuchungen und vertiefende Analysen zum EEWärmeG (Folgevorhaben), 2010, S. 56 (http://elib.dlr.de/69183/1/Endbericht_Folgevorhaben_EEW%C3%A4rmeG_final-2.pdf; abgerufen: 30. 10. 2012).

[153] Insgesamt *R. Müller*, Das neue Wärmegesetz als Instrument deutscher Klimaschutzpolitik, ZNER 2008, 132 (136). *Ekardt/Heitmann*, Probleme des EEWärmeG bei Neubauten, ZNER 2009, 346 (353), weisen darauf hin, dass Effizienzmaßnahmen höchstens gegenüber der klimapolitisch ambivalent zu bewertenden Bioenergienutzung vorzugswürdig sind.

[154] Diese ist auch mit der EnEV von 2009 offenbar noch nicht erreicht, denn sonst würde die für § 7 Abs. 1 Nr. 2 EEWärmeG notwendige Übererfüllung bei Neubauten kaum möglich sein, ohne dass auf § 3 Abs. 2 i. V. m. Anlage 1 Nr. 2.1.1 EnEV (Anrechnung von erneuerbarer Wärme) oder auf § 5 EnEV (Anrechnung von selbst erzeugtem und verbrauchtem EE-Strom) zurückgegriffen werden muss. Erst wenn letzteres grundsätzlich erforderlich werden sollte, hat die EnEV hinsichtlich der Effizienzanforderungen ihren endgültigen Status erreicht.

macht.[155] Dies hätte dazu führen können, dass wesentliche Anforderungen an die Ersatzmaßnahme des § 7 Abs. 1 Nr. 2 EEWärmeG in Hamburg bereits durch die bloße Einhaltung der bestehenden Landesregelungen befolgt werden – was den Mehrwert des EEWärmeG deutlich gemindert hätte. Zum größten Teil verhindert wird dieser Effekt nur dadurch, dass sich die Hamburger Klimaschutzverordnung und die dortigen Verschärfungen der EnEV-Anforderungen in statischer Verweisung auf die EnEV 2007 beziehen, die mittlerweile ihrerseits durch die EnEV 2009 verschärft wurde, an die wiederum die weitergehenden Vorgaben des EEWärmeG anknüpfen. Sollte es in weiteren Ländern zu Verschärfungen der aktuell geltenden EnEV kommen, würde sich das Problem jedoch erneut stellen.

Als weitere Negativbeispiele einer mangelhaften Abstimmung zwischen EE- und Energieeffizienzvorgaben wurden bereits die gewissermaßen umgekehrte Regelung einer Anrechenbarkeit der EE-Nutzung, die in Erfüllung des EEWärmeG erfolgt, auf die EnEV-Vorgaben (§ 3 Abs. 2 i. V. m. Anlage 1 Nr. 2.1.1 EnEV)[156] sowie die aktuelle Definition der „grundlegenden Renovierung" in § 2 Abs. 2 Nr. 3 EEWärmeG[157] identifiziert.

Angesichts des mit Sachgründen nur schwerlich zu erklärenden voraussetzungslosen Alternativverhältnisses von echter EE-Nutzung und EnEV-Übererfüllung im EEWärmeG stellt sich die Frage, ob diese Ausgestaltung verfassungsrechtlich geboten sein könnte. EE-Nutzungspflichten stellen eine Inhalts- und Schrankenbestimmung der Eigentumsfreiheit (Art. 14 Abs. 1 GG) dar.[158] Zunächst fällt auf, dass auch der Gesetzgeber selbst ausweislich der Erwägungen zur Vereinbarkeit des EEWärmeG mit der Eigentumsfreiheit *nicht* davon ausgegangen ist, dass die von ihm zugelassenen Ersatzmaßnahmen aus Verhältnismäßigkeitsgründen geboten wären.[159]

Für die verfassungsrechtliche Beurteilung entscheidend ist die Verhältnismäßigkeit einer EE-Nutzungspflicht. Diese soll hier jedoch nicht grundlegend und umfassend erörtert werden,[160] sondern gerade nur im Hinblick auf die Notwendigkeit von Ersatzmaßnahmen wie § 7 Abs. 1 Nr. 2 EEWärmeG.

---

[155] Näher unten S. 102 f.

[156] *T. Müller*, Der Rechtsrahmen zur Förderung und Nutzung Erneuerbarer Energien, insbesondere Erneuerbare-Energien-Gesetz und Erneuerbare-Energien-Wärmegesetz, in: Köck/Faßbender (Hrsg.), Klimaschutz durch Erneuerbare Energien, 2010, S. 15 (36); *Wustlich*, in: Danner/Theobald (Hrsg.), Energierecht, EEG VI B 4 Einf Rn. 166.

[157] Oben S. 36 ff.

[158] Ausführlich *Longo*, Neue örtliche Energieversorgung als kommunale Aufgabe, 2010, S. 211 ff.

[159] BT-Drs. 16/8149, S. 19 sowie ferner S. 25.

[160] Hierzu etwa *T. Müller*, in: Müller/Oschmann/Wustlich (Hrsg.), EEWärmeG, 2010, Einleitung Rn. 118 ff.; *Wustlich*, in: Danner/Theobald (Hrsg.), Energierecht, EEG VI B 4 Einf Rn. 62 ff.

Bei der Bewertung der *Erforderlichkeit* von EE-Nutzungspflichten könnte man argumentieren, dass die Eröffnung von Ersatzmaßnahmen geboten ist, weil es sich um eine gleich wirksame, aber weniger belastende Verpflichtung zur Erreichung des anvisierten Zweckes handelt. Diese Argumentation würde dann greifen, wenn der Zweck in der Einsparung einer bestimmten Menge von Treibhausgasen läge und durch die Übererfüllung der EnEV in etwa dieselbe THG-Menge vermieden werden kann wie bei der regulären EnEV-Erfüllung in Kombination mit einer durch das EEWärmeG vorgegebenen EE-Nutzung. Obgleich die Anforderungen des § 7 Abs. 1 Nr. 2 i. V. m. Nr. VII der Anlage zum EEWärmeG überschlägig auf diese Wirkung ausgerichtet wurden, würde mit einer solchen Argumentation verkannt, dass der Zweck des EEWärmeG nicht darin besteht, für jeden Anwendungsfall eine ganz bestimmte THG-Menge einzusparen. Der Zweck besteht vielmehr allgemein im Klimaschutz *durch Förderung der Erneuerbaren Energien zur Wärmeerzeugung* (§ 1 Abs. 1 EEWärmeG), nicht hingegen durch Förderung der Energieeffizienz. Dass beim Erlass von EnEG und EnEV (bislang) darauf verzichtet wurde, bereits maximale Anforderungen an die Wärmedämmung von Gebäuden anzulegen, darf vor dem Hintergrund der Zweckbestimmung des EEWärmeG nicht zu dem bereits erwähnten gegenseitigen Ausspielen von EE-Nutzung und Energieeffizienz führen.

Bei der Beurteilung der *Angemessenheit* von umweltenergierechtlichen Verpflichtungen ist in der rechts*politischen* Diskussion über Vorgaben wie diejenigen des EEWärmeG eine Fokussierung auf Wirtschaftlichkeitsaspekte zu beobachten. Dazu dürfte auch beitragen, dass bei den Vorgaben zur Energieeffizienz ein solcher Ansatz gewählt wurde (§ 5 Abs. 1 EnEG, § 25 Abs. 1 EnEV), sodass hier ein „Gewöhnungseffekt" an moderate gesetzliche Vorgaben mit gewissermaßen garantierter Amortisation nicht ausgeschlossen werden kann. Dies könnte bisweilen den Eindruck entstehen lassen, dass es aus Gründen des Eigentumsschutzes (Art. 14 Abs. 1 GG) notwendig wäre, dass die Amortisation der gesetzlich geforderten Investitionen sichergestellt wird. Dem ist zu widersprechen, da sich ein solches Wirtschaftlichkeitsgebot aus Art. 14 Abs. 1 GG nicht entnehmen lässt. Zwar darf die Abwägung gegen das Klimaschutzinteresse, das ausweislich der Zahl der vom Klimawandel Betroffenen und der damit verbundenen besonders intensiven Beeinträchtigungen aller Lebensbereiche von besonderem Gewicht ist, nicht dazu führen, den Klimaschutz zu einem schlechthin überwiegenden Belang aufzuwerten und die Eigentumsgarantie unverhältnismäßig zu beeinträchtigen. Vielmehr ist eine praktische Konkordanz zu suchen, die sich jedoch nicht in einem „Klimaschutz ohne Mehrkosten" erschöpft.[161] Betrachtet man zudem die Altlastenrechtsprechung des

---

[161] Hinzuzufügen ist jedoch, dass die Kosten eines rechtzeitigen Klimaschutzes ohnehin in jedem Fall die zukünftigen Kosten der Anpassung an den Klimawandel unterschreiten; siehe unter differenzierter Auseinandersetzung unter anderem mit dem Stern-Report *Sachverstän-*

BVerfG[162], so fällt auf, dass auch dort die Grenzen der Umweltverantwortlichkeit des Eigentümers relativ weit gezogen werden und der Amortisationsgedanke nur marginale Bedeutung hat.

Es kommt hinzu, dass eine *ex ante*-Abschätzung der Wirtschaftlichkeit aufgrund der Volatilität der Energiepreise kaum zuverlässig vorgenommen werden kann.[163] Das EEWärmeG enthält deshalb – bewusst und folgerichtig – keinen strengen Wirtschaftlichkeitsmaßstab. Seine Einführung wäre auch bei einer generellen Ausdehnung des EEWärmeG auf Bestandsgebäude nicht sinnvoll.[164]

In der Folge erscheint auch die aktuelle Zulassung der EnEV-Übererfüllung als Ersatzmaßnahme eher politisch motiviert durch den Willen zur Schaffung einer kostengünstigen Alternative für Bauherren bzw. Eigentümer, nicht aber verfassungsrechtlich geboten. Selbst wenn aus rechtspolitischen Gründen ein strengerer Maßstab angelegt wird, ist eine Zulassung der EnEV-Übererfüllung (und sonstiger „EE-freier" Erfüllungsmodi) als Ersatzmaßnahme nur zu befürworten, wenn sich die EE-Nutzung nachweislich als in hohem Maße unwirtschaftlich darstellen würde. Ein entsprechender Vorbehalt in Form einer Subsidiarität, d.h. die zusätzliche Voraussetzung der erheblichen Unwirtschaftlichkeit aller EE-Nutzungen für die Eröffnung der Erfüllungsmöglichkeiten von § 7 Abs. 1 Nr. 2 EEWärmeG, findet sich in der Norm jedoch nicht. Vielmehr tritt die EnEV-Übererfüllung „gleichberechtigt" neben die eigentliche EE-Nutzungspflicht.

Diese Verwerfung wird sich *mittelfristig* für den Neubaubereich erledigen, da die GEEG-RL[165] mit Ablauf des Jahres 2020 gemäß Art. 9 Abs. 1 S. 1 lit. a ohnehin den Standard des „Niedrigstenergiehauses" (Definition in Art. 2 Nr. 2 GEEG-RL) für neu zu errichtende Gebäude vorgibt. Weitere *Übererfüllungen* dürften damit im Neubaubereich ohnehin nur noch über den EE-Einsatz darstellbar sein, der sich auf die Energiebilanz eines Gebäudes auswirkt und so nicht nur „Niedrigstenergiehäuser", sondern rein rechnerisch sogar Nullenergie- und Plusenergiehäuser möglich macht.

Es stellt sich jedoch die Frage, ob es nicht ohnehin bereits ab 2015 in Umsetzung der EE-RL zwingend notwendig sein wird, die vorbehaltlose Zulassung der EnEV-Übererfüllung in § 7 Abs. 1 Nr. 2 EEWärmeG aufzugeben und – sowohl für den Neubaubereich wie auch für Bestandsgebäude – eine Subsidiaritätsklausel zu Gunsten der EE-Verwendung einzufügen. Hierfür sprechen ne-

---

digenrat für Umweltfragen, Umweltgutachten 2008: Umweltschutz im Zeichen des Klimawandels, Tz. 94 f. (= BT-Drs. 16/9990, S. 99).

[162] BVerfGE 102, 1 (Rn. 56).

[163] Siehe ausführlich *Longo*, Neue örtliche Energieversorgung als kommunale Aufgabe, 2010, S. 232 ff.

[164] Zu Recht wurde deshalb die Empfehlung des Bundesrates, einen solchen Wirtschaftlichkeitsmaßstab für die Vorbildpflichten der öffentlichen Hand einzuführen (BR-Drs. 647/1/10, S. 5), nicht aufgegriffen.

[165] Fundstelle oben Fn. 44.

ben dem Sachgrund des größtmöglichen kumulativen Einsatzes von EE-Nutzung und Effizienzmaßnahmen noch weitere gewichtige, aus Art. 13 Abs. 4 EE-RL folgende systematische Erwägungen. So lässt sich bereits aus Art. 13 Abs. 4 UAbs. 2 EE-RL herleiten, dass Ersatzmaßnahmen ohne EE-Einsatz wie in § 7 EEWärmeG, die ohne Subsidiarität zu Gunsten von EE-Nutzungsmöglichkeiten ausgestaltet wurden, mit der EE-Nutzungspflicht in Art. 13 Abs. 4 UAbs. 2 EE-RL nicht vereinbar sind. Letzterer erwähnt ausdrücklich die Berücksichtigung von Maßnahmen wie Wärmedämmung und KWK. Jedoch bezieht sich diese Erwähnung durch ihre systematische Stellung ausschließlich auf die vergleichsweise allgemeine Förderpflicht des dortigen UAbs. 1. Demgegenüber stellt UAbs. 3 eine speziellere Regelung betreffend EE-*Nutzungspflichten* dar, für die die „gleichberechtigte" Berücksichtigung von „Nicht-EE-Maßnahmen" wie in UAbs. 2 ausweislich dieser Reihenfolge der Unterabsätze nicht vorgesehen ist.[166] Damit ist die Eröffnung einer ersatzweisen Erfüllung der EE-Nutzungspflicht durch Wärmedämmung im Falle (nachgewiesener) *Unangemessenheit* (vgl. Art. 13 Abs. 4 UAbs. 3 S. 1 EE-RL: „soweit angemessen") einer EE-Nutzungspflicht im Einzelfall, d.h. die Eröffnung der EE-freien Ersatzmaßnahme unter Einbeziehung einer Subsidiaritätsklausel, natürlich nicht ausgeschlossen.

Auffällig ist außerdem die ausdrückliche Erwähnung der Einhaltung der Normen für sog. Nullenergiehäuser als „gleichberechtigte" Ersatzmaßnahme zu den EE-Nutzungspflichten im Rahmen der Vorbildfunktion der öffentlichen Hand (Art. 13 Abs. 5 S. 2 EE-RL). Ein ähnlicher Zusatz wäre auch für Art. 13 Abs. 4 UAbs. 3 EE-RL, also für Privatgebäude denkbar gewesen, etwa im dort ohnehin angefügten Satz 2. Hierauf wurde jedoch offenbar bewusst verzichtet. Es stellt sich die Frage, warum es zu einer „Privilegierung" der öffentlichen Hand durch die (vorbehaltlose) Zulassung der Effizienzmaßnahmen („Nullenergiehaus"-Standard) als Ersatzmaßnahme kommt, während dies bei der generellen EE-Nutzungspflicht, die Privateigentümern gemäß Art. 13 Abs. 4 UAbs. 3 EE-RL auferlegt werden muss, nicht der Fall ist.[167] Dies erklärt sich letztlich ebenfalls aus dem soeben bereits angesprochenen Tatbestandsmerkmal der Angemessenheit in Art. 13 Abs. 4 UAbs. 3 S. 1 EE-RL. Bei Privateigentümern, die in die Pflicht genommen werden sollen, ist ein solcher Angemessenheitsvorbehalt aufgrund der Anforderungen der Eigentumsgarantie notwendig. Wenn eine EE-Nutzungspflicht für Private im Einzelfall *unangemessen*[168] sein

[166] Ausführlich und auch unter Berufung auf die Entstehungsgeschichte *T. Müller*, in: Müller/Oschmann/Wustlich (Hrsg.), EEWärmeG, 2010, Einleitung Rn. 166 ff.; ferner *Ringel/Bitsch*, Die Neuordnung des Rechts der Erneuerbaren Energien in Europa, NVwZ 2009, 807 (811).

[167] Dabei soll die ebenso einfache wie unwahrscheinliche Antwort eines Redaktionsversehens außen vor gelassen werden.

[168] Das Merkmal ist jedoch nicht mit „unwirtschaftlich" gleichzusetzen. Siehe zur Auslegung des Angemessenheitsvorbehalts in Art. 13 Abs. 4 UAbs. 3 S. 1 EE-RL unten S. 85 ff.

sollte, ergibt sich gleichsam als zweite – nachrangige – Stufe zur Pflichterfüllung die Möglichkeit einer ersatzweisen (Verpflichtung zur) Durchführung von Effizienzmaßnahmen. Diese „Beschränkung“ durch die Eigentumsfreiheit greift bei der öffentlichen Hand nicht ein. Die öffentliche Hand kann sich mangels Grundrechtsberechtigung nicht unter Heranziehung des Eigentumsgrundrechts darauf berufen, dass eine EE-Nutzungspflicht unangemessen sei und eine verbesserte Gebäudeeffizienz stattdessen ein verhältnismäßiger Ersatz wäre. Auch eine Beschränkung der Verpflichtung der öffentlichen Hand auf Maßnahmen, die sich vollständig amortisieren, unter Berufung auf Grundsätze des deutschen Haushaltsrechts wird vor dem Hintergrund der Autonomie des Unionsrechts zu Recht abgelehnt.[169] Um den Mitgliedstaaten trotzdem den Spielraum zu geben, in Fällen besonders offenkundiger Unwirtschaftlichkeit eines *EE*-Einsatzes zur Erfüllung der Vorbildfunktion der öffentlichen Hand als Ersatzmaßnahme bestimmte *Effizienz*verbesserungen zuzulassen, bedarf es deshalb einer Regelung wie Art. 13 Abs. 5 S. 2 EE-RL, der, um trotzdem eine Vorbildwirkung zu wahren, hierfür die strenge Voraussetzung der Einhaltung des „Nullenergiehaus“-Standards aufstellt.

Insgesamt ergibt sich somit Modifizierungsbedarf für die Zulassung der EnEV-Übererfüllung als Ersatzmaßnahme.[170] Wie sogleich noch näher auszuführen ist, ist auch für weitere Ersatzmaßnahmen in § 7 Abs. 1 EEWärmeG die Notwendigkeit einer Subsidiaritätsklausel zu bejahen, da ansonsten mit Ablauf des Jahres 2014 von der Unionsrechtswidrigkeit der Norm ausgegangen werden muss.

bb) Wärmenetzanschluss

Die Notwendigkeit zur Änderung von § 7 Abs. 1 EEWärmeG zeigt sich gerade auch für die dortige Nr. 3. Neben den soeben für § 7 Abs. 1 Nr. 2 EEWärmeG erörterten und teilweise übertragbaren systematischen Argumenten lässt der Wortlautbefund kaum Zweifel daran, dass es mit Ablauf des 31. 12. 2014 nicht länger unionsrechtskonform ist, einen Anschluss an Fernwärme-/-kältenetze, in denen keine Erneuerbaren Energien verwendet werden, als gleichberechtigte Ersatzmaßnahme zur Erfüllung der EE-Nutzungspflicht zuzulassen. In Art. 13 Abs. 4 UAbs. 3 S. 2 EE-RL wird betont, dass als Erfüllungsmöglichkeit für die EE-Nutzungspflicht der Anschluss an Fernwärme- bzw. Fernkältesysteme zuzulassen ist, die zu einem „bedeutenden“ Teil aus Erneuerbaren Energien ge-

---

[169] *Nast/Bürger/Klinski/Schulz/Steinbach*, Ergänzende Untersuchungen und vertiefende Analysen zum EEWärmeG (Folgevorhaben), 2010, S. 150 (http://elib.dlr.de/69183/1/Endbericht_Folgevorhaben_EEW%C3%A4rmeG_final-2.pdf; abgerufen: 30. 10. 2012).

[170] Ähnlich, jedoch ohne die hier gegebenen Begründungen *Fouquet et al.*, Fachliche Bewertung des Umsetzungsbedarfs der Erneuerbare-Energien-Richtlinie der EU, 2011, S. 457 (http://www.bmu.de/erneuerbare_energien/downloads/doc/47170.php; 30. 10. 2012).

speist werden. Der hierdurch auch bei der Fernwärme wiederum hervorgehobene zwingende EE-Anteil gerät in Konflikt mit der von §7 Abs. 1 Nr. 3 i. V. m. Nr. VIII.1. der Anlage zum EEWärmeG eröffneten Möglichkeit, die Nutzungspflicht auch durch den Anschluss an ein abwärme- oder KWK-gespeistes Fernwärmenetz zu erfüllen, bei dem keinerlei Erneuerbare Energien, sondern nur fossile Brennstoffe genutzt werden. Hintergrund der derzeitigen Regelung im EEWärmeG ist der Klimaschutzeffekt durch die höhere Effizienz im Vergleich zum ungenutzten Ausstoß der Abwärme bzw. im Vergleich zur ungekoppelten Erzeugung von Strom und Wärme (aus fossilen Energieträgern). Dementsprechend wird dafür plädiert, dass §7 Abs. 1 Nr. 3 EEWärmeG nicht gegen Art. 13 Abs. 4 UAbs. 3 S. 1, 2 EE-RL verstoße, weil andernfalls die Gefahr der Verdrängung dieser klimapolitisch gewollten Wärmenutzungsarten zu befürchten sei, obwohl durchaus erkannt wird, dass ein EE-Anteil von 0% sich praktisch nicht mit dem Wortlaut der Richtlinienvorgabe vereinbaren lässt.[171] Gerade aufgrund des Widerspruchs zum Richtlinienwortlaut kann dieser Ansicht nicht gefolgt werden. Auch das Argument der Verdrängung überzeugt nicht. Im Falle einer anstehenden größeren Renovierung von Gebäuden, die über Abwärme oder fossil gespeiste KWK versorgt werden, besteht vielmehr auch dort grundsätzlich die Pflicht zur EE-Nutzung. Damit ist keine Verdrängung von bestehenden Fernwärmenetzen verbunden, sondern lediglich eine Ergänzung der KWK-/Abwärmenutzungsanlage durch Einbindung von EE-Anlagen, was in vielfältiger Form geschehen kann. Ohnehin steht dies unter dem Vorbehalt der Angemessenheit, speziell im Bestandsgebäudebereich also auch unter dem Vorbehalt der technischen Möglichkeiten. Wiederum wäre jedoch ein genereller Pflichtenausschluss bzw. eine „gleichberechtigte" Alternative zum EE-Einsatz in derartigen Renovierungsfällen nicht mit der EE-RL zu vereinbaren. Noch wichtiger sind – aufgrund der größeren technischen Gestaltungsfreiheit – die Auswirkungen im Neubaubereich. Die Zulassung eines rein fossil gespeisten Fernwärmeanschlusses im EEWärmeG verstößt auch dort vom 1.1. 2015 an gegen Art. 13 Abs. 4 UAbs. 3 EE-RL.[172] Notwendig wäre jedenfalls eine Regelung, die rein fossil gespeiste Fernwärmeanschlüsse (auch bei Nutzung der KWK-Technik) nur dann zulässt, wenn eine Einbindung von Erneuerbaren Energien nicht möglich bzw. nicht „angemessen" (Art. 13 Abs. 4 UAbs. 3 S. 1 EE-RL) sein sollte, wobei hierfür jede EE-Art für sich ausgeschlossen sein müsste. Letztere Voraussetzung dürfte im Neubaubereich häufig nur sehr schwer zu erfüllen sein, gerade weil jedes Gebäude einzeln zu beurteilen ist.

---

[171] *Lehnert/Vollprecht*, Neue Impulse von Europa: Die Erneuerbare-Energien-Richtlinie der EU, ZUR 2009, 307 (315).

[172] So auch *T. Müller*, in: Müller/Oschmann/Wustlich (Hrsg.), EEWärmeG, 2010, Einleitung Rn. 165; *Ringel/Bitsch*, Die Neuordnung des Rechts der Erneuerbaren Energien in Europa, NVwZ 2009, 807 (811).

Auch aus der KWK-RL[173] ergibt sich insofern nichts anderes, weil dort keine Vorgaben zu den verwendeten Energieträgern enthalten sind. Diese trifft vielmehr ausschließlich die EE-RL, und zwar ausdrücklich zu Gunsten der EE, die etwa in Form von Biomasse auch mit der KWK-Technik zum Einsatz kommen können. Die KWK-RL soll damit zwar zu einem Ausbau dieser Technik führen, allerdings erfolgt keine Festlegung auf die „herkömmliche" KWK unter (ausschließlicher) Verwendung von Erdgas, Erdöl oder Kohle.

Die hier gezogenen Schlussfolgerungen sind auch auf die Ersatzmaßnahmen des § 7 Abs. 1 Nr. 1 lit. a und lit. b EEWärmeG (Abwärme- oder KWK-Nutzung ohne Fernwärmenetz, d. h. nur für ein Gebäude) übertragbar, denn ausweislich der Anforderungen in Nr. V und Nr. VI der Anlage zum EEWärmeG ist auch insoweit kein EE-Einsatz sichergestellt. Die Zulassung als Ersatzmaßnahme erfordert deshalb ebenso wie in den übrigen Fällen des § 7 Abs. 1 EEWärmeG eine Subsidiaritätsklausel, in der die Unangemessenheit eines EE-Einsatzes zur Voraussetzung für die Zulassung der Ersatzmaßnahmen erklärt wird. Zuzugeben ist allerdings, dass die Anforderungen an die Unangemessenheit bei der Abwärmenutzung relativ niedrig anzusetzen sind, denn hierbei handelt es sich um einen Überschuss an Wärme aus Prozessen, die unabhängig vom Wärmebedarf in dem betreffenden Gebäude ablaufen (müssen), wohingegen die zur Erfüllung des EEWärmeG produzierte KWK-Wärme gerade zur Deckung des Wärmebedarfs erzeugt wird und der mitproduzierte Strom als Nebenprodukt entsteht.[174] Das heißt, dass die Nichtnutzung der Abwärme eine Verschwendung von Wärme bedeuten würde, die auch durch die Nutzung von (zusätzlichen) EE-Heizungsanlagen nicht kompensiert bzw. substituiert werden könnte, wohingegen eine (wärmegeführte) KWK-Anlage prinzipiell durch sonstige EE-Heizungsanlagen ersetzt werden kann. Diese Ineffizienz bei Nichtnutzung der Abwärme dürfte die Anforderungen an die Unangemessenheit einer EE-Nutzungspflicht insoweit absenken.

Schließlich ist noch anzumerken, dass für die öffentliche Hand aufgrund der Vorbildfunktion (Art. 13 Abs. 5 EE-RL) auch keine Subsidiaritätsklausel und damit auch keine nachrangige Zulässigkeit der Wärmeerzeugung ohne EE-Einsatz in Frage kommt. Das Merkmal der Unangemessenheit gilt für die öffentliche Hand nicht, sodass – abgesehen von den in Art. 13 Abs. 5 S. 2 EE-RL ausdrücklich zugelassenen Möglichkeiten – der EE-Einsatz zur Heizung ausnahmslos sicherzustellen ist.[175] Auch aus der offenen Formulierung des Art. 13

---

[173] Oben Fn. 148.

[174] Dies ergibt sich, wie bereits oben unter § 1 III. 2. a) gesehen, aus dem Verweis in Nr. VI.1. der Anlage zum EEWärmeG auf die KWK-RL (RL 2008/4/EG), die nur „eine am Nutzwärmebedarf orientierte Kraft-Wärme-Kopplung" erfasst. Es fällt auf, dass in der neuen RL 2012/27/EU (vollständiger Titel und Fundstelle oben in Fn. 148) keine solche „Orientierung" am Nutzwärmebedarf mehr enthalten ist.

[175] So auch *Nast/Bürger/Klinski/Schulz/Steinbach*, Ergänzende Untersuchungen und ver-

Abs. 5 S. 2 EE-RL („unter anderem") dürfte nicht abzuleiten sein, dass EE-freie Erfüllungsmöglichkeiten den Richtlinienvorgaben genügen.

d) Wärmenetze

Im weitesten Sinne unter dem Punkt der technologieoffenen Ausgestaltung des EEWärmeG ist die Frage zu diskutieren, ob es einer stärkeren Ausrichtung des Gesetzes auf eine Förderung der Wärme*netz*versorgung bedarf. Die Versorgung über Wärmenetze hat den Vorteil, dass bei einer späteren Umstellung auf neue Technologien und Energieträger nicht der Austausch einer Vielzahl von einzelnen Heizungsanlagen nötig ist, sondern nur die zentrale Anlage, die das Wärmenetz speist, modernisiert werden muss. Augenfällig wird dies bei der Stromversorgung, die aufgrund der Netzstruktur grundsätzlich ohne Eingriffe in das Eigentum der Privathaushalte sukzessive auf Erneuerbare Energien umgestellt werden kann. Im Hinblick auf die Innovationsfähigkeit kommt damit der Wärmenetzversorgung große Bedeutung zu. Als besonders vorteilhaft erweist sich darüber hinaus die Kombination mit großen (Langzeit-)Wärmespeichern, vorzugsweise mit hohem Wärmeanteil aus solarer Strahlungsenergie, die es auch unter Einsatz des EEWärmeG weiter zu forcieren gilt. In diesem Zusammenhang ist insbesondere auf die später noch vertieft behandelte Diskussion um den Einsatz von (solaren) *Nah*wärmenetzen hinzuweisen.[176]

e) Kälte aus Erneuerbaren Energien

Im Zuge des EAG EE wurde auch an allen notwendigen Stellen im EEWärmeG der Kälteenergiebedarf *expressis verbis* mit aufgenommen (vgl. nur § 2 Abs. 2 Nr. 9 EEWärmeG, § 3 Abs. 1 EEWärmeG). Diese Änderung sollte jedoch nur der Klarstellung dienen, da die Kühlenergie (gewissermaßen als „negative Wärme") auch bisher bereits vom EEWärmeG erfasst wurde (siehe § 2 Abs. 2 Nr. 4 lit. b EEWärmeG a. F.), wenngleich nicht an jeder Stelle ausdrücklich neben der Wärmeenergie genannt.

Diese Klarstellung ist zu begrüßen, da für die nächsten Jahre auch für Deutschland eine starke Zunahme des Kühlenergiebedarfs für Gebäude prognostiziert wird, der durch Raumklimaanlagen zu decken sein wird.[177] Dabei ist auch die zunehmende Sensibilisierung der Kommunen für energetische Aspekte bei der Bauleitplanung von Bedeutung. Für die optimale Nutzung der Sonnen-

---

tiefende Analysen zum EEWärmeG (Folgevorhaben), 2010, S. 148 (http://elib.dlr.de/69183/1/Endbericht_Folgevorhaben_EEW%C3%A4rmeG_final-2.pdf; abgerufen: 30. 10. 2012).

[176] Dazu insbesondere unten § 9 (S. 327 ff.).

[177] Vgl. dazu m. w. N. *Umweltbundesamt* (Hrsg.), Klimaschutz durch Reduzierung des Energiebedarfs für Gebäudekühlung, Climate Change 10/2011, S. 101, 112 (http://www.umweltdaten.de/publikationen/fpdf-l/3979.pdf; abgerufen: 30. 10. 2012).

energie zur Strom- und Wärmeerzeugung (Photovoltaik, Solarthermie) sowie zur passiven Heizung (Nutzung der in [Wohn-]Gebäude einfallenden Wärmestrahlung) wird zunehmend das Instrument des Bebauungsplans genutzt, um eine günstige Ausrichtung des Gebäudes (Dachflächen, bestimmte Räume) sowie größtmögliche Verschattungsfreiheit sicherzustellen. Gerade die passive Sonnennutzung, die in der Heizperiode den Wärmeenergiebedarf senkt, führt in den Sommermonaten jedoch zu einer (unerwünschten) Aufheizung der Räume, die jedenfalls dann, wenn die Techniken für den sommerlichen Wärmeschutz (Fensterläden etc.) nicht ausreichen, durch aktive Kühltechnik kompensiert werden muss.

Zusätzlich verkompliziert wird die Herausforderung, den EE-Anteil bei der Gebäudekühlung zu erhöhen, durch die technischen Schwierigkeiten, denn die technische Entwicklung (und damit gleichzeitig die Kostendegression) bei der EE-Nutzung zur Gebäudekühlung ist weit weniger fortgeschritten als im Heizungsbereich[178] – was wiederum daran liegt, dass die Nachfrage nach Kühlenergie bei Gebäuden jedenfalls in Deutschland erst in den letzten Jahren ihr starkes Wachstum begonnen hat. Verschiedenartige Systeme, wie sie im Heizungsbereich zur Erfüllung unterschiedlichster Anforderungen bereits Standard sind, müssen im Kühlbereich noch vergleichsweise individuell geplant und installiert werden.

Kritisch wird deshalb angemerkt, dass trotz der nunmehr ausdrücklich an vielen Stellen eingefügten Erfassung des Kühlenergiebedarfs das EEWärmeG insgesamt nach seiner Konzeption und seinen konkreten Vorgaben faktisch auf die Wärmeenergie ausgerichtet ist, wobei festgestellt wird, dass (substanzielle) Änderungen im EEWärmeG systematisch erst nach einer gleichfalls notwendigen Weiterentwicklung der EnEV sinnvoll erscheinen.[179] Damit drängt sich der Eindruck auf, dass die Kühlung bis dato eher *pro forma* mit in das EEWärmeG aufgenommen wurde.

Im Hinblick auf die Einbeziehung des Kühlenergiebedarfs in das EEWärmeG ist im Übrigen insbesondere folgender Zusammenhang (bei der derzeitigen Ausgestaltung des EEWärmeG) zu beachten. Einige Mindestdeckungsraten in § 5 EEWärmeG werden in der Praxis regelmäßig ohne weiteres durch EE-Heizungsarten *über*erfüllt. Dies gilt etwa für die Nutzung fester Biomasse, die regelmäßig über Holzheizungen (Pelletheizung o.Ä.) erfolgt, sowie für die

---

[178] *Umweltbundesamt* (Hrsg.), Klimaschutz durch Reduzierung des Energiebedarfs für Gebäudekühlung, Climate Change 10/2011, S. 106 f. (http://www.umweltdaten.de/publikationen/fpdf-l/3979.pdf; abgerufen: 30. 10. 2012). Ferner auch *Wustlich*, in: Danner/Theobald (Hrsg.), Energierecht, EEG VI B 4 § 2 Rn. 44.

[179] Näher und mit konkreten Handlungsempfehlungen *Umweltbundesamt* (Hrsg.), Klimaschutz durch Reduzierung des Energiebedarfs für Gebäudekühlung, Climate Change 10/2011, S. 106 f. (http://www.umweltdaten.de/publikationen/fpdf-l/3979.pdf; abgerufen: 30. 10. 2012).

Nutzung von Geothermie und Umweltwärme.[180] Damit werden nicht nur Deckungsraten von 50% erreicht, sondern üblicherweise ist diese Heizung dann die einzige Wärmeversorgungsanlage, sodass die Deckungsrate bei 100% liegt.[181] Für Neubauten mit dementsprechender Wärmeversorgung bestehen damit faktisch keine Vorgaben zur EE-Kühlung, weil durch die Verrechnung von Wärme- und Kühlungsbedarf immer noch ohne weiteres die 50%-Quote erfüllt werden wird. Auch die mit dem EAG EE neu eingefügte Regelung des § 5 Abs. 5 EEWärmeG stellt damit im Ergebnis keinen Fortschritt, sondern eine Verfestigung dieser „Verrechnungsproblematik" dar.[182] Eine weitere Ausdifferenzierung unter Einfügung einer separaten EE-Mindestdeckungsrate für den Kältebedarf erscheint damit unumgänglich, um nennenswerte Fortschritte auf dem Gebiet der „Erneuerbaren Kälte" zu machen.

Zutreffend wird jedoch festgestellt, dass aus Gründen der notwendigen verfassungsrechtlichen Rechtfertigung von separaten Pflichten für den Bereich der Gebäude*kühlung* eine *zusätzliche Deckungsrate* für den EE-Einsatz erforderlich ist (und nicht nur neue Anforderungen zur Aufteilung der bestehenden Quote auf Wärme und Kälte), sodass dem stärkeren Eingriff, den die Beschneidung der bestehenden Wahlfreiheit des Gebäudeeigentümers zwischen EE-Wärme und EE-Kälte durch *kumulative* EE-Kälte-Vorschriften zur Folge hätte, auch ein zusätzlicher Klimanutzen gegenübersteht.[183]

f) Schlussfolgerungen für Kommunen

Wie schon aus den Bewertungen zum Anwendungsbereich des EEWärmeG lassen sich auch der konkreten Ausgestaltung der Nutzungspflichten auf Bundesebene verschiedene Handlungsempfehlungen für kommunale Klimaschutzmaßnahmen entnehmen. Es gilt, einerseits die anhand der bundesgesetzlichen Vorgaben generierten Erfahrungen zu nutzen, um die Instrumente des kommu-

---

[180] Siehe die Angaben zu den tatsächlichen Deckungsraten bei *Nast/Bürger/Klinski/Schulz/Steinbach*, Ergänzende Untersuchungen und vertiefende Analysen zum EEWärmeG (Folgevorhaben), 2010, S. 57 (http://elib.dlr.de/69183/1/Endbericht_Folgevorhaben_EEW%C3%A4rmeG_final-2.pdf; abgerufen: 30. 10. 2012).

[181] Die ordnungsrechtliche Vorgabe einer Deckungsrate von 100% dürfte jedoch von jedem Normgeber vermieden werden, denn durch den damit verbundenen Ausschluss der Übererfüllung ist auch einer finanziellen Förderung, die nur dann gewährt werden darf, wenn der Verpflichtete Anstrengungen *über das vorgeschriebene Maß hinaus* vornimmt (vgl. § 15 Abs. 1 und 2 EEWärmeG), bereits von vornherein der Boden entzogen.

[182] Auch die zugehörige Begründung in BT-Drs. 17/3629, S. 45 f., stellt noch einmal klar, dass sich die Mindestdeckungsraten stets auf den Wärme- und Kältebedarf insgesamt beziehen.

[183] *Kahles/Pause/Müller*, Rechtliche Bewertung von Handlungsempfehlungen für verbesserte Kühlung und Klimatisierung von Gebäuden, in: Umweltbundesamt (Hrsg.), Klimaschutz durch Reduzierung des Energiebedarfs für Gebäudekühlung, Climate Change 10/2011, Anhang C, S. 19 (http://www.umweltdaten.de/publikationen/fpdf-l/3979.pdf; abgerufen: 30. 10. 2012).

nalen Klimaschutzes optimal einzusetzen, und andererseits die Anstöße des Bundesrechts aufzunehmen und weiterzuentwickeln.

Die ambivalenten Wirkungen der Bioenergienutzung sollten Städte und Gemeinden dazu bewegen, von einer allzu starken Fokussierung auf diese Form der Erneuerbaren Energien Abstand zu nehmen. Zwar ist hierdurch keinesfalls eine vollständige Abkehr von der Biomassenutzung angezeigt. Allerdings sollte stets denjenigen Erneuerbaren Energien besondere Bedeutung eingeräumt werden, die demgegenüber als ökologisch vorteilhafter gelten können, wie dies im Wärmebereich bei der Solarthermie, der Umweltwärme und der Geothermie der Fall ist. Im Übrigen sollte die Biomassenutzung zur bestmöglichen Verwendung dieses nur beschränkt zur Verfügung stehenden Energieträgers mit der Vorgabe zur Nutzung der KWK-Technik verbunden werden, wann immer dies mit angemessenem Aufwand erreicht werden kann.

Die Mindestdeckungsraten des EEWärmeG geben den Kommunen einerseits einen Anhaltspunkt, welche Anforderungen sie in ihren eigenen Klimaschutzvorgaben stellen können. Dies gilt etwa für kommunale Solar- bzw. EE-Satzungen für Bestandsgebäude, die sich an den Quoten der Vorbildpflicht für öffentliche Gebäude orientieren können, aber auch für Festsetzungen in Bebauungsplänen, wenn damit Gebäude erfasst werden sollen, die vom EEWärmeG ausgenommen sind.

Die Effizienz- und sonstigen technischen Anforderungen, die das EEWärmeG an die einzelnen Anlagen stellt, können von Städten und Gemeinden gleichfalls in ihre eigenen Klimaschutzregelungen übernommen werden, da der Rückgriff auf die mit dem EEWärmeG etablierten standardisierten Anforderungen geeignet ist, die Effektivität der gesetzlichen Vorgaben in der Praxis sicherzustellen. Hier können die Kommunen von den Erfahrungswerten, die sich im EEWärmeG ausdrücken, profitieren.

Gleichzeitig kann das EEWärmeG in Teilen auch als „Negativbeispiel“ dienen, so namentlich die oben behandelten Regelungen zu den Ersatzmaßnahmen ohne Verwendung Erneuerbarer Energien, die zwar auf Effizienzvorteile setzen, aber dem Anspruch des *EE*WärmeG damit nur eingeschränkt gerecht werden. Eine sinnvolle Verknüpfung von EE-Einsatz und Effizienzverbesserung ist zweifelsohne notwendig, allerdings vielmehr im Sinne der Kumulation beider Aspekte. Folgerichtig sollten sich Städte und Gemeinden mit der Frage auseinandersetzen, inwieweit hier vom EEWärmeG abgewichen werden kann, etwa indem sie derartige Ersatzmaßnahmen durch Festsetzungen im Bebauungsplan ausschließen oder an strengere Bedingungen wie etwa eine Subsidiaritätsklausel (zu Gunsten der EE-Nutzung) knüpfen.[184]

Die rudimentären Regelungen im Bundesrecht zur Förderung der Wärmenetze belassen den Kommunen weiterhin ihre zentrale Rolle bei der Forcierung

[184] Zur Rechtmäßigkeit derartiger Festsetzungen unten S. 164ff.

dieser Technik. Die Regelungen des Bundes können wertvolle Unterstützung bieten und – wie § 16 EEWärmeG – bestehende Restriktionen ausräumen. Die eigentliche Initiative zum Ausbau der Wärmenetze, der aufgrund der Vielzahl der beteiligten Eigentümer zwingend eine koordinierende Instanz erfordert, muss aber auch zukünftig zu einem wesentlichen Teil von den Kommunen ausgehen, denen hierfür verschiedene Instrumente zur Verfügung stehen.[185]

Während den Kommunen bei der Förderung der EE-Wärmeversorgungsanlagen für einzelne Gebäude die Aufgabe der Feinsteuerung der Bundesregelungen und bei der Wärmenetzversorgung die Rolle der zentralen Akteure zukommt, befinden sich die Städte und Gemeinden im Bereich der Versorgung mit Kälte aus Erneuerbaren Energien – wie schon bei der Prozesswärme – schließlich auch noch in der Position der Initiatoren von Pilotprojekten. Trotz der formal gegebenen Erfassung durch das EEWärmeG sind hier noch einige Erfahrungen zur rechtlichen Steuerung zu sammeln. Angesichts der Komplexität und vor allem der Heterogenität der Herausforderungen der „EE-Kälte" kann deshalb der kommunalen Bauleitplanung besondere Bedeutung zukommen, da mit ihr zielgenauere Verpflichtungen möglich sind als es in einem Bundesgesetz denkbar wäre.

3. Finanzielle Förderung

Die finanzielle Förderung von EE-Heizungsanlagen stellt eine sinnvolle Ergänzung der Nutzungspflicht dar, die bei einer zukünftigen Erstreckung der Nutzungspflichten auf Bestandsbauten zudem dazu beitragen kann, die Zahl der Befreiungen wegen unbilliger Härten möglichst gering zu halten.[186] Allerdings wird die Wirkung des Instruments erheblich geschmälert durch die Haushaltsabhängigkeit des MAP.[187] Abgesehen von der – regelmäßig zu niedrigen – Deckelung der Gesamtfördersumme sorgt vor allem die Investitionsunsicherheit mangels Rechtsanspruchs auf Förderung, die teilweise auch noch durch unterjährige Haushaltsstopps vergrößert wird, für Zurückhaltung auf Seiten sanierungswilliger Eigentümer. Auch die Akzeptanz für EE-Nutzungspflichten insgesamt leidet durch die Unsicherheit hinsichtlich der finanziellen Förderung von Anstrengungen zu deren Übererfüllung.[188] Sollte die finanzielle Förderung auch zur Abmilderung unbilliger Härten im Bestandsgebäudebereich

[185] Hierzu zählen städtebauliche Verträge (unten S. 178 ff.) ebenso wie das klassische Instrument des Anschluss- und Benutzungszwangs (dazu §§ 6 ff. [S. 288 ff.]).

[186] *Wustlich*, „Erneuerbare Wärme" im Klimaschutzrecht, ZUR 2008, 113 (118).

[187] Näher auch *Wustlich*, in: Danner/Theobald (Hrsg.), Energierecht, EEG VI B 4 Einf Rn. 42.

[188] *Ministerium für Umwelt, Klima und Energiewirtschaft Baden-Württemberg*, Erfahrungsbericht zum Erneuerbare-Wärme-Gesetz Baden-Württemberg, 2011, LT-Drs. 15/399, S. 21.

zum Einsatz kommen, verschärft sich das Problem der Investitionsunsicherheit nochmals, weil die betroffenen Eigentümer auf zeitnahe, verbindliche Förderzusagen angewiesen sind. Eine Entkoppelung der finanziellen Unterstützung von zum Teil wenig nachhaltigen Einsparvorstellungen ist deshalb dringend geboten.

Im wohl weitestgehenden Vorschlag[189] wird zur Entkoppelung vom Bundeshaushalt für eine grundlegende Umgestaltung der Finanzierung der Förderung plädiert. Errichtet werden soll demnach ein Förderfonds, der aus Abgaben gespeist wird, die auf fossile Brennstoffe (für Heizungszwecke) erhoben werden. Damit würden verschiedene Ziele erfüllt. Zum einen würde die Haushaltsunabhängigkeit sichergestellt werden, zum anderen würde die Förderung eher dem Verursacherprinzip entsprechen als die bisherige Förderung aus Steuergeldern, weil mit einer Abgabe auf fossile Brennstoffe letztlich nicht die Vertriebsunternehmen, sondern die Verbraucher selbst belastet würden. Der Vorschlag entspricht damit gewissermaßen einem „wärmemarktangepassten EEG-Modell". Größte Bedeutung dürfte indessen einer sozialverträglichen Ausgestaltung zukommen, denn abseits des Schlagwortes von der verursachergerechten Kostenzuordnung sind ärmere Bevölkerungsschichten realiter häufig kaum in der Lage, der Erhöhung von Energiekosten anders auszuweichen als durch absoluten Verzicht, wobei auch dort bestimmte Zumutbarkeitsgrenzen erreicht werden.

Eine Pflicht zur Prüfung der Umstellung auf ein Modell der haushaltsunabhängigen Ausgestaltung des MAP ist bereits im Energiekonzept der Bundesregierung von September 2010 enthalten.[190] Dieses Modell stellt eine (begrenzte) Variante des „Upstream-Ansatzes" dar.[191] In seiner im Vergleich dazu umfassenderen Ausgestaltung sieht der Upstream-Ansatz vor, den Emissionszertifikatehandel, bei dem die Abgaben in Form der Zertifikatpreise auf den THG-Ausstoß erhoben werden, durch Abgaben auf sämtliche fossilen Brennstoffe zu ersetzen. Dieser Ansatz hat den Vorteil, dass damit nur mehr die (Erst-)Lieferanten von fossilen Brennstoffen unmittelbar in den Vollzug eingebunden sind. Deren Zahl ist – auch und insbesondere europaweit – erheblich kleiner als die Zahl der Verbraucher fossiler Brennstoffe, da sich die Import- bzw. Förderaktivitäten in einer überschaubaren Zahl von Energiekonzernen bündeln. Im Vergleich zur Gesamtheit der emittierenden Anlagen, die schon jetzt in den Emissionszertifikatehandel einbezogen wurden und die bei weitem noch nicht alle Emittenten umfasst, ergäbe sich folglich eine drastische Reduzierung. Zum anderen wären mittelbar – über die Umlegung der Kosten – *alle*

---

[189] A-Drs. 17(16)205-A, S. 4; A-Drs. 17(16)205-F, S. 2.

[190] BT-Drs. 17/3049, S. 13.

[191] Grundlegend zum Folgenden *Sachverständigenrat für Umweltfragen*, Umweltgutachten 2008: Umweltschutz im Zeichen des Klimawandels, Tz. 203 ff. (= BT-Drs. 16/9990, S. 142 ff.).

Verbraucher fossiler Brennstoffe von diesem Ansatz erfasst, nicht nur die relativ großen Verbraucher wie Industrieanlagen, Kraftwerke etc., die derzeit dem Emissionszertifikatehandel unterliegen. Eine nochmals verschärfte und global ausgerichtete Variante des Upstream-Ansatzes sieht wiederum eine Kombination mit einem Emissionszertifikatehandel unter Anwendung einer strikten Pro-Kopf-Zuteilung der Emissionsrechte für alle Länder der Erde vor.[192]

Solange keine grundlegende Neuausrichtung der finanziellen Förderung erfolgt, stellt sich die Frage, welche Schlussfolgerungen auf kommunaler Ebene zu ziehen sind. Da die kommunalen Möglichkeiten, ein eigenes *verursachergerechtes* Förderungsmodell zu entwickeln, durch die Restriktionen der Erhebung kommunaler Abgaben (die an den Brennstoffverbrauch anknüpfen müssten) stark eingeschränkt sind, ist allein der Einfluss der Kommunen auf die Abrufung der Mittel des bestehenden MAP-Modells von Bedeutung. Kommunale Klimaschutzaktivitäten müssen, wenn sie private Bestandsgebäude adressieren, mit der MAP-Förderung des Bundes kompatibel sein. Dabei ist zu beachten, dass kommunale EE-Nutzungs*pflichten* die Abrufung von Fördermitteln aus dem MAP anreizen können. Die Verpflichtung der Gemeindeeinwohner durch kommunale Regelungen kann – siehe § 15 Abs. 2 Nr. 1 lit. b EEWärmeG – durchaus auch die Möglichkeit einer finanziellen Förderung eröffnen. Dabei ist es unschädlich, dass in § 15 Abs. 2 Nr. 1 lit. b EEWärmeG nur landesrechtliche Pflichten explizit genannt werden. Kommunale Nutzungspflichten auf landesrechtlicher Ebene fallen gleichfalls unter diese Öffnungsklausel.[193] Freilich ist seitens der Kommunen sicherzustellen, dass Nutzungspflichten in quantitativer Hinsicht so ausgestaltet werden, dass eine Übererfüllung und folglich eine finanzielle Förderung durch Bundesmittel für die Verpflichteten erreichbar ist.

In der Folge würde so die Erfahrung mit dem BaWüEWärmeG, das durch seine Nutzungspflicht gleichzeitig – im Falle der „Überfüllung" der gesetzlichen Vorgaben – zur Abrufung eines erheblichen Teils der MAP-Fördermittel durch die Verpflichteten in Baden-Württemberg führte, auf der kommunalen Ebene genutzt, insbesondere bei der Entscheidung über Solar- bzw. EE-Satzungen.[194] Zugleich ergibt sich damit für Kommunen die Notwendigkeit, für eine bestmögliche Information der Verpflichteten über die zur Verfügung stehenden Fördermöglichkeiten zu sorgen, die sich nicht allein im MAP erschöpfen.

Insgesamt können die Regelungen zur finanziellen Förderungen damit nicht unerheblich zur Akzeptanz kommunaler Klimaschutzmaßnahmen beitragen, selbst wenn sich diese auf ordnungsrechtliche Instrumente stützen.

---

[192] Siehe etwa m. w. N. *Ekardt/Heitmann*, Probleme des EEWärmeG bei Neubauten, ZNER 2009, 346 (351).

[193] Vgl. zur ähnlichen Problematik der Öffnungsklausel des § 3 Abs. 4 Nr. 2 EEWärmeG (bzw. § 3 Abs. 2 EEWärmeG a. F.) *Wustlich*, in: Müller/Oschmann/Wustlich (Hrsg.), EEWärmeG, 2010, § 3 Rn. 86 ff.

[194] Dazu näher unten § 4 (S. 215 ff.).

4. Vollzug des EEWärmeG

Begleitend zur Einführung gesetzlicher EE-Nutzungspflichten muss deren effektiver Vollzug sichergestellt werden, weil das Instrument ansonsten zu einem stumpfen Schwert verkommt. Ein grundlegendes Vollzugsdefizit, wie es etwa bei der EnEV für die dortigen Vorschriften zur Wärmedämmung identifiziert wurde,[195] muss unbedingt vermieden werden. Im Fall der EnEV geht die Untätigkeit einiger Länder so weit, dass die dort vorgeschriebenen Wärmeschutzmaßnahmen für Neubauten weder zum Bestandteil der Bauvorlagen gemacht wurden noch einer wie auch immer gearteten behördlichen Überwachung unterstellt wurden.[196]

Vor dem Hintergrund dieser Negativerfahrungen sollen die bestehenden Vollzugsregelungen im EEWärmeG und den jeweiligen Landesgesetzen einer kritischen Würdigung unterzogen werden. Diese beschränkt sich auf den Vollzug der an Privateigentümer gerichteten Nutzungspflichten. Außer Betracht bleiben die besonderen Regelungen, die sicherstellen sollen, dass die öffentliche Hand ihrer Vorbildfunktion gerecht wird, da jene Normen bereits bei der Auseinandersetzung mit der Vorbildpflicht besprochen wurden.[197]

a) Vorgaben des EEWärmeG

Auf einen „traditionellen" Vollzug des EEWärmeG durch eine flächendeckende Überprüfung der Einhaltung der Vorgaben des Gesetzes wurde – aus Kostengründen[198] – verzichtet. Dem nichtsdestoweniger erkannten „herausragenden öffentlichen Interesse am Erfolg dieses Gesetzes"[199] sollte vielmehr durch eine Kombination von Nachweispflichten der betroffenen Eigentümer (§ 10 EEWärmeG) und stichprobenartigen Überprüfungen (§ 11 EEWärmeG) durch die nach Landesrecht zuständigen Behörden (vgl. § 12 EEWärmeG) Genüge getan werden. Für die Stichproben wurde offenbar eine Kontrollquote von etwa 2%

---

[195] *Klinski*, Energetische Gebäudesanierung und Mietrecht – Hemmnisse und Reformüberlegungen, ZUR 2010, 283 (286); *Umweltbundesamt* (Hrsg.), Klimaschutz in Deutschland: 40%-Senkung der CO_2-Emissionen bis 2020 gegenüber 1990, Climate Change 05/2007, S. 50 f. (http://www.umweltdaten.de/publikationen/fpdf-l/3235.pdf; abgerufen: 30. 10. 2012); *Umweltbundesamt* (Hrsg.), Das Klimaschutzrecht des Bundes – Analyse und Vorschläge zu seiner Weiterentwicklung (Stand November 2010), Climate Change 17/2011, S. 193 (http://www.umweltdaten.de/publikationen/fpdf-l/4166.pdf; abgerufen: 30. 10. 2012).

[196] Siehe die Schilderung des Beispiels Berlin bei *Klinski*, Schriftliche Stellungnahme zur Anhörung zum EEWärmeG, A-Drs. 16(16)394 (B), S. 18 f.; ferner das Beispiel des Saarlandes, hierzu *Ziehm*, Vollzugsdefizite im Bereich des Klimaschutzrechts, ZUR 2010, 411 (414).

[197] Siehe oben S. 28 ff.

[198] BT-Drs. 16/8149, S. 18.

[199] BT-Drs. 16/8149, S. 18.

als ausreichend angesehen.[200] Mit der Anordnung der Stichprobendurchführung in § 11 Abs. 1 EEWärmeG wurde im Übrigen ausdrücklich nur ein Mindeststandard vorgegeben, den die Länder ohne weiteres noch bis hin zu flächendeckenden Kontrollen erhöhen können.[201] Derlei Regelungen stellen immerhin bereits eine Verbesserung gegenüber der Vollzugssituation etwa der EnEV dar, denn in dem der EnEV zugrunde liegenden EnEG sucht man eine Anordnung von Stichproben vergeblich.[202]

In den Anhörungen zum EEWärmeG wurde von Länderseite – vor dem Hintergrund der Regelungen im bereits in Kraft getretenen BaWüEWärmeG und mutmaßlich auch unter dem Eindruck des EnEV-Vollzugsdefizits – noch die Ansicht geäußert, dass klare bundesgesetzliche Regelungen zum Gesetzesvollzug erforderlich seien.[203] Dementsprechend wurden die Nachweis- und Stichprobenregelungen, die in den Referentenentwürfen zum EEWärmeG noch nicht enthalten waren, überhaupt erst in den Regierungsentwurf aufgenommen.[204] Im Folgenden wird darauf einzugehen sein, ob die Länder bisher ihrer Vollzugsverantwortung gerecht geworden sind und inwieweit bereits heute Mängel in der Ausführung durch die Länder zu befürchten bzw. zu erkennen sind. Diese Gefahr wurde bereits in den Abstimmungen zwischen Bundesregierung und Bundesrat offenbar, in denen der Bundesrat eine Abschwächung des § 11 EEWärmeG (z.B. durch Streichung der Pflicht zur Durchführung von Stichproben) vorschlug, um so die Vollzugsregeln an das EnEV-Regime anzupassen,[205] obwohl dem Bundesrat das EnEV-Vollzugsdefizit bekannt gewesen sein muss. Dass die Bundesregierung hierdurch die Erreichung der Ziele des EEWärmeG als grundlegend gefährdet ansah und deshalb den Änderungswunsch ablehnte,[206] ist jedenfalls zu begrüßen.[207] Um die vorhandenen Regelungen des EEWärmeG praktisch wirksam werden zu lassen, bedarf es jedoch einer effektiven Ausführungsgesetzgebung auf Landesebene. Die Konkretisierung der EEWärmeG-Vorgaben durch die unverbindlichen Vollzugsempfehlungen der zur Vereinheitlichung des Vollzugs des EEWärmeG eingesetzten

---

[200] Auf dieser Annahme beruhen die Abschätzungen der Vollzugskosten in der Gesetzesbegründung, siehe BT-Drs. 16/8149, S. 15.

[201] Vgl. auch *R. Müller*, in: Müller/Oschmann/Wustlich (Hrsg.), EEWärmeG, 2010, § 11 Rn. 8. Eine Abschwächung der Wirksamkeit des EEWärmeG durch landesrechtliche Vollzugsregelungen dürfte dagegen unzulässig sein, vgl. a.a.O., Rn. 20 a. E.

[202] Vgl. die äußerst moderaten Vorgaben zum Vollzug in § 7 EnEG sowie §§ 26 f. EnEV.

[203] So BT-Drs. 16/8149, S. 18.

[204] *T. Müller*, in: Müller/Oschmann/Wustlich (Hrsg.), EEWärmeG, 2010, Einleitung Rn. 103; *Milkau*, in: Müller/Oschmann/Wustlich (Hrsg.), EEWärmeG, 2010, § 10 Rn. 3.

[205] Vgl. die Stellungnahme des Bundesrates zum Gesetzentwurf der Bundesregierung, BT-Drs. 16/8149, S. 36; näher hierzu auch *Milkau*, in: Müller/Oschmann/Wustlich (Hrsg.), EEWärmeG, 2010, § 10 Rn. 15.

[206] BT-Drs. 16/8395, S. 3.

[207] So auch *Ekardt/Heitmann*, Probleme des EEWärmeG bei Neubauten, ZNER 2009, 346 (348 f.).

Bund-Länder-Arbeitsgruppe[208] kann die notwendige Initiative der Landesgesetzgeber gleichfalls nicht ersetzen.

b) Landesvollzugsgesetze

Die Aktivitäten der Länder zur Ausgestaltung der bundesgesetzlichen Mindestvorgaben für den Vollzug des EEWärmeG sind indessen als in hohem Maße defizitär zu bezeichnen. Bisher haben längst nicht alle Länder überhaupt Ausführungsregelungen erlassen, obwohl das EEWärmeG bereits am 1. 1. 2009 in Kraft getreten ist. Die Länder, die Vollzugsregelungen beschlossen haben, beschränken sich darin zum größten Teil auf die Zuweisung der Zuständigkeit (regelmäßig an die untere Bauaufsichtsbehörde), ohne den Vollzugsmodus näher zu determinieren.[209]

Demnach eröffnen sich zwei Problemfelder, einerseits die völlige Untätigkeit einiger Länder, andererseits die minimalistische Ausgestaltung des Vollzugs des EEWärmeG durch Beschränkung auf unbedingt erforderliche, im Ergebnis aber ineffektive Regelungen, die teilweise auch noch mit einer Außerachtlassung der Stichprobenanordnung des § 11 Abs. 1 EEWärmeG in der Verwaltungspraxis einhergeht.

Im Falle der Untätigkeit der Länder in Sachen EEWärmeG-Vollzug müsste der Bund hierauf durch Aufsichtsmaßnahmen (vgl. Art. 84 Abs. 3 und Abs. 4 GG) reagieren.[210] Besonders deutlich wurden dem Bund die Versäumnisse der Länder zudem durch die Berichte nach § 18a EEWärmeG vor Augen geführt, die im Übrigen von einigen Ländern offenbar bisher noch nicht einmal erstellt und an den Bund übersandt wurden, wie die unvollständige Liste der Berichte auf der Homepage des Bundesministeriums für Umwelt, Naturschutz und Reaktorsicherheit zeigt.[211]

Soweit ein Land bereits Ausführungsregelungen zum Vollzug des EEWärmeG erlassen hat, ohne hiermit von den Vorgaben des EEWärmeG (Stichprobenmodell etc.) ausdrücklich abzuweichen, ist ein den §§ 10 f. EEWärmeG widersprechendes Verwaltungshandeln, etwa aufgrund von Verwaltungsvorschriften, als Verstoß gegen das EEWärmeG zu qualifizieren, der ebenfalls

[208] Näher *Wustlich*, in: Danner/Theobald (Hrsg.), Energierecht, EEG VI B 4 Einf Rn. 53.

[209] Ausführlich zur Entwicklung der Landesgesetzgebung siehe die Ausführungen mit Stand Juni 2010 bei *Ziehm*, Vollzugsdefizite im Bereich des Klimaschutzrechts, ZUR 2010, 411 (413 ff.); weiterhin mit Stand Mai 2011 die Auflistung bei *Wustlich*, in: Danner/Theobald (Hrsg.), Energierecht, EEG VI B 4 Einf Rn. 55, sowie die einzelnen Länderberichte nach § 18a EEWärmeG, die neben den Angaben zu bereits erlassenen Gesetzen auch Mitteilungen über Regelungen enthalten, die sich noch im Gesetzgebungsverfahren befinden (Stand Juni 2011), abrufbar unter http://www.erneuerbare-energien.de/inhalt/47539/ (abgerufen: 30. 10. 2012).

[210] Kritik an der Untätigkeit des Bundes bei *Ziehm*, Vollzugsdefizite im Bereich des Klimaschutzrechts, ZUR 2010, 411 (415).

[211] Vgl. http://www.erneuerbare-energien.de/inhalt/47539/ (abgerufen: 30. 10. 2012).

durch Aufsichtsmaßnahmen (Art. 84 Abs. 3 und Abs. 4 GG) zu unterbinden wäre.

Nach verbreiteter Ansicht ist für eine Abweichung im Sinne von Art. 84 Abs. 1 S. 2 GG sogar ein Landes*gesetz* notwendig.[212] Legt man die – vorzugswürdige – Gegenansicht[213] zugrunde, so ist zumindest eine Rechtsverordnung auf Landesebene erforderlich.[214] Einig sind sich beide Ansichten jedenfalls darin, dass die Anforderungen des Art. 84 Abs. 1 S. 2 GG („Regelungen") allein durch Verwaltungsvorschriften oder gar bloße Verwaltungspraxis nicht erfüllt werden.

In die letztgenannte Kategorie fällt die teilweise von den Ländern selbst berichtete Praxis, wonach die Durchführung von Stichproben vollständig in das Ermessen der Vollzugsbehörden gestellt wurde,[215] da hiermit eine Abkehr von der denkbar klaren Vorgabe in § 11 Abs. 1 EEWärmeG („müssen") vorgenommen wird.[216] Gleiches würde für einen völligen Verzicht auf Stichproben ohne landesrechtliche Grundlage gelten.[217] Ferner zählt hierzu auch die – gleichfalls in den Länderberichten nach § 18a EEWärmeG vorzufindende – Verwaltungspraxis, wonach sich die Stichproben nur auf die Durchsicht der eingereichten Nachweise beschränken, ohne dass die Anlagen tatsächlich in Augenschein genommen werden.[218] Damit wird der Ausgestaltung im EEWärmeG nicht entsprochen.[219] So wurde § 11 Abs. 2 EEWärmeG gerade dafür geschaffen, um Stichproben im Sinne von Begehungen und Inaugenscheinnahmen der installierten Anlagen durchführen zu können, die zugleich auch grundsätzlich die einzige Form einer zuverlässigen Kontrolle darstellen.[220] Dies wird zudem aus dem Wortlaut des § 11 Abs. 1 EEWärmeG deutlich, der von der Kontrolle der Richtigkeit der Nachweise *und* der Erfüllung der eigentlichen Nutzungspflicht spricht.

---

[212] *Pieroth*, in: Jarass/Pieroth (Hrsg.), GG, 12. Aufl. 2012, Art. 84 Rn. 8; *Suerbaum*, in: Epping/Hillgruber (Hrsg.), GG, 2009, Art. 84 Rn. 35; *Trute*, in: von Mangoldt/Klein/Starck (Hrsg.), GG, 6. Aufl. 2010, Art. 84 Rn. 23.

[213] *Hermes*, in: Dreier (Hrsg.), GG, 2. Aufl. 2008, Art. 84 Rn. 47.

[214] Näher *Kahl*, Die Zustimmungsbedürftigkeit von Bundesgesetzen nach Art. 84 I GG unter besonderer Berücksichtigung des Umweltverfahrensrechts, NVwZ 2008, 710 (712 f.).

[215] So die aktuelle Praxis in Niedersachsen gemäß dem Bericht des Landes Niedersachsen nach § 18a EEWärmeG, S. 4 (http://www.erneuerbare-energien.de/inhalt/47539/; abgerufen: 30. 10. 2012).

[216] Vgl. *R. Müller*, in: Müller/Oschmann/Wustlich (Hrsg.), EEWärmeG, 2010, § 11 Rn. 17.

[217] *R. Müller*, in: Müller/Oschmann/Wustlich (Hrsg.), EEWärmeG, 2010, § 11 Rn. 5.

[218] Dies wird offenbar in Bayern praktiziert, siehe den Bericht des Freistaats Bayern nach § 18a EEWärmeG, S. 3 (http://www.erneuerbare-energien.de/inhalt/47539/; abgerufen: 30. 10. 2012).

[219] So auch *Wustlich*, in: Danner/Theobald (Hrsg.), Energierecht, EEG VI B 4 Einf Rn. 106.

[220] So auch *R. Müller*, in: Müller/Oschmann/Wustlich (Hrsg.), EEWärmeG, 2010, § 11 Rn. 14, der gleichfalls zutreffend darauf hinweist, dass in besonders begründeten Ausnahmefällen eine Glaubhaftmachung durch Fotoaufnahmen o. Ä. denkbar sein kann.

Zuzugeben ist, dass es aufgrund von Art. 84 Abs. 1 S. 2 GG verfassungsgemäß ist, wenn ein Land vom Stichprobenmodell des EEWärmeG durch eigene Vollzugsregelungen ausdrücklich Abstand nimmt, da die Vorgaben in §§ 10f. EEWärmeG mangels Vorliegens eines Falles von Art. 84 Abs. 1 S. 5 und S. 6 GG nicht abweichungsfest sind.[221] Die Abweichungsbefugnis der Länder wird zwar durch das in Art. 84 Abs. 1 GG implizit enthaltene und letztlich auf das Prinzip der Bundestreue rückführbare Gebot zur effektiven Gesetzesausführung limitiert, wonach es dem Land nicht gestattet ist, die materiellen Bundesregelungen durch die Landesvollzugsregelungen zu konterkarieren oder auszuhöhlen bzw. wirkungslos werden zu lassen,[222] allerdings ist am Beispiel der EnEV erkennbar, dass diese äußerste Grenze[223] nicht geeignet ist, ein Vollzugsdefizit durch defizitäre Landesregelungen zu verhindern. So wurde etwa in Nordrhein-Westfalen im dortigen EEWärmeG-DG[224] praktisch auf die Erhebung von Stichproben verzichtet und die Sicherstellung der Einhaltung der Vorgaben des EEWärmeG nahezu vollständig in die Hände der „Sachkundigen“[225] i. S. v. § 2 Abs. 2 Nr. 7 EEWärmeG gelegt.[226] Gerade das angesprochene Negativbeispiel der EnEV zeigt jedoch, dass eine derartige „nach unten hin“ abweichende Landesregelung kaum überzeugend zu begründen ist.[227]

c) *Vollzugsdefizite und Weiterentwicklungsmöglichkeiten*

Die Vollzugsregelungen des EEWärmeG, die auf private Nachweise und Stichproben an Stelle herkömmlicher flächendeckender Überwachung setzen, sind auch ohne zusätzliche Abweichung „nach unten“ durch die Länder bereits denkbar moderat ausgestaltet.

Zum Teil steht das Vollzugsmodell des EEWärmeG bereits grundlegend in der Kritik. So wird als Alternative vorgeschlagen, auch im Gebäudebereich auf die Einbeziehung Dritter durch deren Beleihung, vergleichbar dem TÜV-

221 BT-Drs. 16/8149, S. 13.

222 *Henneke*, in: Schmidt-Bleibtreu/Hofmann/Hopfauf (Hrsg.), GG, 12. Aufl. 2011, Art. 84 Rn. 4; *Hermes*, in: Dreier (Hrsg.), GG, 2. Aufl. 2008, Art. 84 Rn. 56; *Oebbecke*, Verwaltungszuständigkeit, in: Isensee/Kirchhof (Hrsg.), HStR VI, 3. Aufl. 2008, § 136 Rn. 27; *Pieroth*, in: Jarass/Pieroth (Hrsg.), GG, 12. Aufl. 2012, Art. 84 Rn. 8.

223 *Trute*, in: von Mangoldt/Klein/Starck (Hrsg.), GG, 6. Aufl. 2010, Art. 84 Rn. 25.

224 Gesetz zur Durchführung des Bundesgesetzes zur Förderung Erneuerbarer Energien im Wärmebereich in Nordrhein-Westfalen (EEWärmeG-DG NRW) v. 17. 12. 2009, GV. S. 875.

225 *Ekardt/Heitmann*, Probleme des EEWärmeG bei Neubauten, ZNER 2009, 346 (349), sehen hier auch die Gefahr eines kollusiven Zusammenwirkens zwischen dem Bauherrn und dem von ihm bezahlten Unternehmer bzw. Sachkundigen.

226 Näher und mit Recht kritisch zum EEWärmeG-DG NRW *R. Müller*, in: Müller/Oschmann/Wustlich (Hrsg.), EEWärmeG, 2010, § 11 Rn. 29ff.

227 Dementsprechend ist die Begründung für das EEWärmeG-DG NRW, die sich auf die „positiven Erfahrungen“ beim EnEV-Vollzug beruft (LT-Drs. 14/9737, S. 2), nicht nachvollziehbar, es sei denn, hiermit ist ausschließlich der reduzierte Verwaltungsaufwand gemeint.

Modell im Kfz-Bereich, überzugehen, um so auch die Belastung der öffentlichen Haushalte in Grenzen zu halten, da angesichts der dortigen angespannten Lage kaum eine „Re-Regulierung“ im Bereich der Bauaufsicht einschließlich der hierfür notwendigen starken Erhöhung des Personaleinsatzes zu erwarten ist.[228] Eine Umsetzung dieses Ansatzes könnte in Anbetracht der Wirkung des „Vorbildes“ aus dem Bereich der Kfz-Sicherheit durchaus für ein Mehr an Vollzugssicherheit sorgen, müsste aber wohl gegen erhebliche Widerstände seitens der Gebäudewirtschaft durchgesetzt werden, die mit den zu erwartenden Mehrkosten für die Hauseigentümer (und damit auch für Mieter etc.) eine öffentlichkeitswirksame Begründung für eine strenge Ablehnungshaltung vorbringen kann. In diesem Zusammenhang ist jedoch daran zu erinnern, dass es unter Nachhaltigkeitsgesichtspunkten nicht einsichtig ist, dass bei der Verkehrssicherheit – und damit der Gesundheit der heutigen Generationen – ein unverhältnismäßig höherer Vollzugsaufwand betrieben wird, als es beim Klimaschutz – und damit der Gesundheit künftiger Generationen – der Fall ist. In gewissem Maße lässt sich eine unterschiedliche Ausgestaltung des Vollzuges zwar durch die besonderen Herausforderungen des Klimawandels im Vergleich zur Verkehrssicherheit ([globale] Summationsproblematik; weltweite Verteilung der Schäden ohne konkrete Zurechenbarkeit etc.) rechtfertigen. Wenn jedoch die Ungleichbehandlung der unterschiedlichen Gefahren auf eine weitgehende Untätigkeit im Klimaschutzbereich hinausläuft, lässt sich dies mit den Bekenntnissen der (politischen) Entscheidungsträger aller Ebenen zum Klimaschutz und zur Nachhaltigkeit nur schwer in Einklang bringen.

Den fundamentalen Änderungsvorschlägen stehen solche gegenüber, die unter Beibehaltung des derzeitigen Vollzugsmodells des EEWärmeG dessen Effektivität erhöhen sollen. So wurde bereits vor Erlass des EEWärmeG die Möglichkeit behandelt, zur Überwachung von EE-Nutzungspflichten auf vorhandene Strukturen, namentlich auf die Überwachung der Heizungsanlagen durch die Schornsteinfeger zurückzugreifen. Damit wäre eine Kontrolle derjenigen Fälle ohne weiteres möglich, in denen *Feuerungs*anlagen verwendet werden, in denen biogene Stoffe (feste, flüssige, gasförmige Biomasse) zum Einsatz kommen, um die Vorgaben des EEWärmeG zu erfüllen, denn die Überprüfung der Feuerungsanlagen wird ohnehin regelmäßig durch die Landesvorschriften zum Schornsteinfegerwesen vorgegeben.[229] Dies brächte im Übrigen den Vorteil, dass eine *wiederkehrende* Überprüfung sichergestellt ist. Letztere ist unverzichtbar bei der Erfüllung des EEWärmeG durch Verfeuerung flüssiger oder gasförmiger Biomasse, die vom Eigentümer unter Weiterbenutzung derselben

[228] *Ziehm*, Vollzugsdefizite im Bereich des Klimaschutzrechts, ZUR 2010, 411 (417), die im Übrigen für den EE-Wärmebereich sogar noch weiter geht und zur Bekämpfung des Vollzugsdefizits den Umstieg von der EE-Nutzungspflicht auf ein Bonusmodell anregt.

[229] Insgesamt *Fischer/Klinski*, Modelle für eine Förderung erneuerbarer Energien im Wärmemarkt aus rechtlicher Sicht, ZUR 2007, 8 (11).

Feuerungsanlage auch jederzeit durch die (aktuell) preisgünstigeren fossilen Pendants substituiert werden kann, sodass im Gegensatz etwa zu solarthermischen Anlagen oder Wärmenetzanschlüssen kein wirtschaftlicher Zwang zur Erfüllung der EE-Nutzungspflicht nach erfolgter Installation der Anlage besteht.[230] Weitere Stichproben durch die Bauaufsichtsbehörden könnten sich damit auf diejenigen Gebäude beschränken, in denen keine hauseigenen Feuerungsanlagen zum Einsatz kommen (Solar- und Geothermie, Wärmenetzanschluss). Im Ergebnis könnte so zumindest die Kontrollquote der Stichproben gesteigert werden. Zu erwähnen ist in diesem Zusammenhang die Regelung des § 26b EnEV, mit der die Überprüfung der Einhaltung einiger ausgewählter EnEV-Vorgaben (betreffend die Heizungsanlagen) auf den Bezirksschornsteinfegermeister übertragen wird.[231] Eine entsprechende Regelung könnte in die Landesvollzugsgesetze aufgenommen werden oder – angesichts der nur langsam voranschreitenden Ausgestaltung der Regelungen im EEWärmeG durch die Länder – in das EEWärmeG selbst. In Ansätzen wird diese Variante in Baden-Württemberg bei der Überwachung der Vorgaben des BaWüEWärmeG für Bestandsbauten verfolgt.[232] Weiterhin sieht auch der dritte Entwurf für ein Klimaschutzgesetz des Landes Berlin,[233] in dem Vorschriften zu einer EE-Nutzungspflicht in Bestandsgebäuden enthalten sind, eine umfangreiche Einbeziehung der Bezirksschornsteinfeger in den Gesetzesvollzug vor.[234]

Auch bei Durchführung einer angemessenen Zahl von Stichproben, sei es durch die Bauaufsichtsbehörden oder durch Schornsteinfeger kann jedoch ein erhebliches Täuschungsrisiko sogar auf Seiten derer, die von der Stichprobe erfasst werden, kaum ausgeschlossen werden. Dieses Risiko besteht vor allem bei den Erfüllungsoptionen der flüssigen und gasförmigen Biomasse sowie der Wärmenetzversorgung, wenn das Wärmenetz unter anteiliger Verfeuerung flüssiger oder gasförmiger Biomasse gespeist wird.[235] Die vom EEWärmeG vorgegebenen EE-Anteile können bei den genannten Anlagen auch durch Vorlage der Abrechnungen der Brennstofflieferanten nicht täuschungssicher kontrolliert werden, weil der Gesamtverbrauch an (fossilem und biogenem) Brennstoff nicht festgestellt werden kann. Die Stichprobe kann also nur Fälle von evidenten

---

[230] Näher *Milkau*, in: Müller/Oschmann/Wustlich (Hrsg.), EEWärmeG, 2010, § 10 Rn. 39.

[231] Zu Recht wird von *Ziehm*, Vollzugsdefizite im Bereich des Klimaschutzrechts, ZUR 2010, 411 (415), kritisch bemerkt, dass damit der wohl wichtigere Bereich der Wärmedämmungsvorgaben der EnEV nicht erfasst werden kann.

[232] *Ziehm*, Vollzugsdefizite im Bereich des Klimaschutzrechts, ZUR 2010, 411 (413).

[233] Näher hierzu auf S. 101 f.

[234] Siehe § 12 Abs. 3, § 14 des dritten Entwurfs für ein Klimaschutzgesetz des Landes Berlin v. 1. 2. 2010 (dazu näher auf S. 101 f.). Ferner zu einem vorhergehenden Entwurf auch *R. Müller*, in: Müller/Oschmann/Wustlich (Hrsg.), EEWärmeG, 2010, § 12 Rn. 3.

[235] Bei den Erfüllungsmodalitäten Solarthermie, Geothermie und feste Biomasse ist das Risiko hingegen geringer, weil mit der Installation der Anlage bereits eine Festlegung auf den Energieträger erfolgt, sodass die Nichtnutzung nach erfolgter Installation unwirtschaftlich wäre.

Verstößen aufdecken, in denen der Kontrollierte gar keine Abrechnungen von Biobrennstoffen vorlegen kann. Aus ähnlichen Gründen kann auch der Deckungsanteil i.H.v. 50% bei der Abwärmenutzung (§ 7 Abs. 1 Nr. 1 lit. a EEWärmeG) praktisch nicht überprüft werden.[236]

Um die Einhaltung der EE-Nutzungspflichten bereits in der Phase der Bauausführung besser überwachen zu können, wäre es zudem denkbar, die jeweiligen Landesbestimmungen zu den erforderlichen Bauvorlagen zu ergänzen,[237] um auf diese Weise sicherzustellen, dass EE-Anlagen bereits bei der Planung eines Neubaus hinreichend berücksichtigt und entsprechende Nachweise mit den übrigen Plänen für ein Gebäude bei der zuständigen Baurechtsbehörde eingereicht werden, anstatt sich auf die nachgeordnete Lösung des EEWärmeG (§ 10 Abs. 3 S. 1 Nr. 1 EEWärmeG: Vorlage von Nachweisen innerhalb von 3 Monaten ab dem Ende des Inbetriebnahmejahres) zu beschränken. Nach der aktuellen Fassung der Länderbestimmungen zu den notwendigen Bauvorlagen ist nicht sichergestellt, dass aus eben diesen hervorgeht, welche Erfüllungsvariante des EEWärmeG vom Eigentümer gewählt wurde.[238] Mit einer (teilweisen) Integration der von § 10 EEWärmeG geforderten Nachweise in die Bauvorlagen würde es ermöglicht, die Umsetzung der Vorgaben bereits während der Bauausführung zu überwachen.[239] Damit würde dem Problem begegnet, dass Abweichungen von den gesetzlichen Vorgaben nach Fertigstellung des Bauvorhabens kaum mehr mit verhältnismäßigem Aufwand behoben werden können. Dieser Mangel hat sich beim Vollzug des BaWüEWärmeG bereits realisiert[240] und dürfte wegen der analogen Ausgestaltung des Vollzugs auch beim EEWärmeG auftreten. Zudem könnte die statistische Erfassung der Umsetzungsmaßnahmen gemäß dem EEWärmeG auf diesem Wege erleichtert werden. Die bisherige Datensammlung und Berichterstattung durch die Länder (§ 18a EEWär-

---

[236] Hierzu *Klemm*, Das Erneuerbare-Energien-Wärmegesetz, CuR 2008, 124 (128 f.).

[237] Derartige Pläne bestehen etwa im Saarland ausweislich des Berichts nach § 18a EEWärmeG, S. 2 (http://www.erneuerbare-energien.de/inhalt/47539/; abgerufen: 30. 10. 2012); vergleichbare Regelungen existieren in Hamburg bereits für die Maßnahmen zur Steigerung der Energieeffizienz von Gebäuden (EnEV-Maßnahmen), vgl. Art. 2 des Gesetzes zur Sicherstellung klimaschutzrechtlicher Anforderungen im Baugenehmigungsverfahren vom 17. 2. 2009 (HmbGVBl. S. 43), durch das die Bauvorlagenverordnung Hamburgs (HmbGVBl. 2006 S. 71) entsprechend ergänzt wurde.

[238] Vgl. etwa für Baden-Württemberg §§ 6 f. der Verordnung der Landesregierung und des Wirtschaftsministeriums über das baurechtliche Verfahren (Verfahrensverordnung zur Landesbauordnung – LBOVVO) v. 13. 11. 1995 (GBl. S. 794), nach denen etwa nur Feuerungsanlagen und Wärmepumpen gesondert in den Plänen ausgewiesen werden müssen.

[239] Dass hierfür nicht bereits im EEWärmeG die entsprechenden Voraussetzungen geschaffen wurden, wird teilweise auch von Seiten der Länder bemängelt; siehe *Ziehm*, Vollzugsdefizite im Bereich des Klimaschutzrechts, ZUR 2010, 411 (414).

[240] *Ministerium für Umwelt, Klima und Energiewirtschaft Baden-Württemberg*, Erfahrungsbericht zum Erneuerbare-Wärme-Gesetz Baden-Württemberg, 2011, LT-Drs. 15/399, S. 26.

meG) leidet noch an erheblichen Mängeln,[241] die eine zuverlässige Evaluierung und effektive Nachjustierung des Gesetzes deutlich erschweren.

Es ist außerdem darauf hinzuweisen, dass – wohl nicht ganz zu Unrecht – beklagt wird, ein effektiver Vollzug (unter Vornahme von Stichproben durch Kontrolle „am Objekt“) sei auch aufgrund der teilweise chronischen Unterbesetzung der hierfür zuständigen Abteilungen der Verwaltung häufig gar nicht möglich,[242] gerade wenn die mangelnde Kooperationsbereitschaft der Verpflichteten einen noch höheren Verwaltungsaufwand verursacht, wie es teilweise berichtet wird.[243] Auch hier scheitert der Anspruch eines ambitionierten Klimaschutzes – wie auch im Falle der möglichen Abwälzung von Vollzugskosten auf die Eigentümer – bislang an der Höherbewertung kurzfristiger Sparziele bzw. wohl mehr noch an der vorrangigen Verausgabung von öffentlichen Mitteln für sonstige Zwecke.

d) Schlussfolgerungen für Kommunen

Aus dem mangelhaften Vollzug des EEWärmeG seitens der Länder muss in den Städten und Gemeinden der Schluss gezogen werden, der effektiven Durchsetzung von Klimaschutzvorgaben mehr Gewicht einzuräumen. Die Möglichkeiten der Kommunen zur Behebung des Vollzugsdefizits in manchen Bundesländern dürfte gering sein, wenngleich es denkbar erscheint, durch Aufnahme der Vorgaben des EEWärmeG in einen Bebauungsplan (mit oder ohne Modifizierung durch die Kommunen) eine zusätzliche Kontrollmöglichkeit im Rahmen des bauaufsichtlichen Prüfverfahrens zu ermöglichen.

Wichtiger dürfte die Erkenntnis sein, dass eine effektive Klimaschutzpolitik nicht ohne hinreichende Personal- und Sachmittelausstattung denkbar ist,[244] gerade um nicht nur die Anwendung existierender Vorschriften zu gewährleisten, sondern auch um die Ergebnisse von Klimaschutzbemühungen zuverlässig

---

241 Die Länderberichte nach § 18a EEWärmeG (http://www.erneuerbare-energien.de/inhalt/47539/; abgerufen: 30. 10. 2012) liefern – soweit sie überhaupt schon vorhanden sind – derzeit praktisch keine statistischen Angaben zum EEWärmeG.

242 A-Drs. 17(16)205-A, S. 9; Bericht des Saarlandes nach § 18a EEWärmeG, S. 2 (http://www.erneuerbare-energien.de/inhalt/47539/; abgerufen: 30. 10. 2012). Ähnlich auch *Ekardt/Heitmann*, Probleme des EEWärmeG bei Neubauten, ZNER 2009, 346 (349); *R. Müller*, in: Müller/Oschmann/Wustlich (Hrsg.), EEWärmeG, 2010, § 11 Rn. 33.

243 *Ministerium für Umwelt, Klima und Energiewirtschaft Baden-Württemberg*, Erfahrungsbericht zum Erneuerbare-Wärme-Gesetz Baden-Württemberg, 2011, LT-Drs. 15/399, S. 25 f.

244 Das Defizit wird etwa deutlich in der Höhe der Ausgleichszahlungen, die das Land Mecklenburg-Vorpommern an die zuständigen Behörden (Landkreise und kreisfreie Städte) für den Vollzug des EEWärmeG leistet. Sie belaufen sich gemäß § 3 Abs. 2 S. 1 der Landesverordnung zur Bestimmung der zuständigen Behörden zur Ausführung von Bundesrecht auf dem Gebiet des Klimaschutzes (M-V KlimaschutzZuLVO) v. 24. 3. 2011 (GVOBl. S. 215) für das gesamte Landesgebiet in Summe (!) auf 34.000 Euro (Stand 2011).

erfassen zu können, die dann evaluiert und weiterentwickeln werden müssen. Neben der *Schaffung* eines Rechtsrahmens für den Klimaschutz ist somit auch seine *Weiterentwicklung* im Auge zu behalten. Die auf der Landesebene – wie gesehen – noch nicht flächendeckend eingehaltenen Anforderungen dieser Aufgabe wiederholen sich im kleineren Maßstab in den Städten und Gemeinden.

5. Fazit

Das EEWärmeG ist ein großer Fortschritt auf dem Weg zum Ziel einer EE-basierten Wärmeversorgung und damit zu einer EE-Vollversorgung, gerade weil es die *erste* flächendeckend wirkende gesetzliche Regelung im Wärmebereich ist. Wie bei neuen Gesetzen, gerade im Bereich des Umweltenergierechts, das in besonderem Maße durch die technische Entwicklung beeinflusst wird, nicht anders zu erwarten, besteht jedoch fortwährender Anpassungsbedarf. Einige der soeben angesprochenen Defizite sind seit langem bekannt, zum Teil wurden sie schon im Gesetzgebungsverfahren angemahnt. Die Erlangung der erforderlichen Mehrheiten machte jedoch zweifellos Zugeständnisse und Abschwächungen notwendig, um den Beschluss des Gesetzes durch den Bundestag nicht insgesamt zu gefährden, eben weil es sich bei den Kernbestimmungen des EEWärmeG um neue *ordnungsrechtliche* Instrumente handelt, die regelmäßig auf erhöhte Abwehrreflexe stoßen. Nachdem das EEWärmeG einen durchaus erfolgreichen Start hatte, bietet sich im Rahmen der zukünftigen Novellierungen hinreichend Gelegenheit für notwendige Nachjustierungen. Wie gesehen ergibt sich diese Notwendigkeit sowohl im Anwendungsbereich als auch in der Ausgestaltung der Nutzungspflicht selbst, einschließlich deren Vollzug, sowie bei der finanziellen Förderung im Rahmen des MAP. Dem vorbildlichen Schritt des Beschlusses des EEWärmeG muss nun eine ebenso vorbildliche Weiterentwicklung folgen, zumal diese in weiten Teilen bereits durch das Unionsrecht vorgezeichnet ist. Solange die Bundesregelungen noch erhebliche Potenziale ungenutzt lassen, haben jedoch die Kommunen die Möglichkeit durch eigene Klimaschutzmaßnahmen ihren Beitrag zu leisten.

Die Einschätzung der vom EEWärmeG Betroffenen zu dem neuen Gesetz fällt uneinheitlich aus. Während die mit der baulichen Umsetzung befassten Unternehmen, Planer und Architekten das Gesetz trotz des Zusatzaufwands als sinnvolles Instrument bewerten,[245] besteht bei den verpflichteten Eigentümern, die den ökonomischen Nutzen als vorrangig bewerten, vielfach noch Informa-

[245] Vgl. die Zusammenfassung einer repräsentativen Umfrage bei *Agentur für Erneuerbare Energien*, Renews Spezial 24/2010 (http://www.unendlich-viel-energie.de/de/service/mediathek/renewsspezial.html; abgerufen: 30.10. 2012). Die Ergebnisse werden ferner wiedergegeben bei *Nast/Bürger/Klinski/Schulz/Steinbach*, Ergänzende Untersuchungen und vertiefende Analysen zum EEWärmeG (Folgevorhaben), 2010, S. 56f. (http://elib.

tionsbedarf hinsichtlich der mittelfristigen (finanziellen) Vorteile einer von fossilen Rohstoffen und deren Preisentwicklung soweit als möglich abgekoppelten und damit (auch ökonomisch) nachhaltigen Energieversorgung.[246] Auch hier wird insofern deutlich, dass der Nachhaltigkeitsgedanke zwar mittlerweile vielfach im geschriebenen Recht, noch immer aber deutlich weniger im gesellschaftlichen Denken und insbesondere Verhalten verankert ist.

IV. Perspektive: Einbeziehung des privaten Gebäudebestands

1. Handlungsbedarf

Es wurde bereits darauf hingewiesen, dass die Nutzungspflicht des EEWärmeG in ihrer derzeitigen Form bei Privatpersonen nur für neu zu errichtende Gebäude gilt (§ 3 Abs. 1 S. 1 EEWärmeG). Der Gebäudebestand wird nur insofern einbezogen, als es sich um öffentlich genutzte Gebäude handelt (§ 3 Abs. 2–3 EEWärmeG).[247] Die Einführung einer generellen Nutzungspflicht für bereits errichtete Gebäude steht bisher im Ermessen der Bundesländer (§ 3 Abs. 4 Nr. 2 EEWärmeG). Dieser Zustand ist angesichts der weitgehenden Untätigkeit der Länder in diesem Bereich[248] aus Klimaschutzgesichtspunkten äußerst unbefriedigend, wie sich an den prognostizierten Fallzahlen der verschiedenen Varianten ablesen lässt. Der Bundesgesetzgeber geht von ca. 175.000 Anwendungsfällen pro Jahr für die EE-Nutzungspflicht bei Neubauten aus,[249] wohingegen sich bei einer Nutzungspflicht für Bestandsgebäude, deren auslösendes Moment idealerweise (allein) die Erneuerung der Heizungsanlage sein sollte, ca. 500.000–600.000 Anwendungsfälle pro Jahr ergäben.[250]

Die Einbeziehung des Gebäudebestands ruft indessen neue Konflikte hervor. Dazu gehört im Mietwohnsektor etwa das sog. Investor-Nutzer-Dilemma[251],

dlr.de/69183/1/Endbericht_Folgevorhaben_EEW%C3%A4rmeG_final-2.pdf; abgerufen: 30. 10. 2012).

[246] *Ministerium für Umwelt, Klima und Energiewirtschaft Baden-Württemberg*, Erfahrungsbericht zum Erneuerbare-Wärme-Gesetz Baden-Württemberg, 2011, LT-Drs. 15/399, S. 6, 11 ff., 20 ff.

[247] Eine weitere Förderung des Gebäudebestands findet über das MAP in Form finanzieller Unterstützung statt. Dazu oben S. 32 ff.

[248] Zu den entsprechenden Landesgesetzen siehe unten S. 96 ff.

[249] BT-Drs. 16/8149, S. 14.

[250] Siehe die Stellungnahme von *Klinski* im Rahmen der öffentlichen Anhörung zum EEWärmeG, A-Drs. 16(16)394(B), S. 6; ferner *Nast/Bürger/Klinski/Schulz/Steinbach*, Ergänzende Untersuchungen und vertiefende Analysen zum EEWärmeG (Folgevorhaben), 2010, S. 38 f. (http://elib.dlr.de/69183/1/Endbericht_Folgevorhaben_EEW%C3%A4rmeG_final-2.pdf; abgerufen: 30. 10. 2012).

[251] Hierzu ausführlich *Ekardt/Heitmann*, Energetische Sanierung im Altbestand und das EEWärmeG, RdE 2009, 118 (120 ff.).

wobei es allerdings eine unzutreffende Verkürzung darstellen würde, wenn behauptet würde, dass der Mieter als Nutzer durch das Wohnraummietrecht einseitig bevorzugt würde.[252] Der vielgestaltige Reformbedarf im Mietrecht, um die Interessen von Mietern und Vermietern für eine Vielzahl verschiedenster Anwendungsfälle durch abstrakt-generelle gesetzliche Regelungen in den Griff zu bekommen, kann jedoch gerade aufgrund der sogleich näher zu behandelnden unionsrechtlichen Vorgaben keine Begründung dafür sein, die Inpflichtnahme des Gebäudebestands weiter zu verzögern. Im Übrigen wurde im Zuge der „Energiewende" im Mai 2011 ein erster Referentenentwurf für eine Mietrechtsreform zur Verbesserung der Regelungen zur energetischen Modernisierung ausgearbeitet. Nach einem zweiten Referentenentwurf vom Oktober 2011 folgte schließlich der Kabinettsentwurf, der im August 2012 in den Bundestag eingebracht wurde.[253]

Ebenso wenig sollte sich der Gesetzgeber zur Begründung der abwartenden Haltung in Sachen Bestandsgebäude und EE-Nutzungspflichten auf die Problematik der Härtefälle berufen, auch wenn diese im Bestandsgebäudebereich weitaus häufiger als bei Neubauten vorkommen werden. Als typisches Beispiel wird hier der Fall eines mehrstöckigen Altbaus mit einer entsprechenden Zahl von Mietwohnungen in einer Großstadt genannt.[254] Bei suboptimaler Lage (Verschattung etc.) entfällt die Installation einer solarthermischen Anlage als Erfüllungsoption, gleichermaßen ist die Installation von Wärmepumpen zur Nutzung der oberflächennahen Erdwärme im Bestandsbau regelmäßig ausgeschlossen, da die notwendigen Kollektoren nicht nachträglich in den Erdboden eingebracht werden können und für Biomasseheizungsanlagen ist häufig kein ausreichender Platz vorhanden (insbesondere für die Brennstofflagerung), weil die früheren Kohlekeller in Mieterkeller umgewandelt wurden und eine Gasheizung installiert wurde, die über das Gasnetz versorgt wird. Auch eine anspruchsvolle Wärmedämmung als Ersatzmaßnahme kann in so einem Fall derart hohe Kosten auslösen, dass sie sich nicht ohne weiteres wirtschaftlich darstellen lässt, gerade in Kommunen mit einem Überangebot an Mietwohnungen, das eine Ausweichreaktion der betroffenen Mieter wegen der kurzfristigen

---

[252] Siehe etwa die zahlreichen Vergünstigungen für die Vermieterseite, die bei *Horst*, Das mietrechtliche Verständnis neuer Technologien zur energetischen Instandsetzung und Modernisierung von Wohnraum – Zugleich zum Energiekonzept der Bundesregierung vom 6. 9. 2010, NZM 2010, 761 ff., dargestellt sind.

[253] Siehe die Entwürfe für ein „Gesetz über die energetische Modernisierung von vermietetem Wohnraum und über die vereinfachte Durchsetzung von Räumungstiteln". Der erste Referentenentwurf v. 11. 5. 2011 ist abgedruckt in NZM 2011, 424 ff. Der ins Parlament eingebrachte Regierungsentwurf findet sich in BT-Drs. 17/10485.

[254] Beschreibung bei *Nast/Bürger/Klinski/Leprich/Ragwitz/Schulz*, Ergänzende Untersuchungen und vertiefende Analysen zu möglichen Ausgestaltungsvarianten eines Wärmegesetzes, 2009, S. 179 f. (http://www.erneuerbare-energien.de/files/pdfs/allgemein/application/pdf/endbericht_waermegesetz.pdf; abgerufen: 30. 10. 2012).

Mieterhöhungen erwarten lässt. Die bereits unabänderlich feststehenden baulichen Voraussetzungen stellen damit bei der Realisierung der EE-Nutzungspflicht im Gebäudebestand ungleich größere Herausforderungen. Nichtsdestoweniger ist eine Erstreckung der Pflicht auf den Bestandsbereich unumgänglich und durch die besonders große Palette der Erfüllungsmöglichkeiten, die das EEWärmeG bietet, dürfte die Zahl der Härtefälle, die von der EE-Nutzungspflicht befreit werden müssen, auf ein Minimum reduziert sein.

2. Pläne bei Erlass des EEWärmeG

Nach den Referentenentwürfen zum EEWärmeG sollte die EE-Nutzungspflicht ursprünglich auf den Gebäudebestand erstreckt werden.[255] Diese ambitionierten Pläne wurden jedoch nicht umgesetzt.[256] Als Grund für den Sinneswandel wurde im Gesetzgebungsverfahren die Gefahr eines Sanierungsstaus infolge der EE-Pflicht bei Bestandsbauten angeführt.[257] Zu Recht wird hiergegen eingewandt, dass diesem Problem durch den Zwang zur Modernisierung nach Ablauf einer bestimmten Frist – wie in § 14 des 1. EEWärmeG-Referentenentwurf auch vorgesehen – Rechnung getragen worden wäre.[258] Die Gefahr eines Sanierungsstaus wurde erst mit den Regelungen im 2. Referentenentwurf[259] (vgl. dort § 5 Abs. 2 i. V. m. § 3 Nr. 2) wieder ausgelöst, der keine Sanierungspflicht in Abhängigkeit vom Alter der Heizungsanlage mehr enthielt.[260]

Auch ist danach zu fragen, ob die Gefahr eines Modernisierungsstaus bei einer Verlagerung der Verantwortung für die EE-Pflichten im Bereich der Bestandsbauten auf die Länder (§ 3 Abs. 4 Nr. 2 EEWärmeG) denn kleiner wäre. Grundsätzlich ist dies wohl zu verneinen, obgleich das Problem ohnehin (wie beschrieben) gelöst werden könnte.[261]

---

[255] In der Literatur waren bereits zuvor Forderungen nach einer entsprechenden Ausgestaltung eines EEWärmeG erhoben worden; siehe *Gaßner/Fischer*, Pflichtanteil Erneuerbarer Energien zur Wärmeerzeugung in Gebäuden, ZNER 2005, 21 (25).

[256] Berechtigte Kritik am Verzicht der Einbeziehung des Gebäudebestands findet sich etwa bei *Ekardt*, in: Frenz/Müggenborg (Hrsg.), EEG, 2. Aufl. 2011, Einleitung Rn. 92; *R. Müller*, Das neue Wärmegesetz als Instrument deutscher Klimaschutzpolitik, ZNER 2008, 132 (135).

[257] Die Begründung ist im Einzelnen wiedergegeben bei *Wustlich*, in: Müller/Oschmann/Wustlich (Hrsg.), EEWärmeG, 2010, § 3 Rn. 9.

[258] *Wustlich*, in: Müller/Oschmann/Wustlich (Hrsg.), EEWärmeG, 2010, § 3 Rn. 7; siehe ferner *T. Müller*, in: Müller/Oschmann/Wustlich (Hrsg.), EEWärmeG, 2010, Einleitung Rn. 100 mit Fn. 277, der auf die vergleichbare Norm im Entwurf für ein Klimaschutzgesetz für das Land Berlin vom 6. 7. 2009 verweist; *Fischer/Klinski*, Modelle für eine Förderung erneuerbarer Energien im Wärmemarkt aus rechtlicher Sicht, ZUR 2007, 8 (10), die eine Regelung mit ähnlichem Ergebnis in der 1. BImSchV in Erwägung ziehen.

[259] Abgedruckt in CuR 2007, S. 114 ff.

[260] Vgl. insgesamt *T. Müller*, in: Müller/Oschmann/Wustlich (Hrsg.), EEWärmeG, 2010, Einleitung Rn. 92 ff.

[261] Zu den weiteren Vorteilen dieser Lösung siehe *Nast/Bürger/Klinski/Leprich/Ragwitz/*

3. Unionsrechtliche Vorgaben

Art. 13 Abs. 4 UAbs. 3 EE-RL verpflichtet die Mitgliedstaaten, bis spätestens zum 31. 12. 2014 dafür zu sorgen, dass in bereits errichteten Gebäuden im Falle einer größeren Renovierungsarbeit ein Mindestmaß an Erneuerbaren Energien zur Wärmeerzeugung zum Einsatz kommt. Mit dieser Vorgabe der Union wird das Defizit behoben, dass sich das EEWärmeG bisher auf die Neuerrichtung von Gebäuden konzentriert. Bedauerlich ist, dass hieraus folgt, dass es – ausgehend von der geschätzten Zahl der jährlichen Anwendungsfälle einer EE-Nutzungspflicht für den Gebäudebestand – seit Inkrafttreten des EEWärmeG am 1. 1. 2009 bis zum Ablauf der Umsetzungsfrist für Art. 13 Abs. 4 UAbs. 3 EE-RL ca. 3 Mio. (!) Anwendungsfälle für die Nutzungspflicht im Gebäudebestand gegeben haben wird, in denen nunmehr die gewählte Heizungsart für weitere 15–20 Jahre „zementiert" ist, denn (mindestens) so lang ist das regelmäßige Erneuerungsintervall für Heizungsanlagen. Soweit in diesen Fällen wieder (ausschließlich) auf eine Öl- oder Gasheizung gesetzt wurde, ist die Auswirkung auf die Menge der THG-Emissionen nicht zu unterschätzen. Klärungsbedürftig sind allerdings die Anforderungen, die Art. 13 Abs. 4 UAbs. 3 EE-RL im Einzelnen stellt.

a) Notwendigkeit einer ordnungsrechtlichen Pflicht

Die Implementation einer generellen ordnungsrechtlichen Verpflichtung wird als einzige Möglichkeit angesehen, um die unionsrechtlichen Vorgaben zu erfüllen.[262] Allerdings ist diese Auffassung nicht unbestritten. Nach anderer Ansicht, die sich auf den Wortlaut von Art. 13 Abs. 4 UAbs. 3 S. 1 EE-RL beruft („oder auf andere Weise") und eine derartige Verengung der Wahlfreiheit der Mitgliedstaaten ablehnt, sollen auch Modelle der finanziellen Förderung für eine Umsetzung der unionsrechtlichen Vorgaben genügen.[263] Sowohl dem Ergebnis als auch der Begründung ist jedoch zu widersprechen, insbesondere mit Blick auf die Erwägungsgründe der EE-RL, wo ausdrücklich die Bedeutung von EE-Nutzungs*pflichten* betont wird.[264] Der Passus „oder auf andere Weise

---

Schulz, Ergänzende Untersuchungen und vertiefende Analysen zu möglichen Ausgestaltungsvarianten eines Wärmegesetzes, 2009, S. 80 f. (http://www.erneuerbare-energien.de/files/pdfs/allgemein/application/pdf/endbericht_waermegesetz.pdf; abgerufen: 30. 10. 2012).

[262] *Lehnert/Vollprecht*, ZUR 2009, 307 (314 f.); *T. Müller*, in: Müller/Oschmann/Wustlich (Hrsg.), EEWärmeG, 2010, Einleitung Rn. 151; *Ringel/Bitsch*, Die Neuordnung des Rechts der Erneuerbaren Energien in Europa, NVwZ 2009, 807 (811).

[263] *Milkau*, Ansätze zur Förderung der erneuerbaren Energien im Wärmemarkt, 2009, S. 99.

[264] Erwägungsgrund Nr. 47 der EE-RL; näher zur Argumentation *Kahl/Schmidtchen*, Die Pflicht der Gemeinden zur Nutzung Erneuerbarer Energien für die Wärmeerzeugung in ihren Bestandsgebäuden – Ein Verstoß gegen Art. 84 Abs. 1 S. 7 GG?, LKV 2011, 439 (440 f.).

mit vergleichbarem Ergebnis" ist vielmehr so zu verstehen, dass die Umsetzungsvorgaben der Mitgliedstaaten nicht zwingend in die beispielhaft erwähnten *Bau*vorschriften zu integrieren sind. So wird Rücksicht genommen auf die unterschiedlichen Regelungssysteme der Mitgliedstaaten. Ein weitergehendes Maßnahmenwahlrecht ist Art. 13 Abs. 4 UAbs. 3 S. 1 EE-RL jedoch nicht zu entnehmen, denn ansonsten würde seine Wirkung nicht über UAbs. 1 hinausgehen.

b) Minimalanforderungen an die Umsetzung

Art. 13 Abs. 4 UAbs. 3 S. 1 EE-RL knüpft die EE-Nutzungspflicht an das Vorliegen einer „größeren Renovierungsarbeit". Das wirft die Frage auf, wie der Begriff der größeren Renovierung in der EE-RL auszulegen ist, denn der Definitionskatalog des Art. 2 EE-RL enthält hierzu keine näheren Anhaltspunkte. Zur Beantwortung der Frage kann an dieser Stelle auf die Ausführungen zum Begriff der „größeren Renovierungsmaßnahme" (Art. 13 Abs. 5 EE-RL) bei der Bewertung der Vorbildpflicht der öffentlichen Hand[265] verwiesen werden, der als Synonym verstanden werden kann. Der Bundesgesetzgeber hat mit der Definition der grundlegenden Renovierung in § 2 Abs. 2 Nr. 3 EEWärmeG deutlich gemacht, dass er die Mindestvorgabe im Unionsrecht eng auslegt, sodass die Pflicht seltener ausgelöst wird. Dieselbe Auslegung ist auch im Hinblick auf die Umsetzung von Art. 13 Abs. 4 UAbs. 3 EE-RL zu erwarten. Freilich ist dies – wie schon bei der Bewertung der Vorbildpflichten – aus rechtspolitischer Perspektive zu kritisieren. Die „größere Renovierungsarbeit" sollte nicht mit der „größeren Renovierung" in der GEEG-RL[266] gleichgesetzt werden. Stattdessen ist Art. 13 Abs. 4 UAbs. 3 EE-RL dergestalt auszulegen, dass eine mitgliedstaatliche EE-Nutzungspflicht (auch) bereits dann ausgelöst wird, wenn nur die (zentrale) Heizungsanlage eines bestehenden Gebäudes erneuert wird. Vor dem Hintergrund der ambitionierten Klimaschutzziele der EU wäre dieses Verständnis der unionsrechtlichen Vorgaben allemal vorzugswürdig. Im stattdessen zu erwartenden Fall einer weniger wirkungsvollen Umsetzung in Form engerer Auslösetatbestände sollte auf die Möglichkeiten des kommunalen Klimaschutzes jedenfalls insofern Rücksicht genommen werden, als den Umsetzungsbestimmungen keine abschließende Wirkung beigemessen wird, sondern weitergehende Vorgaben auf Ebene der Kommunen zulässig bleiben.

---

[265] Oben S. 36 ff.

[266] Fundstelle oben Fn. 44.

c) Ambitionierte Umsetzung

Angesichts der bisherigen Auslegung der Vorschriften zur Vorbildpflicht der öffentlichen Hand durch den Bundesgesetzgeber und in Ermangelung weiterer Vorgaben in der EE-RL steht zu befürchten, dass bei einer „1:1-Umsetzung" wiederum nur an eine auf der Eigeninitiative des Gebäudeeigentümers beruhende umfassende Renovierung angeknüpft wird, ohne dass Fristen für die Erneuerung der Heizungsanlage festgelegt werden. Da die Regelungen zur Vorbildpflicht der öffentlichen Hand keine Regelungen zu Höchstnutzungszeiten von Heizungsanlagen enthalten, muss davon ausgegangen werden, dass diese defizitäre Ausgestaltung auch für die generelle EE-Nutzungspflicht für Bestandsgebäude übernommen werden wird. Damit würde wiederum die Gefahr eines Sanierungsstaus provoziert. Es erscheint deshalb zwingend, bei der Umsetzung von Art. 13 Abs. 4 UAbs. 3 S. 1 EE-RL als pflichtenauslösendes Moment neben der Erneuerung der Heizung aus eigener Initiative des Eigentümers jedenfalls *auch*[267] das Erreichen einer bestimmten Nutzungsdauer der Heizungsanlage festzulegen, so wie es bereits im 1. EEWärmeG-Referentenentwurf vorgesehen war.

d) Vorbehalt der Angemessenheit

Weitere Fragen wirft das Merkmal der Angemessenheit in Art. 13 Abs. 4 UAbs. 3 S. 1 EE-RL auf. Zu Recht wird davon ausgegangen, dass hiermit die Vorgabe an die Mitgliedstaaten verbunden ist, die Nutzungspflicht so auszugestalten, dass unbillige (finanzielle) Härten, die eine EE-Nutzungspflicht, insbesondere für Bestandsgebäude, *im Einzelfall* mit sich bringen kann, berücksichtigt werden. Die Kombination aus einer breiten Palette von Erfüllungsmöglichkeiten mit einer Befreiungsmöglichkeit für darüber hinaus noch verbleibende Härtefälle wie sie im EEWärmeG realisiert wurde, dürfte hierfür genügen. Unzulässig wäre hingegen eine pauschalisierende Betrachtung *des gesamten Mitgliedstaates* zur Beurteilung der Angemessenheit, ebenso eine vollständige Ausklammerung des Gebäudebestands mit dem schlichten Verweis auf die dort größeren finanziellen Belastungen bei der Umsetzung einer EE-Wärmeversorgung. Angesichts der sich hieraus ergebenden Umkehr des Regel-Ausnahme-Verhältnisses, das durch

[267] Demgegenüber wäre es kontraproduktiv, *allein* auf das Erreichen einer bestimmten Nutzungsdauer der Heizungsanlage (und nicht zugleich auf den Austausch auf eigene Initiative hin) abzustellen, weil damit die Umgehungsmöglichkeit eröffnet würde, dass vor Erreichen der angegebenen Nutzungsdauer wiederum ein Austausch gegen eine „konventionelle" Heizungsanlage erfolgen würde, vgl. *Nast/Bürger/Klinski/Schulz/Steinbach*, Ergänzende Untersuchungen und vertiefende Analysen zum EEWärmeG (Folgevorhaben), 2010, S. 50f. (http://elib.dlr.de/69183/1/Endbericht_Folgevorhaben_EEW%C3%A4rmeG_final-2.pdf; abgerufen: 30. 10. 2012), wonach der Entwurf für ein Berliner Klimaschutzgesetz eine solch defizitäre Regelung vorsah.

die generelle Nutzungspflicht (Regel) unter Ergänzung durch das einschränkende Merkmal der Angemessenheit (Ausnahme) zum Ausdruck kommt, kann dann nicht mehr von einer effektiven Umsetzung der EE-RL (Art. 288 Abs. 3 AEUV i.V.m. Art. 4 Abs. 3 EUV) ausgegangen werden.[268] Im Übrigen zeigen die bereits existierenden EE-Nutzungspflichten für Neubauten (EEWärmeG) und für Bestandsbauten (BaWüEWärmeG), dass verhältnismäßige Regelungen in Deutschland nicht generell ausgeschlossen sind. Selbst wenn man also den Angemessenheitsvorbehalt in Art. 13 Abs. 4 UAbs. 3 S. 1 EE-RL weit auslegen und damit nicht nur einzelfallorientiert, sondern staatsgebietsbezogen verstehen würde,[269] zeigt sich in der Existenz dieser Regelungen, dass auch ein so verstandener Angemessenheitsbegriff erfüllt wäre.

Es schließt sich jedoch die Frage an, wie detailliert die so von Art. 13 Abs. 4 UAbs. 3 EE-RL implizierte Verhältnismäßigkeitsprüfung zu erfolgen hat. Während die zwingende Einbeziehung des Gebäudebestands noch bejaht werden kann, wäre – gewissermaßen auf der nächstniedrigeren Ebene – zu klären, ob eine pauschale Beschränkung auf den *Wohn*gebäudebestand unter Ausklammerung von gewerblich genutzten Gebäuden richtlinienkonform wäre.[270] Im Gegensatz zur Einbeziehung des Gebäudebestands können diesbezüglich aus Art. 13 Abs. 4 UAbs. 3 EE-RL keine ausdrücklichen Vorgaben entnommen werden. Die Vorschrift bezieht sich vielmehr allgemein auf alle Gebäude. Gerade deshalb folgt jedoch aus den übrigen Vorgaben der Richtlinie, die sowohl den gewerblichen Bereich im Allgemeinen wie auch den Prozesswärmebedarf im Besonderen mit erfasst (siehe Art. 2 lit. f, Art. 5 Abs. 4 UAbs. 1, Art. 13 Abs. 3, Art. 13 Abs. 6 UAbs. 2 und Art. 14 Abs. 5 EE-RL für den gewerblichen Sektor sowie Art. 2 lit. g und Art. 5 Abs. 4 UAbs. 1 EE-RL für die Prozesswärme), dass eine undifferenzierte Ausklammerung gewerblicher Gebäude aus den EE-Nutzungspflichten (für neu zu errichtende genauso wie für bestehende Gebäude) gegen die Vorgabe der EE-RL verstoßen würde. Freilich kann bei der Ausgestaltung der Pflichten auf die besondere Situation gewerblich genutzter Gebäude, insbesondere im Hinblick auf die Nutzung von Erneuerbaren Energien zur Prozesswärmeerzeugung Rücksicht genommen werden. Hier stellen sich neue technische Herausforderungen, die spezielle Anforderungen an die Verhältnismäßigkeit ordnungsrechtlicher Pflichten stellen.[271]

Die Frage nach den Vorgaben, die das Merkmal der „Angemessenheit" in Art. 13 Abs. 4 UAbs. 3 EE-RL enthält, lässt sich beliebig weiter auffächern. So-

[268] Zum Ganzen *T. Müller*, in: Müller/Oschmann/Wustlich (Hrsg.), EEWärmeG, 2010, Einleitung Rn. 152 ff., 163. Der generelle Ausschluss von Bestandsbauten wird auch von *Lehnert/Vollprecht*, Neue Impulse von Europa: Die Erneuerbare-Energien-Richtlinie der EU, ZUR 2009, 307 (314 f.); *Ringel/Bitsch*, Die Neuordnung des Rechts der Erneuerbaren Energien in Europa, NVwZ 2009, 807 (811), als unzulässig angesehen.

[269] So *Wustlich*, in: Danner/Theobald (Hrsg.), Energierecht, EEG VI B 4 Einf Rn. 38.

[270] Diese Lösung enthält derzeit das BaWüEWärmeG, dazu unten S. 96 ff.

[271] Siehe auch oben S. 41 ff.

weit hiermit aber nicht mehr nur der Anwendungsbereich in Rede steht, wie es bei der Frage nach einem Ausschluss von einzelnen Gebieten eines Mitgliedstaats oder einzelner Gebäudetypen der Fall ist, sondern die konkrete Ausgestaltung der EE-Nutzungspflicht, lassen sich aus dem Unionsrecht effektiv nur noch wenige Antworten ableiten. Dies dürfte darin begründet liegen, dass Vorgaben zum Anwendungsbereich und zu Ausnahmen hiervon (also Regelungen zum „Ob" der Nutzungspflicht) notwendigerweise ohne Betrachtung der Angemessenheit im Einzelfall arbeiten, was der Vorgabe in Art. 13 Abs. 4 UAbs. 3 EE-RL erkennbar zuwider läuft. Mit einer Ausgestaltung der Nutzungspflicht selbst („Wie" der EE-Nutzung) wird demgegenüber gerade auf unterschiedliche Belastungen und Voraussetzungen bei den Verpflichteten reagiert. Soweit die Vorgaben zum „Wie" der Nutzungspflichterfüllung nicht deren Effektivität spürbar beeinträchtigen, ist demnach auch kein Verstoß gegen die vom Angemessenheitsvorbehalt implizierte „Untergrenze" der Verpflichtung erkennbar. Eine spürbare Beeinträchtigung wäre dann zu bejahen, wenn eine mitgliedstaatliche Regelung hinsichtlich der erlaubten EE-Technologien nur auf kaum verbreitete EE-Arten (etwa Geothermie) setzen würde und/oder die Nutzungspflicht durch äußerst großzügige Befreiungsregelungen, mangelhaften Vollzug etc. praktisch vollständig unterlaufen werden könnte. Damit würde die Ausgestaltung des „Wie" der Nutzungspflicht wiederum auf das „Ob" einer Nutzungspflicht durchschlagen.

Beurteilt man die aktuell bestehenden EE-Nutzungspflichten in Deutschland anhand dieser Grundsätze, so fällt das Ergebnis grundsätzlich positiv aus. Das EEWärmeG ist weitestgehend technologieoffen ausgestaltet,[272] sodass diesbezüglich keine Gefahr des Unterlaufens der Nutzungspflicht besteht. Defizite bestehen allerdings beim Vollzug der gesetzlichen Vorgaben.[273] Auch das BaWü-EWärmeG dürfte den unionsrechtlichen Anforderungen hinsichtlich der Ausgestaltung der Erfüllungsoptionen noch genügen, da sich die Konzentration auf die Solarthermie sachlich begründen lässt und die Zahl der Fälle, in denen hierdurch keine Nutzungspflicht besteht, aktuell noch keine unvertretbare Höhe erreicht hat.[274] Problematisch – und vorbehaltlich weiterer Änderungen ab dem 1. 1. 2015 unionsrechtswidrig – bleibt hingegen die dortige Beschränkung auf den *Wohn*gebäudebereich.

---

[272] Näher oben S. 27 f.
[273] Hierzu ausführlich oben S. 70 ff.
[274] Siehe unten S. 96 ff.

4. Umsetzung durch den Bund oder die Länder?

Unabhängig von den konkreten Anforderungen, die aus Art. 13 Abs. 4 UAbs. 3 EE-RL abgeleitet werden können, stellt sich die Frage, ob dessen Umsetzung durch den Bund oder die Länder angezeigt ist. Wenngleich eine Bundesregelung nicht rechtlich zwingend ist, sprechen doch gewichtige rechtspolitische Gründe dafür, einer Umsetzung im EEWärmeG den Vorzug zu geben.

Das EEWärmeG wurde in Ausübung der konkurrierenden Bundeskompetenz für das Recht der Luftreinhaltung in Art. 74 Abs. 1 Nr. 24 GG erlassen, sodass ohne weiteres landesrechtliche Regelungen zu EE-Nutzungspflichten für den Gebäudebestand in Ausnutzung des durch den Bund belassenen Regelungsbereichs (vgl. die Klarstellung in § 3 Abs. 4 Nr. 2 EEWärmeG) denkbar sind.[275] Allein Vertreter der Ansicht, die neben Art. 74 Abs. 1 Nr. 24 GG auch Art. 74 Abs. 1 Nr. 11 GG (Recht der Wirtschaft) als Kompetenzgrundlage für einschlägig halten und in diesem Zusammenhang ausführlich begründen, warum eine bundeseinheitliche Regelung erforderlich i.S.v. Art. 72 Abs. 2 GG ist,[276] müssten – zur Vermeidung von Wertungswidersprüchen – auch aus kompetenzrechtlicher Sicht für eine Bundesregelung plädieren.

Bei rechtspolitischer Betrachtung ist zuzugeben, dass bei einer Umsetzung durch die Länder verschiedene Ausgestaltungsvarianten[277] möglich wären, sodass der kompetitive Föderalismus hier besonders zur Geltung kommen könnte. Dieser Aspekt wurde im Zusammenhang mit § 3 Abs. 4 Nr. 2 EEWärmeG besonders hervorgehoben, weil so die Möglichkeit bestünde, Erfahrungen für eine zukünftige Fortentwicklung des EEWärmeG des Bundes zu sammeln.[278] Dem ist zwar im Ansatz zuzustimmen, allerdings erfordert die Pflicht zur Umsetzung des Art. 13 Abs. 4 UAbs. 3 EE-RL (nunmehr) eine Neubewertung. Bisher wurde der Spielraum der Länder kaum wahrgenommen, allein Baden-Württemberg hat gesetzliche EE-Nutzungspflichten für sein gesamtes Landesgebiet erlassen.[279] Während die zukünftige Fortentwicklung des EEWärmeG auf Grundlage der Ergebnisse des Wettbewerbsföderalismus zum Zeitpunkt des Erlasses des EEWärmeG allein der autonomen Entscheidung des Bundesgesetzgebers überlassen blieb und gegebenenfalls – etwa mangels landesgesetzlicher Initiativen, mit denen Erfahrungen hätten gesammelt werden können – auch vertagt werden konnte, gebieten die unionsrechtlichen Vorgaben nunmehr gesetzgeberisches Tätigwerden. Wiederum ist festzustellen, dass sich hieraus

---

275 *T. Müller*, in: Müller/Oschmann/Wustlich (Hrsg.), EEWärmeG, 2010, Einleitung Rn. 163.

276 *Milkau*, Ansätze zur Förderung der erneuerbaren Energien im Wärmemarkt, 2009, S. 241 ff., insbesondere S. 242 ff.

277 Beispielhaft sind insofern etwa die großen Unterschiede zwischen dem EEWärmeG und dem BaWüEWärmeG; dazu unten S. 96 ff.

278 *Wustlich*, in: Müller/Oschmann/Wustlich (Hrsg.), EEWärmeG, 2010, § 3 Rn. 82.

279 Dazu unten S. 96 ff.

keine Umsetzungspflicht des Bundes ergibt, allerdings führt bereits die mangelhafte Umsetzung durch ein Bundesland zu einer Vertragsverletzung seitens der Bundesrepublik insgesamt, die am einfachsten durch eine Bundesregelung zu vermeiden wäre.

Betrachtet man sich die bisherigen Aktivitäten auf Landesebene,[280] ist eine ungenügende Umsetzung des Art. 13 Abs. 4 UAbs. 3 EE-RL festzustellen. Nach dem bereits Gesagten gilt dies insbesondere für den Fall eines generellen Verzichts auf eine EE-Nutzungspflicht (für Bestandsgebäude) seitens eines Bundeslandes. So wurde oben festgestellt, dass sich die Beurteilung der Angemessenheit nicht auf das Gebiet eines *Mitgliedstaats* als ganzen, sondern nur auf den einzelnen Betroffenen beziehen kann. Konsequenterweise verbietet sich damit auch eine pauschale Betrachtung des Staatsgebiets einzelner *Bundesländer*.[281] Die Nichteinführung einer EE-Nutzungspflicht für den Gebäudebestand in bestimmten Bundesländern wäre demnach mit der EE-RL nicht vereinbar.[282] Die Einordnung in „arme“ und „reiche“ Bundesländer wird dem Angemessenheitsvorbehalt der EE-RL ebenso wenig gerecht wie der Wirklichkeit, deren differenzierte Verhältnisse – auch innerhalb eines Bundeslandes – nicht durch die Bewertung der sozio-ökonomischen Bedingungen in Form von Durchschnittsbetrachtungen nivelliert werden dürfen. Derartige pauschalierende Rechtfertigungsversuche würden eine Diskriminierung provozieren, weil damit die (Investitions-)Lasten zur Erfüllung der für Deutschland (und eben nicht für einzelne Bundesländer differenziert) geltenden internationalen und europäischen Verpflichtungen zur THG-Reduktion zwischen den Bundesländern ungleich verteilt würden. Damit würde zugleich gegen das Verursacherprinzip verstoßen, wonach jeder einzelne Gebäudeeigentümer bzw. -nutzer für seinen Beitrag zur Verantwortung zu ziehen ist,[283] wenngleich im Rahmen der konkreten Ausgestaltung etwa auf die Vermeidung sozialer Härten geachtet werden muss.

Neben der völligen Untätigkeit eines Landesgesetzgebers in Sachen EE-Nutzungpflicht wird auch die Weiterübertragung der Verantwortung auf die Kommunen in Form einer landesgesetzlichen Ermächtigung (wie etwa durch § 81 Abs. 7 BbgBO geschehen[284]) nicht genügen, um die Richtlinienvorgaben zu er-

---

[280] Dazu unten S. 96 ff.

[281] A. A. offenbar *Wustlich*, in: Müller/Oschmann/Wustlich (Hrsg.), EEWärmeG, 2010, § 3 Rn. 23; *Wustlich*, in: Danner/Theobald (Hrsg.), Energierecht, EEG VI B 4 Einf Rn. 38, der von „landesspezifischen Gründen“ spricht.

[282] So auch *Lehnert/Vollprecht*, Neue Impulse von Europa: Die Erneuerbare-Energien-Richtlinie der EU, ZUR 2009, 307 (314 f.); ähnlich *Ringel/Bitsch*, Die Neuordnung des Rechts der Erneuerbaren Energien in Europa, NVwZ 2009, 807 (811).

[283] Ähnlich auch *Gaßner/Fischer*, Pflichtanteil Erneuerbarer Energien zur Wärmeerzeugung in Gebäuden, ZNER 2005, 21 (22).

[284] Zum kommunalen Klimaschutz durch Bauordnungsrecht, insbesondere durch Erlass von „Solarsatzungen“ siehe unten § 4 (S. 215 ff.).

füllen. Hiermit ist zwar kehrseitig ein Verantwortungsgewinn auf Seiten der Gemeinden verbunden, allerdings kann damit nicht die Gefahr ausgeräumt werden, dass der Erlass entsprechender Satzungen in vielen Kommunen unterbleiben wird.

Schließlich ist – wie gezeigt wurde – sogar eine landesrechtliche Umsetzung wie in Baden-Württemberg, wo immerhin überhaupt EE-Nutzungspflichten für den Gebäudebestand eingeführt wurden, wegen der Beschränkung auf *Wohn*gebäude mit der EE-RL nicht vereinbar.[285]

Resümierend lässt sich feststellen, dass eine bundesgesetzliche Umsetzung des Art. 13 Abs. 4 UAbs. 3 EE-RL jedenfalls aus rechtspolitischen Gründen notwendig ist, um eine Vertragsverletzung einigermaßen zuverlässig zu verhindern. Dies lässt sich verbinden mit den weiteren bis zum Ablauf des Jahres 2014 vorzunehmenden Modifizierungen des EEWärmeG, die sich aus Art. 13 Abs. 4 UAbs. 3 EE-RL vornehmlich für die aktuell noch voraussetzungslos zulässigen Ersatzmaßnahmen ergeben.[286]

5. Schlussfolgerungen für Kommunen

Wie bereits angesprochen bewirkt die fehlende Adressierung privater Bestandsgebäude einen Verantwortungszuwachs auf Seiten der Kommunen. Die zu erwartende „1:1-Umsetzung" der EE-RL, d.h. eine Umsetzung mit restriktiven Auslösetatbestände bedeutet außerdem, dass auch über 2014/15 hinaus weitere Potenziale ungenutzt bleiben werden und den Städten und Gemeinden unter Umständen auch im Bestandsbau – wie schon im Neubaubereich[287] – die Aufgabe der Nachsteuerung zukommen wird. Notwendige Bedingung hierfür ist jedoch eine Abänderung des EEWärmeG, die nicht als abschließende Regelung ausgestaltet wird, sondern weitergehende kommunale Vorgaben zulässt.

---

[285] Siehe S. 86.
[286] Dazu oben S. 55 ff.
[287] Siehe oben S. 48 ff. und S. 65 ff.

§ 2 Landeswärmegesetze

I. Überblick

Derzeit finden sich verschiedene Typen von Landesregelungen im Klimaschutz- bzw. EE-Wärme-Bereich. Gesetzliche EE-Nutzungspflichten sind bislang jedoch die Ausnahme. Die nachfolgend im Überblick beschriebenen Regelungen werden in der Praxis teilweise auch innerhalb eines Landesgesetzes kombiniert, sodass es sich hier zunächst nur um eine vereinfachende Typisierung handelt.

Die erste Gruppe bilden die übergreifenden Klimaschutzgesetze, die derzeit in verschiedenen Ländern ausgearbeitet werden.[1] Diese Gesetze sollen vor allem zahlenmäßige Reduktionsziele enthalten, um damit ein politisches Signal zu setzen, sowie mehr oder weniger allgemeine Förderbestimmungen betreffend Erneuerbare Energien, wozu auch Regelungen zur Schaffung neuer Landesinstitutionen zur Förderung des Klimaschutzes zu zählen sind. Der Nutzen dieser Gesetze ist zweifelhaft, weil die wirklichen politischen Konflikte, d.h. die Schaffung *verbindlicher* Klimaschutzvorgaben nicht angegangen werden. Vielmehr werden mit den enthaltenen Reduktionszielen indirekt Versprechungen für zukünftiges Handeln der Politik abgegeben, wobei jedoch auf die Einklagbarkeit mangels drittschützenden Charakters der jeweiligen Ziele verzichtet wird. Die Erlangung von Mehrheiten für die Einführung verbindlicher Instrumente unterbleibt bisher zu Gunsten der ohne weiteres erreichbaren Zustimmung zu unverbindlichen Absichtserklärungen.

Anders stellt sich dies bei der zweiten Gruppe von Landesgesetzen im Klimaschutzbereich dar. Hierbei handelt es sich um eigene Wärmegesetze der Länder, die ordnungsrechtliche Vorgaben zur EE-Nutzung enthalten und insofern dem EEWärmeG ähneln. Bisher ist ein solches allerdings nur in Baden-Württemberg in Kraft getreten. Für die nachfolgend nicht mehr gesondert behandelten Länder (Bayern, Brandenburg, Hessen, Mecklenburg-Vorpommern, Niedersachsen, Rheinland-Pfalz, Sachsen, Sachsen-Anhalt, Schleswig-Holstein) sind derzeit keinerlei Pläne zum Erlass eigener Wärmegesetze bekannt.

In Berlin, Bremen und Hessen finden sich zudem bereits seit längerem so genannte Energie- oder Energiespargesetze.[2] Die dort enthaltenen Regelungen

[1] Vgl. unten S. 100 und S. 103.

[2] Berlin: Gesetz zur Förderung der sparsamen sowie umwelt- und sozialverträglichen

haben bisher allerdings – soweit ersichtlich – keinen sonderlichen Erfolg gezeitigt. Strenge Pflichten sucht man dort zumeist vergeblich. Vielmehr enthalten die Energiegesetze häufig lediglich Ermächtigungen zum Erlass konkreterer Regelungen, allgemeine EE-Förderbestimmungen, die auch die Einrichtung von Beratungsstellen i.w.S. betreffen (Energieberater, -beauftragte, -beiräte usw.) und zu einer regelmäßigen Berichterstattung bzw. Programmerstellung verpflichten, sowie moderate und konkretisierungsbedürftige Verpflichtungen der öffentlichen Hand.

Die genannten Regelungstypen werden ergänzt durch Förderprogramme, mit denen finanzielle Unterstützung für Klimaschutzmaßnahmen gewährt wird. Diese finden sich – in unterschiedlicher gesetzestechnischer Ausgestaltung – praktisch in allen Bundesländern, können jedoch wegen der mit Finanzförderungen stets verbundenen Nachteile, die bereits am Beispiel des MAP aufgezeigt worden sind,[3] nie die Wirkung von generellen ordnungsrechtlichen Verpflichtungen erreichen.

Die darüber hinaus zahlreich bestehenden Landesregelungen, mit denen Kommunen zum Erlass von EE-Nutzungspflichten durch Satzungsrecht ermächtigt werden, sollen hier aus Vollständigkeitsgründen nur erwähnt werden, bleiben bei den nachfolgenden Ausführungen jedoch ebenso außer Betracht wie die Ermächtigungen zur Verhängung eines Anschluss- und Benutzungszwangs an Wärmenetze, die gerade bei den Stadtstaaten mangels Existenz eines Kommunalgesetzes grundsätzlich in Fachgesetzen zu finden sind. Auf sie wird an späterer Stelle eingegangen.[4]

II. Verbliebene Landeskompetenzen

Den Ländern werden durch das EEWärmeG nur noch bestimmte Sachbereiche zur eigenen Gestaltung gesetzlicher Pflichten zur klimafreundlichen Wärmeversorgung von Gebäuden belassen. Dabei handelt es sich zum einen um die Ausgestaltung der Vorbildpflicht der öffentlichen Hand bei den vom EEWär-

---

Energieversorgung und Energienutzung im Land Berlin (Berliner Energiespargesetz – BerlEnSpG) v. 2.10. 1990 (GVBl. S. 2144), zuletzt geändert durch Gesetz v. 12.10. 1995 (GVBl. S. 664); Bremen: Gesetz zur Förderung der sparsamen und umweltverträglichen Energieversorgung und Energienutzung im Lande Bremen (Bremisches Energiegesetz) v. 17.9. 1991 (GBl. S. 325); Hessen: Gesetz über die Förderung rationeller und umweltfreundlicher Energienutzung und die Durchführung des Erneuerbare-Energien-Wärmegesetzes in Hessen (Hessisches Energiegesetz – HessEnG) v. 25.5. 1990 (GVBl. I S. 174). Das HessEnG soll durch das so genannte „Hessische Energiezukunftsgesetz" fortentwickelt werden, dessen Entwurf (LT-Drs. 18/5725) am 22.5. 2012 in den Landtag eingebracht wurde.

[3] Siehe oben S. 32 ff.

[4] Zu EE-Nutzungspflichten in kommunalen Satzungen siehe § 4 (S. 215 ff.), zum Anschluss- und Benutzungszwang siehe §§ 6 ff. (S. 288 ff.).

meG erfassten öffentlichen Gebäuden (§ 3 Abs. 4 Nr. 1 EEWärmeG). Thematisch verwandt ist darüber hinaus die „Ermächtigung“ der Länder, die Mindestkollektorflächen bei der Solarthermienutzung in privaten Neubauten durch eigene Normsetzung zu erhöhen (§ 5 Abs. 1 i. V. m. Nr. I.1. lit. a der Anlage zum EEWärmeG). Zum anderen ist es den Ländern überlassen, EE-Nutzungspflichten für private Bestandsbauten (§ 3 Abs. 4 Nr. 2 EEWärmeG) einzuführen. Im Übrigen, insbesondere hinsichtlich der EE-Nutzungspflichten im (privaten) Neubaubereich, stellt das EEWärmeG eine abschließende Regelung dar,[5] wie sich sowohl im Umkehrschluss aus den genannten Normen als auch aus den Gesetzesmaterialien[6] ergibt.[7] Landesrecht wie das BaWüEWärmeG, das bereits vor Inkrafttreten des EEWärmeG Bestimmungen über den nunmehr bundesgesetzlich abschließend geregelten Bereich enthielt, wurde damit aufgrund von Art. 72 Abs. 1 GG *insoweit* unwirksam.[8]

1. Ausgestaltung der Vorbildpflichten

Von erheblicher Bedeutung ist zunächst die grundlegende Feststellung, dass sich landesgesetzliche Vorgaben zur Erfüllung der Vorbildfunktion nur auf die Erfüllungs*modalitäten* der Vorbildpflicht (des jeweiligen Landes und der dortigen Kommunen) beziehen können. Eine generelle Streichung der Vorbildpflicht wäre hingegen unzulässig.[9] Sie ließe sich nicht mit Art. 13 Abs. 5 EE-RL vereinbaren.

Hiervon abgesehen soll die Gestaltungsmöglichkeit der Länder bei den Vorbildpflichten ausweislich der Gesetzesbegründung auf den ersten Blick relativ weit gehen. Die Länder sollen Mindestdeckungsanteile sowie technische und ökologische Anforderungen an die jeweiligen EE-Anlagen, außerdem Anforde-

---

[5] Kritik an der beschränkten „Öffnung“ durch § 3 Abs. 4 Nr. 2 EEWärmeG wurde bereits während der Erarbeitung des EEWärmeG geäußert von *Klinski*, Schriftliche Stellungnahme zur Anhörung zum EEWärmeG, A-Drs. 16(16)394 (B), S. 11 f. Diese konnte sich zum einen allerdings nicht durchsetzen, zum anderen sind die Ambitionen der Länder zum Erlass weitergehender Regelungen offenkundig denkbar gering.

[6] BT-Drs. 16/8149, S. 22.

[7] Zur Beurteilung der Frage, ob eine Bundesregelung abschließend ist, siehe darüber hinaus BVerfGE 109, 190 (229 f.).

[8] *Milkau*, Ansätze zur Förderung der erneuerbaren Energien im Wärmemarkt, 2009, S. 265, 268; *Milkau*, Bundeskompetenzen für ein Umweltenergierecht – dargestellt am Beispiel des Erneuerbare-Energien-Wärmegesetzes, ZUR 2008, 561 (566 f.). An anderer Stelle wird stattdessen auf Art. 31 GG abgestellt, so *Klemm*, Das Erneuerbare-Energien-Wärmegesetz – Ein Überblick über die wichtigsten Regelungen, CuR 2008, 124 (126); *T. Müller*, in: Müller/Oschmann/Wustlich (Hrsg.), EEWärmeG, 2010, Einleitung Rn. 53. Dem ist jedoch zu widersprechen, da Art. 72 Abs. 1 GG insoweit *lex specialis* zu Art. 31 GG ist.

[9] BT-Drs. 17/3629, S. 45; *Wustlich*, Öffentliche Gebäude als Vorbilder für Erneuerbare Energien, DVBl. 2011, 525 (533); unter Berufung auf § 1a EEWärmeG außerdem ausführlich *Wustlich*, in: Danner/Theobald (Hrsg.), Energierecht, EEG VI B 4 § 1a Rn. 3, 10 f., 16.

rungen an zulässige Ersatzmaßnahmen sowie den Anwendungsbereich (§ 4 EEWärmeG) modifizieren dürfen.[10]

Bei näherer Betrachtung schrumpfen jedoch die Spielräume der Länder auf ein überschaubares Maß,[11] da Art. 13 Abs. 5 EE-RL keinen „Angemessenheitsvorbehalt" wie in Art. 13 Abs. 4 UAbs. 3 EE-RL kennt. Insbesondere Abweichungen von den bundesgesetzlichen Vorgaben „nach unten" ist damit eine Absage zu erteilen. So sind die Mindestdeckungsanteile in § 5a EEWärmeG bereits äußerst moderat gewählt, sodass sich eine weitere Absenkung nicht mehr mit der geforderten Vorbildwirkung vertragen würde. Mit der Ausgestaltung durch den Landesgesetzgeber ist demnach praktisch nur eine optionale Erhöhung der EE-Mindestdeckungsanteile gemeint. Ähnliches gilt für Landesregelungen zu den Ersatzmaßnahmen zur Erfüllung der Vorbildpflichten, die schon aufgrund von Art. 13 Abs. 5 S. 2 EE-RL klar vorgegeben sind. Wie bei der Erhöhung der Mindestdeckungsanteile muss hier jedoch künftig eher von einer „Zurückhaltung" der Landesgesetzgeber bei möglichen erhöhten Anforderungen ausgegangen werden. Die Veränderung des Anwendungsbereichs bzw. des Ausnahmenkatalogs (§ 4 EEWärmeG) im Hinblick auf die Vorbildpflichten dürfte schließlich ebenfalls kaum ins Gewicht fallen, da die Schnittmenge der in § 4 EEWärmeG aufgeführten Gebäudetypen mit den von § 2 Abs. 2 Nr. 5 EEWärmeG definierten öffentlichen Gebäuden als gering einzuschätzen ist.[12]

Unabhängig von der praktischen Auswirkung kommt § 3 Abs. 4 Nr. 1 EEWärmeG eine wichtige Funktion zur Klarstellung der Kompetenzen zu, die jedenfalls über § 3 Abs. 4 Nr. 2 EEWärmeG hinausgeht. So hat der Bund über die Modalitäten der Erfüllung der Vorbildpflicht durchaus bereits detaillierte Regelungen getroffen (§ 3 Abs. 2 und Abs. 3, § 5a und § 9 Abs. 2 und Abs. 2a EEWärmeG), die ausweislich des Wortlauts auch nicht auf Bundesgebäude beschränkt sind. Damit liegt der Fall anders als bei den von § 3 Abs. 4 Nr. 2 EEWärmeG behandelten privaten Bestandsbauten, für die tatsächlich gar keine Regelung im EEWärmeG existiert, sodass ein entsprechender Spielraum für landesgesetzliche Regelungen bereits offenkundig ist. Die Ausgestaltung der Modalitäten der Vorbildpflicht durch Landesgesetz stellt demgegenüber formal gesehen also keine Normierung eines bisher ungeregelten Bereiches dar, sondern eine Abweichung von den bestehenden Regelungen des EEWärmeG, sodass eine Öffnungsklausel wie in § 3 Abs. 4 Nr. 1 EEWärmeG unbedingt notwendig erscheint. Dies trifft im Übrigen auch auf die sogleich näher behandelte Öffnungsklausel für die Solarthermienutzung bei Neubauten zu.

---

[10] BT-Drs. 17/3629, S. 45.

[11] Zu weiteren Restriktionen sowie auch zu den gegebenen Spielräumen der Landesgesetzgeber, die sich aus § 1a EEWärmeG ergeben und hier nicht näher behandelt werden, siehe *Wustlich*, in: Danner/Theobald (Hrsg.), Energierecht, EEG VI B 4 § 1a Rn. 17 ff.

[12] Hinzuweisen ist auf die kritische Bewertung des Ausnahmekatalogs oben auf S. 43 ff.

2. Stärkung der Solarthermie

Bei § 5 Abs. 1 i.V.m. Nr. I.1. lit. a der Anlage zum EEWärmeG handelt es sich um eine Regelung, die ihresgleichen für die sonstigen EE-Nutzungsformen sucht. Dies liegt darin begründet, dass die Sonnenenergienutzung von den geographischen Gegebenheiten abhängig ist, die von Bundesland zu Bundesland (speziell zwischen norddeutschen und süddeutschen Ländern) derart abweichen, dass eine Sonderregelung gerechtfertigt erscheint.[13] Alle weiteren EE-Arten sind nicht in vergleichbarer Weise mit geographischen Gegebenheiten verbunden bzw. es scheiden generelle, auf das Gebiet eines ganzen Bundeslandes bezogene Vorgaben aus. So lässt sich rechtfertigen, wenn in Bayern und Baden-Württemberg höhere solare Deckungsraten verlangt werden als im EEWärmeG,[14] während demgegenüber nur schwer begründet werden kann, warum etwa die Mindestquoten für Biomasse oder Geothermie im Saarland höher ausfallen sollten als in Schleswig-Holstein.

An dem bisher einzigen Beispiel eines Landeswärmegesetzes ist bereits ein Streit um die zulässige Art und Weise der landesgesetzlichen Abweichung von den Mindestdeckungsraten im Solarbereich des EEWärmeG entbrannt, der vor allem eine Auswirkung der nachträglichen Teilnichtigkeit des BaWüEWärmeG wegen Inkrafttretens des EEWärmeG darstellt. Aufgrund der Regelung in § 4 Abs. 3 Nr. 1 BaWüEWärmeG, die, anders als Nr. I.1. lit. a der Anlage zum EEWärmeG keine Differenzierung nach der Gebäudegröße vornimmt, ergibt sich für größere Wohngebäude in Baden-Württemberg eine höhere Mindestkollektorfläche, was jedoch in der Literatur zum Teil anders gesehen wird.[15]

3. Erfassung des (privaten) Gebäudebestands

Der Bereich der privaten Bestandsgebäude, den der Bund den Ländern zur eigenen Regelung überlassen hat, ist klimapolitisch von höchster Bedeutung. Allerdings kann aufgrund der Untätigkeit, die die Länder bei dieser Frage bisher trotz der bereits auf Unionsebene getroffenen Grundentscheidung an den Tag legen,[16] prognostiziert werden, dass dem bestehenden Handlungsbedarf durch eine Änderung des EEWärmeG entsprochen wird.[17] Nichtsdestoweniger bleibt den Bundesländern noch Zeit, hier selbst gesetzgeberisch aktiv zu werden, wie

[13] Vgl. BT-Drs. 16/8149, S. 23.

[14] Zuzugeben ist, dass sich auch hierdurch aufgrund der zwischen einzelnen *Regionen* eines Bundeslandes abweichenden solaren Erträge im Einzelfall Einschränkungen ergeben könnten.

[15] Vgl. die Darstellung beider Ansichten im Einzelnen bei *Kahl*, Kommunaler Anschluss- und Benutzungszwang an Fernwärmenetze aus Klimaschutzgründen, VBlBW 2011, 53 (53 f.).

[16] Siehe sogleich S. 96 ff.

[17] Näher oben S. 80 ff.

es in Baden-Württemberg bereits geschehen ist. Kompetenzrechtlich ist zu erwähnen, dass § 3 Abs. 4 Nr. 2 EEWärmeG streng genommen nur deklaratorische Bedeutung zukommt. Die Regelungsbefugnis der Länder für Bestandsbauten folgt nicht aus § 3 Abs. 4 Nr. 2 EEWärmeG, sondern aus der Nichtregelung von Pflichten für Bestandsbauten im EEWärmeG.[18] Damit hat der Bund *insoweit* keine abschließende Regelung getroffen, sodass den Ländern der Gebäudebestand als eigener Regelungsbereich verbleibt (Art. 72 Abs. 1 GG: „soweit").[19]

III. Landesregelungen im Einzelnen

1. Baden-Württemberg

a) BaWüEWärmeG

Das Land Baden-Württemberg hat bereits am 7. 11. 2007 ein eigenes Wärmegesetz beschlossen, das zum 1. 1. 2008 in Kraft trat.[20] Damit wurde noch vor dem EEWärmeG ein entsprechendes Landesgesetz auf den Weg gebracht, sodass die Entwicklung auf Bundesebene, die bereits 2006 mit entsprechenden Anhörungen begann, vom Landesgesetzgeber „überholt" und „positiv verstärkt" wurde.[21] Mit dem Erlass des EEWärmeG des Bundes trat das BaWüEWärmeG *insoweit* außer Kraft, als es EE-Nutzungspflichten für Neubauten enthält, die nunmehr vom EEWärmeG des Bundes abschließend geregelt sind.[22] Von besonderer Bedeutung sind jedoch die seit 1. 1. 2010 geltenden EE-Nutzungspflichten für Bestandsgebäude (§ 4 Abs. 2 BaWüEWärmeG).

aa) Überblick und Bewertung

Im Folgenden sollen einige ausgewählte Aspekte des BaWüEWärmeG dargestellt werden, ohne dass hierdurch ein umfassender Vergleich mit dem EEWär-

---

[18] Siehe außerdem die entsprechenden Äußerungen in der Begründung zum EEWärmeG, BT-Drs. 16/8149, S. 13.

[19] Ausführlich und jeweils m. w. N. zur Kompetenzfrage *Milkau*, Ansätze zur Förderung der erneuerbaren Energien im Wärmemarkt, 2009, S. 264 ff.; *Wustlich*, in: Müller/Oschmann/Wustlich (Hrsg.), EEWärmeG, 2010, § 3 Rn. 83.

[20] Gesetz zur Nutzung erneuerbarer Wärmeenergie in Baden-Württemberg (Erneuerbare-Wärme-Gesetz – EWärmeG) v. 20. 11. 2007 (GBl. S. 531). Zur besseren Unterscheidbarkeit wird hier, abweichend von der amtlichen Fassung, die Abkürzung „BaWüEWärmeG" verwendet.

[21] *T. Müller*, in: Müller/Oschmann/Wustlich (Hrsg.), EEWärmeG, 2010, Einleitung Rn. 52, 81 f., der auch den Diskussionsverlauf seit 2006 nachzeichnet.

[22] Siehe hierzu unten S. 96 ff.

meG vorgenommen wird.[23] Nachdrücklich zu begrüßen ist zweifellos, dass das Land Baden-Württemberg gewissermaßen eine Pionierrolle bei der Inpflichtnahme des Gebäudebestands übernommen hat, dies umso mehr, als es bisher noch kein anderes Bundesland geschafft hat, ein vergleichbares Gesetz zu erlassen.

Nicht zuletzt bedingt durch die zeitgleiche Entwicklung zusammen mit dem EEWärmeG des Bundes sind die beiden Gesetze in der Grundstruktur der ordnungsrechtlichen Vorgaben sehr ähnlich. Auch im BaWüEWärmeG wurde eine EE-Nutzungspflicht zur Erhöhung des EE-Anteils bei der Wärmeversorgung von Gebäuden gewählt. Allerdings unterscheiden sich beide Gesetze zum Teil auch erheblich hinsichtlich ihrer Ausgestaltung. Gegenüber dem EEWärmeG, dessen Entwürfe bei Erlass des BaWüEWärmeG bereits bekannt waren, stellt letzteres damit nicht nur eine Erweiterung des Anwendungsbereichs dar, sondern setzt eigene Akzente.

Ganz wesentlich ist dabei die Ausrichtung des BaWüEWärmeG auf die Solarthermie, die sich von der weitgehenden Technologieoffenheit des EEWärmeG, die alle Erfüllungsmöglichkeiten als gleichwertig – und damit auch als in gleichem Maße obligatorisch im Sinne einer Wahlpflicht – ansieht. Hiervon nimmt die baden-württembergische Regelung Abstand, indem sie die Nutzungspflicht bereits entfallen lässt, wenn aus technischen oder baulichen Gründen keine handelsübliche Solarthermieanlage zur Erfüllung der Anforderungen zur Verfügung steht, mit der die Nutzungspflicht, d. h. der Mindestdeckungsanteil i.H.v. 10%[24] erfüllt werden kann (§ 4 Abs. 8 Nr. 3 BaWüEWärmeG). Ein baulicher Grund kann damit vor allem die ungünstige Lage des Wohnhauses (Ausrichtung, Verschattung) bzw. Struktur des Daches (Dachfenster, Gauben etc.) sein.[25] Auf die stattdessen zur Verfügung stehenden Ersatzmöglichkeiten kommt es dann nicht mehr an, sodass das BaWüEWärmeG insoweit großzügiger ausgestaltet ist als das EEWärmeG, bei dem die Nutzungspflicht nur dann ohne weiteres entfällt, wenn *alle* Erfüllungsmaßnahmen technisch ausgeschlossen sind (§ 9 Abs. 1 Nr. 1 lit. b EEWärmeG). Damit fokussiert das BaWüEWärmeG die Solarthermie und koppelt sogar die Nutzung von Ersatztechnologien

[23] Siehe hierfür *Milkau*, in: Müller/Oschmann/Wustlich (Hrsg.), EEWärmeG, 2010, § 10 Rn. 57 ff.; *T. Müller*, in: Müller/Oschmann/Wustlich (Hrsg.), EEWärmeG, 2010, § 1 Rn. 39 ff.; *Pause*, in: Müller/Oschmann/Wustlich (Hrsg.), EEWärmeG, 2010, § 3 Rn. 55 ff.; *Rostankowski*, in: Müller/Oschmann/Wustlich (Hrsg.), EEWärmeG, 2010, § 4 Rn. 82 ff.; *Wustlich*, in: Müller/Oschmann/Wustlich (Hrsg.), EEWärmeG, 2010, § 3 Rn. 110 ff.; § 5 Rn. 194 ff.; § 7 Rn. 165 ff., sowie *Wiehe*, Die Wärmegesetze von Land und Bund im Überblick, BWGZ 2009, 155 ff.

[24] Damit ist der Mindestdeckungsanteil kleiner als bei der Vorbildpflicht der öffentlichen Hand in § 5a EEWärmeG. Zur Diskussion um eine Erhöhung des Anteils im BaWüEWärmeG siehe *Ministerium für Umwelt, Klima und Energiewirtschaft Baden-Württemberg*, Erfahrungsbericht zum Erneuerbare-Wärme-Gesetz Baden-Württemberg, 2011, LT-Drs. 15/399, S. 17 ff.

[25] LT-Drs. 14/1781, S. 21.

daran, dass im jeweiligen Wohngebäude prinzipiell die Solarthermie zum Einsatz kommen könnte. Da die geforderten Mindestdeckungsanteile nicht technologiespezifisch ausdifferenziert wurden, soll dem Verpflichteten durch einen obligatorischen Verweis auf eine alternativ mögliche EE-Form keine Übererfüllung der geltenden Deckungsanteile abverlangt werden, so die Gesetzesbegründung.[26] Diese pauschale Heraushebung der Solarthermie als „Leittechnologie" oder „Ankertechnologie" kann, trotz der unbestreitbaren Vorteile, die die Sonnenenergienutzung gegenüber anderen EE-Arten aufweist, nicht gänzlich überzeugen.[27] Es fällt auf, dass trotz dieser Regelung der Anteil der Befreiungen nach § 4 Abs. 8 Nr. 3 BaWüEWärmeG an der Gesamtzahl der Anwendungsfälle „nur" bei 6% liegt,[28] obgleich jeder einzelne Fall, in dem – trotz Möglichkeit und Angemessenheit – keine EE-Nutzung anlässlich einer Sanierung erfolgt, einen nicht nachhaltigen Zustand wiederum auf Jahre und Jahrzehnte zementiert.

Eine positive Abweichung vom EEWärmeG stellt hingegen die Regelung des § 4 Abs. 2 BaWüEWärmeG insoweit dar, als hier bereits der (alleinige) Austausch der Heizungsanlage die EE-Nutzungspflicht auslöst, ohne dass *kumulativ* eine Erneuerung des Daches oder der Außenwände (wie bei der Vorbildfunktion der öffentlichen Hand im EEWärmeG, vgl. § 3 Abs. 2–3 i. V. m. § 2 Abs. 2 Nr. 3 EEWärmeG) erforderlich wäre. Die EE-Nutzungspflicht für Bestandsbauten nach dem BaWüEWärmeG dürfte damit auch relativ gesehen häufiger eingreifen als die vergleichbare Vorbildpflicht im EEWärmeG. Wegen der Fokussierung der Solartechnologie wäre es zudem konsequent gewesen, weiterhin *alternativ* an die Erneuerung des Daches anzuknüpfen, um den günstigen Zeitpunkt für die Installation von Dachsolarkollektoren zu nutzen.[29]

Fragwürdig ist auch die starke Einengung des Anwendungsbereichs auf Wohngebäude in § 2 S. 1 BaWüEWärmeG.[30] Damit werden bisher zwar einer-

---

[26] LT-Drs. 14/1781, S. 21.

[27] Näher *Ministerium für Umwelt, Klima und Energiewirtschaft Baden-Württemberg*, Erfahrungsbericht zum Erneuerbare-Wärme-Gesetz Baden-Württemberg, 2011, LT-Drs. 15/399, S. 24, 61 f. Ebenfalls kritisch zur Aufwertung der Solarenergie als „gesetzliches Leitbild" sowie zur hiermit in Zusammenhang stehenden gleichberechtigten Erfüllung der Nutzungspflicht durch PV-Anlagen (§ 5 Abs. 2 Nr. 3 BaWüEWärmeG) *Wustlich*, in: Müller/Oschmann/Wustlich (Hrsg.), EEWärmeG, 2010, § 3 Rn. 115 f.; *Wustlich*, in: Müller/Oschmann/Wustlich (Hrsg.), EEWärmeG, 2010, § 7 Rn. 170 f.

[28] *Ministerium für Umwelt, Klima und Energiewirtschaft Baden-Württemberg*, Erfahrungsbericht zum Erneuerbare-Wärme-Gesetz Baden-Württemberg, 2011, LT-Drs. 15/399, S. 62. Der Gesamtanteil der Befreiungen nach § 4 Abs. 8 Nrn. 1–4 BaWüEWärmeG liegt bei 15%, siehe a.a.O., S. 76.

[29] Die Dacherneuerung wurde als zusätzliches auslösendes Moment in der Marburger Solarsatzung gewählt, hierzu unten S. 228 ff.

[30] Das Problem der gemischten Nutzung eines Gebäudes wurde vom Gesetzgeber derart gelöst, dass in § 2 S. 1 BaWüEWärmeG eine Schwerpunktbetrachtung für das jeweilige Gebäude angeordnet wird. Überwiegt die Wohnnutzung, so sind die Vorgaben des BaWüEWärmeG zu beachten.

seits politische Konflikte – für eine gewisse Zeit – vermieden, die aus der Belastung gewerblich genutzter Immobilien mit zusätzlichen Investitionskosten erwachsen könnten, andererseits bleibt damit ein erhebliches Potenzial ungenutzt. Schon aus Gründen der Akzeptanz bei den bereits Verpflichteten erscheint eine Erweiterung des Anwendungsbereichs sinnvoll. Zuzugeben ist jedoch, dass eine Erweiterung (auf öffentliche Nichtwohngebäude) mittlerweile durch die Vorbildpflichten im EEWärmeG stattgefunden hat. Für eine darüber hinausgehende Erweiterung auf gewerbliche Gebäude wird diskutiert[31], ob noch an der Konzentration auf die Solarthermie festgehalten werden soll, wie es derzeit der Fall ist.[32] Im Übrigen ist abermals darauf hinzuweisen, dass die Beschränkung der EE-Nutzungspflichten auf Bestandsgebäude auch nicht mit den Vorgaben der EE-RL zu vereinbaren sein dürfte.[33] Das wiederum spielt jedoch nur dann eine Rolle, wenn der Bundesgesetzgeber nicht selbst die Vorgaben des Art. 13 Abs. 4 UAbs. 3 EE-RL umsetzt, sondern dies tatsächlich den Ländern überlässt.

bb) Weiterentwicklung des BaWüEWärmeG

Die aktuelle Regierungskoalition im Landtag von Baden-Württemberg plant eine Novelle des BaWüEWärmeG, die 2013 in Kraft treten[34] und den Anwendungsbereich des Gesetzes auf (private) Nichtwohngebäude ausdehnen soll. Öffentliche Nichtwohngebäude unterliegen ohnehin bereits den Vorbildpflichten der öffentlichen Hand gemäß dem EEWärmeG des Bundes. Weiterhin soll der EE-Pflichtanteil von derzeit 10% auf 15% erhöht werden. Vorgeschlagen wurde auch die Einführung einer Kombinationsmöglichkeit wie in § 8 EEWärmeG.[35] Keine Änderungen sind offenbar an dem Vorrang der Solarenergie und insbesondere an der Befreiung von der EE-Nutzungspflicht im Falle der Unmöglichkeit der Nutzung der Solarenergie (ohne eine Pflicht zur alternativen Berücksichtigung sonstiger EE-Arten) vorgesehen.

---

[31] Siehe die ausführliche Diskussion in *Ministerium für Umwelt, Klima und Energiewirtschaft Baden-Württemberg*, Erfahrungsbericht zum Erneuerbare-Wärme-Gesetz Baden-Württemberg, 2011, LT-Drs. 15/399, S. 59 ff.

[32] *Ministerium für Umwelt, Klima und Energiewirtschaft Baden-Württemberg*, Erfahrungsbericht zum Erneuerbare-Wärme-Gesetz Baden-Württemberg, 2011, LT-Drs. 15/399, S. 17, 62.

[33] Näher hierzu oben S. 85 ff.

[34] Vgl. Koalitionsvertrag Baden-Württemberg für 2011–2016, S. 36 (http://www.gruene-bw.de/fileadmin/gruenebw/dateien/Koalitionsvertrag-web.pdf; abgerufen: 30. 10. 2012).

[35] Zum Ganzen *Ministerium für Umwelt, Klima und Energiewirtschaft Baden-Württemberg*, Erfahrungsbericht zum Erneuerbare-Wärme-Gesetz Baden-Württemberg, 2011, LT-Drs. 15/399, S. 58 ff.; EUWID NE Nr. 17 v. 24. 8. 2011, 29.

b) *Sonstige Klimaschutzgesetzgebung*

Im Koalitionsvertrag zwischen Bündnis90/Die Grünen und SPD für die Legislaturperiode von 2011–2016 wird außerdem angekündigt, ein eigenes Klimaschutzgesetz für Baden-Württemberg zu erlassen, in dem „verbindliche" Klimaschutzziele enthalten sein sollen.[36] Dieses Gesetz würde dann systematisch als übergeordnetes Gesetz fungieren, wobei das BaWüEWärmeG als eines der Instrumente zur Erreichung der im Klimaschutzgesetz festzulegenden Ziele weiterhin erhalten bliebe. Außerdem enthält der aktuelle Entwurf – vergleichbar mit den (geplanten) Klimaschutzgesetzen in anderen Bundesländern – in § 7 diverse Vorgaben für die Landesverwaltung (betreffend die Liegenschaften des Landes etc.), um dem Klimaschutz auch in diesem Bereich stärkere Bedeutung zu verleihen.

Nicht unerwähnt bleiben sollte ferner § 14 Abs. 3 BaWüBO a. F.[37] Nach dieser Generalklausel, die im Zuge der BaWüBO-Novelle 2010 aufgehoben wurde, waren Gebäude so zu errichten, dass der Energiebedarf für das Heizen oder Kühlen so sparsam und umweltschonend wie möglich gedeckt wird. Zur näheren Ausgestaltung per Rechtsverordnung war die oberste Baurechtsbehörde nach § 73 Abs. 1 Nr. 1 BaWüBO a. F. ermächtigt. In der Begründung der BaWüBO-Novelle von 2010 wurde ausgeführt, dass § 14 Abs. 3 BaWüBO a. F. aufgrund der EnEV-Vorgaben entbehrlich sei.[38] Unabhängig von der Frage, ob dabei die neben der Energieeffizienz ebenso wichtige Energieerzeugung bei der BaWüBO-Novelle vom Landesgesetzgeber hinreichend berücksichtigt wurde, ist festzuhalten, dass eine konkretisierende Rechtsverordnung aufgrund der „Wesentlichkeitslehre" und dem hieraus erwachsenden Parlamentsvorbehalt für grundrechtseinschränkende Regelungen[39] ohnehin keine EE-Nutzungspflichten hätte beinhalten dürfen.

2. Berlin

a) *Solarverordnungsermächtigung im Berliner Energiespargesetz*

Eine Ausnahme von den bisweilen eher wenig effektiven Regelungen in den Landesenergiegesetzen hätte § 24 Abs. 4 BerlEnSpG bilden können. Damit

[36] So der Koalitionsvertrag Baden-Württemberg für 2011–2016, S. 34 (http://www.gruene-bw.de/fileadmin/gruenebw/dateien/Koalitionsvertrag-web.pdf; abgerufen: 30. 10. 2012). Siehe den ersten veröffentlichten Gesetzentwurf v. 26. 10. 2012 (einschließlich Begründung) unter http://www.um.baden-wuerttemberg.de/servlet/is/90866/Gesetz_mit_Begruendung.pdf (abgerufen: 13. 11. 2012).

[37] Landesbauordnung für Baden-Württemberg (BaWüBO) v. 8. 8. 1995 (GBl. S. 617) in der bis 28. 2. 2010 gültigen Fassung.

[38] LT-Drs. 14/5013, S. 41.

[39] BVerfGE 61, 260 (275); 88, 103 (116).

wurde der Senat durch eine Ergänzung des BerlEnSpG bereits 1995 (!) ermächtigt,[40] eine Verordnung zu erlassen, in der bestimmt werden konnte, dass der Warmwasserbedarf (nicht: Heizungsbedarf) von Gebäuden zu 60% über solarthermische Anlagen zu decken sei. Da sich der Berliner Senat allerdings nie auf eine entsprechende Verordnung einigen konnte, blieb diese Möglichkeit ungenutzt. Stattdessen wurde auf die Alternative einer Selbstverpflichtung der Immobilienwirtschaft gesetzt, die jedoch praktisch wirkungslos blieb.[41] Wegen der ausdrücklichen Beschränkung auf den Neubaubereich ist die Norm seit Inkrafttreten des EEWärmeG nunmehr unwirksam (Art. 72 Abs. 1 GG).

b) Entwürfe für ein Berliner Klimaschutzgesetz

Bereits in 2009 wurde ein Referentenentwurf für ein Klimaschutzgesetz für das Land Berlin ausgearbeitet. Dieser Entwurf wurde im Folgenden mehrmals modifiziert. Seit dem jüngsten und gleichfalls gescheiterten (dritten) Entwurf – datierend vom 1. 2. 2010 – konnten auch in Berlin keine weiteren Fortschritte erzielt werden. Die seit den Senatswahlen vom September 2011 regierende Koalition hat die Entwürfe für ein Klimaschutzgesetz nicht in ihre Koalitionsvereinbarung[42] aufgenommen, sodass insoweit keine Fortschritte mehr in der bis 2016 dauernden Legislaturperiode zu erwarten sind.

Der dritte Entwurf des Berliner Klimaschutzgesetzes vom 1. 2. 2010 sah umfangreiche Regelungen für eine EE-Nutzungspflicht im Gebäudebestand vor. Auffällig ist hierbei die Kombination vieler Elemente, die bereits aus dem EEWärmeG und dem BaWüEWärmeG bekannt sind. So entsprachen die §§ 9 ff. Berliner Klimaschutzgesetz (dritter Entwurf) in ihrer Struktur von Nutzungspflicht, Ersatzmaßnahmen, Befreiungen etc. eben diesen bereits bestehenden Gesetzen. Die Mindestdeckungsanteile erinnern in ihrer Differenzierung teilweise an das EEWärmeG, allerdings wurden an verschiedenen Stellen die Zahlenwerte nicht unerheblich abgesenkt (z. B. für Solarkollektoren, aber auch für flüssige und gasförmige Biomasse). Aus dem BaWüEWärmeG wurde die Qualifikation der Solartechnik als „Leittechnologie“ bzw. „Ankertechnologie“ übernommen, denn in § 11 Abs. 1 Nr. 1 lit. b Berliner Klimaschutzgesetz (dritter Entwurf) wurde – ebenso wie in § 4 Abs. 8 Nr. 3 BaWüEWärmeG – angeordnet, dass ein Eigentümer bereits dann von der Nutzungspflicht befreit ist, wenn keine solarthermische Anlage zur Erfüllung der Nutzungspflicht zur Verfügung

---

[40] Gesetz v. 12. 10. 1995 (GVBl. S. 664).

[41] Zum Ganzen näher und mit Recht kritisch *Marks*, Solarenergie im Wohnungsbau, 2001, S. 224, 245 ff.; *Rogall*, Akteure der nachhaltigen Entwicklung, 2. Aufl. 2003, S. 110; ferner *Fischer/Klinski*, Modelle für eine Förderung erneuerbarer Energien im Wärmemarkt aus rechtlicher Sicht, ZUR 2007, 8 (9); *T. Müller*, in: Müller/Oschmann/Wustlich (Hrsg.), EEWärmeG, 2010, Einleitung Rn. 79.

[42] Siehe http://www.cduberlin.de/attachments/article/585/SPD_CDU_koa_vertrag.pdf (abgerufen: 30. 10. 2012).

steht, unabhängig von der Einsatzfähigkeit anderer EE-Arten oder Ersatzmaßnahmen. Mit der Anlehnung an das EEWärmeG und das BaWüEWärmeG wären damit auch gewisse Defizite[43] der Vorbildregelungen perpetuiert worden. Nichtsdestoweniger hätte das Berliner Klimaschutzgesetz einen wesentlichen Fortschritt gebracht, sodass sein unrühmliches Ende einen Rückschritt in der Klimaschutzpolitik bedeutet.

Grundsätzlich positiv zu bewerten ist etwa der im Entwurf des Gesetzes enthaltene Ansatz, als auslösendes Moment für die Nutzungspflicht an den Ablauf einer bestimmten Nutzungszeit für eine Heizungsanlage anzuknüpfen (§ 8 Abs. 3 Nr. 1 Berliner Klimaschutzgesetz [dritter Entwurf]: 20 Jahre), um hiermit einen Sanierungsstau zu vermeiden. Allerdings dürften die Ausnahmen hiervon, die in der Vorschrift gemacht wurden und mit denen an bestimmte Maximalwerte bei den Energieverbrauchswerten, die der betreffende Altbau erreichen darf, angeknüpft wird, allzu großzügig bemessen sein. Der Berliner Entwurf könnte also auch nach dem vorläufigen Ende der ordnungsrechtlich ausgerichteten Klimaschutzbemühungen in Berlin zum Teil als Vorbild für andere Länder genutzt werden.

3. Hamburg

Die Freie und Hansestadt Hamburg ist im Hinblick auf ihre Klimaschutzgesetzgebung für den Gebäudebereich in der Vergangenheit vor allem durch die – begrüßenswerte – Initiative der Effizienzverbesserung durch eine Verschärfung der EnEV (in Ausnutzung der Spielräume, die § 1 Abs. 3, § 2 Abs. 4, § 3 Abs. 3 EnEG hierfür bieten) aufgefallen,[44] die über die HmbKliSchVO[45] erreicht wurde. Zwischenzeitlich ist die Bedeutung dieser Verschärfung gesunken, da sich die höheren Anforderungen in der Verordnung über statische Verweisungen (siehe ausdrücklich § 1 S. 2 HmbKliSchVO) an der EnEV 2007 ausrichten,[46] die ihrerseits mittlerweile durch die EnEV 2009 verschärft wurde. Im Übrigen enthält das zugrunde liegende HmbKliSchG[47] für den Bereich der Energieerzeu-

[43] Dazu oben S. 35 ff. sowie S. 96 ff.

[44] Vgl. *Sachverständigenrat für Umweltfragen*, Umweltgutachten 2008: Umweltschutz im Zeichen des Klimawandels, Tz. 139 (= BT-Drs. 16/9990, S. 118 f.).

[45] Hamburgische Klimaschutzverordnung v. 11. 12. 2007 (HmbGVBl. 2008 S. 1).

[46] Zum Hintergrund dieser starren Verweisung sowie insgesamt zur HmbKliSchVO *Braun*, Die Hamburgische Klimaschutzverordnung, NordÖR 2008, 253 (254 ff.).

[47] Hamburgisches Gesetz zum Schutz des Klimas durch Energieeinsparung (Hamburgisches Klimaschutzgesetz – HmbKliSchG) v. 25. 6. 1997 (HmbGVBl. S. 261), zuletzt geändert durch Gesetz v. 6. 7. 2006 (HmbGVBl. S. 404, 414). Zur vorausgehenden Diskussion hierüber siehe *Pagels*, Ein Klimaschutzgesetz für Hamburg, in: Koch/Caspar (Hrsg.), Klimaschutz im Recht, 1997, S. 155 ff.; zum Inhalt *Schink*, Regelungsmöglichkeiten der Bundesländer im Klimaschutz, UPR 2011, 91 (92).

gung durch Erneuerbare Energien dagegen kaum (unmittelbare[48]) Vorgaben. Dieses Defizit sollte durch eine Novelle des Gesetzes behoben werden. Im Koalitionsvertrag zwischen CDU und Bündnis90/Die Grünen sollte eine EE-Nutzungspflicht für den Gebäudebestand nach dem Vorbild Baden-Württembergs eingeführt werden.[49] Auch im Hamburger Klimaschutzkonzept wurde eine entsprechende Initiative angekündigt.[50] Nach den vorzeitigen Senatsneuwahlen vom Februar 2011 ist eine solche Regelung nun nicht mehr vorgesehen.

4. Nordrhein-Westfalen

Im Koalitionsvertrag zwischen SPD und Bündnis90/Die Grünen in Nordrhein-Westfalen für die Legislaturperiode 2010–2015 wurde ein eigenes „NRW EWärmeG" nach baden-württembergischem Vorbild angekündigt.[51] Ein entsprechender Gesetzentwurf konnte allerdings nicht vorgelegt werden. Es wurde lediglich ein Entwurf für ein „Klimaschutzgesetz Nordrhein-Westfalen" ausgearbeitet.[52] Die dort enthaltenen Regelungen ähnelten in Bezug auf die Wärmeversorgung den Vorgaben der bereits in Berlin, Bremen und Hessen bestehenden Energie- bzw. Energiespargesetze.[53] Wirksame ordnungsrechtliche Vorgaben, speziell im Wärmebereich, waren dementsprechend nicht enthalten. Mit dem Scheitern der rot-grünen Minderheitsregierung im März 2012 kamen die Gesetzgebungsaktivitäten vorläufig zum Stillstand. Im Juni 2012 wurde von der neu gewählten rot-grünen Koalition nochmals ein identischer Entwurf für ein „Klimaschutz Nordrhein-Westfalen" eingebracht.[54] Im ausgehandelten Ko-

[48] Zu den im HmbKliSchG enthaltenen Ermächtigungen für eine klimaschützende Bauleitplanung siehe unten S. 136 ff.

[49] Koalitionsvertrag Hamburg für 2008–2012, S. 27 (http://hamburg.gruene.de/sites/hamburg.gruene.de/files/dokument/17-05-2010/gal2008koalitionsvertraggalcdu19buergerschaft.pdf; abgerufen: 30. 10. 2012).

[50] Hamburger Klimaschutzkonzept 2007–2012. Fortschreibung 2009/2010, Drucksache 19/4906, S. 145 (http://klima.hamburg.de/contentblob/2031096/data/klimaschutzdrucksache-2009.pdf; abgerufen: 30. 10. 2012).

[51] Koalitionsvertrag Nordrhein-Westfalen für 2010–2015, S. 30 (http://www.nrwspd.de/meldungen/1/86952/Gemeinsam-neue-Wege-gehen-Koalitionsvertrag-2010-2015-zwischen-der-NRWSPD-und-Buendnis-90-Die-Gruenen-NRW.html; abgerufen: 30. 10. 2012).

[52] Gesetz zur Förderung des Klimaschutzes in Nordrhein-Westfalen, Gesetzentwurf der Landesregierung v. 20. 6. 2011 (http://www.umwelt.nrw.de/klima/pdf/gesetz_klimaschutz_nrw.pdf; abgerufen: 30. 10. 2012). Kritisch hierzu und mit dem Ergebnis der Verfassungswidrigkeit *Beckmann*, Klimaschutz in Nordrhein-Westfalen, I+E 2011, 67 ff.; a. A. *Ekardt*, Zur Vereinbarkeit eines Landesklimaschutzrechts mit dem Bundes-, Verfassungs- und Europarecht, UPR 2011, 371 ff. Am 1. 10. 2011 wurde ein modifizierter Entwurf vorgelegt, siehe LT-Drs. 15/2953; hierzu *Schink*, Zum Entwurf des nordrhein-westfälischen Klimaschutzgesetzes, NWVBl. 2012, 41 ff.

[53] Dazu oben S. 91 f. mit Fn. 2.

[54] LT-Drs. 16/127.

alitionsvertrag findet sich ferner die (unspezifische) Ankündigung, auf der Grundlage der Erfahrungen mit dem BaWüEWärmeG „eine gesetzliche Regelung für NRW einzuführen", um den Wärmebereich zu adressieren.[55]

5. Saarland

Laut Koalitionsvertrag zwischen CDU, FDP und Bündnis90/Die Grünen für die Legislaturperiode von 2009–2014 war ein SaarlEWärmeG zur Erfassung des Gebäudebestandes geplant, das sich am BaWüEWärmeG orientieren und „innerhalb eines Jahres" vorliegen sollte.[56] In der Abstimmung zwischen den Ressorts und den Koalitionspartnern traten jedoch offenbar erhebliche Konflikte zu Tage, sodass von ordnungsrechtlichen EE-Nutzungspflichten Abstand genommen wurde.[57] Seit dem Scheitern der Koalition im Januar 2012 und den Neuwahlen vom März 2012 sind keine vergleichbaren Initiativen mehr erkennbar, da der aktuelle Koalitionsvertrag lediglich ein unspezifisches Bekenntnis zur Erhöhung des Anteils Erneuerbarer Wärme enthält.[58]

6. Thüringen

In Thüringen wird an einem Entwurf für ein Landeswärmegesetz gearbeitet. Dieser Entwurf sollte ausweislich des Berichts von Thüringen nach § 18a EEWärmeG bereits im Herbst 2011 vorliegen.[59]

IV. Fazit

Die Bereitschaft und der politische Wille in den Bundesländern, den Klimaschutz im Gebäudebereich durch ordnungsrechtliche Instrumente voranzutreiben, sind bislang recht gering. Eine positive Ausnahme bildet bisher nur Baden-Württemberg mit einem eigenen Landeswärmegesetz, das den Gebäudebestand (teilweise) erfasst. Selbst in den Bundesländern, in denen Initiativen zum Erlass ähnlicher Regelungen auf den Weg gebracht wurden, sind noch kei-

---

[55] Koalitionsvertrag Nordrhein-Westfalen für 2012–2017, S. 47 f., 52 (http://www.nrwspd.de/meldungen/1/116611/Koalitionsvertrag-2012–2017.html; abgerufen: 30. 10. 2012).

[56] Koalitionsvertrag Saarland für 2009–2014, S. 49 (http://www.cdu-saar.de/media/downloads/88782.pdf; abgerufen: 30. 10. 2012).

[57] EUWID NE Nr. 14 v. 13. 7. 2011, 33.

[58] Koalitionsvertrag Saarland für 2012–2017, S. 15 (http://www.cdu-saar.de/content/pages/246907.htm; abgerufen: 30. 10. 2012).

[59] Bericht verfügbar unter http://www.erneuerbare-energien.de/inhalt/47539/ (abgerufen: 30. 10. 2012).

ne handfesten Ergebnisse zu vermelden. Zum Teil dauert der Stillstand in der Landesgesetzgebung bereits einige Jahre an. Vor dem Hintergrund dieser Erfahrungen ist kaum anzunehmen, dass die Länder noch flächendeckend die Möglichkeit wahrnehmen werden, im Sinne eines Wettbewerbsföderalismus die Umsetzung von Art. 13 Abs. 4 UAbs. 3 EE-RL selbst in die Hand zu nehmen, anstatt die Verantwortung auf den Bund abzuwälzen bzw. im Wege der Schaffung von Ermächtigungsgrundlagen an die Kommunen durchzureichen. Letzteres bewirkt kehrseitig einen Verantwortungszuwachs auf Seiten der Städte und Gemeinden, die dazu angehalten sind, die weitverbreitete Untätigkeit auf Landesebene durch Nutzung der landesrechtlich eröffneten Spielräume für eigene kommunale Klimaschutzmaßnahmen zu nutzen.

Teil 2

Kommunale Handlungsoptionen zur Förderung Erneuerbarer Energien

§ 3 Bauplanungsrecht

I. Bedeutung der Bauleitplanung für den Klimaschutz

Die Bauleitplanung ist das Kernelement der kommunalen Planungshoheit. Zwar hat das *BVerfG* bisher offengelassen, ob letztere auch dem Kernbereich der durch Art. 28 Abs. 2 S. 1 GG geschützten kommunalen Selbstverwaltung zuzurechnen ist.[1] Nichtsdestoweniger handelt es sich bei der durch die Bauleitplanung ausgeübten Planungshoheit um eines der wenigen Aktionsfelder, in denen die Städte und Gemeinden noch wesentliche eigene Entscheidungs- und Gestaltungsspielräume haben. Dies liegt zum einen darin begründet, dass diese Aufgabe von einer „Hochzonung" bisher verschont blieb und erklärt sich zum anderen aus der besonderen Prägung durch das charakteristische Planungsermessen. Die planende Körperschaft ist nicht auf ein striktes Wenn-Dann-Schema festgelegt, sondern kann – und muss – eine Vielzahl von Belangen in ihre Überlegungen einfließen lassen und gewichten.

Zu diesen Belangen ist in den vergangenen beiden Dekaden der Klimaschutz hinzugetreten. Zu Recht wurde festgestellt, dass die Verwaltungsform Planung[2] aufgrund ihrer Zielorientierung, ihrer Zukunftsgerichtetheit[3] und der mit ihr verfolgten Konfliktbewältigung dem Anspruch des Klimaschutzes konzeptionell in besonderer Weise gerecht werden kann.[4] In der Öffentlichkeit wurde die Bedeutung der Bauleitplanung für den Klimaschutz bisher vor allem im Zusammenhang mit der Ermöglichung der Errichtung von EE-Anlagen zur Stromerzeugung (Windenergieanlagen, Photovoltaik-Freiflächenanlagen) wahrgenommen. Wie bereits festgestellt, spielt jedoch auch der Wärmeenergiebereich eine große und bisher in der Verwaltungspraxis eher vernachlässigte Rolle bei der „Energiewende". Da Wärme in den meisten neu zu errichtenden Gebäuden für

---

[1] BVerfGE 56, 298 (312 f.).

[2] Zum Planungsbegriff m.z.w.N. *Köck*, Pläne, in: Hoffmann-Riem/Schmidt-Aßmann/Voßkuhle (Hrsg.), Grundlagen des Verwaltungsrechts, Band II, 2. Aufl. 2012, § 37 Rn. 9 ff.

[3] Zur diesbezüglichen Aufwertung der Bauleitplanung durch die Aufnahme des Nachhaltigkeitsgrundsatzes in § 1 Abs. 5 S. 1 BauGB siehe *Kersten*, Nachhaltigkeit und Städtebau, in: Kahl (Hrsg.), Nachhaltigkeit als Verbundbegriff, 2008, S. 396 (415 f.); auch *Köck*, Pläne, in: Hoffmann-Riem/Schmidt-Aßmann/Voßkuhle (Hrsg.), Grundlagen des Verwaltungsrechts, Band II, 2. Aufl. 2012, § 37 Rn. 10 f., ordnet Planung als ein Instrument zur Gewährleistung von Zukunftsfähigkeit und zur Risikominimierung ein.

[4] *Ingold/Schwarz*, Klimaschutzelemente der Bauleitplanung, NuR 2010, 153.

deren bestimmungsgemäße Nutzung benötigt wird und Kommunen mittels der Bauleitplanung über die Nutzung der Flächen in ihrem Hoheitsbereich innerhalb der gesetzlich festgelegten Grenzen entscheiden können, kann der Bauleitplanung als Steuerungsinstrument zur Erhöhung des EE-Anteils im Wärmebereich wesentliche Bedeutung zukommen, zumal sie in einzelnen Bereichen mittlerweile über eine bloße Angebotsplanung hinauszugehen vermag.

Zahlreiche Rechtsfragen hierzu wurden und werden diskutiert und haben bereits zu bedeutsamen Gesetzesänderungen geführt, die sogleich näher behandelt werden. Allein die Umsetzung der Möglichkeiten vor Ort bleibt bisher hinter den Potenzialen der Bauleitplanung zurück. Es lohnt deshalb eine nähere Betrachtung unter Einbeziehung der bisherigen Erfahrungen in der Praxis. Auch sich neu stellende Fragen wie etwa diejenige nach dem Verhältnis zwischen Bauleitplanung und EEWärmeG werden dabei Beachtung finden. Die Verantwortung für den Klimaschutz vor Ort können Städte und Gemeinden nicht allein auf den Bundesgesetzgeber abschieben. Sie sollten stattdessen im Sinne einer Verantwortungsteilung für eine ortsangepasste Ergänzung und Modifizierung der bundesrechtlichen Vorgaben sorgen, welche die Potenziale der Erneuerbaren Wärme bei weitem noch nicht ausschöpfen.

II. Jüngere Reformen der gesetzlichen Grundlagen

Die „Ökologisierung" des Planungsrechts hat auch zu einer stärkeren Berücksichtigung von Klimaschutzaspekten im Bauplanungsrecht geführt. Teils sollten hiermit die Möglichkeiten der Kommunen erweitert werden, teils wurde „lediglich" die Ausräumung verbliebener Rechtsunsicherheiten bei der Realisierung eines kommunalen Klimaschutzes angestrebt. In jedem Fall lässt sich konstatieren, dass die Bauleitplanung und ihre Hauptakteure nur allmählich in die ihnen – wie allen anderen Entscheidungsträgern auch – gemäß Art. 20a GG obliegende Verantwortung für eine in ökologischer Hinsicht nachhaltige Entwicklung hineinfinden.

1. EAG Bau 2004

Zentraler Baustein des EAG Bau[5] waren die Vorschriften zur Umweltprüfung von Bauleitplänen (insbesondere § 2 Abs. 4 BauGB), mit denen die sog. Plan-

[5] Gesetz zur Anpassung des Baugesetzbuches an EU-Richtlinien (Europarechtsanpassungsgesetz Bau – EAG Bau) v. 24. 6. 2004 (BGBl. I S. 1359). Hierauf beruht im Übrigen die Neubekanntmachung des BauGB v. 23. 9. 2004 (BGBl. I S. 2414).

UP-RL[6] umgesetzt wurde.[7] Dieser Anlass wurde vom Bundesgesetzgeber genutzt, um eine Vielzahl weiterer Europarechtsanpassungen und sonstiger Änderungen im BauGB vorzunehmen.[8] Hierzu gehörten neben vielem anderen auch Neuregelungen, die sich in der Folge zu wesentlichen Grundlagen für einen (potenziellen) kommunalen Klimaschutz entwickeln sollten, so etwa die Neufassung des § 1 Abs. 5 S. 2 BauGB („auch in Verantwortung für den allgemeinen Klimaschutz"), die Ausdifferenzierung des Umweltschutzbelanges in § 1 Abs. 6 Nr. 7 lit. a-i BauGB (wobei insbesondere auf lit. f hinzuweisen ist),[9] die neue EE-Festsetzungsmöglichkeit in § 9 Abs. 1 Nr. 23 lit. b BauGB und die Ergänzung der nicht abschließenden Aufzählung des § 11 Abs. 1 BauGB um die Nr. 4, die gleichfalls klimaschonende Energieanlagen aufzählt. Die klimaschutzbezogenen Änderungen konnten sich dabei anfangs keiner gesteigerten Aufmerksamkeit erfreuen. Im Hinblick auf die in ihrer Wirkung später ebenso stark umstrittene wie wichtige Regelung des § 1 Abs. 5 S. 2 BauGB könnte sich dies auch daraus erklären, dass der Bezug zum Klimaschutz im Regierungsentwurf des EAG Bau[10] noch gar nicht enthalten war, sondern erst im Laufe des Gesetzgebungsverfahrens[11] eingefügt wurde, sodass es an einer entsprechenden Auseinandersetzung in der Gesetzesbegründung fehlt.[12]

2. BauGB-Klimanovelle 2011

Unter dem Eindruck der Nuklearkatastrophe im japanischen Fukushima im März 2011 wurde eine Reihe von Gesetzesänderungen vorgenommen, um den Umstieg auf Erneuerbare Energien im Sinne einer „Energiewende" zu beschleunigen.[13] Hierzu gehörte eine Novellierung des BauGB, mit der zahlreiche

---

[6] Richtlinie 2001/42/EG des Europäischen Parlaments und des Rates vom 27. 6. 2001 über die Prüfung der Umweltauswirkungen bestimmter Pläne und Programme (ABlEG L 197 S. 30).

[7] Hierzu ausführlich *Krautzberger/Stüer*, Städtebaurecht 2004: Umweltprüfung und Abwägung, DVBl. 2004, 914 ff.; *Scholz*, Europarechtsanpassungsgesetz Bau – EAG Bau, EurUP 2004, 134 ff.

[8] Überblick bei *Battis/Krautzberger/Löhr*, Die Änderungen des Baugesetzbuchs durch das Europarechtsanpassungsgesetz Bau (EAG Bau 2004), NJW 2004, 2553 (2554 ff.).

[9] Hierzu ausführlich *Mitschang*, Die Belange von Klima und Energie in der Bauleitplanung, NuR 2008, 601 (604 ff.).

[10] BT-Drs. 15/2250.

[11] Siehe BT-Drs. 15/2296, S. 16, 62.

[12] Auch im Muster-Einführungserlass der Bauministerkonferenz v. 1. 7. 2004 zum EAG Bau (siehe http://www.is-argebau.de/; abgerufen: 30. 10. 2012; ferner abgedruckt in: *Ernst/Zinkahn/Bielenberg/Krautzberger* [Hrsg.], BauGB, Bd. 6) finden sich keine näheren Ausführungen zur Klimaschutzklausel.

[13] Überblick bei *Scholtka/Helmes*, Energiewende 2011 – Schwerpunkte der Neuregelungen im Energiewirtschafts- und Energieumweltrecht, NJW 2011, 3185 ff.

klimaschutzbezogene Regelungen geändert wurden.[14] Diese „BauGB-Klimanovelle 2011" hatte das federführende Bundesministerium für Verkehr, Bau und Stadtentwicklung ohnehin bereits in Planung, allerdings wurde sie vor dem Hintergrund der aktuellen Ereignisse von weiteren geplanten Neuregelungen zur Innenentwicklung abgespalten und vorgezogen.[15]

Aufgrund erheblicher Rechtsunsicherheiten etwa im Hinblick auf die Festsetzungsmöglichkeiten des § 9 Abs. 1 BauGB (speziell der Nr. 23) schreckten Kommunen – trotz der Änderungen durch das EAG Bau – vor der Nutzung des Klimaschutzpotenzials von Bebauungsplänen durch entsprechende Festsetzungen zurück, um Rechtsstreitigkeiten und das Risiko einer gerichtlichen Aufhebung von Bebauungsplänen zu vermeiden. Die Zurückhaltung der Kommunen bedingt durch diese Streitanfälligkeit wird etwa vom *Deutschen Städtetag* sowohl für EE-Festsetzungen wie auch für Festsetzungen zur Verbesserung der Energieeffizienz, wobei letztere hier nicht schwerpunktmäßig behandelt werden können,[16] beschrieben.[17] Die BauGB-Klimanovelle 2011 sollte diesen Zustand beenden, indem bestehende Rechtsunsicherheiten soweit als möglich ausgeräumt und die Handlungsmöglichkeiten der Kommunen erweitert werden.[18]

III. Flächennutzungspläne

1. Bedeutung

Flächennutzungspläne sind „vorbereitende Bebauungspläne" (§ 1 Abs. 2 BauGB) und haben einen Planungshorizont von etwa 10–15 Jahren.[19] Wegen der

[14] Gesetz zur Förderung des Klimaschutzes bei der Entwicklung in den Städten und Gemeinden vom 22. 7. 2011 (BGBl. I S. 1509). Vorliegend werden nur diejenigen Elemente dieser Novelle beleuchtet, die für den Ausbau insbesondere der Wärmeversorgung aus Erneuerbaren Energien Bedeutung haben. Die gesamte Novelle wird unter anderem behandelt bei *Krautzberger/Stüer*, Neues Städtebaurecht des Bundes aus Gründen des Klimaschutzes, BauR 2011, 1416 ff.; *Söfker*, Das Gesetz zur Förderung des Klimaschutzes bei der Entwicklung in den Städten und Gemeinden, ZfBR 2011, 541 ff.

[15] Vgl. m. w. N. *Krautzberger*, Gesetz zur Förderung des Klimaschutzes bei der Entwicklung in den Städten und Gemeinden, UPR 2011, 361; *Krautzberger*, in: Ernst/Zinkahn/Bielenberg/Krautzberger (Hrsg.), BauGB, Einl Rn. 337; *Mitschang*, in: Berliner Kommentar zum BauGB, § 1a Rn. 720 f.; siehe ferner die Ankündigung im Koalitionsvertrag vom 26. 10. 2009 zwischen CDU, CSU und FDP für die 17. Legislaturperiode, S. 42 (http://www.cdu.de/doc/pdfc/091026-koalitionsvertrag-cducsu-fdp.pdf; abgerufen: 30. 10. 2012).

[16] Siehe allerdings die komprimierten Ausführungen auf S. 160 sowie auf S. 190 f.

[17] *Deutscher Städtetag*, Positionspapier Klimaschutz in den Städten, 19. 5. 2008, Az. 70.18.00 D, S. 9. Das Positionspapier wird auch wiedergegeben in A-Drs. 17(15)269-E.

[18] BT-Drs. 17/6076, S. 6 f.

[19] *Bothe*, in: Rixner/Biedermann/Steger (Hrsg.), PK-BauGB/BauNVO, 2010, § 1 BauGB Rn. 9; *Löhr*, in: Battis/Krautzberger/Löhr (Hrsg.), BauGB, 11. Aufl. 2009, § 5 Rn. 1; *Mit-*

grundsätzlichen Erfassung des gesamten Gemeindegebiets (§ 5 Abs. 1 S. 1 BauGB)[20] können sie ein wesentliches Instrument für eine ganzheitliche Planung der Energieversorgung einer Gemeinde darstellen. Allerdings haben Flächennutzungspläne seit ihrer Einführung in den 1960er Jahren stark an Bedeutung verloren.[21] Ihre aktuell größte Rolle im Klimaschutzbereich spielen sie für die – hier nicht behandelte – planerische Steuerung großer EE-*Strom*erzeugungsanlagen, namentlich für Windenergieanlagen (wegen § 35 Abs. 3 S. 3 BauGB) und für Photovoltaik-Freiflächenanlagen. Demgegenüber wurde die Instrumentalisierung zur Förderung der klimafreundlichen Wärmeversorgung bisher nur spärlich beleuchtet.[22] Die Relevanz von Flächennutzungsplänen für die (klimaschonende) Stadtentwicklung ergibt sich vor allem aus dem in § 8 Abs. 2 S. 1 BauGB zum Ausdruck kommenden Entwicklungsgebot. Allerdings ist zu vermerken, dass dieses Gebot mit der Zulassung von vorzeitigen Bebauungsplänen (§ 8 Abs. 4 S. 1 BauGB) erheblich abgewertet wurde.

2. Darstellungen zur Wärmeversorgung

a) Heizkraftwerke

In Flächennutzungsplänen können insbesondere Flächen für die Errichtung von Heizkraftwerken, die für die Versorgung eines größeren Teils des Gemeindegebiets zuständig sind, dargestellt werden. Heizkraftwerke sind flächenmäßig und für die längerfristige Entwicklung der Gemeinde derart bedeutsam, dass eine Aufnahme in den Flächennutzungsplan angezeigt ist.[23] Die Möglichkeit ihrer Darstellung wurde vor der BauGB-Klimanovelle 2011 aus § 5 Abs. 2

schang, Die heutige Bedeutung der Flächennutzungsplanung: Aufgaben, Stand und Perspektiven für ihre Weiterentwicklung, LKV 2007, 102 (103).

[20] Wichtige Ausnahmen wurden durch § 5 Abs. 1 S. 2 und den mit der BauGB-Klimanovelle 2011 eingefügten § 5 Abs. 2b 2. Hs. BauGB geschaffen.

[21] *Mitschang*, Die heutige Bedeutung der Flächennutzungsplanung: Aufgaben, Stand und Perspektiven für ihre Weiterentwicklung, LKV 2007, 102 (104).

[22] Überblicke über sämtliche klimaschutzbezogenen Darstellungsmöglichkeiten in Flächennutzungsplänen, die auch solche zur Steigerung der Energieeffizienz und zur Anpassung an den Klimawandel mit einbeziehen, finden sich bei *Battis/Kersten/Mitschang*, Rechtsfragen der ökologischen Stadterneuerung, 2010, S. 51 f.; *Mitschang*, Die Umsetzung klimaschützender und energieeinsparungsbezogener Anforderungen in der Bauleitplanung und im Besonderen Städtebaurecht – Sachstand und Perspektiven, ZfBR 2010, 534 (535 ff.). Siehe ferner auch *Fickert/Fieseler*, Der Umweltschutz im Städtebau, 2002, S. 297.

[23] Vgl. *Schmelzle/Probst*, Klimaschutz und Energieeinsparung durch bauleitplanerische Festsetzungen, IR 2010, 146 (147).

Nr. 4 BauGB („Flächen für Versorgungsanlagen") abgeleitet[24] und wird nunmehr ausdrücklich in § 5 Abs. 2 Nr. 2 lit. b BauGB benannt.[25]

Kritikwürdig ist auch hier die Zulassung der KWK-Technologie ohne EE-Einsatz (§ 5 Abs. 2 Nr. 2 lit. b BauGB a. E.). Unter Klimaschutzgesichtspunkten ist es geboten, auch KWK-Anlagen zukünftig nur mit erneuerbaren Brennstoffen, d. h. Biomasse in ihren unterschiedlichen Formen, zu betreiben. Die Errichtung *neuer*, aber noch immer (vollständig) fossil befeuerter KWK-Anlagen wird der Dringlichkeit der Umstellung auf erneuerbare Energieträger kaum gerecht. Maßgeblich hierfür ist allerdings nicht die Regelung des § 5 Abs. 2 Nr. 2 lit. b BauGB, gerade weil die Aufzählung in § 5 Abs. 2 BauGB nicht abschließend ist. Anzusetzen ist vorrangig – wie bereits ausgeführt – beim EE-WärmeG, in dem die KWK ohne EE-Anteil als vorbehaltlose Erfüllungsmöglichkeit ausgeschlossen werden muss.[26]

b) Wärmeversorgung von Einzelgebäuden

Im Zusammenhang mit der Wärmeversorgung in den Kommunen wirft § 5 Abs. 2 Nr. 2 lit. b BauGB die Frage auf, ob auch der Flächennutzungsplan nunmehr Darstellungen zu den Heizungsanlagen, die in den *einzelnen* Gebäuden installiert werden, enthalten könnte. Angesichts des Nebeneinanders von „dezentralen und zentralen" Energieerzeugungsanlagen (wobei letztere im Wärmebereich die Heiz[kraft]werke bezeichnen) in der Neufassung der Vorschrift kommt eine solche Auslegung in Betracht. Zu erwägen wären danach Vorgaben zur Wärmeversorgung im Flächennutzungsplan, die zwar generalisierend für ein ganzes (Bau-)Gebiet dargestellt werden, sich allerdings praktisch für jedes einzelne der Gebäude in diesem Gebiet und deren Heizungsanlagen auswirken.[27] Beispielhaft wäre etwa die generelle Vorgabe der Solarenergienutzung oder eines Fernwärmeanschlusses.[28] Allerdings müssen derartige Darstellungen

---

[24] *Ingold/Schwarz*, Städtebau- und Energiefachrecht, NuR 2010, 308 (315); *Löhr*, in: Battis/Krautzberger/Löhr (Hrsg.), BauGB, 11. Aufl. 2009, § 5 Rn. 19.

[25] Die Gesetzesbegründung (BT-Drs. 17/6076, S. 8 f.) legt nahe, dass die ausdrückliche Nennung insbesondere Appellwirkung gegenüber den Gemeinden entfalten soll. Ausführlich zur Neuregelung *Mitschang*, Die Auswirkungen der Klimaschutz-Novelle auf die kommunale Bauleitplanung, DVBl. 2012, 134 (136 f.).

[26] Siehe zum Ganzen oben S. 50 ff., 55 ff., 65 ff.

[27] Auch *Söfker*, in: Ernst/Zinkahn/Bielenberg/Krautzberger (Hrsg.), BauGB, § 5 BauGB Rn. 29c, geht von der Zulässigkeit solcher Darstellungen aus; siehe ferner *Arbeitsgemeinschaft der für das Bau- und Wohnungswesen zuständigen Minister und Senatoren der Länder (ARGEBAU) – Bauministerkonferenz*, Muster-Einführungserlass zum Gesetz zur Förderung des Klimaschutzes bei der Entwicklung in den Städten und Gemeinden (BauGBÄndG 2011 – Mustererlass), 16. 12. 2011, S. 4 (http://www.is-argebau.de/; abgerufen: 30. 10. 2012; ferner abgedruckt in: *Ernst/Zinkahn/Bielenberg/Krautzberger* [Hrsg.], BauGB, Bd. 6). Vorgaben im Flächennutzungsplan, die sich jeweils für einzelne Gebäude auswirken, sind ohnehin nicht per se ausgeschlossen, wie § 16 Abs. 1 BauNVO zeigt.

[28] Vgl. die Vorschläge für diese und weitere Darstellungen bei *Ecofys* (Hrsg.), Energieeffi-

verfassungskonform ausgelegt werden. Hierbei spielt etwa die Frage einer hinreichenden Ermächtigung bzw. der Bestimmtheit von § 5 Abs. 2 Nr. 2 lit. b BauGB im Hinblick auf die mit den vorgeschlagenen Darstellungen erreichbaren Wirkungen eine Rolle. Die Flächennutzungsplandarstellung der Solarwärmenutzung oder eines Fernwärmenetzes für ein ganzes Baugebiet genügt für sich allein noch nicht als Grundlage, um diese Vorstellung der Kommune rechtssicher durchzusetzen. Es bedarf zur verbindlichen Durchsetzung vielmehr entsprechender Festsetzungen im Bebauungsplan, die aus dem Flächennutzungsplan zu entwickeln sind, oder sonstiger städtebaulicher Instrumente (z. B. eines städtebaulichen Vertrages). Im Rahmen einer Bebauungsplanfestsetzung muss dann abgewogen und sichergestellt werden, dass die Vorstellung, die der Flächennutzungsplanung zugrunde lag, auch in verhältnismäßiger Weise realisiert werden kann.

c) *Nullenergiegebiete*

Allerdings drängt sich an anderer Stelle eine ambitioniertere Nutzung des Flächennutzungsplans für die klimaschonende Wärmeversorgung auf. § 5 Abs. 2 BauGB ist nicht abschließend („insbesondere"), sodass der Gemeinde eine gewisse Gestaltungsfreiheit bei ihren Darstellungen zukommt. Zu Recht wird einschränkend darauf hingewiesen, dass diese Freiheit zum einen durch die notwendige Orientierung an den prägenden Merkmalen des Flächennutzungsplans (§ 5 Abs. 1 S. 1 BauGB) und zum anderen durch die Umsetzungsbedürftigkeit mittels der Festsetzungen des Bebauungsplans, die in § 9 Abs. 1 BauGB abschließend aufgezählt sind, begrenzt wird.[29]

Es ist zu überlegen, ob die klimaschützende Darstellung[30] in einem Flächennutzungsplan, dass ein zukünftiges Baugebiet[31] ein „Nullenergiegebiet" sein soll bzw. muss, zulässig wäre. Damit würde zum Ausdruck gebracht, dass der Verbrauch fossiler Brennstoffe in einem solchen Baugebiet zwar nicht ausgeschlossen werden soll, allerdings sind (mittels des Bebauungsplans etc.) aus Klimaschutzgründen Vorkehrungen zu treffen, wonach in dem betroffenen Gebiet in der Gesamtbilanz über die Nutzung von EE-Anlagen mehr Energie erzeugt als an fossiler Energie verbraucht wird. Dabei ist darauf hinzuweisen,

---

zienz und Solarenergienutzung in der Bauleitplanung, 2006, S. 31, wobei der dortige Vorschlag zur Darstellung eines Jahresenergieverbrauchs kritisch zu sehen ist, siehe hierzu auch unten S. 160.

[29] *Ingold/Schwarz*, Klimaschutzelemente der Bauleitplanung, NuR 2010, 153 (155); *Löhr*, in: Battis/Krautzberger/Löhr (Hrsg.), BauGB, 11. Aufl. 2009, § 5 Rn. 11.

[30] Wie beim Bebauungsplan sind auch beim Flächennutzungsplan zeichnerische und textliche Darstellungen möglich, siehe *Gaentzsch/Philipp*, in: Berliner Kommentar zum BauGB, § 5 Rn. 22.

[31] Zur Unterscheidung von Baugebieten und Bauflächen siehe etwa *Koppitz/Schwarting/Finkeldei*, Der Flächennutzungsplan in der kommunalen Praxis, 3. Aufl. 2005, Rn. 15 f.

dass in der Energiebilanz eines Gebäudes oder eines Stadtteils wiederum nicht nur der hier interessierende Wärmeenergiebedarf eine Rolle spielt, sondern insbesondere auch der Stromverbrauch und die Stromproduktion mit eingestellt werden (können), sodass hierunter ein in besonderem Maße integrativer Ansatz zu verstehen ist.

Die beschriebene Darstellung eines „Nullenergiegebiets" wäre ohne weiteres zu den „Grundzügen" im Sinne von § 5 Abs. 1 S. 1 BauGB zu rechnen, weil keine genaue technologische Festlegung vorgenommen wird. Außerdem stellt die mit der Bebauung (bzw. deren Nutzung) untrennbar verbundene Klimabelastung einen Nutzungskonflikt mit grundlegender Bedeutung dar.[32] Eine Orientierung an den Bedürfnissen der Gemeinde kann ebenfalls bejaht werden, da „nur" ein Ausgleich der eigenen Energiebilanz angestrebt wird. Schließlich wird die Realisierung dieses Anspruchs durch die im Zuge der BauGB-Klimanovelle 2011 nochmals klarer und weiter gefassten Festsetzungstatbestände ermöglicht.[33] Im Übrigen ist von Bedeutung, dass die Entwicklung hin zu einer starken Reduzierung des (bilanzierten) Primärenergiebedarfs von neuen Gebäuden auch durch das Unionsrecht bereits bis zur Zielmarke des „Niedrigstenergiegebäudes", die bis 2020 von allen neuen Gebäuden erreicht werden muss, vorbestimmt ist.[34] Eine entsprechende Darstellung im Flächennutzungsplan würde damit der Umsetzung eben dieser Vorgabe dienen.

3. Bewertung

Flächennutzungspläne weisen ein erhebliches Potenzial bei der Schaffung einer „Planungskette" ausgehend von informalen Klimaschutzkonzepten oder (perspektivisch) obligatorischen Wärme- bzw. Klimaaktionsplänen[35] über die Bauleitplanung hin zur klimaschonenden Stadt auf.[36] In einem Klimaschutz- bzw. Energie- und Klimaschutzkonzept wird idealerweise das gesamte Gemeindegebiet aus dem Blickwinkel der umweltfreundlichen Energieversorgung betrachtet. Zur Übertragung der dortigen Entwicklungsaussichten in die Bauleitplanung erscheint der Flächennutzungsplan, der als städtebauliches Konzept eben-

---

[32] Vgl. die insoweit relevante Rechtsprechung des *BVerwG* zu (Geruchs-)Emissionsgrenzwerten und zur Detailschärfe von Flächennutzungsplänen: BVerwGE 124, 132. Hierzu erläuternd *Mitschang*, Die heutige Bedeutung der Flächennutzungsplanung: Aufgaben, Stand und Perspektiven für ihre Weiterentwicklung, LKV 2007, 102 (104 f.).

[33] Näher unten S. 163 ff. Darüber hinaus zur wichtigen Vorfrage der Einordnung des (globalen) Klimaschutzes als städtebaulicher Grund unten S. 117 ff.

[34] Siehe Art. 9 Abs. 1 lit. a der GEEG-RL (Fundstelle oben Fn. 44, § 1).

[35] Hierzu ausführlich unten §§ 10 f. (S. 342 ff., 357 ff.).

[36] Ähnlich *Mitschang*, Die Umsetzung klimaschützender und energieeinsparungsbezogener Anforderungen in der Bauleitplanung und im Besonderen Städtebaurecht – Sachstand und Perspektiven, ZfBR 2010, 534 (537). Vgl. ferner BT-Drs. 17/6076, S. 7, 9.

falls auf das gesamte Gemeindegebiet ausgelegt ist und über einen größeren Zeithorizont verfügt, besonders geeignet.[37] Die mit der Änderung des § 5 BauGB im Zuge der Klimaschutznovelle intendierte Appellwirkung gegenüber den Gemeinden[38] wird noch verstärkt durch die Verortung in Nr. 2 von § 5 Abs. 2 BauGB, der nicht nur von „Flächen" spricht (wie Nr. 4), sondern von „Anlagen, Einrichtungen und sonstigen Maßnahmen". Dieser „Katalog" korrespondiert mit den häufig ähnlich vielgestaltigen Inhalten eines Energie- und Klimaschutzkonzeptes.[39]

Die hier behandelten Darstellungen zu klimafreundlichen zentralen Wärmeversorgungsanlagen und zur Energiebilanz von Neubaugebieten können wesentliche Elemente sein, um die Aussagen eines Klimaschutzkonzeptes in die Bauleitplanung einzuführen und hierdurch unter Zugrundelegung des Entwicklungsgebots (§ 8 Abs. 2 S. 1 BauGB) die konkretere und verbindliche Umsetzung durch Festsetzungen im Bebauungsplan zu determinieren. Neben den genannten Darstellungsmöglichkeiten lassen sich in Abhängigkeit von den Aussagen eines informalen Klimaschutzkonzeptes unter Umständen noch weitere klimaschützende Inhalte eines Flächennutzungsplans kreieren. Die durch § 5 Abs. 2 BauGB eröffnete Planungsfreiheit belässt den Kommunen hier erhebliche Spielräume, die es künftig stärker zu nutzen gilt.

IV. Bebauungspläne

1. Bedeutung

Festsetzungen in Bebauungsplänen sind wesentlich konkreter als Darstellungen in Flächennutzungsplänen. Erstere können – vorbehaltlich ihrer Rechtmäßigkeit – dieselbe Wirkung entfalten wie gesetzliche Vorgaben etwa im EEWärmeG. Aufgrund der unmittelbaren räumlichen Nähe auf kommunaler Ebene und des Überblicks der Stadt bzw. der Gemeinde über die (städte-)bauliche Entwicklung auf ihrem Gebiet, kommt den verbindlichen Festsetzungen eines Bebauungsplans sogar eine besondere Eignung für Vorgaben zu, mit denen die Technologieoffenheit des EEWärmeG für Einzelfälle zu Gunsten der klimagerechten Entwicklung eingeschränkt werden könnte. Die Rechtsfragen einer derartigen kommunalen (Fein-)Steuerung der klimagerechten Stadtentwick-

---

[37] In diesem Sinne auch BT-Drs. 17/6076, S. 9; ferner *Ingold/Schwarz*, Klimaschutzelemente der Bauleitplanung, NuR 2010, 153 (155). Allgemein zur Umsetzung des Planungsgrundsatzes der Nachhaltigkeit *Löhr*, in: Battis/Krautzberger/Löhr (Hrsg.), BauGB, 11. Aufl. 2009, § 5 Rn. 1 ff.

[38] Vgl. BT-Drs. 17/6076, S. 8 f.

[39] Vgl. *Wickel*, Klimaschutz und Städtebau – Das Gesetz zur Förderung des Klimaschutzes bei der Entwicklung in den Städten und Gemeinden, UPR 2011, 416 (418).

lung wurden bisher nicht vollständig aufgearbeitet. Ihnen kommt jedoch besondere Bedeutung zu, wenn eine Kommune etwa ihre Vorstellungen, die sie in einem informellen Klimaschutzkonzept entwickelt hat, umsetzen will. Die BauGB-Klimanovelle 2011 hat mit ihren Klarstellungen und Erweiterungen gezeigt, dass auch auf Bundesebene die kommunale Bauleitplanung als wesentlicher Baustein der Energiewende gesehen wird.[40] Gerade diese Neuerungen erfordern eine Neubewertung der bereits seit Jahren in der Diskussion befindlichen Streitpunkte bezüglich des kommunalen Klimaschutzes durch Bebauungspläne.

2. Globaler Klimaschutz als Festsetzungsgrund

a) Hintergrund

Die Frage, ob der globale Klimaschutz ein *städtebaulicher Grund* im Sinne von § 9 Abs. 1 BauGB ist und damit für sich genommen spezifische Festsetzungen im Bebauungsplan rechtfertigen kann, hat sich in den letzten Jahren als zentrales Problemfeld herauskristallisiert. Sie wurde teilweise auch unter den synonym zu verstehenden Formulierungen, ob die *städtebauliche Erforderlichkeit*[41] bzw. ein ausreichender *bodenrechtlicher Bezug* der Klimaschutzmotivation bejaht werden könne, erörtert.[42] Würden demgegenüber lediglich Festsetzungen für zulässig gehalten, die sich auf spezielle *örtliche* Erfordernisse gründen, kämen diese nur in Gemeinden mit besonderen Merkmalen (Luftkurorte, smoggefährdete Gemeinden, Gemeinden in Tallagen etc.) in Betracht.

In anderen Rechtsbereichen des kommunalen Klimaschutzes taucht diese Streitfrage, wenngleich unter anderen gesetzessystematischen Vorzeichen, in ähnlicher Form wieder auf. So wurde bei der Auseinandersetzung um die Marburger Solarsatzung bezweifelt, dass eine Kommune aus Gründen des globalen Klimaschutzes von einer bauordnungsrechtlichen Ermächtigung zur Festlegung bestimmter Heizungssysteme Gebrauch machen könnte.[43] Und schließlich kam es auch um die Reichweite kommunalrechtlicher Ermächtigungen zur Verhängung eines Anschluss- und Benutzungszwangs an eine aus Sicht des Klimaschutzes regelmäßig vorteilhafte Wärmenetzversorgung zu intensiven

---

[40] Siehe BT-Drs. 17/6076, S. 1.

[41] Der Begriff der städtebaulichen Erforderlichkeit entstammt § 1 Abs. 3 S. 1 BauGB. Bei den „städtebaulichen Gründen" im Einleitungssatz von § 9 Abs. 1 BauGB handelt es sich um einen Parallelterminus, der jedoch keine hierüber hinausgehenden Anforderungen enthält. Vgl. BVerwGE 114, 247 (249); *Gaentzsch*, in: Berliner Kommentar zum BauGB, § 9 Rn. 8; *Jäde*, in: Jäde/Dirnberger/Weiss (Hrsg.), BauGB, 6. Aufl. 2010, § 9 Rn. 3.

[42] Zur gleichbedeutenden Verwendung der Formulierungen siehe etwa *Dirnberger*, in: Spannowsky/Uechtritz (Hrsg.), BauGB, 2009, § 1 Rn. 37.

[43] Dazu unten S. 232 ff.

rechtswissenschaftlichen Auseinandersetzungen. Die in letzterem Fall bestehende Unsicherheit und die divergierende Rechtslage in den Ländern haben den Bund bewogen, diese Frage durch § 16 EEWärmeG zu regeln, der jedoch seinerseits nicht unumstritten geblieben ist.[44] In allen genannten Bereichen stellt sich die Herausforderung, die Verantwortung (und damit auch die Spielräume) der Kommunen für eine am Nachhaltigkeitsgedanken ausgerichtete Einflussnahme auf *lokale* Aktivitäten, die sich jedoch *global* auswirken, juristisch exakt zu umreißen. Zusätzlich erschwert wird eine Grenzziehung durch die multiplen Auswirkungen kommunaler Klimaschutzmaßnahmen. So verbessern etwa Vorgaben zur Erneuerbaren Wärme regelmäßig nicht nur die CO_2-Bilanz einer Gemeinde, sondern beeinflussen zudem deren örtliches Kleinklima und die kommunale Energieversorgung bzw. die Energieversorgungssicherheit, sodass sich kommunale Klimaschutzmaßnahmen alternativ oder kumulativ auch hierüber rechtfertigen lassen können.

Obgleich die Mehrheit der Stimmen im Schrifttum in jüngerer Zeit eine Auslegung der einschlägigen Bestimmungen zu Gunsten des globalen Klimaschutzes durch die Kommunen befürwortete, überwog in der Praxis die Vorsicht der Städte und Gemeinden. In Ermangelung klärender Rechtsprechung und unter dem Eindruck der eher ablehnenden Haltung des *Bundesministeriums für Bau, Verkehr und Stadtentwicklung* sowie der *Länderarbeitsgemeinschaft Bau*[45] konnte allein die „h. M.“ der juristischen Fachöffentlichkeit keinen Bewusstseinswandel bei den Verantwortlichen in Städten und Gemeinden bewirken. Wie bereits mit § 16 EEWärmeG für den Anschluss- und Benutzungszwang an Fernwärmenetze, sah sich der Bundesgesetzgeber deshalb auch im Bereich der Bauleitplanung veranlasst, durch eine klarstellende Regelung im Zuge der BauGB-Klimanovelle 2011 auf eine Ausräumung der Rechtsunsicherheiten hinzuwirken.

b) Meinungsstand zur früheren Rechtslage

Es bleibt abzuwarten, ob mit der sogleich näher behandelten Änderung durch die BauGB-Klimanovelle 2011 alle verbliebenen Zweifel ausgeräumt sind. Die dem vorausgehende rechtswissenschaftliche Auseinandersetzung sollte schon aus diesem Grunde und auch zum besseren Verständnis anhand der üblichen Auslegungsmethoden in den Blick genommen werden.

---

[44] Näher unten § 7. (S. 298 ff.).

[45] So *Nast/Bürger/Klinski/Leprich/Ragwitz/Schulz*, Ergänzende Untersuchungen und vertiefende Analysen zu möglichen Ausgestaltungsvarianten eines Wärmegesetzes, 2009, S. 65 (http://www.erneuerbare-energien.de/files/pdfs/allgemein/application/pdf/endbericht_waermegesetz.pdf; abgerufen: 30. 10. 2012).

aa) Grammatische Auslegung

Der im Zuge des EAG Bau vorgenommene Einschub „auch in Verantwortung für den allgemeinen Klimaschutz" in § 1 Abs. 5 S. 2 BauGB a. F. brachte an sich bereits hinreichend deutlich zum Ausdruck, dass Bauleitplanung nicht mehr nur bezogen auf ihre örtlichen Wirkungen betrieben werden sollte.[46] Obwohl die klimaschutzfreundliche Auslegung nach dem EAG Bau zunehmend überwog,[47] wurde auch nach 2004 noch angezweifelt, dass der globale Klimaschutz damit zu einem *selbstständigen* städtebaulichen Grund für Bebauungsplanfestsetzungen erhoben wurde.[48] Dabei sollte nicht übersehen werden, dass „selbst-

[46] Ausführliche Auseinandersetzung mit dem Wortlaut bei *Schmidt*, Klimaschutz in der Bauleitplanung nach dem BauGB 2004, NVwZ 2006, 1354 (1356).

[47] *Battis/Kersten/Mitschang*, Rechtsfragen der ökologischen Stadterneuerung, 2010, S. 48 f., 55 f.; *Ekardt*, in: Frenz/Müggenborg (Hrsg.), EEG, 2. Aufl. 2011, Einleitung Rn. 86; *Ekardt/Schmitz/Schmidtke*, Kommunaler Klimaschutz durch Baurecht: Rechtsprobleme der Solarenergie und der Kraft-Wärme-Kopplung, ZNER 2008, 334 (335 f.); *Faßbender*, Kommunale Steuerungsmöglichkeiten zur Nutzung erneuerbarer Energien im Siedlungsbereich, NuR 2009, 618 (621); *Ferner*, in: Ferner/Kröninger/Aschke (Hrsg.), BauGB/BauNVO, 2. Aufl. 2008, § 1 BauGB Rn. 33; *Finkelnburg/Ortloff/Kment*, Öffentliches Baurecht, Band I: Bauplanungsrecht, 6. Aufl. 2011, § 5 Rn. 66; *Gaentzsch*, in: Berliner Kommentar zum BauGB, § 1 Rn. 54; *Kahl*, Einführung in das Umweltenergierecht, JuS 2010, 599 (603); *Kahl*, Klimaschutz durch die Kommunen – Möglichkeiten und Grenzen, ZUR 2010, 395 (396); *Krautzberger*, Städtebauliche Verträge zur Umsetzung klimaschützender und energieeinsparender Zielsetzungen, DVBl. 2008, 737 (738); *Krautzberger*, in: Battis/Krautzberger/Löhr (Hrsg.), BauGB, 11. Aufl. 2009, § 1 Rn. 46, 65a; *Mitschang*, Die Umsetzung klimaschützender und energieeinsparungsbezogener Anforderungen in der Bauleitplanung und im Besonderen Städtebaurecht – Sachstand und Perspektiven, ZfBR 2010, 534 (538 f.); *T. Müller*, in: Müller/Oschmann/Wustlich (Hrsg.), EEWärmeG, 2010, Einleitung Rn. 58 f.; *Reidt*, Klimaschutz, erneuerbare Energien und städtebauliche Gründe, BauR 2010, 2025 (2029); *Schmelzle/Probst*, Klimaschutz und Energieeinsparung durch bauleitplanerische Festsetzungen, IR 2010, 146 (146 f.); *Spannowsky*, Regenerative Energien und räumliche Planung, in: Köck/Faßbender (Hrsg.), Klimaschutz durch Erneuerbare Energien, 2010, S. 95 (99 f.); *Umweltbundesamt* (Hrsg.), Umweltschutz im Planungsrecht, Texte 10/2008, S. 14 ff. (http://www.umweltdaten.de/publikationen/fpdf-l/3443.pdf; abgerufen: 30. 10. 2012) sowie die weiteren Nachweise in Fn. 72. Prinzipiell bejahend, aber nach den einzelnen Festsetzungstatbeständen des § 9 Abs. 1 BauGB differenzierend außerdem *W. Schrödter*, in: Schrödter (Hrsg.), BauGB, 7. Aufl. 2006, § 9 Rn. 121 ff., 138a ff., 147.

[48] *Gärditz*, Einführung in das Klimaschutzrecht, JuS 2008, 324 (328); ferner *Gierke*, in: Brügelmann (Hrsg.), BauGB, § 9 BauGB (Stand: 57. EL Febr. 2005) Rn. 434; *Jäde*, in: Jäde/Dirnberger/Weiß (Hrsg.), BauGB/BauNVO, 6. Aufl. 2010, § 9 BauGB Rn. 75; *Löhr*, in: Battis/Krautzberger/Löhr (Hrsg.), BauGB, 11. Aufl. 2009, § 9 Rn. 86a; *Staiger*, Energieeffizienz und Solarenergienutzung in der Bauleitplanung – Gesellschaftliche Erfordernisse, rechtliche Möglichkeiten und Grenzen, UVP-Report 2009, 69 (70); ebenfalls restriktiv, aber nicht ganz eindeutig *Söfker*, in: Ernst/Zinkahn/Bielenberg/Krautzberger (Hrsg.), BauGB, § 1 BauGB (Stand: 82. EL Dez. 2006) Rn. 107a; *Söfker*, Bebauungsplan, Energieeinsparverordnung und Erneuerbare-Energien-Wärmegesetz, UPR 2009, 81 (83). Ebenfalls in der Tendenz eher auf die örtliche Betrachtung zielend und von maßgeblicher Bedeutung für die Praxis *Arbeitsgemeinschaft der für das Bau- und Wohnungswesen zuständigen Minister und Senatoren der Länder (ARGEBAU) – Bauministerkonferenz*, Muster-Einführungserlass zum Gesetz zur Anpassung des Baugesetzbuchs an EU-Richtlinien (EAG Bau – Mustererlass), 1. 7. 2004, S. 60

ständig" sich allein darauf bezieht, einzelne (begleitende) Festsetzungen (z.B. nach § 9 Abs. 1 Nr. 23 lit. b BauGB) im Zusammenhang mit der bauleitplanerischen Eröffnung von Bodennutzungsmöglichkeiten auf Klimaschutzerwägungen zu stützen. Hiervon strikt zu unterscheiden ist die Frage, ob der Klimaschutz der *alleinige* Auslöser bzw. Grund einer Überplanung von Flächen sein könnte.

Im Vergleich dazu sind alle weiteren BauGB-Normen mit ähnlichen Bezügen in ihrem (auch) globalen Bezug weniger eindeutig. Dies gilt sowohl für die Nennung des Klimas in § 1 Abs. 6 Nr. 7 lit. a BauGB, die sich ebenso gut ausschließlich auf das örtliche Kleinklima[49] beziehen könnte,[50] für die „Vermeidung von Emissionen" in § 1 Abs. 6 Nr. 7 lit. e BauGB, die nicht ausdrücklich hinsichtlich ihrer überörtlichen Wirkungen erfasst werden,[51] und auch für den Belang der EE-Nutzung und der Energieeffizienz in § 1 Abs. 6 Nr. 7 lit. f BauGB, der sich gleichfalls mit einer örtlich begrenzten Motivation (Kleinklima, kommunale Energieversorgungssicherheit[52]) begründen ließe.[53] Vor diesem Hintergrund wird in der Literatur zum Teil auch gefordert, dass das kommunale Engagement zu Gunsten des globalen Klimaschutzes stets mit positiven örtlichen Auswirkungen einhergehen müsse.[54] Rein praktisch dürfte dies jedoch bei der hier betrachteten Materie in aller Regel der Fall sein, weil Klimaschutzfestsetzungen

---

(http://www.is-argebau.de/; abgerufen: 30. 10. 2012; ferner abgedruckt in: *Ernst/Zinkahn/Bielenberg/Krautzberger* [Hrsg.], BauGB, Bd. 6).

[49] Zur Unterscheidung von Mikro- bzw. Regionalklima und Makro- bzw. Globalklima im Recht siehe *Wustlich*, Die Atmosphäre als globales Umweltgut, 2003, S. 76 f.

[50] Dies verneinend und demnach das Globalklima zu Recht als miterfasst ansehend *Ingold/Schwarz*, Klimaschutzelemente der Bauleitplanung, NuR 2010, 153 (154); dagegen den Schwerpunkt im Rahmen von § 1 Abs. 6 Nr. 7 lit. a BauGB (noch immer) auf das Kleinklima setzend *Söfker*, in: Ernst/Zinkahn/Bielenberg/Krautzberger (Hrsg.), BauGB, § 1 BauGB (Stand: 103. EL Jan. 2012) Rn. 144b.

[51] Allerdings ist darauf hinzuweisen, dass § 3 Abs. 3 und Abs. 4 BImSchG, die zur Auslegung des Emissionsbegriffs herangezogen werden können (so zu Recht *Mitschang*, Die Belange von Klima und Energie in der Bauleitplanung, NuR 2008, 601 [606], der sich ausführlich mit allen klimaschutzbezogenen Belangen auseinandersetzt), keine Beschränkung auf die Auswirkungen auf die Nachbarschaft enthalten. Nach vorzugswürdiger Ansicht von *Ingold/Schwarz*, Klimaschutzelemente der Bauleitplanung, NuR 2010, 153 (154), sind damit auch nur global wirkende Treibhausgase erfasst.

[52] *Ekardt/Hehn*, Peak Oil: Postfossile Stadtentwicklung als BauGB-Ziel, ZUR 2011, 413 (418 ff.), betonen, dass das Ziel der Unabhängigkeit einer Kommune von fossilen Rohstoffen – anders als der globale Klimaschutz – in jedem Fall unmittelbare Vorteile auf örtlicher Ebene auslöse und sich deshalb unter dieser Zielsetzung ohne weiteres entsprechende Festsetzungen im Bebauungsplan begründen lassen. Nichtsdestoweniger plädieren sie ergänzend für eine ausdrückliche Aufnahme des „Belangs der Postfossilität" in das BauGB. Ferner *Löhr*, in: Battis/Krautzberger/Löhr (Hrsg.), BauGB, 11. Aufl. 2009, § 9 Rn. 81a.

[53] So für die Rechtslage vor der BauGB-Klimanovelle 2011 *Antweiler/Gabler*, Klimaschutz durch Bauleitplanung, BauR 2012, 39 (40).

[54] *Longo*, Neue örtliche Energieversorgung als kommunale Aufgabe, 2010, S. 291.

im EE-Bereich stets positive Auswirkungen auf die Versorgungssicherheit und meist auch auf die (langfristige) Preisgünstigkeit haben.[55]

bb) Historisch-genetische Auslegung

Betrachtet man die Entwicklung der einschlägigen Normen, so lässt sich eine zunehmende Öffnung für den globalen Klimaschutz erkennen. Ihren Ausgangspunkt nahm diese Entwicklung in einem allein auf örtliche Wirkungszusammenhänge abstellenden Verständnis von „städtebaulichen Gründen". Während bis 1998 nur in einzelnen Nummern des § 9 Abs. 1 BauGB ausdrücklich besondere städtebauliche Gründe verlangt wurden,[56] wurde durch das BauROG[57] der Einleitungssatz des § 9 Abs. 1 BauGB in seine heutige Form gebracht. Damit erfolgte zwar materiell keine Verschärfung, sondern nur eine Klarstellung.[58] In der Gesetzesbegründung zum BauROG wurde allerdings – gewissermaßen zur konsequenten Verdeutlichung im Hinblick auf den Klimaschutz – ausgeführt, dass der allgemeine Klimaschutz (nach damaliger Rechtslage) *nicht* Aufgabe der Bauleitplanung sei.[59] Eben diese Rechtslage änderte sich erst mit dem EAG Bau, das den allgemeinen Klimaschutz in § 1 Abs. 5 S. 2 BauGB integrierte.[60] Zu Recht wurde darauf hingewiesen, dass die fehlende Auseinandersetzung mit dieser wichtigen Neuerung in der Gesetzesbegründung nicht damit zu erklären sei, dass der historische Gesetzgeber dem keine derartige Bedeutung beimaß, sondern vielmehr mit der Tatsache, dass die Änderung erst auf Betreiben des zuständigen Ausschusses eingefügt wurde.[61] Bemerkenswerterweise wurde auch vor dem EAG Bau bereits die Ansicht vertreten, dass die Festsetzungsmöglichkeiten des § 9 BauGB für den globalen Klimaschutz instru-

---

[55] Vgl. auch *Ekardt/Hehn*, Peak Oil: Postfossile Stadtentwicklung als BauGB-Ziel, ZUR 2011, 413 (418 mit Fn. 60).

[56] Zur Unterscheidung von „städtebaulichen Gründen" und „besonderen städtebaulichen Gründen" *Gaentzsch*, in: Berliner Kommentar zum BauGB, § 9 Rn. 8.

[57] Gesetz zur Änderung des Baugesetzbuchs und zur Neuregelung des Rechts der Raumordnung (Bau- und Raumordnungsgesetz 1998 – BauROG) v. 18. 8. 1997 (BGBl. I S. 2081).

[58] *Gaentzsch*, in: Berliner Kommentar zum BauGB, § 9 Rn. 8.

[59] BT-Drs. 13/6392, S. 49. Demgemäß etwa eine Solarthermie-Pflicht nach damaliger Rechtslage ablehnend *Zeiss/Longo*, Baurechtliche Festsetzungsmöglichkeiten einer solaren Warmwasserbereitung (Solarthermie-Pflicht), UPR 1998, 217 (218).

[60] Ähnlich *Rojahn*, Umwelt- und Klimaschutz zwischen kommunaler Bauleitplanung und fachbehördlicher Zuständigkeit – Abgrenzungsfragen in der höchstrichterlichen Rechtsprechung, in: Mitschang (Hrsg.), Klimaschutz und Energieeinsparung in der Stadt- und Regionalplanung, 2009, 67 (73).

[61] *Schmidt*, Klimaschutz in der Bauleitplanung nach dem BauGB 2004, NVwZ 2006, 1354 (1355). Die Begründung des Ausschusses findet sich in BT-Drs. 15/2996, S. 62. *Sparwasser/Mock*, Energieeffizienz und Klimaschutz im Bebauungsplan, ZUR 2008, 469 (472), bezweifeln allerdings, ob sich die Politik tatsächlich der weitreichenden Konsequenzen der Änderung bewusst war.

mentalisiert werden könnten.[62] Tatsächlich dürfte diese Bewertung erst seit Inkrafttreten des EAG Bau gerechtfertigt sein. Umgekehrt ist festzustellen, dass die vor diesem Zeitpunkt geführten Argumentationen[63] an sich kaum mehr zur Stützung einer restriktiveren Position herangezogen werden konnten. Der Streit hätte mit dem EAG Bau als erledigt gelten können.[64] Aufgrund der auch weiterhin geäußerten Kritik[65] verblieb jedoch ein erhebliches Maß an Rechtsunsicherheit.

cc) *Systematische Auslegung*

Die systematische Auslegung konnte zur Problemlösung nur einen geringen Beitrag leisten. So kann allein aus der Schaffung der Festsetzungsmöglichkeit gemäß § 9 Abs. 1 Nr. 23 lit. b BauGB nicht hergeleitet werden, dass die Gemeinden eine eigene Verantwortung für den globalen Klimaschutz übernehmen sollten,[66] denn derartige Festsetzungen ließen sich nach wie vor auch mit ortsspezifischen Erwägungen (Verbesserung des örtlichen Kleinklimas, kommunale Energieversorgungssicherheit) begründen.[67] Umgekehrt konnte auch ein

---

[62] *Koch/Behrend*, Klimaschutz im geltenden Umweltrecht, NuR 1996, 433 (436); *Koch/Mengel*, Gemeindliche Kompetenzen für Maßnahmen des Klimaschutzes am Beispiel der Kraft-Wärme-Kopplung, DVBl. 2000, 953 (956 f., 958 f.), die sich zur Begründung auf die Einfügung des Nachhaltigkeitsgedankens in § 1 Abs. 5 S. 1 BauGB durch das BauROG berufen und sich auch mit der Gegenposition auseinandersetzen; ähnlich *Longo/Schuster*, Zur Rechtmäßigkeit von „solaren" Energiekonzepten in Neubaugebieten – Die Wirkung von Art. 20a GG im Bau- und Kommunalrecht, ZNER 2000, 118 (120 f.). Konsequenterweise ist *Koch*, Der „städtebauliche Grund" (§ 9 Abs. 1 Baugesetzbuch) als Schranke planerischer Gestaltungsfreiheit, DV 37 (2004), 537 (544), deshalb bei dem EAG Bau nur von einer Klarstellung ausgegangen. Ferner bereits frühzeitig *Peine*, Energiesparen – bau- und planungsrechtliche Aspekte, DVBl. 1991, 965 (966); *Roller*, Wärmeschutzbezogene Festsetzungen im Bebauungsplan, BauR 1995, 185 (190).

[63] So etwa die ablehnende Ansicht m. w. N. bei *Kraft*, Aktuelle Fragen immissionsschutzrechtlicher Festsetzungen in Bebauungsplänen, DVBl. 1998, 1048 (1049 f.); ferner *Denny/Spangenberger*, Rechtliche Umsetzung energiebezogener Planungsinhalte, UPR 1999, 331 (333); Beispiele aus der Rechtsprechung bis zum EAG Bau bei *Rojahn*, Umwelt- und Klimaschutz zwischen kommunaler Bauleitplanung und fachbehördlicher Zuständigkeit – Abgrenzungsfragen in der höchstrichterlichen Rechtsprechung, in: Mitschang (Hrsg.), Klimaschutz und Energieeinsparung in der Stadt- und Regionalplanung, 2009, 67 (67 f.).

[64] Ähnlich *Ingold/Schwarz*, Klimaschutzelemente der Bauleitplanung, NuR 2010, 153 (154); *Wieneke*, Nachhaltigkeit als Ressourcennutzungskonzept für die Bauleitplanung, 2005, S. 227 f.

[65] Oben Fn. 48.

[66] So aber *Klinski/Longo*, Kommunale Strategien für den Ausbau erneuerbarer Energien im Rahmen des öffentlichen Baurechts, ZNER 2007, 41 (43).

[67] Eine solche restriktive Ansicht vertrat bisher *Löhr*, in: Battis/Krautzberger/Löhr (Hrsg.), BauGB, 11. Aufl. 2009, § 9 Rn. 86a. *Klinski/Longo*, Kommunale Strategien für den Ausbau erneuerbarer Energien im Rahmen des öffentlichen Baurechts, ZNER 2007, 41 (43), bringen allerdings vor, dass zumindest die örtliche Luftsituation auch ohne EE-Einsatz verbessert werden könne, etwa durch Erdgasheizungen oder Fernwärme (soweit verfügbar).

sich zunehmend ausprägendes Energiefachrecht (im Wärmebereich speziell das EEWärmeG) kaum zur Begründung einer Beschränkung von Kommunen auf örtliche Wirkungszusammenhänge fruchtbar gemacht werden. Allein das Vorhandensein eines Fachgesetzes gibt keinen Aufschluss über die städtebauliche Relevanz des betroffenen Lebensbereichs.[68]

dd) Teleologische Auslegung

Der teleologischen Auslegung dürfte das (vor Erlass des EAG Bau) vorgebrachte Argument zuzuordnen sein, dass die Bauleitplanung auf eine „kommunale Perspektive" beschränkt sei und deshalb Bemühungen zum Schutz des globalen Klimas insoweit kein Raum eingeräumt werden könne.[69] Diese Kritik kommt einem Zirkelschluss gleich. Sie könnte zwar auch nach dem EAG Bau und sogar nach der BauGB-Klimanovelle 2011 theoretisch noch erhoben werden, entbehrt aber eines normativen Beleges und würde stattdessen die genannten gesetzgeberischen Entscheidungen zur Weitung der „kommunalen Perspektive" missachten.

ee) Verfassungskonforme Auslegung

Die wohl größte Bedeutung kam bisher den geäußerten verfassungsrechtlichen Vorbehalten gegen einen kommunalen Klimaschutz durch Bauleitplanung zu. Auch wenn diese nicht immer in aller Deutlichkeit als solche bezeichnet wurden, so sind es doch allein verfassungsrechtliche Grenzen, die eine „klimaschutzfreundliche" Auslegung der Bestimmungen des BauGB angesichts der bereits anhand der übrigen Auslegungsmethoden vorgebrachten Erörterungen hemmen könnten.

Gegen Festsetzungen im Bebauungsplan, die aus Gründen des allgemeinen Klimaschutzes Vorgaben zur Verwendung Erneuerbarer Energien enthalten, wurde (auch nach dem EAG Bau) vorgebracht, dass dem keine „bodenrechtliche Relevanz" zukomme.[70] Damit wird vor allem auf die Kompetenzordnung des Grundgesetzes Bezug genommen, denn der Bund verfügt allein für das „Bodenrecht" (Art. 74 Abs. 1 Nr. 18 GG) über die Sachgesetzgebungskompetenz.[71] Der restriktiven Ansicht lag insoweit die Erwägung zugrunde, dass der Energieverbrauch in einem Gebäude – und damit die Klimawirksamkeit bzw.

---

[68] Zum Verhältnis der Bauleitplanung zum EEWärmeG unten S. 163 ff.

[69] *Kraft*, Aktuelle Fragen immissionsschutzrechtlicher Festsetzungen in Bebauungsplänen, DVBl. 1998, 1048 (1049 f.).

[70] *Gärditz*, Einführung in das Klimaschutzrecht, JuS 2008, 324 (328).

[71] Vgl. allerdings zur Unterscheidung der Begriffe Bodenrecht und Städtebau(-recht) bzw. städtebauliche Gründe *Reidt*, Klimaschutz, erneuerbare Energien und städtebauliche Gründe, BauR 2010, 2025 (2027 f., 2029 f.).

-schädlichkeit der Nutzung eines Gebäudes – keinen Bezug zur Bodennutzung habe, deren überfachliche Planung bekanntermaßen die Aufgabe der Bauleitplanung ist. Zu Recht wurde dem entgegengehalten, dass der Verbrauch von Energie mit der Bodennutzung bzw. deren planerischer Ermöglichung durch die Kommunen bereits praktisch untrennbar verbunden sei, sodass die negativen Auswirkungen – auch auf das globale Klima – nicht außer Acht gelassen werden können.[72] Anknüpfungspunkt bleibe demnach auch bei energie- und damit klimaschutzbezogenen Festsetzungen der Grund und Boden, sodass die Ermöglichung entsprechender Festsetzungen durch den BauGB-Gesetzgeber sich im Rahmen der Kompetenzordnung des Grundgesetzes halte.[73] Speziell im hier betrachteten Wärmebereich ist dieser Ansicht zuzustimmen, da der örtliche Bezug aufgrund der herkömmlichen Struktur des Wärmemarktes (dezentrale Heizungen oder zentrale Netzlösungen mit nur geringen Ausmaßen) noch enger ist als im Strombereich, der durch eine bundesweite Vernetzung geprägt ist. Die Ausweisung eines Wohngebietes impliziert gleichsam automatisch einen gewissen Bedarf an (ortsnah zu erzeugender) Wärmeenergie für Heizung und Warmwasser.

Die restriktive Ansicht hat in ihre Argumentation zum Teil auch eine Begrenzung durch Art. 28 Abs. 2 S. 1 GG einbezogen.[74] Hierbei wurde jedoch offenbar die durchaus mögliche praktische Konkordanz von Art. 28 Abs. 2 S. 1 GG, der eine örtliche Begrenzung kommunaler Maßnahmen gebietet, und Art. 20a GG, der die Umweltschutzverantwortung aller Träger öffentlicher Gewalt deutlich

---

[72] *Koch*, Der „städtebauliche Grund" (§ 9 Abs. 1 Baugesetzbuch) als Schranke planerischer Gestaltungsfreiheit, DV 37 (2004), 537 (543); ebenso *Ekardt/Hehn*, Peak Oil: Postfossile Stadtentwicklung als BauGB-Ziel, ZUR 2011, 413 (419); *Hofmeister*, Die Anforderungen an die Zulässigkeit von Biomasse- und Photovoltaikanlagen, in: Spannowsky/Hofmeister (Hrsg.), Umweltrechtliche Einflüsse in der städtebaulichen Planung, 2009, 61 (89 f.); *Klinski/Longo*, Kommunale Strategien für den Ausbau erneuerbarer Energien im Rahmen des öffentlichen Baurechts, ZNER 2007, 41 (42 f.); *Koch/Hendler*, Baurecht, Raumordnungs- und Landesplanungsrecht, 5. Aufl. 2009, § 14 Rn. 39; *Schmidt*, Klimaschutz in der Bauleitplanung nach dem BauGB 2004, NVwZ 2006, 1354 (1356 f.); *Sparwasser/Mock*, Energieeffizienz und Klimaschutz im Bebauungsplan, ZUR 2008, 469 (473); ähnlich und jedenfalls im Ergebnis ebenso *Spannowsky*, Planungsrechtliche Steuerung von Vorhaben der Erneuerbaren Energien durch Verträge, UPR 2009, 201 (203).

[73] *Battis/Kersten/Mitschang*, Klimaschützende Stadterneuerung, ZG 2010, 246 (248 f.). Demgegenüber für eine zusätzliche Abstützung des BauGB auf Art. 74 Abs. 1 Nr. 24 GG („Luftreinhaltung") plädierend etwa *Faßbender*, Kommunale Steuerungsmöglichkeiten zur Nutzung erneuerbarer Energien im Siedlungsbereich, NuR 2009, 618 (621); *Reidt*, Klimaschutz, erneuerbare Energien und städtebauliche Gründe, BauR 2010, 2025 (2028).

[74] *Kraft*, Aktuelle Fragen immissionsschutzrechtlicher Festsetzungen in Bebauungsplänen, DVBl. 1998, 1048 (1049 f.). Damit wird unzutreffenderweise eine Gleichsetzung etwa mit dem vom *BVerwG* entschiedenen Fall zur Atomwaffenstationierung (BVerwGE 87, 229 [231 ff.]) vorgenommen.

werden lässt[75] und so die Auswirkungen[76] des kommunalen Engagements für den globalen Klimaschutz zu legitimieren vermag,[77] nicht hinreichend gewürdigt.[78]

ff) Zwischenfazit

Es kann festgehalten werden, dass sich die Beurteilung der kommunalen Klimaschutzmöglichkeiten im Bereich der Bauleitplanung mit zunehmender Auseinandersetzung des Gesetzgebers und der Wissenschaft stetig in Richtung einer „klimaschutzfreundlichen" – und damit stärker am Nachhaltigkeitsgedanken ausgerichteten – Auslegung entwickelte. Eine höchstrichterliche Anerkennung der sich wandelnden Einschätzung blieb jedoch, auch mangels konkreter, vor Gericht gebrachter Streitfälle, aus. Die andeutungsweisen Auseinandersetzungen mit der Frage in zwei Entscheidungen des *BVerwG* ließen keinen eindeutigen Schluss zu und entbehrten zum Teil einer hinreichenden argumentativen Auseinandersetzung.[79] So hatte das *BVerwG* bereits vor Inkrafttreten des EAG Bau hinsichtlich der Beplanung von Flächen für EE-Stromerzeugungsanlagen in der Tendenz eine klimaschutzfreundliche Position vertreten.[80] Dagegen wurde (nach Inkrafttreten des EAG Bau) in einer Entscheidung zum

---

75 Dass der bloße Hinweis auf globale Zusammenhänge die Klimaschutzverantwortung von Kommunen nicht entfallen lassen sollte, wird zutreffend betont bei *Koch/Mengel*, Gemeindliche Kompetenzen für Maßnahmen des Klimaschutzes am Beispiel der Kraft-Wärme-Kopplung, DVBl. 2000, 953 (957, 959); *Roller*, Wärmeschutzbezogene Festsetzungen im Bebauungsplan, BauR 1995, 185 (190).

76 Die Möglichkeit des Bundesgesetzgebers, die Auswirkungen von bauleitplanerischen Entscheidungen, die über das Gebiet einer Gemeinde hinausreichen, berücksichtigen zu lassen, zeigen sich auch noch in anderen Zusammenhängen, so etwa durch das interkommunale Abstimmungsgebot des § 2 Abs. 2 BauGB. Beispiele, die sich auf Emissionen beziehen bei *Fickert/Fieseler*, Der Umweltschutz im Städtebau, 2002, S. 268.

77 Siehe die in der Sache übertragbare Argumentation im Falle eines Fernwärmeanschluss- und -benutzungszwangs in BVerwGE 125, 68 (72 f.).

78 Auch *Rojahn*, Umwelt- und Klimaschutz zwischen kommunaler Bauleitplanung und fachbehördlicher Zuständigkeit – Abgrenzungsfragen in der höchstrichterlichen Rechtsprechung, in: Mitschang (Hrsg.), Klimaschutz und Energieeinsparung in der Stadt- und Regionalplanung, 2009, 67 (73), weist darauf hin, dass der Bundesgesetzgeber sich mit seiner Entscheidung innerhalb der Grenzen des Art. 28 Abs. 2 S. 1 GG bewegt hat; ebenso *Koch*, Der „städtebauliche Grund" (§ 9 Abs. 1 Baugesetzbuch) als Schranke planerischer Gestaltungsfreiheit, DV 37 (2004), 537 (552).

79 Zu den Urteilen des BVerwG siehe *Battis/Kersten/Mitschang*, Klimaschützende Stadterneuerung, ZG 2010, 246 (250); *Battis/Krautzberger/Mitschang/Reidt/Stüer*, Gesetz zur Förderung des Klimaschutzes bei der Entwicklung in den Städten und Gemeinden in Kraft getreten, NVwZ 2011, 897 (898), die diese Rechtsprechung jeweils als „ambivalent" bezeichnen.

80 BVerwGE 118, 33 (41): „Den Trägern der Landes- und Regionalplanung bleibt es ebenso wie den Gemeinden unbenommen, im Rahmen der gesamträumlichen und der städtebaulichen Entwicklung und Ordnung mit ihrem planungsrechtlichen Instrumentarium Klimaschutzpolitik zu betreiben."; *Sparwasser/Mock*, Energieeffizienz und Klimaschutz im Bebauungsplan, ZUR 2008, 469 (472) sahen hierin bereits eine „Trendwende".

Fernwärmeanschluss- und -benutzungszwang aus Klimaschutzgründen in Abgrenzung hiervon jedenfalls hinsichtlich des Verwendungsverbots gemäß §9 Abs. 1 Nr. 23 lit. a BauGB eine apodiktische Beschränkung auf ortsspezifische Rechtfertigungsgründe vorgenommen.[81] Auch der Richter am BVerwG *Rojahn* vermochte diese Divergenz nicht aufzulösen.[82] Angesichts der verbleibenden Unsicherheit sah sich der Gesetzgeber deshalb zu nochmaligem Handeln in Gestalt der BauGB-Klimanovelle 2011 veranlasst.

c) Wirkungen der BauGB-Klimanovelle 2011

aa) Grundlage

Die BauGB-Klimanovelle 2011 ist in weiten Teilen gekennzeichnet von dem – begrüßenswerten – Bestreben, die vorstehend erwähnten Diskussionen gezielt aufzugreifen und streitige Rechtsfragen durch gesetzliche Klarstellungen bzw. Erweiterungen zu lösen.

So hat sich der Bund etwa hinsichtlich seiner Gesetzgebungskompetenz die bereits ausgeführte Literaturansicht zu eigen gemacht, wonach ein Bezug des kommunalen Klimaschutzes durch Bauleitplanung zum Grund und Boden („Bodenrecht", Art. 74 Abs. 1 Nr. 18 GG) besteht, weil die bauliche Nutzung eines Grundstücks zugleich einen bestimmten Energieverbrauch bedeutet und die hieraus resultierenden Klimabelastungen durch die Einplanung einer klimaschonenden Bauweise begrenzt werden können.[83]

Der bodenrechtliche Bezug von Klimaschutzmaßnahmen an Gebäuden sollte ursprünglich auch durch die Aufnahme des neuen Begriffs der „klimagerechten Stadtentwicklung" in das BauGB einschließlich einer Legaldefinition im neuen §1a Abs. 5 S. 1 BauGB verdeutlicht werden. Auf die noch im Regierungsentwurf[84] enthaltene Legaldefinition wurde jedoch letztlich verzichtet. Der Bundesrat monierte die mit der geplanten neuen Begriffsbestimmung einhergehende Ersetzung der „bewährten Terminologie" („städtebauliche Entwick-

---

[81] BVerwGE 125, 68 (76): „Verwendungsverbote gemäß §9 Abs. 1 Nr. 23 BauGB können nur aus städtebaulichen Gründen in einem Bebauungsplan im Hinblick auf begrenzte örtliche Gegebenheiten festgesetzt werden."

[82] *Rojahn*, Umwelt- und Klimaschutz zwischen kommunaler Bauleitplanung und fachbehördlicher Zuständigkeit – Abgrenzungsfragen in der höchstrichterlichen Rechtsprechung, in: Mitschang (Hrsg.), Klimaschutz und Energieeinsparung in der Stadt- und Regionalplanung, 2009, 67 (74). Dort wird allerdings darauf hingewiesen, dass es der für die Bauleitplanung zuständige 4. Senat war, der die klimaschutzfreundliche Ansicht vertrat und der für das Kommunalrecht zuständige 8. Senat war, der die restriktive Position einnahm.

[83] BT-Drs. 17/6076, S. 6, wonach es „um die räumlich-funktionale Gestaltung der Grundstücksnutzung vor allem im Hinblick auf eine klimaschonende Bauweise" geht. Siehe hierzu die entsprechenden Erörterungen in dem vorbereitenden Gutachten, das von der Gesetzesbegründung ausdrücklich in Bezug genommen wird, vgl. *Battis/Kersten/Mitschang*, Rechtsfragen der ökologischen Stadterneuerung, 2010, S. 13ff.

[84] BT-Drs. 17/6076, S. 3.

lung") und befürchtete außerdem, dass durch die Neuregelung der Anschein erweckt werden könnte, kleinere Gemeinden im ländlichen Raum seien hiervon nicht erfasst.[85] Das Einlenken der Bundesregierung hat vor allem zur Folge, dass die Kurzformel der klimagerechten Stadtentwicklung im geänderten § 171a BauGB stattdessen jeweils durch die Aufzählung der Einzelelemente (Erfordernisse des Klimaschutzes und der Klimaanpassung) ersetzt werden musste. Da auf diese Weise aber auch die beiden Säulen von Klimapolitik deutlich vor Augen geführt werden, ist diese Modifikation letztlich kaum negativ zu bewerten.

bb) Globaler Klimaschutz als Aufgabe der Bauleitplanung

Mit dem neuen § 1a Abs. 5 BauGB wird ausweislich der Gesetzesbegründung eine eigene „Klimaschutzklausel" in das BauGB eingefügt,[86] sodass es wohl angebracht erscheint, der weiteren durch die Novelle vorgenommenen Klarstellung in § 1 Abs. 5 S. 2 BauGB für die konkrete Anwendung der Bestimmungen zur Bauleitplanung fortan eher nachrangige Bedeutung zuzumessen. Nichtsdestoweniger entspricht es der Rolle des Klimaschutzes als zentraler Herausforderung für die Menschheit im 21. Jahrhundert, dass er auch weiterhin im Katalog der Planungsleitlinien[87] des § 1 Abs. 5 S. 2 BauGB enthalten ist. Die Umformulierung des § 1 Abs. 5 S. 2 BauGB durch die BauGB-Klimanovelle 2011 bezweckte im Übrigen die Ausräumung von Zweifeln hinsichtlich des Verhältnisses des Klimaschutzes zu den sonstigen in § 1 Abs. 5 BauGB festgehaltenen Grundsätzen der Bauleitplanung. Nach alter Rechtslage sollte die Bauleitplanung die Umwelt schützen und dies *„auch"* in Verantwortung für den allgemeinen Klimaschutz tun. Da aus dieser Formulierung eine gewisse Nachrangigkeit und Unselbstständigkeit des Klimaschutzes hätte hergeleitet werden können,[88]

---

[85] BT-Drs. 17/6253, S. 7. Dem widersprechend *Mitschang*, Die Auswirkungen der Klimaschutz-Novelle auf die kommunale Bauleitplanung, DVBl. 2012, 134 (135).

[86] BT-Drs. 17/6076, S. 6; *Mitschang*, in: Berliner Kommentar zum BauGB, § 1a Rn. 728. Deshalb eher missverständlich die Einordnung von § 1 Abs. 5 S. 2 BauGB als „Klimaschutzklausel" bei *Gaentzsch*, in: Berliner Kommentar zum BauGB, § 1 Rn. 54a; *Krautzberger*, Gesetz zur Förderung des Klimaschutzes bei der Entwicklung in den Städten und Gemeinden, UPR 2011, 361; *Krautzberger*, in: Ernst/Zinkahn/Bielenberg/Krautzberger (Hrsg.), BauGB, Einl Rn. 340; *Mitschang*, Die Auswirkungen der Klimaschutz-Novelle auf die kommunale Bauleitplanung, DVBl. 2012, 134 (135).

[87] Missverständlich insoweit die Begründung, die von „Planungsleitsätzen" spricht, BT-Drs. 17/6076, S. 8; ebenso *Mitschang*, in: Berliner Kommentar zum BauGB, § 1a Rn. 724, 734. Letzterer Begriff wird im Gesamtplanungsrecht üblicherweise vermieden, weil ein missverständlicher Bezug zum Fachplanungsrecht, in dem Planungsleitsätze regelmäßig als verbindlich und in der Abwägung nicht überwindbar verstanden werden, ausgeschlossen werden soll, so *Gaentzsch*, in: Berliner Kommentar zum BauGB, § 1 Rn. 49. Deshalb ebenfalls kritisch zur Gesetzesbegründung *Antweiler/Gabler*, Klimaschutz durch Bauleitplanung, BauR 2012, 39 (41).

[88] Diskutiert und überzeugend abgelehnt bei *Schmidt*, Klimaschutz in der Bauleitplanung nach dem BauGB 2004, NVwZ 2006, 1354 (1356).

wurden Klimaschutz und Klimaanpassung im neuen Wortlaut nunmehr auch sprachlich auf eine Ebene mit den übrigen Planungsleitlinien im § 1 Abs. 5 S. 2 BauGB gestellt.[89]

Auch wenn die hierüber hinausgehende zusätzliche Normierung im neuen § 1a Abs. 5 BauGB zunächst unter systematischen Erwägungen Fragen aufwerfen könnte, stellt sie sich doch als folgerichtig dar. In S. 1 der Neuregelung wird nochmals verdeutlicht, dass die Ausgestaltung der Planungsleitlinie „Klimaschutz" in § 1 Abs. 5 S. 2 BauGB durch konkrete Maßnahmen zur Bekämpfung des Klimawandels einerseits und zur Anpassung an den Klimawandel andererseits umzusetzen ist. Außerdem wird in § 1a Abs. 5 S. 2 BauGB nunmehr explizit auf die notwendige Berücksichtigung des Klimawandels in der Abwägung hingewiesen. Die Verortung im § 1a BauGB, der die einzelnen Aspekte des Umweltschutzes, die im Prinzip bereits in § 1 BauGB an verschiedenen Stellen genannt sind, noch einmal in der Art und Weise ihrer konkreten Integration in die Bauleitplanung erläutert,[90] überzeugt. Die Schaffung einer eigenen Klimaschutzklausel ist als wichtige und konsequente Weiterentwicklung des § 1a BauGB einzuordnen.

Durch die Neufassung von § 1 Abs. 5 S. 2 BauGB und die Einfügung von § 1a Abs. 5 BauGB soll der Streit um die Berücksichtigungsfähigkeit des globalen Klimaschutzes in der Bauleitplanung beendet werden. Es wird damit in aller Deutlichkeit *klargestellt*, dass der Schutz des globalen Klimas eine Aufgabe der Bauleitplanung ist.[91] Dies hat unmittelbar zur Folge, dass der globale Klimaschutz auch als städtebaulicher Grund im Sinne des Einleitungssatzes von § 9

---

[89] Vgl. auch *Ekardt/Hehn*, Peak Oil: Postfossile Stadtentwicklung als BauGB-Ziel, ZUR 2011, 413 (417 mit Fn. 44).

[90] Vgl. *Mitschang*, Die Auswirkungen der Klimaschutz-Novelle auf die kommunale Bauleitplanung, DVBl. 2012, 134 (135). In diesem Zusammenhang ist darauf hinzuweisen, dass der Referentenentwurf zum EAG Bau umgekehrt eine Integration des § 1a in § 1 BauGB vorschlug. Hierzu *Battis/Krautzberger/Löhr*, Die Änderungen des Baugesetzbuchs durch das Europarechtsanpassungsgesetz Bau (EAG Bau 2004), NJW 2004, 2553 (2555). Angesichts des heutigen Umfangs beider Einzelnormen erweist sich die Entscheidung gegen diese Lösung als fraglos richtig.

[91] Vgl. BT-Drs. 17/6076, S. 8. Ebenso *Arbeitsgemeinschaft der für das Bau- und Wohnungswesen zuständigen Minister und Senatoren der Länder (ARGEBAU) – Bauministerkonferenz*, Muster-Einführungserlass zum Gesetz zur Förderung des Klimaschutzes bei der Entwicklung in den Städten und Gemeinden (BauGBÄndG 2011 – Mustererlass), 16. 12. 2011, S. 3 (http://www.is-argebau.de/; abgerufen: 30. 10. 2012; ferner abgedruckt in: *Ernst/Zinkahn/Bielenberg/Krautzberger* [Hrsg.], BauGB, Bd. 6); *Battis/Krautzberger/Mitschang/Reidt/Stüer*, Gesetz zur Förderung des Klimaschutzes bei der Entwicklung in den Städten und Gemeinden in Kraft getreten, NVwZ 2011, 897 (898 f.); *Mitschang*, in: Berliner Kommentar zum BauGB, § 1a Rn. 735; *Otting*, Klimaschutz durch Baurecht – Ein Überblick über die BauGB-Klimanovelle 2011, REE 2011, 125 (125 f.); *Söfker*, Das Gesetz zur Förderung des Klimaschutzes bei der Entwicklung in den Städten und Gemeinden, ZfBR 2011, 541 (542); *Söfker*, in: Ernst/Zinkahn/Bielenberg/Krautzberger (Hrsg.), BauGB, § 1 BauGB (Stand: 103. EL Jan. 2012) Rn. 107a ff. Von „neuen Planungsgrundsätzen" und „neuen Aufgabenfelder[n] der Bauleitplanung" spricht hingegen *Kment*, Die Begleitung der Energiewende durch kom-

Abs. 1 BauGB zu qualifizieren ist.[92] Ein hiervon abweichendes Ergebnis wäre widersprüchlich.[93] Trotzdem hat die neue Klimaschutzklausel bereits Diskussionsbedarf hervorgerufen. Zunächst ist festzustellen, dass die klimagerechte Stadtentwicklung auch in Zukunft keinen rechtlichen Vorrang gegenüber sonstigen in der Bauleitplanung zu berücksichtigenden Belangen genießt.[94] Aus diesem Grunde führt die Qualifizierung des Klimaschutzes als städtebaulicher Grund im Sinne von § 9 Abs. 1 BauGB auch nicht dazu, dass jede Festsetzung, die aus Klimaschutzgründen erwogen werden könnte, rechtmäßig wäre. Vielmehr unterliegen alle Vorgaben nach wie vor einer Abwägung mit den sonstigen Belangen des Städtebaus.[95] Etwaige „pauschale" Festsetzungen, wie sie in der Literatur zum Teil befürchtet werden,[96] bleiben damit auch zukünftig rechtswidrig.

Ein Beispiel für eine pauschale Festsetzung wäre die – auf § 9 Abs. 1 Nr. 23 lit. b BauGB gestützte – Vorgabe in allen Bebauungsplänen, auf jedem Gebäude eine bestimmte Fläche an Photovoltaikmodulen oder an Solarthermiekollek-

---

munale Bauleitplanung – Schafft das Gesetz zur Förderung des Klimaschutzes bei der Entwicklung in den Städten und Gemeinden neue Optionen?, DVBl. 2012, 1125 (1126).

[92] Ebenso *Mitschang*, in: Berliner Kommentar zum BauGB, § 1a Rn. 733; *Söfker*, in: Danner/Theobald (Hrsg.), Energierecht, EnPlanR XIV B 2 Rn. 89. Ähnlich *Schink*, in: Hansmann/Sellner (Hrsg.), Grundzüge des Umweltrechts, 4. Aufl. 2012, Kap. 5 Rn. 101, sowie *Wagner*, in: Ernst/Zinkahn/Bielenberg/Krautzberger (Hrsg.), BauGB, § 1a Rn. 262 f., der die Änderung darüber hinaus als bewusste Abkehr des Gesetzgebers vom „bisherige[n] Dogma des örtlichen Bezugs und der städtebaulichen Erforderlichkeit der klimaschützenden Maßnahmen" einordnet. Dies wurde von den kommunalen Spitzenverbänden im Gesetzgebungsverfahren bestritten, die sich zur Begründung auf den aus Kompetenzgründen notwendigen bodenrechtlichen Bezug beriefen (A-Drs. 17[15]220-A, S. 3) und damit offenbar den Zusammenhang zwischen Bodennutzung und Klimaschutz (oben S. 123 ff. sowie S. 126) verkannten.

[93] So aber offenbar *Kment*, Die Begleitung der Energiewende durch kommunale Bauleitplanung – Schafft das Gesetz zur Förderung des Klimaschutzes bei der Entwicklung in den Städten und Gemeinden neue Optionen?, DVBl. 2012, 1125 (1129); *Otting*, Klimaschutz durch Baurecht – Ein Überblick über die BauGB-Klimanovelle 2011, REE 2011, 125 (128).

[94] *Antweiler/Gabler*, Klimaschutz durch Bauleitplanung, BauR 2012, 39 (42); *Kment*, Die Begleitung der Energiewende durch kommunale Bauleitplanung – Schafft das Gesetz zur Förderung des Klimaschutzes bei der Entwicklung in den Städten und Gemeinden neue Optionen?, DVBl. 2012, 1125 (1126); *Mitschang*, Die Auswirkungen der Klimaschutz-Novelle auf die kommunale Bauleitplanung, DVBl. 2012, 134 (136); *Mitschang*, in: Berliner Kommentar zum BauGB, § 1a Rn. 740 f.; ferner auch *Krautzberger*, Gesetz zur Förderung des Klimaschutzes bei der Entwicklung in den Städten und Gemeinden, UPR 2011, 361 (362); *Krautzberger*, in: Ernst/Zinkahn/Bielenberg/Krautzberger (Hrsg.), BauGB, Einl Rn. 341; *Wagner*, in: Ernst/Zinkahn/Bielenberg/Krautzberger (Hrsg.), BauGB, § 1a BauGB Rn. 282, 285; *Wickel*, Klimaschutz und Städtebau – Das Gesetz zur Förderung des Klimaschutzes bei der Entwicklung in den Städten und Gemeinden, UPR 2011, 416 (417).

[95] Vgl. jedoch zur Wirkung von Art. 20a GG im Rahmen der Verwirklichung einer „nachhaltigen städtebaulichen Entwicklung" gemäß § 1 Abs. 5 S. 1 BauGB und speziell auch für die Abwägung etwa *Wieneke*, Nachhaltigkeit als Ressourcennutzungskonzept für die Bauleitplanung, 2005, S. 182 ff.

[96] *Otting*, Klimaschutz durch Baurecht – Ein Überblick über die BauGB-Klimanovelle 2011, REE 2011, 125 (128).

toren pro Quadratmeter nutzbarer Gebäudefläche zu installieren. Noch weiter würde die pauschale Überplanung aller (!) noch nicht baulich genutzten Flächen als Freiflächen auf Grundlage von § 9 Abs. 1 Nr. 10 BauGB unter Berufung auf den Klimaschutz durch Vermeidung jeglicher Emissionen gehen.

Die Beispiele verdeutlichen, dass „pauschale" Festsetzungen aus Klimaschutzgründen einer juristischen Nachprüfung nicht standhalten würden. So ist die Gemeinde aufgrund des Abwägungsgebots gehalten, etwa bei der Entscheidung für Vorgaben gemäß § 9 Abs. 1 Nr. 23 lit. b BauGB die örtlichen Bedürfnisse und Potenziale, die Investitions- und Betriebskosten, die technischen Möglichkeiten, die Topographie bzw. die Verfügbarkeit von Erneuerbaren Energien und sonstige Belange zu berücksichtigen. Derartige oder ähnliche konkrete Rahmenbedingungen muss eine Kommune bei ihren Festsetzungen stets in die Abwägung einbeziehen, unabhängig davon, ob mit einer Festsetzung ein Globalziel wie der allgemeine Klimaschutz oder ein Lokalziel verfolgt wird. Durch eine hinreichende Ermittlung und Berücksichtigung aller konkreten Belange wird darüber hinaus auch im Hinblick auf das Klimaschutzziel gerade ein besonderer Ortsbezug der einzelnen Festsetzung vermittelt. Die konkreten örtlichen Verhältnisse können damit Festsetzungen aus Klimaschutzgründen im Ergebnis *beschränken*, sie spielen jedoch keine Rolle, wenn es darum geht, überhaupt Festsetzungen aus Klimaschutzerwägungen zu *begründen*.[97]

cc) Klimaschutz als „Pflichtaufgabe" der Bauleitplanung?

Da dem Klimaschutz im Rahmen der Abwägung – auch nach neuer Rechtslage – kein genereller Vorrang zukommt, erwächst aus den Neuregelungen, speziell aus § 1a Abs. 5 S. 2 BauGB, keine Pflicht der Gemeinden zur Aufnahme klimaschützender Darstellungen oder Festsetzungen in ihre Bauleitpläne.[98] Allerdings muss der Klimaschutz – und auch die Klimaanpassung – in der Abwägung faktisch besser als bisher aufgearbeitet und berücksichtigt werden.[99] Zu Recht wird betont, dass die Neuregelungen in §§ 1, 1a BauGB verdeutlichen, dass eine Gemeinde jedenfalls die Auswirkungen einer baulichen Nutzung auf

---

[97] Missverständlich deshalb die divergierenden Ausführungen bei *Otting*, Klimaschutz durch Baurecht – Ein Überblick über die BauGB-Klimanovelle 2011, REE 2011, 125 (125 f., 128).

[98] Diese Befürchtung bestand offenbar seitens der kommunalen Spitzenverbände, die im Gesetzgebungsverfahren auf eine Streichung von § 1a Abs. 5 S. 2 BauGB drängten, vgl. A-Drs. 17(15)220-A, S. 2 f.

[99] *Wagner*, in: Ernst/Zinkahn/Bielenberg/Krautzberger (Hrsg.), BauGB, § 1a Rn. 261, 265, 285, der ausdrücklich von einer entsprechenden „Verpflichtung" der Gemeinden bzw. von einer Abwägungspflicht spricht; ähnlich *Stüer/Stüer*, Die BauGB-Klimanovelle und das Energiefach- und -finanzierungsrecht 2011, DVBl. 2011, 1117 (1119), sowie *Wickel*, Klimaschutz und Städtebau – Das Gesetz zur Förderung des Klimaschutzes bei der Entwicklung in den Städten und Gemeinden, UPR 2011, 416 (417 f.), der von einem „herausgehobenen Belang" und einer „Erhöhung der Argumentationslast" spricht.

das Globalklima ermitteln und geeignete Klimaschutzmaßnahmen prüfen muss.[100] Hierzu trägt auch die Verstärkung des Klimaschutzbelanges aufgrund der regelmäßig bestehenden Verknüpfung mit dem gleichfalls hohen Interesse an einer nachhaltig gesicherten Energieversorgung, die nur bei einer Nutzung „heimischer" Erneuerbarer Energien gewährleistet ist, bei. Unterbleibt die Auseinandersetzung im Rahmen der Abwägung, kann hieraus ein Verstoß gegen das Abwägungsgebot hergeleitet werden.[101]

Darüber hinaus bedarf es noch einer näheren Differenzierung vor dem Hintergrund des Energiefachrechts. So bewegen sich die hier besonders interessierenden *begleitenden* Festsetzungen zur EE-Nutzung in Gebäuden regelmäßig zwar in einem gewissen Konfliktverhältnis, jedoch nicht in einem Ausschlussverhältnis zu den sonstigen in § 1 Abs. 6 BauGB genannten Belangen. Dies gilt gerade auch für die Frage des Ausgleichs mit den Vermögensinteressen des Bauherrn, wo etwa die Mehrkosten für EE-Anlagen in Neubauten gegenüber herkömmlichen Anlagen überschaubar sind.[102] Damit könnte für derartige Fälle eine *de facto*-Berücksichtigungspflicht hergeleitet werden, weil sich nur selten konfligierende Belange ermitteln lassen, die eine Berücksichtigung des Klimaschutzes vollständig ausschließen würden. Unter Berücksichtigung des Energiefachrechts, namentlich des EEWärmeG, ist jedoch für den Bereich der Wärmeversorgung von Gebäuden in weiten Teilen eine andere Beurteilung geboten. Eine Gemeinde kann sich in der Frage, ob sie selbst im Rahmen ihrer Bauleitplanung Festsetzungen zur EE-Nutzung (zur Wärmegewinnung) treffen *muss*, darauf berufen, dass der Bundesgesetzgeber mit dem EEWärmeG bereits zwingende Vorgaben hierzu geschaffen hat. Der Gemeinde kommt zwar das Recht zu weiteren Vorgaben (aus eigener Initiative) zu,[103] allerdings ist sie zu Festsetzungen, die über das EEWärmeG hinausgehen, (auch faktisch) nicht verpflichtet.

Hiervon zu unterscheiden ist die Frage, inwieweit es der Gemeinde zukünftig noch erlaubt sein soll, aus sonstigen städtebaulichen Gründen Festsetzungen zur baulichen Gestaltung von Gebäuden zu treffen, die im Ergebnis dazu füh-

---

[100] *Otting*, Klimaschutz durch Baurecht – Ein Überblick über die BauGB-Klimanovelle 2011, REE 2011, 125 (126); dem folgend *Kment*, Die Begleitung der Energiewende durch kommunale Bauleitplanung – Schafft das Gesetz zur Förderung des Klimaschutzes bei der Entwicklung in den Städten und Gemeinden neue Optionen?, DVBl. 2012, 1125 (1127); ähnlich *Battis/Krautzberger/Mitschang/Reidt/Stüer*, Gesetz zur Förderung des Klimaschutzes bei der Entwicklung in den Städten und Gemeinden in Kraft getreten, NVwZ 2011, 897 (899), die von einer „besonders sorgfältigen Abwägung" sprechen; *Mitschang*, in: Berliner Kommentar zum BauGB, § 1a Rn. 741; *Söfker*, in: Danner/Theobald (Hrsg.), Energierecht, EnPlanR XIV B 2 Rn. 100.

[101] *Wagner*, in: Ernst/Zinkahn/Bielenberg/Krautzberger (Hrsg.), BauGB, § 1a BauGB Rn. 265.

[102] Ausführlich *Longo*, Neue örtliche Energieversorgung als kommunale Aufgabe, 2010, S. 228 ff.

[103] Siehe unten S. 164 ff.

ren, dass es dem Eigentümer erschwert wird, bestimmte EE-Formen (insbesondere Solarenergie) aus eigener Initiative zu nutzen. Hier dürfte es der Gemeinde in Zukunft noch schwerer fallen, derartige Maßnahmen gegenüber dem Klimaschutzinteresse durchzusetzen.[104]

d) *Verstoß gegen Art. 84 Abs. 1 S. 7 GG?*

Es ist umstritten, ob der Bund angesichts des mit der Föderalismusreform I[105] eingefügten Aufgabenübertragungsverbots in Art. 84 Abs. 1 S. 7 BauGB überhaupt die Kompetenz hat, den Klimaschutzbelang in der Bauleitplanung durch entsprechende Änderungen des BauGB zu stärken. Nach der hier vertretenen Auffassung bedeuten insbesondere die Änderungen in § 1 Abs. 5 S. 2 und § 1a Abs. 5 BauGB nur Klarstellungen gegenüber der bisherigen Rechtslage gemäß dem EAG Bau. Wenn diese Klarstellungen in der Praxis von den Gemeinden, etwa aufgrund der nunmehr ausdrücklichen Berücksichtigungspflicht (§ 1a Abs. 5 S. 2 BauGB), als ein Zuwachs an Verantwortung respektive als eine Übertragung neuer Aufgaben aufgefasst werden sollten, so ist dem entgegenzutreten. Stattdessen würden Städte und Gemeinden mit einer zukünftig stärkeren Ausrichtung der Bauleitplanung am Klimaschutz schlicht der bereits mit dem EAG Bau geschaffenen Verantwortung gerecht werden. In diesem Zusammenhang fällt auf, dass die kommunalen Spitzenverbände im Rahmen der Anhörung zur BauGB-Klimanovelle 2011 ohnehin keinen Verstoß gegen Art. 84 Abs. 1 S. 7 GG gerügt hatten.[106]

Unabhängig davon wird in der Literatur zum Teil davon ausgegangen, dass das Recht der Bauleitplanung vom Aufgabenübertragungsverbot erfasst sei, sodass Änderungen des BauGB, die eine Aufgabenübertragung im Sinne des Art. 84 Abs. 1 S. 7 GG bedeuteten, fortan unzulässig wären.[107] Dass mit der Herausstellung des Klimaschutzbelanges im BauGB eine solche Aufgabenübertragung verbunden wäre, wurde bereits vor der BauGB-Novelle bestritten. Eine Aufnahme des Klimaschutzes in die Planungsleitlinien des § 1 Abs. 5 S. 2 BauGB, wie sie – noch vor Einfügung des Art. 84 Abs. 1 S. 7 GG – durch das EAG Bau erfolgte, führe lediglich zu einer Berücksichtigungspflicht im Rahmen der Abwägung, die zwar einen Bestandteil der Gesamtaufgabe Bauleitpla-

---

[104] Näher unten S. 173 ff.

[105] Gesetz zur Änderung des Grundgesetzes v. 28. 6. 2006 (BGBl. I S. 2034).

[106] Anders etwa beim Erlass des EAG EE, hierzu oben S. 28 ff. Des Weiteren sei verwiesen auf die Einwände des Bundesrates gegen § 16 EEWärmeG, hierzu unten S. 301 ff.

[107] *Pieroth*, in: Jarass/Pieroth (Hrsg.), GG, 12. Aufl. 2012, Art. 84 Rn. 7. *Battis/Kersten/Mitschang*, Klimaschützende Stadterneuerung, ZG 2010, 246 (252), weisen jedoch darauf hin, dass in diesem Falle wegen des Abweichungsrechts der Länder gemäß Art. 125 Abs. 2 GG eine Zersplitterung des Städtebaurechts drohte.

nung darstelle, aber keine neue selbstständige Aufgabenstellung.[108] Eine ähnliche Position wird auch im Hinblick auf die BauGB-Klimanovelle 2011 vertreten.[109] Dem wird als Negativbeispiel gegenübergestellt, dass es dem Bund aufgrund von Art. 84 Abs. 1 S. 7 GG z. B. nicht gestattet wäre, den Gemeinden aufzugeben, für ihr Gemeindegebiet bis zu einem bestimmten Zeitpunkt einen EE-Anteil in bestimmter Höhe oder CO_2-Einsparungen in bestimmtem Umfang zu erreichen.[110] Andernorts wird die Aufwertung des Klimaschutzes durch die BauGB-Klimanovelle 2011 offenbar als Verstoß gegen Art. 84 Abs. 1 S. 7 GG gewertet, allerdings ohne dass eine nähere Auseinandersetzung mit den Gegenpositionen erfolgen würde oder die Konsequenzen dieser Bewertung ausdrücklich benannt würden.[111]

Die restriktive Auffassung, wonach durch Art. 84 Abs. 1 S. 7 GG auch bestimmte Änderungen des BauGB unzulässig sein sollen, verkennt den Bezug der kommunalen Bauleitplanung zu Art. 28 Abs. 2 S. 1 GG. Da die Planungshoheit der Städte und Gemeinden einen wesentlichen Teil des Selbstverwaltungsrechts darstellt, der durch Bundesregelungen wie das BauGB lediglich einfachgesetzlich ausgestaltet wird und werden muss (Art. 28 Abs. 2 S. 1: „im Rahmen der Gesetze"), stellt Art. 28 Abs. 2 S. 1 GG insoweit die *lex specialis* gegenüber dem Aufgabenübertragungsverbot des Art. 84 Abs. 1 S. 7 GG dar.[112] Der Bezug bleibt auch bestehen, wenn mit den Instrumenten der Bauleitplanung ein überörtliches Ziel, wie etwa der globale Klimaschutz verfolgt werden soll.[113] Insoweit wiederholt sich – in abgewandelter Form – die Auseinandersetzung, ob die Kommunen als Entscheidungsträger in Fragen mit örtlichem Bezug (Bauleitplanung) auch gleichzeitig überörtliche Ziele (Klimaschutz) verfolgen können. Die Beurteilung bleibt jedoch, auch vor dem Hintergrund des Art. 20a GG, identisch.

[108] *Spannowsky*, Planungsrechtliche Steuerung von Vorhaben der Erneuerbaren Energien durch Verträge, UPR 2009, 201 (202).

[109] *Antweiler/Gabler*, Klimaschutz durch Bauleitplanung, BauR 2012, 39 (41).

[110] *Spannowsky*, Planungsrechtliche Steuerung von Vorhaben der Erneuerbaren Energien durch Verträge, UPR 2009, 201 (202).

[111] *Kment*, Die Begleitung der Energiewende durch kommunale Bauleitplanung – Schafft das Gesetz zur Förderung des Klimaschutzes bei der Entwicklung in den Städten und Gemeinden neue Optionen?, DVBl. 2012, 1125 (1126).

[112] Ausführlich und überzeugend anhand der klassischen Auslegungsmethoden begründet bei *Battis/Kersten/Mitschang*, Rechtsfragen der ökologischen Stadterneuerung, 2010, S. 24 ff.; ebenso *Ingold*, Das Aufgabenübertragungsverbot aus Art. 84 Abs. 1 Satz 7 GG als Hindernis für die bauplanungsrechtliche Gesetzgebung des Bundes?, DÖV 2010, 134 (137 f.); *Wagner*, in: Ernst/Zinkahn/Bielenberg/Krautzberger (Hrsg.), BauGB, § 1a BauGB Rn. 266; ähnlich *Reidt*, Klimaschutz, erneuerbare Energien und städtebauliche Gründe, BauR 2010, 2025 (2028). A. A. *Meßmann*, Das Aufgabenübertragungsverbot aus Art. 84 Abs. 1 S. 7 GG: Hindernis für die Erweiterung bereits übertragener Aufgaben und die Übertragung von Angelegenheiten der örtlichen Gemeinschaft?, DÖV 2010, 726 ff.

[113] A. A. *Finkelnburg/Ortloff/Kment*, Öffentliches Baurecht, Band I: Bauplanungsrecht, 6. Aufl. 2011, § 5 Rn. 67.

e) *Zwischenfazit*

Der Städtebau trägt Verantwortung auch für das globale Klima. Dementsprechend stellt dessen Schutz einen städtebaulichen Grund für Festsetzungen im Bebauungsplan dar. Mit der BauGB-Klimanovelle 2011 hat der Gesetzgeber dies (nochmals und ausdrücklich) klargestellt. Dabei hat er sich auch im Rahmen der Kompetenzordnung des Grundgesetzes gehalten. Trotzdem bleibt zu berücksichtigen, dass damit keinesfalls pauschale Festsetzungen etwa betreffend die Energieversorgung von Gebäuden in den Bebauungsplan aufgenommen werden können, sondern bei der genauen Ausgestaltung stets die für die Bauleitplanung kennzeichnende genaue Abwägung aller konkreten Umstände notwendig bleibt.

3. EE-Festsetzungen in der Praxis

Nicht zuletzt aufgrund der beschriebenen Rechtsunsicherheiten beim kommunalen Klimaschutz durch Bauleitplanung hielt sich das Gros der Kommunen bisher mit entsprechenden Bebauungsplaninhalten zurück. Es bleibt abzuwarten, ob sich dies in Folge der BauGB-Klimanovelle 2011 ändert. Im Folgenden werden einige Beispiele aus der kommunalen Praxis erläutert, die aufzeigen, in welcher Form der Klimaschutz durch Erneuerbare Energien noch *vor* der BauGB-Klimanovelle 2011 zum Inhalt von Bauleitplänen gemacht wurde. Da sich hierunter durchaus progressive Ansätze befinden, ist es vorstellbar, dass diese Ausgestaltungen auch und gerade unter Geltung des novellierten BauGB Nachahmer finden. Auf die rechtlichen Möglichkeiten und Grenzen für einzelne Festsetzungen wird im Anschluss an die Darstellung der Praxisfälle im Einzelnen eingegangen.[114]

a) *Ansbach*

Die bayerische Stadt Ansbach (40.000 Einwohner) hatte bereits in einem Bebauungsplan von 1992 für Neubauten eine Obergrenze für den Energieverbrauch in Höhe von 70 kWh/m² pro Jahr festgelegt.[115] Angesichts der seinerzeit gültigen großzügigen Vorgaben der Wärmeschutzverordnung für Neubauten bedeutete diese Festsetzung eine erhebliche Verschärfung. Derartige Vorgaben betreffen jedoch nicht in erster Linie die hier im Fokus stehende Nutzung Erneuerbarer Energien, sondern die Optimierung der Energieeffizienz, d.h. der Wärmedäm-

---

[114] Unten S. 141 ff.

[115] Wortlaut der Festsetzung nebst Begründung im Einzelnen bei *Kesseler*, Wärmeschutzbezogene Festsetzungen im Bebauungsplan?, BauR 1996, 309 f.; ferner *Marks*, Solarenergie im Wohnungsbau, 2001, S. 160 mit Fn. 303.

mung. Nichtsdestoweniger ist das Beispiel auch deshalb beachtlich, weil hier sogar lange vor dem BauROG 1998 und dem EAG Bau 2004 Festsetzungen zur Reduktion des Verbrauchs von fossilen Brennstoffen getroffen wurden.

b) Baunatal

Die südlich von Kassel gelegene hessische Stadt Baunatal (28.000 Einwohner) hat – soweit ersichtlich – als erste Gemeinde in einen ihrer Bebauungspläne Festsetzungen auf der Grundlage von § 9 Abs. 1 BauGB aufgenommen, die zur Installation und Nutzung von EE-Anlagen zur Warmwasser- und Wärmeversorgung der im entsprechenden Baugebiet zu errichtenden Wohngebäude verpflichten. Dieser Bebauungsplan stammt vom September 2007 und enthält folgende Festsetzungen:[116]

„6.2 Zur Versorgung der Gebäude mit Raumwärme und mit Warmwasser sind Anlagen zur Nutzung der Solarenergie (Solarthermie) oder andere erneuerbare Energien (z. B. Holz oder Geothermie) zu installieren und dauerhaft zu nutzen. In einem städtebaulichen Vertrag zwischen der Stadt Baunatal und dem Bauherren wird die Umsetzung geregelt.
6.3 Zur Schadstoffbegrenzung wird festgelegt.
a) dass Anlagen zur Verbrennung von festen Brennstoffen nur mit der Zertifizierung „DIN plus“ oder „Blauer Engel“ zulässig sind und
b) Zusatzheizungen als Stückholzöfen (Kaminöfen) nur mit Außenluftzufuhr und nur gelegentlich betrieben werden dürfen.“

Da in der hier nicht wiedergegebenen Nr. 6.1 der Festsetzungen auch noch Vorgaben zur Wärmedämmung von Gebäuden gemacht werden,[117] wurde die Nr. 6 insgesamt auf § 9 Abs. 1 Nr. 23 und Nr. 24 BauGB gestützt. Die Zulassung *aller* EE-Formen zur Wärmeerzeugung in Nr. 6.2 wurde erst nachträglich im Zuge einer vereinfachten Änderung in den Bebauungsplan aufgenommen. In der ursprünglichen Fassung lauteten die Festsetzungen:

„6.1 Im gesamten Geltungsbereich des Bebauungsplans sind alle Wohngebäude mit einer Solaranlage auszustatten. Die Mindestgröße der Solaranlage beträgt pro Wohneinheit 4 qm.
6.2 Auf die Installation einer privaten Solaranlage kann dann verzichtet werden, wenn die Beteiligung an der Gemeinschaftssolaranlage in gleicher Größe wie unter Punkt 6.1 genannt erfolgt.“

Wie schon in Nr. 6.2 (Satz 2) der endgültigen Fassung der Festsetzungen ausgedrückt, werden die Vorgaben des Bebauungsplans durch einen städtebaulichen

---

[116] Bebauungsplan Nr. 98 B, Stadtteil Großenritte, Baugebiet „Am obersten Heimbach“ (http://www.baunatal-cms.de/de/Stadtverwaltung/Bauverwaltung/Stadtteil-Grossenritte.php; abgerufen: 30. 10. 2012).

[117] Da der Energieeffizienzbereich hier nicht schwerpunktmäßig behandelt werden soll, wird Nr. 6.1 des Bebauungsplans bei der Betrachtung ausgeklammert.

Vertrag ergänzt, der nähere Regelungen enthält.[118] Der Inhalt des Vertrages zeigt, dass dort (§ 1) die Details zu den Festsetzungen im Bebauungsplan enthalten sind, insbesondere auch die Verweise auf einzuhaltende technische Normen. Zulässig sind nach der abschließenden Aufzählung in § 1 Abs. 2 des Vertrages nur Solarthermieanlagen, Wärmepumpen und automatisch beschickte Zentralheizungsanlagen zur Verbrennung *fester* Biomasse. Jedenfalls die im EEWärmeG zugelassene flüssige und gasförmige Biomasse wird damit ausgeschlossen. Außerdem sind weder im Bebauungsplan noch im ergänzenden städtebaulichen Vertrag Ersatzmaßnahmen nach dem Vorbild des § 7 EEWärmeG zugelassen.

c) Freiburg

Die Stadt Freiburg im Breisgau hat für das „Quartier Vauban" besondere energiebezogene Inhalte in ihre Bebauungspläne aufgenommen.[119] Allerdings wurden diese Vorgaben nicht als strikte Festsetzungen ausgestaltet, sondern unter der Rubrik „Hinweise" in die Bebauungspläne integriert. In einem Bebauungsplan von 1999 wurde der „Hinweis" aufgenommen, dass ein Jahresenergieverbrauch von 65 kWh/m^2 einzuhalten sei und dass Einzelheizungen nicht zulässig seien, sondern ein Anschluss an das geplante Nahwärmenetz vorzunehmen sei.[120] In weiteren Bebauungsplänen von 2001 sowie von 2005 sind die „Hinweise" enthalten, dass zur aktiven Solarenergienutzung die nach Süden gerichteten Dachflächen zur Solarenergienutzung freigehalten werden und möglichst unverbaut bleiben sollten (z. B. im Hinblick auf Abluftrohre etc.). Außerdem sollten Leitungsstränge und Schächte für eine spätere Solarenergienutzung bereits bei der Errichtung vorgesehen werden.[121]

d) Hamburg

Die Freie und Hansestadt Hamburg gehört (neben der Stadt Baunatal) ebenfalls zu den Pionieren bei den verbindlichen Bebauungsplanfestsetzungen zur Nutzung Erneuerbarer Energien. Anders als in Baunatal beruhen die Festsetzungen in Hamburg jedoch insoweit nicht auf dem Katalog des § 9 Abs. 1 BauGB. Vielmehr hat Hamburg als Stadtstaat hier besondere Freiräume,[122] die etwa durch das Hamburgische Klimaschutzgesetz[123] genutzt wurden. Die Ermächti-

---

[118] Siehe ebenfalls http://www.baunatal-cms.de/de/Stadtverwaltung/Bauverwaltung/Stadtteil-Grossenritte.php (abgerufen: 30. 10. 2012).

[119] Siehe http://www.freiburg.de/pb/,Lde/208428.html (abgerufen: 30. 10. 2012).

[120] Bebauungsplan Nr. 6–130a (Vauban 1A), Textliche Festsetzungen S. 10.

[121] Bebauungsplan Nr. 6–130c (Vauban 3A), Textliche Festsetzungen S. 7; Bebauungsplan Nr. 6–130d (Vauban 4A), Textliche Festsetzungen S. 13.

[122] Vgl. in diesem Zusammenhang § 246 Abs. 2 BauGB.

[123] Hamburgisches Gesetz zum Schutz des Klimas durch Energieeinsparung (Hambur-

gung in § 4 Abs. 1 S. 1 HmbKliSchG bezieht sich – entgegen der Überschrift der Norm – ausweislich des Wortlauts nicht nur auf einen Anschluss- und Benutzungszwang für eine Fernwärmeeinrichtung, sondern lässt auch noch weitere Vorgaben zur Art und Technik der Wärmebedarfsdeckung, speziell zu Erneuerbaren Energien, zu. Über das in § 4 Abs. 3 HmbKliSchG angeordnete Verfahren können diese Vorgaben nicht nur in Form selbstständiger Rechtsverordnungen, sondern als Festsetzungen in Bebauungsplänen erlassen werden.

Grundsätzlich sind die einzelnen Bezirke für den Erlass von Bebauungsplänen zuständig. In „besonderen Fällen" kann allerdings der Senat das Bebauungsplanverfahren übernehmen. Dies ist bei den Bebauungsplänen für die sog. „HafenCity" erfolgt und führte zu besonders innovativen energietechnischen Festsetzungen in den entsprechenden Plänen, die jedoch zum Teil nur in der Entwurfsfassung zugänglich sind.[124]

Eine solche Festsetzung in einem bereits beschlossenen Bebauungsplan[125] lautet:

„18. Für die zentrale Warmwasserversorgung gilt:
18.1 Gebäude mit zentraler Warmwasserversorgung sind durch Anlagen erneuerbarer Energien zu versorgen, die 30 v. H. oder höhere Anteile des zu erwartenden Jahreswarmwasserbedarfes decken. Im begründeten Einzelfall können geringe Abweichungen aus gestalterischen, funktionalen oder technischen Gründen zugelassen werden.
Elektrische Wärmepumpen sind nur zulässig, wenn sie mit Strom aus erneuerbaren Energien betrieben werden. Dezentrale Warmwasseranlagen sind nur dort zulässig, wo der tägliche Warmwasserbedarf bei 60 Grad Celsius weniger als 1 Liter je m^2 Nutzfläche beträgt.
18.2 Die Anforderungen nach Nummer 18.1 Sätze 1 und 2 können ausnahmsweise auch durch den Abschluss eines langjährigen Vertrages über die Lieferung von Brauchwarmwasser mit dem von der Freien und Hansestadt Hamburg ausgewählten Wärmelieferanten erfüllt werden; für die Vertragsdauer gelten die Anforderungen der Nummer 18.1 dann als erfüllt.
19. Für die Beheizung und die Bereitstellung des übrigen Warmwasserbedarfs ist die Neubebauung an ein Wärmenetz in Kraft-Wärme-Kopplung anzuschließen, sofern nicht Brennstoffzellen zur ausschließlichen Wärme- und Warmwasserversorgung eingesetzt werden."

In weiteren Entwürfen findet sich etwa die Anordnung des Anschlusses an ein überwiegend aus Erneuerbaren Energien gespeistes Wärmenetz, wobei Ausnahmen für den Fall eines besonders geringen Jahresheizwärmebedarfs (unter 15 kWh/m^2) zugelassen werden.[126]

---

gisches Klimaschutzgesetz – HmbKliSchG) v. 25. 6. 1997 (HmbGVBl. 1997 S. 261), zuletzt geändert durch Gesetz v. 6. 7. 2006 (HmbGVBl. S. 404, 414).

[124] Bebauungspläne der Stadt Hamburg (http://www.hamburg.de/bebauungsplaene-online/; abgerufen: 30. 10. 2012).

[125] § 2 Nr. 18–19 der Verordnung über den Bebauungsplan Hamburg-Altstadt 39/Hafen City 5 v. 19. 2. 2008 (HmbGVBl. S. 105).

[126] § 2 Nr. 11 des Entwurfs der Verordnung über den Bebauungsplan HafenCity 6 vom

Es ist jedoch zu betonen, dass sich die EE-Festsetzungen in Bebauungsplänen (bisher) auf den Bereich der HafenCity beschränken. Die zahlreichen sonstigen laufenden Bebauungsplanverfahren in Hamburg enthalten – soweit ersichtlich – keine vergleichbaren Festsetzungen.

e) Heidelberg

Die in großen Teilen vorbildliche Energiepolitik der Stadt Heidelberg (150.000 Einwohner) war zuletzt im Jahr 2001 Bestandteil einer näheren Untersuchung zum kommunalen Klimaschutz.[127] Dabei zeigte sich, dass keine verbindlichen Festsetzungen in Bebauungsplänen zur Nutzung Erneuerbarer Wärme getroffen wurden. Derartige Festsetzungen schieden seinerzeit jedoch ohnehin aus, da die notwendige Rechtsgrundlage hierfür (§ 9 Abs. 1 Nr. 23 lit. b BauGB) erst durch das EAG Bau 2004 geschaffen wurde. Festsetzungen zur Gebäudeeffizienz wurden nicht in Form verbindlicher Grenzwerte, sondern nur als Empfehlungen in den Textteil der Bebauungspläne aufgenommen (Niedrigenergiehaus-Standard). Verbindliche Vorgaben scheiterten seinerzeit am Widerstand des Wirtschaftsministeriums bzw. des Regierungspräsidiums, in dessen Zuständigkeit die Genehmigung der Bebauungspläne fällt (vgl. § 10 Abs. 2 S. 1 BauGB).[128] Stattdessen wurden Bebauungspläne hinsichtlich ihrer sonstigen Inhalte, soweit sie für die Nutzung der Solarenergie von Bedeutung sind (Gebäudeausrichtung, Verschattungsaspekte, Bepflanzungen etc.), optimiert.[129]

Derzeit wird in Heidelberg in dem neuen Stadtteil „Bahnstadt" gleichfalls ein innovatives Energiekonzept umgesetzt, das mittelfristig zu einer Vollversorgung des Areals aus Erneuerbaren Energien führen soll. Als Mittel zur Erreichung dieses Ziels werden hierbei aber keine Bebauungsplanfestsetzungen, sondern vor allem städtebauliche Verträge im Rahmen einer städtebaulichen Entwicklungsmaßnahme eingesetzt.[130]

f) Hemmingen

Die Stadt Hemmingen (19.000 Einwohner) liegt unmittelbar südlich von Hannover. Die Bauleitpläne der Stadt vermitteln einen guten Eindruck von der Entwicklung des Klimaschutzbelanges in der Bauleitplanung einer Gemeinde, die eine entsprechende Berücksichtigung grundsätzlich bejaht, ohne mit besonders weitgehenden Festsetzungen hervorzustechen.

April 2008; § 2 Nr. 15 des Entwurfs der Verordnung über den Bebauungsplan HafenCity 9 vom November 2009.

[127] *Marks*, Solarenergie im Wohnungsbau, 2001, S. 261 ff.

[128] *Marks*, Solarenergie im Wohnungsbau, 2001, S. 269.

[129] *Marks*, Solarenergie im Wohnungsbau, 2001, S. 273.

[130] http://heidelberg-bahnstadt.de/chronik-der-bahnstadt (abgerufen: 30. 10. 2012).

So sind etwa im Bebauungsplan Nr. 20 vom Dezember 2007 noch keine klimaschützenden Festsetzungen enthalten.[131] Gemäß der Begründung zu diesem Bebauungsplan hätten die „Flächen im Plangebiet keine besondere Bedeutung für das Schutzgut Luft und Klima", weil es sich nicht um ein für die Frischluftentstehung relevantes Gebiet handele.[132] Auch im Hinblick auf mögliche Emissionen wird in der Begründung nur ausgeführt, dass nicht mit der Entstehung von erheblichen Luftverunreinigungen im Plangebiet zu rechnen ist. Damit wird deutlich, dass zur Zeit des Erlasses des Bebauungsplans Nr. 20 nur die Auswirkungen auf das Plangebiet berücksichtigt wurden und dass dem globalen Klima keine nennenswerte Bedeutung in der Abwägung beigemessen wurde. Allerdings wurde in anderem Zusammenhang in dem Bebauungsplan Nr. 20 auf Klimaschutzbelange Rücksicht genommen. In den Bebauungsplan wurde auch eine (auf Grundlage von § 56 Abs. 1 Nr. 1 a. F. der Niedersächsischen Bauordnung [heute § 84 Abs. 3 Nr. 1 NBauO] erlassene) örtliche Bauvorschrift mit aufgenommen (vgl. § 9 Abs. 6 BauGB), die die Dachgestaltung im Plangebiet regelt. Zu Gunsten von Passivhäusern wurden darin Ausnahmen von der Festlegung auf klassische Ziegelsatteldächer aufgenommen.[133]

Eine wesentliche Weiterentwicklung stellt demgegenüber beispielsweise der am 5. 11. 2009 rechtskräftig gewordene Bebauungsplan Nr. 18 dar, in den spezielle klimaschützende Festsetzungen integriert wurden.[134] Festgelegt wurde die Südausrichtung der Gebäude sowie deren Verschattungsfreiheit in Richtung Süden, insbesondere in Bezug auf Bepflanzungen, die jedoch zum Schutz vor Überhitzung im Sommer in den übrigen Richtungen durchaus in entsprechender Anzahl vorgesehen bzw. vorgegeben wurden. Die Festsetzungen sollen optimale Vorbedingungen für die Errichtung von Häusern im Passivhausstandard schaffen. Der Passivhausstandard selbst wird jedoch nicht im Bebauungsplan festgesetzt, sondern bleibt den ergänzenden städtebaulichen Verträgen vorbehalten.[135] Die Begründung weist außerdem darauf hin, dass angesichts des mit den vertraglichen Regelungen erreichten hohen ökologischen Standards auf weitere Vorgaben zur EE-Nutzung verzichtet wird.[136] Ergänzend wurde in die örtliche Bauvorschrift, die in den Bebauungsplan integriert wurde, eine Ausnahme von den Gestaltungsvorschriften aufgenommen, um Solarkollektoren und PV-Anlagen zu ermöglichen.

---

[131] *Stadt Hemmingen*, Bebauungsplan Nr. 20 (www.stadthemmingen.de; abgerufen: 30. 10. 2012).

[132] Begründung zum Bebauungsplan Hiddestorf Nr. 20 „Wiesenweg-Nord", S. 15 (www.stadthemmingen.de; abgerufen: 30. 10. 2012).

[133] § 1 Nr. 5 der örtlichen Bauvorschrift und S. 9 der Begründung zum Bebauungsplan Hiddestorf Nr. 20 „Wiesenweg-Nord".

[134] *Stadt Hemmingen*, Bebauungsplan Nr. 18 (www.stadthemmingen.de; abgerufen: 30. 10. 2012).

[135] Begründung zum Bebauungsplan Devese Nr. 18 „Lloydbrunnensiedlung", S. 18.

[136] Begründung zum Bebauungsplan Devese Nr. 18 „Lloydbrunnensiedlung", S. 15.

g) *Zwischenfazit*

Die aufgeführten Beispiele zeigen die Spannbreite der unterschiedlichen Bebauungsplanfestsetzungen, die Gemeinden (jedenfalls auch) aus Klimaschutzgründen erlassen. Festzustellen ist jedoch, dass klimaschützende Festsetzungen eher die Ausnahme in den Bauleitplänen der bundesweit etwa 11.000 Kommunen darstellen. In ganz besonderem Maße gilt dies für die hier schwerpunktmäßig betrachteten EE-Festsetzungen zur Wärmeenergieerzeugung. Diese allgemeine Zurückhaltung der Städte und Gemeinden erklärt sich zu einem gewissen Teil wohl aus der Rechtsunsicherheit, die vor der BauGB-Klimanovelle 2011 mit der Ausrichtung von Bebauungsplänen auf den allgemeinen Klimaschutz verbunden war. Zudem dürften die Aktivitäten des Bundes, der mit dem EEWärmeG erste wesentliche Regelungen für eine klimafreundlichere Wärmeerzeugung im (nichtöffentlichen) Neubaubereich erlassen hat, den Handlungsbedarf in den Augen vieler kommunaler Verantwortungsträger merklich reduziert haben.

Allerdings wäre es gerade Aufgabe der Bauleitplanung, die technologieoffenen Vorgaben des EEWärmeG vor dem Hintergrund der örtlichen Verhältnisse zu modifizieren, die Entwicklung damit zu koordinieren und so ein eigenes kommunales Konzept, insbesondere zur Wärmebereitstellung, umzusetzen. Derartige Modifizierungen bedeuten jedoch zugleich eine Beschränkung der Technologieoffenheit des EEWärmeG, die angesichts der hiermit für den Bauherrn verbundenen Freiheitsbeschränkung (Art. 14 Abs. 1 GG) gut abgewogen werden muss. Die teils komplexen technischen Anforderungen, die mit koordinierten Lösungen, welche durch Bebauungspläne umgesetzt werden sollen, verbunden sind, sorgen für einen größeren Aufwand bei der Planaufstellung und machen den Plan anfälliger für Fehler.[137] Es ist deshalb nachvollziehbar, dass sich Gemeinden bei der entsprechenden Instrumentalisierung von Bebauungsplänen eher in Zurückhaltung üben und – soweit möglich – stattdessen eher auf das Instrument des städtebaulichen Vertrages setzen, um ihre Vorstellungen in Sachen Klimaschutz und Energieversorgung durchzusetzen. Nicht zuletzt aufgrund der Verknüpfungen zwischen Bebauungsplan und städtebaulichem Vertrag (siehe oben das Beispiel Baunatal), bleibt jedoch klärungsbedürftig, welche Spielräume die Gemeinde beim Bebauungsplanerlass im Einzelnen hat.

[137] Vgl. die Vorbehalte, die von den kommunalen Spitzenverbänden im Gesetzgebungsverfahren der BauGB-Klimanovelle 2011 geäußert wurden, A-Drs. 17(15)220-A, S. 2 f.

4. Rechtsgrundlagen klimagerechter Bebauungsplaninhalte

a) Vorbemerkungen

Der Festsetzungskatalog des § 9 Abs. 1 BauGB regelt abschließend, welche Inhalte Gemeinden als zwingende zeichnerische und textliche Vorgaben in ihre Bebauungspläne aufnehmen können.[138] Dies begründet sich darin, dass die getroffenen Festsetzungen erhebliche Auswirkungen auf die Grundrechtsverwirklichung der Betroffenen haben.[139] Durch Festsetzungen im Bebauungsplan ergeben sich Einschränkungen der Baufreiheit und damit des Eigentumsgrundrechts aus Art. 14 Abs. 1 GG. Die Bestimmung von Inhalt und Schranken der Eigentumsgarantie kann jedoch gemäß Art. 14 Abs. 1 S. 2 GG nur „durch die Gesetze" erfolgen. Demnach ist eine den Erfordernissen des Bestimmtheitsgebots (Art. 20 Abs. 3 GG) genügende Ermächtigung der Gemeinden zur Beschränkung der Baufreiheit mittels bauplanungsrechtlicher Festsetzungen notwendig. Diese Funktion erfüllt § 9 Abs. 1 BauGB, der gerade aufgrund des Bestimmtheitserfordernisses abschließenden Charakter haben muss.

Nichtsdestoweniger bietet der Festsetzungskatalog des § 9 Abs. 1 BauGB, speziell nach der BauGB-Klimanovelle 2011, zahlreiche Spielräume für eine klimagerechte Stadtentwicklung, die zum Teil in der BauNVO[140] konkretisiert werden.[141]

Häufig wird in der Auseinandersetzung mit der klimafreundlichen Gestaltung von Bebauungsplänen die Solarenergie in den Mittelpunkt gestellt. Zunächst sollte dabei auf die grundlegende Unterscheidung der passiven Nutzung der Sonnenenergie einerseits, bei der die Absenkung des Wärmeenergiebedarfs durch Nutzung von einfallendem Sonnenlicht in die entsprechenden Aufenthaltsräume angestrebt wird, und der aktiven Nutzung andererseits, bei der durch technische Einrichtungen die Lichtenergie zur Warmwasserversorgung, zur Gebäudeheizung sowie zur Stromproduktion genutzt wird, hingewiesen werden. Wenngleich vorliegend die aktiven Nutzungsformen im Zentrum der Betrachtung stehen, können die begleitenden Festsetzungen zur passiven Solarenergienutzung wegen der engen faktischen Verflechtung nicht völlig ausge-

---

[138] Vgl. aus der Rechtsprechung nur BVerwGE 92, 56 (62); ferner *Jäde*, in: Jäde/Dirnberger/Weiss (Hrsg.), BauGB, 6. Aufl. 2010, § 9 Rn. 2; *Löhr*, in: Battis/Krautzberger/Löhr (Hrsg.), BauGB, 11. Aufl. 2009, § 9 Rn. 5.

[139] *Spannowsky/Baumann*, in: Spannowsky/Uechtritz (Hrsg.), BauGB, 2009, § 9 Überblick.

[140] Verordnung über die bauliche Nutzung der Grundstücke (Baunutzungsverordnung) in der Fassung der Bekanntmachung v. 23. 1. 1990 (BGBl. I S. 132), letzte berücksichtigte Änderung durch Gesetz v. 22. 4. 1993 (BGBl. I S. 466).

[141] In der Praxis wurden die Spielräume etwa genutzt in den Städten Baunatal und Hemmingen (siehe oben S. 135 f. bzw. S. 138 ff.). Komprimierte Darstellung anhand eines Musterplans außerdem bei *Denny/Spangenberger*, Planung einer Solarsiedlung, BBauBl 5/2001, 20 (21 f.), allerdings noch aus der Zeit vor der wichtigen Erweiterung des § 9 Abs. 1 Nr. 23 BauGB.

blendet werden. Gleiches gilt für sonstige unmittelbar energiebezogene Festsetzungen, denn auch in der Planungspraxis sollten alle möglichen Klimaschutzmaßnahmen kombiniert werden, um den Vorwurf eines willkürlichen Klimaschutzbezuges zu entkräften und damit Abwägungsfehlern vorzubeugen.

Angesichts der unbestreitbaren Vorteile der Solarenergie (praktisch unbegrenzte Verfügbarkeit; Vermeidung jeglicher Emissionen) erscheint es durchaus nachvollziehbar, diese in das Zentrum der Planung zu rücken. Schon aufgrund der gleichfalls bestehenden Nachteile bei der aktiven Solarenergienutzung sollten die übrigen verfügbaren Erneuerbaren Energien aber keineswegs aus dem Blickfeld geraten. Von grundlegender Bedeutung ist dabei die Witterungsabhängigkeit, die noch nicht hinreichend durch Speichermöglichkeiten gelöst wurde. So ist Strom, der aus Solarenergie gewonnen wird, derzeit kaum in nennenswertem Umfang speicherbar und die Speicherung von Wärmeenergie über einen längeren Zeitraum (Saisonspeicher) stellt wegen des Koordinations-, Flächen- und Kapitalbedarfs jedenfalls eine erhebliche Herausforderung dar. Es bedarf deshalb einer Kombination unterschiedlichster EE-Formen und einer Abstimmung der städtebaulichen Entwicklung hierauf, die in Städten und Gemeinden im Hinblick auf den Neubaubereich mit den Festsetzungsmöglichkeiten des § 9 Abs. 1 BauGB vorgenommen werden kann. Ohne Zweifel erhöht der Einsatz solcher Festsetzungen auch den Anspruch an die planerische Abwägung, gerade wenn hierbei eine Einschränkung bzw. Verschärfung der Vorgaben des EEWärmeG beabsichtigt ist.[142]

b) § 9 Abs. 1 Nr. 1 BauGB

Die möglichen Festsetzungen mit Klimaschutzbezug auf der Grundlage von § 9 Abs. 1 Nr. 1 1. Alt. BauGB, d.h. diejenigen zum *Maß* der baulichen Nutzung, haben vor allem Bedeutung für die Ermöglichung der (aktiven und passiven) Nutzung der Solarenergie und für die Energieeffizienz. Für weitere EE-Formen ist das Maß der baulichen Nutzung hingegen kaum relevant.

Konkret kann nach § 9 Abs. 1 Nr. 1 BauGB i.V.m. § 18 BauNVO etwa die Gebäudehöhe festgelegt werden, was sowohl die Verschattungsfreiheit von Aufenthaltsräumen (passive Sonnenenergienutzung) als auch von Dachflächen (aktive Sonnenenergienutzung) beeinflusst.[143] Üblicherweise wird zur Erreichung dieses Zieles auch eine Kombination mit § 9 Abs. 1 Nr. 2 BauGB und ggf. auch mit Nr. 2a erforderlich sein.

Im Hinblick auf die effiziente Nutzung von Energie zur Gebäudeheizung kann gemäß § 9 Abs. 1 Nr. 1 i.V.m. §§ 16, 17, 19, 20 BauNVO durch die Kombi-

---

[142] Hierzu unten S. 164 ff.

[143] *Spannowsky*, Regenerative Energien und räumliche Planung, in: Köck/Faßbender (Hrsg.), Klimaschutz durch Erneuerbare Energien, 2010, S. 95 (100).

nation von Grundflächenzahl[144] und Geschossflächenzahl[145] das Verhältnis von Grundfläche und Volumen eines Gebäudes („A/V-Verhältnis“[146]) und damit die Kompaktheit bestimmt werden. Kompakte Gebäude weisen die kleinstmöglichen Außenflächen auf, sodass über diese weniger Wärmeenergie an die Umwelt verloren gehen kann.[147] Dabei ist allerdings auch – gerade vor dem Hintergrund der Anpassung an den Klimawandel – darauf zu achten, dass Gebäude ausreichend vor der Aufwärmung im Sommer geschützt werden. Wird der sommerliche Wärmeschutz vernachlässigt, sorgt die Kompaktheit ansonsten dafür, dass das notwendige nächtliche Auskühlen von Gebäuden ebenso reduziert wird wie die unerwünschte Auskühlung im Winter. Es zeigt sich hier einer der zukünftig wohl häufiger auftretenden Zielkonflikte zwischen Klimaschutz und Klimaanpassung.

Sowohl für die aktive Nutzung der Solarenergie als auch für die Kompaktheit ist des Weiteren die Dachform eines Gebäudes entscheidend. Die Festsetzung der Dachform ist nicht explizit im BauGB vorgesehen. Sie ergibt sich aber über die Möglichkeit, die Gebäudehöhe festzusetzen (§ 9 Abs. 1 Nr. 1 i. V. m. § 18 BauNVO), denn als Bezugspunkt (§ 18 Abs. 1 BauNVO) können kumulativ die Firsthöhe (oberste Dachkante) und die Traufhöhe (untere Dachkante) bestimmt werden, sodass indirekt auch die Dachneigung festgesetzt wird.[148] Zu beachten ist bei der Festsetzung der Gebäudehöhe im Zusammenhang mit der aktiven Nutzung der Solarenergie im Übrigen auch die Zulässigkeit geringer Abweichungen, um die Installation von Anlagen zu ermöglichen.[149]

Die konsequente Berücksichtigung des Klimaschutzbelanges im Städtebau hat im Übrigen das Potenzial, mittels der Festsetzungen nach § 9 Abs. 1 S. 1 BauGB i. V. m. § 18 BauNVO einige „klassische“ Dachformen zurückzudrängen. Beachtlich dürfte sein, dass etwa ein klassisches Sattel-/Giebeldach[150] aus energetischer Sicht erhebliche Nachteile aufweist, denn ein besonders kompaktes, energetisch optimiertes Haus erhält man vorrangig bei Verwendung eines Flach- oder Pultdaches.[151] Eine Abwägung unter Einbeziehung des Klima-

---

[144] Definition in § 19 Abs. 1 BauNVO.

[145] Definition in § 20 Abs. 2 BauNVO.

[146] Hierzu näher etwa *Deutsches Institut für Urbanistik* (Hrsg.), Klimaschutz in Kommunen, 2011, S. 42 (auch online unter http://leitfaden.kommunaler-klimaschutz.de/; abgerufen: 30. 10. 2012).

[147] Vgl. näher *Marks*, Solarenergie im Wohnungsbau, 2001, S. 159 f.

[148] Vgl. *Denny/Spangenberger*, Rechtliche Umsetzung energiebezogener Planungsinhalte, UPR 1999, 331 (332); *Denny/Spangenberger*, Planung einer Solarsiedlung, BBauBl 5/2001, 20 (22); *Kuschnerus*, Der sachgerechte Bebauungsplan, 4. Aufl. 2010, Rn. 879.

[149] So seit der BauGB-Klimanovelle 2011 ausdrücklich § 248 S. 2 BauGB, der auch keinen gesonderten Zulassungsakt erfordert. Vgl. im Übrigen bereits die zuvor bestehende Regelung in § 18 Abs. 2 BauNVO.

[150] Die von der Mitte aus nach beiden Seiten abfallenden Dachflächen eines Satteldaches weisen üblicherweise Neigungen von 30–60° auf.

[151] Flachdächer weisen eine Neigung bis zu 10° auf, stärker geneigte Dächer werden als

schutzinteresses kann deshalb ergeben, dass etwa ein Satteldach im Einzelfall durch entsprechende Festsetzung vermieden bzw. verhindert werden sollte. So erscheint zweifelhaft, ob ein Satteldach allein aus baukulturellen und stadtgestalterischen Erwägungen (§ 1 Abs. 6 Nr. 5 BauGB), d.h. allein aus optischen Gründen, wie dem Interesse an einer zu den bereits errichteten Gebäuden „passenden“ Dachform, festgesetzt werden darf. Derartige Festsetzungen werden – ohne besonders gewichtige Rechtfertigungsgründe – in Zukunft Gefahr laufen, zur Nichtigkeit eines Bebauungsplans zu führen, wenn es auf Betreiben des Bauherrn unter Berufung auf die energetischen Nachteile zu einer gerichtlichen Überprüfung kommt.

c) *§ 9 Abs. 1 Nr. 2 BauGB*

Im Wesentlichen können durch Festsetzungen nach § 9 Abs. 1 Nr. 2 BauGB i.V.m. §§ 22f. BauNVO dieselben baulichen Ziele zur Unterstützung von Klimaschutzmaßnahmen verfolgt werden wie mit § 9 Abs. 1 Nr. 1 BauGB, d.h. es geht abermals um aktive und passive Solarenergienutzung sowie um eine kompakte, energieeffiziente Bauweise.[152] Hinzu kommt noch die Bedeutung der überbaubaren Grundstücksflächen für eine Nutzung der Geothermie, die bei Installation von Flächenerdkollektoren hinreichende unbebaute Flächen erfordert.[153]

Eine herausragende Rolle für die klimagerechte Stadtentwicklung spielt die Festsetzung der Ausrichtung des Gebäudes, die über § 9 Abs. 1 Nr. 2 3. Var. BauGB bestimmt werden kann.[154] Die so ermöglichte „Südorientierung“ von

Pultdächer bezeichnet. Teilweise wird eine Dachneigung von 25–40° empfohlen, so *Lindner/Schmidt*, Klimaschutzorientiertes Energiekonzept für den Gebäudesektor in Norderstedt, 2009, S. 137, 141 (http://www.norderstedt.de/media/custom/1087_7977_1.PDF?1300383005; abgerufen: 30. 10. 2012).

[152] Beispiele für Festsetzungen etwa bei *Ecofys* (Hrsg.), Energieeffizienz und Solarenergienutzung in der Bauleitplanung, 2006, S. 32, 44f.

[153] Vgl. *Ingold/Schwarz*, Städtebau- und Energiefachrecht, NuR 2010, 308 (311); *Söfker*, Bebauungsplan, Energieeinsparverordnung und Erneuerbare-Energien-Wärmegesetz, UPR 2009, 81 (87).

[154] So bereits sehr früh *Koch/Behrend*, Klimaschutz im geltenden Umweltrecht, NuR 1996, 433 (435); *Peine*, Energiesparen – bau- und planungsrechtliche Aspekte, DVBl. 1991, 965 (966). Ebenfalls sehr früh, aber ohne Nennung der konkreten Rechtsgrundlage *Fiebig/Kallen*, Kommunaler Klimaschutz – Entwicklung von Programmen und konsequente Umsetzung, Städtetag 1994, 476 (478). Ferner bereits vor dem EAG Bau *Denny/Spangenberger*, Rechtliche Umsetzung energiebezogener Planungsinhalte, UPR 1999, 331 (332); *Fickert/Fieseler*, Der Umweltschutz im Städtebau, 2002, S. 296. Aus der aktuellen Literatur *Gaentzsch*, in: Berliner Kommentar zum BauGB, § 9 (Stand: 10. EL April 2008) Rn. 21; *Ingold/Schwarz*, Klimaschutzelemente der Bauleitplanung, NuR 2010, 153 (156f.); *Portz*, Klimaschutz durch kommunale Bauleitplanung, BayGT 2009, 137 (139); *Schmelzle/Probst*, Klimaschutz und Energieeinsparung durch bauleitplanerische Festsetzungen, IR 2010, 146 (147f.); *Spannowsky*, Regenerative Energien und räumliche Planung, in: Köck/Faßbender (Hrsg.), Klimaschutz durch Erneuerbare Energien, 2010, S. 95 (100).

Gebäuden und die Vermeidung von Verschattungen, die als „Wesensmerkmale eines solaren Städtebaus“ bezeichnet werden,[155] sollten heute überall dort, wo die (aktive oder passive) Solarenergienutzung nicht wegen der sonstigen geografischen Bedingungen schlechthin ausgeschlossen erscheint, zu den Standardfestsetzungen einer nachhaltigen Bauleitplanung gehören. Konkret wird die Südorientierung von Gebäuden erreicht, indem die Ausrichtung des Dachfirstes in Ost-West-Richtung im Bebauungsplan textlich festgelegt wird, sodass die (bzw. eine der) Dachfläche(n) nach Süden zeigt und sich hierdurch für die Installation von Solarkollektoren oder Photovoltaik-Modulen besonders eignet.[156] Als optimal erweisen sich dabei – wie bereits ausgeführt – Flach- oder Pultdächer, die über § 9 Abs. 1 S. 1 BauGB i. V. m. § 18 BauNVO festgesetzt werden können,[157] mit geringer, nach Süden orientierter Neigung. Sie verschatten die übrigen Häuser nur minimal und eignen sich aufgrund ihrer einzigen großen Dachfläche zur aktiven Solarenergienutzung.

Idealerweise kann eine Kombination der „(EE-)ermöglichenden“ Festsetzungen nach § 9 Abs. 1 Nr. 2 BauGB mit den „(EE-)fordernden“ Festsetzungen nach § 9 Abs. 1 Nr. 23 lit. b BauGB erfolgen.[158] Während die Planinhalte nach § 9 Abs. 1 Nr. 1–2a BauGB auch bisher schon keine nennenswerten rechtlichen Schwierigkeiten aufwarfen, wurde bei § 9 Abs. 1 Nr. 23 lit. b BauGB erst im Zuge der BauGB-Klimanovelle 2011 für Klarheit gesorgt.

Die Kompaktheit lässt sich vor allem durch die Festsetzung von Baulinien bzw. Baugrenzen[159] beeinflussen, aber auch durch die Festsetzung der Bauweise, wobei – aus Effizienzgründen – zum Teil die geschlossene Bauweise (§ 22 Abs. 3 BauNVO) empfohlen wird.[160] Will man hingegen verstärkt auf die aktive und passive Solarenergienutzung achten, so dürfte sich eine abweichende Bauweise (§ 22 Abs. 4 BauNVO) als vorzugswürdig erweisen, weil sie mehr Flexibilität einräumt als die pauschale Festsetzung der geschlossenen Bauweise.[161]

---

[155] *Everding/Zerweck*, Solares Bauen und aktuelle Entwicklungen im Baurecht, ZNER 2005, 140.

[156] Dabei stellt die genaue Ost-West-Ausrichtung einen Idealzustand dar. Ausreichend ist im Einzelfall aber auch die Einhaltung eines bestimmten „Toleranzbereichs“ im Umfeld dieser Idealausrichtung.

[157] Alternativ kann § 9 Abs. 1 Nr. 23 lit. b BauGB als Festsetzungsgrundlage herangezogen werden.

[158] *Battis/Kersten/Mitschang*, Rechtsfragen der ökologischen Stadterneuerung, 2010, S. 48 f., 57 f.

[159] Zu den Begriffen siehe § 23 Abs. 2 S. 1 und Abs. 3 S. 1 BauNVO.

[160] Frühzeitig bereits etwa *Denny/Spangenberger*, Rechtliche Umsetzung energiebezogener Planungsinhalte, UPR 1999, 331 (332); *Fiebig/Kallen*, Kommunaler Klimaschutz – Entwicklung von Programmen und konsequente Umsetzung, Städtetag 1994, 476 (478); *Koch/Behrend*, Klimaschutz im geltenden Umweltrecht, NuR 1996, 433 (435).

[161] Vgl. *Everding/Zerweck*, Solares Bauen und aktuelle Entwicklungen im Baurecht, ZNER 2005, 140 (144 f.).

Empfohlen wird auch, die bisher üblichen städtebaulichen Kennzahlen (Grundflächenzahl, Geschossflächenzahl, vgl. §§ 17, 19, 20 BauNVO), die bereits für eine kompakte Bauform genutzt werden, noch um eine sog. solare Gütezahl zu ergänzen. Bei der solaren Gütezahl handelt es sich um eine Kennzahl, welche die aus der Gebäudeausrichtung und der Gebäudeform ableitbaren Nutzungsmöglichkeiten für Solarenergie in einem Zahlenwert ausdrückt.[162] Die solare Gütezahl eines Gebäudes ermöglicht damit eine schnelle Beurteilung, wie gut die Kombination unterschiedlicher Stellschrauben, die sich hinter § 9 Abs. 1 Nr. 2 BauGB (sowie § 9 Abs. 1 Nr. 1 und Nr. 2a BauGB) verbergen, im Einzelfall gelungen ist.

Die *abschließende* Aufzählung in § 9 Abs. 1 BauGB spricht nicht gegen die Zulässigkeit der Festsetzung einer solchen solaren Gütezahl, da es sich hierbei nur um das auf die Sonnenenergienutzung fokussierte, rechnerische Ergebnis eines bestimmten Verhältnisses der sonstigen – ohne weiteres zulässigen – städtebaulichen Kennzahlen (Grundflächenzahl, Geschossflächenzahl) und Festsetzungsmöglichkeiten handelt.

Auch im Zusammenhang mit den Festsetzungsmöglichkeiten nach § 9 Abs. 1 Nr. 2 BauGB sind künftige Konflikte mit Bauherren, die sich an der Berücksichtigung des Klimaschutzes entzünden, nicht auszuschließen. Wenn in einem Bebauungsplan eine Gebäudeausrichtung festgesetzt wird, die die Solarenergienutzung unmöglich macht oder erheblich einschränkt, muss hierfür seitens der Gemeinde im Konfliktfall ein guter Rechtfertigungsgrund vorgebracht werden, um einen Abwägungsfehler auszuschließen. Das bloße Interesse an einer einheitlichen Ausrichtung bzw. einer einheitlichen Optik von bereits bestehenden (nicht nach Süden orientierten) und neu zu errichtenden Gebäuden, das formal etwa auf § 1 Abs. 6 Nr. 5 BauGB a. E. rückführbar wäre, dürfte hierfür angesichts der Bedeutung des Klimaschutzes kaum ausreichen.[163] Dabei ist zu beachten, dass sich mittlerweile aufgrund der technischen Entwicklung – siehe die sog. Aufständerungsanlagen[164] – nicht nur nach Süden ausgerichtete Dächer zur Solarenergienutzung eignen.[165] Derartige aufgeständerte Anlagen müssen allerdings in Anbetracht der sonstigen bauplanungs- und bauordnungsrechtlichen

[162] Siehe ausführlich und einschließlich einer Musterfestsetzung *Everding*, Solare Gütezahlen zur bauleitplanerischen Sicherung solartechnisch geeigneter Flächen an Gebäuden, ZNER 2010, 471 ff., Musterfestsetzung auf S. 473; außerdem *Ecofys* (Hrsg.), Energieeffizienz und Solarenergienutzung in der Bauleitplanung, 2006, S. 33 sowie die Muster-Festsetzung dort auf S. 35.

[163] Vgl. auch *Spannowsky*, Planungsrechtliche Steuerung von Vorhaben der Erneuerbaren Energien durch Verträge, UPR 2009, 201 (204).

[164] Dabei werden Solarthermie- oder Photovoltaikanlagen unter Einsatz von entsprechenden Gestellen so installiert, dass sie trotz an sich ungünstiger Dachflächenausrichtung eine hinreichende Orientierung zur Sonne aufweisen.

[165] Zu den Spielräumen *Everding/Zerweck*, Solares Bauen und aktuelle Entwicklungen im Baurecht, ZNER 2005, 140 (141).

Regelungen auch zulässig sein. Die Berücksichtigung des Klimaschutzes erhöht also in jedem Falle die Komplexität des Bebauungsplanerlassverfahrens.

d) § 9 Abs. 1 Nr. 2a BauGB

Die Festsetzung großzügiger Abstände auf der Grundlage von § 9 Abs. 1 Nr. 2a BauGB kann, gerade bei der offenen Bauweise, geeignet sein, um die Verschattung von Südfassaden zu vermeiden. Dabei werden zum Teil Abstände von 2,5–2,7 H empfohlen.[166] Alternativ kann dasselbe Ergebnis jedoch, wie bereits ausgeführt, auch über die Festsetzung entsprechender Baulinien (§ 9 Abs. 1 Nr. 2 BauGB) erreicht werden. In jedem Falle gilt es jedoch zu berücksichtigen, dass sich bei derartigen Gebäudeabständen (aus Klimaschutzgründen) ein intra-ökologischer Konflikt mit dem Grundsatz des flächensparenden Bauens (§ 1a Abs. 2 S. 1 BauGB) ergibt, der nicht restlos aufgelöst werden kann.[167] Es ist ferner darauf hinzuweisen, dass solch großzügige Abstände vorrangig für die passive Sonnenenergienutzung sowie für die Besonnung aus gesundheitlichen Gründen eine Rolle spielen, nicht jedoch für die hier interessierende EE-Nutzung, die regelmäßig über die Dachflächen erfolgt.

e) § 9 Abs. 1 Nr. 12 BauGB

Die Festsetzungsmöglichkeit des § 9 Abs. 1 Nr. 12 BauGB enthielt vor der BauGB-Klimanovelle 2011 ausschließlich den Begriff „Versorgungsflächen" und wurde durch die Novelle um eine erläuternde, nicht abschließende („einschließlich") Aufzählung ergänzt, in der klimaschonende Energieversorgungsanlagen (EE- und KWK-Anlagen sowie sonstige Einrichtungen zur klimaschonenden Strom-, Wärme- und Kälteversorgung wie etwa Verteilungs- und Speicheranlagen) ausdrücklich aufgeführt werden.[168] Die Ergänzung hat jedoch nur klarstellende Funktion,[169] knüpft ihrem Inhalt nach an § 5 Abs. 2 Nr. 2 lit. b BauGB an und macht eine zielgerichtete Angebotsplanung möglich, ohne dass hierdurch zum Bau einer entsprechenden Energieversorgungsanlage verpflich-

---

[166] *Denny/Spangenberger*, Planung einer Solarsiedlung, BBauBl 5/2001, 20 (21); *Lindner/Schmidt*, Klimaschutzorientiertes Energiekonzept für den Gebäudesektor in Norderstedt, 2009, S. 137 (http://www.norderstedt.de/media/custom/1087_7977_1.PDF?1300383005; abgerufen: 30. 10. 2012); *Longo*, Neue örtliche Energieversorgung als kommunale Aufgabe, 2010, S. 292.

[167] *Everding/Zerweck*, Solares Bauen und aktuelle Entwicklungen im Baurecht, ZNER 2005, 140 (141 f.), schlagen vor, dass die Abstandsflächen wiederum verringert werden könnten, wenn gemischt genutzte Gebäude festgesetzt würden, bei denen die Nutzungen in den unteren Stockwerken (Gewerbe, Parkflächen) weniger auf Sonneneinstrahlung angewiesen sind. Die Potenziale dieser Lösung dürften jedoch überschaubar sein.

[168] Näher zur Neufassung *Mitschang*, Die Auswirkungen der Klimaschutz-Novelle auf die kommunale Bauleitplanung, DVBl. 2012, 134 (138).

[169] Vgl. BT-Drs. 17/6076, S. 7, 9.

tet werden könnte. Die Festsetzungsmöglichkeit ist vor allem im Strombereich bedeutsam für die zielgerichtete Planung etwa der Errichtung von Windkraftanlagen, falls die Gemeinde eine solche nicht „nur“ über den Planvorbehalt des §35 Abs. 3 S. 3 BauGB, sondern auch über Bebauungspläne wahrnehmen möchte.

Für den Wärmebereich kann auf der Grundlage von §9 Abs. 1 Nr. 12 BauGB konkret festgesetzt werden, welcher Kraftwerkstyp realisiert werden darf (z.B. ein Heizkraftwerk, in dem feste Biomasse verfeuert wird). Die Gemeinde kann damit ausschließen, dass gegen ihren Willen die Verfeuerung fossiler Brennstoffe ermöglicht wird.[170] Sie ist also nicht auf allgemeine Vorgaben etwa nur zur Leistung eines Heizkraftwerks beschränkt.

Dabei ist freilich seitens der Kommunen auf die Möglichkeit zur Einhaltung aller sonstigen fachgesetzlichen Anforderungen an die jeweiligen Energieanlagen zu achten sowie auf die Verträglichkeit mit dem jeweiligen Baugebiet, da die Festsetzung andernfalls wertlos würde.[171] Im Übrigen sind entsprechende Versorgungsflächen regelmäßig mit Festsetzungen für die notwendigen Anschluss- und Versorgungsleitungen zu kombinieren (siehe §9 Abs. 1 Nr. 13 BauGB),[172] die wiederum durch Leitungsrechte (§9 Abs. 1 Nr. 22 BauGB) abgesichert werden können.[173]

f) §9 Abs. 1 Nr. 23 lit. a BauGB

Der Festsetzungstatbestand des §9 Abs. 1 Nr. 23 BauGB, der seit dem EAG Bau in lit. a und lit. b aufgeteilt ist, kann durchaus als Spiegel der Integration zunächst des Immissionsschutzes[174] und sodann auch des (allgemeinen) Klimaschutzes in das Bauplanungsrecht gelten. Die wesentlichen Änderungen im Wortlaut des heutigen §9 Abs. 1 Nr. 23 lit. a BauGB sollen deshalb und um das Verständnis der zur jeweiligen alten Rechtslage erfolgten Äußerungen in der Literatur zu erleichtern nachfolgend dokumentiert werden:

---

[170] Hinzuweisen ist in diesem Zusammenhang außerdem auf die neuen Planzeichen für EE- und KWK-Flächen, die mit der BauGB-Novelle in die PlanZV (Verordnung über die Ausarbeitung der Bauleitpläne und die Darstellung des Planinhalts [Planzeichenverordnung] v. 18. 12. 1990 [BGBl. 1991 I S. 58]) eingefügt wurden. Die Verordnung wird vollständig wiedergegeben in: *Ernst/Zinkahn/Bielenberg/Krautzberger* (Hrsg.), BauGB, Bd. 6.

[171] Näher etwa *Antweiler/Gabler*, Klimaschutz durch Bauleitplanung, BauR 2012, 39 (43).

[172] Besondere Bedeutung kann dies erlangen für sog. „Quartierslösungen“ nach §6 EEWärmeG, vgl. *Söfker*, Bebauungsplan, Energieeinsparverordnung und Erneuerbare-Energien-Wärmegesetz, UPR 2009, 81 (86).

[173] *Mitschang*, Die Umsetzung klimaschützender und energieeinsparungsbezogener Anforderungen in der Bauleitplanung und im Besonderen Städtebaurecht – Sachstand und Perspektiven, ZfBR 2010, 534 (540).

[174] Hierzu *Paetow*, Die Rechtsprechung des Bundesverwaltungsgerichts zum vorsorgenden Immissionsschutz in der Bauleitplanung, in: Hansmann/Paetwo/Rebentisch (Hrsg.) Festschrift für Ernst Kutscheidt, 2003, S. 321 ff.

1979–1987:
§ 9 Inhalt des Bebauungsplans
(1) Der Bebauungsplan setzt, soweit es erforderlich ist, durch Zeichnung, Farbe, Schrift oder Text fest:
[...]
23. die Gebiete, in denen bestimmte, die Luft erheblich verunreinigende Stoffe nicht verwendet werden dürfen;
[...]

1987–1997:
§ 9 Inhalt des Bebauungsplans
(1) Im Bebauungsplan können festgesetzt werden:
[...]
23. Gebiete, in denen aus besonderen städtebaulichen Gründen oder zum Schutz vor schädlichen Umwelteinwirkungen im Sinne des Bundes-Immissionsschutzgesetzes bestimmte luftverunreinigende Stoffe nicht oder nur beschränkt verwendet werden dürfen;
[...]

1998–2004:
§ 9 Inhalt des Bebauungsplans
(1) Im Bebauungsplan können aus städtebaulichen Gründen festgesetzt werden:
[...]
23. Gebiete, in denen zum Schutz vor schädlichen Umwelteinwirkungen im Sinne des Bundes-Immissionsschutzgesetzes bestimmte luftverunreinigende Stoffe nicht oder nur beschränkt verwendet werden dürfen;
[...]

seit 2004:
§ 9 Inhalt des Bebauungsplans
(1) Im Bebauungsplan können aus städtebaulichen Gründen festgesetzt werden:
[...]
23. Gebiete, in denen
a) zum Schutz vor schädlichen Umwelteinwirkungen im Sinne des Bundes-Immissionsschutzgesetzes bestimmte luftverunreinigende Stoffe nicht oder nur beschränkt verwendet werden dürfen;
[...]

In den bisher gerichtlich entschiedenen Fällen[175] waren Bebauungsplanfestsetzungen nach § 9 Abs. 1 Nr. 23 lit. a BauGB in der Regel immissionsschutzrechtlich motiviert, d. h. die betreffenden Städte und Gemeinden strebten eine Verbesserung der örtlichen Belastungssituation an.[176] Allerdings ist eine Heranziehung von § 9 Abs. 1 Nr. 23 lit. a BauGB für den globalen Klimaschutz spätestens

[175] Vgl. etwa die Beispiele aus der Rechtsprechung bei *Fickert/Fieseler*, Der Umweltschutz im Städtebau, 2002, S. 269 ff.

[176] Hierzu *Bork*, Energiebezogene Festsetzungen in Flächennutzungs- und Bebauungsplänen, Städte- und Gemeinderat 1996, 349 (350 f.); zur Auseinandersetzung in Baden-Württemberg unter Einbeziehung der einschlägigen Rechtsprechung und Wiedergabe zahlreicher Beispiele für konkrete Festsetzungen *Stühler*, Zur Auslegung des Verwendungsverbots gem. § 9

seit dem EAG Bau von 2004 keineswegs ausgeschlossen.[177] Zum Teil wiederholte sich zwar die Diskussion um den kommunalen Klimaschutz in der Bauleitplanung, die vor dem Hintergrund des § 1 Abs. 5 S. 2 BauGB (a. F.) geführt wurde, nochmals speziell für § 9 Abs. 1 Nr. 23 lit. a BauGB. Eine derartige gesonderte Betrachtung erscheint indessen nicht gerechtfertigt.[178] Auch aus der Bezugnahme auf das BImSchG in § 9 Abs. 1 Nr. 23 lit. a BauGB, dessen Instrumente nach ihrer konkreten Wirkungsweise noch immer jedenfalls vorrangig auf die Vermeidung von vor Ort wirkenden Immissionen ausgerichtet sind, folgt nichts anderes, wie eine genaue Analyse des Wortlauts zeigt.[179] So finden in § 9 Abs. 1 Nr. 23 lit. a BauGB die schädlichen Umwelteinwirkungen im Sinne von § 3 Abs. 1 BImSchG sowie die luftverunreinigenden Stoffe im Sinne des § 3 Abs. 4 BImSchG ausdrückliche Erwähnung.[180] Wegen der ausdrücklichen Erfassung der Allgemeinheit in § 3 Abs. 1 BImSchG und der denkbar weiten Definition des § 3 Abs. 4 BImSchG sind hiervon auch Schadstoffeinträge, die allein das globale Klima beeinträchtigen, mit erfasst. Das Treibhausgas CO_2, das neben der klimaschädlichen Wirkung regelmäßig keine weiteren schädigenden Folgen hat, stellt bereits für sich genommen einen luftverunreinigenden Stoff dar,[181] sodass nicht auf die gleichzeitige Entstehung sonstiger Luftschadstoffe (wie etwa Stickoxide) bei der Verbrennung abgestellt werden muss.[182] Der Befund wird untermauert durch die Aufnahme des Schutzguts Atmosphäre[183] in die Zweckbestimmung des § 1 Abs. 1 BImSchG. Durch die BauGB-Klimanovelle 2011, speziell durch die Neuregelungen in § 1 Abs. 5 S. 2 und § 1a Abs. 5 BauGB, erfolgte insoweit eine auch für § 9 Abs. 1 Nr. 23 lit. a BauGB gültige

---

Abs. 1 Nr. 23 BauGB, VBlBW 1996, 328 ff.; *Stühler*, Neue Entwicklungen beim Verwendungsverbot gemäß § 9 Abs. 1 Nr. 23 BauGB, BWGZ 2000, 454 ff.

177 A. A. *W. Schrödter* (Hrsg.), in: Schrödter, BauGB, 7. Aufl. 2006, § 9 Rn. 123a; ebenfalls restriktiv *Söfker*, in: Ernst/Zinkahn/Bielenberg/Krautzberger (Hrsg.), BauGB, § 9 BauGB Rn. 187, 191.

178 So aber *Schmelzle/Probst*, Klimaschutz und Energieeinsparung durch bauleitplanerische Festsetzungen, IR 2010, 146 (148).

179 Zur Zulässigkeit der Heranziehung von § 9 Abs. 1 Nr. 23 lit. a BauGB nicht nur für die Abwehr von konkreten Gefahren durch Luftschadstoffe, sondern auch zum vorbeugenden Immissionsschutz siehe bereits *BVerwG*, Beschluss v. 16. 12. 1988 – 4 NB 1/88, NVwZ 1989, 664.

180 Hieraus wird deutlich, dass es gerade das Ziel des § 9 Abs. 1 Nr. 23 lit. a BauGB ist, den Gemeinden eine Verschärfung von Anforderungen, wie sie bereits aus Rechtsverordnungen auf der Grundlage von § 48 Abs. 1 S. 1 BImSchG erlassen wurden, zu ermöglichen, vgl. *Battis/Kersten/Mitschang*, Rechtsfragen der ökologischen Stadterneuerung, 2010, S. 61; *Ingold/Schwarz*, Klimaschutzelemente der Bauleitplanung, NuR 2010, 153 (158).

181 So auch *Ingold/Schwarz*, Klimaschutzelemente der Bauleitplanung, NuR 2010, 153 (157); *Koch/Mengel*, Gemeindliche Kompetenzen für Maßnahmen des Klimaschutzes am Beispiel der Kraft-Wärme-Kopplung, DVBl. 2000, 953 (957).

182 So aber *Ekardt/Schmitz/Schmidtke*, Kommunaler Klimaschutz durch Baurecht: Rechtsprobleme der Solarenergie und der Kraft-Wärme-Kopplung, ZNER 2008, 334 (339).

183 Zur Abgrenzung von Klima und Atmosphäre siehe *Wustlich*, Die Atmosphäre als globales Umweltgut, 2003, S. 82 ff.

nochmalige Klarstellung.[184] Die oftmals vorgebrachte Feststellung, wonach Festsetzungen auf Grundlage dieser Norm nicht aus allgemeinen umweltschützenden Zielsetzungen heraus in einen Bebauungsplan aufgenommen werden könnten,[185] wird deshalb zumindest im Hinblick auf den Klimaschutz überdacht werden müssen.[186]

Im Unterschied zu § 9 Abs. 1 Nr. 23 lit. b BauGB sind Festsetzungen nach § 9 Abs. 1 Nr. 23 lit. a BauGB nicht auf die Errichtung von Gebäuden beschränkt, sodass auch eine Überplanung bereits bebauter Gebiete, gerade auch vor dem Hintergrund eines langfristigen Klimaschutz- und Energiekonzeptes, in Betracht kommt.[187] Zu berücksichtigen sind dabei selbstverständlich die Restriktionen, die sich aus dem baurechtlichen Bestandsschutz ergeben, d. h. entsprechende Festsetzungen für Gebiete, in denen bereits Gebäude errichtet wurden, wirken nur im Falle von Umbauten oder wesentlichen Erweiterungen.[188]

Neben diesen grundlegenden Fragen haben Städte und Gemeinden bei einer Festsetzung nach § 9 Abs. 1 Nr. 23 lit. a BauGB zahlreiche weitere Anforderungen zu berücksichtigen, die hier nicht umfänglich wiederholt werden müssen.[189] So dürfen beispielsweise nur „bestimmte" luftverunreinigende Stoffe über die Festsetzung nach § 9 Abs. 1 Nr. 23 lit. a BauGB ausgeschlossen werden. Daraus folgt, dass beispielsweise eine Festsetzung unzulässig wäre, wonach „alle klimaschädlichen Brennstoffe" nicht verwendet werden dürfen.[190] Die Stoffe müssen vielmehr – jedenfalls anhand ihrer Oberbegriffe (Erdgas, Braun- und Steinkohle, Erdöl) – aufgezählt werden. Alternativ kommt jedoch auch eine

---

[184] Anders noch ausdrücklich für § 9 Abs. 1 Nr. 23 lit. a BauGB BVerwGE 125, 68 (76). Zu Recht kritisch hierzu *Mitschang*, Die Umsetzung klimaschützender und energieeinsparungsbezogener Anforderungen in der Bauleitplanung und im Besonderen Städtebaurecht – Sachstand und Perspektiven, ZfBR 2010, 534 (542).

[185] So *Bothe*, in: Rixner/Biedermann/Steger (Hrsg.), PK-BauGB/BauNVO, 2010, § 9 BauGB Rn. 118; *Jäde*, in: Jäde/Dirnberger/Weiß (Hrsg.), BauGB/BauNVO, 6. Aufl. 2010, § 9 BauGB Rn. 70.

[186] Vgl. auch *Gaentzsch*, in: Berliner Kommentar zum BauGB, § 9 Rn. 59, 60a f.

[187] Hierzu *Löhr*, in: Battis/Krautzberger/Löhr (Hrsg.), BauGB, 11. Aufl. 2009, § 9 Rn. 84, 86.

[188] *Jäde*, in: Jäde/Dirnberger/Weiß (Hrsg.), BauGB/BauNVO, 6. Aufl. 2010, § 9 BauGB Rn. 74; *Spannowsky/Baumann*, in: Spannowsky/Uechtritz (Hrsg.), BauGB, 2009, § 9 Rn. 95.

[189] Siehe etwa *Battis/Kersten/Mitschang*, Rechtsfragen der ökologischen Stadterneuerung, 2010, S. 60 ff.; *Birk*, Minderung luftverunreinigender Emissionen durch Bauleitplanung?, in: Dolde/Hansmann/Paetow/Schmidt-Aßmann (Hrsg.), Festschrift für Dieter Sellner, 2010, S. 207 (211 ff.); *Ingold/Schwarz*, Klimaschutzelemente der Bauleitplanung, NuR 2010, 153 (157 ff.); *Gaentzsch*, in: Berliner Kommentar zum BauGB, § 9 Rn. 57 ff.; *Jäde*, in: Jäde/Dirnberger/Weiß (Hrsg.), BauGB/BauNVO, 6. Aufl. 2010, § 9 BauGB Rn. 73.

[190] Vgl. zu dem ähnlich gelagerten Fall im Zusammenhang mit dem Waldsterben die Entscheidung des *OVG Münster*, Urteil v. 8. 12. 1983 – 11 a NE 52/82, NVwZ 1984, 452. Zur Frage, ob die Bezeichnung „feste und flüssige Brennstoffe" ausreichend bestimmt ist, siehe m. w. N. *Fickert/Fieseler*, Der Umweltschutz im Städtebau, 2002, S. 270 f., die die Frage bejahen.

abschließende Aufzählung derjenigen Brennstoffe in Betracht, die nicht untersagt sind.[191]

Des Weiteren darf § 9 Abs. 1 Nr. 23 lit. a BauGB nicht dazu benutzt werden, einen faktischen Anschluss- und Benutzungszwang an die gemeindliche Fernwärmeversorgung durchzusetzen.[192] Bei der Festsetzung eines Verwendungsverbots aus Klimaschutzgründen dürfte dies ohnehin kaum abwägungsfehlerfrei möglich sein, denn es existieren verschiedene Heizungstechniken, die hinsichtlich ihrer Klimabilanz mit einer Fernwärmeversorgung ohne weiteres konkurrieren können. Dies gilt für die Solarwärmenutzung ebenso wie für die Verfeuerung fester Biomasse. Damit zeigt sich, dass die Heranziehung des Klimaschutzes als Festsetzungsgrund weitere Verschiebungen in der Abwägung bewirkt. So ist bei einem (alleinigen) Abstellen auf den Klimaschutz zu beachten, dass etwa der pauschale Ausschluss von festen und flüssigen Brennstoffen auch die Biomasse erfasst, obwohl speziell feste Biomasse als klimafreundlicher Brennstoff in Frage kommt. Der Ausschluss von Schadstoffen aus der klimafreundlichen Verbrennung fester Biomasse könnte also wiederum nur auf Gründe des örtlichen Immissionsschutzes gestützt werden. Die Instrumentalisierung des Festsetzungskatalogs des § 9 Abs. 1 BauGB zur Unterstützung des auf den ersten Blick eher „pauschalen" Klimaschutzziels bedarf also auch im Zusammenhang mit § 9 Abs. 1 Nr. 23 lit. a BauGB einer genauen Abwägung, die jedenfalls undifferenzierte Festsetzungen ausschließt.

g) *§ 9 Abs. 1 Nr. 23 lit. b BauGB*

Die Festsetzungsmöglichkeit nach § 9 Abs. 1 Nr. 23 lit. b BauGB wurde erst mit dem EAG Bau 2004 eingeführt. Sie lautete seinerzeit:

§ 9 Inhalt des Bebauungsplans
(1) Im Bebauungsplan können aus städtebaulichen Gründen festgesetzt werden:
[...]
23. Gebiete, in denen
[...]
b) bei der Errichtung von Gebäuden bestimmte bauliche Maßnahmen für den Einsatz erneuerbarer Energien wie insbesondere Solarenergie getroffen werden müssen;

Im Zuge der BauGB-Klimanovelle 2011 wurde die Vorschrift – auch in Reaktion auf die kontroverse Diskussion um ihre Reichweite – erheblich geändert und hat seitdem folgenden Wortlaut:

§ 9 Inhalt des Bebauungsplans
(1) Im Bebauungsplan können aus städtebaulichen Gründen festgesetzt werden:
[...]

---

[191] *OVG Münster*, Beschluss v. 27. 3. 1998 – 10a D 188–97.NE, NVwZ-RR 1999, 110 (112).

[192] *Jäde*, in: Jäde/Dirnberger/Weiß (Hrsg.), BauGB/BauNVO, 6. Aufl. 2010, § 9 BauGB Rn. 70; *W. Schrödter*, in: Schrödter (Hrsg.), BauGB, 7. Aufl. 2006, § 9 Rn. 123a.

23. Gebiete, in denen
[...]
b) bei der Errichtung von Gebäuden oder bestimmten sonstigen baulichen Anlagen bestimmte bauliche und sonstige technische Maßnahmen für die Erzeugung, Nutzung oder Speicherung von Strom, Wärme oder Kälte aus erneuerbaren Energien oder Kraft-Wärme-Kopplung getroffen werden müssen;

Wenn konstatiert wird, dass speziell durch § 9 Abs. 1 Nr. 23 lit. b BauGB über eine Angebotsplanung hinausgegangen würde,[193] so ist dieser Befund differenziert zu betrachten. Selbstverständlich wird bezüglich der Energieversorgung des betreffenden Gebäudes im Falle einer Festsetzung nach § 9 Abs. 1 Nr. 23 lit. b BauGB keine Angebotsplanung im engeren Sinne mehr betrieben.[194] Die verbindliche Vorgabe im Hinblick auf diesen Teilaspekt der baulichen Nutzung stellt allerdings den Angebotscharakter der Ermöglichung einer Bebauung durch den Bebauungsplan insgesamt nicht in Frage. Eine EE-Festsetzung stellt nur eine *begleitende* Vorgabe der im Übrigen nach wie vor bestehenden Angebotsplanung für ein Gebäude dar. Dies allerdings trifft auf etliche der Festsetzungen zu, die nach § 9 Abs. 1 BauGB i. V. m. der BauNVO getroffen werden können. Die „Angebotsqualität" eines Bebauungsplans bezieht sich regelmäßig nur auf das „Ob" einer Bebauung. Das „Wie" soll demgegenüber gerade durch die einzelnen Festsetzungen gezielt gelenkt werden. Daneben verbleibt der Kommune das Recht, durch „Hinweise und Empfehlungen" in den Bebauungsplan weitere energieversorgungsbezogene Inhalte aufzunehmen, die in der Sache tatsächlich einem „Angebot" an die Bauherren entsprechen.[195]

aa) Rechtslage bis zur BauGB-Klimanovelle 2011

Die ursprüngliche Fassung des § 9 Abs. 1 Nr. 23 lit. b BauGB hatte insbesondere die Frage aufgeworfen, ob auf dieser Grundlage eine Pflicht zur Installation von EE-Anlagen bei der Neuerrichtung von Gebäuden in einen Bebauungsplan aufgenommen werden konnte oder ob nur Vorgaben gemacht werden durften, die den EE-Einsatz begünstigen würden. Weder der Wortlaut, noch die Gesetzesbegründung[196] oder eine systematische Auslegung unter Vergleich mit § 9 Abs. 1 Nr. 1, 2 und 24 3. Var. BauGB ließen eine eindeutige Antwort zu.[197]

---

[193] So *Krautzberger*, Gesetz zur Förderung des Klimaschutzes bei der Entwicklung in den Städten und Gemeinden, UPR 2011, 361 (362); *Krautzberger*, in: Ernst/Zinkahn/Bielenberg/Krautzberger (Hrsg.), BauGB, Einl Rn. 343; *Krautzberger/Stüer*, Neues Städtebaurecht des Bundes aus Gründen des Klimaschutzes, BauR 2011, 1416 (1419).

[194] Vgl. auch *Gaentzsch*, in: Berliner Kommentar zum BauGB, § 9 Rn. 60b.

[195] Vgl. die Fallbeispiele Freiburg und Heidelberg oben S. 136 und S. 138 sowie das Beispiel bei *Stüer*, Der Bebauungsplan, 4. Aufl. 2009, Rn. 136, Textbeispiel 15.

[196] Ohne Festlegung insoweit die Begründung des Regierungsentwurfs, vgl. BT-Drs. 15/2250, S. 48; demgegenüber weitergehend die Einschätzung des federführenden Ausschusses in: BT-Drs. 15/2996, S. 61.

[197] Für eine weite Auslegung und die Zulässigkeit einer Installationspflicht *Battis/Kersten/*

bb) Rechtslage nach der BauGB-Klimanovelle 2011

Die Neufassung von § 9 Abs. 1 Nr. 23 lit. b BauGB „schlichtet“ die bisher bestehenden Streitigkeiten rund um die Reichweite der Norm und sorgt hierüber hinaus für zusätzliche Erweiterungen.[198]

Die ganz wesentliche Neuerung ist die Aufnahme der „sonstigen technischen Maßnahmen“. Damit ist die Regelung nunmehr umfassend formuliert und stellt klar, dass auch die Anlageninstallation selbst als eben solche technische Maßnahme im Bebauungsplan vorgeschrieben werden kann und sich die Gemeinde nicht mehr auf bloße Vorgaben zur EE-Unterstützung beschränken muss.[199] Fortan kann damit im Wärmebereich etwa die Installation einer Solarthermieanlage oder einer Biomassefeuerungsanlage und im Strombereich die Anbringung von Photovoltaikpaneelen durch textliche Festsetzungen im Bebauungs-

---

Mitschang, Rechtsfragen zur ökologischen Stadterneuerung, 2009, S. 66; *Ekardt*, in: Frenz/Müggenborg (Hrsg.), EEG, 2. Aufl. 2011, Einleitung Rn. 88 f.; *Ekardt/Schmitz/Schmidtke*, Kommunaler Klimaschutz durch Baurecht: Rechtsprobleme der Solarenergie und der Kraft-Wärme-Kopplung, ZNER 2008, 334 (337); *Gaentzsch*, in: Berliner Kommentar zum BauGB, § 9 (Stand: 10. EL April 2008) Rn. 60b; *Ingold/Schwarz*, Klimaschutzelemente der Bauleitplanung, NuR 2010, 153 (159); *Kahl*, Klimaschutz durch die Kommunen – Möglichkeiten und Grenzen, ZUR 2010, 395 (396 f.); *Klinski/Longo*, Kommunale Strategien für den Ausbau erneuerbarer Energien im Rahmen des öffentlichen Baurechts, ZNER 2007, 41 (43); *Longo*, Neue örtliche Energieversorgung als kommunale Aufgabe, 2010, S. 301; *Schmelzle/Probst*, Klimaschutz und Energieeinsparung durch bauleitplanerische Festsetzungen, IR 2010, 146 (148); *Schmidt*, Klimaschutz in der Bauleitplanung nach dem BauGB 2004, NVwZ 2006, 1354 (1359 f.); *W. Schrödter*, in: Schrödter (Hrsg.), BauGB, 7. Aufl. 2006, § 9 Rn. 138c f.; *Wustlich*, in: Danner/Theobald (Hrsg.), Energierecht, EEG VI B 4 Einf Rn. 168. A. A. *Bothe*, in: Rixner/Biedermann/Steger (Hrsg.), PK-BauGB/BauNVO, 2010, § 9 BauGB Rn. 124; *Faßbender*, Kommunale Steuerungsmöglichkeiten zur Nutzung erneuerbarer Energien im Siedlungsbereich, NuR 2009, 618 (621 f.); *Jäde*, in: Jäde/Dirnberger/Weiß (Hrsg.), BauGB/BauNVO, 6. Aufl. 2010, § 9 BauGB Rn. 75; *Löhr*, in: Battis/Krautzberger/Löhr (Hrsg.), BauGB, 11. Aufl. 2009, § 9 Rn. 86a; *Söfker*, Bebauungsplan, Energieeinsparverordnung und Erneuerbare-Energien-Wärmegesetz, UPR 2009, 81 (87); *Spannowsky/Baumann*, in: Spannowsky/Uechtritz (Hrsg.), BauGB, 2009, § 9 Rn. 97; *Staiger*, Energieeffizienz und Solarenergienutzung in der Bauleitplanung – Gesellschaftliche Erfordernisse, rechtliche Möglichkeiten und Grenzen, UVP-Report 2009, 69 (70 f.).

[198] Da angesichts der kontroversen Diskussionen in der Literatur und mangels klärender Rechtsprechung vor allem in Handreichungen, die sich an die Planungspraxis richten, sogar ausdrücklich von EE-Festsetzungen abgeraten wurde (siehe *Kuschnerus*, Der sachgerechte Bebauungsplan, 4. Aufl. 2010, Rn. 553), ist die BauGB-Novelle auch insoweit zu begrüßen.

[199] So ausdrücklich auch *Ekardt/Hehn*, Peak Oil: Postfossile Stadtentwicklung als BauGB-Ziel, ZUR 2011, 413 (417); *Kraus*, Novelle des Baugesetzbuchs – Gesetz zur Förderung des Klimaschutzes bei der Entwicklung in den Städten und Gemeinden, KommP BY, 2011, 297 (298 f.); *Mitschang*, Die Auswirkungen der Klimaschutz-Novelle auf die kommunale Bauleitplanung, DVBl. 2012, 134 (139); *Spannowsky/Baumann*, in: Spannowsky/Uechtritz (Hrsg.), Beck-OK BauGB, § 9 Rn. 97. Die Gesetzesbegründung (BT-Drs. 17/6076, S. 9) verzichtet auf den Begriff der Installationspflicht, bezieht sich aber ausdrücklich auf die vormals vertretenen unterschiedlichen Bewertungen, die nunmehr durch eine eindeutige Bestimmung ausgeräumt werden sollen. Dagegen noch immer sehr restriktiv *Söfker*, in: Ernst/Zinkahn/Bielenberg/Krautzberger (Hrsg.), BauGB, § 1 BauGB (Stand: 103. EL Jan. 2012) Rn. 150 a. E.

plan verlangt werden. Die Wahl des Terminus der „technischen Maßnahme" erlaubt die begriffliche Erfassung aller denkbaren Anlagenkomponenten und Ausführungen, ohne Gefahr zu laufen, angesichts der komplexen und diversifizierten technischen Zusammenhänge und Kombinationsmöglichkeiten einzelne Teilbereiche nicht mit abzudecken.

Darüber hinaus erweitert die Neufassung den Anwendungsbereich von den Gebäuden auch auf sonstige bauliche Anlagen. Teilweise wird in der Literatur kritisiert, dass unklar bleibe, was unter „bestimmten" baulichen Anlagen zu verstehen sei.[200] Hier ist zum einen auf die Gesetzesbegründung zu verweisen, die beispielhaft Lärmschutzwände nennt, für die etwa die Installation von Photovoltaikanlagen vorgegeben werden kann. Ferner kommen hierfür auch Werbeanlagen und Sendemasten in Betracht, nicht hingegen Überdachungen von Kfz-Stellplätzen.[201] Dass dabei nur „bestimmte" bauliche Anlagen zum Gegenstand der Festsetzung gemacht werden dürfen, soll zum anderen – parallel zu den „bestimmten luftverunreinigenden Stoffen" in § 9 Abs. 1 Nr. 23 lit. a BauGB – ausschließen, dass eine Kommune die unspezifische und deshalb kaum erfüllbare Festsetzung trifft, dass „alle hierfür geeigneten baulichen Anlagen im Plangebiet" mit Photovoltaikanlagen auszurüsten seien. Stattdessen ist die konkrete Benennung der baulichen Anlagen notwendig.

Im Übrigen tritt fortan die KWK ohne weitere Einschränkungen[202] neben die EE-Nutzung. Hierin liegt eine durchaus bemerkenswerte Erweiterung, weil so auch Festsetzungen zu Gunsten der *fossilen* KWK zugelassen werden. Zum Teil wird die Neuregelung deshalb auch als Möglichkeit für die Durchsetzung eines faktischen Anschluss- und Benutzungszwangs bewertet.[203] Angesichts des Verstoßes gegen das Unionsrecht, der aus der bedingungslosen Zulassung einer „EE-freien" KWK in § 7 Abs. 1 Nr. 1 und Nr. 3 EEWärmeG folgt,[204] ist jedoch darauf hinzuweisen, dass eine entsprechende Festsetzung – in unionsrechtskonformer Auslegung – gerade nicht (vorbehaltlos) zu einer Vollversorgung aus „EE-freier" KWK führen darf.

Hinsichtlich der in § 9 Abs. 1 Nr. 23 lit. b BauGB genannten Energieformen ist die Solarenergie seit der BauGB-Klimanovelle 2011 nicht mehr gesondert benannt. Da die Solarenergie als einzige EE-Form im Wärmebereich vollständig emissionslos genutzt werden kann, stellt die Aufhebung dieser appellähn-

---

[200] *Battis/Krautzberger/Mitschang/Reidt/Stüer*, Gesetz zur Förderung des Klimaschutzes bei der Entwicklung in den Städten und Gemeinden in Kraft getreten, NVwZ 2011, 897 (900); *Mitschang*, Die Auswirkungen der Klimaschutz-Novelle auf die kommunale Bauleitplanung, DVBl. 2012, 134 (138f.).

[201] Vgl. in diesem Zusammenhang die Legaldefinition des „Gebäudes" in § 32 Abs. 4 EEG.

[202] Angeboten hätte sich etwa eine Beschränkung auf solche KWK-Anlagen, die ihrerseits aus Erneuerbaren Energien gespeist werden.

[203] *Wickel*, Klimaschutz und Städtebau – Das Gesetz zur Förderung des Klimaschutzes bei der Entwicklung in den Städten und Gemeinden, UPR 2011, 416 (419).

[204] Siehe oben S. 60ff.

lichen Heraushebung nicht unbedingt einen Fortschritt dar, denn ein rechtlich bindender Vorrang der Solarenergie ergab sich auch zuvor schon nicht.

Des Weiteren ist die geänderte Regelung umfassender formuliert, indem an Stelle des „Einsatzes" von Erneuerbaren Energien nunmehr die Erzeugung, Nutzung und Speicherung von Strom, Wärme und Kälte aus Erneuerbaren Energien ausdrücklich aufgeführt werden. Damit werden zum einen Unsicherheiten vermieden, zum anderen werden die Kommunen befähigt, eigene verbindliche Regelungen für die maßgebliche Zukunftsherausforderung des Ausgleichs der Fluktuation bestimmter regenerativer Energien (Sonnen- und Windenergie) zu schaffen, indem die Speicherung mit aufgeführt wird. Eine derartige Erweiterung ist durchaus nicht selbstverständlich, denn im Vergleich zur bloßen Strom- oder Wärmeerzeugung aus Erneuerbaren Energien bedeutet deren Speicherung eine nochmalige Erhöhung der Komplexität, die sich in der Abwägung entsprechend bemerkbar machen muss.[205]

Weiterhin erhalten bleibt indessen auch nach der BauGB-Klimanovelle 2011 die ausdrückliche Beschränkung des § 9 Abs. 1 Nr. 23 lit. b BauGB auf die Errichtung von Gebäuden, d. h. auf den Neubaubereich. Die Empfehlung des vorbereitenden Gutachtens[206], durch eine Streichung dieser Voraussetzung auch weitergehende Festsetzungen zu ermöglichen, die – vorbehaltlich des baurechtlichen Bestandsschutzes – auch den aus Klimaschutzgründen so bedeutsamen Gebäudebestand adressieren, wurde nicht aufgegriffen.[207] Allerdings wird davon ausgegangen, dass im Falle größerer Umbauten oder Ausbauten Festsetzungen nach § 9 Abs. 1 Nr. 23 lit. b BauGB wirksam werden können.[208]

cc) Konkrete Festsetzungsmöglichkeiten

Die Auseinandersetzung mit § 9 Abs. 1 Nr. 23 lit. b BauGB hat dazu geführt, dass eine Vielzahl ganz konkreter Festsetzungen diskutiert wird, die – erst recht nach der Neufassung der Regelung durch die BauGB-Klimanovelle 2011 – erwogen werden können. Hierzu gehören neben der Festsetzung technischer Maßnahmen, d. h. einer Installationspflicht für EE-Anlagen bzw. KWK-Anla-

---

[205] Allgemein zu den erhöhten Anforderungen an die Abwägung bei Festsetzungen nach § 9 Abs. 1 Nr. 23 lit. b BauGB auch *Mitschang*, Die Auswirkungen der Klimaschutz-Novelle auf die kommunale Bauleitplanung, DVBl. 2012, 134 (139).

[206] *Battis/Kersten/Mitschang*, Rechtsfragen der ökologischen Stadterneuerung, 2010, S. 115. Auf das Gutachten wurde in der Gesetzesbegründung ausdrücklich verwiesen, siehe BT-Drs. 17/6076, S. 6.

[207] Kritisch hierzu auch *Wickel*, Klimaschutz und Städtebau – Das Gesetz zur Förderung des Klimaschutzes bei der Entwicklung in den Städten und Gemeinden, UPR 2011, 416 (419 f.).

[208] So *Longo*, Neue örtliche Energieversorgung als kommunale Aufgabe, 2010, S. 298; *Mitschang*, Die Auswirkungen der Klimaschutz-Novelle auf die kommunale Bauleitplanung, DVBl. 2012, 134 (138); *Spannowsky/Baumann*, in: Spannowsky/Uechtritz (Hrsg.), BauGB, 2009, § 9 Rn. 97.

gen,[209] die auch die zu nutzende(n) Energieform(en) klar benennt,[210] auch weiterhin Festsetzungen von unterstützenden baulichen Maßnahmen.

Bei der Wärmeversorgung spielen solche unterstützenden Maßnahmen vorrangig für die Solarenergie eine Rolle, denn ihre Nutzung ist in viel größerem Ausmaß von der äußeren baulichen Gestaltung eines Gebäudes abhängig als etwa die Verfeuerung von Biomasse in entsprechenden Heizungskesseln. Deshalb sind zur Beantwortung der Frage, welche Festsetzungen konkret vorstellbar wären, verschiedene Fallgestaltungen in Abhängigkeit von den einzelnen Energieträgern zu unterscheiden.

Erstens ist der Fall zu betrachten, dass im Bebauungsplan auf der Grundlage von § 9 Abs. 1 Nr. 23 lit. b BauGB eine Pflicht zur Installation einer Solarthermieanlage als *technische* Maßnahme festgesetzt wird. Weitere unterstützende *bauliche* Festsetzungen von Gebäudemerkmalen wie die Südausrichtung der Dachfläche oder die Dachform (Flach- oder Pultdach) sind schon aus Abwägungsgründen zur Ermöglichung der Nutzung von Solarthermieanlagen notwendig und gemäß § 9 Abs. 1 Nr. 1 und Nr. 2 BauGB auch zulässig.[211] Nur soweit etwa in Bezug auf die Festsetzung der Dachform bisher noch Zweifel bestanden, ob diese tatsächlich auf § 9 Abs. 1 Nr. 1 BauGB i. V. m. § 18 BauNVO gestützt werden kann,[212] könnte alternativ auch auf § 9 Abs. 1 Nr. 23 lit. b BauGB als Rechtsgrundlage zurückgegriffen werden.[213] Hierüber hinaus bedarf es grundsätzlich keiner zusätzlichen Festsetzung von unterstützenden Maßnahmen wie etwa der Installation der notwendigen Rohrleitungstechnik etc., die im Übergangsbereich zwischen baulichen und technischen Maßnahmen anzusiedeln sind, da diese bereits als notwendige Teilschritte in einer Installationspflicht enthalten sind.

Bei der Festsetzung von Solarthermieanlagen dürfen auch Mindestdeckungsraten und weitere Leistungsanforderungen an die Anlage festgelegt werden.[214]

---

[209] Beispielhaft die Festsetzungen der Stadt Baunatal (hierzu oben S. 135 f.), wo allerdings darüber hinaus eine Kopplung mit einem städtebaulichen Vertrag (hierzu unten S. 186 f.) erfolgt.

[210] Im Wärmebereich kommen damit also gemäß der Anerkennung in § 2 Abs. 1 EEWärmeG entweder Sonnenenergie, Geothermie bzw. Umweltwärme sowie feste, flüssige oder gasförmige Biomasse in Betracht.

[211] Hierzu näher oben S. 142 ff. und S. 144 ff.

[212] Vgl. *Ecofys* (Hrsg.), Energieeffizienz und Solarenergienutzung in der Bauleitplanung, 2006, S. 44.

[213] Auf § 9 Abs. 1 Nr. 23 lit. b BauGB als Rechtsgrundlage für Dachfestsetzungen abstellend bereits *Berkemann*, in: Berkemann/Halama (Hrsg.), BauGB 2004, § 9 Rn. 23; dem folgend *Ingold/Schwarz*, Klimaschutzelemente der Bauleitplanung, NuR 2010, 153 (159); *Söfker*, in: Ernst/Zinkahn/Bielenberg/Krautzberger (Hrsg.), BauGB, § 9 BauGB Rn. 197e; *Sparwasser/Mock*, Energieeffizienz und Klimaschutz im Bebauungsplan, ZUR 2008, 469 (470). Muster-Festsetzung etwa bei *Ecofys* (Hrsg.), Energieeffizienz und Solarenergienutzung in der Bauleitplanung, 2006, S. 35.

[214] So auch *Klinski/Longo*, Kommunale Strategien für den Ausbau erneuerbarer Energien im Rahmen des öffentlichen Baurechts, ZNER 2007, 41 (44).

Für den Festsetzungstatbestand des § 9 Abs. 1 Nr. 23 lit. a BauGB, der auf die *negative* und zudem *stoffbezogene* Steuerung durch den Ausschluss bestimmter Brennstoffe ausgelegt ist, wurde die Zulässigkeit entsprechender technischer Anforderungen zu Recht abgelehnt.[215] Dies lässt sich jedoch nicht auf § 9 Abs. 1 Nr. 23 lit. b BauGB übertragen, da diesem, anders als bei Nr. 23 lit. a, der Gedanke einer *positiven* und zudem *anlagenbezogenen* Steuerung zugrunde liegt, die auch detailliertere Vorgaben für die gewählten Techniken erforderlich macht. Wäre dies nicht möglich, würde die Festsetzungsmöglichkeit ihre Wirksamkeit verlieren, da es bei der Nutzung von EE-Anlagen nicht allein darauf ankommen kann, dass überhaupt eine EE-Nutzung erfolgt, sondern technische Daten wie etwa die Größe und der Wirkungsgrad der Anlage über die Effektivität einer Festsetzung entscheiden. Es empfiehlt sich insoweit eine Orientierung an den Vorgaben im EEWärmeG.[216] Es ist bereits an dieser Stelle darauf hinzuweisen, dass die Festsetzung einer Solarthermieanlage auch dann von Bedeutung ist, wenn hinsichtlich der Kollektorgröße nicht über die Vorgaben des EEWärmeG hinausgegangen wird, da eine entsprechende Bebauungsplanvorgabe jedenfalls eine Einschränkung der Technologieoffenheit des EEWärmeG bedeutet.[217]

Zweitens sind die Fälle einer verpflichtenden Festsetzung von sonstigen EE-Heizungsformen zu betrachten. Hierzu gehören die Geothermie bzw. Umweltwärme einerseits und die unterschiedlichen Formen der Biomasse andererseits. Die Festsetzung dieser EE-Anlagen erfordert wie auch bei der Solarenergiepflicht eine sorgfältige Abwägung, in der auch die Wirtschaftlichkeit zu berücksichtigen ist,[218] wenngleich es nicht erforderlich – und auch nicht sicher bestimmbar – ist, dass sich die Anlagen für den Bauherrn „rechnen". Jedoch dürfen keine unzumutbaren Mehrkosten auferlegt werden. Im Übrigen sind die technischen Zusammenhänge zu berücksichtigen.[219] Die Nutzung von Geothermie bzw. Umweltwärme benötigt meist Wärmekollektoren auf dem Grundstück, d. h. entweder in der Tiefe oder in der Fläche, sodass die Einsatzfähigkeit durch natürliche Umstände beschränkt wird bzw. eine Freihaltung von Flächen durch die Bauleitplanung erforderlich macht.[220] Hiervon abgesehen sind – an-

[215] *Fickert/Fieseler*, Der Umweltschutz im Städtebau, 2002, S. 272.

[216] Siehe § 5 Abs. 1 i. V. m. Nr. I der Anlage zum EEWärmeG.

[217] Näher zum Verhältnis von BauGB und EEWärmeG und zur Möglichkeit, mit Bebauungsplanfestsetzungen über die im EEWärmeG vorgegebene Deckungsrate hinauszugehen, sogleich auf S. 163 ff.

[218] Vgl. *Battis/Kersten/Mitschang*, Rechtsfragen zur ökologischen Stadterneuerung, 2009, S. 67 f.; *Schmidt*, Klimaschutz in der Bauleitplanung nach dem BauGB 2004, NVwZ 2006, 1354 (1358); *Söfker*, Bebauungsplan, Energieeinsparverordnung und Erneuerbare-Energien-Wärmegesetz, UPR 2009, 81 (83 f.).

[219] Hierzu und zum Folgenden auch *Ingold/Schwarz*, Städtebau- und Energiefachrecht, NuR 2010, 308 (311).

[220] Vgl. *Ingold/Schwarz*, Städtebau- und Energiefachrecht, NuR 2010, 308 (311); *Söfker*,

ders als bei der Solarthermie – keine weiteren unterstützenden Festsetzungen betreffend die Gestaltung der Gebäude notwendig. Alle notwendigen Vorkehrungen sind bereits in der Installationspflicht enthalten. Im Übrigen ist – gleichfalls im Unterschied zur Solarthermie – eine Vorbereitung zur nachträglichen Installation im Rahmen der Bauleitplanung nicht möglich, da eine nachträgliche Verlegung der Kollektoren in der Regel unwirtschaftlich ist. Bei der Festsetzung einer Installationspflicht für Biomasseheizungsanlagen gilt dieser Befund entsprechend, wobei die bauleitplanerische Vorbereitung eines Neubaus auf eine nachträgliche Installation von Biomasseheizungen regelmäßig daran scheitern dürfte, dass sich die verpflichtende Festsetzung größerer Räumlichkeiten, die für die Brennstofflagerung freigehalten werden müssten, nicht hinreichend rechtfertigen lässt.

Drittens ist der – wohl häufigste – Fall zu behandeln, in dem eine Stadt oder Gemeinde trotz der Klarstellungen in § 9 Abs. 1 Nr. 23 lit. b BauGB auf die Festsetzung von Installationspflichten verzichtet. Auch in diesem Fall sollte – neben einer „Südorientierung" der Gebäude und Verschattungsfreiheit der Dachflächen[221] – bauleitplanerisch auf der Grundlage von § 9 Abs. 1 Nr. 23 lit. b BauGB die Installation von Leerrohren und Leitungsschächte festgesetzt werden,[222] um eine spätere Nutzung der Solarthermie nicht auf lange Zeit unmöglich zu machen.[223] Was zunächst widersprüchlich klingen mag, dient vor allem der langfristigen (wirtschaftlichen) Nutzbarkeit eines Gebäudes, denn auf diese Weise bleibt die Möglichkeit einer späteren Installation von Anlagen zur Nutzung der Solarenergie eröffnet, die andernfalls in aller Regel unwirtschaftlich würde.[224] Bei absehbar auch zukünftig steigenden Energie- und Brennstoffpreisen (auch für Biomassebrennstoffe) kann sich eine Nachrüstung einer Solaranlage – gleich, ob zur Strom- oder zur Wärmeproduktion – im Laufe der Nutzungszeit eines Gebäudes, die sich über bis zu 100 Jahre erstrecken kann,[225] durchaus noch zu einem späteren Zeitpunkt aufdrängen.

Vorzugswürdig gegenüber einer Festsetzung zur Vorbereitung nachträglicher Installationen ist jedoch eine abschließende Klärung der Energieversor-

Bebauungsplan, Energieeinsparverordnung und Erneuerbare-Energien-Wärmegesetz, UPR 2009, 81 (87).

[221] Näher oben S. 142 ff., 144 ff., 147.

[222] *Berkemann*, in: Berkemann/Halama (Hrsg.), BauGB 2004, § 9 Rn. 23; dem folgend *Bothe*, in: Rixner/Biedermann/Steger (Hrsg.), PK-BauGB/BauNVO, 2010, § 9 BauGB Rn. 124; *Ingold/Schwarz*, Klimaschutzelemente der Bauleitplanung, NuR 2010, 153 (159); *Sparwasser/Mock*, Energieeffizienz und Klimaschutz im Bebauungsplan, ZUR 2008, 469 (470); ferner *Mitschang*, Die Auswirkungen der Klimaschutz-Novelle auf die kommunale Bauleitplanung, DVBl. 2012, 134 (139); *W. Schrödter*, in: Schrödter (Hrsg.), BauGB, 7. Aufl. 2006, § 9 Rn. 138b.

[223] Dies gilt sogar für den Fall, dass eine andere EE-Heizungsform als die Solarthermie verpflichtend vorgegeben wird.

[224] Vgl. *Berkemann*, in: Berkemann/Halama (Hrsg.), BauGB 2004, § 9 Rn. 23.

[225] Damit liegen die Nutzungszeiten eines Gebäudes weit über den (regelmäßigen) Nutzungszeiten für dessen Heizungsanlage.

gung neuer Gebäude, etwa in einem Energie- und Klimaschutzkonzept, das weitere Umstellungsmaßnahmen nach Errichtung eines Gebäudes so weit als möglich verzichtbar macht.

h) § 9 Abs. 1 Nr. 24 BauGB

Auch für den Festsetzungstatbestand des § 9 Abs. 1 Nr. 24 BauGB wird eine Instrumentalisierung zu Klimaschutzzwecken diskutiert. Schwerpunktmäßig ist dabei jedoch der hier nicht ausführlich zu behandelnde Bereich der Energieeffizienz betroffen. So ist umstritten, inwieweit ein Bebauungsplan so genannte Energiekennzahlen, d. h. quantitative Vorgaben zum Wärmeenergiebedarf eines Gebäudes, wie sie etwa in der EnEV verwendet werden, enthalten darf.[226] Aufgrund der immissionsschutzbezogenen Ausrichtung von § 9 Abs. 1 Nr. 24 3. Var. BauGB dürften aber weder sog. isolierte[227] noch sog. konkretisierende[228] Energiekennzahlen zulässig sein.[229]

i) § 9 Abs. 1 Nr. 25 BauGB

Festsetzungen nach § 9 Abs. 1 Nr. 25 BauGB, speziell solche nach lit. a der Norm haben unterstützende Funktion für die dauerhafte Nutzbarkeit von Solaranlagen zur Wärme- und Stromerzeugung. Auf dieser Grundlage können detailliert

---

[226] Sinn und Zweck der Bebauungsplanfestsetzung ist dabei natürlich eine Verschärfung gegenüber den einschlägigen EnEV-Werten.

[227] Gemeint ist die Festsetzung eines Jahresenergieverbrauchs in kWh/m². Im oben (S. 134 f.) beschriebenen Beispiel der Stadt Ansbach wurde eine solche Festsetzung getroffen, während ein ähnlicher Inhalt in Freiburg (oben S. 136) nur unter den „Hinweisen" im Bebauungsplan auftaucht. Vgl. in diesem Zusammenhang BVerwGE 110, 193 (200), wo jedenfalls so genannte Lärmsummenpegel mangels Bestimmtheit für unzulässig erklärt wurden.

[228] Dabei werden etwa, ganz in Anlehnung an die EnEV, so genannte Wärmedurchgangskoeffizienten, d. h. Vorgaben zur Dämmfähigkeit von ebenfalls im Bebauungsplan festgesetzten Baumaterialien aufgenommen.

[229] Wie hier *Bork*, Energiebezogene Festsetzungen in Flächennutzungs- und Bebauungsplänen, Städte- und Gemeinderat 1996, 349 (351 f.); *Ingold/Schwarz*, Klimaschutzelemente der Bauleitplanung, NuR 2010, 153 (160); *Kahl*, Klimaschutz durch die Kommunen – Möglichkeiten und Grenzen, ZUR 2010, 395 (397); *Rist*, Möglichkeiten und Grenzen ökologischer Festsetzungen im Bebauungsplan, BWVP 1994, 271 f.; *Spannowsky/Baumann*, in: Spannowsky/Uechtritz (Hrsg.), BauGB, 2009, § 9 Rn. 107. Demgegenüber konkretisierende Energiekennzahlen für rechtmäßig erachtend *Denny/Spangenberger*, Rechtliche Umsetzung energiebezogener Planungsinhalte, UPR 1999, 331 (333 f.); *Kraft*, Aktuelle Fragen immissionsschutzrechtlicher Festsetzungen in Bebauungsplänen, DVBl. 1998, 1048 (1052); *Sparwasser/Mock*, Energieeffizienz und Klimaschutz im Bebauungsplan, ZUR 2008, 469 (471); *Staiger*, Energieeffizienz und Solarenergienutzung in der Bauleitplanung – Gesellschaftliche Erfordernisse, rechtliche Möglichkeiten und Grenzen, UVP-Report 2009, 69 (71). Weitergehend werden auch isolierte Kennzahlen für zulässig angesehen bei *Roller*, Wärmeschutzbezogene Festsetzungen im Bebauungsplan, BauR 1995, 185 (189); *Schmidt*, Klimaschutz in der Bauleitplanung nach dem BauGB 2004, NVwZ 2006, 1354 (1360 f.).

die Anordnung[230] und die einzelnen Arten[231] von Bepflanzungen vorgegeben werden, sodass eine spätere Verschattung von (benachbarten) Dächern, auf denen Solaranlagen installiert sind, verhindert wird.[232] Darüber hinaus können Bepflanzungen auch positive Auswirkungen auf die Energieeffizienz haben, weil mit ihrer Hilfe an den erforderlichen Stellen ein Windschutz kreiert werden kann, der Energieverluste reduziert.[233] Festsetzungen über (Baum-)Bepflanzungen bedürfen allerdings genauer Informationen über den Verlauf der Ver- und Entsorgungsleitungen.[234]

5. Vorhabenbezogene Bebauungspläne

Der seit 1998 in § 12 BauGB verankerte vorhabenbezogene Bebauungsplan[235] kann gleichfalls zur Durchsetzung gemeindlicher Klimaschutzvorstellungen genutzt werden. Wie auch im Rahmen von Bebauungsplänen nach § 30 Abs. 1 bzw. Abs. 3 BauGB ist wiederum ein „städtebaulicher Grund" notwendig, um eine Einbeziehung von klimapolitischen Überlegungen zu rechtfertigen. Auch für den vorhabenbezogenen Bebauungsplan ist deshalb die Klarstellung, dass der allgemeine Klimaschutz einen städtebaulichen Grund für entsprechende Planinhalte darstellen kann,[236] von Bedeutung.[237] Vorhabenbezogene Bebauungspläne können sich etwa für die Ausdehnung der Nutzungspflichten des

---

[230] A. A. ohne Begründung *Ecofys* (Hrsg.), Energieeffizienz und Solarenergienutzung in der Bauleitplanung, 2006, S. 32, 45.

[231] Die gewählte Baum- oder Strauchart bestimmt nicht nur die Form, sondern zugleich auch die regelmäßige Höhe der Gewächse.

[232] Vgl. *Mitschang*, Die Belange von Klima und Energie in der Bauleitplanung, NuR 2008, 601 (606); *Portz*, Klimaschutz durch kommunale Bauleitplanung, BayGT 2009, 137 (140); *Söfker*, Bebauungsplan, Energieeinsparverordnung und Erneuerbare-Energien-Wärmegesetz, UPR 2009, 81 (86 f.). Dabei ist jedoch ein vollständiges Pflanzverbot unzulässig, vgl. näher und mit Festsetzungsbeispielen *Stüer*, Der Bebauungsplan, 4. Aufl. 2009, Rn. 126.

[233] *Spannowsky*, Regenerative Energien und räumliche Planung, in: Köck/Faßbender (Hrsg.), Klimaschutz durch Erneuerbare Energien, 2010, S. 95 (100); *Schmelzle/Probst*, Klimaschutz und Energieeinsparung durch bauleitplanerische Festsetzungen, IR 2010, 146 (148), weisen zudem auf die CO_2-absorbierende Wirkung von Pflanzen hin; vgl. ferner bereits sehr früh *Peine*, Energiesparen – bau- und planungsrechtliche Aspekte, DVBl. 1991, 965 (967).

[234] *Denny/Spangenberger*, Planung einer Solarsiedlung, BBauBl 5/2001, 20 (22).

[235] Allgemein zur Entwicklung und zu den gesetzlichen Voraussetzungen *Hoppe/Bönker/Grotefels*, Öffentliches Baurecht, 4. Aufl. 2010, § 13 Rn. 137 ff.; *Krautzberger*, Städtebauliche Verträge in der praktischen Bewährung, UPR 2007, 407 (410 ff.); *Menke*, Der vorhabenbezogene Bebauungsplan, NVwZ 1998, 577 ff.; *Oerder*, Praktische Probleme beim vorhabenbezogenen Bebauungsplan gemäß § 12 BauGB, BauR 2009, 744 ff.

[236] Siehe oben S. 117 ff.

[237] Zur Beurteilung nach der früheren Rechtslage *Koch/Mengel*, Gemeindliche Kompetenzen für Maßnahmen des Klimaschutzes am Beispiel der Kraft-Wärme-Kopplung, DVBl. 2000, 953 (959 f.).

EEWärmeG eignen.[238] Die Gemeinde ist hinsichtlich des Inhalts des vorhabenbezogenen Bebauungsplans gemäß § 12 Abs. 3 S. 2 BauGB ausdrücklich nicht an den Festsetzungskatalog des § 9 Abs. 1 BauGB gebunden. Nach den weitgehenden Klarstellungen in § 9 Abs. 1 Nr. 23 lit. b BauGB durch die BauGB-Klimanovelle 2011 ist die Bedeutung dieser „Befreiungsklausel" für die EE-Förderung jedoch stark zurückgegangen. Die erweiterten Festsetzungsmöglichkeiten, die ein vorhabenbezogener Bebauungsplan bietet, spielen im Hinblick auf den Klimaschutz deshalb vor allem bei den hier nicht schwerpunktmäßig behandelten Festsetzungen zur Energieeffizienz, deren Abstützung auf § 9 Abs. 1 Nr. 24 3. Var. BauGB zu bezweifeln ist,[239] eine Rolle. Allerdings ist dabei die Bereitschaft des Vorhabenträgers, entsprechende Anforderungen zu erfüllen, von besonderer Bedeutung, denn der Plan wird zwischen der Gemeinde und dem Vorhabenträger „abgestimmt" (§ 12 Abs. 1 S. 1 BauGB) und im Übrigen regelmäßig durch den Vorhabenträger ausgearbeitet.[240] In den tatsächlichen Möglichkeiten zur Berücksichtigung von Klimaschutzaspekten entspricht ein vorhabenbezogener Bebauungsplan deshalb weitgehend dem Instrument des städtebaulichen Vertrages.

6. Verwaltungsinterne Vorgaben

Für die Optimierung von Bebauungsplänen im Hinblick auf Klimaschutzaspekte ist es zwar zunächst entscheidend, dass der Kommune entsprechende Festsetzungsmöglichkeiten überhaupt zur Verfügung stehen. Dies allein garantiert aber nicht deren Anwendung und dauerhafte Berücksichtigung in der Planungspraxis – unabhängig von einer Akzentuierung durch die wechselnde Schwerpunktsetzung in der kommunalen Tagespolitik. Deshalb ist es angezeigt, durch entsprechende Leitlinien für die Kommunalverwaltung sicherzustellen, dass von den zur Verfügung stehenden Möglichkeiten auch tatsächlich Gebrauch gemacht wird bzw. die wesentlichen energierelevanten Belange in der Planung berücksichtigt werden. Außerdem können solche generellen Vorgaben zu einer Verstetigung des Klimaschutzgedankens führen, indem sie diese Erwägungen in gewissem Umfang von der personellen Diskontinuität der kommunalen Entscheidungsträger entbinden. Verwaltungsinterne Vorgaben für Bebauungspläne können dabei an gegebenenfalls vorhandene allgemeine Beschlüsse zur Selbstverpflichtung einer Gemeinde auf eigene Klimaschutzziele[241]

---

[238] Dazu unten S. 164 ff.

[239] Hierzu oben S. 160.

[240] Vgl. *Menke*, Der vorhabenbezogene Bebauungsplan, NVwZ 1998, 577 f.

[241] In Betracht kommt etwa ein Gemeinde-/Stadtratsbeschluss, in dem sich die Kommune verpflichtet, die THG-Emissionen auf ihrem Gebiet in einem bestimmten Zeitraum in bestimmtem Umfang zu reduzieren.

anknüpfen oder aber an ein idealerweise vorhandenes Klimaschutz- und Energiekonzept,[242] für dessen Umsetzung im Neubaubereich sie ein probates Mittel darstellen.

Verwaltungsvorgaben für die energetische Optimierung in der kommunalen Bauleitplanung, die als Gemeinde-/Stadtratsbeschluss ergehen können, werden dabei häufig keine zwingenden Regelungen enthalten, wie es bei Verwaltungsvorschriften sonst üblich wäre, weil damit die notwendige planerische Abwägung im Einzelfall unmöglich gemacht würde. Allerdings können die Inhalte solcher Verwaltungsvorgaben ein stärkeres Bewusstsein für die zu berücksichtigenden Belange schaffen und im Übrigen auch dabei helfen, die Vorstellungen verschiedener Verwaltungsreferate zu verknüpfen, soweit dies bisher noch nicht durch die interne Organisation erfolgt, etwa weil Umwelt- und Baureferat aus sonstigen Gründen getrennt sind.

Bei der Ausgestaltung der Inhalte solcher Verwaltungsvorgaben ist die Kommune weitgehend frei.[243] Die Vorgaben können etwa die wesentlichen Aspekte, die aus energetischen Gründen in der Abwägung berücksichtigt werden müssen (Kompaktheit, Südorientierung, Verschattungsfreiheit etc.), auflisten, um so das Risiko zu minimieren, dass wesentliche Belange erst zu spät erkannt werden. Außerdem können verwaltungsintern bindende Prüf- und Dokumentationspflichten im Hinblick auf die Berücksichtigungsfähigkeit energetischer Festsetzungen aufgenommen werden. Ferner bietet es sich an, Hinweise zu integrieren, welche Festsetzungen nach den gesetzlichen Regelungen (unstreitig) zulässig sind, sodass sichergestellt ist, dass wesentliche Änderungen, wie etwa durch die BauGB-Klimanovelle 2011, von allen Beteiligten und allen Entscheidungsträgern wahrgenommen werden können. Vor dem Hintergrund der Vielzahl der am Planungsprozess Beteiligten sind einheitliche und leicht zugängliche Vorgaben ein nicht zu unterschätzender Vorteil.[244]

7. Verhältnis von Bebauungsplänen zum EEWärmeG

a) Vorbemerkung

Das Verhältnis von bauleitplanerischen Vorgaben und dem EEWärmeG wurde bisher nur unzureichend untersucht. Dies gilt auch für die Auseinanderset-

---

[242] Hierzu unten § 10 (S. 342 ff.).

[243] Beispiele bei *Bruns*, Kommunaler Klimaschutz in Nordrhein-Westfalen: das Klimaschutzkonzept der Stadt Münster, in: Glenewinkel/Treutner (Hrsg.), Kommunaler Umwelt- und Klimaschutz, 2010, S. 61 (68); *Marks*, Solarenergie im Wohnungsbau, 2001, S. 162 f., 372; *Stadt Hannover*, Ökologische Standards beim Bauen im kommunalen Einflussbereich, Anlage 1 zur Drucksache Nr. 1440/2007 und Drucksache Nr. 1984/2009, S. 4 f. (https://e-government.hannover-stadt.de/; abgerufen: 30. 10. 2012).

[244] So auch *Marks*, Solarenergie im Wohnungsbau, 2001, S. 162 f.

zungen mit der BauGB-Klimanovelle 2011, obwohl gerade deren Inhalte die Problematik des Zusammenwirkens von Ordnungs- und Bauplanungsrecht noch einmal besonders deutlich gemacht haben. Diese Lücke gilt es zumindest teilweise zu schließen und so die Erkenntnisse aus der Untersuchung des EEWärmeG[245] und des BauGB zusammenzuführen. Vorrangig stellen sich dabei Fragen in Bezug auf Bebauungsplanfestsetzungen auf der Grundlage von § 9 Abs. 1 Nr. 23 lit. a und lit. b BauGB. Zu unterscheiden sind insoweit im vorliegenden Zusammenhang einerseits Festsetzungen *zu Gunsten* und andererseits *zu Lasten* Erneuerbarer Wärme.

b) Festsetzungen zu Gunsten Erneuerbarer Wärme

aa) Hintergrund

Festsetzungen zu Gunsten Erneuerbarer Wärme sind solche, die auf der Grundlage von § 9 Abs. 1 Nr. 23 lit. b BauGB bestimmte Vorgaben zur Verwendung, d. h. zur Installation von EE-Technologien zur Wärmeerzeugung, treffen.[246] Als EE-Technologien sind dabei alle Techniken gemäß § 2 Abs. 1 EEWärmeG anzusehen.[247] Ferner sind auch Bebauungsplaninhalte auf Grundlage von § 9 Abs. 1 Nr. 1, 2 BauGB relevant, mit denen die sonstigen Voraussetzungen für eine Nutzung der Sonnenenergie geschaffen werden. Zwar kommt in Veröffentlichungen der kommunalen Spitzenverbände die Ansicht zum Ausdruck, dass allein schon die Existenz von fachgesetzlichen Regelungen wie dem EEWärmeG die kommunalen Ambitionen im Bereich der klimaschützenden Festsetzungen deutlich reduziere.[248] Nicht zuletzt vor dem Hintergrund einer auf kurzfristige Wahlerfolge ausgerichteten Politik, auch auf kommunaler Ebene, die bei zwingenden Investitionsvorgaben Zustimmungsverluste bei den Wählern fürchtet, ist dies nicht überraschend. Allerdings haben Städte und Gemeinden auch die Möglichkeit und Verantwortung zur Feinsteuerung des EEWärmeG. Während das auf größtmögliche Technologieoffenheit ausgelegte EEWärmeG für das gesamte Bundesgebiet und möglichst alle Einzelfälle Erfüllungsoptionen zur Verfügung zu stellen versucht, kann die Bauleitplanung zielgenauer auf die örtlichen Gegebenheiten der Wärmeversorgung eingehen.[249] Diese Verantwortung gilt es wahrzunehmen, gleichgültig, ob über das Instrument des Bebauungsplans oder

[245] Oben § 1 (S. 22 ff.).

[246] Siehe im Einzelnen oben S. 152 ff.

[247] Es ist darauf hinzuweisen, dass eine Wärmeversorgung über ein Netz, das von einer KWK-Anlage gespeist wird, in der ausschließlich fossile Energieträger verfeuert werden, nicht hierunter fällt.

[248] *Deutscher Städtetag*, Positionspapier Klimaschutz in den Städten, 19. 5. 2008, Az. 70.18.00 D, S. 9. Das Positionspapier wird auch wiedergegeben in A-Drs. 17(15)269-E.

[249] Ähnlich *Deutsches Institut für Urbanistik* (Hrsg.), Klimaschutz in Kommunen, 2011, S. 37 (auch online unter http://leitfaden.kommunaler-klimaschutz.de/; abgerufen: 30. 10. 2012).

sonstige gleich wirksame Instrumente. Die weitere Untersuchung wird zeigen, dass den Kommunen eine entsprechende Feinsteuerung durch die Bebauungsplanfestsetzungen keineswegs verwehrt ist. Im Ergebnis bewirken vielmehr die relativ großzügig gestalteten ordnungsrechtlichen Nutzungspflichten, wie sie im Wärmebereich durch das EEWärmeG geschaffen wurden, mittelbar-faktisch die Notwendigkeit der Berücksichtigung des Klimaschutzes in der Bauleitplanung. Soweit bereits zwingende Bundesregelungen die EE-Nutzung sicherstellen, bedarf es zwar keiner „Initiativbehandlung" durch die Kommunen mehr. Stattdessen tritt allerdings die („positive") städtebauliche Feinsteuerung in den Vordergrund, die sich auf Bundesebene nicht vornehmen lässt. Da die Zahl der bereits bestehenden Bebauungspläne mit Festsetzungen zu Gunsten Erneuerbarer Wärme überschaubar ist, stellen sich die Fragen zum Verhältnis von BauGB und EEWärmeG eher im Hinblick auf zukünftig zu erlassende Bebauungspläne, obgleich sich die Bewertungen naturgemäß auf bereits bestehende Festsetzungen übertragen lassen.

Im Übrigen ist es (theoretisch) denkbar, dass Gemeinden auch noch nachträglich EE-Festsetzungen in bestehende Bebauungspläne aufnehmen. Deren Wirkung wäre jedoch zunächst durch den Wortlaut des §9 Abs. 1 Nr. 23 lit. b BauGB („Errichtung") sowie durch den baurechtlichen Bestandsschutz begrenzt.[250] Im Übrigen dürften Gemeinden regelmäßig von einer Ergänzung ihrer Bebauungspläne Abstand nehmen, weil sie befürchten, hierdurch die rechtssichernde Wirkung des §215 Abs. 1 S. 1 BauGB wieder aufzugeben. Letzteres trifft indessen nur teilweise zu. Zentrale Norm ist insoweit §1 Abs. 8 BauGB, wonach die §§214ff. BauGB auch für die Änderung bzw. Ergänzung eines Bebauungsplans gelten. Dabei ist jedoch zum einen nicht zu vernachlässigen, dass die Rügefrist des §215 Abs. 1 S. 1 BauGB nur für die dort in den Nr. 1–3 aufgezählten Fehlertatbestände gilt. Hiervon nicht erfasst sind hingegen Fehler des Abwägungs*ergebnisses*, die zeitlich unbefristet gerügt werden können.[251] Zum anderen ist die Rügemöglichkeit im Falle einer Abänderung eines bestehenden Bebauungsplans begrenzt auf den Teil des Plans, der geändert wird.

bb) Grundsatz

Das Verhältnis von EEWärmeG und BauGB war lange Zeit umstritten. Die Gesetzesbegründung, die das EEWärmeG als „abschließende" Normierung auswies, bezog sich insoweit vorrangig auf das Verhältnis zum Landesrecht.[252] In der Folge wurde eine parallele Anwendbarkeit von §9 Abs. 1 Nr. 23 lit. b BauGB verbreitet bejaht und auf die historisch-genetische Begründung ge-

---

[250] Siehe hierzu oben S. 156 mit Fn. 208.

[251] Vgl. *Gaentzsch*, in: Berliner Kommentar zum BauGB, §214 Rn. 59ff.

[252] BT-Drs. 16/8149, S. 22.

stützt, dass der Gesetzgeber bei Erlass des EEWärmeG die Festsetzungsmöglichkeiten nach dem BauGB unverändert gelassen hatte.[253] Eine solche „Negativbetrachtung" erschien jedoch keineswegs zwingend, gerade vor dem Hintergrund des lange Zeit umstrittenen Inhalts von § 9 Abs. 1 Nr. 23 lit. b BauGB. Im Übrigen adressiert das EEWärmeG ausschließlich den Wärmebereich, mithin einen auch gegenüber der vor der BauGB-Klimanovelle 2011 gültigen Formulierung des § 9 Abs. 1 Nr. 23 lit. b BauGB spezielleren Sachbereich. Daher lag es nahe, das EEWärmeG als *lex specialis* gegenüber dem BauGB einzuordnen, zumal es detaillierte Regelungen zur Erfüllung der EE-Nutzungspflicht enthält.[254]

Diese Unklarheiten dürften jedoch seit dem EAG EE[255] beseitigt sein. Dessen Gesetzesbegründung enthält eine klare Stellungnahme zum Verhältnis des EE-WärmeG zum BauGB. Anlass hierfür war eine Neufassung der Öffnungsklausel des § 3 Abs. 2 EEWärmeG a. F. (jetzt: § 3 Abs. 4 EEWärmeG). Hierzu äußert der Gesetzgeber in der Begründung, dass der im Übrigen abschließende Charakter des EEWärmeG „keine Einschränkungen für die Wahrnehmung der kommunalen Gestaltungsspielräume im Rahmen der Bauleitplanung zur Folge"[256] habe. Hieraus lässt sich ableiten, dass Festsetzungen zu Gunsten Erneuerbarer Wärme auf der Grundlage des BauGB durch das EEWärmeG nicht ausgeschlossen sind. Auch die Änderungen im Rahmen der BauGB-Klimanovelle 2011, speziell die Änderungen des § 9 Abs. 1 Nr. 23 lit. b BauGB zeigen, dass den Kommunen trotz Existenz des EEWärmeG eigene Entscheidungsspielräume bei der Gestaltung der klimafreundlichen Wärmeversorgung des Neubaubereichs belassen werden sollen.[257]

cc) Ausdehnung der Nutzungspflichten

Zunächst kommt eine Ausdehnung der EE-Nutzungspflichten durch entsprechende Bebauungsplanfestsetzungen in Betracht, die sich einerseits in einer

[253] *Ekardt/Heitmann*, Probleme des EEWärmeG bei Neubauten, ZNER 2009, 346 (353); *Ekardt/Schmitz/Schmidtke*, Kommunaler Klimaschutz durch Baurecht: Rechtsprobleme der Solarenergie und der Kraft-Wärme-Kopplung, ZNER 2008, 334 (340); *Longo*, Neue örtliche Energieversorgung als kommunale Aufgabe, 2010, S. 254; *Milkau*, Ansätze zur Förderung der erneuerbaren Energien im Wärmemarkt, 2009, S. 262 f.; *Schläger*, Das Erneuerbare-Energien-Wärmegesetz: Wesentlicher Inhalt, andere ähnliche Regelungen und zivilrechtliche Folgen, ZMR 2009, 339 (340); *Wustlich*, Das Erneuerbare-Energien-Wärmegesetz, NVwZ 2008, 1041 (1046 f.); *Wustlich*, in: Müller/Oschmann/Wustlich (Hrsg.), EEWärmeG, 2010, § 3 Rn. 79; *Wustlich*, in: Danner/Theobald (Hrsg.), Energierecht, EEG VI B 4 Einf Rn. 168. A. A., aber ohne Begründung *Manten/Elbel*, Möglichkeiten und Grenzen des kommunalen Klimaschutzes in den neuen Bundesländern, LKV 2009, 1 (3).

[254] Im Ergebnis weitgehend ebenso, aber auf den *lex posterior*-Grundsatz abstellend *T. Müller*, in: Müller/Oschmann/Wustlich (Hrsg.), EEWärmeG, 2010, Einleitung Rn. 62.

[255] Hierzu näher oben S. 23 ff.

[256] BT-Drs. 17/3629, S. 45.

[257] Im Ergebnis ebenso *Wagner*, in: Ernst/Zinkahn/Bielenberg/Krautzberger (Hrsg.), BauGB, § 1a BauGB Rn. 273.

über das EEWärmeG hinausgehenden Erweiterung des Anwendungsbereichs entsprechender Pflichten und andererseits in einer Verschärfung des Inhalts der Nutzungspflicht in Form einer Erhöhung der EE-Deckungsraten ausdrücken kann.[258]

Erstens drängt sich in Bezug auf den Anwendungsbereich des EEWärmeG eine Aufnahme von EE-Nutzungspflichten für solche Gebäude, die der Ausnahmevorschrift des § 4 EEWärmeG unterfallen, in entsprechende Bebauungspläne auf. Die Hintergründe, warum für eine Vielzahl der in § 4 EEWärmeG genannten Baulichkeiten eine Einbeziehung dieser weitgehend aus dem Energieeffizienzrecht übernommenen Ausnahmefälle in die EE-Nutzungspflichten angeraten ist, wurden bereits erläutert.[259] Auf die jeweiligen Bauwerkstypen ist mit entsprechend angepassten Vorgaben Rücksicht zu nehmen. So bietet sich etwa bei landwirtschaftlichen Gebäuden eine Wärmeversorgung über eine eigene Biogas- und KWK-Anlage an. Als problematisch dürfte sich hierbei jedoch erweisen, dass die betreffenden Gebäude häufig unter § 35 Abs. 1 Nr. 1 BauGB fallen werden, sodass eine aktive Beplanung der betreffenden Flächen durch die Kommune gar nicht stattfindet.

Zweitens wäre zu erwägen, ob über Bebauungspläne der Bereich der *Prozesswärme* adressiert werden kann, der aus dem Anwendungsbereich des EEWärmeG ausgeklammert wurde (vgl. § 2 Abs. 2 Nr. 9 EEWärmeG).[260] So ließe etwa der Wortlaut des § 9 Abs. 1 Nr. 23 lit. a BauGB den Ausschluss bestimmter Brennstoffe für industrielle Produktionsstätten zu.[261] Auch aus § 9 Abs. 1 Nr. 23 lit. b BauGB ist keine Beschränkung auf die *Gebäude*wärme ersichtlich, sodass Vorgaben zur Nutzung von Biomassefeuerungsanlagen (insbesondere Biogas) zur Erzeugung der benötigten Prozesswärme in Betracht kommen. Solange die planende Gemeinde die Anforderungen des Abwägungsgebots einhält und Festsetzungen zu Gunsten von Erneuerbarer Wärme nicht im Ergebnis auf einen Ausschluss (an Stelle einer klimagerechten Modifikation) von Anlagen, in denen Prozesswärme genutzt wird, hinauslaufen,[262] wären entsprechende

---

[258] Eine Verschärfung gegenüber dem EEWärmeG ebenfalls für zulässig erachtend *Stüer/Stüer*, Die BauGB-Klimanovelle und das Energiefach- und -finanzierungsrecht 2011, DVBl. 2011, 1117 (1120); demgegenüber restriktiver *Deutsches Institut für Urbanistik* (Hrsg.), Klimaschutz in Kommunen, 2011, S. 38 (auch online unter http://leitfaden.kommunaler-klimaschutz.de/; abgerufen: 30. 10. 2012).

[259] Siehe oben S. 43 ff.

[260] Näher und kritisch hierzu oben S. 41 ff.

[261] *Battis/Kersten/Mitschang*, Rechtsfragen der ökologischen Stadterneuerung, 2010, S. 60; *Löhr*, in: Battis/Krautzberger/Löhr (Hrsg.), BauGB, 11. Aufl. 2009, § 9 Rn. 83; ferner auch *W. Schrödter*, in: Schrödter (Hrsg.), BauGB, 7. Aufl. 2006, § 9 Rn. 129, der jedoch eine Instrumentalisierung des § 9 Abs. 1 Nr. 23 lit. a BauGB für den globalen Klimaschutz ablehnt (Rn. 123a).

[262] Damit würde im Übrigen auch das Anlagenzulassungsrecht des Bundes, insbesondere das BImSchG, konterkariert, vgl. *Reidt*, Klimaschutz, erneuerbare Energien und städtebauliche Gründe, BauR 2010, 2025 (2030).

klimaschützende Bebauungsplaninhalte zulässig. Allerdings müssten dann die komplexen technischen Betrachtungen, die der Bundesgesetzgeber bei Erlass des EEWärmeG mangels verfügbarer Daten[263] und wegen der Vielschichtigkeit von Prozesswärmeanwendungen vermieden hat, von der planenden Gemeinde vorgenommen werden. Eine Kommune würde damit Neuland betreten, weil bisher nur wenige Erfahrungen mit Erneuerbaren Energien im Prozesswärmebereich vorhanden sind. Auch wenn gerade deshalb erste Erfahrungen in diesem Sektor umso nützlicher wären, ist dies selbst bei größeren Städten kaum zu erwarten, weil auch dort die Sorge vor hierdurch verursachten Investitionshemmnissen überwiegen dürfte. Im Bereich der Prozesswärme käme deshalb allein die Instrumentalisierung des städtebaulichen Vertrages, d. h. ein Vorgehen im Konsens mit dem betroffenen Investor, in Frage. Angesichts der technischen Herausforderungen bedarf es aber selbst hierfür einer mit Blick auf die EE-Förderung ambitionierten Einstellung in der betreffenden Kommune. Auch die rechtliche Zulässigkeit von Vorgaben zur EE-Verwendung bei der Prozesswärme dürfte deshalb kaum zu Fortschritten auf diesem Gebiet führen. Daher werden weiterhin zunächst die Technologieförderung und im Übrigen der Bundesgesetzgeber gefordert bleiben.

Denkbar ist *drittens* auch eine Erhöhung der Deckungsraten, die in § 5 EEWärmeG angegeben sind. Dies dürfte indessen regelmäßig mit einer näheren Festlegung auf bestimmte EE-Formen verknüpft sein, sodass dann vorrangig eine Feinsteuerung des EEWärmeG vorliegt.[264] Zu erwägen ist allerdings die Vorgabe, wonach die Mindestdeckungsrate des EEWärmeG für die jeweilige *vom Bauherrn gewählte* EE-Form (falls eine solche und keine Ersatzmaßnahme gewählt wird) um einen bestimmten Prozentsatz übererfüllt werden muss. Die technischen Besonderheiten und Möglichkeiten der einzelnen EE-Formen, speziell der Solarthermie, müssen hierbei in der Abwägung berücksichtigt werden.

dd) Feinsteuerung des EEWärmeG

Eine „Feinsteuerung" des EEWärmeG bedeutet vor allem eine Einschränkung der Wahlfreiheit des Bauherrn, wie er die Pflichten, die sich aus dem EEWärmeG ergeben, erfüllen möchte. Diese einschränkenden bzw. verschärfenden Festsetzungen müssen vor dem Hintergrund von § 1 Abs. 6 Nr. 7 lit. f BauGB gut abgewogen werden (§ 1 Abs. 7, § 1a Abs. 5 S. 2 BauGB),[265] wobei ein voran-

---

[263] Anders als im Bereich der Gebäudewärme existieren für den Einsatz Erneuerbarer Energien in Prozesswärmeanwendungen derzeit keine technischen Normen bzw. Regelwerke, die einen hinreichenden Vollzug gesetzlicher Vorgaben ermöglichen könnten.

[264] Hierzu sogleich unter dd).

[265] Vor diesem Hintergrund wird teilweise von EE-Festsetzungen abgeraten, so *Kuschnerus*, Der sachgerechte Bebauungsplan – Handreichungen für die kommunale Praxis, 4. Aufl. 2010, Rn. 553; ebenfalls restriktiv unter Berufung auf Verhältnismäßigkeitserwägungen *Söfker*, in: Ernst/Zinkahn/Bielenberg/Krautzberger (Hrsg.), BauGB, § 9 BauGB Rn. 197d.

gehendes Klimaschutzkonzept der Gemeinde von großem Nutzen sein kann.[266] Die Abwägung sollte im Übrigen in der Begründung zum Bebauungsplan (vgl. § 10 Abs. 3 S. 2 BauGB) niedergelegt sein. Dort kann auch auf ein vorhandenes Klimaschutzkonzept Bezug genommen werden.

Das EEWärmeG selbst steht einer solchen Feinsteuerung nicht entgegen. Nach der bereits angesprochenen Begründung zum EAG EE verdrängt das EEWärmeG nur „andersartige Förderinstrumente", die nicht mit den Mechanismen des EEWärmeG harmonieren.[267] Für die Festsetzung einer EE-Nutzungspflicht durch Bebauungsplaninhalte, die bestimmte im EEWärmeG allgemein für zulässig erachtete Erfüllungsoptionen ausschließen, ist nicht ersichtlich, dass diese den Mechanismen des EEWärmeG grundsätzlich widersprechen würde. Ungeachtet der Abweichungen im Detail handelt es sich bei beiden Instrumenten um verpflichtende Vorgaben zur EE-Nutzung. Die Technologieoffenheit des EEWärmeG, die durch entsprechende Bebauungsplanfestsetzungen eingeschränkt würde, kann im Übrigen kaum als ein das Gesetz prägender Mechanismus eingeordnet werden.[268] Dies lässt sich zum einen aus § 16 EEWärmeG ersehen, der klarstellt, dass Gemeinden das Instrument des Anschluss- und Benutzungszwangs aus klimapolitischen Gründen nutzen sollen. Mit einem solchen Anschluss- und Benutzungszwang wird die Technologieoffenheit des EEWärmeG in ganz erheblicher Weise eingeschränkt, sodass es sich hierbei keineswegs um ein übergeordnetes Prinzip des EEWärmeG handeln dürfte. Zum anderen ist zu berücksichtigen, dass die Technologieoffenheit den Zweck verfolgt, die Vorgaben des EEWärmeG möglichst für alle Fälle im Bundesgebiet zumutbar und erfüllbar (sowie politisch durchsetzbar) zu halten. Eben diese Zumutbarkeitsbeurteilung kann – und muss – eine Gemeinde allerdings auch auf örtlicher Ebene unter Berücksichtigung der individuellen Verhältnisse und Planungsvorstellungen treffen.[269] Sowohl aus der EAG EE-Begründung als auch aus der Neufassung von § 9 Abs. 1 Nr. 23 lit. b BauGB lässt sich damit ferner herleiten, dass eine Feinsteuerung durch die Kommunen nicht

---

[266] Unter diesen Voraussetzungen eine Verschärfung des EEWärmeG durch Bebauungspläne ebenfalls für zulässig haltend *Battis/Kersten/Mitschang*, Rechtsfragen der ökologischen Stadterneuerung, 2010, S. 113; *Ingold/Schwarz*, Städtebau- und Energiefachrecht, NuR 2010, 308 (312); *Stüer/Stüer*, Die BauGB-Klimanovelle und das Energiefach- und -finanzierungsrecht 2011, DVBl. 2011, 1117 (1120). Siehe im Einzelnen die oben auf S. 141 ff. genannten abwägungsrelevanten Aspekte. Demgegenüber will *Söfker*, Das Gesetz zur Förderung des Klimaschutzes bei der Entwicklung in den Städten und Gemeinden, ZfBR 2011, 541 (545), derartige über das EEWärmeG hinausreichende Vorgaben offenbar nur in städtebaulichen Verträgen zulassen.

[267] BT-Drs. 17/3629, S. 45.

[268] In diese Richtung aber *Söfker*, Bebauungsplan, Energieeinsparverordnung und Erneuerbare-Energien-Wärmegesetz, UPR 2009, 81 (84).

[269] Der Zweck der Technologieoffenheit, auf örtliche Verhältnisse Rücksicht nehmen zu können, wird indessen auch anerkannt bei *Söfker*, Bebauungsplan, Energieeinsparverordnung und Erneuerbare-Energien-Wärmegesetz, UPR 2009, 81 (84).

auf die von § 5 Abs. 1 i. V. m. Nr. I. 1. lit. a der Anlage zum EEWärmeG ausgedrückte (und an die Länder gerichtete) Möglichkeit der Erhöhung der Kollektorflächen von Solarthermieanlagen begrenzt ist.[270] Stattdessen sollen Städte und Kommunen durch die Festsetzungsmöglichkeiten des § 9 Abs. 1 BauGB in die Lage versetzt werden, eine umfassende Steuerung der Wärmeversorgung aus Erneuerbaren Energien für den Neubaubereich vor dem Hintergrund ihrer jeweiligen städtebaulichen Situation vornehmen zu können.[271] Ergibt die Abwägung beim Erlass eines Bebauungsplans demnach, dass nicht alle Erleichterungen, die das EEWärmeG enthält, für das betroffene Plangebiet erforderlich sind, so kann ein Bebauungsplan gegenüber dem EEWärmeG strengere Anforderungen enthalten.

Ganz besondere Relevanz hat dabei die Möglichkeit, die Ersatzmaßnahmen nach § 7 EEWärmeG, soweit hierdurch vollständig auf die Nutzung Erneuerbarer Energien verzichtet wird, auszuschließen. Hiervon wurde etwa seitens der Stadt Baunatal Gebrauch gemacht.[272] Schon aufgrund der nach hier vertretener Ansicht vorliegenden Unionsrechtswidrigkeit der vorbehaltlosen EE-freien Ersatzmaßnahmen (ab 1. 1. 2015)[273] ist eine Modifizierung seitens der Kommunen im Zuge der Bauleitplanung angeraten. Ersatzmaßnahmen ohne EE-Verwendung sollten auch dort stets nur dann zugelassen werden, wenn eine EE-Nutzung aus technischen oder sonstigen Gründen ausgeschlossen oder unzumutbar ist.

Darüber hinaus kommen weitere Festsetzungen zur Modifikation bzw. Verschärfung der Anforderungen des EEWärmeG an die einzelnen Erfüllungsoptionen bzw. EE-Technologien in Betracht. Eine Erhöhung der Mindestdeckungsraten kann insbesondere für die Solarthermie erwogen werden. Es kommt in Betracht, größere Kollektorflächen als in § 5 Abs. 1 i. V. m. Nr. I. 1. der Anlage zum EEWärmeG festgelegt vorzugeben. In der Abwägung ist zu berücksichtigen, dass es nicht genügt, pauschal unter Berufung auf den Klimaschutz eine Erhöhung der Kollektorfläche vorzunehmen. Notwendig ist vielmehr die Berücksichtigung des Energiebedarfs der betreffenden Gebäude, sodass im Hinblick auf die Solarenergie speziell zu klären ist, ob nur eine Warmwassererzeugung angestrebt wird oder eine Heizungsunterstützung und welche Deckungsraten sich hieraus im Einzelnen ergeben bzw. – bei zumutbaren Kosten – erreichen lassen. Diese Fragen sollten jedoch vorab in einem Energie- und Klimakonzept für das Gemeindegebiet unter Berücksichtigung von

---

270 In diesem Sinne aber *Longo*, Neue örtliche Energieversorgung als kommunale Aufgabe, 2010, S. 254; *T. Müller*, in: Müller/Oschmann/Wustlich (Hrsg.), EEWärmeG, 2010, Einleitung Rn. 62.

271 Ähnlich bereits *Wustlich*, in: Müller/Oschmann/Wustlich (Hrsg.), EEWärmeG, 2010, § 3 Rn. 79; *Wustlich*, in: Danner/Theobald (Hrsg.), Energierecht, EEG VI B 4 Einf Rn. 168.

272 Näher oben S. 135 f.

273 Siehe oben S. 55 ff.

Vernetzungslösungen geklärt werden, sodass die notwendigen Grundentscheidungen nicht für jedes einzelne Gebäude erneut getroffen werden müssen.

Betreffend die Nutzung von Bioenergie gestaltet sich eine Erhöhung der Mindestdeckungsraten vergleichsweise einfacher, da diese – speziell bei flüssiger und gasförmiger Biomasse – in der Regel allein durch entsprechende Beimischungsmengen erreicht werden. Notwendig ist damit vor allem eine Gegenüberstellung der ohne weiteres ermittelbaren Kosten der entsprechenden Biobrennstoffe im Vergleich zu fossilen Energieträgern.[274]

Die Zulässigkeit eines pauschalen Ausschlusses der Nutzung flüssiger oder gasförmiger Biomasse ist vor dem Hintergrund ihrer Anerkennung in § 5 Abs. 2 und Abs. 3 EEWärmeG trotz der bereits beschriebenen[275] Ambivalenzen zweifelhaft. Kommunen würden hiermit Gefahr laufen, Aspekte in die Abwägung einzubeziehen, die keinen Zusammenhang mehr mit der örtlichen Bodennutzung aufweisen. Ein Ausschluss dürfte jedoch ohne weiteres möglich sein, wenn die Gemeinde eine übergreifende Lösung für die betreffenden Areale auf der Grundlage eines Klimaschutz- und Energiekonzeptes plant, etwa in Gestalt eines Nah- oder Fernwärmenetzes mit sonstigen regenerativen Energien. Im Hinblick auf den beschriebenen Bebauungsplan der Stadt Baunatal ist ferner zu ergänzen, dass der Ausschluss flüssiger oder gasförmiger Biomasse sich dort aus einem ergänzenden städtebaulichen Vertrag mit dem Bauherrn ergibt, bei dem der Kommune größere Spielräume zukommen als bei einer bloßen Bebauungsplanfestsetzung.[276]

In einem weiteren bereits beschriebenen Praxisbeispiel, namentlich in den Bebauungsplänen für die Hamburger HafenCity, wird ein Anteil von 30% Erneuerbarer Energie für die *Warmwasser*versorgung vorgegeben. Ob hiermit allein bereits eine Verschärfung gegenüber dem EEWärmeG (z. B. § 5 Abs. 1 EEWärmeG) verbunden ist, hängt vom *Gesamt*wärmeenergiebedarf eines Gebäudes (Warmwasser und Heizungswärme) ab, denn das EEWärmeG bezieht sich nur hierauf. Bemerkenswert ist allerdings die Maßgabe für die Nutzung der Geothermie bzw. Umweltwärme, falls diese als Erfüllungsoption gewählt wird. Danach sind Wärmepumpen zwingend mit EE-Strom zu betreiben.[277] Für den gesamten Bereich der Gebäudewärme könnte eine solche Vorgabe dergestalt fortentwickelt werden, dass elektrische Wärmepumpen *soweit möglich* über eine hauseigene PV-Anlage mit Strom versorgt und mit einem Pufferspeicher verknüpft werden müssen, der (zumindest teilweise) eine Saisonspeicherung möglich macht und gleichzeitig die Stromnetze entlastet.

---

[274] Siehe allerdings zu den Vollzugsproblemen oben S. 74 ff.

[275] Oben S. 50 ff.

[276] Zu städtebaulichen Verträgen unten S. 178 ff.

[277] § 2 Nr. 17.1. im Bebauungsplan Hamburg-Altstadt 32/HafenCity 1 (Auszug): „Elektrische Wärmepumpen sind nur zulässig, wenn sie mit Strom aus regenerativen Energien betrieben werden."

Die Verbindung verschiedener EE-Formen bzw. des Strom- und Wärmesektors kann jedoch im Falle der Sonnenenergienutzung auch zu einer Konkurrenz von Strom- und Wärmeerzeugung führen. Hier können Bebauungsplanfestsetzungen zu Gunsten Erneuerbarer *Energien* sogar in Festsetzungen zu Lasten Erneuerbarer *Wärme* umschlagen. Wenn die vollständige[278] Eindeckung der verfügbaren Dachflächen mit PV-Anlagen festgesetzt würde, stünde keine Dachfläche mehr zur Verfügung, um die Vorgaben des EEWärmeG mit einer Solarthermieanlage zu erfüllen. Wegen der Vorteile der Solarthermie auch und gerade gegenüber den sonstigen Erfüllungsmöglichkeiten des EEWärmeG (Emissionslosigkeit), wäre eine derart weitgehende Festsetzung wohl abwägungsfehlerhaft. Stattdessen würde es sich empfehlen, im Sinne eines Ausgleichs in die textliche Festsetzung einer PV-Anlage einen Vorbehalt aufzunehmen, wonach solarthermische Anlagen (soweit sie vom Bauherrn gewählt werden) Vorrang vor einer Nutzung der Dachfläche für PV-Anlagen haben.[279] Dieser Vorrang der Solarthermie ist auch deshalb angeraten, weil eine ortsnahe (und brennstoffunabhängige) Wärmeproduktion (und -speicherung) aufgrund der schlechteren Übertragungsmöglichkeiten für Wärme (im Vergleich zu Strom) im Einzelfall vorzugswürdig sein kann.[280]

Abschließend ist nochmals zu betonen, dass die planerische Entscheidung für Festsetzungen zu Gunsten Erneuerbarer Wärme auf einer Abwägung beruhen muss. Pauschale Ausschlüsse bestimmter EE-Formen oder von Ersatzmaßnahmen ohne EE-Verwendung (§7 Abs. 1 EEWärmeG) unter Berufung auf die Förderung Erneuerbarer Energien zu Klimaschutzzwecken, ohne dass etwa die finanziellen Auswirkungen für die betroffenen Bauherren einbezogen werden, wären unzulässig. Da Vorgaben zur EE-Wärmeversorgung in Bebauungsplänen derzeit ohnehin noch eher die Seltenheit sind, ist davon auszugehen, dass es sich bei den Kommunen, die sich dieses Instruments bedienen, um solche handelt, die über ein beträchtliches Engagement auf dem Gebiet der umweltschonenden Energieversorgung verfügen und deshalb auch über Kenntnisse der relevanten Parameter, sodass die Gefahr einer zu weitgehenden Vereinfachung und Pau-

---

[278] Alternativ: Festsetzung einer bestimmten Leistungszahl, ggf. pro Nutzungs-/Wohneinheit; siehe etwa die Muster-Festsetzung bei *Ecofys* (Hrsg.), Energieeffizienz und Solarenergienutzung in der Bauleitplanung, 2006, S. 38.

[279] Muster-Festsetzung bei *Longo*, Neue örtliche Energieversorgung als kommunale Aufgabe, 2010, S. 309: „Als Ersatz für eine herkömmliche Dacheindeckung sind auf alle Südosten bis Südwesten zugewandten Dachflächen Solaranlagen zur Umwandlung von Solarstrahlung in elektrische Energie und Wärmeenergie zu errichten. Die Größe der Solarstromanlagen richtet sich nach dem Flächenbedarf für die solarthermische Anlage." Zu Recht wird darauf hingewiesen, dass eine derartige Festsetzung nur zusammen mit weiteren Bestimmungen des Bebauungsplans, etwa zur Stellung und zum Maß der Gebäude, um die notwendige Verschattungsfreiheit zu gewährleisten, aufgenommen werden sollte.

[280] Kritisch zu sehen ist deshalb die Gleichrangigkeit von Solarthermie- und Solarstromanlagen, wie sie in §5 Abs. 2 Nr. 3 BaWüEWärmeG zum Ausdruck kommt.

schalisierung gering erscheint. Dass Städte und Gemeinden hiervon grundsätzlich überfordert seien,[281] kann jedoch kaum überzeugen.

c) *Festsetzungen zu Lasten Erneuerbarer Wärme*

aa) *Hintergrund*

Wie bereits angedeutet muss sich die Beurteilung des Zusammenwirkens von EEWärmeG und Bauleitplanung auch auf Festsetzungen zu Lasten Erneuerbarer Wärme erstrecken, die ebenfalls auf der Grundlage von § 9 Abs. 1 Nr. 23 lit. a und lit. b BauGB getroffen werden können. Zunächst kommt dabei die Festsetzung eines umfassenden Verbrennungsverbots nach § 9 Abs. 1 Nr. 23 lit. a BauGB in Betracht, das (auch) mit dem Ziel des Anschlusses an ein Fernwärmenetz verhängt wird und im Hinblick auf Erneuerbare Wärme insbesondere zur Folge haben kann, dass auch die Biomasseverfeuerung in Einzelgebäudeheizanlagen erfasst wird, die an sich nach § 5 Abs. 2–3 EEWärmeG als Erfüllungsoption vorgesehen ist. Des Weiteren fällt in diese Kategorie auch eine von § 9 Abs. 1 Nr. 23 lit. b BauGB ermöglichte Festsetzung einer Wärmeversorgung über ein System, das zwar die KWK-Technik nutzt, aber ausschließlich aus der Verfeuerung fossiler Brennstoffe gespeist wird und damit Erneuerbare Energien vollständig ausschließt (kurz: fossile KWK). Ferner sind hierunter gegebenenfalls Festsetzungen nach § 9 Abs. 1 Nr. 1, 2 BauGB zu fassen, wenn diese dazu führen, dass die Nutzung der Solarenergie verhindert oder wesentlich erschwert wird.

bb) *Zäsurwirkung des EEWärmeG*

In Bezug auf Bebauungspläne, die vor dem Inkrafttreten des EEWärmeG beschlossen wurden und Festsetzungen enthalten, die den EE-Einsatz im Wärmebereich erschweren, wird teilweise davon ausgegangen, dass derartige Bebauungspläne durch das EEWärmeG funktionslos geworden sein könnten.[282] Eine so weitgehende Schlussfolgerung scheint jedoch für die meisten Fälle nicht geboten. In den bisherigen Urteilen zur Funktionslosigkeit von Bebauungsplänen war zumeist die *Art der baulichen Nutzung*, wie sie im Bebauungsplan in Form der Baugebiete der BauNVO festgesetzt wurde, aus verschiedenen Gründen dauerhaft nicht realisierbar.[283] Der Plan verlor damit seine Bedeutung. Dieser

---

[281] So *Wagner*, in: Ernst/Zinkahn/Bielenberg/Krautzberger (Hrsg.), BauGB, § 1a BauGB Rn. 272.

[282] *Wustlich*, in: Müller/Oschmann/Wustlich (Hrsg.), EEWärmeG, 2010, § 3 Rn. 33, der daher eine Anpassungspflicht für solche Bebauungspläne annimmt, um die Gefahr der Funktionslosigkeit zu vermeiden.

[283] Vgl. BVerwGE 54, 5 (8 ff.); im Anschluss hieran (aber im konkreten Fall verneinend) BVerwGE 85, 273 (281 ff.); BVerwGE 108, 71 (76 f.); weitere Entscheidungen bei *Kalp/Külp-*

Bedeutungsverlust kann einerseits eintreten durch die tatsächliche Entwicklung, die sich abweichend von den Planinhalten vollzieht oder aber andererseits durch eine zwischenzeitliche Änderung sonstiger einschlägiger Rechtsvorschriften, die die festgesetzte Nutzung ausschließen. Letztere Fallgestaltung erinnert zwar an das Verhältnis des EEWärmeG zu bereits zuvor bestehenden Bebauungsplänen, deren Festsetzungen einen EE-Einsatz erschweren. Es erscheint allerdings zweifelhaft, ob hinreichende Gemeinsamkeiten bestehen, um eine Funktionslosigkeit solcher Bebauungspläne zu bejahen, denn eben diese tritt auch im Falle einer Rechtsänderung nur dann ein, wenn durch die Rechtsänderung der Gegenstand der Planung entfallen ist oder aber der Planvollzug in sonstiger Weise dauerhaft (rechtlich) ausgeschlossen erscheint.[284] Insoweit muss also auch die im Plan festgesetzte *Art der baulichen Nutzung* betroffen sein und praktisch unrealisierbar erscheinen, denn sie stellt den Kern der Bebauungsplanung dar.[285] Festsetzungen zu Lasten Erneuerbarer Wärme betreffen hingegen nicht die geplante Art der baulichen Nutzung, sondern nur einen – wenngleich wichtigen – Teilaspekt (Wärmeversorgung). Die Realisierbarkeit eines Plans wird damit nicht insgesamt und offenkundig ausgeschlossen. Allerdings kann ohnehin davon ausgegangen werden, dass die überwiegende Zahl der Bebauungspläne, die vor Inkrafttreten des EEWärmeG beschlossen wurden, zwischenzeitlich vollzogen wurden, d. h. die vorgesehenen Bodennutzungen bereits realisiert worden sind, sodass sich insoweit die Frage nach der Funktionslosigkeit der zugrunde liegenden Planung nicht mehr stellen dürfte.

Vor diesem Hintergrund betrifft die Auseinandersetzung mit den bereits umrissenen Festsetzungen *zu Lasten* Erneuerbarer Wärme vor allem diejenigen Pläne, die nach dem Inkrafttreten des EEWärmeG verabschiedet worden sind bzw. seitdem verabschiedet werden. Für diese Bebauungspläne lässt sich zunächst grundlegend festhalten, dass das Inkrafttreten des EEWärmeG in gewissem Umfang einen Bewusstseinswandel in Bezug auf die Wärmeversorgung von Gebäuden markiert. Das Gesetz führt die Klimarelevanz des Wärmesektors deutlich vor Augen, gerade auch in Ergänzung zum Stromsektor. Zuvor galt das EEG als Inbegriff der Förderung Erneuerbarer Energien. Dementsprechend war auch die öffentliche Wahrnehmung vor allem auf den Stromsektor gerichtet. Gerade hierin begründete sich die Einschätzung der damaligen Bundesregierung, die im Wärmesektor den „schlafenden Riesen" des Klimaschut-

---

mann, in: Ernst/Zinkahn/Bielenberg/Krautzberger (Hrsg.), BauGB, § 10 BauGB Rn. 408, 420; *Stüer*, Bau- und Fachplanungsrecht, 4. Aufl. 2009, Rn. 1202 ff.

[284] BVerwGE 121, 205 (206 f.); BVerwGE 122, 207 (214).

[285] Vgl. auch bereits die Grundsatzentscheidung BVerwGE 54, 5 (10 f.), wo betont wird, dass nicht auf einzelne Grundstücke, sondern auf den Plan in seiner Gesamtheit abzustellen ist. Auch soweit nur einzelne Festsetzungen funktionslos werden können, sind hiervon stets wiederum die Festsetzungen zur *Nutzung* von *Teil*gebieten betroffen, vgl. *Kalp/Külpmann*, in: Ernst/Zinkahn/Bielenberg/Krautzberger (Hrsg.), BauGB, § 10 BauGB Rn. 409.

zes sah.[286] Außerdem führt das EEWärmeG mit seinen verschiedenen Erfüllungsoptionen auch die Technologien vor Augen, deren Einsatz im Gebäudebereich zu einer größeren Klimaverträglichkeit führen kann. So wurden alle an der baulichen Entwicklung Beteiligten, und damit auch die Kommunen, die als Träger der Bauleitplanung einen besonderen Bezug zum Neubaubereich haben, für die Klimaschutzproblematik im Wärmebereich sensibilisiert, soweit dies nicht ohnehin schon der Fall gewesen ist. Wenngleich noch immer keine Pflicht zur Berücksichtigung des Klimaschutzes durch entsprechende positive Festsetzungen im Bebauungsplan besteht,[287] so ist vor diesem Hintergrund jedenfalls eine Erschwerung der EE-Nutzung im Gebäudebereich, nur noch mit erhöhtem Aufwand in der Abwägung zu rechtfertigen, da der Gesetzgeber mit den Regelungen des EEWärmeG eine objektive Wertentscheidung zu Gunsten der Erneuerbaren Energien im Wärmebereich getroffen hat.[288]

In Festsetzungen zu Lasten Erneuerbarer *Wärme* könnte damit auch eine neue Fallgruppe der „Verhinderungsplanung" zu sehen sein, wobei sich die tatsächliche Entwicklung noch nicht absehen lässt. Das Stichwort der Verhinderungsplanung ist aus dem Kontext der Errichtung von EE-*Strom*anlagen, speziell von Windenergieanlagen, hinlänglich bekannt. Wegen der strukturellen Unterschiede zwischen großen, gebäudeunabhängigen EE-Stromanlagen und den eher kleinteiligen, gebäudegebundenen EE-Wärmeversorgungsanlagen, lassen sich die bisherigen Erkenntnisse jedoch nicht übertragen. Außerdem ist nicht in jedem Falle einer hinsichtlich des Planungsergebnisses vorliegenden negativen Wirkung auf die Nutzung Erneuerbarer Energien im Wärmebereich stets davon auszugehen, dass diese Wirkung auch beabsichtigt ist. Die Auseinandersetzung mit Festsetzungen zu Lasten Erneuerbarer Energien soll deshalb vor allem das Bewusstsein für diejenigen klimarelevanten Festsetzungen und Belange schärfen, die sich auf die Rechtswirksamkeit von Bebauungsplänen auswirken.

cc) Abwägung einzelner Festsetzungen

Für Festsetzungen zu Lasten Erneuerbarer Wärme ist zunächst darauf hinzuweisen, dass § 9 Abs. 1 Nr. 1 lit. a EEWärmeG eine Befreiungsvorschrift für den Fall enthält, dass „andere(n) öffentlich-rechtliche(n) Pflichten" den Erfüllungsoptionen des Gesetzes entgegenstehen. Allerdings wird eine *gezielte* Konterkarierung des EEWärmeG durch kommunale Bebauungspläne hierdurch nicht legalisiert, selbst wenn dies nach dem Wortlaut denkbar wäre. Die Gesetzesbe-

---

[286] *Bundesregierung*, Eckpunkte für ein integriertes Energie- und Klimaprogramm (IEKP), August 2007, S. 27 (http://www.bmu.de/files/pdfs/allgemein/application/pdf/klimapaket_aug2007.pdf; abgerufen: 30. 10. 2012).

[287] Siehe oben S. 130 ff.

[288] So mit Recht *Wustlich*, in: Müller/Oschmann/Wustlich (Hrsg.), EEWärmeG, 2010, § 3 Rn. 33.

gründung zum EEWärmeG verweist in diesem Zusammenhang vor allem auf entgegenstehende Aspekte des Denkmalschutzes.[289] Diese können in Fällen neu zu errichtender Gebäude auf Flächen in Stadtgebieten, die insgesamt – als sog. „Ensemble" – unter den Denkmalschutz fallen, zum Tragen kommen. Zwar nimmt die Gesetzesbegründung an derselben Stelle auch ganz allgemein weitere entgegenstehende *bau*rechtliche Vorschriften in Bezug, zu denen auch Bebauungspläne gehören. Allerdings widerspräche es dem Zweck des EEWärmeG und der in ihm zum Ausdruck kommenden objektiven Wertentscheidung wie auch der Pflicht zur Einbeziehung Erneuerbarer Energien in die planerische Abwägung (§ 1 Abs. 6 Nr. 7 lit. f, § 1a Abs. 5 S. 2 BauGB), wenn es den Kommunen gestattet wäre, die EE-Nutzung zur Wärmeerzeugung gezielt zu verhindern.

Neben einer solchen – eher theoretischen – gezielten Verhinderung der EE-Nutzung können aus der Abwägungspflicht weitere Vorgaben für die denkbaren Festsetzungen zu Lasten Erneuerbarer Wärme abgeleitet werden, so etwa für Bebauungspläne, die ein auf § 9 Abs. 1 Nr. 23 lit. a BauGB gestütztes „allgemeines", d. h. umfassendes Verbrennungsverbot enthalten. Derartige Verbrennungsverbote können auch zur Durchsetzung eines Anschlusses an ein (gemeindliches) Fernwärmesystem erlassen werden. Sie kommen damit in ihrer Wirkung einem Anschluss- und Benutzungszwang jedenfalls teilweise nahe. Da sie – vorbehaltlich besonderer Ausnahmeregelungen – auch Biomassebrennstoffe erfassen können, ist angesichts des auch durch das EEWärmeG anerkannten Potenzials dieser Brennstoffe[290] für den globalen Klimaschutz die Notwendigkeit eines solchen Verbots aus Gründen des örtlichen Immissionsschutzes besonders sorgfältig zu begründen.[291] Dies gilt speziell für einen Ausschluss gasförmiger (Bio-)Brennstoffe, deren Emissionswerte regelmäßig besonders niedrig liegen. Noch größer ist die Begründungslast, wenn das Fernwärmenetz, an das die betreffenden Neubauten angeschlossen werden sollen, allein durch die Verbrennung fossiler Brennstoffe gespeist wird.

Während Festsetzungen nach § 9 Abs. 1 Nr. 23 lit. a BauGB aber jedenfalls keinen Ausschluss der Solarthermie oder einer Wärmeversorgung auf Basis von Geothermie bzw. Umweltwärme bewirken, kann mit Vorgaben auf Grundlage von § 9 Abs. 1 Nr. 23 lit. b BauGB noch weiter gegangen werden und eine Festlegung auf eine ganz bestimmte Wärmeversorgungstechnik erreicht werden. Falls hiervon tatsächlich Gebrauch gemacht wird, speziell zur Festsetzung einer Versorgung aus „fossiler KWK", erhöhen sich nochmals die Begründungsanforderungen. Da sich ein Ausschluss der Solarthermie bzw. der Geothermie/

---

[289] BT-Drs. 16/8149, S. 26.

[290] Zu den nichtsdestoweniger hiermit verbundenen Ambivalenzen oben S. 50 ff.

[291] Die Notwendigkeit ausführlicher Darlegungen in der Begründung zum Bebauungsplan im Falle einer Einschränkung des EEWärmeG betont auch *Söfker*, in: Ernst/Zinkahn/Bielenberg/Krautzberger (Hrsg.), BauGB, § 1 BauGB (Stand: 103. EL Jan. 2012) Rn. 150.

Umweltwärme aber auch durch Erwägungen des örtlichen Immissionsschutzes kaum rechtfertigen lässt, kommt hier wohl nur eine Ausnahmeklausel wenigstens zu Gunsten dieser beiden Techniken in Betracht. Im Übrigen ist zu berücksichtigen, dass die „fossile KWK" den unionsrechtlichen Anforderungen in Art. 13 Abs. 4 UAbs. 3 EE-RL vom 1. 1. 2015 an nicht mehr gerecht wird[292] und schon deshalb möglichst vermieden werden sollte, auch wenn sie vom EEWärmeG in seiner aktuellen Fassung zugelassen wird (§ 7 Abs. 1 Nr. 1, 3 EEWärmeG). Alternativ kommt in Betracht, für einen bestimmten EE-Anteil beim Betrieb des Fernwärmenetzes zu sorgen, sodass sich bereits hieraus ein deutlicher Klimaschutzbezug ergibt.[293]

Ferner sind gerade im Zusammenhang mit „faktischen Anschluss- und Benutzungszwängen" auf der Grundlage von § 9 Abs. 1 Nr. 23 lit. b BauGB Festsetzungen nach § 9 Abs. 1 Nr. 1, 2 BauGB, die eine Nutzung der Solarenergie *erschweren*, etwa weil sie eine insoweit ungünstige Gebäudeausrichtung oder Dachform vorgeben oder eine Verschattung der Dachflächen nicht verhindern, kritisch zu sehen. Es wurde bereits ausgeführt, dass sich energetisch nachteilige Festsetzungen künftig kaum noch (rechtssicher) allein mit Gestaltungserwägungen begründen lassen werden.[294] In der gleichen Weise, wie Festsetzungen zu Gunsten Erneuerbarer Wärme vor komplexen Herausforderungen in der Abwägung stehen, gilt dies also für solche Bebauungsplaninhalte, die (potenziell) zu Lasten Erneuerbarer Wärme gehen. Außerdem muss die Begründung auch insoweit Informationen über die erfolgte Abwägung enthalten.

8. Verhältnis des Bauplanungsrechts zum Bauordnungsrecht

Die Instrumentalisierung des Baurechts zu Klimaschutzzwecken betraf in der Vergangenheit auch das Bauordnungsrecht, wie die Marburger Solarsatzung, die auf bauordnungsrechtlicher Grundlage erlassen wurde, anschaulich zeigt.[295] Soweit derartige bauordnungsrechtliche Vorgaben auch die EE-Nutzung im Neubaubestand fördern sollten, drängte sich die Frage nach dem Verhältnis zum Bauplanungsrecht auf. Diese Konkurrenzsituation wurde aber zwischenzeitlich durch das EEWärmeG zu Gunsten des Bauplanungsrechts aufgelöst. Wie gesehen verdrängen die Regelungen des EEWärmeG hierüber hinausgehende Vorgaben der kommunalen Bauleitplanung nicht. Anders stellt sich dies

---

[292] Siehe oben S. 60 ff.

[293] Die Stadt Hamburg lässt in ihren Bebauungsplänen für die HafenCity (siehe oben 3. d)) zwar nicht erkennen, welche Brennstoffe für die vorgegebenen Anschlüsse an das KWK-Fernwärmesystem verwendet werden, allerdings enthalten die Pläne auch eigene EE-Vorgaben für die Warmwasserversorgung, sodass die Wärmeenergiebereitstellung insgesamt einen bestimmten EE-Anteil aufweist.

[294] Siehe oben S. 146.

[295] Näher unten S. 228 ff.

für Satzungen dar, die auf Ermächtigungsgrundlagen im Bauordnungsrecht der Länder beruhen. Gemäß § 3 Abs. 4 Nr. 1 EEWärmeG dürfen landesrechtliche Vorgaben zur EE-Nutzung im Wärmebereich nur bereits errichtete Gebäude adressieren.[296] Dies schlägt auch auf kommunale Satzungen auf landesrechtlicher Grundlage durch, sodass entsprechende Bestimmungen rechtswidrig wären. Damit ergeben sich insoweit auch keine weiteren Abgrenzungsfragen zum Bauplanungsrecht.

V. Städtebauliche Verträge

1. Bedeutung

In der Vergangenheit haben Kommunen zur Bewältigung von neuen Herausforderungen der Städtebaupolitik zunehmend auf das Instrument des städtebaulichen Vertrages zurückgegriffen. In seiner Entscheidung zur Zulässigkeit des sog. „Weilheimer Einheimischenmodells" hat das *BVerwG* grundlegend zur Frage der Zulässigkeit der Nutzung vertraglicher Vereinbarungen für besondere städtebauliche Zwecke Stellung genommen und diese unter Verweis auf die grundsätzlich bestehende Formenwahlfreiheit bejaht.[297] Die Rechtsprechung des *BVerwG* betreffend städtebauliche Verträge macht deutlich, dass die kommunale Planungshoheit zusammen mit der Verfügungsgewalt der Städte und Gemeinden über eine große Zahl an eigenen Grundstücken für die Kommunen zahlreiche Möglichkeiten eröffnet, mit der hieraus entstehenden Verhandlungsmacht im Wege konsensualer Übereinkünfte städtebauliche Ziele zu erreichen, die sie mit den Mitteln der Bauleitplanung aufgrund rechtlicher oder faktischer Restriktionen nicht verwirklichen können. So tragen etwa städtebauliche Verträge und die hierdurch ermöglichte Abwälzung von Planungs- und Erschließungskosten in Anbetracht der immer weiter zunehmenden Finanzmittelknappheit in den Städten und Gemeinden dazu bei, dass Kommunen auch weiterhin in der Lage sind, kostenintensive städtebauliche Planungen durchführen und realisieren zu lassen.[298]

Als weiterer Entwicklungsschritt erschien es damit geradezu folgerichtig, dass vertragliche Vereinbarungen auch zunehmend zur Bekämpfung des Klimawandels, der in seiner Dimension über die bisherigen finanziellen Herausforderungen für Städte und Gemeinden noch weit hinausgehen dürfte, genutzt wer-

---

[296] Vgl. auch das Urteil zur Marburger Solarsatzung, die in ihrer ersten Fassung noch den Neubaubereich mit einschloss, da sie vor Inkrafttreten des EEWärmeG beschlossen wurde: *VG Gießen*, Urteil v. 12. 5. 2010 – 8 K 4071/08.GI, ZUR 2010, 375 (376).

[297] BVerwGE 92, 56 (64 f.).

[298] Näher *Burmeister*, Praxishandbuch städtebauliche Verträge, 2. Aufl. 2005, Rn. 3, 6 f., der auch im Einzelnen die über städtebauliche Verträge abwälzungsfähigen Kosten benennt.

den. Zu Recht wird deshalb in der Literatur die Bedeutung städtebaulicher Verträge für den Umbau des Energieversorgungssystems hin zu mehr Klimafreundlichkeit betont.[299]

Der städtebauliche Vertrag hat wesentliche Vorteile gegenüber dem Instrument des Bebauungsplans.[300] So ist die Gemeinde hinsichtlich der Inhalte des städtebaulichen Vertrages nicht an einen feststehenden und abschließenden Katalog gebunden, wie es bei den Bebauungsplanfestsetzungen nach § 9 Abs. 1 BauGB der Fall ist.[301] Dieser Unterschied sprach ganz wesentlich für die Nutzung städtebaulicher Verträge zu Klimaschutzzwecken, bevor die Restriktionen in § 9 Abs. 1 BauGB durch die BauGB-Klimanovelle 2011 ausgeräumt wurden. Aber auch nach diesen Änderungen kommt städtebaulichen Verträgen weiterhin Bedeutung als Alternative zu einseitigen (klimaschützenden) Bebauungsplanfestsetzungen zu. Dies liegt maßgeblich darin begründet, dass die konsensuale Verfahrensweise zu einer wesentlich größeren Akzeptanz der Verpflichtungen bei den betroffenen Eigentümern bzw. Bauherren führt. Die Möglichkeiten, selbst aktiv und – zumindest formal[302] – gleichberechtigt auf die Vertragsinhalte Einfluss nehmen zu können sowie ferner den Vertragsschluss ablehnen zu können, bewirken im Einigungsfall eine gesteigerte Bereitschaft zur Erfüllung der selbst eingegangen Bedingungen.

Die gesteigerte Akzeptanz vermag in aller Regel auch die schwächeren rechtlichen Vollzugsmöglichkeiten der Gemeinde bei Nichteinhaltung von städtebaulichen Verträgen, die sie mit Privaten schließt, auszugleichen. Diese schwächere Rechtsposition ergibt sich, weil die Gemeinde zur Durchsetzung der Vertragsbestimmungen gegenüber dem Privaten auf den Rechtsweg zur Erlangung eines vollstreckungsfähigen Titels verwiesen ist.[303] Eine Vollstreckung allein aus dem Vertrag heraus oder auch durch Verknüpfung mit einem Genehmigungs-

---

[299] *Ekardt/Schmitz/Schmidtke*, Kommunaler Klimaschutz durch Baurecht: Rechtsprobleme der Solarenergie und der Kraft-Wärme-Kopplung, ZNER 2008, 334 (341 f.); *Krautzberger*, Städtebauliche Verträge zur Umsetzung klimaschützender und energieeinsparender Zielsetzungen, DVBl. 2008, 737 (744); *Krautzberger*, in: Ernst/Zinkahn/Bielenberg/Krautzberger (Hrsg.), BauGB, § 11 BauGB Rn. 165; *Mitschang*, Die Umsetzung klimaschützender und energieeinsparungsbezogener Anforderungen in der Bauleitplanung und im Besonderen Städtebaurecht – Sachstand und Perspektiven, ZfBR 2010, 534 (546 f.); *Sparwasser/Mock*, Energieeffizienz und Klimaschutz im Bebauungsplan, ZUR 2008, 469 (474). Ferner allgemein zur Bedeutung städtebaulicher Verträge für die nachhaltige Entwicklung in Städten und Gemeinden *Spannowsky*, Vertragliche Regelungen als Instrumente zur Sicherung der nachhaltigen städtebaulichen Entwicklung, DÖV 2000, 569 ff.

[300] Näher zu den Vorzügen städtebaulicher Verträge aus verwaltungswissenschaftlicher Sicht *Kahl*, Das Kooperationsprinzip im Städtebaurecht, DÖV 2000, 793 (799 ff.); ausführliche empirische Betrachtung bei *Tietze*, Kooperation im Städtebau, 2003, S. 233 ff.

[301] *Burmeister*, Praxishandbuch städtebauliche Verträge, 2. Aufl. 2005, Rn. 21.

[302] Nicht übersehen werden sollten allerdings die faktisch regelmäßig unterschiedlich starken Verhandlungspositionen.

[303] *Hoppe/Bönker/Grotefels*, Öffentliches Baurecht, 4. Aufl. 2010, § 13 Rn. 14 f., die auch auf die Ausnahmemöglichkeit für subordinationsrechtliche Verträge eingehen.

verfahren ist nicht möglich.[304] Damit besteht ein wesentlicher Unterschied zum Verwaltungsakt.[305] Dieses Defizit an Vollstreckungsmöglichkeiten kann im Übrigen jedoch zumindest teilweise durch die Vereinbarung von Vertragsstrafen abgemildert werden.[306]

Nicht zuletzt aufgrund der großen Freiheit bei der Gestaltung der vertraglichen Vereinbarungen, mit Hilfe derer sich die Risiken, die die Anwendung dieses konsensualen Instruments nichtsdestoweniger enthält, minimieren lassen,[307] dürfte die Bedeutung des städtebaulichen Vertrages in der gemeindlichen Klimaschutzpolitik deshalb auch zukünftig kaum abnehmen. Es ist vielmehr davon auszugehen, dass die Ergänzung gemeindlicher Planungen durch vertragliche Absprachen mit den Betroffenen schon heute den Regelfall bei der Realisierung städtebaulicher Vorstellungen der Kommune darstellt.[308]

2. Entwicklung von § 11 BauGB

Mit § 11 BauGB wurde eine zentrale Regelung zu den Möglichkeiten und Grenzen städtebaulicher Verträge geschaffen. Die Norm wurde mit dem BauROG 1998[309] eingeführt und ersetzte eine zuvor existierende befristete Regelung städtebaulicher Verträge.[310] Im Zuge des EAG Bau[311] erfolgte im Jahr 2004 eine erste spezielle Ausrichtung der Regelungen zum städtebaulichen Vertrag auf den Klimaschutz, indem die Aufzählung möglicher Vertragsinhalte in § 11 Abs. 1 S. 2 BauGB um eine neue Nr. 4 ergänzt wurde. Die damalige Fassung von § 11 Abs. 1 S. 2 Nr. 4 BauGB war enger formuliert als die heutige Regelung und

---

[304] Zu letzterem m.w.N. *Reidt*, Klimaschutz, erneuerbare Energien und städtebauliche Gründe, BauR 2010, 2025 (2033).

[305] In Betracht für den Bereich der klimaschonenden Wärmeversorgung käme etwa die Vollstreckung einer Baueinstellungsverfügung, wenn der Bauherr von energietechnischen Festsetzungen im Bebauungsplan abweicht, welche die Gemeinde an Stelle von entsprechenden Vereinbarungen im städtebaulichen Vertrag erlassen könnte.

[306] Vertragsstrafen in städtebaulichen Verträgen mit Klimaschutzinhalten empfehlen auch *Denny/Spangenberger*, Rechtliche Umsetzung energiebezogener Planungsinhalte, UPR 1999, 331 (334); *Portz*, Klimaschutz durch kommunale Bauleitplanung, BayGT 2009, 137 (140); *Spannowsky*, Planungsrechtliche Steuerung von Vorhaben der Erneuerbaren Energien durch Verträge, UPR 2009, 201 (207).

[307] Näher *Reidt*, Klimaschutz, erneuerbare Energien und städtebauliche Gründe, BauR 2010, 2025 (2033 f.).

[308] *Hoffmann*, in: Hoppenberg/de Witt (Hrsg.), Handbuch des öffentlichen Baurechts, Kap. P Rn. 5.

[309] Gesetz zur Änderung des Baugesetzbuchs und zur Neuregelung des Rechts der Raumordnung (Bau- und Raumordnungsgesetz 1998 – BauROG) vom 18. 8. 1997 (BGBl. I S. 2081).

[310] Vgl. zur Geschichte *Hoffmann*, in: Hoppenberg/de Witt (Hrsg.), Handbuch des öffentlichen Baurechts, Kap. P Rn. 1 ff.

[311] Gesetz zur Anpassung des Baugesetzbuches an EU-Richtlinien (Europarechtsanpassungsgesetz Bau – EAG Bau) v. 24. 6. 2004 (BGBl. I S. 1359).

erwähnte nur die „Nutzung von Netzen und Anlagen der Kraft-Wärme-Kopplung sowie von Solaranlagen für die Wärme-, Kälte- und Elektrizitätsversorgung."[312]

Da die Aufzählung in § 11 Abs. 1 S. 2 BauGB von Anfang an nicht abschließend formuliert war („insbesondere"), wurde jedoch ohnehin auch schon vor der Einfügung der Nr. 4 in § 11 Abs. 1 S. 2 BauGB davon ausgegangen, dass städtebauliche Verträge auch aus ökologischen Gründen geschlossen werden könnten und darin etwa Vereinbarungen zur Nutzung der Solarthermie enthalten sein können.[313] Das Vorhandensein des auch für klimaschützende Elemente in städtebaulichen Verträgen notwendigen städtebaulichen Zusammenhangs[314] wurde – analog zur Diskussion um die städtebaulichen Gründe für Bebauungsplanfestsetzungen – von einigen Autoren schon vor der Einfügung des Bezugs zum allgemeinen Klimaschutz in § 1 Abs. 5 S. 2 BauGB im Zuge des EAG Bau bejaht. Nach dieser Ansicht konnten Vereinbarungen in städtebaulichen Verträgen mit Klimaschutzbezug etwa auf § 11 Abs. 1 S. 2 Nr. 2 BauGB („Förderung und Sicherung der mit der Bauleitplanung verfolgten Ziele") gestützt werden.[315]

Spätestens seit der nochmaligen Überarbeitung des BauGB unter dem Aspekt des kommunalen Klimaschutzes durch die BauGB-Klimanovelle 2011 können keine Zweifel mehr an der besonderen Eignung städtebaulicher Verträge zur Durchsetzung gemeindlicher Klimaschutzvorstellungen bestehen, soweit sich diese auf die Energieversorgung der im Gemeindegebiet errichteten Gebäude beziehen. Wie bereits ausgeführt hat die BauGB-Klimanovelle 2011 klargestellt, dass der globale Klimaschutz zu den Aufgaben der kommunalen Bauleitplanung zählt.[316] Darüber hinaus wurden durch die Novelle auch klimaschutzbezogene Erweiterungen von § 11 Abs. 1 S. 2 BauGB vorgenommen. Zum einen wurde die Fokussierung von Netzen und Anlagen der KWK- bzw. Solarenergienutzung in § 11 Abs. 1 S. 2 Nr. 4 BauGB aufgehoben und eine offenere Formulierung gewählt, die nunmehr – wie in § 9 Abs. 1 Nr. 23 lit. b BauGB – alle Anlagen und Einrichtungen zur Erzeugung, Nutzung und Speicherung von Strom, Wärme oder Kälte sowohl aus Erneuerbaren Energien wie auch aus der Nutzung der KWK-Technologie umfasst. Zum anderen wurde die Aufzählung in § 11 Abs. 1 S. 2 BauGB um eine neue Nr. 5 ergänzt, die auch vertragliche Vereinbarungen zur energetischen Qualität von Gebäuden, d. h. insbesondere Verpflichtungen zur Energieeffizienz bzw. zur Wärmedämmung, explizit aufführt.

---

312 Der Regierungsvorschlag (vgl. hierzu BT-Drs. 15/2250, S. 50) wurde vom zuständigen Ausschuss noch um die Solarthermienutzung und die Kälteversorgung ergänzt, siehe BT-Drs. 15/2996, S. 25, 65.

313 *Zeiss/Longo*, Baurechtliche Festsetzungsmöglichkeiten einer solaren Warmwasserbereitung (Solarthermie-Pflicht), UPR 1998, 217 (218).

314 Siehe hierzu auch sogleich S. 197 ff.

315 *Koch/Mengel*, Gemeindliche Kompetenzen für Maßnahmen des Klimaschutzes am Beispiel der Kraft-Wärme-Kopplung, DVBl. 2000, 953 (960).

316 Oben S. 126 ff.

Ungeachtet der nunmehr umfassenden Formulierungen werden konkrete Ausgestaltungen städtebaulicher Verträge zu Klimaschutzzwecken nur angedeutet. Dies sollte jedoch nicht als Steuerungsdefizit verkannt werden, sondern dient der Schaffung möglichst weitgehender Spielräume für Städte und Gemeinden.[317]

Abschließend ist nochmals darauf hinzuweisen, dass mit der sukzessiven Erweiterung des § 11 Abs. 1 S. 2 BauGB um Regelungen zu Vertragsinhalten mit Klimaschutzbezug in der Sache kein Zuwachs an materiell-rechtlichen Möglichkeiten verbunden war. Auch die Gesetzesbegründung zur BauGB-Klimanovelle 2011 betont insoweit den lediglich klarstellenden Charakter der Neuregelungen.[318] Trotzdem ist davon auszugehen, dass die Novellierungen wesentliche positive Auswirkungen auf die tatsächliche Nutzung der vertraglichen Instrumente haben. Umfragen haben gezeigt, dass häufig erst die ausdrückliche Erwähnung im Gesetz den Anstoß zur Nutzung entsprechender Verträge in der Breite gegeben hat.[319] Die Erinnerungs- und Appellfunktion, die derartigen nachvollziehenden Positivierungen zuzuerkennen ist,[320] sollte demnach nicht unterschätzt werden.[321] Vielmehr dürfte zu folgern sein, dass auch zusätzliche – deklaratorische – Erweiterungen von § 11 Abs. 1 S. 2 BauGB bei Bewährung entsprechender Vertragsbestandteile in der Praxis in Erwägung gezogen werden sollten.

3. Systematisierung

Das BauGB enthält eine Vielzahl von städtebaulichen Verträgen, die sich nicht in der Aufzählung des § 11 Abs. 1 BauGB erschöpfen[322] und die teilweise über erhebliches Potenzial für einen Einsatz zu Klimaschutzzwecken verfügen.[323] Aus dem Begriff des „städtebaulichen Vertrages" ergeben sich allerdings nur

---

[317] *Krautzberger*, Städtebauliche Verträge in der praktischen Bewährung, UPR 2007, 407, weist zudem darauf hin, dass die Schaffung des § 11 BauGB eine weitere Ausdifferenzierung des städtebaulichen Instrumentariums gerade vermeiden sollte.

[318] BT-Drs. 17/6076, S. 9.

[319] *Burmeister*, Praxishandbuch städtebauliche Verträge, 2. Aufl. 2005, Rn. 4.

[320] Vgl. *Berkemann*, in: Berkemann/Halama (Hrsg.), BauGB 2004, § 11 Rn. 6.

[321] Die Appellwirkung wird ausdrücklich begrüßt von *Kraus*, Novelle des Baugesetzbuchs – Gesetz zur Förderung des Klimaschutzes bei der Entwicklung in den Städten und Gemeinden, KommP BY, 2011, 297 (300). *Longo*, Neue örtliche Energieversorgung als kommunale Aufgabe, 2010, S. 304, spricht insoweit auch von einer „Bereitstellungsfunktion" des § 11 Abs. 1 S. 2 Nr. 4 BauGB, ohne dass hiermit eine Begrenzung des kommunalen Handlungsspielraums verbunden wäre.

[322] Aufzählung bei *Hoffmann*, in: Hoppenberg/de Witt (Hrsg.), Handbuch des öffentlichen Baurechts, Kap. P Rn. 7; siehe auch *Spannowsky*, Vertragliche Regelungen als Instrumente zur Sicherung der nachhaltigen städtebaulichen Entwicklung, DÖV 2000, 569 (572 ff.), der nach der konzeptionellen Reichweite der einzelnen Verträge unterscheidet.

[323] Zu den wichtigen speziellen Vertragstypen im Rahmen von städtebaulichen Sanierungsmaßnahmen und Stadtumbaumaßnahmen siehe unten S. 205 f. und S. 209 f.

wenige abgrenzungsfähige Inhalte.[324] Mit der Bezeichnung ist auch nicht festgelegt, ob es sich um einen öffentlich-rechtlichen oder einen zivilrechtlichen Vertrag handelt, da beide Formen als städtebauliche Verträge in Betracht kommen.[325] Eine gewisse Vermutung spricht zwar für den öffentlich-rechtlichen Charakter eines städtebaulichen Vertrages, allerdings bleibt stets eine Beurteilung im Einzelfall geboten.[326] Die Unterscheidung zwischen öffentlich-rechtlichen und zivilrechtlichen städtebaulichen Verträgen ist jedoch ohnehin für die materiellen Rechtmäßigkeitsanforderungen kaum von Bedeutung.[327] Gerade deshalb hat sich der Begriff des Verwaltungsvertrages als übergreifender Terminus herausgebildet.[328] Es bleibt damit bei der nur begrenzt aussagekräftigen Erklärung, dass städtebauliche Verträge solche Verwaltungsverträge[329] sind, die der Erfüllung städtebaulicher Aufgaben der Gemeinde dienen.[330] Der globale Klimaschutz bzw. die Förderung der Nutzung Erneuerbarer Energien und der Energieeffizienz sind ausweislich von § 1 Abs. 5 S. 2, § 1 Abs. 6 Nr. 7 lit. f, § 1a Abs. 5 BauGB eben solche städtebaulichen Aufgaben, sodass sich hier besondere Spielräume für städtebauliche Verträge ergeben.

Die große Vielfalt an praktischen Einsatzmöglichkeiten für städtebauliche Verträge erschwert die abstrakte Systematisierung der Ausgestaltungsvarianten. Im Bereich der Erneuerbaren Energien etwa lassen sich städtebauliche Verträge nicht nur für die klimafreundliche Wärmeversorgung nutzen. Vielmehr können sie zur Klärung einer Vielzahl von Fragen rund um die Nutzung Erneuerbarer Energien und deren Berücksichtigung in der Gesamtplanung in-

---

324 Zu Recht deshalb die Einordnung bei *Stich*, in: Berliner Kommentar zum BauGB, § 124 Rn. 3, als „Sammelbegriff".

325 Etwa das „Weilheimer Einheimischenmodell" wurde von BVerwGE 92, 56 (58 f.) als zivilrechtlicher Vertrag eingeordnet. Weitere Beispiele bei *Birk*, Städtebauliche Verträge, 4. Aufl. 2002, S. 28 ff.; *Hoffmann*, in: Spannowsky/Uechtritz (Hrsg.), BauGB, 2009, § 11 Rn. 5.1.

326 Näher *Hoffmann*, in: Hoppenberg/de Witt (Hrsg.), Handbuch des öffentlichen Baurechts, Kap. P Rn. 8 f.

327 *Burmeister*, Praxishandbuch städtebauliche Verträge, 2. Aufl. 2005, Rn. 24; *Kamp*, Kommunale Steuerung der Bebaubarkeit durch Verträge und dingliche Rechte, 2008, S. 23 f. Von größter Relevanz ist die Einordnung allerdings für die Frage des Rechtswegs im Streitfall sowie für die Beurteilung der Folgen von Leistungsstörungen, die sich dann, vereinfacht gesagt, nach der Zielrichtung und den wesentlichen Inhalten des Vertrages richtet. Näher und m. w. N. auch zur einschlägigen Rechtsprechung *Burmeister*, Praxishandbuch städtebauliche Verträge, 2. Aufl. 2005, Rn. 24 ff.; *Hoffmann*, in: Hoppenberg/de Witt (Hrsg.), Handbuch des öffentlichen Baurechts, Kap. P Rn. 10, 12; *Spannowsky*, Planungsrechtliche Steuerung von Vorhaben der Erneuerbaren Energien durch Verträge, UPR 2009, 201 (208).

328 *Burmeister*, Praxishandbuch städtebauliche Verträge, 2. Aufl. 2005, Rn. 24; *Schmidt-Aßmann/Krebs*, Rechtsfragen städtebaulicher Verträge, 2. Aufl. 1992, S. 162.

329 Definition dieses Oberbegriffs bei *Kahl*, Das Kooperationsprinzip im Städtebaurecht, DÖV 2000, 793 (794 mit Fn. 13).

330 Vgl. *Busse*, Städtebauliche Verträge im Lichte der Rechtsprechung, KommJur 2009, 241 (242); ähnlich *Burmeister*, Praxishandbuch städtebauliche Verträge, 2. Aufl. 2005, Rn. 20; *Hoffmann*, in: Spannowsky/Uechtritz (Hrsg.), BauGB, 2009, § 11 Rn. 2.

strumentalisiert werden.[331] Die Einsatzmöglichkeiten umfassen etwa Verträge zwischen einer Gemeinde und einem Investor, der EE-Anlagen errichten will und nähere Vereinbarungen mit der Gemeinde trifft, sodass die planerischen Vorstellungen der Gemeinde in der Betriebsphase (etwa hinsichtlich Anlagengröße etc.) sowie in der Nach-Betriebsphase[332] gewahrt bleiben, aber auch Verträge zwischen mehreren Gemeinden, mit denen deren Standortplanungen in Bezug auf große EE-Anlagen (z.B. Windenergieanlagen) koordiniert werden,[333] wenngleich sich letztere außerhalb des § 11 BauGB bewegen. Hinzu kommen Mediationsvereinbarungen etwa auf der Grundlage von § 4b BauGB,[334] die die Realisierung und Akzeptanzbildung für große Klimaschutzvorhaben (z.B. Biogasanlagen) betreffen können.[335] Die Behandlung von Verträgen, die die planungsrechtliche Zulässigkeit großer EE-Stromanlagen oder die Abstimmung der Vorstellungen verschiedener Planungsträger untereinander regeln, würde jedoch das Thema der vorliegenden Untersuchung verlassen. Nach wie vor soll die Wärmeversorgung einzelner Gebäude im Mittelpunkt der Betrachtung stehen, d.h. es werden diejenigen Verträge erörtert, die – ähnlich wie die Vorschriften des EEWärmeG oder wie entsprechende Bebauungsplanfestsetzungen – die Nutzung Erneuerbarer Wärme forcieren.

Dabei kommt der Instrumentalisierung privatrechtlicher Grundstückskaufverträge besondere Bedeutung zu. Städte und Gemeinden sind die größten Eigentümer von Flächen und haben damit die Möglichkeit, Verträge, die zum Verkauf bestimmter Flächen an Private geschlossen werden, mit Klimaschutzinhalten „aufzuladen“.[336] Die zahlenmäßige Bedeutung kommunaler Grundstückskaufverträge – und damit auch ihr Potenzial zur Durchsetzung von Klimaschutzvorstellungen – sollte dabei nicht unterschätzt werden.[337] In der Stadt Münster gehen beispielsweise 40% der Grundstückskaufverträge auf die Stadt als Verkäufer zurück.[338] Sobald ein solcher Kaufvertrag nicht mehr nur dem Grunderwerb dient, sondern hierüber hinaus aufgrund spezieller Vertragsin-

---

[331] Aufzählung möglicher Vertragsinhalte speziell im Zusammenhang mit EE-Stromanlagen etwa bei *Spannowsky*, Planungsrechtliche Steuerung von Vorhaben der Erneuerbaren Energien durch Verträge, UPR 2009, 201 (205, 207, 208ff.).

[332] Zur möglichen vertraglichen Vereinbarung eines Baurechts auf Zeit siehe etwa *Battis/Kersten/Mitschang*, Rechtsfragen der ökologischen Stadterneuerung, 2010, S. 74f.

[333] Vgl. in diesem Zusammenhang *Spannowsky*, Die Zulässigkeit abwägungsdirigierender Verträge, ZfBR 2010, 429 (434f.).

[334] Hierzu ausführlich *Battis*, Mediation in der Bauleitplanung, DÖV 2011, 340ff.

[335] Hierzu *Krautzberger*, Städtebauliche Verträge zur Umsetzung klimaschützender und energieeinsparender Zielsetzungen, DVBl. 2008, 737 (740f.).

[336] *Klinski/Longo*, Kommunale Strategien für den Ausbau erneuerbarer Energien im Rahmen des öffentlichen Baurechts, ZNER 2007, 41 (47).

[337] Zur Sonderstellung der Gemeinden als Grundeigentümer siehe auch *Schmidt-Aßmann/Krebs*, Rechtsfragen städtebaulicher Verträge, 2. Aufl. 1992, S. 113ff.

[338] *Bruns*, Kommunaler Klimaschutz in Nordrhein-Westfalen: das Klimaschutzkonzept der Stadt Münster, in: Glenewinkel/Treutner (Hrsg.), Kommunaler Umwelt- und Klimaschutz, 2010, S. 61 (68f.).

halte auch städtebauliche Bezüge aufweist, handelt es sich um einen städtebaulichen Vertrag.[339] Klimaschutzinhalte, also Verpflichtungen betreffend den Einsatz Erneuerbarer Energien oder die Energieeffizienz, verfügen, wie bereits angesprochen, wegen ihrer Bedeutung in der Abwägung im Rahmen der Bauleitplanung (vgl. § 1 Abs. 6 Nr. 7 lit. f, § 1a Abs. 5 BauGB) über eben solche städtebaulichen Bezüge. Nichtsdestoweniger verbleibt es bei der Einordnung als privatrechtliche Verträge.[340] Teilweise werden die einschlägigen (Kauf-)Verträge als „privatrechtliche Verträge mit öffentlich-rechtlicher Zwecksetzung" bezeichnet.[341] Damit wird deutlich, dass jene Verträge zwar auf den zivilrechtlichen Vertragsbestimmungen aufbauen, jedoch zur Erfüllung öffentlicher Ziele genutzt werden und deshalb der Kontrolle (auch) anhand der einschlägigen öffentlich-rechtlichen Bestimmungen unterliegen. Zu diesen Bestimmungen gehört insbesondere § 11 BauGB. Mithin wurden durch § 11 BauGB die rechtlichen Grenzen, die herkömmlich für öffentlich-rechtliche Verträge galten, auch auf privatrechtliche (städtebauliche) Verträge ausgedehnt.[342] Wenn in der Literatur trotzdem teilweise städtebauliche und privatrechtliche Verträge gegenübergestellt werden,[343] so sollte klar sein, dass es sich bei den einschlägigen privatrechtlichen Verträgen gleichwohl auch um städtebauliche Verträge handelt.[344]

4. Vertragsinhalte zur klimaschonenden Wärmeversorgung

a) Installation und Nutzung von EE-Einzelanlagen

Durch Vereinbarungen in städtebaulichen Verträgen kann erreicht werden, dass sich der Bauherr zum Einsatz bestimmter EE-Wärmeversorgungsanlagen verpflichtet.[345] Mittlerweile enthält § 11 Abs. 1 S. 2 Nr. 4 BauGB eine ausdrückliche

---

[339] Vgl. statt vieler *Hoffmann*, in: Hoppenberg/de Witt (Hrsg.), Handbuch des öffentlichen Baurechts, Kap. P Rn. 6.

[340] Für Kaufverträge mit klimaschützenden Vertragsbestandteilen ausdrücklich *Battis/Kersten/Mitschang*, Rechtsfragen der ökologischen Stadterneuerung, 2010, S. 76 f.; allgemein *Burmeister*, Praxishandbuch städtebauliche Verträge, 2. Aufl. 2005, Rn. 26.

[341] *Spannowsky*, Planungsrechtliche Steuerung von Vorhaben der Erneuerbaren Energien durch Verträge, UPR 2009, 201 (206).

[342] So ausdrücklich *Spannowsky*, Planungsrechtliche Steuerung von Vorhaben der Erneuerbaren Energien durch Verträge, UPR 2009, 201 (208).

[343] Vgl. *Ekardt/Schmitz/Schmidtke*, Kommunaler Klimaschutz durch Baurecht: Rechtsprobleme der Solarenergie und der Kraft-Wärme-Kopplung, ZNER 2008, 334 (342); *Everding/Zerweck*, Solares Bauen und aktuelle Entwicklungen im Baurecht, ZNER 2005, 140 (146); *Klinski/Longo*, Kommunale Strategien für den Ausbau erneuerbarer Energien im Rahmen des öffentlichen Baurechts, ZNER 2007, 41 (44, 47).

[344] Vgl. auch *Krautzberger*, Städtebauliche Verträge in der praktischen Bewährung, UPR 2007, 407.

[345] So bereits frühzeitig *Zeiss/Longo*, Baurechtliche Festsetzungsmöglichkeiten einer solaren Warmwasserbereitung (Solarthermie-Pflicht), UPR 1998, 217 (218); außerdem *Denny/*

Regelung hierzu.[346] Auf diese Art lassen sich städtebauliche Verträge zur Verschärfung des EEWärmeG oder auch zur Feinsteuerung der Technologieoffenheit des EEWärmeG nutzen.[347] Teilweise wird postuliert, dass mit einer entsprechenden Einschränkung der Optionen des EEWärmeG ein gewisser Begründungsdarf im Hinblick auf die Vertragsbestimmungen ausgelöst würde.[348] Da der Vertragsschluss freiwillig erfolgt, lassen sich die Rechtfertigungsmaßstäbe, die für Bebauungsplanfestsetzungen gelten, allerdings gerade nicht übertragen. In der Diskussion zur Feinsteuerung des EEWärmeG durch Bebauungsplanfestsetzungen konnte jedoch hiervon unabhängig bereits gezeigt werden, dass sich Vorgaben bestimmter EE-Technologien ohne weiteres sachlich begründen lassen.[349]

In Bezug auf die klimaschonende Wärmeversorgung sind städtebauliche Verträge im Übrigen in besonderem Maße geeignet, kommunale Vorstellungen von der einzusetzenden Anlagentechnik zu realisieren, weil die hierfür zum Teil erforderlichen komplexen technischen Überlegungen damit unter Einbeziehung der Betroffenen erfolgen können. Eine frühzeitige Kooperation vermag Akzeptanz zu schaffen und kann die Gemeinden so zum Teil von der *Allein*verantwortung entlasten, alle denkbaren technischen Optionen umfänglich und angemessen zu berücksichtigen, wie es bei entsprechenden Bebauungsplanfestsetzungen der Fall wäre. In verkleinerter Form spiegelt sich hier also die Aufgabe der Komplexitätsbewältigung wider, die das *BVerwG* bereits in seiner Flachglasentscheidung von 1974 im Hinblick auf die der eigentlichen Beplanung vorangehenden Abstimmungen angesprochen hat,[350] und die auch auf der so ermöglichten Einbeziehung privaten Sachverstands in die Vertragsverhandlungen beruht.[351] Im Übrigen ermöglicht ein städtebaulicher Vertrag detaillierte Regelungen zur technischen Frage der Wärmeversorgung, ohne hiermit den Bebauungsplan unnötig aufzublähen.[352] Als Musterbeispiel kann insoweit der Ansatz der Stadt Baunatal dienen, die für eines ihrer Neubaugebiete eine Kombination aus verbindlicher EE-Festsetzung und städtebaulichem Vertrag gewählt

---

Spangenberger, Rechtliche Umsetzung energiebezogener Planungsinhalte, UPR 1999, 331 (334); ferner *Portz*, Klimaschutz durch kommunale Bauleitplanung, BayGT 2009, 137 (140). Ablehnend für die hier nicht näher behandelten Solar*strom*anlagen *Spannowsky*, Planungsrechtliche Steuerung von Vorhaben der Erneuerbaren Energien durch Verträge, UPR 2009, 201 (211).

[346] Die Regelung hat zugleich Bedeutung für die möglichen Inhalte von Stadtumbauverträgen gemäß § 171c BauGB, hierzu unten S. 209 f.

[347] Hierzu oben S. 164 ff.

[348] *Stüer/Stüer*, Die BauGB-Klimanovelle und das Energiefach- und -finanzierungsrecht 2011, DVBl. 2011, 1117 (1121).

[349] Vgl. in diesem Zusammenhang oben S. 168 ff.

[350] BVerwGE 45, 309 (317).

[351] Zu letzterem Aspekt vgl. *Spannowsky*, Vertragliche Regelungen als Instrumente zur Sicherung der nachhaltigen städtebaulichen Entwicklung, DÖV 2000, 569 (579).

[352] *Hoffmann*, in: Spannowsky/Uechtritz (Hrsg.), BauGB, 2009, § 11 Rn. 1.

hat.[353] Der Vertrag enthält zum einen die Pflicht, eine Energieberatung in Anspruch zu nehmen und wiederholt zum anderen – unter Einbeziehung von Angaben zu den einschlägigen technischen Normen – die EE-Nutzungspflicht sowie die von der Stadt angedachten Erfüllungsoptionen. Dabei werden einige der vom EEWärmeG vorgesehenen Techniken (insbesondere flüssige und gasförmige Biomasse, aber auch Ersatzmaßnahmen nach § 7 EEWärmeG) ausgeschlossen. Das Beispiel zeigt, dass es möglich ist, technische Anforderungen und Standards für die Optionen zur Nutzung Erneuerbarer Wärme einzubeziehen und trotzdem die Übersichtlichkeit und Lesbarkeit des Bebauungsplans nicht zu gefährden. Ein weiteres Beispiel aus der Praxis stellt der sog. Solarvertrag der hessischen Stadt Vellmar dar, der die Errichtung und Nutzung einer Solarwärmeanlage vorschreibt.[354] Die Deckungsrate wird in Abhängigkeit von der Gebäudeausrichtung (und den daraus folgenden tatsächlichen Möglichkeiten der Solarenergienutzung) ausgestaltet. Auf diese Weise findet eine weitgehende Verengung der Erfüllungsoptionen, die das EEWärmeG vorsieht, statt, die jedoch angesichts der Vorteile der Solarenergie auch gegenüber anderen EE-Formen (Emissionslosigkeit, geringe Betriebskosten) durchaus nachvollziehbar ist.

In der Vergangenheit wurde zum Teil bestritten, dass städtebauliche Verträge auf Grundlage des § 11 Abs. 1 S. 2 Nr. 4 BauGB auch Bestimmungen zur *Installation* von Solar- und KWK-Anlagen beinhalten dürfen, weil in der Fassung gemäß dem EAG Bau nur die Rede von deren *„Nutzung"* gewesen ist.[355] Dem wurde überzeugend entgegengehalten, dass die Aufzählung möglicher Inhalte in § 11 Abs. 1 S. 2 BauGB ohnehin nicht abschließend ist.[356] Im Übrigen wurde diese Frage durch die von der BauGB-Klimanovelle 2011 eingeführte umfassendere Formulierung des § 11 Abs. 1 S. 2 Nr. 4 BauGB („Errichtung und Nutzung") nunmehr ausgeräumt.

Die bereits erwähnten, in der Praxis verwandten Verträge auf der Grundlage von § 11 Abs. 1 S. 2 Nr. 4 BauGB waren bisher – soweit ersichtlich – stets an einen kommunalen Grundstückskaufvertrag gekoppelt. Allerdings ist etwa der Vellmarer Solarvertrag so formuliert, dass er auch unabhängig von einem solchen Grundstückskaufvertrag zum Einsatz kommen könnte. Zu berücksichtigen ist freilich, dass die Kommune dann eine schwächere Verhandlungsposition

---

[353] Vgl. einschließlich der Fundstellennachweise oben S. 135 f.

[354] Wortlaut des Vertrages bei *Longo*, Neue örtliche Energieversorgung als kommunale Aufgabe, 2010, S. 377 ff.; hierauf beruhender abgewandelter Mustervertrag bei *Lenz/Würtenberger*, BauGB-Verträge, 2011, S. 119 ff. Ferner ist zu verweisen auf das Beispiel eines von der Stadt Aachen verwendeten Vertrages, vgl. *Ecofys* (Hrsg.), Energieeffizienz und Solarenergienutzung in der Bauleitplanung – Zusammenfassung und Thesen zum Rechts- und Fachgutachten, 2007, S. 5 (http://www.gar-bw.de/fileadmin/gar/pdf/Energie_und_Klima/Gutachten-bauleitplanung.pdf; abgerufen: 30. 10. 2012).

[355] *Burmeister*, Praxishandbuch städtebauliche Verträge, 2. Aufl. 2005, Rn. 168 f.

[356] *Lenz/Würtenberger*, BauGB-Verträge, 2011, S. 126.

hätte und es verstärkt auf die sonstigen kommunalen Gegenleistungen[357] ankäme, um den Abschluss für den Bauherrn attraktiv zu gestalten.

Auch im Falle der Einbindung in einen Grundstückskaufvertrag ist es der Kommune nicht gestattet, ihre Verkäuferposition missbräuchlich auszunutzen. Dem Vorwurf eines „faktischen Kontrahierungszwanges" wurde jedoch bereits überzeugend mit dem Argument entgegengetreten, dass hiervon jedenfalls dann nicht auszugehen sei, wenn die Kommune nicht gewissermaßen monopolartig über alle Baugrundstücke im Gemeindegebiet verfüge.[358] Im Übrigen bietet die Verfahrensweise bei der Entscheidung über den Vertragsabschluss weitere Möglichkeiten, der Gefahr einer unzulässigen Ausnutzung kommunaler Marktmacht aus dem Weg zu gehen. So gestaltet die Stadt Hannover ihre Grundstücksverkäufe in Form einer Ausschreibung, wobei derjenige Interessent bevorzugt bedacht wird, der bei nominell gleichem Kaufpreisangebot die Bereitschaft erklärt, die klimaschutzbezogenen Vereinbarungen im Grundstückskaufvertrag einzugehen.[359]

b) Errichtung und Nutzung von EE-Gemeinschaftsanlagen und Wärmenetzen

Ebenso wie die soeben beschriebene Verpflichtung eines Bauherrn zur Installation und Nutzung von EE-Wärmeversorgungsanlagen auf seinem eigenen Grundstück kann auch die Errichtung und Nutzung von EE-Gemeinschaftsanlagen einschließlich der hierfür erforderlichen Wärmenetze zum Gegenstand städtebaulicher Verträge gemacht werden.

Die (Mit-)Nutzung von großen EE-Anlagen, wie z.B. eines Biomasseheizkraftwerks, über ein zugehöriges Wärmenetz unter gemeindlicher (Planungs-)Trägerschaft kann nach der ausdrücklichen Regelung des §11 Abs. 1 S. 2 Nr. 4 BauGB in städtebaulichen Verträgen vereinbart werden.[360] Damit wird praktisch die Möglichkeit eröffnet, einen „vertraglichen Anschluss- und Benutzungszwang" zu vereinbaren. Entsprechende Vertragsgestaltungen sind bereits

---

[357] Hierzu sogleich auf S. 192ff.

[358] *Klinski/Longo*, Kommunale Strategien für den Ausbau erneuerbarer Energien im Rahmen des öffentlichen Baurechts, ZNER 2007, 41 (44); *Longo*, Neue örtliche Energieversorgung als kommunale Aufgabe, 2010, S. 304f.

[359] *Stadt Hannover*, Ökologische Standards beim Bauen im kommunalen Einflussbereich, Anlage 1 zur Drucksache Nr. 1440/2007 und Drucksache Nr. 1984/2009, S. 1ff. (https://e-government.hannover-stadt.de/; abgerufen: 30. 10. 2012). Diese Vereinbarungen beziehen sich im Falle Hannovers allerdings nur auf die Energieeffizienz, indem die Einhaltung des Passivhausstandards zur Vertragsbedingung gemacht wird (sog. „Passivhauspräferenzvergabe"), nicht hingegen auf die Nutzung Erneuerbarer Energien. Eine Übertragung auf EE-Vertragsklauseln erscheint jedoch unproblematisch.

[360] *Spannowsky*, Planungsrechtliche Steuerung von Vorhaben der Erneuerbaren Energien durch Verträge, UPR 2009, 201 (207, 210).

seit längerem anerkannt[361] und werden auch in der Praxis genutzt.[362] Es gilt allerdings zu vermeiden, dass in einem städtebaulichen Vertrag eine (alleinige) Wärmeversorgung über eine Anlage vereinbart wird, die nicht geeignet ist, die Erfüllung der Pflichten des EEWärmeG sicherzustellen, etwa weil es sich um ein reines Fern*heiz*werk unter Nutzung fossiler Brennstoffe handelt. In einem solchen Fall würde gegen die Pflicht nach § 3 Abs. 1 EEWärmeG verstoßen. Die Pflicht entfällt auch nicht nach § 9 Abs. 1 Nr. 1 lit. a EEWärmeG, weil ein entsprechender städtebaulicher Vertrag keine „öffentlich-rechtliche Pflicht" in diesem Sinne darstellt. Andernfalls stünde das EEWärmeG zur Disposition der Parteien eines städtebaulichen Vertrages. Gleichfalls problematisch ist die Vereinbarung eines Anschlusses an ein zwar KWK-gespeistes, aber ausschließlich mit fossilen Brennstoffen betriebenes Wärmenetz. Damit wird zwar das EEWärmeG in seiner aktuellen Fassung erfüllt (siehe etwa § 7 Abs. 1 Nr. 3 EEWärmeG), allerdings sind die entsprechenden Erfüllungstatbestände in eben dieser Fassung vom 1. 1. 2015 an nicht mehr mit den unionsrechtlichen Vorgaben der EE-RL vereinbar.[363] In beiden Fällen dürfte der städtebauliche Vertrag nach § 59 Abs. 1 VwVfG i. V. m. § 134 BGB nichtig sein, soweit nicht eine Befreiung nach § 9 Abs. 1 Nr. 2 EEWärmeG vorliegt bzw. sich der Ausschluss aller EE-Formen nicht durch besondere Umstände rechtfertigen lässt.

Im Zusammenhang mit vertraglichen Vereinbarungen zur (Mit-)Nutzung großer EE-Anlagen bereitet die Abgrenzung zum Folgekostenvertrag nach § 11 Abs. 1 S. 2 Nr. 3 BauGB, die vor allem wegen des in § 11 Abs. 1 S. 2 Nr. 3 BauGB enthaltenen besonderen Ursächlichkeitserfordernisses („und die Voraussetzung oder Folge des geplanten Vorhabens sind") von Bedeutung ist, einige Schwierigkeiten. Wenn § 11 Abs. 1 S. 2 Nr. 3 BauGB in der Literatur für die Finanzierung der Kosten der Errichtung von Wärmenetzen und der sie speisenden (EE-)Anlagen für einschlägig erachtet wird,[364] so liegt dem eine idealtypische Unterscheidung zwischen Errichtung und Nutzung bzw. zwischen Investitionskos-

[361] Siehe *Burmeister*, Praxishandbuch städtebauliche Verträge, 2. Aufl. 2005, Rn. 168, 171, der auch die Grenzen der vertraglichen Gestaltungsfreiheit beschreibt, speziell im Hinblick auf die Nutzungsdauer; außerdem *Berkemann*, in: Berkemann/Halama (Hrsg.), BauGB 2004, § 11 Rn. 12; *Portz*, Klimaschutz durch kommunale Bauleitplanung, BayGT 2009, 137 (140); *Zeiss/Longo*, Baurechtliche Festsetzungsmöglichkeiten einer solaren Warmwasserbereitung (Solarthermie-Pflicht), UPR 1998, 217 (218). Zur zivilgerichtlichen Anerkennung vor dem Hintergrund des Wettbewerbsrechts siehe darüber hinaus BGHZ 151, 274 ff.

[362] Zu Beispielen aus der Praxis, in denen dies realisiert wurde, siehe *Ecofys* (Hrsg.), Energieeffizienz und Solarenergienutzung in der Bauleitplanung – Zusammenfassung und Thesen zum Rechts- und Fachgutachten, 2007, S. 5 (http://www.gar-bw.de/fileadmin/gar/pdf/Energie_und_Klima/Gutachten-bauleitplanung.pdf; abgerufen: 30. 10. 2012); *Deutsches Institut für Urbanistik* (Hrsg.), Klimaschutz in Kommunen, 2011, S. 53 (auch online unter http://leitfaden.kommunaler-klimaschutz.de/; abgerufen: 30. 10. 2012).

[363] Genauer oben S. 55 ff.

[364] *Battis/Kersten/Mitschang*, Rechtsfragen der ökologischen Stadterneuerung, 2010, S. 75; *Ingold/Schwarz*, Klimaschutzelemente der Bauleitplanung, NuR 2010, 153 (161 f.).

ten und Betriebskosten zugrunde. Demnach würde § 11 Abs. 1 S. 2 Nr. 3 BauGB nur die (teilweise) Überwälzung der Investitionskosten betreffen, wohingegen auf Grundlage von § 11 Abs. 1 S. 2 Nr. 4 BauGB eine Nutzungsverpflichtung vereinbart werden kann. Unter Umständen können die Konditionen der Nutzung (insbesondere deren Kosten) dabei auch in einen separat abzuschließenden Vertrag „ausgelagert" werden. In der Praxis können die Grenzen zwischen § 11 Abs. 1 S. 2 Nr. 3 und Nr. 4 BauGB jedoch fließend sein, weil auch über Nutzungsvereinbarungen (§ 11 Abs. 1 S. 2 Nr. 4 BauGB) im Falle einer kalkulatorischen Einbeziehung der *Investitions*kosten in die *Betriebs*kostenvereinbarung als Teil einer Nutzungsvereinbarung das Ziel einer Umlegung der Investitionskosten erreicht werden kann, ohne einen „echten" Folgekostenvertrag abzuschließen.[365] Erst recht dürfte dies gelten, seitdem in Folge der BauGB-Klimanovelle 2011 die „Errichtung" von Anlagen ausdrücklich in § 11 Abs. 1 S. 2 Nr. 4 BauGB aufgenommen wurde. Nach dem relativ weiten Wortlaut gibt es schließlich keine Anhaltspunkte, dass hiermit nur städtebauliche Verträge zwischen der Gemeinde und einem Investor über die Errichtung solcher Anlagen gemeint sind. Vielmehr sind auch Vereinbarungen mit Bauherren, die als (potenzielle) Nutzer einer zu errichtenden Anlage in Betracht kommen, und die die Verteilung der Investitionskosten regeln, erfasst. Dabei ist zu beachten, dass über das Angemessenheitserfordernis auch Aspekte der Gleichbehandlung verschiedener Vertragspartner der Gemeinde überprüfbar gemacht werden. Der Maßstab und die Unterschiede in der Kostenverteilung großer EE-Anlagen auf verschiedene Bauherren müssen sich also auf sachliche Rechtfertigungsgründe stützen lassen.[366]

c) *Energetische Qualität von Gebäuden*

Der Begriff der „energetischen Qualität" im durch die BauGB-Klimanovelle 2011 eingefügten § 11 Abs. 1 S. 2 Nr. 5 BauGB wird in der Gesetzesbegründung nicht näher erörtert. Aus der umfassenden Regelung aller EE-Versorgungsvereinbarungen in § 11 Abs. 1 S. 2 Nr. 4 BauGB lässt sich immerhin im Umkehrschluss herleiten, dass von der „energetischen Qualität" vor allem Energie*effizienz*merkmale von Gebäuden erfasst sind und damit von § 11 Abs. 1 S. 2 Nr. 5 BauGB namentlich solche städtebaulichen Verträge ausdrücklich benannt werden, die schärfere Vorgaben zur Wärmedämmung von Gebäuden enthal-

---

[365] Hiervon geht auch *Berkemann*, in: Berkemann/Halama (Hrsg.), BauGB 2004, § 11 Rn. 15, im Rahmen der Ausführungen zur Angemessenheit einer vertraglichen Regelung auf Grundlage von § 11 Abs. 1 S. 2 Nr. 4 BauGB aus; zweifelnd hingegen *Bunzel/Coulmas/Schmidt-Eichstaedt*, Städtebauliche Verträge – ein Handbuch, 3. Aufl. 2007, S. 187 f.

[366] Vgl. allgemein BVerwGE 133, 85 (97); *Bunzel*, Finanzierung städtebaulicher Folgeinvestitionen als Gegenstand städtebaulicher Verträge, DVBl. 2011, 796 (801); *Birk*, Städtebauliche Verträge, 4. Aufl. 2002, S. 233.

ten. Allerdings sorgt die Gesetzesbegründung selbst wiederum für einige Unklarheiten, wenn sie etwa von einer „energetischen Versorgung" eines Gebiets spricht[367] oder an anderer Stelle die energetische Beschaffenheit, die Gesamtenergieeffizienz der Bebauung und die Versorgungseinrichtung als gleichsam selbstständige Bestandteile einer klimagerechten Bebauung nebeneinander stellt.[368] Einerseits wirft dies die Frage auf, ob von § 11 Abs. 1 S. 2 Nr. 5 BauGB Vertragsbestandteile erfasst sein könnten, die über Aspekte der Wärmedämmung hinausgehen. Andererseits sind neben der EE-Versorgung und der Energieeffizienz kaum weitere Sachbereiche, in denen *gebäudebezogene* Vereinbarungen zur klimagerechten Stadtentwicklung genutzt werden können, vorstellbar.

Die Zulässigkeit von detaillierten vertraglichen Vereinbarungen zu Wärmedämmmaßnahmen oder auch von Energiekennzahlen in Form von Energiebedarfswerten und Wärmedurchgangswerten, wie sie aus der EnEV bekannt sind, war bereits vor der BauGB-Klimanovelle 2011 anerkannt.[369] Wohl unter anderem aufgrund der lange Zeit äußerst zurückhaltenden Vorgaben der EnEV bezieht sich auch der Großteil der Praxisbeispiele für städtebauliche Verträge mit klimaschutzfördernden Inhalten auf die energetische Qualität bzw. die Energieeffizienz von Gebäuden. Dabei handelt es sich in der Regel abermals um Kaufverträge über kommunale Grundstücke, für die die Gemeinde bereits die planungsrechtlichen Voraussetzungen der Bebauung geschaffen hat und bei denen die Einhaltung eines über die EnEV hinausgehenden Effizienzstandards durch entsprechende Verpflichtungen im Kaufvertrag sichergestellt wird.

So hat etwa die Stadt Freiburg im Breisgau in Grundstückskaufverträge, die zwischen der Gemeinde und Privaten geschlossen werden, Vorgaben zum maximal zulässigen Wärmeenergieverbrauch aufgenommen. Diese Energiekennzahlen differieren je nach Gebäudetyp. Die Vorgaben wurden darüber hinaus kombiniert mit einer Vertragsstrafenregelung für den Fall der Überschreitung der Werte.[370] Die Vereinbarungen, die bereits Ende der 90er Jahre verwendet wurden, sind zwischenzeitlich in Anpassung an den technischen Fortschritt im

---

367 BT-Drs. 17/6076, S. 12.

368 BT-Drs. 17/6076, S. 10.

369 *Denny/Spangenberger*, Rechtliche Umsetzung energiebezogener Planungsinhalte, UPR 1999, 331 (334); dem folgend *Battis/Kersten/Mitschang*, Rechtsfragen der ökologischen Stadterneuerung, 2010, S. 76; *Ingold/Schwarz*, Klimaschutzelemente der Bauleitplanung, NuR 2010, 153 (161); *Mitschang*, Die Umsetzung klimaschützender und energieeinsparungsbezogener Anforderungen in der Bauleitplanung und im Besonderen Städtebaurecht – Sachstand und Perspektiven, ZfBR 2010, 534 (547); ferner *Portz*, Klimaschutz durch kommunale Bauleitplanung, BayGT 2009, 137 (140). A. A. offenbar *Wickel*, Klimaschutz und Städtebau – Das Gesetz zur Förderung des Klimaschutzes bei der Entwicklung in den Städten und Gemeinden, UPR 2011, 416 (420), der im Hinblick auf § 11 Abs. 1 S. 2 Nr. 5 BauGB von einer „echten Erweiterung" spricht.

370 *Fickert/Fieseler*, Der Umweltschutz im Städtebau, 2002, S. 302, die außerdem angeben, dass derartige Klauseln z. B. auch in der Stadt Greifswald Verwendung gefunden haben. Fer-

Neubaubereich „verschärft" worden und geben nunmehr die Einhaltung des Passivhausstandards vor.[371] Ähnliche Vertragsgestaltungen finden sich in einer Vielzahl von Städten.[372]

Energieverbrauchskennwerte haben jedoch keinen unmittelbaren Bezug zur Verwendung Erneuerbarer Energien. Ein Zusammenhang ließe sich allerdings herstellen, wenn nach den vertraglichen Bestimmungen derjenige Energieaufwand, der über EE-Anlagen gedeckt wird bzw. – vorzugswürdig – der über die Vorgaben des EEWärmeG hinausgeht, nicht oder nur unter Ansetzung reduzierter Werte in die Berechnung einfließen würde. Städte und Gemeinden haben also auch hier zahlreiche Gestaltungsmöglichkeiten, speziell im Hinblick auf eine weitere „Verschärfung" der Vereinbarungen.

d) Kommunale Gegenleistungen

Je nach konkreter Ausgestaltung des städtebaulichen Vertrages kommen unterschiedliche Gegenleistungen der Kommune für die Verpflichtung des Bauherrn zur Einhaltung besonderer Klimaschutzstandards in Betracht, die für die Beurteilung der Angemessenheit vertraglicher Vereinbarungen (§ 11 Abs. 2 S. 1 BauGB) von erheblicher Bedeutung sein können. Unzweifelhaft als Gegenleistung ausgeschlossen ist die Beplanung eines Grundstücks (§ 1 Abs. 3 S. 2 BauGB). Ein solcher Vertrag wäre nach § 59 Abs. 1 VwVfG i. V. m. § 134 BGB nichtig.[373] Des Weiteren ist es der Gemeinde natürlich gleichfalls verwehrt, die Überplanung von Flächen formal vom Abschluss eines städtebaulichen Vertrages abhängig zu machen, um ihre Vorstellungen von der Nutzung Erneuerbarer Energien durchzusetzen.[374]

---

ner wurden bzw. werden ähnliche Verträge laut *Marks*, Solarenergie im Wohnungsbau, 2001, S. 273, auch in Heidelberg verwandt.

[371] *Deutscher Städte- und Gemeindebund/Deutsche Umwelthilfe* (Hrsg.), Intelligenter Energieeinsatz in Städten und Gemeinden, DStGB Dokumentation Nr. 55, 2006, S. 16.

[372] Beispielhaft zu nennen sind etwa Esslingen, Heidelberg, Münster und Stuttgart. Aber auch in kleineren Städten findet dieses Instrument Anwendung, siehe *Bruns*, Kommunaler Klimaschutz in Nordrhein-Westfalen: das Klimaschutzkonzept der Stadt Münster, in: Glenewinkel/Treutner (Hrsg.), Kommunaler Umwelt- und Klimaschutz, 2010, S. 61 (68); *Deutscher Städte- und Gemeindebund/Deutsche Umwelthilfe* (Hrsg.), Intelligenter Energieeinsatz in Städten und Gemeinden, DStGB Dokumentation Nr. 55, 2006, S. 15 f.; *Ecofys* (Hrsg.), Energieeffizienz und Solarenergienutzung in der Bauleitplanung – Zusammenfassung und Thesen zum Rechts- und Fachgutachten, 2007, S. 5 (http://www.gar-bw.de/fileadmin/gar/pdf/Energie_und_Klima/Gutachten-bauleitplanung.pdf; abgerufen: 30. 10. 2012). Siehe außerdem die bereits in Fn. 359 zitierte Passivhauspräferenzvergabe der Stadt Hannover.

[373] *Hoffmann*, in: Hoppenberg/de Witt (Hrsg.), Handbuch des öffentlichen Baurechts, Kap. P Rn. 17.

[374] *Spannowsky*, Planungsrechtliche Steuerung von Vorhaben der Erneuerbaren Energien durch Verträge, UPR 2009, 201 (213).

aa) Ermäßigter Grundstückspreis

Wie bereits angesprochen sind Grundstückskaufverträge, mit denen kommunale Flächen an potenzielle Bauherren verkauft werden, die gebräuchlichste Form städtebaulicher Verträge mit Inhalten zur klimagerechten Wärmeversorgung. In solchen Verträgen stellt das Grundstück die maßgebliche Gegenleistung der Kommune dar. Soweit vertragliche Vereinbarungen etwa zum Einsatz bestimmter EE-Formen beim Bauherrn zu so erheblichen Mehraufwendungen führen, dass bei prognostischer Betrachtung auch unter Gegenrechnung eines absehbar starken Preisanstiegs bei fossilen Brennstoffen noch erhebliche Mehrkosten verbleiben, besteht darüber hinaus die Möglichkeit, die Angemessenheit der vertraglichen Regelungen durch entsprechende Nachlässe beim Verkaufspreis sicherzustellen. Gemeinden können so der Ernsthaftigkeit ihrer Klimaschutzbemühungen in besonderer Weise Ausdruck verleihen, da eine finanzielle Kompensation der Bauherren für die Mehrkosten einer EE-Versorgung zum einen auf großen Zuspruch und zum anderen auch auf gesteigerte Akzeptanz der EE-Anlagen bei den Betroffenen stoßen dürfte.

Zu berücksichtigen ist allerdings, dass das EEWärmeG bereits verpflichtende Regelungen zum EE-Einsatz enthält, wenngleich unter Zulassung kostengünstigerer Ersatzmaßnahmen wie etwa der EnEV-Übererfüllung (vgl. §7 Abs.1 Nr.2 EEWärmeG). Es ist also darauf zu achten, dass mit einem Kaufpreisnachlass nicht allein die Erfüllung von Vorgaben des EEWärmeG unterstützt wird. Umgekehrt kann eine Kaufpreisermäßigung aber ein nützliches Instrument sein, um höhere Deckungsraten durchzusetzen als sie durch das EEWärmeG vorgegeben sind. Im Übrigen muss allerdings nicht jede prognostizierte Mehrbelastung durch die Kommune ausgeglichen werden, sondern es genügt die Orientierung an bestimmten Erheblichkeitsschwellen.

bb) Energetische Beratung

Als weitere wesentliche kommunale Gegenleistung kommt eine energetische Beratung des Bauherrn in der Planungs- und Bauphase in Betracht. Sollten die Kapazitäten hierfür nicht bei der Kommune selbst vorhanden sein, bietet sich die Verankerung eines (der Höhe nach begrenzten) Anspruchs auf Erstattung der Kosten für entsprechende Beratungsleistungen an.[375] Eine Übernahme der Kosten durch die Kommune erscheint allerdings nur dann notwendig, wenn die vertraglichen Bestimmungen tatsächlich Vorgaben zur Verwendung bestimmter EE-Technologien enthalten, die beim Bauherrn zu Mehrkosten führen (wie

[375] *Spannowsky*, Planungsrechtliche Steuerung von Vorhaben der Erneuerbaren Energien durch Verträge, UPR 2009, 201 (207).

etwa im Fall Vellmar[376]) und hierfür auch bei kommunalen Grundstückskaufverträgen *nicht* der Ausgleich über reduzierte Verkaufspreise gewählt wird. Alternativ kann eine Pflicht zur Inanspruchnahme einer Energieberatung in Betracht kommen.[377] In jedem Falle dürften Regelungen, die dem Bauherrn eine günstige oder kostenlose Energieberatung ermöglichen, zur Steigerung der Akzeptanz von EE-Vorgaben in kommunalen Grundstückskaufverträgen beitragen.

Während eine energetische Beratung als Gegenleistung bei kommunalen Grundstückskaufverträgen eine sinnvolle Ergänzung darstellt, dürfte sie bei städtebaulichen Verträgen, die nicht den Grundstücksverkauf zum Gegenstand haben, sondern die die Kommune einem Bauherrn als eigenständige Übereinkunft betreffend die EE-Nutzung zur Wärmeversorgung anträgt, von erheblicher Bedeutung sein, um überhaupt den Abschluss des Vertrages zu erreichen. Derartige Verträge sind bisher – soweit ersichtlich – nicht verwendet worden. Dies dürfte maßgeblich darin begründet liegen, dass sich eine Gemeinde, die nicht selbst Eigentümerin des Grundstücks ist, in einer wesentlich schwächeren Verhandlungsposition befindet. Allerdings sollte mittlerweile eine große Zahl von Bauherren für energetische Belange sensibilisiert sein und deshalb für städtebauliche Verträge, die als Gegenleistungen eine Kooperation mit der Kommune in Energiefragen oder auch entsprechende Beratungsleistungen beinhalten, durchaus offen sein. Dies gilt speziell im Bereich des Wohnungsbaus. Schwieriger dürfte die Durchsetzung klimapolitischer Vorstellungen bei gewerblich genutzten Gebäuden sein, weil hier regelmäßig besondere Anforderungen an die Rentabilität von Investitionen gestellt werden. Eine Beratung kann bzw. sollte deshalb auch eine Wirtschaftlichkeitsprüfung bzw. eventuell sogar einen Wirtschaftlichkeitsvorbehalt für den Einsatz von EE-Techniken beinhalten, soweit diese im Vertrag konkret vereinbart werden. So kann unangemessenen Vertragsklauseln vorgebeugt werden. Im Falle einer Wirtschaftlichkeitsprüfung als Teil einer Energieberatung bei kommunalen Grundstückskaufverträgen wiederum wäre eine Verknüpfung dieser Prüfung mit vertraglichen Bestimmungen betreffend eine (mögliche) Reduzierung des an die Kommune zu entrichtenden Kaufpreises denkbar, um so einen Ausgleich für erhebliche Mehrkosten einer im Vertrag vorgegebenen EE-Nutzung gewährleisten zu können.

---

[376] Dort in § 3 Abs. 1 des Vertrages; siehe den Wortlaut bei *Longo*, Neue örtliche Energieversorgung als kommunale Aufgabe, 2010, S. 378.

[377] So etwa die Vereinbarung in § 1 Abs. 1 des städtebaulichen Vertrages der Stadt Baunatal (hierzu näher und mit genauer Quellenangabe oben S. 135 f., der jedoch keine Kostenregelung enthält.

cc) Monitoring

Neben einer Beratung in der Planungs- und Bauphase sollte künftig auch über eine Konsultation des Bauherrn nach Fertigstellung eines Gebäudes als zusätzliche kommunale Gegenleistung nachgedacht werden. Obwohl oder gerade weil sich die technischen Möglichkeiten zur Senkung des Bedarfs an fossilen Energieträgern in den letzten Jahren rasant entwickelt haben, wirft der Alltagseinsatz neuer Techniken mitunter noch immer Fragen oder neue (individuelle) Herausforderungen auf, die sich erst während der „Betriebsphase" zeigen. Deshalb ist es für die betroffenen Bauherren durchaus von Bedeutung, auch nach der Errichtung eines Gebäudes weitere fachkundige Betreuung erhalten zu können. Planer (und Kommunen) können die gewonnenen Praxiserfahrungen in ihre weiteren Überlegungen zur klimagerechten Energieversorgung einfließen lassen. Die Kommune kann so außerdem die Effektivität ihrer Vertragsbestimmungen überprüfen und diese Erkenntnisse bei der Gestaltung zukünftiger Vereinbarungen berücksichtigen. Über dieses Monitoring entsteht damit für alle Beteiligten ein Mehrwert. Um den Aufwand zu begrenzen ist hierbei nicht an eine Dauerüberwachung von einzelnen Gebäuden zu denken. Jedoch könnte eine Kommune etwa dafür verantwortlich zeichnen, nach einem Jahr und nach fünf Jahren (nach Abschluss der Bauarbeiten) eine Überprüfung der energetischen Qualität bzw. der Wärmeversorgung des jeweiligen Gebäudes vorzunehmen oder alternativ die Kosten hierfür zu übernehmen. Beim Eigentümer bzw. Besitzer entstandener nachträglicher Beratungsbedarf kann im Zuge dessen gedeckt werden. Im Prinzip ist dieses Verfahren eng an die bereits in Anwendung befindliche Gegenleistung der Energieberatung in der Planungs- und Bauphase angelehnt und entwickelt den Gedanken einer Kooperation im Städtebau fort.

e) Angemessenheitserfordernis

Das Angemessenheitserfordernis ist ausdrücklich in § 11 Abs. 2 S. 1 BauGB niedergelegt und wurde bereits verschiedentlich im Rahmen der Ausführungen zu potenziellen Vertragsinhalten betreffend die Förderung der EE-Wärmeversorgung angesprochen.[378] Es ist zu betonen, dass die aus dem Angemessenheitserfordernis abzuleitenden Anforderungen sehr stark variieren in Abhängigkeit von der konkreten vertraglichen Konstellation, sodass sich die Prüfung stets am Einzelfall orientieren muss.[379] Die bisherige Analyse potenzieller Vertragsinhalte zur Erneuerbaren Wärme unter Einbeziehung der praktischen Erfahrungen hat ergeben, dass sich solche speziell in kommunalen Grundstückskaufverträgen oder aber in eigenständigen ergänzenden städtebaulichen Verträgen

[378] Oben S. 185 ff., 188 ff. und S. 192 ff.

[379] *Quaas/Kukk*, in: Schrödter (Hrsg.), BauGB, 7. Aufl. 2006, § 11 Rn. 41 f.

realisieren lassen. Wenn energietechnische Vereinbarungen hingegen in städtebauliche Verträge eingebunden werden, die von dieser Konstellation sowohl im Hinblick auf den Vertragsgegenstand als auch betreffend die einzelnen Vertragspartner erheblich abweichen, etwa bei Verträgen mit großen Projektträgern über ganze Baugebiete, so muss die Angemessenheitsbetrachtung unter Umständen erheblich modifiziert werden. Die nachfolgenden Ausführungen können deshalb nur einige Anhaltspunkte für die hier in den Blick genommenen Vertragstypen geben.[380]

Vorrangig bezieht sich das Angemessenheitserfordernis auf den wirtschaftlichen Wert von Leistung und Gegenleistung.[381] Von der häufigen Verwendung städtebaulicher Verträge in Verbindung mit der Erbringung von „Planungsleistungen" durch die Gemeinde rührt die Einschränkung, dass dabei keine genaue gegenseitige Aufrechnung möglich bzw. nötig sei, weil sich die implizit etwa als Geschäftsgrundlage eines Vertrages in Bezug genommene Baureifmachung häufig nicht präzise bewerten lasse.[382] Obwohl die bereits angesprochenen bisher gebräuchlichen Verträge zur EE-Förderung regelmäßig erst dann abgeschlossen wurden, als die gemeindlichen Planungsleistungen bereits erbracht waren, sodass diese weder Bedingung noch Geschäftsgrundlage für die Verträge werden konnten, lässt sich die Einschränkung, wonach das Angemessenheitserfordernis lediglich offensichtliche Missverhältnisse ausschließen soll,[383] auch auf städtebauliche Verträge mit EE-Vereinbarungen übertragen. Dies liegt nicht zuletzt in den Prognoseunsicherheiten bei den notwendigerweise in die Beurteilung einzubeziehenden *Betriebs*kostenabschätzungen begründet. Eine isolierte Betrachtung allein der höheren *Investitions*kosten für EE-Anlagen gegenüber herkömmlichen Versorgungsanlagen führt ohnehin noch nicht zur Unangemessenheit vertraglicher Regelungen,[384] zumal das EEWärmeG gleichfalls EE-Nutzungspflichten enthält. Andererseits eröffnet das EEWärmeG auch weitere Erfüllungsmöglichkeiten (wie etwa Ersatzmaßnahmen nach § 7 EEWärmeG), die unter Umständen mit geringeren Kosten für den Bauherrn verbunden wären. Dabei darf allerdings nicht übersehen werden, dass die

---

380 Konkrete beispielhafte Angemessenheitsbewertung etwa bei *Lenz/Würtenberger*, BauGB-Verträge, 2011, S. 126 f.

381 BVerwGE 124, 385 (391); *Hoppe/Bönker/Grotefels*, Öffentliches Baurecht, 4. Aufl. 2010, § 13 Rn. 96. Speziell für Folgekostenverträge ist darüber hinaus auf ein angemessenes Verhältnis zwischen den im städtebaulichen Vertrag übernommenen Kosten zum Wert des Gesamtvorhabens zu achten, so BVerwGE 42, 331 (345).

382 *Quaas/Kukk*, in: Schrödter (Hrsg.), BauGB, 7. Aufl. 2006, § 11 Rn. 40; *Stich*, in: Berliner Kommentar zum BauGB, § 11 Rn. 49.

383 *OVG Lüneburg*, Urteil v. 3. 5. 2006 – 1 LC 170/04, BauR 2006, 1703 (1706); *Reidt*, Klimaschutz, erneuerbare Energien und städtebauliche Gründe, BauR 2010, 2025 (2033).

384 Vgl. auch *Berkemann*, in: Berkemann/Halama (Hrsg.), BauGB 2004, § 11 Rn. 15; *Longo*, Neue örtliche Energieversorgung als kommunale Aufgabe, 2010, S. 306; *Klinski/Longo*, Kommunale Strategien für den Ausbau erneuerbarer Energien im Rahmen des öffentlichen Baurechts, ZNER 2007, 41 (45).

EE-ausschließenden Ersatzmaßnahmen in ihrer aktuellen Form ab 1.1.2015 als unionsrechtswidrig angesehen werden müssen.[385]

Zum Teil wird empfohlen, dass Vereinbarungen nach §11 Abs.1 S.2 Nr.4 BauGB wegen des Angemessenheitserfordernisses befristet werden sollten.[386] Dem ist in Bezug auf städtebauliche Verträge zur Förderung der Erneuerbaren Wärme entgegenzuhalten, dass es darüber hinaus stets bei der *Dauer*pflicht zur EE-Nutzung aus dem EEWärmeG verbleibt. Wenn die vertraglich festgelegte Anlage zugleich der Erfüllung des EEWärmeG dient, entfällt die Nutzungspflicht demnach auch mit Fristablauf nicht bzw. nicht vollständig. In jedem Falle ändert sich folglich die Angemessenheitsbeurteilung in diesem Punkt aufgrund der Existenz der Pflichten des EEWärmeG.

Das Angemessenheitserfordernis dürfte nach alledem kaum zum Hemmnis für EE-Vereinbarungen in städtebaulichen Verträgen werden, da hinreichende Gestaltungsmöglichkeiten und Begründungsansätze vorhanden sind, um ein erhebliches Missverhältnis zu Ungunsten des Vertragspartners der Kommune rechtssicher ausschließen zu können. Beachtlich ist dabei auch die schon frühzeitig in der Literatur zu findende Feststellung, dass es ein erheblicher Wertungswiderspruch wäre, wenn die Bevorzugung der einheimischen Bevölkerung bei der Baulandversorgung über städtebauliche Verträge zulässigerweise zu sehr weitgehenden Beschränkungen hinsichtlich der Grundstücksverfügungen führen kann, während die vertragliche Durchsetzung einer klimagerechten Energieversorgung auf enge Grenzen stieße.[387] Dass dem gerade nicht so ist, hat der Gesetzgeber auch im Rahmen der BauGB-Klimanovelle 2011 nochmals zu erkennen gegeben.

5. Städtebaulicher Zusammenhang

Klimaschützende Vereinbarungen in städtebaulichen Verträgen müssen sich innerhalb der sachlich-kompetenziellen Grenzen des Städtebaurechts bewegen.[388] Die Diskussion, die sich für Bebauungsplanfestsetzungen maßgeblich am

---

[385] Siehe oben S. 55ff.

[386] *Burmeister*, Handbuch städtebauliche Verträge, 2.Aufl. 2005, Rn.171; *Hoffmann*, in: Spannowsky/Uechtritz (Hrsg.), BauGB, 2009, §11 Rn.30. Vgl. in diesem Zusammenhang auch das Vertragsmuster bei *Lenz/Würtenberger*, BauGB-Verträge, 2011, S.119ff., das in §2 der an den Vertrag der Stadt Vellmar angelehnten Bestimmungen eine Befristung der Nutzungspflicht auf 20 Jahre vorsieht.

[387] Vgl. *Koch/Mengel*, Gemeindliche Kompetenzen für Maßnahmen des Klimaschutzes am Beispiel der Kraft-Wärme-Kopplung, DVBl.2000, 953 (960).

[388] *Battis/Kersten/Mitschang*, Rechtsfragen der ökologischen Stadterneuerung, 2010, S.73f.; *Hoffmann*, in: Spannowsky/Uechtritz (Hrsg.), Beck-OK BauGB, §11 Rn.30f.; *Krautzberger*, Städtebauliche Verträge zur Umsetzung klimaschützender und energieeinsparender Zielsetzungen, DVBl.2008, 737 (739).

Merkmal der städtebaulichen Gründe im Einleitungssatz des § 9 Abs. 1 BauGB entzündete,[389] kehrt hier in ähnlicher Form unter dem Stichwort eines notwendigen städtebaulichen Zusammenhangs wieder. Allerdings wird die Eingrenzung vor dem Hintergrund der größeren Gestaltungsfreiheiten, die den Städten und Gemeinden durch das Instrument des städtebaulichen Vertrages zukommen und gerade auch zukommen sollen, nicht eben leichter. So dürfte etwa die in der Literatur teilweise vorgenommene Ausdifferenzierung in solche städtebaulichen Gründe, die städtebauliche Verträge rechtfertigen können und solche, die „sogar" Bebauungsplanfestsetzungen begründen können,[390] praktisch kaum vollziehbar sein. Vielmehr dürfte hiermit lediglich der größere Spielraum der Kommunen im Bereich der städtebaulichen Verträge im Vergleich zur abschließenden Festlegung möglicher Bebauungsplaninhalte in § 9 Abs. 1 BauGB angesprochen sein.

Seine normative Grundlage findet das Erfordernis eines städtebaulichen Zusammenhangs in der ausdrücklichen Regelung des § 11 Abs. 1 S. 2 Nr. 4 und Nr. 5 BauGB, wonach die vertraglichen Vereinbarungen nur „entsprechend den mit den städtebaulichen Planungen und Maßnahmen verfolgten Zielen und Zwecken" getroffen werden dürfen. Die Formulierung wurde durch die BauGB-Klimanovelle 2011 zum einen in Nr. 4 unverändert gelassen und zum anderen auch in die neue Nr. 5 wieder mit aufgenommen. In der Gesetzesbegründung und im Anschluss hieran in der Literatur wird dieser Zusammenhang darüber hinaus immer wieder betont.[391]

Wie bereits für die Inhalte von Bebauungsplänen ist darauf zu verweisen, dass der allgemeine Klimaschutz gemäß § 1 Abs. 5 S. 2 und § 1a Abs. 5 BauGB (nunmehr) ausdrücklich als städtebauliches Ziel ausgewiesen wird. Deshalb besteht auch für klimaschützende Vereinbarungen in städtebaulichen Verträgen zur Förderung der EE-Nutzung regelmäßig ein entsprechender Zusammenhang.[392] Nichtsdestoweniger ist die Normierung in § 11 Abs. 1 S. 2 Nr. 4 und Nr. 5 BauGB keineswegs redundant. Durch sie wird vielmehr klargestellt, dass sich auch städtebauliche Verträge nur auf diejenigen Klimaschutzaspekte beziehen können, die aus der (baulichen) Nutzung des Bodens resultieren, sodass es den

---

[389] Siehe oben S. 117 ff.

[390] Vgl. *Reidt*, Klimaschutz, erneuerbare Energien und städtebauliche Gründe, BauR 2010, 2025 (2026), der aber die Unschärfe der „städtebaulichen Gründe" nichtsdestotrotz auch selbst benennt und sie im Folgenden im Hinblick auf städtebauliche Verträge eher als Ausprägung des Koppelungsverbots einordnet, so a.a.O., S. 2031.

[391] BT-Drs. 17/6076, S. 9; *Krautzberger*, Gesetz zur Förderung des Klimaschutzes bei der Entwicklung in den Städten und Gemeinden, UPR 2011, 361 (363); *Krautzberger*, in: Ernst/Zinkahn/Bielenberg/Krautzberger (Hrsg.), BauGB, Einl Rn. 346; *Krautzberger/Stüer*, Neues Städtebaurecht des Bundes aus Gründen des Klimaschutzes, BauR 2011, 1416 (1420); *Otting*, Klimaschutz durch Baurecht – Ein Überblick über die BauGB-Klimanovelle 2011, REE 2011, 125 (129).

[392] Vgl. auch *Söfker*, Das Gesetz zur Förderung des Klimaschutzes bei der Entwicklung in den Städten und Gemeinden, ZfBR 2011, 541 (545).

Gemeinden nicht erlaubt ist, hiermit Klimaschutzziele losgelöst vom Energiebedarf von Gebäuden zu verfolgen. Ausgeschlossen wären damit etwa Vereinbarungen mit einzelnen Bauherren oder Eigentümern über verbindliche Kfz-Emissionswerte oder gar Kfz-Verbote im Bau- oder Gemeindegebiet allein aus Gründen des globalen Klimaschutzes.[393]

In der Literatur wird darauf verwiesen, dass der städtebauliche Zusammenhang jedenfalls dann zu bejahen sei, wenn der städtebauliche Vertrag über Flächen abgeschlossen wird, für die auf der Grundlage von § 9 Abs. 1 Nr. 23 lit. a oder lit. b BauGB entsprechende Festsetzungen im Bebauungsplan getroffen wurden.[394] Dabei dürfte es sich zwar um eine hinreichende, keineswegs aber um eine notwendige Bedingung für die Erfüllung des städtebaulichen Zusammenhangs handeln.[395] Verträge können gerade dazu dienen, einzelne (begleitende) Festsetzungen, wie etwa solche auf der Grundlage von § 9 Abs. 1 Nr. 23 lit. a oder lit. b BauGB zu ersetzen. Allerdings muss sich aus den Gesamtumständen ergeben, dass der Einsatz des städtebaulichen Vertrages nicht nur vereinzelt, ohne sachliche Differenzierungsgründe und damit willkürlich erfolgt, sondern tatsächlich als Teil konsistenter Klimaschutzbestrebungen einer Kommune. Auch ein umfassendes Klimaschutzkonzept dürfte hier zu empfehlen, aber nicht zu fordern sein. Vielmehr kann bereits ein gemeindlicher „Grundsatzbeschluss" zur Ausrichtung zukünftiger bauleitplanerischer Maßnahmen und Aktivitäten auf den Klimaschutz genügen, soweit er die notwendige Wirkung flächendeckend zu entfalten vermag.[396]

VI. Städtebauliche Sanierungsmaßnahmen

1. Bedeutung

Städtebauliche Sanierungsmaßnahmen, die nach den Vorschriften der §§ 136 ff. BauGB durchgeführt werden können, zielen auf die Behebung sog. städtebaulicher Missstände (§ 136 Abs. 2 BauGB) ab. Sie beziehen sich damit auf die in

---

[393] Zu demgegenüber unbedenklichen und auch in der Praxis angewandten Vertragsgestaltungen für ein „autofreies Wohnen" siehe *Burmeister*, Praxishandbuch städtebauliche Verträge, 2. Aufl. 2005, Rn. 137, der besonders das Angemessenheitserfordernis betont.

[394] *Berkemann*, in: Berkemann/Halama (Hrsg.), BauGB 2004, § 11 Rn. 13; *Burmeister*, Praxishandbuch städtebauliche Verträge, 2. Aufl. 2005, Rn. 170; *Quaas/Kukk*, in: Schrödter (Hrsg.), BauGB, 7. Aufl. 2006, § 11 Rn. 37; dem folgend *Ingold/Schwarz*, Klimaschutzelemente der Bauleitplanung, NuR 2010, 153 (161); etwas offener dagegen die Gesetzesbegründung zur BauGB-Novelle, die nur ganz allgemein von Baugebietsausweisungen in Bebauungsplänen spricht, so BT-Drs. 17/6076, S. 9. Verwirklicht wurde dieses Modell etwa in der Stadt Baunatal, siehe oben IV. 3. b).

[395] Vgl. auch *Bunzel/Coulmas/Schmidt-Eichstaedt*, Städtebauliche Verträge – ein Handbuch, 3. Aufl. 2007, S. 150.

[396] Zu verwaltungsinternen Vorgaben siehe bereits oben S. 162 f.

einem bestimmten Gemeindegebiet bereits vorhandene Bebauung. Wie bereits gesehen, birgt der Bestandsgebäudebereich ganz maßgebliche Klimaschutzpotenziale, die vor allem das Resultat seiner den Neubaubereich weit überwiegenden quantitativen Bedeutung sind.[397] Vor diesem Hintergrund kommt allen städtebaulichen Maßnahmen, mit denen sich Bestandsgebäude adressieren lassen, eine wichtige Rolle zu, soweit die einschlägigen Regelungen ausreichend Spielraum für eine Instrumentalisierung zu Klimaschutzzwecken geben. Im Allgemeinen ist den Instrumenten des besonderen Städtebaurechts dabei auch deshalb gesonderte Aufmerksamkeit zu schenken, weil sich die durchzuführenden städtebaulichen Maßnahmen regelmäßig[398] auf ein größeres Gebiet erstrecken, also nicht auf einzelne Grundstücke begrenzt sind.[399]

2. Entwicklung der Rechtsgrundlagen

Seit der Zusammenfassung von BBauG und StBauFG[400] im Jahre 1987 zum BauGB enthält letzteres Normen über die städtebaulichen Sanierungsmaßnahmen, die durch die BauGB-Klimanovelle 2011 um diverse Regelungen zur klimagerechten Stadtentwicklung ergänzt werden sollten. Die Pläne sind indes nur teilweise Gesetz geworden, da ein großer Teil der für die §§ 136 ff. BauGB geplanten Neuregelungen in den Ausschussberatungen bedauerlicherweise gekippt wurde.[401]

Im ursprünglichen Gesetzentwurf zur BauGB-Klimanovelle 2011[402] war unter anderem vorgesehen, den Klimaschutz ausdrücklich in die Begriffsbestimmung der Substanzschwäche gemäß § 136 Abs. 2 S. 2 Nr. 1 BauGB mit aufzunehmen, sodass auch eine mangelnde Klimaverträglichkeit der Energieversorgung bestimmter Gebiete unzweifelhaft als städtebaulicher Missstand anzusehen gewesen wäre. Im zuständigen Bundestagsausschuss für Verkehr, Bau und Stadtentwicklung wurde dies jedoch wieder verworfen. Zur Begründung verwies man darauf, dass eine Änderung von § 136 BauGB insoweit entbehrlich sei, da die mit der BauGB-Klimanovelle 2011 vorgenommenen Ergänzungen der Normen zum Stadtumbau (§§ 171a ff. BauGB) bereits für eine hinreichende Möglichkeit zur Berücksichtigung einer klimagerechten Entwicklung des Be-

---

397 Oben S. 29, 80.

398 Dies gilt nicht für städtebauliche Gebote nach §§ 175 ff. BauGB.

399 Nach *Steger/Wilken*, in: Rixner/Biedermann/Steger (Hrsg.), PK-BauGB/BauNVO, 2010, § 142 BauGB Rn. 6, reicht die Umgriffsgröße bis zur Durchschnittsgröße der Flächen für Maßnahmen der Sozialen Stadt von mehr als 100 ha.

400 Städtebauförderungsgesetz vom 27. 7. 1971 (BGBl. I S. 1125).

401 Kritisch zu dieser Änderung „in letzter Minute" auch *Wickel*, Klimaschutz und Städtebau – Das Gesetz zur Förderung des Klimaschutzes bei der Entwicklung in den Städten und Gemeinden, UPR 2011, 416 (420 f.).

402 BT-Drs. 17/6076, S. 4.

standsgebäudebereichs sorgten.[403] Aus dieser Beschränkung auf Anpassungen der Normen zum Stadtumbau wird deutlich, dass der Gesetzgeber diesem weniger eingriffsintensiven und noch stärker auf konsensuale Lösungen ausgerichteten Instrument den Vorrang vor der Durchführung städtebaulicher Sanierungsmaßnahmen geben wollte. Im Übrigen wurde geäußert, dass eine zusätzliche Änderung von § 136 BauGB immer noch im Rahmen der für 2012/13 geplanten BauGB-Novelle zur Innenentwicklung bzw. im Zusammenhang mit einer zukünftigen Überprüfung der Wirkungen der BauGB-Normen zur Stadtsanierung erfolgen könne.[404] Nach dem Gesetzentwurf für diese BauGB-Novelle 2012/13, auf den im Anschluss an die Darstellung der bisherigen Rechtslage gemäß der BauGB-Klimanovelle 2011 ebenfalls einzugehen sein wird, ist eben dies derzeit geplant.[405] Dieser rasche Sinneswandel macht deutlich, wie zweifelhaft die in 2011 noch kurzfristig getroffene Entscheidung gegen die Änderung von § 136 BauGB war.[406]

Gesetz geworden ist mit der BauGB-Klimanovelle 2011 allein die Ergänzung von § 148 Abs. 2 S. 1 BauGB um eine neue Nr. 5, die auch sämtliche Anlagen und Einrichtungen zur klimaverträglichen Energieversorgung in den Katalog der im Rahmen städtebaulicher Sanierungsmaßnahmen durchführbaren Baumaßnahmen einbezieht und erkennbar eng an § 5 Abs. 2 Nr. 2 lit. b, § 9 Abs. 1 Nr. 12 und § 11 Abs. 1 Nr. 4 BauGB angelehnt ist. Da die Aufzählung in § 148 Abs. 2 S. 1 BauGB ohnehin nicht abschließend ist,[407] erfolgte indessen auch insoweit „nur" eine Klarstellung.[408]

---

[403] Vgl. BT-Drs. 17/6357, S. 9.

[404] BT-Drs. 17/6357, S. 7 („im Augenblick noch verzichtbar").

[405] Der „Entwurf eines Gesetzes zur Stärkung der Innenentwicklung in den Städten und Gemeinden und weiteren Fortentwicklung des Städtebaurechts" findet sich in BR-Drs. 474/12. Zu dessen Inhalt im Einzelnen *Stüer*, Städtebaurechtsnovelle 2012, DVBl. 2012, 1017 ff.

[406] Kritisch zum Absehen von der ursprünglich geplanten Neuregelung auch *Battis/Krautzberger/Mitschang/Reidt/Stüer*, Gesetz zur Förderung des Klimaschutzes bei der Entwicklung in den Städten und Gemeinden in Kraft getreten, NVwZ 2011, 897 (904); *Ekardt/Hehn*, Peak Oil: Postfossile Stadtentwicklung als BauGB-Ziel, ZUR 2011, 413 (417); *Krautzberger*, Gesetz zur Förderung des Klimaschutzes bei der Entwicklung in den Städten und Gemeinden, UPR 2011, 361 (364 f.); *Krautzberger*, in: Ernst/Zinkahn/Bielenberg/Krautzberger (Hrsg.), BauGB, Einl Rn. 352; sowie *Bunzel*, Das Planspiel zur BauGB-Klimanovelle 2011 – Neuerungen für eine klimagerechte Stadtentwicklung, ZfBR 2012, 114 (121), der auch auf die breite Unterstützung hinweist, die der ursprüngliche Vorschlag bei dem unter Einbeziehung zahlreicher Experten des Städtebaurechts durchgeführten Planspiel zur Vorbereitung der Novelle gefunden hatte.

[407] *Krautzberger*, in: Battis/Krautzberger/Löhr (Hrsg.), BauGB, 11. Aufl. 2009, § 148 Rn. 3; *Schmitz*, in: Spannowsky/Uechtritz (Hrsg.), BauGB, 2009, § 148 Rn. 12; *Stemmler*, in: Berliner Kommentar zum BauGB, § 148 Rn. 6; a. A. *Köhler*, in: Schrödter (Hrsg.), BauGB, 7. Aufl. 2006, § 148 Rn. 6. Wegen der inhaltlichen Weite der einzelnen Nummern dürfte sich der Streit allerdings praktisch kaum auswirken.

[408] Auch die in § 11 Abs. 1 S. 2 Nr. 5 BauGB angesprochenen Maßnahmen zur Verbesserung der energetischen Qualität von Gebäuden stellen Baumaßnahmen i. S. d. § 148 BauGB dar, so

3. Städtebaulicher Missstand mangels Klimaverträglichkeit

a) *Rechtslage nach der BauGB-Klimanovelle 2011*

Zur Beantwortung der Frage, ob städtebauliche Sanierungsmaßnahmen wegen des Vorliegens entsprechender Missstände angezeigt erscheinen, sind nach bisheriger Rechtslage gemäß der BauGB-Klimanovelle 2011 vor allem die Konkretisierungen der sehr allgemein gehaltenen Formulierungen zur Substanzschwäche (§136 Abs. 2 S. 1 Nr. 1 BauGB) in §136 Abs. 3 Nr. 1 BauGB und zur Funktionsschwäche (§136 Abs. 2 S. 1 Nr. 2 BauGB) in §136 Abs. 3 Nr. 2 BauGB heranzuziehen. Dabei ist darauf hinzuweisen, dass §136 Abs. 3 BauGB, der die zur Beurteilung des Vorliegens städtebaulicher Missstände zu berücksichtigenden Umstände aufzählt, nicht abschließend formuliert ist („insbesondere").

Unzulänglichkeiten in der Klimaverträglichkeit eines Quartiers könnten von verschiedenen gemäß §136 Abs. 3 BauGB berücksichtigungsbedürftigen Belangen erfasst sein, konkret von Nr. 1 lit. b („bauliche Beschaffenheit von Gebäuden, Wohnungen und Arbeitsstätten"), Nr. 1 lit. g („vorhandene Erschließung") sowie – falls eine Zuordnung zur Funktionsschwächesanierung bejaht würde – von Nr. 2 lit. c BauGB („infrastrukturelle Erschließung des Gebiets"). Dabei dürfte §136 Abs. 3 Nr. 1 lit. b BauGB nur insoweit zu bejahen sein, als es um einen defizitären Wärmeschutz, also um die Notwendigkeit zur Verbesserung der Energieeffizienz geht,[409] sodass es sich insoweit nicht um einen „Auslösetatbestand" für die hier schwerpunktmäßig untersuchte Forcierung der EE-Verwendung handelt. Der Status quo einer klimagerechten (erneuerbaren) Energieversorgung ist hingegen bei der Beurteilung der vorhandenen Erschließung (§136 Abs. 3 Nr. 1 lit. g BauGB) zu berücksichtigen. Hier kann also ein – möglicher, aber nicht vorhandener – Anschluss von Gebäuden an eine klimaverträgliche Wärmenetzversorgung eine Rolle spielen.[410] Bestätigt wird dies durch die Erweiterung von §148 Abs. 2 S. 1 Nr. 5 BauGB, der sämtliche EE-Anlagen in den Katalog der im Rahmen städtebaulicher Sanierungsmaßnahmen durchführbaren (und nach §164a Abs. 2 Nr. 3 BauGB förderfähigen) Baumaßnahmen einbezieht.

Krautzberger, in: Ernst/Zinkahn/Bielenberg/Krautzberger (Hrsg.), BauGB, §148 BauGB Rn. 26.

[409] So wohl auch *Krautzberger*, in: Battis/Krautzberger/Löhr (Hrsg.), BauGB, 11. Aufl. 2009, §136 Rn. 15 a. E.; ferner *Schmitz*, in: Spannowsky/Uechtritz (Hrsg.), BauGB, 2009, §136 Rn. 31. Weitergehend *Battis/Kersten/Mitschang*, Rechtsfragen der ökologischen Stadterneuerung, 2010, S. 77, die bei Defiziten in der Energieeffizienz zudem auf §136 Abs. 3 Nr. 1 lit. a und lit. e BauGB abstellen; ebenso *Mitschang*, Die Umsetzung klimaschützender und energieeinsparungsbezogener Anforderungen in der Bauleitplanung und im Besonderen Städtebaurecht – Sachstand und Perspektiven, ZfBR 2010, 534 (548).

[410] *Krautzberger*, in: Battis/Krautzberger/Löhr (Hrsg.), BauGB, 11. Aufl. 2009, §136 Rn. 15 a. E.

Die nähere Konkretisierung von § 136 Abs. 3 Nr. 2 lit. c BauGB sowie dessen systematische Zuordnung zur Beurteilung der Funktionsfähigkeit (§ 136 Abs. 3 *Nr. 2* BauGB) deuten demgegenüber darauf hin, dass dort „nur“ die soziale Infrastruktur, nicht aber etwa die Energieversorgung angesprochen sein soll.[411] Dies ergibt im Übrigen auch ein Umkehrschluss aus § 136 Abs. 3 Nr. 1 lit. g BauGB. Zu ergänzen bleibt darüber hinaus, dass eine Subsumtion unter § 136 Abs. 3 Nr. 1 lit. f BauGB nach dem Wortlaut nicht ausgeschlossen erscheint, obgleich die beispielhafte Aufzählung von in Betracht kommenden Auswirkungen nur solche nennt, die sich – anders als Treibhausgase – unmittelbar auf die Umgebung auswirken.

Es ist demnach festzuhalten, dass sich städtebauliche Missstände aus einer ungenügenden Klimaverträglichkeit der (Wärme-)Energieversorgung von Gemeindegebieten ergeben können, selbst wenn diese nicht ausdrücklich in § 136 Abs. 2 bzw. Abs. 3 BauGB aufgeführt ist.[412] Die Zuordnung zu Substanzmängeln (§ 136 Abs. 2 S. 2 Nr. 1 bzw. Abs. 3 Nr. 1 BauGB) oder zu Funktionsmängeln (§ 136 Abs. 2 S. 2 Nr. 2 bzw. Abs. 3 Nr. 2 BauGB) differiert zwar. Zum Teil findet eine Subsumtion unter die Funktionsmängel statt,[413] obwohl die *Funktion* größerer Gemeindegebiete regelmäßig nicht im Klimaschutz bestehen dürfte, sondern vielmehr die im Hinblick auf die wünschenswerten Klimaschutzstandards mangelhafte *Substanz* der zu Wohn- und Arbeitszwecken errichteten Gebäude den Ausschlag gibt. Diese Zuordnung ist aber ohnehin nur insoweit von Bedeutung, als eine Sanierung wegen Funktionsschwäche auch dann in Betracht kommen kann, wenn gar keine „physischen“ Mängel vorliegen.[414] Bei Gemeindegebieten mit erheblichen Klimaschutzdefiziten dürften (auch) eben diese physischen Mängel jedoch regelmäßig vorliegen. Die genaue Zuordnung ist deshalb von nachrangiger Bedeutung.

---

[411] Ähnlich *Roeser*, in: Berliner Kommentar zum BauGB, § 136 (Stand: 19. EL Dez. 2011) Rn. 27; *Schmitz*, in: Spannowsky/Uechtritz (Hrsg.), BauGB, 2009, § 136 Rn. 44 ff. A. A. *Battis/Kersten/Mitschang*, Rechtsfragen der ökologischen Stadterneuerung, 2010, S. 78; *Krautzberger*, in: Battis/Krautzberger/Löhr (Hrsg.), BauGB, 11. Aufl. 2009, § 136 Rn. 17 a. E.; *Mitschang*, Die Umsetzung klimaschützender und energieeinsparungsbezogener Anforderungen in der Bauleitplanung und im Besonderen Städtebaurecht – Sachstand und Perspektiven, ZfBR 2010, 534 (548).

[412] Vgl. insoweit auch mit wesentlicher Bedeutung für die Praxis *Arbeitsgemeinschaft der für das Bau- und Wohnungswesen zuständigen Minister und Senatoren der Länder (ARGEBAU) – Bauministerkonferenz*, Muster-Einführungserlass zum Gesetz zur Förderung des Klimaschutzes bei der Entwicklung in den Städten und Gemeinden (BauGBÄndG 2011 – Mustererlass), 16. 12. 2011, S. 13 f. (http://www.is-argebau.de/; abgerufen: 30. 10. 2012; ferner abgedruckt in: *Ernst/Zinkahn/Bielenberg/Krautzberger* [Hrsg.], BauGB, Bd. 6).

[413] Für letzteres auch *Krautzberger*, Städtebauliche Verträge zur Umsetzung klimaschützender und energieeinsparender Zielsetzungen, DVBl. 2008, 737 (744).

[414] Näher *Krautzberger*, in: Battis/Krautzberger/Löhr (Hrsg.), BauGB, 11. Aufl. 2009, § 136 Rn. 16, 24 f.

b) *Ausblick: BauGB-Novelle 2013*

Obgleich aus den vorstehenden Ausführungen deutlich wird, dass städtebauliche Sanierungsmaßnahmen auch nach der BauGB-Klimanovelle 2011 mit der mangelnden Klimaverträglichkeit der (Wärme-)Energieversorgung von Stadtgebieten begründet werden können,[415] so ist eine ausdrückliche (Neu-)Regelung doch in jedem Falle zu begrüßen.[416] Dies nicht zuletzt deshalb, weil sie wiederum den verantwortlichen kommunalen Mandats- und Entscheidungsträgern die gesetzlichen Spielräume klarer vor Augen führen würde.[417] Andernfalls bedarf es energiepolitisch besonders ambitionierter Kräfte in einer Gemeinde, um angesichts der stets verbleibenden Rechtsunsicherheit, die sich aus der Abwesenheit expliziter Regelungen ergibt, auch die (mangelnde) Klimaverträglichkeit von Stadtteilen als Auslöser eines Bedarfs für städtebauliche Sanierungen zu bewerten.

Eine explizite Regelung enthält die nunmehr geplante BauGB-Novelle 2013, die insoweit jedoch – mit Recht – von dem Vorschlag zur Änderung des § 136 BauGB, wie er im ursprünglichen Entwurf für die BauGB-Klimanovelle 2011 enthalten war, abweicht,[418] ohne dass hiermit aber qualitative Änderungen verbunden wären. Nach dem neuen Entwurf[419] wird zunächst die Erklärung der Substanzmängel in § 136 Abs. 2 S. 2 Nr. 1 BauGB um eine Passage ergänzt, wonach auch der Klimaschutz und die Klimaanpassung bei der Beurteilung zu berücksichtigen sind. Ferner soll ein neuer lit. h bei der Konkretisierung der Substanzmängel in § 136 Abs. 3 Nr. 1 BauGB angefügt werden, der klarstellt, dass sich das Vorhandensein von Substanzmängeln insbesondere auch nach der energetischen Beschaffenheit und der Gesamtenergieeffizienz der Gebäude sowie der Versorgungseinrichtungen beurteilt, wobei wiederum Klimaschutz und Klimaanpassung besonders betont werden. Erfasst sind hiervon folglich insbesondere die Wärmedämmung von Gebäuden sowie die Versorgung mit Erneuerbarer Wärme.[420] Damit wird die hier bereits für die Rechtslage nach der

---

[415] A. A. *Fouquet et al.*, Fachliche Bewertung des Umsetzungsbedarfs der Erneuerbare-Energien-Richtlinie der EU, 2011, S. 162 (http://www.bmu.de/erneuerbare_energien/downloads/doc/47170.php; abgerufen: 30. 10. 2012).

[416] So auch *Krautzberger*, Gesetz zur Stärkung der Innenentwicklung und zur weiteren Fortentwicklung des Städtebaurechts, UPR 2012, 380 (384), zur geplanten und sogleich näher erörterten Neuregelung.

[417] *Otting*, Klimaschutz durch Baurecht – Ein Überblick über die BauGB-Klimanovelle 2011, REE 2011, 125 (130), geht von „weitreichenden Konsequenzen" bei einer entsprechenden Änderung von § 136 BauGB aus.

[418] Vgl. die seinerzeit gemäß BT-Drs. 17/6076, S. 4, angedachte Ergänzung von § 136 Abs. 3 Nr. 2 BauGB um einen neuen lit. d, die jedoch systematisch verfehlt gewesen wäre, da Klimaschutz und Klimaanpassung – wie bereits beschrieben – in den seltensten Fällen die *Funktion* eines Gebiets ausmachen.

[419] BR-Drs. 474/12. Zu dessen Inhalt im Einzelnen *Stüer*, Städtebaurechtsnovelle 2012, DVBl. 2012, 1017 ff.

[420] Der Gesetzentwurf nennt in diesem Zusammenhang (allerdings bereits als Begründung

BauGB-Klimanovelle 2011 vertretene Auffassung einer vorrangigen Zuordnung von Klimaschutzdefiziten zu den Substanzmängeln in Abgrenzung von den Funktionsmängeln gestützt, wenngleich die praktische Relevanz dieser Unterscheidung weiterhin sehr begrenzt bleiben dürfte. Abgerundet werden soll die Novellierung des § 136 BauGB durch die Einfügung des Klimaschutzes und der Klimaanpassung in die Aufzählung der allgemeinen Sanierungsziele in § 136 Abs. 4 S. 2 Nr. 1 BauGB.

Fragwürdig sind die Anknüpfungen an die „allgemeinen Anforderungen", die der Regierungsentwurf für die geplanten Neuregelungen in § 136 Abs. 3 Nr. 1 lit. h und Abs. 4 S. 2 Nr. 1 BauGB vorsieht und die laut Begründung auf die bestehenden Regelungen im Energiefachrecht Bezug nehmen sollen,[421] denn die Vorgaben des Energiefachrechts sind (insbesondere für Bestandsgebäude) in weiten Teilen gerade zu wenig ambitioniert ausgestaltet und reizen die Grenzen verhältnismäßiger energetischer Anforderungen nicht aus. Eine möglicherweise hieraus erwachsende pauschale Beschränkung klimaschutzmotivierter städtebaulicher Sanierungsmaßnahmen, ggf. in Form kommunaler *Selbst*beschränkung, würde die im Einzelfall bestehenden EE-Potenziale ungenutzt lassen. Auch der Bundesrat hat in seiner Stellungnahme zum Regierungsentwurf kritisiert, dass der Wortlaut der Änderungen zum Teil zu enge Voraussetzungen für Sanierungsmaßnahmen aus Klimaschutzgründen bedeute („kaum Anwendungsfälle denkbar") und einen Vorschlag für eine abweichende Ausgestaltung der Novellierung gemacht.[422]

4. Ausbau Erneuerbarer Energien in Sanierungsgebieten

Für die Durchführung der Sanierungsmaßnahmen auch zur Behebung einer mangelnden Klimaverträglichkeit stehen der Gemeinde die üblichen, in §§ 136 ff. BauGB enthaltenen Mittel zur Verfügung. Besondere Aufmerksamkeit verdient dabei die Erhöhung des EE-Anteils bei der Wärmeversorgung. Hinzuweisen ist abermals auf die Erweiterung des § 148 Abs. 2 BauGB im Zuge der BauGB-Klimanovelle 2011, der nunmehr auch ausdrücklich die Anlagen und Einrichtungen zur klimaschonenden Energieversorgung nennt. Eine Pflicht zur Installation von EE-Anlagen kann etwa in städtebaulichen Verträgen nach § 145 Abs. 4 S. 3 BauGB vorgesehen werden, die gegebenenfalls mit den Eigentümern

---

für die geplante Änderung in § 136 Abs. 2 S. 2 Nr. 1 BauGB) ausdrücklich Blockheizkraftwerke, Solaranlagen und Fernwärmeeinrichtungen, siehe BR-Drs. 474/12, S. 34.

421 BR-Drs. 474/12, S. 34 f., wo betont wird, dass die energiefachrechtlichen Regelungen „die Grundsätze des Verhältnismäßigkeitsgebots beachten".

422 BR-Drs. 474/12 (Beschluss), S. 9 f. Zweifelhaft ist jedoch – wie bereits beschrieben – die dort wiederum vorgeschlagene Zuordnung der energetischen Beschaffenheit zu den Funktionsmängeln in § 136 Abs. 3 Nr. 2 BauGB.

von Gebäuden im Sanierungsgebiet abgeschlossen werden. Derartige Verträge finden Verwendung, um das Vorliegen der Voraussetzungen für eine Genehmigung von Vorhaben nach § 144 Abs. 1 und Abs. 2 BauGB im Konsens mit der Gemeinde sicherzustellen, der entweder die Genehmigung des Vorhabens selbst oder zumindest die Erteilung ihres Einvernehmens aufgegeben ist (§ 145 Abs. 1 S. 1 bzw. S. 2 BauGB). Dabei sind insbesondere die Vorhaben nach § 144 Abs. 1 Nr. 1 BauGB von Bedeutung, die gemäß dem Verweis auf § 14 Abs. 1 BauGB auch und vor allem solche Baumaßnahmen an bestehenden Gebäuden betreffen, die Einfluss auf die Nutzbarkeit bzw. kostenangemessene Installation (Synergieeffekte) von EE-Anlagen haben. Speziell im Falle einer städtebaulichen Sanierungsmaßnahme, die sich (auch) auf die Defizite eines Quartiers in Sachen EE-Nutzung gründet, können derartige Vereinbarungen ohne weiteres in die städtebaulichen Verträge zur Sicherstellung der Erfüllung der Genehmigungsvoraussetzungen integriert werden, da gerade der Verzicht auf den EE-Einsatz im Zuge von Baumaßnahmen in Sanierungsgebieten „den Zielen und Zwecken der Sanierung zuwiderlaufen würde", sodass die Genehmigung versagt werden müsste (§ 145 Abs. 2 BauGB).

VII. Stadtumbau

1. Bedeutung

Die Normen zum Stadtumbau wurden im Zuge des EAG Bau vor allem dazu geschaffen, städtebauliche Defizite in Form von dauerhaften (Wohnungs-) Leerständen (vgl. § 171a Abs. 2 S. 2 BauGB: „dauerhaftes Überangebot an baulichen Anlagen") durch koordinierte Maßnahmen, die von baulichen Veränderungen und Nutzungsänderungen bis hin zur Beseitigung von nicht mehr genutzter Bausubstanz reichen können, zu beheben.[423] Zu diesem „strukturbezogenen Stadtumbau", der in der Folge auch zunehmend die Aufwertung von Industriebrachen umfasste, tritt durch die BauGB-Klimanovelle 2011 nunmehr der „klimabezogene Stadtumbau" hinzu.[424]

Stadtumbaumaßnahmen sind nach der gesetzgeberischen Konzeption (noch) stärker auf konsensuale Lösungen angelegt als städtebauliche Sanierungsmaß-

[423] Vgl. die Gesetzesbegründung zum EAG Bau in BT-Drs. 15/2250, S. 60 f.; außerdem *Goldschmidt*, Stadtumbaumaßnahmen nach §§ 171a–d BauGB, BauR 2004, 1402 (1404); *Goldschmidt*, Stadtumbau und soziale Stadt, DVBl. 2005, 81 (82).

[424] *Krautzberger*, Klimaschutz als Aufgabe der Stadterneuerung und des Stadtumbaus, DVBl. 2012, 69 (71 f.); zuvor hatte *Runkel*, Klimaschutz und Energieeinsparung in der aktuellen Gesetzgebung, in: Mitschang (Hrsg.), Klimaschutz und Energieeinsparung in der Stadt- und Regionalplanung, 2009, S. 207 (219), bereits nach einem „ökologischen Stadtumbau" verlangt.

nahmen.[425] Dies zeigt sich etwa in der Herausstellung vertraglicher Vereinbarungen gemäß § 171c S. 1 BauGB, der zwar keinen Kontrahierungszwang bedeutet, aber verdeutlicht, dass ein Stadtumbau ohne vertragliche Einbindung der (wichtigsten) Betroffenen kaum denkbar ist.[426] Außerdem ist der Stadtumbau – ganz ähnlich wie städtebauliche Sanierungsmaßnahmen – gerade auf die Umgestaltung ganzer Gebiete und nicht nur von Einzelobjekten ausgelegt.

Zur Durchführung von Stadtumbaumaßnahmen erstellt die Gemeinde zunächst unter Einbeziehung der Betroffenen und der sonstigen Beteiligten ein städtebauliches Entwicklungskonzept (§ 171b Abs. 2 und Abs. 3 BauGB) und legt anschließend durch Beschluss das Stadtumbaugebiet konkret fest (§ 171b Abs. 1 BauGB). Daraufhin erfolgt der Abschluss der zur Umsetzung der einzelnen Maßnahmen essentiellen Stadtumbauverträge (§ 171c BauGB). Im weiteren Verlauf kann die Durchführung außerdem durch eine Satzung flankiert werden, die sicherstellt, dass im Stadtumbaugebiet keine Maßnahmen durchgeführt werden, die den Zielen des ausgearbeiteten Konzepts zuwiderlaufen (§ 171d BauGB).[427]

2. Weiterentwicklung durch die BauGB-Klimanovelle 2011

Durch die BauGB-Klimanovelle 2011 wurden der Klimaschutz und die Anpassung an den Klimawandel an verschiedenen Stellen zum einen in die Bestimmungen zur Beurteilung der Notwendigkeit und der Ziele von Stadtumbaumaßnahmen (§ 171a BauGB) integriert. Des Weiteren wurde die Aufzählung möglicher Inhalte von Stadtumbauverträgen ergänzt, um klarzustellen, dass der Stadtumbau zukünftig nicht mehr nur allein auf den Rückbau von baulichen Anlagen ausgerichtet ist, sondern auch deren Anpassung in den Blick genommen werden muss (§ 171c S. 2 Nr. 1 2. Alt. BauGB). Im Wesentlichen wurden damit diejenigen Vorschläge aufgegriffen, die in der gutachterlichen Untersuchung der rechtlichen Möglichkeiten einer klimagerechten Stadtentwicklung, mit der die BauGB-Klimanovelle 2011 (unter anderem) vorbereitet wurde, benannt worden sind.[428] Es wurde dabei vornehmlich auf die Anpassung der Vorschriften zum Stadtumbau an die Erfordernisse von Klimaschutz und Klimawandel gesetzt, weil diese – wie erwähnt – weniger eingriffsintensiv sind als die Instrumente, die bei der Durchführung städtebaulicher Sanierungsmaßnahmen

---

[425] Siehe auch ausführlich zum Stadtumbau *Bärenbrinker*, Nachhaltige Stadtentwicklung durch Urban Governance, 2012, S. 457 ff.

[426] Vgl. *Haag/Menzel/Katz*, Städtebauliche Sanierungs- und Entwicklungsmaßnahmen, 2007, S. 319.

[427] Insgesamt zur Chronologie *Goldschmidt*, Stadtumbau und soziale Stadt, DVBl. 2005, 81 (81 f.).

[428] *Battis/Kersten/Mitschang*, Rechtsfragen der ökologischen Stadterneuerung, 2010, S. 80.

angewendet werden. Allerdings wird die Wirksamkeit einer Fokussierung auf die Stadtumbaumaßnahmen praktisch ganz wesentlich davon abhängen, inwieweit tatsächlich Städtebauförderungsmittel hierfür zur Verfügung gestellt werden.[429]

3. Stadtumbau wegen Klimaschutzdefiziten

Schon vor der BauGB-Klimanovelle 2011 war ein ökologischer Bezug von Stadtumbaumaßnahmen im Gesetz verankert, indem die Verbesserung der Umwelt als Stadtumbauziel im Gesetz aufgeführt wurde (§171a Abs. 3 S. 2 Nr. 2 BauGB). Die Bedeutung des Klimaschutzes kam darin allerdings – zumal vor dem Hintergrund der bisherigen Ausrichtung des Stadtumbaus auf die Beseitigung von Leerständen – kaum adäquat zum Ausdruck, auch wenn der Umweltschutz den Klimaschutz begrifflich ohne weiteres umfasst.

Nunmehr wird bereits in §171a Abs. 2 S. 2 BauGB durch eine Ergänzung der dortigen Begriffserklärung ausdrücklich darauf hingewiesen, dass auch Mängel bei der Klimaverträglichkeit von Stadt- oder Ortsteilen Funktionsverluste darstellen, die die Durchführung von Stadtumbaumaßnahmen rechtfertigen. Konkret können sich diese Funktionsverluste insbesondere aus steigenden Energiekosten wegen einer starken Abhängigkeit von und eines hohen Bedarfs an fossilen Brennstoffen ergeben[430] oder auch aus ungenügender Vorbereitung auf die Auswirkungen des Klimawandels, wie z. B. zunehmende Hitze und Schwüle im Sommer, aber auch veränderte Niederschläge (einschließlich Starkregenereignisse) zu anderen Jahreszeiten.[431]

Darüber hinaus wurden weitere Ergänzungen der Zielbestimmungen in §171a Abs. 3 S. 2 BauGB vorgenommen. Die Anfügung der Erfordernisse von Klimaschutz und Klimaanpassung an das „traditionelle“ Ziel von Stadtumbaumaßnahmen, nämlich die Siedlungsstruktur gemäß der Entwicklung von Bevölkerung und Wirtschaft zu verändern (§171a Abs. 3 S. 2 Nr. 1 BauGB), weist ausdrücklich darauf hin, dass die städtebaulichen Entwicklungskonzepte (§171b Abs. 2 BauGB) nunmehr auch klimatische und energetische Belange berücksichtigen sollen, wobei insbesondere auch integrative Lösungen für das Zusammenwirken (negativer) demographischer, wirtschaftlicher und klimatischer Faktoren zu ermitteln sind.[432]

---

[429] *Wickel*, Klimaschutz und Städtebau – Das Gesetz zur Förderung des Klimaschutzes bei der Entwicklung in den Städten und Gemeinden, UPR 2011, 416 (421).

[430] Damit sind die Klimaschutzaspekte der EE-Versorgung und der Energieeffizienz angesprochen.

[431] Siehe auch grundlegend BT-Drs. 17/6076, S. 10.

[432] Vgl. *Krautzberger*, Klimaschutz als Aufgabe der Stadterneuerung und des Stadtumbaus, DVBl. 2012, 69 (72f.); *Krautzberger/Stüer*, Neues Städtebaurecht des Bundes aus Gründen des Klimaschutzes, BauR 2011, 1416 (1423f.).

Der Nutzung brachliegender oder freigelegter Flächen, die gemäß der Neufassung des § 171a Abs. 3 Nr. 6 BauGB speziell Nutzungen berücksichtigen soll, die dem Klimaschutz oder der Klimaanpassung dienen, wird großes Potenzial zugeschrieben.[433] In Betracht kommt dabei vor allem die Verwendung freier Flächen zur Installation von EE-Anlagen, namentlich von Solarthermie- oder Photovoltaikanlagen, aber auch zum Aufbau der eminent wichtigen Speicherkapazitäten für Erneuerbare Energien, sei es als Wärme- oder Stromspeicher.

Es wird zum Teil davon ausgegangen, dass mit der Abänderung von § 171 Abs. 3 S. 2 Nr. 7 BauGB, wo nunmehr in Folge der BauGB-Klimanovelle 2011 der „nachhaltige" Erhalt der Altbaubestände betont wird, bereits eine gewisse Präferenz zu Gunsten der Klimaverträglichkeit und im Zweifel auch gegen den Denkmalschutz verbunden sein könnte.[434] Wegen des an sich getrennten Regimes von Denkmalschutzrecht einerseits und konsensualen Stadtumbaumaßnahmen andererseits ist allerdings kaum damit zu rechnen, dass zukünftig in großem Maßstab der Denkmalschutz aus Klimaschutzgründen unbeachtlich werden würde.

Alle Ergänzungen in § 171a BauGB sind Klarstellungen, da die Bestimmungen in ihrer vorhergehenden Fassung bereits nicht abschließend formuliert waren („insbesondere"). Nichtsdestoweniger kommt diesen ausdrücklichen Neuregelungen große Bedeutung zu, gerade weil die Normen zum Stadtumbau nach ihrer Entstehung und den beispielhaften Aufzählungen in den „Auslösetatbeständen" erkennbar auf die Beseitigung von Gebäudeleerständen ausgerichtet waren. Eine Instrumentalisierung zur Behebung von Klimaschutzdefiziten war damit bisher keineswegs selbstverständlich.

4. Ausbau der Erneuerbaren Energien in Stadtumbaugebieten

Das wesentliche Instrument zur Integration von Elementen der klimaverträglichen Energieversorgung und damit insbesondere zur Erhöhung des EE-Anteils an der Wärmeversorgung in Stadtumbauverträgen stellt der Stadtumbauvertrag nach § 171c BauGB dar. Dabei handelt es sich um eine besondere Ausprägung des städtebaulichen Vertrages, der vornehmlich in § 11 BauGB geregelt ist.[435]

---

[433] *Krautzberger*, Klimaschutz als Aufgabe der Stadterneuerung und des Stadtumbaus, DVBl. 2012, 69 (71, 73); *Krautzberger/Stüer*, Neues Städtebaurecht des Bundes aus Gründen des Klimaschutzes, BauR 2011, 1416 (1424).

[434] *Otting*, Klimaschutz durch Baurecht – Ein Überblick über die BauGB-Klimanovelle 2011, REE 2011, 125 (130).

[435] *Koch/Hendler*, Baurecht, Raumordnungs- und Landesplanungsrecht, 5. Aufl. 2009, § 22 Rn. 14.

Durch die BauGB-Klimanovelle 2011 wurden die in §171c S.2 BauGB beispielhaft und nicht abschließend („insbesondere") aufgezählten Inhalte von Stadtumbauverträgen ergänzt, indem die dortige Nr. 1 die Anpassung baulicher Anlagen fortan ausdrücklich neben dem Rückbau derselben nennt. Damit wird der bisherige Kerninhalt[436] von Stadtumbauverträgen, nämlich der dauerhafte Verzicht des jeweiligen Eigentümers auf bestehendes Baurecht, (klarstellend) um Vereinbarungen zur baulichen Veränderung bestehender Gebäude erweitert. Die Gesetzesbegründung zielt hinsichtlich der Anpassung baulicher Anlagen speziell auf Maßnahmen zur Verbesserung der Klimaverträglichkeit von Stadt- bzw. Ortsteilen ab,[437] die als wesentliches Element auch die (Wärme-) Versorgung aus Erneuerbaren Energien umfasst. Zur „Anpassung" können demnach vor allem Arbeiten rund um die Einführung einer gemeinschaftlichen Wärmeversorgung über Wärmenetze gehören, wie sie sich angesichts des auf „gesamthafte Lösungen"[438] angelegten Stadtumbaus geradezu aufdrängen.[439]

Die noch im Regierungsentwurf der BauGB-Klimanovelle 2011 vorgesehene Anfügung von §171c S.2 Nr.4 BauGB wurde hingegen auf Wunsch des Bundesrates mit der Begründung gestrichen, dass eine entsprechende Inhaltsbestimmung in dem neu gefassten §11 Abs.1 S.2 Nr.4 BauGB enthalten sei, auf den §171c S.1 BauGB ohnehin bereits verweise.[440]

Wegen der für den Stadtumbau ganz wesentlichen Bedeutung des freiwilligen Engagements der Betroffenen und Beteiligten, das sich in entsprechenden städtebaulichen Verträgen nach §171c BauGB manifestieren muss, ist damit zu rechnen, dass nur solche Klimaschutzmaßnahmen durchgeführt werden, die sich für die Betroffenen als wirtschaftlich erweisen. Eigentümer und sonstige Beteiligte werden sich in Stadtumbauverträgen nur dann zu EE- und Energieeffizienzmaßnahmen verpflichten, wenn diese – unter Einbeziehung der erhältlichen Fördermittel – zu so erheblichen Kosteneinsparungen führen, dass sich die Investitionen in angemessener Zeit amortisieren. Schon allein die unterschiedlichen Vorstellungen über eine „angemessene Amortisationszeit" dürften eine Einigung in der Praxis indessen erschweren. Gesteigerte Aufmerksamkeit ist deshalb einer entsprechenden Überarbeitung der Zuweisung von Städtebauförderungsmitteln, die bereits in der Nennung von Klimaschutz- und Klimaanpassungsmaßnahmen in §164b Abs.2 BauGB ihren Ausgangspunkt finden sollte,[441] sowie deren erheblicher Aufstockung zu widmen, um überhaupt positive Entwicklungen in der notwendigen Quantität anstoßen zu können. Auch

[436] So *Haag/Menzel/Katz*, Städtebauliche Sanierungs- und Entwicklungsmaßnahmen, 2007, S.320.

[437] BT-Drs. 17/6076, S.12.

[438] So ausdrücklich betont in BT-Drs. 17/6076, S.7.

[439] *Krautzberger*, Klimaschutz als Aufgabe der Stadterneuerung und des Stadtumbaus, DVBl. 2012, 69 (73).

[440] BT-Drs. 17/6357, S.9.

[441] So die berechtigte Forderung etwa bei *Krautzberger*, Klimaschutz als Aufgabe der

insoweit sei darauf verwiesen, dass die Städtebauförderungsmittel – ganz ähnlich den MAP-Mitteln – regelmäßig ein Vielfaches an privaten Investitionen anstoßen.

VIII. Private Initiativen

1. Bedeutung

§ 171 f BauGB war im Regierungsentwurf für das „Gesetz zur Erleichterung von Planungsvorhaben für die Innenentwicklung der Städte“[442] von 2006 nicht enthalten und wurde erst während des Gesetzgebungsverfahrens eingefügt.[443] Wie schon aus Titel und Wortlaut der Norm ersichtlich, unterscheidet sich die „Funktionsweise“ Privater Initiativen grundlegend von der Durchführung städtebaulicher Sanierungsmaßnahmen und von Stadtumbaumaßnahmen, da es zwar der Abstimmung mit den städtebaulichen Zielen der Gemeinde bedarf und im Übrigen auch begleitende Rechtsakte notwendig sind. Allerdings wird die eigentliche Durchführung von Verbesserungsmaßnahmen vollständig auf Private, insbesondere den jeweiligen Aufgabenträger, verlagert. Damit entsteht ein „Urban Governance-Konzept“[444], in dem noch stärker auf private Verantwortung gesetzt wird.

Auch gesetzestechnisch ist eine abweichende Gestaltung gewählt worden, bei der es in erheblichem Ausmaß auf die Regelung durch die einzelnen Landesgesetzgeber ankommt.[445] Der überschaubare Gehalt des § 171 f BauGB erklärt sich

---

Stadterneuerung und des Stadtumbaus, DVBl. 2012, 69 (74), die so auch bereits vom Bundesrat artikuliert wurde.

[442] Gesetz v. 21. 12. 2006 (BGBl. I S. 3316).

[443] Siehe BT-Drs. 16/3308, S. 8 f., 19.

[444] Hierzu ausführlich *Bärenbrinker*, Nachhaltige Stadtentwicklung durch Urban Governance, 2012, S. 181 ff., 198 ff., 384 ff.; *Kersten*, Nachhaltigkeit und Städtebau, in: Kahl (Hrsg.), Nachhaltigkeit als Verbundbegriff, 2008, S. 396 (416 ff.).

[445] Entsprechende Regelungen existieren mittlerweile in Hamburg (zum einen das Gesetz zur Stärkung von Einzelhandels- und Dienstleistungszentren v. 28. 12. 2004 [HmbGVBl. S. 525] – HmbGSED; zuletzt geändert durch Gesetz v. 15. 2. 2011 [HmbGVBl. S. 76]; zum anderen das Gesetz zur Stärkung von Wohnquartieren durch private Initiativen v. 20. 11. 2007 [HmbGVBl. S. 393] – HmbWohnQStärkG; zuletzt geändert durch Gesetz v. 15. 2. 2011 [HmbGVBl. S. 76]) sowie nach dessen Vorbild in Bremen (Gesetz zur Stärkung von Einzelhandels- und Dienstleitungszentren v. 18. 7. 2006 [GBl. 2006 S. 350] – BremGSED), Hessen (Gesetz zur Stärkung von innerstädtischen Geschäftsquartieren v. 21. 12. 2005 [GVBl. I S. 867] – HessINGE; geändert durch Gesetz v. 6. 10. 2010 [GVBl. I S. 320]), dem Saarland (Gesetz Nr. 1630 zur Schaffung von Bündnissen für Investitionen und Dienstleistungen v. 26. 9. 2007 [ABl. 2007 S. 2242] – SaarlBIDG) und Schleswig-Holstein (Gesetz über die Einrichtung von Partnerschaften zur Attraktivierung von City-, Dienstleistungs- und Tourismusbereichen v. 13. 7. 2006 [GVBl. S. 158] – SchlHPACT-Gesetz). Ein anderes Modell hat Nordrhein-Westfalen mit seinem Gesetz über Immobilien- und Standortgemeinschaften

daraus, dass die eigentlich ausschlaggebenden landesrechtlichen Regelungen hiermit lediglich kompetenzrechtlich abgesichert werden. Denn die Kompetenz für das Bodenrecht steht zwar bekanntlich dem Bund zu. Landesgesetze zu Privaten Initiativen sollten jedoch insoweit nicht beschränkt werden, auch nicht etwa auf die bloße Wirtschaftsförderung, sondern durchaus städtebaulich erhebliche Baumaßnahmen anstoßen.[446] Nichtsdestoweniger zielen die landesrechtlichen Grundlagen für Private Initiativen in rechtstatsächlicher Hinsicht bisher vor allem auf „Business Improvement Districts" ab,[447] ohne dass sich das Potenzial Privater Initiativen hierin erschöpfen würde.[448] Auch in Sachen Klimaschutz könnte Privaten Initiativen künftig noch Bedeutung zukommen.[449]

2. Climate Improvement Districts (CID)

Private Initiativen arbeiten – stark vereinfacht – nach dem Prinzip, dass sich ein bestimmtes Quorum von Eigentümern in einem Gebiet für die Durchführung von Maßnahmen zur Verbesserung der städtebaulichen Verhältnisse ausspricht bzw. ein bestimmtes Quorum den insoweit geplanten Maßnahmen nicht widerspricht und auf der Grundlage der hierauf aufbauenden Beschlüsse der zuständigen Hoheitsträger grundsätzlich alle Eigentümer eines Gebiets zur Finanzierung eben dieser Maßnahmen, für deren Ausführung ein sog. Aufgabenträger verantwortlich zeichnet, über eine spezielle Abgabe[450] herangezogen werden.[451]

Im Regelfall sind die Landesgesetze bisher ausdrücklich auf eine Verbesserung der Wirtschaftsstruktur und der Attraktivität von Innenstadtbereichen

v. 10.6. 2008 (GVBl. S. 231) – ISGG NRW gewählt. Zu den Unterschieden siehe *Battis/Kersten/Mitschang*, Rechtsfragen der ökologischen Stadterneuerung, 2010, S. 81 f.

446 BT-Drs. 16/3308, S. 19; *Krautzberger*, in: Battis/Krautzberger/Löhr (Hrsg.), BauGB, 11. Aufl. 2009, § 171 f Rn. 1.

447 Hierzu ausführlich und unter Behandlung sämtlicher verschiedener Landesvorschriften *Arndt/Ziertmann*, Recht der Stadtentwicklung, 2011. Siehe außerdem *Kersten*, Business Improvement Districts in der Bundesrepublik Deutschland, UPR 2007, 121 ff.

448 Näher *Krautzberger*, in: Battis/Krautzberger/Löhr (Hrsg.), BauGB, 11. Aufl. 2009, § 171 f Rn. 2.

449 *Mitschang*, Die Umsetzung klimaschützender und energieeinsparungsbezogener Anforderungen in der Bauleitplanung und im Besonderen Städtebaurecht – Sachstand und Perspektiven, ZfBR 2010, 534 (549).

450 Die Rechtmäßigkeit dieser „Zwangsabgabe" wird ausführlich untersucht und im Ergebnis bejaht von *Bärenbrinker*, Nachhaltige Stadtentwicklung durch Urban Governance, 2012, S. 425 ff.

451 Vgl. *Battis/Kersten/Mitschang*, Klimaschützende Stadterneuerung, ZG 2010, 246 (258); *Mitschang*, Die Umsetzung klimaschützender und energieeinsparungsbezogener Anforderungen in der Bauleitplanung und im Besonderen Städtebaurecht – Sachstand und Perspektiven, ZfBR 2010, 534 (549). Siehe beispielsweise konkret §§ 5–7 HmbGSED (Fundstelle oben Fn. 445).

ausgelegt, d. h. zur Realisierung von „Business Improvement Districts".[452] Nur die Regelung in Nordrhein-Westfalen ist derart allgemein gehalten, dass auch Verbesserungen der Umwelteigenschaften von Stadt- oder Ortsteilen theoretisch hierunter gefasst werden könnten.[453] Teilweise sind zwar etwa im Falle Hamburgs Regelungen über „Housing Improvement Districts" (HID) zu finden,[454] die nach einer Literaturansicht auch zur Verbesserung der Klimaverträglichkeit von Stadtquartieren instrumentalisiert werden können, namentlich zur Finanzierung und Realisierung von Wärmenetzversorgungen.[455] Angesichts des Wortlauts der Hamburgischen Regelungen, die von Privaten Initiativen zur Erhöhung der Wohn- und Lebensqualität sowie zur Steigerung der Attraktivität von Wohnquartieren für Bewohner und Besucher sprechen, ist eine Subsumtion von Klimaschutzmaßnahmen hierunter nicht gänzlich ausgeschlossen, jedoch bleiben die Erfolgsaussichten insoweit eher zweifelhaft, da die betroffenen Privaten üblicherweise abweichende Assoziationen zu den genannten Begriffen haben dürften.[456] Folglich erscheint die Hoffnung auf die Realisierung von „Climate Improvement Districts" (CID) ohne ausdrückliche Regelungen nur begrenzt berechtigt.

In der Literatur wird deshalb vorgeschlagen, dass der Bund selbst ein Modell für CIDs entwickeln solle.[457] Die Änderungen der §§ 171a ff. BauGB (und auch der übrigen BauGB-Normen mit Klimaschutzbezug) im Rahmen der BauGB-Klimanovelle 2011 machen in diesem Zusammenhang deutlich, dass auf Bundesebene die Notwendigkeit *ausdrücklicher* Regelungen durchaus gesehen wird. Um gesetzliche Regelungen zu CIDs bruchlos in dem bestehenden Regelungszusammenhang Privater Initiativen einzufügen, ist es jedoch angeraten, lediglich die Aufzählung der Zweckbestimmung Privater Initiativen in § 171f S. 1 BauGB um einen neuen Satz 2 zu ergänzen[458] („Die Maßnahmen können insbesondere auch der Erfüllung der Anforderungen an den Klimaschutz und

---

[452] Siehe § 1 S. 1 sowie § 2 Abs. 1 HmbGSED; § 1 S. 1 sowie § 2 Abs. 1 HessINGE; § 1 S. 1 SaarlBIDG (Fundstellen oben Fn. 445).

[453] Siehe etwa § 1 Abs. 1 ISGG NRW (Fundstelle oben Fn. 445), der nur pauschal von der „Stärkung oder Entwicklung von Bereichen der Innenstadt oder der Stadtteilzentren" spricht. Im Übrigen fehlt eine Aufgaben- und Zielbestimmung, wie sie in den anderen Landesgesetzen über Private Initiativen üblich ist. Vgl. auch *Ingold*, Climate Improvement Districts (CID), UPR 2009, 431 (433).

[454] So in Hamburg mit dem HmbWohnQStärkG (Fundstelle oben Fn. 445).

[455] *Krautzberger*, Städtebauliche Verträge zur Umsetzung klimaschützender und energieeinsparender Zielsetzungen, DVBl. 2008, 737 (744); *Mitschang*, Die Umsetzung klimaschützender und energieeinsparungsbezogener Anforderungen in der Bauleitplanung und im Besonderen Städtebaurecht – Sachstand und Perspektiven, ZfBR 2010, 534 (549).

[456] Ablehnend auch *Ingold*, Climate Improvement Districts (CID), UPR 2009, 431 (433).

[457] *Battis/Kersten/Mitschang*, Rechtsfragen der ökologischen Stadterneuerung, 2010, S. 83.

[458] Der bisherige Satz 2 würde zum neuen Satz 3.

die Klimaanpassung dienen.“) und die nähere Ausgestaltung wiederum den Landesgesetzgebern zu überlassen.[459]

Bei alledem bleibt fraglich, ob hinreichende Anreize für ein privates Engagement zu Klimaschutzzwecken bestehen. Der prinzipiell auf das Allgemeinwohl ausgerichtete Klimaschutz unterscheidet sich grundlegend von der bloßen Verbesserung der Wohn-, Arbeits- und Gewerbeverhältnisse, deren Auswirkungen auf den einzelnen Bewohner der betroffenen Quartiere üblicherweise stärker spürbar sind, sodass regelmäßig eine größere Zustimmungsbereitschaft zur Durchführung – und Finanzierung – von Maßnahmen bestehen dürfte. Im Ergebnis wird wohl ähnlich wie beim Stadtumbau weniger der Klimaschutz als vielmehr die zugleich mögliche Senkung von Energieversorgungskosten über den Erfolg des Instruments der „Climate Improvement Districts“ entscheiden.

[459] Zu den insoweit bestehenden Möglichkeiten und rechtlichen Bindungen siehe *Ingold*, Climate Improvement Districts (CID), UPR 2009, 431 (433 f.).

§ 4 Bauordnungsrecht: Kommunale EE-Satzungen

I. Hintergrund

1. Klimaschutz im Bauordnungsrecht

Das Bauordnungsrecht, dem vor allem der Gedanke der Gefahrenabwehr zugrunde liegt, hat einen engen Bezug zum Klimaschutz durch die Nutzung Erneuerbarer Energien, da über Festlegungen zur Bauweise von Gebäuden und die „Gestaltung“ der in Gebäuden installierten Energieanlagen die für den Menschen aus dem Klimawandel erwachsenden „Gefahren“ abgeschwächt werden sollen bzw. können. Zwar ist einschränkend klarzustellen, dass die Risiken des Klimawandels den Gefahrenbegriff des Bauordnungsrechts kaum je erfüllen dürften.[1] Allerdings tritt das Bauordnungsrecht ohnehin nicht erst bei Vorliegen einer Gefahr im engeren Sinne in Erscheinung, sondern dient etwa auch der Gefahrenvorsorge und darüber hinaus noch weiteren Zwecken unterhalb dieser Schwelle (Verhütung von Verunstaltungen etc.). Der (potenzielle) Bezug des Bauordnungsrechts zum Klimaschutz im Gebäudewärmesektor drückt sich mittlerweile auch sichtbar in den bestehenden Wärmegesetzen aus, die als „gebäudebezogenes Baunebenrecht“ eingeordnet werden.[2] Die sich auf diese Weise aus dem Nebeneinander von EEWärmeG und Landesbauordnungen sowie Landeswärmegesetzen ergebende Parallelität von Bundes- und Landesregelungen zur EE-Versorgung von Gebäuden erklärt sich kompetenzrechtlich daraus, dass zwar einerseits eine Zuordnung zum Bauordnungsrecht (Landeskompetenz, Art. 70 Abs. 1 GG) erfolgen kann, andererseits jedoch auch die Kompetenztitel über die Luftreinhaltung (Art. 74 Abs. 1 Nr. 24 GG) sowie zum Recht der Wirtschaft (Art. 74 Abs. 1 Nr. 11 GG) einschlägig sind.[3] Dieser Kon-

[1] In Bezug auf das Globalklima ebenso *Otto*, Klimaschutz und Energieeinsparung im Bauordnungsrecht der Länder, ZfBR 2008, 550 (552).

[2] Zum Ganzen *Wustlich*, in: Danner/Theobald (Hrsg.), Energierecht, EEG VI B 4 Einf Rn. 28 f.

[3] Zur entsprechenden Diskussion um die Kompetenz für das EEWärmeG BT-Drs. 16/8149, S. 14 f.; *Ennuschat/Volino*, § 16 EEWärmeG und der kommunalrechtliche Anschluss- und Benutzungszwang für Fernwärme, CuR 2009, 90 (94); *T. Müller*, in: Müller/Oschmann/Wustlich (Hrsg.), EEWärmeG, 2010, Einleitung Rn. 111 ff.; *Sösemann*, Art. 74 Abs. 1 Nr. 24 GG (Luftreinhaltung) als Kompetenzgrundlage für EEG und EEWärmeG, ZNER 2008, 137 (139); sowie *Milkau*, Bundeskompetenzen für ein Umweltenergierecht – dargestellt am Bei-

flikt wird über Art. 72 Abs. 1 GG („soweit") zu Gunsten des Bundesrechts aufgelöst.

Wie auch im Bauplanungsrecht bedurfte bzw. bedarf es im Bauordnungsrecht einer gewissen Gewöhnung an die umfassende Verantwortlichkeit für die Behandlung der Herausforderungen des Klimaschutzes auf allen Normebenen. Dass eine Beschränkung auf örtliche Ursache- und Wirkungszusammenhänge jedoch geradezu anachronistisch anmutet, wird sich kaum bestreiten lassen. Erfreulicherweise wurde dementsprechend mit der Aufnahme der natürlichen Lebensgrundlagen – und damit auch des Klimas – in die Aufzählung der Schutzgüter in den Generalklauseln der Bauordnungen aller Länder[4] zumindest ein symbolischer Schritt hin zu mehr Nachhaltigkeit im Bauordnungsrecht unternommen.[5] Teilweise wurde noch hierüber hinausgegangen und in Konkretisierung der Erhaltung der natürlichen Lebensgrundlagen explizit die Nutzung Erneuerbarer Energien mit in die bauordnungsrechtliche Generalklausel aufgenommen. So enthält § 3 Abs. 1 Nr. 4 SaarlBO[6] ein allgemeines Gebot betreffend Erneuerbare Energien.[7] Demnach sind zum einen bei der Anordnung und Gestaltung von Gebäuden die Möglichkeiten der EE-Nutzung zu berücksichtigen und zum anderen haustechnische Anlagen wie etwa Heizungsanlagen („Feuerstätten")[8] nach Möglichkeit mit Erneuerbaren Energien zu betreiben.[9] Wegen der Einordnung dieser Pflichten in die bauordnungsrechtliche Generalklausel ergeben sich hieraus jedoch mangels Bestimmtheit (Art. 20 Abs. 3 GG) keine konkreten Befugnisse.[10] Vielmehr stellen derartige Normierungen gleichfalls nur erste Schritte zur stärkeren Sensibilisierung der am Bau Beteiligten für die EE-Nutzung dar. Dieses Ziel dürfte allerdings im Neubaubereich mittlerweile sehr viel besser durch das EEWärmeG erreicht worden sein. Auch im Bestandsgebäudebereich wirkt sich die überwiegende Mehrheit der LBO-Inhalte wegen

---

spiel des Erneuerbare-Energien-Wärmegesetzes, ZUR 2008, 561 (564); *Milkau*, Ansätze zur Förderung der erneuerbaren Energien im Wärmemarkt, 2009, S. 241 ff., 256 ff., der sich für einen „Kompetenzmix" ausspricht.

[4] Vorbild war insoweit die Regelung in § 3 Abs. 1 MBO (2002) (www.is-argebau.de; abgerufen: 30. 10. 2012).

[5] Näher *Otto*, Klimaschutz und Energieeinsparung im Bauordnungsrecht der Länder, ZfBR 2008, 550 (551 ff.), der auch die sprachlichen Feinheiten der von den Ländern im Einzelnen gewählten Formulierungen beleuchtet und diesen – zu Unrecht – große Bedeutung zumisst. Speziell zur Rechtslage in Nordrhein-Westfalen *Gärditz*, in: Schönenbroicher/Kamp (Hrsg.), BauO NRW, § 3 Rn. 18, 21.

[6] Fundstelle unten Fn. 44.

[7] Des Weiteren wird die Generalklausel in Nordrhein-Westfalen zumindest durch ein Energiespargebot konkretisiert, siehe § 3 Abs. 1 S. 5 NRW BO.

[8] Zum Anlagenbegriff siehe § 2 Abs. 1 S. 2 SaarlBO i. V. m. § 1 Abs. 1 S. 2, § 41 SaarlBO.

[9] Vgl. auch *Kloepfer*, Umweltrecht, 3. Aufl. 2004, § 16 Rn. 141.

[10] A. A. *Otto*, Klimaschutz und Energieeinsparung im Bauordnungsrecht der Länder, ZfBR 2008, 550 (553).

der häufig vorliegenden Genehmigungsfreiheit von Modernisierungen[11] in der Praxis kaum aus.

Größere Bedeutung für den kommunalen Klimaschutz kann allerdings den Ermächtigungsgrundlagen zum Erlass sog. örtlicher Bauvorschriften zukommen, die – in unterschiedlicher Ausgestaltung – in allen Landesbauordnungen enthalten sind. Konkret gehen einige Länder so weit, die Kommunen zu ermächtigen, auch Regelungen zur Energieversorgung in eben solchen örtlichen Bauvorschriften zu treffen. Die Zahl der Länder, die entsprechende Regelungen geschaffen haben, ist derzeit recht überschaubar.[12] Zu Recht wird deshalb zur Schaffung ambitionierterer Regelungen aufgefordert.[13]

Die hessische Stadt Marburg hat auf der Grundlage einer entsprechenden Ermächtigung eine „Solarsatzung" beschlossen, die verbindliche Vorgaben zur EE-Nutzung im Bereich der Gebäudewärme enthielt. Dieses herausragende Beispiel des kommunalen Klimaschutzes hat wesentliche Erkenntnisse zur Instrumentalisierbarkeit des Bauordnungsrechts für eine nachhaltigere Energieversorgung gebracht.[14] Dabei wohnt dem kommunalen Engagement auf bauordnungsrechtlicher Grundlage vor allem Potenzial für die Adressierung des klimapolitisch entscheidenden Gebäudebestands inne, erst recht solange der Bund diesbezüglich keine ordnungsrechtlichen Regelungen getroffen hat. Die Spielräume und Restriktionen, die sich so für Städte und Gemeinden ergeben, sollen nachfolgend aufbereitet werden.

2. Vorbilder

Vorreiter für Solarsatzungen in Europa war die spanische Stadt Barcelona (1,6 Mio. Einwohner). Dort wurde bereits am 16. 7. 1999 eine Solarsatzung beschlossen. Mittlerweile schreibt sogar die spanische Bauordnung vor, beim Neubau oder der Renovierung von Gebäuden Systeme zu installieren, mit denen 30–70% des Wärmeenergiebedarfs durch solarthermische Anlagen gedeckt werden können.[15] Inspiriert wurde die Solarsatzung von Barcelona von entsprechenden

---

[11] Siehe etwa § 50 Abs. 1 BaWüBO i. V. m. insbesondere Nr. 2, 3 des Anhangs sowie § 50 Abs. 4 BaWüBO; Art. 57 Abs. 1 Nr. 3, 11, 12 BayBO; § 65 Abs. 1 Nr. 9, 44, Abs. 2 Nr. 1–4, 6, 8 NRW BO sowie § 66 Nr. 1–3, 7 NRW BO; § 61 Abs. 1 Nr. 3, 11 i. V. m. § 61 Abs. 2 Nr. 2 SächsBO.

[12] Eine nähere Darstellung folgt sogleich auf S. 218 ff.

[13] *Böhm/Schwarz*, Möglichkeiten und Grenzen bei der Begründung von energetischen Sanierungspflichten für bestehende Gebäude, NVwZ 2012, 129 (130); *Koch*, Klimaschutzrecht, NVwZ 2011, 641 (651); *Manten/Elbel*, Möglichkeiten und Grenzen des kommunalen Klimaschutzes in den neuen Bundesländern, LKV 2009, 1 (3).

[14] Ausführlich hierzu unten S. 228 ff.

[15] Zum Ganzen und m. w. N. *Fischer/Klinski*, Modelle für eine Förderung erneuerbarer Energien im Wärmemarkt aus rechtlicher Sicht, ZUR 2007, 8 (9).

Plänen Berlins, wo mit §24 Abs. 4 BerlEnSpG eine ausdrückliche Ermächtigungsgrundlage für eine „Solarverordnung“ bestand.[16] Im Berliner Senat konnte jedoch nie eine Einigung über eine solche Verordnung erzielt werden.

II. Ermächtigungsgrundlagen

1. Brandenburg

In Brandenburg wurde im Zuge der Neufassung der Landesbauordnung mit §81 Abs. 7 BbgBO[17] im September 2008 unmittelbar nach Beschluss des EEWärmeG eine Ermächtigungsgrundlage zum Erlass von Solarsatzungen mit folgendem Wortlaut geschaffen:

§81 Örtliche Bauvorschriften

[...]
(7) Die Gemeinde kann durch örtliche Bauvorschriften für vor dem 1. Januar 2009 fertig gestellte Gebäude die anteilige Nutzung von Erneuerbaren Energien festsetzen, wenn die erforderlichen Maßnahmen technisch und rechtlich möglich, wirtschaftlich zumutbar und verhältnismäßig sind, zu einer Verminderung des Energiebedarfs beitragen und die Aufwendungen durch die eintretenden Einsparungen innerhalb angemessener Fristen erwirtschaftet werden können. Die Gemeinde kann dabei insbesondere
1. Mindestflächen für Sonnenkollektoren und Fotovoltaikanlagen festsetzen,
2. die Nutzungspflicht abhängig machen von
a) Änderungen am Gebäude, wie der vollständigen oder teilweisen Erneuerung der Dacheindeckung, der Dächer oder der Fassaden,
b) dem Austausch von Heizkesseln oder Anlagen zur Wärmeerzeugung.
Für diese örtlichen Bauvorschriften gelten die §§2, 4 und 6 bis 11 sowie die Anlage (zu §§5 und 7) des Erneuerbare-Energien-Wärmegesetzes entsprechend.
[...]

Auf diese Weise wurde unter Ausnutzung der von §3 Abs. 4 Nr. 2 EEWärmeG (§3 Abs. 2 EEWärmeG a. F.) deklaratorisch wiedergegebenen Regelungsmöglichkeiten der Länder die EE-Nutzungspflicht für den Gebäudebestand nicht – wie in Baden-Württemberg geschehen und in weiteren Ländern erwogen[18] – durch Landesgesetz geregelt, sondern die Entscheidung hierüber den Gemeinden überlassen.[19] Es fällt auf, dass die Ermächtigungsgrundlage sowohl den Wärme- als auch den Strombereich umfasst („anteilige Nutzung von Erneuer-

---

[16] Näher zu der (seit Inkrafttreten des EEWärmeG unwirksamen) Ermächtigungsgrundlage oben S. 100f.

[17] Brandenburgische Bauordnung v. 17. 9. 2008 (GVBl. I/08 S. 226), letzte berücksichtigte Änderung durch Gesetz v. 29. 11. 2010 (GVBl. I/10 Nr. 39).

[18] Siehe oben S. 96ff.

[19] *T. Müller*, in: Müller/Oschmann/Wustlich (Hrsg.), EEWärmeG, 2010, Einleitung Rn. 70.

baren Energien") und auch einzelne EE-Formen wie die Solarwärme und die Photovoltaik nur beispielhaft benennt (§ 81 Abs. 7 S. 2 BbgBO: „insbesondere"). Bemerkenswert ist darüber hinaus auch der Wirtschaftlichkeitsmaßstab, der die an sich (im Rahmen der grundrechtlichen Bindungen) bestehenden Spielräume der Kommunen für einen anspruchsvollen Klimaschutz einfachgesetzlich in gewissem Umfang begrenzt.[20] Machen die Gemeinden von der Ermächtigung Gebrauch, so gelten ferner über § 81 Abs. 7 S. 3 BbgBO die §§ 2, 4, 6–11 sowie die Anlage zu §§ 5 und 7 EEWärmeG entsprechend. Sowohl die pauschale Übernahme der Ausnahmetatbestände des § 4 EEWärmeG wie auch der ebenso umfassende Verweis auf die Ersatzmaßnahmen des § 7 EEWärmeG, bei denen zum Teil vorbehaltlos auf den Einsatz Erneuerbarer Energien verzichtet werden kann, sind jedoch aus bereits erörterten Gründen kritisch zu sehen.[21]

2. Bremen

Die letzte vollständige Novellierung der Bremischen Landesbauordnung mit Wirkung vom 1. 5. 2010 brachte eine Erweiterung der Ermächtigungsgrundlagen für örtliche Bauvorschriften, die mit dem neuen § 85 Abs. 2 BremBO[22] nunmehr die Kommunen auch ermächtigt, Vorgaben zur Energieversorgung zu erlassen.[23]

Die Regelung lautet wie folgt:

§ 85 Örtliche Bauvorschriften

[…]

(2) Die Gemeinden können ferner durch Satzung bestimmen, dass im Gemeindegebiet oder in Teilen davon die Verwendung bestimmter Brennstoffe untersagt oder der Anschluss an Einrichtungen zur Versorgung mit Nah- und Fernwärme und deren Benutzung vorgeschrieben wird, wenn dies nach den örtlichen Verhältnissen zur Vermeidung von Gefahren, Umweltbelastungen oder unzumutbaren Belästigungen oder aus Gründen der Schonung der natürlichen Lebensgrundlagen, insbesondere zur rationellen Verwendung von Energie, zur Nutzung erneuerbarer Energien oder zur Nutzung von Biomasse, gerechtfertigt ist.

[…]

Diese Erweiterung kann man als eines der wenigen und gerade deshalb zunächst einmal begrüßenswerten Beispiele für eine „produktive" Reaktion auf

---

[20] Hierzu und zu den grundrechtlichen Spielräumen unten S. 238 ff.

[21] Siehe oben S. 43 ff. bzw. S. 55 ff.

[22] Bremische Landesbauordnung v. 6. 10. 2009 (GBl. S. 401), letzte berücksichtigte Änderung durch Gesetz v. 15. 11. 2011 (GBl. S. 435).

[23] Die Regelung trat bereits (vorzeitig) zum 17. 10. 2009 in Kraft und hat § 87 BremBO a. F. abgelöst, der keine vergleichbare Ermächtigung enthielt.

die Diskussionen um örtliche Klimaschutzbestrebungen durch ordnungsrechtliche Vorgaben werten, die durch die Marburger Solarsatzung ausgelöst wurden. Unabhängig von der sogleich näher zu behandelnden Ausgestaltung im Einzelnen erhöht die Schaffung zusätzlicher Ermächtigungsgrundlagen jedenfalls die Chancen eines kommunalen Klimaschutzes. Umgekehrt könnte man hierin jedoch auch – ebenso wie im Falle Brandenburgs – ein Weiterreichen der Verantwortung sehen, die stattdessen besser mit einem eigenen (Bremischen) Landeswärmegesetz (in Anlehnung etwa an das Beispiel des BaWüEWärmeG[24]) hätte erfüllt werden können.

In Bezug auf den räumlichen Anwendungsbereich der Vorschrift fällt auf, dass, obwohl Bremen kein Flächenstaat ist, trotzdem *die Gemeinden* ermächtigt werden und sich die Bestimmungen sogar auf das Gemeindegebiet als Ganzes beziehen können.[25] Dies erklärt sich mit der spezifischen verwaltungsorganisationsrechtlichen Situation Bremens:[26] „Gemeinden" i. S. d. § 85 Abs. 2 BremBO sind die beiden Stadtgemeinden Bremen und Bremerhaven. Dort können *jeweils* für das gesamte Gebiet örtliche Bauvorschriften erlassen werden, nicht aber für den Stadtstaat Bremen als Ganzes.

In sachlicher Hinsicht werden die Gemeinden zur Verhängung eines Verwendungsverbotes für bestimmte Brennstoffe sowie zur Verhängung eines Anschluss- und Benutzungszwangs an Nah- und Fernwärmenetze ermächtigt. Insbesondere über die Verwendungsverbotsermächtigung wird damit durch eine negative Ausgestaltung die Möglichkeit eröffnet, Erneuerbare Energien zu Heizzwecken zu fördern (wie ausdrücklich in der Vorschrift erwähnt), wenngleich eine positive Ermächtigung der Gemeinden, bestimmte *Einzelgebäude*-Heizungsanlagen vorzuschreiben, fehlt. Dies stellt eine Einschränkung gegenüber den Ermächtigungsgrundlagen anderer Länder dar, mit der die Frage aufgeworfen wird, ob die Regelung ausschließlich die Wärmenetzversorgung (und nicht die Installation von EE-Einzelgebäudeanlagen) befördern soll. Wenngleich sich dieser Eindruck angesichts der Kombination von Verwendungsverbot und Ermächtigung für einen Anschluss- und Benutzungszwang aufdrängt, lassen sich der Norm auch Hinweise entnehmen, die Satzungen mit hierüber hinausreichenden Wirkungen für Einzelgebäude zulassen.

Wie bereits angedeutet dürfte die bremische Regelung in bewusster Auseinandersetzung mit der Marburger Solarsatzung und deren Ermächtigungsgrundlage sowie unter Hinzuziehung der Ermächtigungsgrundlagen in den anderen Bundesländern entstanden sein, was sich in der Ähnlichkeit bestimm-

[24] Jedoch aufgrund der unterschiedlichen Sonneneinstrahlungsvoraussetzungen wohl besser ohne die dortige „Solarfixierung".

[25] Anders etwa die Regelung in Hamburg, dazu sogleich.

[26] Siehe hierzu *Gern*, Deutsches Kommunalrecht, 3. Aufl. 2003, S. 104; *Göbel*, in: Mann/Püttner (Hrsg.), Handbuch der kommunalen Wissenschaft und Praxis, Bd. 1, 3. Aufl. 2007, § 26c Rn. 1.

ter Tatbestandsmerkmale ausdrückt. Eine Weiterentwicklung stellt die bremische Lösung zu den möglichen Gründen für den Erlass einschlägiger Satzungen dar. Obwohl zunächst die „örtlichen Verhältnisse" als Verbots- bzw. Anordnungsgrund genannt werden, wird sodann auch ein Satzungserlass „aus Gründen der Schonung der natürlichen Lebensgrundlagen, insbesondere zur rationellen Verwendung von Energie" zugelassen und damit der Klimaschutz als integraler Bestandteil der natürlichen Lebensgrundlagen als eigenständiger Verwendungsverbotsgrund bzw. als Grund für die Anordnung eines Anschluss- und Benutzungszwangs etabliert. Mit der Betonung des Klimaschutzes als eigenständigem Anordnungsgrund erklärt sich schließlich die – eher irritierende – separate Nennung der Biomasse neben den sonstigen Erneuerbaren Energien in § 85 Abs. 2 BremBO, obwohl die Biomasseverfeuerung an sich ohnehin zu den EE-Formen zu rechnen ist (vgl. § 2 Abs. 1 Nr. 4 EEWärmeG). Die Formulierung lässt sich nur damit begründen, dass wegen der Ausrichtung auf den Klimaschutz das Verwendungsverbot vor allem fossile Brennstoffe erfassen soll und die Biomassenutzung wegen ihrer höheren Klimaverträglichkeit[27] trotz der Emissionen vor Ort (anders als bei „traditionellen" Wärmenetz-Anschlusszwängen) nicht grundsätzlich auszuschließen ist.

Rechtstechnisch werden also die Wirkungen für Einzelgebäude, d. h. eine Erweiterung gegenüber einem Anschluss- und Benutzungszwang, damit erreicht, dass die Biomasse vom Verbrennungsverbot verschont bleibt bzw. der Anschluss- und Benutzungszwang an ein Wärmenetz nicht nur die notwendigen Ausnahmen für emissionslose Heizungsformen[28] enthalten muss, sondern auch eine Befreiungsklausel für Biomassefeuerungsanlagen. In der Sache kann sich damit für den Gebäudebestand[29] praktisch dieselbe Technologieoffenheit ergeben, wie sie dem EEWärmeG zugrunde liegt. Vorrangig genannt wird zwar der Wärmenetzanschluss, allerdings bleiben alle sonstigen EE-Lösungen als „Ersatzmaßnahmen" möglich.

3. Hamburg

In Hamburg wird der Senat durch die nachfolgende Regelung in der HmbBO[30] ermächtigt, Vorgaben zur Energieversorgung aufzustellen:

---

[27] Siehe allerdings zur Ambivalenz oben S. 50 ff.

[28] Hierzu sind vor allem Solarthermie und Geothermie bzw. Umweltwärme zu rechnen, siehe auch unten S. 322 ff.

[29] Vgl. näher zum Ausschluss von Vorgaben für Neubauten aufgrund der Existenz des EEWärmeG unten S. 231 f.

[30] Hamburgische Bauordnung v. 14. 12. 2005 (HmbGVBl. S. 525); letzte berücksichtigte Änderung durch Gesetz v. 20. 12. 2011 (HmbGVBl. S. 554).

§ 81 Rechtsverordnungen

[…]
(2) Der Senat wird ermächtigt, durch Rechtsverordnung für bestimmte Gebiete eine bestimmte Heizungsart oder den Anschluss von Gebäuden an gemeinsame Heizungsanlagen bestimmter Art oder an eine Fernheizung und die Benutzung dieser Einrichtungen vorzuschreiben, um Gefahren, unzumutbare Belästigungen oder sonstige Nachteile durch Luftverunreinigungen zu vermeiden oder zur Sicherung der örtlichen Energieversorgung und zur allgemeinen Energieersparnis sowie zum umfassenden Schutz der Umwelt, soweit sich aus Absatz 11 nicht etwas anderes ergibt. In der Rechtsverordnung sind Abweichungen vom Anschluss- und Benutzungsgebot in Fällen vorzusehen, in denen auch unter Berücksichtigung der Erfordernisse des Gemeinwohls Anschluss und Benutzung unzumutbar sind.
[…]

Die Norm spiegelt hinsichtlich des räumlichen Anwendungsbereichs die spezifische Situation eines Stadtstaates wider, indem nur von „bestimmte(n) Gebiete(n)“, nicht aber – wie in den Flächenstaaten – vom „Gemeindegebiet oder Teilen hiervon“ die Rede ist. Danach ist eine „EE-Verordnung“ für das gesamte Gebiet der Stadt Hamburg ausgeschlossen. Damit wird allerdings nicht ausgeschlossen, dass durch mehrere Verordnungen (mit an sachlichen Gründen ausgerichteten Differenzierungen) im Ergebnis doch das gesamte Stadtgebiet abgedeckt werden kann. In der Sache ermächtigt die Norm sowohl zur Vorgabe der Verwendung von Einzelgebäudeanlagen wie auch zur Verhängung eines Anschluss- und Benutzungszwangs an ein Wärmenetz. Bei den Voraussetzungen, unter denen eine EE-Verordnung erlassen werden darf, spielt der Streit um das Erfordernis eines örtlichen Bezugs[31] angesichts des klaren Wortlauts der Norm („zum umfassenden Schutz der Umwelt“) keine Rolle.

Der Vorbehalt im 2. Hs. von § 81 Abs. 2 S. 1 HmbBO („soweit sich aus Absatz 11 nicht etwas anderes ergibt“) stellt im Übrigen keine materielle Einschränkung dar, sondern weist lediglich auf die in § 81 Abs. 11 HmbBO eingeräumte Möglichkeit der Übertragung der Zuständigkeit auf die Bezirksämter hin.

Nach § 81 Abs. 2 S. 2 HmbBO besteht zudem die Pflicht zur Schaffung von Befreiungsmöglichkeiten bei ansonsten unzumutbaren Nutzungspflichten. Dies ergibt sich ohnehin bereits aus den grundrechtlichen Bindungen, sodass die Einschränkung bei dieser Formulierung – im Unterschied zum vergleichsweise strikteren Wirtschaftlichkeitsvorbehalt in Brandenburg[32] – eher deklaratorischen Charakter hat. Die „Zumutbarkeitsklausel“ des § 81 Abs. 2 S. 2 HmbBO bezieht sich ihrem Wortlaut nach nur auf die Verhängung eines Anschluss- und Benutzungszwangs, sie gilt allerdings wegen der zugrunde liegenden verfassungsrechtlichen Erwägungen auch für EE-Verordnungen über Ein-

[31] Näher unten S. 232 ff.
[32] Siehe oben S. 218 f.

zelgebäudeanlagen, sodass stets entsprechende Vorbehalts- und Befreiungsregelungen integriert werden müssen.

4. Hessen

Die (ehemalige) Ermächtigungsgrundlage des Landes Hessen für örtliche Bauvorschriften mit Energiebezug brachte es zu einiger Bekanntheit, da sie zum Erlass der Marburger Solarsatzung[33] genutzt wurde. Der Wortlaut des § 81 Abs. 2 HessBO a. F.[34] lautete wie folgt:

§ 81 Örtliche Bauvorschriften

[...]
(2) Die Gemeinden können ferner durch Satzung bestimmen, dass im Gemeindegebiet oder in Teilen davon die Verwendung bestimmter Brennstoffe untersagt wird oder bestimmte Heizungsarten vorgeschrieben werden, wenn dies nach den örtlichen Verhältnissen zur Vermeidung von Gefahren, Umweltbelastungen oder unzumutbaren Nachteilen oder unzumutbaren Belästigungen oder aus Gründen des Wohls der Allgemeinheit zur rationellen Verwendung von Energie geboten ist; danach vorgeschriebene Heizungsarten dürfen keine höheren Umweltbelastungen und keinen höheren Primärenergieverbrauch verursachen als ausgeschlossene Arten.
[...]

Die Regelung des § 81 Abs. 2 HessBO a. F. war in zwei Halbsätze aufgeteilt, von denen ersterer als eigentliche Ermächtigungsgrundlage wiederum verschiedene Alternativen und Varianten aufwies, sodass die Norm in Hinblick auf ihre Übersichtlichkeit als einigermaßen misslungen bezeichnet werden konnte. Für die Marburger Solarsatzung war § 81 Abs. 2 1. Hs. 2. Alt. HessBO a. F. („aus Gründen des Wohls der Allgemeinheit zur rationellen Verwendung von Energie") als taugliche Ermächtigungsgrundlage identifiziert worden.[35]

Im Zuge der turnusgemäßen Überarbeitung der HessBO in 2010 wurde § 81 Abs. 2 HessBO a. F. – auch in Reaktion auf die Marburger Solarsatzung – gestrichen.[36] Die Begründung des Gesetzgebers, wonach die Vorschrift unter anderem wegen der zwischenzeitlich geschaffenen Regelungsmöglichkeiten im BauGB nicht mehr notwendig sei,[37] wurde zu Recht für den klimapolitisch besonders wichtigen Bereich der Bestandsgebäude als haltlos zurückgewiesen, da die einschlägigen BauGB-Vorschriften, speziell § 9 Abs. 1 Nr. 23 lit. b BauGB,

---

[33] Hierzu ausführlich unten S. 228 ff.
[34] Hessische Bauordnung v. 18. 6. 2002 (GVBl. I S. 274).
[35] Näher und insbesondere zur a. A. der Rechtsprechung siehe unten S. 232 ff.
[36] Kritisch hierzu bereits *Kahl*, Klimaschutz durch die Kommunen – Möglichkeiten und Grenzen, ZUR 2010, 395 (401).
[37] LT-Drs. 18/2523, S. 18.

nur Neubauten betreffen.[38] Im Übrigen verweist die Gesetzesbegründung auf die Klimaschutzwirkungen des zwischenzeitlich erlassenen EEWärmeG, geht dabei aber nicht darauf ein, dass der (private) Bestandsgebäudebereich von den Vorgaben des EEWärmeG nicht erfasst wird und sich deshalb dort enorme Klimaschutzpotenziale auch über kommunale Klimaschutzbemühungen in Form örtlicher Bauvorschriften heben ließen.[39] Insgesamt wird damit die proklamierte Beschränkung des Bauordnungsrechts auf die Gefahrenabwehr[40] dem Stellenwert des Klimaschutzes kaum gerecht. Die Begründung überzeugt im Übrigen deshalb nicht, weil nach wie vor auch in Hessen örtliche Bauvorschriften über die äußere Gestaltung baulicher Anlagen unter anderem „zur Verwirklichung von Zielen des rationellen Umgangs mit Energie und Wasser" erlassen werden dürfen (§ 81 Abs. 1 S. 1 Nr. 1 HessBO[41]).

5. Rheinland-Pfalz

Rheinland-Pfalz verfügt mit § 88 Abs. 4 Nr. 3 Rh-PfBO[42] über eine Ermächtigung der Kommunen zur Schaffung von Vorgaben für die umweltfreundliche Gebäudeheizung, die wie folgt lautet:

§ 88 Örtliche Bauvorschriften

[...]
(4) Die Gemeinden können außerdem durch Satzung bestimmen, dass
[...]
3. im Gemeindegebiet oder in Teilen des Gemeindegebiets zum Schutz vor Staub, Rauch und Ruß bestimmte Brennstoffe als Heizstoffe nicht verwendet werden dürfen.
[...]

Allerdings wird aus dem Wortlaut dieser Ermächtigung zur Verhängung eines Verbrennungsverbots, der eine klare und abschließende Konzentration auf die Bekämpfung örtlicher negativer Wirkungen von Feuerungsanlagen („Schutz vor Staub, Rauch und Ruß") enthält, deutlich, dass eine Instrumentalisierung zu Klimaschutzzwecken von vornherein ausscheidet. Im Koalitionsvertrag zwischen SPD und Bündnis90/Die Grünen für die Legislaturperiode von 2011–2016 wurde angekündigt, dass eine Ermächtigungsgrundlage für Solarsat-

---

[38] *Böhm/Schwarz*, Möglichkeiten und Grenzen bei der Begründung von energetischen Sanierungspflichten für bestehende Gebäude, NVwZ 2012, 129 (130).

[39] Zwar enthält das BauGB auch Vorschriften betreffend Klimaschutzmaßnahmen im Bestandsbereich (siehe oben S. 199ff., 206ff., 211ff.), allerdings kann hiermit nicht der Gebäudebestand in der Breite adressiert werden.

[40] So ausdrücklich LT-Drs. 18/2523, S. 18.

[41] Hessische Bauordnung v. 15. 1. 2011 (GVBl. I S. 46).

[42] Landesbauordnung Rheinland-Pfalz v. 24. 11. 1998 (GVBl. S. 365), letzte berücksichtigte Änderung durch Gesetz v. 9. 3. 2011 (GVBl. S. 47).

zungen bzw. sonstige EE-Satzungen geschaffen werden soll.[43] Gegebenenfalls erfolgt dies durch Novellierung des § 88 Abs. 4 Nr. 3 Rh-PfBO. Dabei dürfte eine Orientierung am umfassend formulierten Hamburger Beispiel sicherlich weiter führen, sieht man einmal von den Besonderheiten, die der Stadtstaatsituation geschuldet sind (Ermächtigung des *Senats* zum Erlass einer *Verordnung* an Stelle einer Satzung etc.), ab. Empfehlenswert, weil von plakativer Wirkung, wäre dabei die ausdrückliche Aufnahme des Klimaschutzes, auch wenn dieser ohnehin bereits Bestandteil des Umweltschutzes ist.

6. Saarland

Die Ermächtigungsgrundlage des § 85 Abs. 2 Nr. 1 SaarlBO[44] weist größte Ähnlichkeit mit der ehemaligen hessischen Regelung auf und lautet wie folgt:[45]

§ 85 Örtliche Bauvorschriften

[...]
(2) Durch Örtliche Bauvorschriften kann ferner bestimmt werden, dass
1. im Gemeindegebiet oder in Teilen davon die Verwendung bestimmter Brennstoffe oder Energiearten untersagt wird oder bestimmte Energie- oder Heizungsarten vorgeschrieben werden, wenn dies nach den örtlichen Verhältnissen zur Vermeidung von Gefahren, Umweltbelastungen, unzumutbaren Nachteilen oder unzumutbaren Belästigungen oder aus Gründen des Wohles der Allgemeinheit zur sparsamen Verwendung von Energie geboten ist; danach vorgeschriebene Energie- und Heizungsarten dürfen keine höheren Umweltbelastungen und keinen höheren Primärenergieverbrauch verursachen als ausgeschlossene Arten,
[...]

Speziell die Formulierung der Gründe, die den Erlass entsprechender Satzungen rechtfertigen können, ist praktisch identisch mit der mittlerweile aufgehobenen Regelung in Hessen, die anlässlich der Marburger Solarsatzung gerade in diesem Punkt für Diskussion gesorgt hat. Die Erkenntnisse aus dem Streit um die Marburger Solarsatzung verlieren deshalb durchaus nicht an Relevanz. Der regelbare Sachbereich wird in der SaarlBO hingegen weiter gefasst, indem nicht nur Heizungsarten, sondern umfassender „Energie- oder Heizungsarten" in Bezug genommen werden.

---

[43] Koalitionsvertrag Rheinland-Pfalz für 2011–2016, S. 21 (http://www.gruene-rlp.de/userspace/RP/lv_rlp/pdfs/gruene_dokumente/Koalitionsvertrag.pdf; abgerufen: 30. 10. 2012).

[44] Saarländische Landesbauordnung v. 18. 2. 2004 (ABl. 2004 S. 822), letzte berücksichtigte Änderung durch Gesetz v. 16. 6. 2010 (ABl. I S. 1312).

[45] Siehe hierüber hinaus auch die Ausführungen zur bauordnungsrechtlichen Generalklausel im Saarland auf S. 216.

7. Thüringen

In § 83 ThürBO[46], der die Ermächtigungen für örtliche Bauvorschriften enthält, findet sich derzeit keine Grundlage für den Erlass einer EE-Satzung. Im Koalitionsvertrag zwischen CDU und SPD für die Legislaturperiode von 2009 bis 2014 wurde angekündigt, die Bauordnung zu überprüfen und anzupassen, und zwar auch in Bezug auf eine bessere Nutzung Erneuerbarer Energien.[47] Mit diesen unkonkreten Absichtserklärungen dürfte vorrangig die – mittlerweile umgesetzte – Erweiterung der Genehmigungsfreiheit von EE-Anlagen gemeint gewesen sein, nicht aber die Schaffung einer Ermächtigungsgrundlage für EE-Satzungen.

8. Ermächtigung von Kommunen ohne Landesregelung?

Nach ganz herrschender Meinung[48] haben Kommunen nicht das Recht, Satzungen zu erlassen, ohne hierfür durch eine hinreichend bestimmte Grundlage in einem Gesetz ermächtigt zu sein. Kommunale Satzungen stellen keine Gesetze im formellen Sinne dar, sodass sie ohne Ermächtigungsgrundlage wegen Verstoßes gegen den Vorbehalt des Gesetzes nichtig sind, wenn bzw. soweit sie in die Grundrechte der Gemeindeeinwohner eingreifen. Die in den Gemeindeordnungen enthaltenen allgemeinen Satzungsermächtigungen genügen mangels Bestimmtheit nicht den Anforderungen an eine wirksame Ermächtigungsgrundlage. Der formal überzeugenden herrschenden Meinung ist teilweise mit durchaus beachtlichen Argumenten widersprochen worden. Nach der Gegenauffassung ist ein autonomes kommunales Satzungsrecht in Betracht zu ziehen.[49] Diese Auffassung fand auch bereits Befürworter für den speziellen Fall einer kommunalen Satzung, die EE-Nutzungspflichten für Bestandsgebäude festschreibt.[50]

Folgte man dieser abweichenden Ansicht, schlösse sich hieran die Frage an, welche Grenzen einem solchen autonomen kommunalen Satzungsrecht durch

---

[46] Thüringer Bauordnung (ThürBO) v. 16. 3. 2004 (GVBl. 2004 S. 349), letzte berücksichtigte Änderung durch Gesetz v. 23. 5. 2011 (GVBl. S. 85).

[47] Koalitionsvertrag Thüringen für 2009–2014, S. 56 (http://spdnet.sozi.info/thueringen/dl/Koalitionsvereinbarung_SPD_CDU_Thueringen_2009.pdf; abgerufen: 30. 10. 2012).

[48] BVerwGE 90, 359 (363); BVerwG 125, 68 (70 f.); außerdem mit zahlreichen, hier nicht wiederholungsbedürftigen weiteren Nachweisen *Rennert*, in: Umbach/Clemens (Hrsg.), GG, 2002, Art. 28 Rn. 138; ähnlich, aber in Teilen differenzierter *Dreier*, in: Dreier (Hrsg.), GG, 2. Aufl. 2008, Art. 28 Rn. 143 f.

[49] Siehe die ausführliche Argumentation, die auch die Rechtsprechung des *BVerfG* heranzieht, bei *Böhm*, Autonomes kommunales Satzungsrecht, in: Lübbe-Wolff/Wegener (Hrsg.), Umweltschutz durch kommunales Satzungsrecht, 3. Aufl. 2002, S. 414 ff.

[50] *Wustlich*, in: Müller/Oschmann/Wustlich (Hrsg.), EEWärmeG, 2010, § 3 Rn. 86.

die bestehenden bundes- und landesgesetzlichen Regelungen gesetzt werden. Für das Bundesrecht ließe sich diese Frage mit § 3 Abs. 4 Nr. 2 EEWärmeG beantworten, der auch die Kommunen als Untergliederungen, die staatsorganisationsrechtlich den Ländern zuzurechnen sind, mit erfasst.[51] Die zu Gunsten der Kommunen bestehenden landesgesetzlichen Ermächtigungen zum Erlass von Vorgaben zur Energieerzeugung in (bereits errichteten) Gebäuden werden durch § 3 Abs. 4 Nr. 2 EEWärmeG in ihrer Gültigkeit bestätigt.[52] Eine Auslegung des § 3 Abs. 4 Nr. 2 EEWärmeG als ausschließliche Zuweisung an die Länder (unter Ausschluss der Kommunen) würde sich gerade nicht mit der Intention der Norm vertragen, die klarstellen soll, dass der Bereich der privaten Bestandsbauten (vorerst) der Regelungsverantwortung der Länder überlassen bleiben soll.[53] Dazu gehört auch die Möglichkeit der Länder, diese Verantwortung an die Kommunen gleichsam „durchzureichen", wie es in Brandenburg mit § 81 Abs. 7 BbgBO getan wurde. Eine „echte" Ermächtigung der Kommunen durch § 3 Abs. 4 Nr. 2 EEWärmeG ist hiermit freilich weder explizit noch implizit verbunden, auch wenn in der Gesetzesbegründung teilweise – untechnisch – von einer Ermächtigung gesprochen wird.[54]

Größere Restriktionen erführe ein autonomes kommunales Recht zum Erlass von Satzungen im Allgemeinen und zum Erlass von „EE-Satzungen" für Bestandsgebäude im Besonderen (falls man ein solches im Anschluss an die zitierten Stimmen in der Literatur bejahte) durch die bestehenden Landesgesetze. Zu Recht wird darauf hingewiesen, dass ein autonomes kommunales Satzungsrecht nur dann überhaupt in Betracht käme, wenn keine speziellen landesrechtlichen Satzungsermächtigungen vorliegen, sich die Gemeinde also „neue Handlungsfelder erschließen will". Angesichts der großen Zahl bestehender Ermächtigungen sei die praktische Bedeutung der Frage insgesamt zwar als gering einzuschätzen, allerdings könnten sich im Umweltschutzbereich aufgrund der dortigen immer neuen Herausforderungen künftig durchaus noch weitere Anwendungsfälle ergeben.[55]

Führte man diesen Gedanken des Erfordernisses eines „neuen Handlungsfeldes" speziell in Bezug auf kommunale EE-Satzungen weiter, so wäre festzustellen, dass die Begründung eines solchen neuen Handlungsfeldes, zu dem sich der Landesgesetzgeber in der jeweiligen Bauordnung weder positiv noch negativ geäußert hat, zunehmend schwer fallen dürfte. Einige Länder verfügen – wie

---

[51] *Wustlich*, Das Erneuerbare-Energien-Wärmegesetz, NVwZ 2008, 1041 (1046).

[52] *Ekardt/Schmitz/Schmidtke*, Kommunaler Klimaschutz durch Baurecht: Rechtsprobleme der Solarenergie und der Kraft-Wärme-Kopplung, ZNER 2008, 334 (341); *Milkau*, Ansätze zur Förderung der erneuerbaren Energien im Wärmemarkt, 2009, S. 280.

[53] BT-Drs. 16/8149, S. 13, 34, 36 f.

[54] Siehe BT-Drs. 16/8149, S. 22. Nicht zuletzt würde eine wirksame Ermächtigung aber jedenfalls an den Anforderungen des Bestimmtheitsgebots scheitern.

[55] *Böhm*, Autonomes kommunales Satzungsrecht, in: Lübbe-Wolff/Wegener (Hrsg.), Umweltschutz durch kommunales Satzungsrecht, 3. Aufl. 2002, S. 414.

soeben gesehen – über einschlägige Ermächtigungsgrundlagen, sodass die Kommunen dort auf deren Voraussetzungen festgelegt sind. Das „Handlungsfeld EE-Satzung“ wäre ferner auch in denjenigen Ländern kaum mehr als „neu“ zu bezeichnen, die sich bewusst gegen die Schaffung (bzw. im Falle Hessens bewusst für die Abschaffung) einschlägiger Ermächtigungsgrundlagen entschieden haben. Angesichts der Diskussionen um die Marburger Solarsatzung ist vielmehr davon auszugehen, dass alle weiteren Novellierungen der Landesbauordnungen eine bewusste Entscheidung für oder gegen spezielle EE-Ermächtigungsgrundlagen treffen werden. Wo solche Befugnisse im Zuge einer LBO-Überarbeitung nicht eingefügt werden, kann nur gefolgert werden, dass der Landesgesetzgeber entsprechende kommunale Bestrebungen bewusst verhindern will. Da die Landesbauordnungen in der Regel „turnusgemäß“ im Abstand einiger Jahre überarbeitet werden, ist deshalb mit Ablauf der Überarbeitungen in allen Ländern (seit der Diskussion um die Marburger Solarsatzung) davon auszugehen, dass sich selbst unter Anwendung der These vom autonomen kommunalen Satzungsrecht keine entsprechende Ermächtigung der Städte und Gemeinden im EE-Bereich mehr begründen ließe.

III. Die Marburger Solarsatzung

1. Entwicklung und verbleibende Bedeutung

Bereits im Februar 2006 – und damit noch einige Zeit vor Erlass des BaWü-EWärmeG und des EEWärmeG des Bundes – wurden in der hessischen Stadt Marburg (80.000 Einwohner) erste Überlegungen zur Schaffung einer sog. Solarsatzung angestellt, die auf § 81 Abs. 2 HessBO a.F. gestützt werden sollte. Auf der Grundlage der Erkenntnisse aus einem anwaltlichen Gutachten[56] zur Rechtmäßigkeit einer solchen Satzung wurden insgesamt drei Entwürfe ausgearbeitet, deren letzter schließlich am 20. 6. 2008 als Satzung[57] beschlossen wurde. Der Stadt Marburg kam damit eine Pionierrolle in Sachen kommunaler Klimaschutz zu. Da das Regierungspräsidium Gießen jedoch bereits seine Absicht zum Ausdruck gebracht hatte, im Wege der Kommunalaufsicht einzuschreiten, wurde die Satzung zunächst nicht ausgefertigt. Nach Anhörung der Stadt[58] wurde der Satzungsbeschluss am 7. 10. 2008 vom Regierungspräsidium

[56] *Becker/Longo*, Kurzgutachten zur Rechtmäßigkeit einer Solarsatzung für die Universitätsstadt Marburg, 19. 9. 2007, S. 1 (http://www.marburg.de/detail/70999; abgerufen: 30. 10. 2012).

[57] Der Wortlaut dieser ersten beschlossenen Fassung der Satzung ist im vollständigen Urteil des *VG Gießen*, einsehbar bei *juris*, nachzulesen; zudem http://www.marburg.de/detail/70999 (abgerufen: 30. 10. 2012).

[58] Siehe die Stellungnahme der Stadt Marburg v. 25. 8. 2008 (http://www.marburg.de/detail/70999; abgerufen: 30. 10. 2012).

förmlich beanstandet.[59] Gegen diese Beanstandung wendete sich die Stadt mit einer beim *VG Gießen* eingereichten Klage. Das Gericht sah den Beschluss der Solarsatzung aus verschiedenen Gründen als rechtswidrig an und wies deshalb die Klage als unbegründet ab.[60]

Daraufhin überarbeitete die Stadt Marburg ihre Satzung unter Berücksichtigung der Beanstandungen durch das *VG Gießen* und beschloss die neue Fassung am 29. 10. 2010, die am 17. 11. 2010 in Kraft trat.[61] Im Zuge der turnusgemäßen Überarbeitung der HessBO in 2010 wurde allerdings die Ermächtigungsgrundlage, auf der die Marburger Solarsatzung beruhte (§ 81 Abs. 2 HessBO), gestrichen.[62] Da die nachträgliche Streichung auf die Wirksamkeit der Solarsatzung keinen Einfluss gehabt hätte, wurde zudem mit § 78 Abs. 7 Nr. 3 HessBO ein separater Aufhebungstatbestand für Satzungen auf der Grundlage des vormaligen § 81 Abs. 2 HessBO geschaffen. Damit wurde (auch) die Marburger Solarsatzung durch den hessischen Landesgesetzgeber zum 3. 12. 2010 endgültig außer Kraft gesetzt.

Trotz ihrer Aufhebung kommt der Marburger Solarsatzung weiterhin Bedeutung zu. Ihr Erlass und ihre Beurteilung durch Literatur[63] und Rechtsprechung haben dazu geführt, dass die Spielräume für kommunale EE-Satzungen zur Adressierung des Gebäudebestands ausgelotet wurden. Diese wesentliche Fortentwicklung der rechtlichen Möglichkeiten des kommunalen Klimaschutzes ist dem Engagement der befürwortenden Mandatsträger der Stadt Marburg zu verdanken. Umso bedauerlicher ist es, dass die Marburger Solarsatzung bisher keine Nachahmer gefunden hat. Aus der notwendigen gerichtlichen Klärung und der – wenig verständlichen – Aufhebung durch den Landesgesetzgeber sollte nicht fälschlicherweise auf die prinzipielle Unzulässigkeit entsprechender EE-Satzungen geschlossen werden.

Die Streitpunkte rund um die Marburger Solarsatzung und ihre Ermächtigungsgrundlage können sich gleichfalls bei ähnlichen Initiativen in anderen Ländern ergeben, insbesondere wenn die dortigen Rechtsgrundlagen die gleichen Formulierungen enthalten wie § 81 Abs. 2 HessBO a. F., so etwa (wie be-

---

[59] *Regierungspräsidium Gießen*, Pressemitteilung v. 7. 10. 2008 (www.rp-giessen.de; abgerufen: 30. 10. 2012); die Bedenken des Regierungspräsidiums werden wiedergegeben bei *Milkau*, Ansätze zur Förderung der erneuerbaren Energien im Wärmemarkt, S. 280 ff.

[60] *VG Gießen*, Urteil v. 12. 5. 2010 – 8 K 4071/08.GI, abgedruckt in ZUR 2010, 375 ff. Ausführliche Besprechung des Urteils bei *Kahl*, Zur Rechtmäßigkeit der Marburger Solarsatzung, ZUR 2010, 371 ff.; siehe ferner *Ennuschat/Volino*, Kommunale Solarsatzungen und Erneuerbare-Energien-Wärmegesetz, CuR 2010, 99 ff.; *Longo*, Anmerkung zu VG Gießen, Urt. v. 12. 05. 2010 – 8 K 4071/08.GI, ZNER 2010, 312 f.

[61] Satzung der Universitätsstadt Marburg zur verbindlichen Nutzung der Solarenergie in Gebäuden (Solarsatzung) (http://www.marburg.de/detail/99752; abgerufen: 30. 10. 2012).

[62] Zur zweifelhaften Begründung dieser Änderung siehe bereits oben S. 223 f.

[63] Überblick über den Streitstand bei *Kahl*, Möglichkeiten und Grenzen kommunaler Solarsatzungen, EurUP 2010, 114 ff.

reits erwähnt) im Saarland. Die nachfolgende Analyse versucht deshalb, diese Erkenntnisse auf die Rechtslage in anderen Ländern zu übertragen.

2. Inhalt der Marburger Solarsatzung

Die auf der Grundlage von § 81 Abs. 2 1. Hs. 2. Alt. HessBO a. F. erlassene Marburger Solarsatzung sah in ihrer ersten Fassung vom Juni 2008 (im Folgenden: Solarsatzung [2008][64]) vor, dass beim Neubau sowie bei bestimmten Änderungen bestehender (beheizter) Gebäude wie etwa der vollständigen bzw. teilweisen Erneuerung des Daches oder dem Austausch der Heizungsanlage grundsätzlich eine Solarthermieanlage bestimmter Größe installiert werden muss (Anwendungsbereichsausnahmen in § 2 Abs. 2 Solarsatzung [2008]). Die Neufassung der Solarsatzung vom Oktober 2010 (im Folgenden: Solarsatzung [2010][65]) beschränkte sich demgegenüber wegen des zwischenzeitlichen Erlasses des EEWärmeG allein auf die Anforderungen an bestehende Gebäude im Falle von deren Änderung.

Die Mindestgröße der zu installierenden Kollektoren wurde in den §§ 4 f. Solarsatzung (2008) mit mindestens 4 m^2 unter sukzessiver Erhöhung dieser Mindestfläche je nach Größe der Nutzfläche des Gebäudes festgelegt. In § 4 Abs. 2 und Abs. 3 Solarsatzung (2010) wurde auch diese Vorgabe abgewandelt und eng an die Regelung in § 5 Abs. 1 i. V. m. Nr. I der Anlage zum EEWärmeG angelehnt. Wie bereits der Name der Satzung nahelegt, sollte die Solarthermie die prägende und grundsätzlich zu wählende Technologie zur Erfüllung der Vorgaben darstellen, sodass insoweit ein vom EEWärmeG abweichendes Konzept verfolgt wurde. Nichtsdestoweniger wurden aufgrund der Angemessenheit und der im Einzelfall teils begrenzten technischen Möglichkeiten des Solarthermieeinsatzes (z. B. durch Verschattung, ungünstige Gebäudeausrichtung etc.) in § 9 Solarsatzung (2008) bzw. § 8 Solarsatzung (2010) weitere EE-Technologien als „ersatzweise" Erfüllungsmaßnahmen unter bestimmten Voraussetzungen zugelassen. Zu den *alternativ* formulierten Voraussetzungen zählte neben der erwähnten technischen Unmöglichkeit der Solarthermienutzung sowie deren Unwirtschaftlichkeit[66] auch die Erzielung einer gleich großen CO_2-Einsparung wie im Falle des Solarthermieeinsatzes. Daher wäre es in der Praxis häufig nicht zu einem rechtlich zwingenden Vorrang der Solarthermie gekommen. Vielmehr reichten – wegen der regelmäßig geringeren Deckungsraten der Solarthermie und der damit im Vergleich zu sonstigen EE-Formen nicht per se größeren CO_2-Einsparung – die Auswahlmöglichkeiten der Verpflichteten (rechtlich) re-

---

[64] Fundstelle oben Fn. 57.
[65] Fundstelle oben Fn. 61.
[66] Vgl. § 9 Abs. 2 Solarsatzung (2008) bzw. § 8 Abs. 2 Solarsatzung (2010).

lativ weit an das für den Neubaubereich geltende EEWärmeG heran. Dies umso mehr als die Marburger Solarsatzung unter den genannten Voraussetzungen im Übrigen auch eine über die EnEV hinausgehende Wärmedämmung als Ersatzmaßnahme zuließ (§ 9 Abs. 1 Nr. 5 Solarsatzung [2008] bzw. § 8 Abs. 1 Nr. 5 Solarsatzung [2010]).

Ferner enthielt die Solarsatzung in § 7 (2008) bzw. § 6 (2010) noch besondere Regelungen zur Sicherstellung der Beachtung denkmalschutzrechtlicher Erfordernisse, die in Marburg wegen der insoweit bestehenden besonderen Sensibilität der Altstadt zu Recht als notwendig angesehen wurden. Schließlich wurden aus Gründen der Widerspruchsfreiheit und der Angemessenheit noch Befreiungsmöglichkeiten im Falle entgegenstehender Rechtsvorschriften bzw. für besondere Härtefälle vorgesehen (§ 10 Solarsatzung [2008] bzw. § 9 Solarsatzung [2010]).[67]

3. Sperrwirkung des EEWärmeG

Mit den §§ 3 ff. EEWärmeG hat der Bundesgesetzgeber für Neubauten eine grundsätzlich[68] abschließende Regelung von EE-Nutzungspflichten getroffen, wie sich im Umkehrschluss aus der deklaratorischen Öffnungsklausel des § 3 Abs. 4 Nr. 2 EEWärmeG (betreffend Bestandsgebäude) und den Gesetzesmaterialien[69] ergibt.[70] Die Marburger Solarsatzung wurde allerdings noch vor dem EEWärmeG beschlossen, sodass die Implikationen des Bundesgesetzes nicht angemessen berücksichtigt werden konnten. Das *VG Gießen* hat in seinem Urteil zur Marburger Solarsatzung allerdings nicht den Schluss gezogen, dass die Satzung vor diesem Hintergrund wegen Art. 31 GG unwirksam sei, sondern es hat bereits auf der Ebene der Ermächtigungsgrundlage angesetzt und eine mit dem Bundesgesetz vereinbare und damit verfassungskonforme einschränkende Auslegung von § 81 Abs. 2 HessBO a. F. auf den Gebäudebestand vorgenommen.[71] Dies führte im Ergebnis zur Unwirksamkeit der hierüber hinausgehenden Bestimmungen der Solarsatzung für Neubauten, die so nicht mehr von

[67] Auf weitere streitige Einzelbestimmungen der Solarsatzung wird im Folgenden an geeigneter Stelle noch eingegangen.

[68] Einzige Ausnahme ist die Möglichkeit der Länder, höhere Mindestkollektorflächen für Solaranlagen vorzuschreiben, vgl. Nr. I.1. lit. a 2. Hs. der Anlage zum EEWärmeG. Diese Regelung hat auf Solarsatzungen auf bauordnungsrechtlicher Grundlage allerdings keinen Einfluss, soweit die Ermächtigungsgrundlagen keine entsprechende ausdrückliche Regelung vorsehen, so *VG Gießen*, Urteil v. 12. 5. 2010 – 8 K 4071/08.GI, ZUR 2010, 375 (376, Rn. 17); a. A. *Longo*, Neue örtliche Energieversorgung als kommunale Aufgabe, 2010, S. 254.

[69] BT-Drs. 16/8149, S. 22.

[70] Vgl. näher *Milkau*, Ansätze zur Förderung der erneuerbaren Energien im Wärmemarkt, 2009, S. 267 ff.

[71] *VG Gießen*, Urteil v. 12. 5. 2010 – 8 K 4071/08.GI, ZUR 2010, 375 (376, Rn. 17 f.).

der Ermächtigungsgrundlage gedeckt waren. Der Neubaubereich kann folglich von Kommunen nur noch mit Hilfe des Bauplanungsrechts adressiert werden.[72]

In Reaktion auf das EEWärmeG und die (beschränkte) Öffnungsklausel des § 3 Abs. 4 Nr. 2 EEWärmeG begrenzt der später erlassene § 81 Abs. 7 BbgBO die Ermächtigung auf bestehende Gebäude. Für die einschlägigen Grundlagen in Bremen (§ 85 Abs. 2 BremBO), Hamburg (§ 81 Abs. 2 S. 1 HmbBO) und dem Saarland (§ 85 Abs. 2 Nr. 1 SaarlBO) hingegen muss eine solche Begrenzung ebenfalls durch einschränkende Auslegung vorgenommen werden, da sie im Wortlaut (noch) nicht angelegt ist.

4. Globaler Klimaschutz und örtlicher Bezug

a) Notwendigkeit eines örtlichen Bezugs?

Sehr kontrovers diskutiert wurde die Frage, inwieweit eine Kommune als Hoheitsträger, der traditionell für örtlich radizierte Aufgabenbereiche zuständig ist, in den einschlägigen Ermächtigungsgrundlagen der Landesbauordnungen auch dazu ermächtigt werden kann, globalen Klimaschutz zu betreiben.

Zunächst stellt sich dabei die Frage, ob Städte und Gemeinden hierzu überhaupt ermächtigt werden können oder ob durch höherrangiges Recht – etwa wegen der Festlegung auf die Verfolgung von „Angelegenheiten der örtlichen Gemeinschaft" gemäß Art. 28 Abs. 2 S. 1 GG – Beschränkungen auferlegt werden, die es schon prinzipiell nicht zulassen, dass Kommunen mit bauordnungsrechtlichen Mitteln globale Ziele wie den Klimaschutz verfolgen.[73] Sollte dies der Fall sein, käme es auf den Wortlaut von Ermächtigungsgrundlagen für EE-Satzungen konsequenterweise nicht mehr an. Eine gewisse Ähnlichkeit zur Diskussion über die Bedeutung des kommunalen Klimaschutzes in der kommunalen Bauleitplanung lässt sich insoweit nicht bestreiten.[74] Zu Recht stellte das *BVerwG* in Bezug auf kommunale Vorschriften zur Energieversorgung außerhalb des Bauplanungsrechts darauf ab, dass eine derartige verfassungsrechtliche Begrenzung nicht existiert. Ein hinreichender örtlicher Bezug sei bereits durch die Erfassung des örtlichen Energieverbrauchs gegeben, auch wenn sich die positiven (Umwelt-)Auswirkungen der kommunalen Vorschriften nur global zeigten.[75] Diese Argumentation stimmt mit den ausgeführten Erwägungen

---

[72] Dazu ausführlich oben S. 116 ff.

[73] Ausführliche Untersuchung bei *Longo*, Neue örtliche Energieversorgung als kommunale Aufgabe, 2010, S. 100 ff., 157 ff.

[74] Dazu oben S. 117 ff.

[75] BVerwGE 125, 68 (73): „Abgesehen davon, dass der Landesgesetzgeber die Gemeinde lediglich zu einer Regelung ermächtigt hat, kann nicht zweifelhaft sein, dass die Versorgung der Gemeindeeinwohner mit Fernwärme einen deutlichen örtlichen Bezug aufweist, auch wenn das Ziel der – globale – Klimaschutz ist."

zum Bauplanungsrecht überein, was wegen der identischen rechtstatsächlichen Zusammenhänge kaum verwundern kann. Jedoch verlangt das *BVerwG* in jedem Falle eine Grundlage im Wortlaut der einschlägigen Ermächtigungsnorm, die auf die Instrumentalisierbarkeit zu Klimaschutzzwecken hinweist.[76]

Die vom *BVerwG* entschiedenen Fälle betrafen Rechtsgrundlagen im Kommunalrecht, die zur Verhängung von Anschluss- und Benutzungszwängen an Wärmenetzeinrichtungen ermächtigten. Wenn schon für diesen Bereich des eigenen Wirkungskreises keine enge Festlegung auf die Verfolgung örtlicher Umweltschutzinteressen besteht, muss dies im Übrigen erst recht für kommunale Aktivitäten auf bauordnungsrechtlicher Grundlage, die regelmäßig dem übertragenen Wirkungskreis zuzurechnen sind,[77] gelten.[78]

Nachdem also davon auszugehen ist, dass Kommunen der Schutz des Globalklimas nicht *a priori* aus verfassungsrechtlichen Gründen untersagt ist,[79] sind die Ermächtigungsgrundlagen im Einzelnen zu betrachten, um die Spielräume zum Erlass von EE-Satzungen ermitteln zu können. Einige dieser Normen machen ihrem Wortlaut nach einen örtlichen Bezug im Sinne einer positiven, vor Ort spürbaren Umweltauswirkung entbehrlich und beziehen globale Zusammenhänge mit ein. So sind wie erwähnt die Regelungen in Hamburg (§ 81 Abs. 2 S. 1 HmbBO: „sowie zum umfassenden Schutz der Umwelt") und Bremen (§ 85 Abs. 2 BremBO: „oder aus Gründen der Schonung der natürlichen Lebensgrundlagen, insbesondere zur rationellen Verwendung von Ener-

---

[76] So lässt sich die restriktive Haltung zu § 11 Abs. 2 BaWüGO in *BVerwG*, Urteil v. 23. 11. 2005 – 8 C 14/04, NVwZ 2006, 595 (596 f.), mit der Aussage in BVerwGE 125, 68 (72), zu § 17 Abs. 2 SchlHGO in Einklang bringen. Vgl. zu den genannten Rechtsgrundlagen auch unten S. 291 ff.

[77] *Allgeier/Rickenberg*, Die Bauordnung für Hessen, Kommentar der HBO, 8. Aufl. 2009, § 81 Rn. 1; ausführlich auch *Hornmann*, HBO, 2004, § 81 Rn. 3 ff.; a. A. *Pollmann/Reimer/Walter*, Obligatorische Verwendung erneuerbarer Energien zur Wärmeerzeugung am Beispiel der Marburger Solarsatzung, LKRZ 2008, 251 (252 f.).

[78] Näher m. w. N. *Kahl*, Möglichkeiten und Grenzen kommunaler Solarsatzungen, EurUP 2010, 114 (116).

[79] So speziell in Bezug auf örtliche Bauvorschriften auch *Faßbender*, Kommunale Steuerungsmöglichkeiten zur Nutzung erneuerbarer Energien im Siedlungsbereich, NuR 2009, 618 (621). Die Aspekte der örtlichen Energiesicherheit einbeziehend *Manten/Elbel*, Möglichkeiten und Grenzen des kommunalen Klimaschutzes in den neuen Bundesländern, LKV 2009, 1 (5). Im Ergebnis wie hier auch *Böhm*, Umweltschutz durch Baurecht – kommunale Solarsatzungen auf dem Prüfstand, JbUTR 2009, 237 (245 f.); ähnlich *Zeiss/Longo*, Baurechtliche Festsetzungsmöglichkeiten einer solaren Warmwasserbereitung (Solarthermie-Pflicht), UPR 1998, 217 (220 f.), die jedoch die „örtlichen Erfordernisse" wegen Art. 20a GG so weit fassen, dass der allgemeine Klimaschutz umfasst ist. Dem folgend *Longo/Schuster*, Zur Rechtmäßigkeit von „solaren" Energiekonzepten in Neubaugebieten – Die Wirkung von Art. 20a GG im Bau- und Kommunalrecht, ZNER 2000, S. 118 (120 f.); *Klinski/Longo*, Kommunale Strategien für den Ausbau erneuerbarer Energien im Rahmen des öffentlichen Baurechts, ZNER 2007, S. 41 (46). A. A. wohl *Pollmann/Reimer/Walter*, Obligatorische Verwendung erneuerbarer Energien zur Wärmeerzeugung am Beispiel der Marburger Solarsatzung, LKRZ 2008, 251 (253 mit Fn. 34), unter nicht näher spezifiziertem Verweis auf „kompetenzrechtliche Gründe".

gie, zur Nutzung erneuerbarer Energien oder zur Nutzung von Biomasse") so formuliert, dass ein Satzungserlass auch allein mit dem Zweck des Schutzes des globalen Klimas gerechtfertigt werden kann.[80] Genau entgegengesetzt bringt die Regelung des § 88 Abs. 4 Nr. 3 Rh-PfBO eine enge Begrenzung auf das Ziel des örtlichen Emissionsschutzes zum Ausdruck, indem explizit nur der „Schutz vor Staub, Rauch und Ruß" als Rechtfertigungsgrund für den Satzungserlass genannt wird. Diese dem Wortlaut nach abschließend aufgezählten Schadstoffe wirken sich vor allem im direkten Umkreis der Emissionsquellen negativ aus, anders als das nicht enthaltene Treibhausgas CO_2. EE-Satzungen können deshalb (derzeit) in Rheinland-Pfalz nicht aus globalen Gründen beschlossen werden.

Dieses Spektrum der vergleichsweise klaren Formulierungen wird „bereichert" durch Ermächtigungsgrundlagen, deren Wortlaut keine eindeutige Antwort auf die Frage nach einer örtlichen Begrenzung zulässt und so die strittige Frage nach der Instrumentalisierbarkeit örtlicher Bauvorschriften zu Klimaschutzzwecken aufwirft. Zu diesen nicht eindeutigen Normen war § 81 Abs. 2 HessBO a. F. zu zählen. Die aus der Debatte um die Marburger Solarsatzung und die Reichweite von § 81 Abs. 2 HessBO a. F. gewonnenen Erkenntnisse lassen sich ferner übertragen auf § 85 Abs. 2 Nr. 1 SaarlBO, der insoweit praktisch identisch ist mit der mittlerweile aufgehobenen hessischen Regelung. Für beide Regelungen stellt sich nämlich die Frage, ob sich das Erfordernis „nach den örtlichen Verhältnissen" auch auf die Alternative der Rechtfertigung von Satzungsbestimmungen „aus Gründen des Wohls der Allgemeinheit zur rationellen/sparsamen Verwendung von Energie" bezog bzw. bezieht. Dem ist schon deshalb zu widersprechen, weil dann diese eigens geschaffenen Normen in den Bauordnungen praktisch kaum einen Mehrwert gegenüber den bereits zuvor jeweils schon existierenden Ermächtigungsgrundlagen im Kommunalrecht beider Länder[81] gehabt hätten.[82]

Die Frage der Rechtfertigung der Solarsatzung mit globalen oder örtlichen Gründen bildete auch einen zentralen Bestandteil der Beurteilung des *VG Gießen*. Das Gericht hat die Solarsatzung als mit § 81 Abs. 2 1. Hs. *1. Alt. 2. Var.* HessBO („nach den örtlichen Verhältnissen zur Vermeidung von [...] Umweltbelastungen") vereinbar angesehen.[83] Wenngleich dem Ergebnis der Vereinbarkeit mit der Ermächtigungsgrundlage zuzustimmen ist, kann der vom *VG Gie-*

---

[80] So für Hamburg auch *T. Müller*, in: Müller/Oschmann/Wustlich (Hrsg.), EEWärmeG, 2010, Einleitung Rn. 69.

[81] § 19 Abs. 2 HessGO (Fundstelle unten Fn. 22, § 6 bzw. § 22 Abs. 1 SaarlKSVG (Fundstelle unten Fn. 30, § 6.

[82] Näher für die Rechtslage in Hessen und mit weiteren Gründen *Kahl*, Möglichkeiten und Grenzen kommunaler Solarsatzungen, EurUP 2010, 114 (116 f.).

[83] So bereits zuvor *Böhm*, Umweltschutz durch Baurecht – kommunale Solarsatzungen auf dem Prüfstand, JbUTR 2009, S. 237 (248 f.); *Böhm/El-Shabassy*, Kommunale Solarsatzungen, LKRZ 2009, 156 (160).

ßen bejahten Abstützung auf örtliche Verhältnisse nicht gefolgt werden. Dass die Solarsatzung im Falle Marburgs nach den örtlichen Verhältnissen geboten sei, begründet das Gericht mit den besonderen topografischen Verhältnissen Marburgs (Tallage) und der starken Vorbelastung des Stadtgebiets mit Emissionen. Deshalb soll auch eine Verminderung der CO_2-Belastung, wie von der Solarsatzung – vorrangig aus Klimaschutzgründen – bezweckt, ortsspezifisch geboten sein.[84] Dieser Zusammenhang zwischen topografischen Verhältnissen und den Umweltauswirkungen von CO_2 ist nicht nachvollziehbar. Das Treibhausgas CO_2 belastet die Umwelt ausschließlich durch die negative Beeinflussung des *globalen* Klimas,[85] unabhängig von topografischen Besonderheiten am Emissionsort. Topographische Besonderheiten können, gerade umgekehrt, nur dann der Anknüpfungspunkt für Maßnahmen gemäß § 81 Abs. 2 1. Hs. 1. Alt. 2. Var. HessBO sein, wenn es um die Vermeidung von Emissionen geht, die in erster Linie *vor Ort* zu negativen Umweltauswirkungen (nicht jedoch zu Globalklimaauswirkungen) führen. Im Zusammenhang mit der Beheizung von Gebäuden gehören dazu unter anderem Ruß, Feinstäube, Stickoxide und Schwefeloxide (vgl. §§ 4 f., 6 ff. 1. BImSchV; §§ 4 ff. 13. BImSchV). Die Erfassung durch die BImSchG-Normen verdeutlicht die örtliche Wirkung dieser Schadstoffe ebenso wie die Nichterfassung des CO_2-Ausstoßes bzw. die Auslagerung der Regelungen zu dessen Reduzierung in das TEHG-Regime (vgl. § 5 Abs. 1 S. 2 BImSchG).

Das Abstellen auf die Verbesserung der örtlichen Schadstoffsituation überzeugt auch angesichts der vom *VG Gießen* unbeanstandet gebliebenen Ersatzmaßnahmen gemäß § 8 Abs. 1 Nr. 4 Solarsatzung (2008) nicht. Die dort zugelassenen (theoretisch) *klima*neutralen Biomasseheizungen emittieren nichtsdestoweniger Luftschadstoffe und wirken insoweit *umwelt*belastend, sodass jedenfalls diesbezüglich die Abstützung auf örtliche Erfordernisses des Umweltschutzes nicht tragen kann. Die besseren Argumente sprechen folglich dafür, Solarsatzungen bzw. EE-Satzungen – soweit wie etwa im Saarland wegen der engen Formulierung der Ermächtigungsgrundlage notwendig – auf „Gründe(n) des Wohls der Allgemeinheit zur sparsamen Verwendung von Energie" zu stützen. Die Frage nach der Heranziehung dieser Alternative ließ das *VG Gießen* bedauerlicherweise ausdrücklich offen.[86]

---

[84] *VG Gießen*, Urteil v. 12. 5. 2010 – 8 K 4071/08.GI, ZUR 2010, 375 (377, Rn. 28).

[85] Eingehend *Wustlich*, Die Atmosphäre als globales Umweltgut, 2003, S. 45 ff., 51 ff.; ferner *Sailer*, Klimaschutzrecht und Umweltenergierecht – Zur Systematisierung beider Rechtsgebiete, NVwZ 2011, 718 (719); *Schmidt*, Klimaschutz in der Bauleitplanung nach dem BauGB 2004, NVwZ 2006, 1354 (1356).

[86] *VG Gießen*, Urteil v. 12. 5. 2010 – 8 K 4071/08.GI, ZUR 2010, 375 (377, Rn. 30).

b) Vorhandensein örtlicher Bezüge

Die Reduktion des Verbrauchs fossiler Brennstoffe durch kommunale EE-Satzungen reduziert selbstverständlich in der Regel nicht nur den global wirksamen CO_2-Ausstoß, sondern häufig *auch* die örtliche Schadstoffbelastung, speziell im Falle des (partiellen) Umstiegs auf emissionslose Heizungsanlagen, wie z.B. Solarthermieanlagen. Damit ließen sich folglich auch bestimmte positive örtliche Auswirkungen finden, die aber nur im Falle besonderer Umstände in der jeweiligen Kommune (besonders hohe Schadstoffbelastung etc.) als entscheidender – und überzeugender – Grund für den Satzungserlass vorgebracht werden könnten.[87] Auf derartige Begründungen sollte also nur zurückgegriffen werden, wenn sie auf eine konkrete und verlässliche Datengrundlage gestützt werden können. Soweit dies nicht der Fall ist, muss auf diese und ähnliche (rechtliche) Hilfserwägungen zu Gunsten einer klaren Positionierung für den globalen Klimaschutz verzichtet werden, da letzterer bereits einen hinreichenden Rechtfertigungsgrund für entsprechende Vorgaben für bestehende Gebäude darstellt. Diese Schlussfolgerung gilt gerade im Falle der Zulassung der Nutzung von Biomasse als Brennstoff.

Auch die positiven Auswirkungen kommunaler EE-Satzungen auf die regionale Wirtschaft sind (für sich genommen) zur Begründung örtlicher Wirkungen im Sinne der einschlägigen Ermächtigungsgrundlagen nicht geeignet. In tatsächlicher wie auch in politischer Hinsicht dürfte dieser Aspekt eine wesentliche Rolle spielen und kann als wichtiges Argument für eine Umstellung hin zur Versorgung aus „einheimischen" erneuerbaren Energiequellen und der so ermöglichten Wertschöpfung vor Ort in Stellung gebracht werden, sodass die Aufnahme dieser Erwägung in die allgemeinen Satzungsbestimmungen verständlich erscheint.[88] Die juristische Bedeutung bei der Beurteilung hinreichender Gründe für den Satzungserlass ist allerdings zu vernachlässigen. Dies gilt indessen auch, soweit die Berücksichtigung dieser Zusammenhänge angeführt wird, um damit umgekehrt gerade die Rechtswidrigkeit kommunaler EE-Satzungen zu begründen, etwa unter Berufung auf einen Fehlgebrauch des Satzungsermessens.[89]

---

[87] Im Falle Marburgs wurde etwa die Tallage der Stadt ausdrücklich als entsprechender Grund für die Solarsatzung in deren § 1 Abs. 2 Nr. 3 aufgenommen.

[88] Vgl. etwa § 1 Abs. 2 Nr. 1 Solarsatzung (2008) bzw. (2010).

[89] So *Pollmann/Reimer/Walter*, Obligatorische Verwendung erneuerbarer Energien zur Wärmeerzeugung am Beispiel der Marburger Solarsatzung, LKRZ 2008, 251 (254); nähere und kritische Auseinandersetzung mit diesem Vorbringen bei *Kahl*, Möglichkeiten und Grenzen kommunaler Solarsatzungen, EurUP 2010, 114 (119).

5. Weitere Tatbestandsmerkmale

Neben der zentralen und im Ergebnis wie gesehen zu verneinenden Frage der Notwendigkeit besonderer örtlicher Gründe für kommunale EE-Satzungen sind verschiedene weitere tatsächliche und vermeintliche Restriktionen der einschlägigen Ermächtigungsgrundlagen zu berücksichtigen bzw. zurückzuweisen.

Dem eher fern liegenden Vorwurf des Regierungspräsidiums Gießen, dass die Verpflichtungen der Marburger Solarsatzung nicht als Vorgabe einer „bestimmten Heizungsart" (so § 81 Abs. 2 HessBO a. F.; ähnlich der Wortlaut in Hamburg gemäß § 81 Abs. 2 S. 1 HmbBO) eingeordnet werden könnten, ist das *VG Gießen* zu Recht entgegen getreten.[90] Auch die Frage, ob kommunale EE-Vorgaben tatsächlich einer „rationellen" (§ 81 Abs. 2 1. Hs. 2. Alt. HessBO a. F.) bzw. „sparsamen" (§ 85 Abs. 2 Nr. 1 SaarlBO) Energiewendung dienen, konnte in der Auseinandersetzung um die Marburger Solarsatzung bejaht werden,[91] obgleich das *VG Gießen* hierzu wegen des alleinigen Abstellens auf die örtlichen Verhältnisse zur Vermeidung von Umweltbelastungen als Rechtfertigung für die Solarsatzung nicht Stellung genommen hat.

Wichtiger erscheint demgegenüber die Begrenzung, die sich aus der ausschließlichen Erwähnung des *Heizungs*bereichs in der (ehemaligen) Ermächtigungsgrundlage für die Marburger Solarsatzung sowie in § 81 Abs. 2 S. 1 HmbBO und § 85 Abs. 2 BremBO ergeben. Damit sind Vorgaben betreffend die *Strom*versorgung in diesen Ländern nicht möglich (gewesen), auch nicht in Form von „Ersatzmaßnahmen". Gleiches dürfte auch für Wärmedämmungsmaßnahmen gelten. In Marburg wurden nichtsdestoweniger im Rahmen der ersatzweisen Erfüllungsvarianten alternativ die Möglichkeiten eingeräumt, Photovoltaikanlagen einer bestimmten Größe einzubauen (§ 9 Abs. 1 Nr. 1 Solarsatzung [2008]) oder die Anforderungen der EnEV durch entsprechende bauliche Maßnahmen zu übertreffen (§ 9 Abs. 1 Nr. 5 und Nr. 6 Solarsatzung [2008] sowie § 8 Abs. 1 Nr. 5 Solarsatzung [2010]).[92] Begründet wurde die Zulässigkeit des PV-Anlageneinsatzes als Ersatzmaßnahme mit dem – vermeintlichen – Rechtsgedanken des § 81 Abs. 2 2. Hs. HessBO und dem dortigen Bezug zum Primärenergieverbrauch, da „Energie" sowohl Wärme als auch Strom umfasse.[93] Ob eine derartige Ausdehnung des Wortlauts zulässig ist, bleibt

---

[90] *VG Gießen*, Urteil v. 12. 5. 2010 – 8 K 4071/08.GI, ZUR 2010, 375 (376, Rn. 24 f.).

[91] Ausführlich und m. w. N. *Kahl*, Möglichkeiten und Grenzen kommunaler Solarsatzungen, EurUP 2010, 114 (117 f.).

[92] Diese Vorschrift dürfte darauf beruhen, dass der Aufwand für die Installation einer PV-Anlage wesentlich geringer ist als derjenige für eine Solarthermieanlage, näher *Wustlich*, in: Müller/Oschmann/Wustlich (Hrsg.), EEWärmeG, 2010, § 3 Rn. 116.

[93] *Becker/Longo*, Kurzgutachten zur Rechtmäßigkeit einer Solarsatzung für die Universitätsstadt Marburg, 19. 9. 2007, S. 22 f. (http://www.marburg.de/detail/70999; abgerufen: 30. 10. 2012).

zweifelhaft. Auch die Heranziehung grundrechtlicher Aspekte, etwa dass die Ermächtigungsgrundlage derart weit ausgelegt werden müsse, weil die Ersatzmaßnahmen (in finanzieller Hinsicht) geringere Belastungen für die Verpflichteten bedeuten, kann nicht vollständig überzeugen. Daher hatte die Aufsichtsbehörde zutreffend beanstandet, dass die Marburger Solarsatzung mit den genannten Normen die Grenzen der Ermächtigungsgrundlage überschritten habe.[94] Das *VG Gießen* hat die Frage nach der Rechtmäßigkeit der – hier als *extra legem* eingestuften – Regelungen ausdrücklich offen gelassen.[95] In Brandenburg und im Saarland wären insoweit wegen der offeneren Formulierung der Ermächtigungsgrundlage keine Streitfälle zu erwarten. Nach § 85 Abs. 2 Nr. 1 SaarlBO können ganz allgemein „Energie- oder Heizungsarten" bestimmt werden und § 81 Abs. 7 BbgBO nennt sogar ausdrücklich – und gewissermaßen vorbildlich – „Sonnenkollektoren und Fotovoltaikanlagen".

6. Verhältnismäßigkeit

Wesentliche Vorgaben für kommunale EE-Satzungen lassen sich dem grundrechtlichen Verhältnismäßigkeitsgrundsatz entnehmen, denn solche Satzungen stellen eine Inhalts- und Schrankenbestimmung des Eigentumsgrundrechts (Art. 14 Abs. 1 S. 2 GG) dar.[96] Keine Zweifel bestehen dabei, dass Solarsatzungen einem legitimen Zweck (Klima- und Ressourcenschutz) dienen (vgl. die entsprechenden Regelungen in den Landesverfassungen sowie darüber hinaus Art. 20a GG und explizit auch Art. 191 Abs. 1, 4. Spiegelstrich AEUV).

a) Geeignetheit

In Frage gestellt wurde die Geeignetheit einer EE-Satzung, die – wie im Falle Marburgs – als Auslöser der EE-Installations- und -Nutzungspflicht die Durchführung bestimmter Sanierungsmaßnahmen an bestehenden Gebäuden, z. B. also die (partielle) Erneuerung des Daches oder der Heizungsanlage, vorsieht. Ein Teil der Literatur lehnt die Geeignetheit ab, weil die Regelungen damit prohibitive Wirkung für notwendige Sanierungen entfalten würden.[97] Diese Befürchtung erscheint in dieser Form zu pauschal und daher nicht halt-

[94] So auch *Pollmann/Reimer/Walter*, Obligatorische Verwendung erneuerbarer Energien zur Wärmeerzeugung am Beispiel der Marburger Solarsatzung, LKRZ 2008, 251 (256).

[95] *VG Gießen*, Urteil v. 12. 5. 2010 – 8 K 4071/08.GI, ZUR 2010, 375 (380, Rn. 58).

[96] *VG Gießen*, Urteil v. 12. 5. 2010 – 8 K 4071/08.GI, ZUR 2010, 375 (377, Rn. 34 ff.). Ausführlich *Longo*, Neue örtliche Energieversorgung als kommunale Aufgabe, 2010, S. 206 ff.

[97] *Pollmann/Reimer/Walter*, Obligatorische Verwendung erneuerbarer Energien zur Wärmeerzeugung am Beispiel der Marburger Solarsatzung, LKRZ 2008, 251 (255 f.); die Befürchtung findet sich auch bei *Faßbender*, Kommunale Steuerungsmöglichkeiten zur Nutzung erneuerbarer Energien im Siedlungsbereich, NuR 2009, 618 (623), allerdings ohne die

bar.[98] So wird im ersten Erfahrungsbericht zum BaWüEWärmeG, das bezogen auf die Heizungsanlage einen ähnlichen Auslösetatbestand enthält (dort §4 Abs.2), darauf hingewiesen, dass trotz vereinzelter Fälle von kurzfristig verschobenen Sanierungen die Funktionsfähigkeit des Gesetzes hierdurch nicht grundlegend in Frage gestellt werde und bereits eine bessere Information der Betroffenen die Akzeptanz wesentlich erhöhen könne.[99] Außerdem dürfte sich die Solarenergie (bzw. mit gewissen Einschränkungen auch die in §9 Abs.1 Solarsatzung [2008] bzw. §8 Abs.1 Solarsatzung [2010] ersatzweise zugelassenen Energieträger) aufgrund der stetig steigenden Preise der fossilen Energieträger Öl und Gas[100] auch in wirtschaftlicher Hinsicht zunehmend als vorzugswürdig erweisen. Im Übrigen wäre die logische Schlussfolgerung aus dem Vorwurf der Ungeeignetheit derartiger Regelungen, dass – auch vor dem Hintergrund der Pflicht zur Umsetzung von Art.13 Abs.4 UAbs.3 EE-RL[101] – zwingend auf die noch eingriffsintensivere Variante der Auslösung der EE-Einsatzpflicht durch Zeitablauf, insbesondere also durch Ablauf typisierter Nutzungszeiten für Heizungsanlagen, zurückgegriffen werden müsste.[102]

Die Solarsatzung ist auch nicht deshalb ungeeignet, weil sie mit den Interessen des Denkmalschutzes nicht zu vereinbaren wäre. Im Fall Marburg hat man sich dafür entschieden, denkmalgeschützte Gebäude *nicht* pauschal von der Solarpflicht zu entbinden. Die Aufsichtsbehörde hat deshalb die Auffassung vertreten, dass es sich insoweit um eine (rechtlich) „unmögliche Pflicht" handele, weil Solarkollektoren grundsätzlich nicht mit Denkmalschutzbestimmungen vereinbar seien.[103] Zwar hat auch der Bundesgesetzgeber gewisse Konflikte mit dem Denkmalschutz bei EE-Installationspflichten für bestehende Gebäude gesehen, wie die Ausnahmeregelung in §9 Abs.2 Nr.1 lit.a EEWärmeG zeigt, die im Zuge der Erstreckung der EE-Pflichten auf öffentliche Bestandsbauten durch das EAG EE geschaffen wurde.[104] Eine pauschale Herausnahme denk-

---

Folgerung der Ungeeignetheit, sondern mit Verweis auf die Möglichkeit entsprechender Ausnahmetatbestände.

[98] *Böhm/El-Shabassy*, Kommunale Solarsatzungen, LKRZ 2009, 156 (160).

[99] *Ministerium für Umwelt, Klima und Energiewirtschaft Baden-Württemberg*, Erfahrungsbericht zum Erneuerbare-Wärme-Gesetz Baden-Württemberg, 2011, LT-Drs. 15/399, S.21.

[100] Vgl. *Bundesministerium für Umwelt, Naturschutz und Reaktorsicherheit* (Hrsg.), Leitstudie 2008 (http://www.bmu.de/files/pdfs/allgemein/application/pdf/leitstudie2008.pdf; abgerufen: 30.10.2012).

[101] Fundstelle oben in Fn.12, §1.

[102] Siehe beispielsweise die angedachte Regelung im ersten EEWärmeG-Referentenentwurf, vgl. *T. Müller*, in: Müller/Oschmann/Wustlich, EEWärmeG (Hrsg.), 2010, Einleitung Rn.92. Derartige Regelungen wären keineswegs per se unverhältnismäßig, vgl. hierzu auch unten S.317ff.

[103] *Regierungspräsidium Gießen*, Pressemitteilung (o. Fn.59).

[104] Eine ähnliche Norm zu Gunsten vorrangiger sonstiger öffentlich-rechtlicher Regelungen, die grundsätzlich in allen kommunalen Klimaschutzvorgaben aufgenommen werden

malgeschützter Gebäude wurde jedoch auch dort zu Recht nicht als notwendig angesehen.[105]

b) *Erforderlichkeit*

Soweit ersichtlich wird die Erforderlichkeit ordnungsrechtlicher Vorgaben, d.h. ihre Einordnung als mildestes Mittel bei gleicher Wirksamkeit nicht grundlegend in Zweifel gezogen. Zwar sind andere Modelle zur Forcierung der EE-Nutzung denkbar, etwa über finanzielle Unterstützungsleistungen, allerdings sind diese nicht in gleichem Maße wirksam, weil sie nur einen Bruchteil derjenigen erreichen, die demgegenüber von einer Nutzungspflicht erfasst werden.

Unterschiedlich beurteilt wird allerdings die konkrete Ausgestaltung einzelner Vorschriften in kommunalen EE-Satzungen. Ein Beispiel hierfür war die „Konzentration" der Marburger Satzung auf die Solarenergie als die mehr oder weniger vorrangig zu nutzende EE-Form zur (unterstützenden) Wärmeversorgung.[106] Während diese Konzentration teilweise der Stadt im Rahmen ihres weiten Einschätzungsspielraums zugestanden wurde,[107] ist sie an anderer Stelle als fehlende Technologieoffenheit kritisiert und damit die Satzung insgesamt als nicht erforderlich abgelehnt worden.[108] Dieser Vorwurf ist zurückzuweisen, denn im Marburger Fall wurde es – unter vergleichsweise niedrigen Voraussetzungen[109] – ermöglicht, die sog. „Solarpflicht" auch durch andere EE-Formen zu erfüllen. Hierzu zählten z.B. alle Heizungsanlagen, die *nicht-fossile* Brennstoffe, namentlich Biomasse (insbesondere Holz), verwenden sowie KWK- und Fernwärmesysteme, sofern sie von Erneuerbaren Energien gespeist werden (§ 9 Abs. 1 Nr. 2–4 Solarsatzung [2008] bzw. § 8 Abs. 1 Nr. 2–4 Solarsatzung [2010]). Die dort unter anderem aufgestellte Voraussetzung, dass mit der gewählten Anlage mindestens dieselbe Menge an CO_2 vermieden werden musste wie mit einer Solarthermieanlage der an sich vorgegebenen Größe, wäre wegen der regelmäßig höheren Deckungsanteile der „Ersatzmaßnahme-Anlagen" im Vergleich

sollte, beinhaltete auch die Marburger Solarsatzung (§ 10, 1. Spiegelstrich Solarsatzung [2008] bzw. § 9, 1. Spiegelstrich Solarsatzung [2010]).

[105] Im Falle der Marburger *Solar*satzung war darüber hinaus auch die technische Möglichkeit von vergleichsweise weniger auffallenden sog. Indach-Solarkollektoren als dem Denkmalschutz entgegenkommende Variante zu berücksichtigen, siehe m.w.N. *Kahl*, Möglichkeiten und Grenzen kommunaler Solarsatzungen, EurUP 2010, 114 (120).

[106] Zu den Hintergründen *Longo*, Neue örtliche Energieversorgung als kommunale Aufgabe, 2010, S. 56ff.

[107] *Longo/Schuster*, Zur Rechtmäßigkeit von „solaren" Energiekonzepten in Neubaugebieten – Die Wirkung von Art. 20a GG im Bau- und Kommunalrecht, ZNER 2000, 118 (124).

[108] *Pollmann/Reimer/Walter*, Obligatorische Verwendung erneuerbarer Energien zur Wärmeerzeugung am Beispiel der Marburger Solarsatzung, LKRZ 2008, 251 (255).

[109] Siehe oben S. 230f.

zur Solarthermie regelmäßig unproblematisch erfüllbar gewesen.[110] Damit fielen in der Fassung der Solarsatzung von 2008 lediglich Anlagen zur Nutzung der Geothermie bzw. der Umweltwärme (Wärmepumpen) aus dem Kreis der zulässigen Technologien heraus.[111] Durch eine Ergänzung der Regelung über zulässige Ersatzmaßnahmen wurde die Solarsatzung jedoch insoweit modifiziert (§ 8 Abs. 1 Nr. 4 Solarsatzung [2010]). Beachtlich ist jedoch, dass Wärmepumpen (insbesondere solche zur Nutzung der oberflächennahen Geothermie) bei der Nachrüstung in Bestandsbauten weitaus höhere Kosten verursachen als andere EE-Anlagen.[112] Es verwundert deshalb nicht, dass die Erfüllung der EE-Nutzungspflicht für Bestandsbauten, wie sie auch im BaWüEWärmeG enthalten ist, ausweislich des Erfahrungsberichts zu diesem Gesetz, nur in Ausnahmefällen über die Installation von Wärmepumpen erfolgt.[113]

Insgesamt erwies sich damit der Vorwurf mangelnder Technologieoffenheit im Falle der Marburger Solarsatzung als unzutreffend. Festzuhalten bleibt allerdings, dass die Zulassung ersatzweiser Erfüllungsmaßnahmen aus Verhältnismäßigkeitsgründen geboten bleibt, auch wenn diese wiederum zulässigerweise – und insoweit abweichend vom EEWärmeG – unter den Vorbehalt besonderer Voraussetzungen gestellt werden können.

c) Angemessenheit

Die Angemessenheitsbeurteilung von EE-Nutzungspflichten wird von Erwägungen rund um die finanzielle Belastung der Betroffenen dominiert. Auch der Stadt Marburg wurde vorgeworfen, mit ihrer Solarsatzung die finanziellen Belange der Betroffenen nicht hinreichend zu berücksichtigen, weil sie keinen allgemeinen Befreiungstatbestand für Fälle der Nicht-Amortisation der zu installierenden Anlage vorgesehen habe.[114] Dem ist entgegenzuhalten, dass dem legitimen Zweck des Klimaschutzes, der sowohl verfassungs- wie unionsrechtlich verankert ist (Art. 20a GG und Art. 191 Abs. 1, 4. Spiegelstrich AEUV), ein so hoher Rang zukommt, dass er Vermögenseinbußen, die sich aus einer nicht

---

[110] Die unterschiedlichen zu erreichenden Deckungsraten spiegeln sich auch in den je nach EE-Trägern differenzierten Mindestdeckungsraten gemäß § 5 EEWärmeG.

[111] Kritisch zur tatsächlichen Klimaverträglichkeit von Wärmepumpen *Ekardt/Heitmann*, Probleme des EEWärmeG bei Neubauten, ZNER 2009, 346 (352); *Longo*, Neue örtliche Energieversorgung als kommunale Aufgabe, 2010, S. 56 ff.; *Quaschning*, Erneuerbare Energien und Klimaschutz, 2. Aufl. 2010, S. 258 f. sowie mit Verweis auf entsprechende Praxistests *Klinski* in einer Stellungnahme zur Anhörung zum EEWärmeG, A-Drs. 16(16)394-B, S. 36 f.

[112] Vgl. *Quaschning*, Erneuerbare Energien und Klimaschutz, 2. Aufl. 2010, S. 158, 256.

[113] *Ministerium für Umwelt, Klima und Energiewirtschaft Baden-Württemberg*, Erfahrungsbericht zum Erneuerbare-Wärme-Gesetz Baden-Württemberg, 2011, LT-Drs. 15/399, S. 9.

[114] *Pollmann/Reimer/Walter*, Obligatorische Verwendung erneuerbarer Energien zur Wärmeerzeugung am Beispiel der Marburger Solarsatzung, LKRZ 2008, 251 (255).

vollständigen Rentabilität ergeben,[115] in bestimmtem Umfang überwiegen kann, obgleich hierdurch keinesfalls eine grenzenlose Belastung gerechtfertigt werden kann.[116] Setzt man die Wirtschaftlichkeit hingegen voraus, um die Verhältnismäßigkeit bejahen zu können, ergeben sich schnell praktische Probleme in der konkreten Anwendung aufgrund von Prognoseschwierigkeiten.[117] Nicht zuletzt deshalb liegt etwa dem EEWärmeG eine im dortigen § 1 Abs. 2 zum Ausdruck kommende volkswirtschaftliche und nicht strikt einzelfallorientierte Vertretbarkeitsbetrachtung von EE-Nutzungspflichten (für den Neubaubereich) zugrunde.[118] Noch weiter geht etwa § 3 S. 3 HmbKliSchG[119], der in dem insoweit vergleichbaren Fall der Verpflichtung zum Ersatz von Stromheizungen erst bei Mehrkosten von 20% gegenüber den amortisationsfähigen Kosten von der wirtschaftlichen Unvertretbarkeit ausgeht. Einen anderen Weg ist demgegenüber das Land Brandenburg gegangen, indem es die Spielräume der Kommunen durch die ausdrückliche Festlegung auf die Erwirtschaftung der Investitionskosten in angemessener Zeit gemäß § 81 Abs. 7 S. 1 2. Hs. BbgBO begrenzt hat.[120] Wie bereits angemerkt dürfte der dortige unbestimmte Rechtsbegriff der „angemessenen Fristen" allerdings im Streitfall kontroverse Diskussionen auslösen.

Um eine überproportionale Belastung der Eigentümer kleiner Gebäude zu vermeiden, ist laut dem Urteil des *VG Gießen* zur Marburger Solarsatzung (in Anlehnung an § 4 EEWärmeG und § 2 Nr. 2 BaWüEWärmeG) eine Ausnahme von der EE-Nutzungspflicht für Eigentümer kleiner Gebäude bis zu einer Nutzfläche von 50 m² in kommunale EE-Satzungen aufzunehmen.[121] Da eine verlässliche Beurteilung der Frage der Überkapazitäten stets vom Einzelfall abhängt, ist die Forderung des Gerichts nach einer genauen Bagatellgrenze aus Gründen der Vereinfachung und der vorbeugenden Vermeidung von Streitigkeiten (Rechtssicherheit) nachvollziehbar. Aufgrund der Pauschalierung werden so ohne großen Aufwand unverhältnismäßige Belastungen vermieden.

Die Anknüpfung an eine Dachsanierung als Auslöser für die EE-Nutzungspflicht hat den Vorwurf provoziert, Hauseigentümer, die ihr Dach erneuern,

---

[115] Wie hier etwa *Manten/Elbel*, Möglichkeiten und Grenzen des kommunalen Klimaschutzes in den neuen Bundesländern, LKV 2009, 1 (8 f.). Vgl. auch *Longo/Schuster*, Zur Rechtmäßigkeit von „solaren" Energiekonzepten in Neubaugebieten – Die Wirkung von Art. 20a GG im Bau- und Kommunalrecht, ZNER 2000, 118 (125).

[116] Siehe näher hierzu auch unten S. 317 ff.

[117] Dies erkennend *Böhm/Schwarz*, Möglichkeiten und Grenzen bei der Begründung von energetischen Sanierungspflichten für bestehende Gebäude, NVwZ 2012, 129 (131 f.), die aber nur für die Fälle überschaubarer (Investitions-)Kostenbelastungen eine „Lösung" in Form eines Abrückens vom Amortisationskriterium vorschlagen.

[118] Hierzu *T. Müller*, in: Müller/Oschmann/Wustlich (Hrsg.), EEWärmeG, 2010, § 1 Rn. 38; *Pause*, in: Müller/Oschmann/Wustlich (Hrsg.), EEWärmeG, 2010, § 9 Rn. 47 f.

[119] Fundstelle oben Fn. 47, § 2.

[120] Siehe oben S. 218 f.

[121] *VG Gießen*, Urteil v. 12. 5. 2010 – 8 K 4071/08.GI, ZUR 2010, 375 (379, Rn. 49).

seien in Folge der Solarsatzung auch gezwungen, eine noch nicht abgenutzte Heizungsanlage (vollständig) auszutauschen, da für diesen Fall kein Befreiungstatbestand eingreife.[122] Dabei wird übersehen, dass über die im konkreten Fall durch die Marburger Solarsatzung vorgeschriebenen Solarthermieanlagen in aller Regel nicht die gesamte Heizungs- und Warmwasserversorgung eines Gebäudes sichergestellt werden kann, die herkömmliche Heizungsanlage also erhalten bleibt und die Solaranlage nur integriert wird. Eine unverhältnismäßige Pflicht zum Austausch nicht abgenutzter Heizungsanlagen geht damit von der Anknüpfung der Solarpflicht an den Umstand der Dacherneuerung nicht aus. Außerdem ist darauf hinzuweisen, dass im Falle der Marburger Solarsatzung nicht alle Dacherneuerungen unabhängig vom Umfang die EE-Nutzungspflicht ausgelöst hätten, sondern mindestens 20% der Dachfläche betroffen sein mussten. Diese Form der Bagatellklausel erscheint unbedingt notwendig, um unangemessene Nutzungspflichten zu vermeiden.

Die Bindung an ohnehin auszuführende (größere) Sanierungsmaßnahmen sorgt im Übrigen für wesentliche Synergieeffekte bei der Bauausführung.[123] Eine Anknüpfung an *alle* denkbaren Sanierungsmaßnahmen, bei denen sich solche Effekte nutzen lassen, ist insbesondere deshalb angeraten, weil die Zeitintervalle, in denen sich entsprechende Sanierungen vollziehen, sehr groß sind.[124] Klammerte man – wie im BaWüEWärmeG – die Dachsanierung als Anlass für eine EE-Nutzungspflicht aus, führte dies zur Zementierung des Status quo für etliche Jahre.[125] Folgerichtig wird daher etwa in § 81 Abs. 7 S. 2 Nr. 2 lit. a BbgBO ausdrücklich die Möglichkeit der Anknüpfung kommunaler EE-Nutzungspflichten an die Dacherneuerung aufgeführt.

Einschränkend ist jedoch festzustellen, dass kommunale EE-Nutzungspflichten Bestimmungen enthalten müssen, die im Falle kurzfristiger und ungeplanter Sanierungsfälle – z. B. bei Dachschäden durch Unwetter oder bei einem Heizungsaustausch in Folge eines Defekts – einen angemessenen Zeitraum zur Erfüllung der Pflichten enthalten. In § 4 Abs. 2 S. 2 BaWüEWärmeG wurde für Heizungsanlagendefekte eine Erfüllungsfrist von 2 Jahren gewährt. Eine solche Bestimmung enthielt auch die Marburger Solarsatzung, allerdings wurde eben

[122] *Regierungspräsidium Gießen* (oben Fn. 59). Im Übrigen werden die Befreiungstatbestände des § 10 Solarsatzung (2008) dort auch als zu unbestimmt kritisiert, obgleich die betreffenden Formulierungen nicht ungewöhnlich sind und sich in nahezu identischer Form auch in § 9 Abs. 1 EEWärmeG finden.

[123] Bei der Verknüpfung der Solarpflicht mit Dachsanierungen sind die Synergieeffekte sogar größer als bei der Anknüpfung an die Heizungssanierung, weil die teils erheblichen Kosten für die Aufstellung des Gebäudegerüstes zur Installation der Solarkollektoren ohnehin anfallen.

[124] Für energetische Sanierungen beträgt das Intervall etwa 45 Jahre, vgl. UMWELT 2009, S. 897.

[125] *R. Müller*, Das neue Wärmegesetz als Instrument deutscher Klimaschutzpolitik, ZNER 2008, 132 (135) spricht davon, dass 80% der jährlichen Baumaßnahmen im Gebäudebestand stattfinden.

dort keine entsprechende Klausel für kurzfristige Dacherneuerungen aufgenommen, was vom *VG Gießen* als unangemessen gewertet wurde.[126] In der Praxis gilt es allerdings zu bedenken, dass bei einem zeitlichen Auseinanderfallen von Sanierungsmaßnahme und Installation einer EE-Anlage wiederum auch wesentliche Synergieeffekte, speziell im Falle von Dacharbeiten, entfallen.

Insgesamt hat damit die Marburger Solarsatzung einen wichtigen Beitrag geleistet, die Angemessenheitsanforderungen an EE-Satzungen auszuloten und – noch wichtiger – die Verhältnismäßigkeit von EE-Nutzungspflichten für Bestandsgebäude prinzipiell zu bejahen.

d) *Vertrauensschutz*

Die in ihrer ersten Fassung am 20. 6. 2008 beschlossene Fassung der Marburger Solarsatzung sollte bereits am 1. 10. 2008 in Kraft treten und für alle ab diesem Zeitpunkt begonnenen Sanierungsarbeiten im Sinne der Auslösetatbestände gelten. Diese Zeitspanne erschien dem *VG Gießen* vor dem Hintergrund des aus Art. 14 Abs. 1 GG ebenfalls abzuleitenden Vertrauensschutzgedankens[127] zu kurz, als dass sich die Satzungsunterworfenen hinreichend auf die EE-Nutzungspflichten hätten vorbereiten können, mit denen nach Ansicht des Gerichts „ein Rechtsgebiet gleichsam völlig neu gestaltet" worden sei.[128] Nicht ganz unberücksichtigt bleiben sollte allerdings, dass angesichts der kontroversen Diskussionen rund um die lange geplante Solarsatzung wohl kein Eigentümer von ihrem Wirksamwerden tatsächlich überrascht werden konnte. Die Aussicht auf eine Änderung der Rechtslage vermag den Vertrauensschutz durchaus zu reduzieren. Nichtsdestoweniger sind längere Übergangsfristen nunmehr angesichts der Rechtsprechung des *VG Gießen* wohl angeraten. Die Stadt Marburg hat bei ihrem zweiten Beschluss der Solarsatzung insoweit einen Zeitraum von ca. acht Monaten ab Inkrafttreten der Satzung gewählt.[129] Die mit solchen Übergangsbestimmungen häufig ausgelösten Vorzieheffekte von Sanierungsmaßnahmen mit dem Ziel, nicht der Nutzungspflicht zu unterfallen, sind mit rechtlichen Mitteln kaum zu vermeiden.

---

[126] *VG Gießen*, Urteil v. 12. 5. 2010 – 8 K 4071/08.GI, ZUR 2010, 375 (379, Rn. 48); näher hierzu *Kahl*, Zur Rechtmäßigkeit der Marburger Solarsatzung, ZUR 2010, 371 (372 f.).

[127] BVerfGE 117, 272 (294); BVerfGE 122, 374 (391 f.).

[128] *VG Gießen*, Urteil v. 12. 5. 2010 – 8 K 4071/08.GI, ZUR 2010, 375 (377 f., Rn. 37 ff., insbesondere Rn. 40).

[129] Hierzu kam es wegen der Schaffung eines gesonderten Aufhebungstatbestands durch den hessischen Landesgesetzgeber nicht mehr, siehe oben S. 229.

7. Erfordernisse des Gleichheitssatzes

Als besonderer (auf drei Jahre befristeter) Grund zur Befreiung von den EE-Nutzungspflichten wurde in § 10, 3. Spiegelstrich Solarsatzung (2008) die Vereinbarung eines „Klimaschutzprogramms“ zwischen dem Gebäudeeigentümer und der Stadt Marburg anerkannt. Jedoch wurde diese Möglichkeit nur für Gebäude mit mehr als 30.000 m² Bruttogeschossfläche eingeräumt. Das *VG Gießen* ist in Bezug auf diese Regelung der Ansicht gefolgt, wonach der Begriff des Klimaschutzprogramms zu unbestimmt und im Wortlaut der Satzung nicht sichergestellt sei, dass hiermit die Satzungsziele mindestens genauso gut erfüllt würden.[130] Die aus der Unbestimmtheit folgende (potenzielle) Besserstellung der Eigentümer großer Gebäude hat das Gericht zutreffend als Verstoß gegen Art. 3 Abs. 1 GG eingestuft.[131] Für künftige EE-Satzungen lässt sich aus dem Urteil ableiten, dass bei besonderen Vorschriften, die sich etwa für großflächige Gewerbebetriebe durchaus anbieten können, sichergestellt sein muss, dass sie eine zumindest gleich große CO_2-Ersparnis bewirken wie die reguläre Nutzungspflicht (Effektivität) und dass darüber hinaus die Möglichkeit bestehen muss, die besonderen Verpflichtungen des Betroffenen ebenso verbindlich durchzusetzen wie die ordnungsrechtliche Nutzungspflicht (Äquivalenz).[132] Hiervon abweichende Bestimmungen laufen nicht nur Gefahr, den Gleichheitssatz zu verletzen, sondern können auch die – derzeit ohnehin eher geringe – Akzeptanz von EE-Satzungen erheblich stören.

IV. Sonstige bauordnungsrechtliche Regelungen

Die Bauordnungen der Länder enthalten neben den hier ausführlich behandelten unmittelbar energieversorgungsbezogenen Ermächtigungen noch weitere klimaschutzrelevante Regelungen.[133] Dazu zählen die in allen Landesbauordnungen enthaltenen Ermächtigungen der Städte und Gemeinden, ihre eigenen Vorstellungen über die Gestaltung von Gebäuden festzuschreiben. Diese Gestaltungsanforderungen können mittelbare Auswirkungen auf die Möglichkeiten zur Nutzung Erneuerbarer Energien, speziell der Solarenergie, haben. So beeinflussen kommunale Vorschriften zur Dachgestaltung in ganz erheblicher Weise die Nutzbarkeit eines Daches zur Energieerzeugung. Positiven Einfluss hat etwa das Verbot von Dachgauben, weil damit die Nutzfläche für PV-Anla-

---

[130] *Pollmann/Reimer/Walter*, Obligatorische Verwendung erneuerbarer Energien zur Wärmeerzeugung am Beispiel der Marburger Solarsatzung, LKRZ 2008, 251 (255).

[131] *VG Gießen*, Urteil v. 12. 5. 2010 – 8 K 4071/08.GI, ZUR 2010, 375 (379 f., Rn. 50 ff.).

[132] Näher *Kahl*, Zur Rechtmäßigkeit der Marburger Solarsatzung, ZUR 2010, 371 (373 f.).

[133] Überblick bei *Otto*, Klimaschutz und Energieeinsparung im Bauordnungsrecht der Länder, ZfBR 2008, 550 (551 ff.).

gen oder Solarkollektoren – vorbehaltlich entsprechender Dachausrichtung – erweitert wird. Auch wenn – wie gesehen[134] – zahlreiche Regelungsmöglichkeiten für die Kommunen bereits im Rahmen der Bauleitplanung bestehen, wird deshalb zu Recht gefordert, die in den einzelnen LBO-Ermächtigungen zum Erlass örtlicher Gestaltungsvorschriften enthaltenen und regelmäßig abschließend formulierten Begründungsmöglichkeiten – soweit noch nicht geschehen[135] – *de lege ferenda* um energetische Erwägungen zu erweitern.[136]

Eingefügt wurden in den letzten Jahren ferner Genehmigungsfreistellungen für EE-Anlagen bis zu einer bestimmten Größenordnung sowie Tatbestände zur Lockerung der besonderen (bauordnungsrechtlichen) Bestimmungen z. B. über Abstandsflächen für (nachträgliche) Energieeffizienzmaßnahmen oder die Errichtung von EE-Anlagen.[137] Damit sind auf bau*ordnungs*rechtlicher Ebene bereits vor einiger Zeit Regelungen geschaffen worden, wie sie seit der BauGB-Klimanovelle 2011 in § 248 BauGB auch für die Überschreitung bestimmter bau*planungs*rechtlicher Vorgaben durch nachträgliche Maßnahmen zur Verbesserung der Klimaverträglichkeit der Gebäudeenergieversorgung zu finden sind.

---

[134] Siehe oben S. 141 ff.

[135] Vgl. etwa die Regelung in § 81 Abs. 1 S. 1 Nr. 1 HessBO.

[136] *Everding/Zerweck*, Solares Bauen und aktuelle Entwicklungen im Baurecht, ZNER 2005, 140 (144). Erweiterungsbedarf bestünde beispielsweise für § 74 Abs. 1 BaWüBO; Art. 81 Abs. 1 Nr. 6 BayBO.

[137] Siehe etwa § 50 Abs. 1 i. V. m. Nr. 3 des Anhangs zur BaWüBO; § 56 Abs. 2 Nr. 3 BaWüBO. Auch hierzu im Überblick *Otto*, Klimaschutz und Energieeinsparung im Bauordnungsrecht der Länder, ZfBR 2008, 550 (555 ff., 558 f.).

§ 5 Energiewirtschaftsrecht: Konzessionsverträge

I. Grundlagen gemeindlicher Konzessionsverträge im Energiebereich

1. Vorbemerkung

Die vorliegende Untersuchung konzentriert sich in weiten Teilen auf den Bereich der Erneuerbaren Wärme. Diese Schwerpunktsetzung erklärt sich aus den vergleichsweise beschränkten rechtlichen Möglichkeiten der Kommunen, im Bereich der Strom- und Kraftstoffversorgung eigene Akzente bei der Energiewende zu setzen. Für den Strombereich ist hiervon allerdings eine Ausnahme zu machen. Zur Stromversorgung in Städten und Gemeinden ist regelmäßig die Nutzung der im Eigentum der Kommune stehenden Straßen und Wege für die Leitungsverlegung notwendig. Diese Nutzung wird zwischen Netzbetreiber und Kommune im Rahmen von sog. Konzessionsverträgen näher geregelt. Wegen der gestiegenen Bedeutung des Stromnetzes für die Energiewende stellt sich deshalb die Frage einer Instrumentalisierbarkeit dieser Verträge zur EE-Förderung.

2. Begriff, Einteilung und Rechtsgrundlagen

Konzessionsverträge *im weiteren Sinne* sind (regelmäßig privatrechtliche[1]) Vereinbarungen von Gebietskörperschaften (in der Regel Gemeinden, seltener hingegen Landkreise[2]) mit Versorgungsunternehmen über die Bedingungen der Nutzung gemeindeeigener Straßen und Wege zum Zwecke der Durchführung der jeweiligen Versorgungsaufgabe. Diese allgemeine – und damit nicht abschließende – Definition kann für alle leitungsgebundenen Versorgungsbe-

[1] Zu Recht wird deshalb die – historisch bedingte – Bezeichnung als Konzessionsvertrag etwa von *Büdenbender*, Energiewirtschaftliche Konzessionsverträge in Hamburg, in: Baur/Sandrock/Scholtka/Shapira (Hrsg.), Festschrift für Gunther Kühne, 2009, S. 101 (106), als im Grunde unzutreffend eingeordnet. Näher zur Qualifikation als privatrechtliche Verträge auch *Keller-Herder*, Der Konzessionsvertrag unter dem neuen Energiewirtschaftsrecht, 2009, S. 45 ff.; *Säcker/Mohr/Wolf*, Konzessionsverträge im System des europäischen und deutschen Wettbewerbsrechts, 2011, S. 21 ff.

[2] Hierzu sei bereits an dieser Stelle verwiesen auf § 7 KAV (Fundstelle unten Fn. 11).

reiche gelten, namentlich also für die Belieferung mit Strom, Gas, Fernwärme und Wasser. Allerdings gelten für jeden Sektor weitere Besonderheiten.

Für den Fernwärmebereich hat sich zur besseren Unterscheidbarkeit der Begriff der Gestattungsverträge[3] etabliert.[4] Ein wesentlicher Unterschied in der praktischen Ausgestaltung besteht darin, dass nur selten Konzessionsabgaben für Fernwärmeleitungen verlangt werden, um diese aus Effizienz- und damit Umweltschutzgründen vorzugswürdige Wärmeform im Wettbewerb mit fossilen Energieträgern nicht noch weiter zu belasten.[5] Die Wasserversorgung zeichnet sich gegenüber den übrigen Bereichen durch eine noch immer fortbestehende Aufteilung in geschlossene Versorgungsgebiete aus,[6] was sich auf den Inhalt der Konzessionsverträge auswirkt.[7] Ferner sind auch die Laufzeiten von Wasserkonzessionsverträgen nicht (gesetzlich) begrenzt.[8]

Die größte Nähe zueinander weisen Konzessionsverträge im Strom- und Gasbereich[9] auf, zumal für sie dieselben gesetzlichen Grundlagen gelten. Konkret sind dies die §§ 46–48 EnWG[10] und die Regelungen der Konzessionsabgabenverordnung (KAV[11]). Lange Zeit beinhalteten Konzessionsverträge im Strom- und Gasbereich über das Recht zur Wegenutzung zum Zwecke des Netzbetriebs hinaus gleichzeitig auch die Vereinbarung der (ausschließlichen) Versorgung der angeschlossenen Letztverbraucher (Grundversorgung).[12] Die-

[3] Vertragsbeispiel bei *Morell*, Konzessionsverträge und Konzessionsabgaben, S. 56g ff. Vgl. auch *Umweltbundesamt* (Hrsg.), CO_2-Emissionsminderung durch Ausbau, informationstechnische Vernetzung und Netzoptimierung von Anlagen dezentraler, fluktuierender und erneuerbarer Energienutzung in Deutschland, Climate Change 20/2011, S. 102 (http://www.umweltdaten.de/publikationen/fpdf-l/4195.pdf; abgerufen: 30. 10. 2012).

[4] Hierzu näher *Haellmigk/Wippich*, Der Anspruch auf Wiedereinräumung von Wegenutzungsrechten im Fernwärmebereich, RdE 2011, 248 (248 f.); *Lippert*, Energiewirtschaftsrecht, 2002, S. 663 f.; *Morell*, Konzessionsverträge und Konzessionsabgaben, S. 40d. Teilweise wird jedoch auch im Fernwärmeberich der Begriff der Konzession verwandt, insbesondere wenn die Qualifizierung als Dienstleistungskonzession behandelt wird, vgl. *Ax/Siewert*, Fernwärmekonzession – vergabepflichtiger Vertrag oder vergabefreie Direktbeauftragung?, ZNER 2010, 553 ff.

[5] *Immesberger* (Hrsg.), Das neue Recht der Konzessionsabgaben, I-1 S. 13, II-8 S. 1; *Morell*, Konzessionsverträge und Konzessionsabgaben, S. 130.

[6] Hierzu ausführlich *Kahl*, Wasser, in: Fehling/Ruffert (Hrsg.), Regulierungsrecht, 2010, § 14 Rn. 1 ff.

[7] Vertragsbeispiel bei *Morell*, Konzessionsverträge und Konzessionsabgaben, S. 56 ff.

[8] *Hummel*, Konzessionsverträge für Energie als Instrumente gemeindlicher Politik, in: Frank/Langrehr (Hrsg.), Festschrift für Heiko Faber, 2007, S. 301 (304), geht aber unter Verweis auf § 544 BGB von der Kündbarkeit nach 30 Jahren aus.

[9] Zur wichtigen Besonderheit im Gasbereich betreffend die Regelungen über die Höhe der Konzessionsabgaben siehe *Meyer-Hetling/Templin*, Konzessionsvertragliche Mengengrenzvereinbarungen im System des Konzessionsabgabenrechts, ZNER 2010, 139 ff.

[10] Gesetz über die Elektrizitäts- und Gasversorgung (Energiewirtschaftsgesetz) vom 7. 7. 2005 (BGBl. I S. 1970, 3621). Zur EnWG-Novelle 2011 unten Fn. 43.

[11] Verordnung über Konzessionsabgaben für Strom und Gas vom 9. 1. 1992 (BGBl. I S. 12, 407). Rechtsgrundlage für die KAV ist § 48 Abs. 2 EnWG.

[12] Zur historischen Entwicklung siehe *Hummel*, Konzessionsverträge für Energie als In-

ser aus Wettbewerbsgründen äußerst unbefriedigende Zustand der Verflechtung von Netz und Vertrieb, der in früherer Zeit jedoch sogar als notwendig für eine sichere und preisgünstige Versorgung angesehen wurde,[13] änderte sich erst mit der EnWG-Reform 2005, wie so häufig angestoßen durch die Gesetzgebung auf Unionsebene.[14]

Während §46 Abs. 1 EnWG die so genannten einfachen Wegenutzungsverträge regelt, gibt §46 Abs. 2 S. 1 EnWG den Kerninhalt der Konzessionsverträge *im engeren Sinne* wieder. Im Unterschied zu den einfachen Wegenutzungsverträgen beziehen sich die Konzessionsverträge im engeren Sinne nicht auf einzelne Leitungen, sondern auf das gesamte Netz der allgemeinen Versorgung, weshalb sich der Gegenbegriff der qualifizierten Wegenutzungsverträge[15] als Synonym etabliert hat.[16] Insgesamt zeigt sich, dass die Begrifflichkeiten – gerade sektorübergreifend – nicht einheitlich gebraucht werden, weshalb hier zunächst von Konzessionsverträgen im weiteren und im engeren Sinne gesprochen wurde. Fortan werden letztere, also die qualifizierten Wegenutzungsverträge, betreffend die hier interessierenden Stromnetze aus Vereinfachungsgründen nur noch als Konzessionsverträge bezeichnet.

Neben den bundesgesetzlichen Regelungen des Energiewirtschaftsrechts finden sich auch in den Landesstraßengesetzen und in den Gemeindeordnungen Bestimmungen zu Konzessionsverträgen. Ihnen kommt jedoch für die vorliegende Untersuchung keine nennenswerte Bedeutung zu.[17] Eine Ausnahme hiervon hätte lediglich §19 BerlEnSpG[18] bilden können, der mit der Verpflichtung auf den Zweck und die Grundsätze gemäß §§1, 2 BerlEnSpG einen Bezug zur

---

strumente gemeindlicher Politik, in: Frank/Langrehr (Hrsg.), Festschrift für Heiko Faber, 2007, S. 301 (305f.).

[13] So *Baur*, Entstehung und Wandel des Energierechts, in: Baur/Müller-Graff/Zuleeg (Hrsg.), Festschrift für Bodo Börner, 1992, S. 487.

[14] Näher *Morell*, Konzessionsverträge und Konzessionsabgaben, S. 19ff.; *Scholtka/Keller-Herder*, Das Konzessionsabgabenrecht nach der Energiewirtschaftsreform 2005, RdE 2010, 279 (281); *Templin*, Recht der Konzessionsverträge, 2009, S. 120ff. Ferner *Salje*, in: Bartsch/Röhling/Salje/Scholz (Hrsg.), Stromwirtschaft, 2. Aufl. 2008, Kap. 55 Rn. 16.

[15] Vertragsbeispiele bei *Morell*, Konzessionsverträge und Konzessionsabgaben, S. 41ff. (Strom), 49ff. (Gas). Siehe außerdem zu Musterverträgen unten Fn. 22f.

[16] Vgl. nur *Hellermann*, in: Britz/Hellermann/Hermes (Hrsg.), EnWG, 2. Aufl. 2010, §46 Rn. 2ff.; *Salje*, in: Bartsch/Röhling/Salje/Scholz (Hrsg.), Stromwirtschaft, 2. Aufl. 2008, Kap. 58 Rn. 12, 19.

[17] Zu den Landesstraßengesetzen vgl. *Templin*, Recht der Konzessionsverträge, 2009, S. 14ff., sowie zum Sonderfall der Stadtstaaten *Büdenbender*, Energiewirtschaftliche Konzessionsverträge in Hamburg, in: Baur/Sandrock/Scholtka/Shapira (Hrsg.), Festschrift für Gunther Kühne, 2009, S. 101ff.; *Keller-Herder*, Der Konzessionsvertrag unter dem neuen Energiewirtschaftsrecht, 2009, S. 47. Zu Vorschriften in den Gemeindeordnungen der Länder siehe *Deutscher Städte- und Gemeindebund* (Hrsg.), Auslaufende Konzessionsverträge, DStGB Dokumentation Nr. 97, 2010, S. 8f.

[18] Fundstelle oben Fn. 2, §2.

umweltverträglichen Energieversorgung aufweist.[19] Praktische Relevanz hat die Norm aber bisher – soweit ersichtlich – nicht erlangt.

3. Bedeutung und aktuelle Entwicklung

a) Regelmäßiger Neuabschluss

Im Strom- und Gasbereich existieren insgesamt bundesweit etwa 20.000 Konzessionsverträge,[20] von denen rund die Hälfte auf den Strombereich entfällt. Wegen der in § 46 Abs. 2 S. 1 EnWG angeordneten Höchstlaufzeit von 20 Jahren – die auch regelmäßig vereinbart wird – häufen sich in bestimmten Jahren die Neuabschlüsse, was zeitweilig zu einer entsprechenden Intensivierung der juristischen und kommunalpolitischen Diskussionen führt. Unabhängig hiervon verliert das Thema aber auch in Zeiten geringerer Neuabschlusszahlen keineswegs seinen (juristischen) Stellenwert.

b) Musterverträge

Die notwendige Diskussion um eine Instrumentalisierung von Stromkonzessionsverträgen zu Klimaschutzzwecken erhielt in der Debatte anlässlich der Neukonzessionierungswelle von 2012[21] neue Nahrung durch den „Kommunenfreundlichen Muster-Konzessionsvertrag (Strom)“ des Landesverbandes Baden-Württemberg der Partei Bündnis90/Die Grünen (im Folgenden: Grüner MusterkonzessionsV[22]), der auch einige Klimaschutzelemente, namentlich also Regelungen mit Bezug zur Nutzung Erneuerbarer Energien oder zur Energieeffizienz enthält. Der Grüne MusterkonzessionsV soll sich durch diese Klimaschutzelemente, mehr noch aber durch seine gemeindefreundlichen Re-

---

[19] Kritisch hierzu *Baur*, Entstehung und Wandel des Energierechts, in: Baur/Müller-Graff/Zuleeg (Hrsg.), Festschrift für Bodo Börner, 1992, S. 487 (498).

[20] *Bundeskartellamt/Bundesnetzagentur*, Gemeinsamer Leitfaden von Bundeskartellamt und Bundesnetzagentur zur Vergabe von Strom- und Gaskonzessionen und zum Wechsel des Konzessionsnehmers, 2010, Rn. 1, abgedruckt in ZNER 2011, 153 ff.

[21] Für Baden-Württemberg etwa sind die Auslaufdaten in LT-Drs. 14/4844 dokumentiert. Danach ist in 2012 eine überdurchschnittlich große Zahl an Stromkonzessionsverträgen ausgelaufen. *Schau*, Die wettbewerbliche Vergabe von Konzessionen nach § 46 EnWG – Verfahren ohne Regeln und Schiedsrichter?, RdE 2011, 1 (mit Fn. 1), spricht von bundesweit 3.000 Strom- und Gaskonzessionsverträgen (entspricht ca. 1.500 Verträgen im Strombereich), die bis Ende 2012 ausgelaufen sind.

[22] Dieser und die weiteren hier genannten Verträge sind abgedruckt bei *Immesberger* (Hrsg.), Das neue Recht der Konzessionsabgaben, II-4 (Musterkonzessionsverträge Baden-Württemberg und Bayern) und II-4a (Grüner MusterkonzessionsV). Zur neuesten Modifizierung des Muster-Konzessionsvertrags für Bayern vom 6. 9. 2010 siehe *Troll*, Änderungen im Musterkonzessionsvertrag – Strom zwischen Gemeinden und Elektrizitätsunternehmen, KommP BY, 2010, 374 f.

gelungen gezielt vom bisherigen Mustervertrag für Baden-Württemberg abheben, der von der *EnBW* mit den kommunalen Spitzenverbänden ausgehandelt wurde und der im Klimaschutzbereich kaum über eher symbolische Bekenntnisse hinausgeht. Daneben existieren in anderen Bundesländern noch weitere Musterverträge.[23] Im veröffentlichten Mustervertrag für Bayern[24] etwa lassen sich bisher jedoch keinerlei Regelungen zu Erneuerbaren Energien oder zur Energieeffizienz auffinden.

c) Ökonomische Bedeutung

Konzessionsverträge haben in mehrfacher Hinsicht große ökonomische Bedeutung. Der Konzessionsnehmer kann durch die Netzentgelte Gewinne erwirtschaften, auch wenn dem in den letzten Jahren durch die zunehmende Regulierung (Stichwort: Anreizregulierung) verstärkt Grenzen gesetzt worden sind. Für die Gemeinde wiederum stellen die Einnahmen in Form der vom Konzessionsnehmer zu zahlenden Konzessionsabgaben einen erheblichen Beitrag zum Kommunalhaushalt dar,[25] wenngleich die Bewertung als *verlässliche* Einnahmequelle aufgrund relativ konstanter Stromverbrauchs- bzw. Durchleitungsmengen unter Umständen zukünftig relativiert werden muss.[26] In 2007 beliefen sich die Konzessionsabgaben der reinen Elektrizitätsversorgungsunternehmen auf ca. 1,5 Mrd. Euro.[27] Die finanzielle Bedeutung sei an einem Musterbeispiel illustriert. Bei einer Gemeinde mit 8.000 Haushalten (ca. 24.000 Einwohner) und einem Durchschnittsverbrauch von 3.000 kWh pro Jahr und Haushalt belaufen sich die Einnahmen aus Konzessionsabgaben allein für den Bereich der Haushaltskunden unter Zugrundelegung des einschlägigen Höchstsatzes (§ 2 Abs. 2 Nr. 1 lit. b KAV) auf ca. 320.000 Euro. Die Sondervertragskunden, insbesondere also großgewerbliche Stromverbraucher, sind hierbei noch gar nicht

---

[23] Von Musterverträgen für Brandenburg, Sachsen-Anhalt und Thüringen wird berichtet bei *Geßner/Jansen*, Kommunen und Stromkonzessionsverträge: Drum prüfe, wer sich ewig bindet?, LKV 2011, 450 (452).

[24] Oben Fn. 22.

[25] Nach *Lehnert/Templin/Theobald*, Die Erneuerbaren Energien im System des Energierechts, VerwArch 102 (2011), 83 (96), machen Konzessionsabgaben (insgesamt) etwa 3% der Kommunalhaushaltseinnahmen aus. Der Gesetzgeber verfolgt regelmäßig das Ziel, das Konzessionsabgabenaufkommen auch bei Änderung der gesetzlichen Bestimmungen nicht absinken zu lassen. Vgl. etwa zur EnWG-Novelle 1998 die Begründung in BT-Drs. 13/7274, S. 12, 32 sowie zur EnWG-Novelle 2005 die entsprechende Passage in BT-Drs. 15/3917, S. 77.

[26] Für eine Reform der KAV in Reaktion auf sinkende Durchleitungsmengen plädiert deshalb bereits *Giessing*, Steigende Energieeffizienz erfordert Reform der Konzessionsabgabenverordnung, VersWirt 2008, 266 (267 f.), der eine verbrauchsunabhängige und nur an die Zahl der Stromanschlüsse anknüpfende Konzessionsabgabe vorschlägt.

[27] Mit Verweis auf das Statistische Bundesamt: *Immesberger* (Hrsg.), Das neue Recht der Konzessionsabgaben, I-3 S. 15. Für den Strombereich wäre noch ein entsprechender Anteil an den Konzessionsabgaben, die von kombinierten Versorgungsunternehmen geleistet werden (insgesamt 0,8 Mrd. Euro ohne nähere Aufschlüsselung) hinzuzurechnen.

berücksichtigt, wenngleich die Höchstsätze für deren Konzessionsabgaben erheblich niedriger liegen (vgl. § 2 Abs. 3 Nr. 1 KAV).

d) *Rekommunalisierung*

Nicht zuletzt aufgrund des fiskalischen Interesses, das nicht nur an den Konzessionsabgaben, sondern auch am Netzbetrieb selbst bestehen kann, ist in jüngerer Zeit eine Tendenz zum Neuabschluss von auslaufenden Konzessionsverträgen mit gemeindeeigenen Stadtwerken an Stelle der bisherigen privaten Netzbetreiber zu verzeichnen („[Re-]Kommunalisierung“[28]).[29] Dieser Trend wird auch von der *Bundesnetzagentur* und dem *Bundeskartellamt* bestätigt, die jedoch im Falle ausgreifender Rekommunalisierungen kleinerer Netze die Gefahr von Ineffizienzen und damit von steigenden Netzkosten sehen.[30] Allerdings stellt die Übertragung des Netzbetriebs an ein Stadtwerk bisher keineswegs den Regelfall für Neuabschlüsse dar. So wurden nach Angaben des *Verbandes kommunaler Unternehmen* in der Zeit von 2007 bis einschließlich 2010 etwa 100 Konzessionen von kommunalen Unternehmen übernommen,[31] wobei zu berücksichtigen ist, dass damit gerade die Rekommunalisierungen im Rahmen der Neuabschlusswelle 2012 noch nicht erfasst werden. Wie die Rekommunalisierungsbestrebungen belegen, kommt den Kommunen bzw. vor allem den großen Städten wachsende Bedeutung in der Energieversorgung zu, wenngleich nicht abschließend geklärt ist, inwieweit die Energieversorgung etwa als Angelegenheit der örtlichen Gemeinschaft im Sinne von Art. 28 Abs. 2 S. 1 GG einzuordnen ist.[32]

---

[28] Dazu unter besonderer Berücksichtigung der Wasserversorgung *Bauer*, Zukunftsthema „Rekommunalisierung“, DÖV 2012, 329 ff.; zur Empirie *Libbe*, Rekommunalisierung öffentlicher Dienstleistungen – Empirische Belege und Bezugsrahmen der Entscheidungsfindung am Beispiel der Sektoren Energie und Wasser, IR 2012, 331 ff.

[29] *Held/Fenzel*, Der Konzessionsvertrag als Königsweg? – Maximierung der kommunalen Einnahmen ggf. auch über die Rekommunalisierung, LKV 2010, 19 (19, 21), gehen in Anknüpfung an Referenzprojekte bei Gemeinden mit ca. 30.000 Einwohnern von Mehreinnahmen bis zu 300.000 Euro aus, bedingt durch Einnahmen aus dem Netzbetrieb sowie einen steuerlichen Querverbund etwa mit weniger gewinnträchtigen Sparten der öffentlichen Versorgung.

[30] *Bundeskartellamt/Bundesnetzagentur*, Gemeinsamer Leitfaden von Bundeskartellamt und Bundesnetzagentur zur Vergabe von Strom- und Gaskonzessionen und zum Wechsel des Konzessionsnehmers, 2010, Rn. 3, 21, abgedruckt in: ZNER 2011, 153 ff.; ferner A-Drs. 17(9)383, S. 3.

[31] A-Drs. 17(9)379, S. 4. Insgesamt liegt die „Wechselrate“ beim Neuabschluss von Konzessionsverträgen, d. h. die Ablösung des alten Konzessionsnehmers durch einen (privaten oder kommunalen) Konkurrenten Schätzungen zufolge bei ca. 10 %, so *Büttner/Templin*, Gemeinsamer Leitfaden von Bundeskartellamt und Bundesnetzagentur zur Vergabe von Strom- und Gaskonzessionsverträgen und zum Wechsel des Konzessionsnehmers – Ein richtiger Schritt in Richtung Wettbewerb um Strom- und Gasverteilnetze, ZNER 2011, 121 (122).

[32] Ausführliche Darstellung des Meinungsstandes bei *Templin*, Kommunale Selbstverwaltungsgarantie und örtliche Energieversorgung – Der Einfluss des Art. 28 Abs. 2 Satz 1 GG auf

Die Rekommunalisierung des Netzes wird auch unter Berufung auf die größere Nähe der Stadtwerke zur umweltfreundlichen Stromversorgung betrieben. Sieht man vom Vorteil zusätzlicher Einnahmen aus dem Netzbetrieb (der umgekehrt mit dem unternehmerischen Risiko erkauft wird) einmal ab, bleiben die Möglichkeiten zur EE-Förderung im Zuge der Rekommunalisierung von Verteilernetzen jedoch denkbar unbestimmt. Die kommunale Eigenerzeugung in EE-Anlagen oder das Angebot von Ökostromtarifen durch die Stadtwerke (also ein Engagement für ökologische Erzeugung und zugehörigen Vertrieb) sind jedenfalls auch ohne eine Übernahme des Netzes möglich. Gewisse Synergieeffekte durch eine Ausdehnung der Stadtwerke-Aktivitäten auf die gesamte Wertschöpfungskette in der Stromversorgung sind zwar nicht gänzlich ausgeschlossen.[33] Eine generell positive Wirkung der Rekommunalisierung auf die umweltverträgliche Stromversorgung dürfte sich jedoch kaum begründen lassen.

Da der Fördereffekt in Sachen Energiewende, der sich allein aus dem Neuabschluss eines Konzessionsvertrags mit einem kommunalen Unternehmen ergibt, folglich wohl geringer sein dürfte als häufig von den interessierten (Kommunal-)Unternehmen propagiert, wird im Folgenden auf die Rekommunalisierung nicht näher eingegangen. Es soll stattdessen der Frage nachgegangen werden, inwieweit mit konkreten konzessionsvertraglichen Regelungen „Klimaschutz betrieben“ werden kann, sodass es zwar der grundlegenden Bereitschaft des Konzessionärs zur Vereinbarung ebensolcher Regelungen bedarf, die tatsächliche Durchführung von Maßnahmen aber nicht allein auf der Freiwilligkeit und der im wechselvollen Tagesgeschäft der Energieversorgung häufig schwankenden Eigeninitiative des Konzessionärs beruht, sondern dauerhaft durch von ihm eingegangene konzessionsvertragliche Verpflichtungen sichergestellt ist.

e) *Auswahl des Konzessionärs*

Das Verfahren des Neuabschlusses von Konzessionsverträgen ist in § 46 Abs. 3 EnWG geregelt.[34] Stromkonzessionsverträge werden von der ganz herrschen-

---

die Auslegung des „Überlassens“ nach § 46 Abs. 2 Satz 2 EnWG, VerwArch 100 (2009), 529 (537 ff.), der seinerseits differenziert und jedenfalls den Betrieb der örtlichen Netze, die an die Gemeindewege gebunden sind, als Selbstverwaltungsangelegenheit einordnet. In den Landesverfassungen finden sich teilweise ausdrückliche Bestimmungen. So wird „die Versorgung der Bevölkerung mit Wasser, Licht, Gas und elektrischer Kraft“ in Art. 83 Abs. 1 BayVerf dem eigenen Wirkungskreis der Gemeinden zugewiesen.

[33] Vgl. etwa das Beispiel der Stadtwerke Landsberg am Lech, wiedergegeben bei *Deutscher Städte- und Gemeindebund* (Hrsg.), Auslaufende Konzessionsverträge, DStGB Dokumentation Nr. 97, 2010, S. 24 f.

[34] Hierzu etwa *Theobald*, Auslaufende Konzessionsverträge Strom und Gas: Was ist seitens der Kommunen zu tun?, DÖV 2009, 356 f.; *Thomale/Kießling*, Anforderungen an den

den Meinung[35] als Dienstleistungskonzessionen (zur Definition siehe Art. 1 Abs. 4 RL 2004/18/EG[36]) eingeordnet,[37] sodass nach aktueller Rechtslage nicht das streng formalisierte Vergabeverfahren zur Anwendung kommt (vgl. die Ausnahmeregelung in Art. 17 RL 2004/18/EG[38]),[39] sondern „lediglich" die vom *EuGH* aus den Grundfreiheiten abgeleiteten Grundsätze der Transparenz und der Nichtdiskriminierung beachtet werden müssen.[40] Im Dezember 2011 hat die Kommission einen Vorschlag für eine Richtlinie betreffend Dienstleistungs-

---

(Neu-) Abschluss von Konzessionsverträgen, N&R 2008, 166 (169ff.). Sehr ausführlich zum Ganzen auch *Sauer*, Das Recht der Vergabe von Strom- und Gas-Konzessionsverträgen im EnWG, 2012.

[35] Näher und mit (teils unterschiedlicher) Begründung *Albrecht*, in: Schneider/Theobald (Hrsg.), Recht der Energiewirtschaft, 3. Aufl. 2011, § 9 Rn. 79; *Hellermann*, in: Britz/Hellermann/Hermes (Hrsg.), EnWG, 2. Aufl. 2010, § 46 Rn. 66a; *Hummel*, Konzessionsverträge für Energie als Instrumente gemeindlicher Politik, in: Frank/Langrehr (Hrsg.), Festschrift für Heiko Faber, 2007, S. 301 (316f.); *Kermel*, Aktuelle Entwicklungen im Konzessionsvertragsrecht, RdE 2005, 153 (158); *Michaels*, Konzessionsverträge zwischen EnWG und europäischem Gemeinschaftsrecht, IR 2009, 246 (249); *Michaels/Kohler*, Zur möglichen Integration der Vergabe von Strom- und Gaskonzessionen in das allgemeine Vergaberecht, ZNER 2012, 29 (30); *Nill-Theobald/Theobald*, Grundzüge des Energiewirtschaftsrechts, 2. Aufl. 2008, S. 402; *Schau*, Die wettbewerbliche Vergabe von Konzessionen nach § 46 EnWG, RdE 2011, 1 (3); *Templin*, Kriterien und Verfahren der kommunalen Auswahlentscheidung bei Abschluss eines Konzessionsvertrages (Teil 1), IR 2009, 101 (103); *Thomale/Kießling*, Anforderungen an den (Neu-)Abschluss von Konzessionsverträgen, N&R 2008, 166 (168f.). Weniger eindeutig dagegen *Pippke/Gaßner*, Neuabschluss und Änderung von Konzessionsverträgen nach dem neuen EnWG, RdE 2006, 33 (36); *Säcker/Mohr/Wolf*, Konzessionsverträge im System des europäischen und deutschen Wettbewerbsrechts, 2011, S. 38f.; sowie *Salje*, in: Bartsch/Röhling/Salje/Scholz (Hrsg.), Stromwirtschaft, 2. Aufl. 2008, Kap. 58 Rn. 55, der zwar ebenfalls von der Unanwendbarkeit des Vergaberechts spricht, jedoch keine ausdrückliche Einordnung als Dienstleistungskonzession vornimmt.

[36] Richtlinie 2004/18/EG des Europäischen Parlaments und des Rates vom 31. 3. 2004 über die Koordinierung der Verfahren zur Vergabe öffentlicher Bauaufträge, Lieferaufträge und Dienstleistungsaufträge (ABlEU L 134 S. 114).

[37] A. A. *Kermel/Brucker/Baumann*, Wegenutzungsverträge und Konzessionsabgaben in der Energieversorgung, 2008, S. 100; *Niehof*, Konzessionsverträge und Vergaberecht, RdE 2011, 15 (17f.).

[38] Zur Anwendbarkeit der RL 2004/18/EG an Stelle der sog. Sektorenrichtlinie (RL 2004/17/EG) siehe *Niehof*, Konzessionsverträge und Vergaberecht, RdE 2011, 15 (16).

[39] Damit hat der Unionsgesetzgeber die Rechtsprechung des *EuGH* zu den vorhergehenden Vergaberichtlinien aufgegriffen. Vgl. näher *Frenz*, Handbuch Europarecht, Band 3: Beihilfe- und Vergaberecht, 2007, Rn. 2553.

[40] *EuGH*, Urteil v. 21. 7. 2005, Rs. C-231/03, Slg. 2005, I-7287, Rn. 16 – Coname. Näher hierzu auch *Frenz*, Handbuch Europarecht, Band 3: Beihilfe- und Vergaberecht, 2007, Rn. 2554ff. Zu den hieraus abzuleitenden Anforderungen an das Verfahren ausführlich und auch mit Bezügen zur EE-Förderung *Hofmann*, Kommunale Konzessionsverträge im Lichte des Energiewirtschafts- und Wettbewerbsrechts, NZBau 2012, 11ff. Zu den Folgen des vollständigen Unterbleibens eines Auswahlverfahrens *Meyer-Hetling/Templin*, Das Ausbleiben des Auswahlverfahrens und Rechtsschutzmöglichkeiten des unterlegenen Bieters, ZNER 2012, 18ff.

konzessionen vorgelegt,[41] der im Falle seiner Umsetzung auch den Rechtsrahmen für Strom- und Gaskonzessionen erheblich verändern würde.[42] Die weitere Entwicklung des Vorschlags bleibt jedoch abzuwarten.

Während die geplanten Neuregelungen auf Unionsebene für die Welle von Neukonzessionierungen in 2012 keine Bedeutung mehr erlangen konnten, stellte sich dies im Hinblick auf die EnWG-Novelle 2011[43] anders dar. Obgleich diese Novelle vorrangig der Umsetzung der Vorgaben des Dritten Binnenmarktpakets der EU[44] diente, wurde sie darüber hinaus zum Anlass genommen, einige Klarstellungen und Modifizierungen in den §§ 46–48 EnWG vorzunehmen.[45] Bisher wurde davon ausgegangen, dass die Gemeinde – begründet durch ihr Recht auf kommunale Selbstverwaltung (Art. 28 Abs. 2 S. 1 GG) und vorbehaltlich der Prinzipien der Diskriminierungsfreiheit und der Transparenz – bei den Entscheidungskriterien für den Neuabschluss des Konzessionsvertrages weitgehend ungebunden sei.[46] Insbesondere die Schaffung von Arbeitsplätzen vor Ort und ähnliche Aspekte der Wirtschaftsförderung wurden häufig als mög-

---

[41] KOM(2011) 897 endg.; hierzu *Falke*, Neue Entwicklungen im Europäischen Umweltrecht, ZUR 2012, 258 (259 ff.).

[42] Näher *Michaels/Kohler*, Zur möglichen Integration der Vergabe von Strom- und Gaskonzessionen in das allgemeine Vergaberecht, ZNER 2012, 29 (31 ff.). Zur rechtspolitischen Diskussion um eine Kodifizierung des Rechts der Dienstleistungskonzessionen vgl. ferner bereits den Vorschlag in der Kommissionsmitteilung KOM(2010) 608 endg., S. 18, sowie die gegensätzlichen Einschätzungen hierzu von *Fritz/Seidler*, Vergabe von Konzessionen – Rechtsklarheit ja oder nein?, EuZW 2010, 933 ff., einerseits und *Prieß/Marx/Hölzl*, Kodifizierung des europäischen Rechtes zur Vergabe von Dienstleistungskonzessionen nicht notwendig, NVwZ 2011, 65 (71 f.), andererseits.

[43] Gesetz zur Neuregelung energiewirtschaftsrechtlicher Vorschriften vom 26. 7. 2011 (BGBl. I S. 1554); Gesetzesbegründung in BT-Drs. 17/6072, S. 88; Überblick über die Novelle bei *Kühling/Rasbach*, Kernpunkte des novellierten EnWG 2011 – Regulierungsausbau im Zeichen der „Energiewende", RdE 2011, 332 ff.; *Theobald/Gey-Kern*, Das dritte Energiebinnenmarktpaket der EU und die Reform des deutschen Energiewirtschaftsrechts 2011, EuZW 2011, 896 (897 ff.).

[44] Hierzu ausführlich *Gundel/Germelmann*, Kein Schlussstein für die Liberalisierung der Energiemärkte: Das Dritte Binnenmarktpaket, EuZW 2009, 763 ff.

[45] Siehe auch *Schulz*, Einführung in das Recht der Wegenutzungsverträge der Strom- und Gaswirtschaft, LKRZ 2012, 41 ff.; Zweifel an der Verfassungsmäßigkeit der neuen Übereignungspflicht beim Wechsel des Konzessionärs äußert *Jacob*, Mehr Markt bei der Strom- und Gasverteilung, RdE 2011, 212 ff.

[46] *Hummel*, Konzessionsverträge für Energie als Instrumente gemeindlicher Politik, in: Frank/Langrehr (Hrsg.), Festschrift für Heiko Faber, 2007, S. 301 (311); *Nill-Theobald/Theobald*, Grundzüge des Energiewirtschaftsrechts, 2. Aufl. 2008, S. 402; *Schau*, Die wettbewerbliche Vergabe von Konzessionen nach § 46 EnWG, RdE 2011, 1 (3); *Templin*, Kriterien und Verfahren der kommunalen Auswahlentscheidung bei Abschluss eines Konzessionsvertrages (Teil 1), IR 2009, 101 (103). Der Verweis auf die Rechtsprechung, u. a. auf *BVerfG*, Beschluss v. 16. 5. 1989 – 1 BvR 705/88, NJW 1990, 1783, ist allerdings insofern verkürzt, als dort nur die Zugehörigkeit der Energieversorgung zur von Art. 28 Abs. 2 S. 1 GG umfassten Daseinsvorsorge festgestellt wird, nicht jedoch die Entscheidungsfreiheit bei Konzessionsvertragsabschlüssen.

liche Kriterien angeführt.[47] Seit der EnWG-Novelle 2011 wird man diese Ansicht modifizieren müssen, da § 46 Abs. 3 S. 5 EnWG die Gemeinden bei der Entscheidung nunmehr ausdrücklich auf die Ziele des § 1 EnWG verpflichtet. Danach dürfte es künftig nicht mehr möglich sein, Leistungen eines Konzessionsbewerbers für die örtliche Wirtschaft als offizielle Bewertungskriterien heranzuziehen.[48] Demgemäß wird, obwohl die Gesetzesbegründung nur von einer Klarstellung spricht,[49] in der Neufassung von § 46 Abs. 3 S. 5 EnWG teilweise ein hierüber hinausgehendes Potenzial gesehen.[50]

Vor diesem Hintergrund ist es angesichts der Bedeutung von Ausbau und Betrieb des Verteilnetzes für die umweltverträgliche Energieversorgung[51] in jedem Falle zu begrüßen, dass sich bereits durch die Aufnahme der Umweltverträglichkeit[52] in § 1 Abs. 1 EnWG sowie durch die nochmalige Betonung der notwendigen Energiewende durch den im Rahmen der EnWG-Novelle 2011 ebenda eingefügten Zusatz „die zunehmend auf erneuerbaren Energien beruht" nach wie vor ausreichende Spielräume zur Berücksichtigung des Klimaschutzes in Konzessionsverträgen ergeben.

---

[47] *Reck*, Pflichten der Kommunen bei auslaufenden Konzessionsverträgen in der Energieversorgung, KommJur 2009, 401 (404); *Schau*, Die wettbewerbliche Vergabe von Konzessionen nach § 46 EnWG, RdE 2011, 1 (3); *Templin*, Kriterien und Verfahren der kommunalen Auswahlentscheidung bei Abschluss eines Konzessionsvertrages (Teil 2), IR 2009, 125 (127 f.); *Theobald*, Auslaufende Konzessionsverträge Strom und Gas: Was ist seitens der Kommunen zu tun?, DÖV 2009, 356 (358). Ähnlich *Albrecht*, in: Schneider/Theobald (Hrsg.), Recht der Energiewirtschaft, 3. Aufl. 2011, § 9 Rn. 82; *Hellermann*, in: Britz/Hellermann/Hermes (Hrsg.), EnWG, 2. Aufl. 2010, § 46 Rn. 66c; *Pippke/Gaßner*, Neuabschluss und Änderung von Konzessionsverträgen nach dem neuen EnWG, RdE 2006, 33 (37).

[48] Eine Bewertungsmatrix, wie sie bei *Templin*, Kriterien und Verfahren der kommunalen Auswahlentscheidung bei Abschluss eines Konzessionsvertrages (Teil 2), IR 2009, 125 (128), zu finden ist, müsste also angepasst werden. Zu demgegenüber nach wie vor zulässigen Kriterien einschließlich solcher mit EE-Bezug siehe etwa *Hofmann*, Kommunale Konzessionsverträge im Lichte des Energiewirtschafts- und Wettbewerbsrechts, NZBau 2012, 11 (16).

[49] BT-Drs. 17/6072, S. 88.

[50] *Meyer-Hetling/Templin*, Das Ausbleiben des Auswahlverfahrens und Rechtsschutzmöglichkeiten des unterlegenen Bieters, ZNER 2012, 18; *Scholtka/Helmes*, Energiewende 2011 – Schwerpunkte der Neuregelungen im Energiewirtschafts- und Energieumweltrecht, NJW 2011, 3185 (3190). A. A. *VG Oldenburg*, Beschluss v. 17. 7. 2012 – 1 B 3594/12, Rn. 92 ff., 97 ff., 114 ff. (juris), das der Gemeinde unter Berufung auf Art. 28 Abs. 2 S. 1 GG äußerst weitgehende Gestaltungsspielräume bei der Festlegung der „Ausschreibungskriterien" zubilligt und in § 46 Abs. 3 S. 5 EnWG keinerlei inhaltliche Einschränkungen diesbezüglich zu erkennen vermag; ähnlich *Fischer/Wolf/Embacher*, Rechtliche Anforderungen an die Ausgestaltung der Auswahlverfahren zur Vergabe von Strom- und Gaskonzessionen nach § 46 EnwG, RdE 2012, 274 ff.

[51] Näher unten S. 267 ff.

[52] Hierzu ausführlich *Kahle*, Die Elektrizitätsversorgung zwischen Versorgungssicherheit und Umweltverträglichkeit, 2009; *Kuxenko*, Umweltverträgliche Energieversorgung, 2004.

II. EE-Förderung durch Vereinbarung finanzieller Maßnahmen

1. Ermäßigte Konzessionsabgaben für EE-Strom

a) Rechtstatsächliche Betrachtung

In § 2 KAV sind – gestaffelt nach der Gemeindegröße[53] – Höchstsätze für die Konzessionsabgaben[54] festgelegt, die jedoch für Haushaltskunden (sog. Tarifkunden[55]) einerseits und Sondervertragskunden andererseits sehr unterschiedlich sind. Sondervertragskunden, d. h. vor allem energieintensive Unternehmen, werden in erheblichem Maße privilegiert (maximal 0,11 Ct/kWh, während die Abgabe für Haushaltskunden bis zu 2,39 Ct/kWh beträgt). Im Strombereich ist die Abgrenzung zwischen Haushaltskunden und Sondervertragskunden über § 2 Abs. 7 KAV anhand eines Jahresverbrauchswertes von 30.000 kWh eindeutig festgelegt.[56]

In der Praxis werden nach Angaben der kommunalen Spitzenverbände regelmäßig die in § 2 Abs. 2 KAV festgelegten Höchstbeträge vereinbart.[57] Rechtlich zwingend ist dies indes nicht, sodass sich die Frage stellt, ob es zulässig wäre, durch die Vereinbarung unterschiedlich hoher Konzessionsabgaben für Strom aus Erneuerbaren Energien gegenüber Strom aus „konventioneller" Erzeugung (fossile Energieträger und Kernkraft), eine indirekte finanzielle Förderung von EE-Strom zu erreichen. Zuzugeben ist, dass sich *erstens* die meisten Kommunen hierzu nicht in der Lage sehen werden, weil sie auf die höchstmöglichen Einnahmen aus Konzessionsabgaben angewiesen sind[58] und *zweitens* nur eine im Verhältnis zum Gesamtstrompreis eher geringe finanzielle Förderung realisiert werden könnte. Angesichts der bereits erwähnten Privilegierung von Nicht-Tarifkunden bei der Höhe der Konzessionsabgaben käme eine derartige Differenzierung im Übrigen nur bei Tarifkunden (Haushaltskunden) in Betracht. Bei einer hypothetischen Absenkung der Konzessionsabgabe für Nicht-Schwachlaststrom (vgl. § 2 Abs. 2 Nr. 1 lit. b KAV) um 1 ct/kWh wäre die

---

[53] Zum Hintergrund *Feuerborn/Riechmann*, KAV, 1994, § 2 Rn. 6 ff.; *Kermel*, in: Säcker (Hrsg.), Berliner Kommentar zum Energierecht, Anhang zu § 48 EnWG – § 2 KAV Rn. 7.

[54] Legaldefinition in § 48 Abs. 1 S. 1 EnWG und § 1 Abs. 2 KAV. Näher zum an sich irreführenden Begriff *Immesberger* (Hrsg.), Das neue Recht der Konzessionsabgaben, II-Einleitung vor § 1 KAV, S. 3 ff. Ferner bemerkenswert zur Einordnung der Konzessionsabgabe *Kuhnt,* Die Konzessionsabgabe in ordnungspolitischer Sicht, in: Baur/Müller-Graff/Zuleeg (Hrsg.), Festschrift für Bodo Börner, 1992, S. 583 (589 f.).

[55] Legaldefinition in § 1 Abs. 3 KAV.

[56] Für den hier nicht näher behandelten Gasbereich existiert keine vergleichbare Regelung.

[57] *Deutscher Städte- und Gemeindebund* (Hrsg.), Auslaufende Konzessionsverträge, DStGB Dokumentation Nr. 97, 2010, S. 15.

[58] Zum anderen werden Kommunen auch darauf bedacht sein, ihre eigenen Stadtwerke nicht zu benachteiligen. Dies könnte allerdings eintreten, wenn die Stadtwerke in der Hauptsache konventionell erzeugten Strom vertreiben.

Ersparnis in Anbetracht eines Bruttostrompreises für Haushaltskunden im Bereich von 20–25 ct/kWh für die Mehrheit der Stromkunden wohl nicht hinreichend spürbar. Unabhängig von diesen praktischen Erwägungen dürften bei der Untersuchung der Rechtmäßigkeit einer nach „Herkunft" des Stroms differenzierten Konzessionsabgabenhöhe folgende Aspekte zu berücksichtigen sein.

b) Vorgaben der Konzessionsabgabenverordnung

Während Wortlaut und Genese von § 2 Abs. 2 KAV keine Antwort auf die Frage nach der Zulässigkeit differenzierter Konzessionsabgaben enthalten, könnte in systematischer Hinsicht angeführt werden, dass § 3 Abs. 1 S. 1 Nr. 1 KAV eine (abschließende) Regelung über zulässige Rabatte in Konzessionsverträgen enthält. Dieser Einwand wäre allerdings verfehlt, weil der in § 3 Abs. 1 S. 1 Nr. 1 KAV für zulässig erklärte Gemeinderabatt auf die Netzentgelte mit einer Absenkung der Konzessionsabgaben nicht vergleichbar ist. Beide Sachverhalte unterscheiden sich grundlegend im Hinblick auf den Gegenstand des Rabatts und den Begünstigten. Hingegen könnte § 2 Abs. 2 Nr. 1 lit. a KAV ein systematischer Hinweis gegen eine hierüber hinausgehende Differenzierung von Konzessionsabgaben entnommen werden. Dort wird für Schwachlaststrom ein niedrigerer Konzessionsabgabenhöchstsatz festgelegt. Damit sollte die Nutzung von Nachtstromspeicherheizungen angereizt werden, um den geringen Stromverbrauch bei Nacht auszugleichen und so die relativ unflexiblen Kraftwerke auf Basis von Kohleverfeuerung und Kernkraft besser auszulasten. Aus dieser Erwägung, die aus der Zeit des Erlasses der KAV (1991) stammt und damit durch Verhältnisse geprägt ist, die sich grundlegend vom heutigen Energiemarkt unterscheiden, kann allerdings kaum der Schluss gezogen werden, dass die Norm abschließenden Charakter im Hinblick auf Ermäßigungen bei Konzessionsabgaben haben sollte und damit ähnliche Rabatte zu Gunsten von EE-Strom ausgeschlossen sein sollten. Stattdessen ist darauf zu verweisen, dass der Rabatt für Schwachlaststrom bereits 1991 auch mit umweltpolitischen Erwägungen begründet wurde, denn je geringer die Spitzenlast bei Tag, desto weniger Kraftwerke werden insgesamt benötigt.[59] Die umweltpolitische Motivation eines Konzessionsabgabenrabatts würde mit geringeren Konzessionsabgaben für EE-Strom also sogar konsequent weiterverfolgt werden.

c) Grenzen gemäß dem Energiewirtschaftsgesetz

Fraglich ist allerdings, ob eine solche Auslegung von § 2 Abs. 2 KAV gegen höherrangiges Recht verstieße. So könnte § 48 Abs. 2 EnWG, der die Rechtsgrundlage für die KAV darstellt, gegen die Zulässigkeit geringerer Konzessionsabga-

[59] BR-Drs. 686/1/91, S. 5.

ben für EE-Strom sprechen. Gemäß § 48 Abs. 2 S. 2 EnWG kann der Verordnungsgeber die Höhe der Konzessionsabgaben unterschiedlich ausgestalten. Hierfür werden bestimmte Differenzierungsmerkmale genannt, namentlich Kundengruppen, Verwendungszwecke und Gemeindeeinwohnerzahlen. Die „Herkunft" des Stroms ist hier nicht aufgeführt. Unterstellt man, dass die Aufzählung der Differenzierungsmerkmale in § 48 Abs. 2 S. 2 EnWG *abschließend* ist, könnte geschlussfolgert werden, dass der Verordnungsgeber nicht zu einer Besserstellung von EE-Strom ermächtigt wurde und in der Folge erst recht die Kommunen nicht zu einer solchen Privilegierung befugt sind. Damit würde allerdings der Spielraum der Kommunen, den § 48 Abs. 2 S. 2 EnWG (und dem folgend auch § 2 KAV) eröffnet, übersehen, denn dort ist nur von *Höchstsätzen* die Rede. Innerhalb dieser Höchstsätze steht den Kommunen ein Entscheidungsspielraum zu. Die Frage nach der Rechtmäßigkeit verminderter Konzessionsabgaben für EE-Strom wird folglich von § 48 Abs. 2 S. 2 EnWG weder positiv noch negativ beantwortet.

Des Weiteren ist danach zu fragen, ob mit einer Privilegierung von EE-Strom durch geringere Konzessionsabgaben gegen die Vorschriften zum diskriminierungsfreien Netzzugang (§§ 20f. EnWG) verstoßen würde. Tatsächlich liegt in einer solchen Differenzierung eine (gewollte) Ungleichbehandlung von Stromanbietern, weil die Konzessionsabgaben von den Netzbetreibern wiederum an die Stromlieferanten und von diesen an die Stromkunden weitergereicht werden. Allerdings entstammt diese Ungleichbehandlung zum größeren Teil der Sphäre der Gemeinde und entzieht sich dem Einfluss des Netzbetreibers, auch wenn dieser den entsprechenden Konzessionsvertrag mit der Gemeinde abgeschlossen hat. Im dreiseitigen Verhältnis Gemeinde-Netzbetreiber-Stromlieferant erfassen die §§ 20f. EnWG jedoch nur die Beziehung Netzbetreiber-Stromlieferant. Eine Schlechterstellung im Verhältnis Gemeinde-Stromlieferant durch vergünstigte Konzessionsabgaben für EE-Strom kann damit nicht unter Berufung auf die §§ 20f. EnWG für rechtswidrig befunden werden.

d) Umsetzbarkeit

Wenn die konzessionsvertragliche Privilegierung von EE-Strom nach alledem für zulässig erachtet wird, ist im Anschluss die praktische Umsetzbarkeit dieser Option zu ermitteln. So muss die Menge des verbrauchten EE-Stroms zuverlässig feststellbar sein, um die ermäßigten Konzessionsabgaben berechnen zu können. Bei der herkömmlichen (undifferenzierten) Erhebung von Konzessionsabgaben ist der Berechnungsaufwand vergleichsweise gering, weil grundsätzlich nur die Strommengen „überwacht" werden müssen, die durch das Netz geleitet werden. Wird jedoch EE-Strom privilegiert, stellen sich neue Herausforderungen. EE-Strom wird zwar als solcher verkauft, allerdings handelt es sich dabei regelmäßig nur um eine virtuelle Sichtweise. Tatsächlich ist eine messtechnische Unterscheidung jedoch nicht möglich, da die EE-Stromlieferungen nur auf einer rechnerischen Betrachtung des vom anbietenden Stromversorger eingekauften (EE-)Stroms und des an die Kunden gelieferten Stroms beruhen. Bei einer konzessionsabgabenrechtlichen Privilegierung von EE-Strom müsste der Konzessionsnehmer folglich über Daten verfügen, welche Kunden Verträge über den Bezug von EE-Strom abgeschlossen haben. Da auch eine solche Verfahrensweise die Grenzen der Praktikabilität überschreiten dürfte, könnte zur Vereinfachung des Vollzugs einer konzessionsvertraglichen Privilegierung daran angeknüpft werden, ob ein Stromlieferant in den Anwendungsbereich des so genannten „Grünstrom-Privilegs" nach § 39 Abs. 1 EEG fällt.[60] Da bei dieser Verfahrensweise nur Unternehmen, die mindestens 50% EE-Strom liefern, der direkt vermarktet und mithin nicht nach den EEG-Regelungen vergütet wurde,[61] in den Genuss der Privilegierung kommen, wäre im Übrigen auch eine „Doppelförderung" durch EEG-Vergütung und Konzessionsabgabenrabatt ausgeschlossen.[62] Für die in das Verteilnetz des Konzessionärs eingespeisten Strommengen derjenigen Lieferanten, die unter § 39 Abs. 1 EEG fallen, wäre damit bei entsprechender konzessionsvertraglicher Vereinbarung eine geringere Konzessionsabgabe zu leisten.

2. Ermäßigte Netzentgelte für EE-Strom

Als Alternative zu einer finanziellen Besserstellung von EE-Strom durch ermäßigte Konzessionsabgaben kommt auch eine konzessionsvertragliche Verpflichtung des Verteilnetzbetreibers zur Berechnung vergünstigter Netzentgelte für EE-Strom in Betracht. Zur Vereinfachung des „Vollzugs", d.h. zur besseren Überprüfbarkeit, wäre hiervon wiederum nur derjenige Strom zu erfassen, der von Versorgungsunternehmen im Rahmen des § 39 EEG geliefert wird.[63] In der

---

[60] Zur Neufassung durch das EEG 2012 *Wustlich/D. Müller*, Die Direktvermarktung von Strom aus erneuerbaren Energien im EEG 2012 – Eine systematische Einführung in die Marktprämie und die weiteren Neuregelungen zur Marktintegration, ZNER 2011, 380 (392f.); ausführlich zur vorhergehenden Fassung und insbesondere auch zum Nachweis, an den im Rahmen einer konzessionsvertraglichen Privilegierung anzuknüpfen wäre, *Gabler*, Das Grünstromprivileg des § 37 Abs. 1 Satz 2 EEG in der Praxis, REE 2011, 68 (73); ferner zur Änderung des Grünstromprivilegs im Zuge des EAG EE *Klemm*, Vorgaben aus Brüssel: Das Europarechtsanpassungsgesetz Erneuerbare Energien im Überblick, REE 2011, 61 (65).

[61] So nunmehr ausdrücklich § 39 Abs. 2 Nr. 1 EEG.

[62] Bei einem alternativ denkbaren Anknüpfen an die neuen Herkunftsnachweise gemäß § 55 EEG wäre eine solche Doppelförderung nicht ausgeschlossen. Im Übrigen käme diese Nachweisvariante unter Umständen in Konflikt mit dem Ausschließlichkeitsgebot in der Legaldefinition für Herkunftsnachweise (§ 3 Nr. 4a EEG). Näher zum Herkunftsnachweis etwa *Klemm*, Vorgaben aus Brüssel: Das Europarechtsanpassungsgesetz Erneuerbare Energien im Überblick, REE 2011, 61 (62).

[63] Näher bereits oben S. 259f.

Praxis dürfte sich die Angabe der genauen Entgelthöhe in einem Konzessionsvertrag als zu unflexibel erweisen, insbesondere in Anbetracht der Vertragslaufzeit von bis zu 20 Jahren, die sich damit über mehrere (Anreiz-)Regulierungsperioden erstreckt. Ohnehin müsste ein Vorbehalt zu Gunsten der vom Netzbetreiber nicht beeinflussbaren Kosten in den Vertrag aufgenommen werden. Stattdessen böte es sich deshalb an, nur den Unterschiedsbetrag zwischen Netznutzungsentgelten für konventionellen Strom und denjenigen für EE-Strom (also den „Rabatt") konzessionsvertraglich festzuhalten. Im Übrigen ist hierbei wiederum ein Vorbehalt der Wirtschaftlichkeit für den Netzbetreiber unumgänglich, für dessen Einzelvoraussetzungen jedoch einiger Spielraum besteht.[64]

Konzessionsvertragsklauseln über ermäßigte Netzentgelte für EE-Strom wurden bisher noch nicht verwendet. Eine frühere Version des Grünen MusterkonzessionsV enthielt allerdings eine Regelung, wonach es dem Konzessionär verboten sein sollte, für sog. Wärmestrom gesonderte (also vergünstigte Netzentgelte) zu verlangen.[65] Diese Vertragsbestimmung erfasst nicht den hier behandelten Fall einer Privilegierung von EE-Strom. Stattdessen sollte damit die klimapolitisch fragwürdige Besserstellung (ineffizienter) Heizungssysteme auf Strombasis beendet werden.[66] Ein konzessionsvertragliches Verbot von ermäßigten Netzentgelten für Wärmestrom würde jedoch gegen die zwingende Regelung in § 19 Abs. 2 S. 1 Stromnetzentgeltverordnung (StromNEV[67]) verstoßen. Danach *muss* der Netzbetreiber einem Letztverbraucher ein individuelles (ermäßigtes) Netzentgelt anbieten, wenn der sog. „Höchstlastbeitrag" dieses Verbrauchers – vereinfacht gesagt – in vorhersehbarer Weise vom zeitgleichen Durchschnittsstromverbrauch abweicht. Dies ist bei der Nutzung von Stromspeicherheizungen der Fall, die sich nachts „aufladen", also zur Nachtzeit für den größten Verbrauch beim jeweiligen Stromkunden sorgen, der damit von der durchschnittlichen Höchstlast (Mittagszeit) abweicht.[68]

Die hiervon erheblich abweichende konzessionsvertragliche Verpflichtung des Netzbetreibers auf geringere Netzentgelte für EE-Strom wird teilweise für zulässig gehalten.[69] Dabei wird ein Verstoß gegen das Diskriminierungsverbot

---

[64] Zu denken wäre etwa daran, ein nachträgliches Abweichen des Netzbetreibers von der vereinbarten Entgeltermäßigung daran zu knüpfen, dass die Gründe für einen solchen Schritt einschließlich möglicher Alternativen zuvor mit der Gemeinde erörtert werden.

[65] § 9 Abs. 5 Grüner MusterkonzessionsV.

[66] Die vorgeschlagene Vertragsklausel erfasste Wärmepumpen und Nachtspeicherheizungen. Ausdrücklich ausgenommen war in der Vertragsbestimmung jedoch Strom für Wärmepumpen, die die Effizienzanforderungen des EEWärmeG erfüllen.

[67] Stromnetzentgeltverordnung v. 25. 7. 2005 (BGBl. I S. 2225), letzte berücksichtigte Änderung durch Gesetz v. 28. 7. 2011 (BGBl. I S. 1690).

[68] Zur Erfassung der Nachtstromspeicherheizungen durch § 19 Abs. 2 S. 1 StromNEV siehe *Bartsch/Meyer/Pohlmann*, in: Säcker (Hrsg.), Berliner Kommentar zum Energierecht, Anh. B § 24 EnWG – § 19 StromNEV Rn. 3.

[69] *Templin*, Kriterien und Verfahren der kommunalen Auswahlentscheidung bei Abschluss eines Konzessionsvertrages (Teil 2), IR 2009, 125 (128). Dem folgend *Lehnert/Tem-*

in §§ 20f. EnWG mit der Begründung verneint, dass der Umwelt- und Klimaschutz als objektives Kriterium eine Ungleichbehandlung rechtfertige, sofern nur die vergleichbaren Zugangspetenten (also die Gesamtheit der EE-Stromanbieter) wiederum gleich behandelt werden. Diese – hinsichtlich der Rechtfertigungsmöglichkeit bestimmter Ungleichbehandlungen – zutreffende Ansicht, kann sich auf den Wortlaut der Vorschriften stützen (vgl. § 20 Abs. 1 S. 1 EnWG: „nach sachlich gerechtfertigten Kriterien"; § 21 Abs. 1 S. 1 EnWG: „diskriminierungsfrei [...] und [...] nicht ungünstiger [...] als sie [...] in vergleichbaren Fällen [...] in Rechnung gestellt werden.").

Zwar wird die Entgelthöhe teilweise als durch die Regulierung festgelegt und damit nicht verhandelbar eingeordnet.[70] Dies dürfte sich jedoch darin begründen, dass bisher praktisch nur *diskriminierende* Entgeltdifferenzierungen denkbar waren, da der Transport des äußerst homogenen Produkts Strom als Gegenleistung für die Netznutzungsentgelte keinen Ansatzpunkt für sachlich begründete Differenzierungen bot. Wenngleich sich daran bei rein technischer Betrachtung auch durch die Einspeisung von EE-Strom nichts geändert hat, legt schon allein die besondere (Auf-)Wertung von EE-Strom durch den Gesetzgeber nahe, hier jedenfalls in rechtlicher Hinsicht eine Neubewertung vorzunehmen. Die Privilegierung von EE-Strom, die sich neben der neuen Zielbestimmung der Umweltverträglichkeit in § 1 Abs. 1 EnWG auch in den EEG-Regelungen zeigt, sorgt folglich für eine gewisse Heterogenität bei der (juristischen) Betrachtung des Produkts Strom, die sich auch in der Auslegung der Diskriminierungsverbote der §§ 20f. EnWG niederschlagen kann. Ohnehin ist anerkannt, dass das Zugangsdiskriminierungsverbot keine strikte Gleichbehandlung bei den Netzentgelten fordert.[71]

Zweifelhaft ist jedoch, wie sich eine Netzentgeltermäßigung für EE-Strom mit den Vorgaben der StromNEV vereinbaren lässt, die – wie gesehen – schon die Aufhebung der Privilegierung ineffizienter Stromheizungen unmöglich machen. Dass die StromNEV keine ausdrückliche Verpflichtung auf Umweltas-

---

plin/Theobald, Die Erneuerbaren Energien im System des Energierechts, VerwArch 102 (2011), 83 (103) sowie *Theobald*, Die erneuerbaren Energien im System des Energierechts, in: Hendler/Marburger/Reiff/Schröder (Hrsg.), Energieversorgung und Umweltschutz (UTR Band 102), 2010, 69 (83f.). A. A. *Salje*, in: Bartsch/Röhling/Salje/Scholz (Hrsg.), Stromwirtschaft, 2. Aufl. 2008, Kap. 58 Rn. 58, der die Ansicht vertritt, dass in Konzessionsverträgen lediglich pauschale Höchstentgelte (ohne Zusage ganz konkreter Entgelthöhen und ohne eine Privilegierung von EE-Strom) konzessionsvertraglich vereinbart werden können. *Wegner*, in: Säcker (Hrsg.), Berliner Kommentar zum Energierecht, 2. Aufl. 2010, § 46 EnWG Rn. 115, geht noch weiter und lehnt mit Berufung auf die Zuständigkeit der Bundesnetzagentur für die Entgeltregulierung jegliche konzessionsvertragliche Vorgaben zu Netzentgelten ab.

[70] *Britz*, in: Britz/Hellermann/Hermes (Hrsg.), EnWG, 2. Aufl. 2010, § 20 Rn. 20.

[71] *Säcker/Meinzenbach*, in: Säcker (Hrsg.), Berliner Kommentar zum Energierecht, 2. Aufl. 2010, § 21 EnWG Rn. 25, 29; ähnlich *Kühling/El-Barudi*, Das runderneuerte Energiewirtschaftsgesetz, DVBl. 2005, 1470 (1475), die sich in ihren Beispielen aber vor allem auf die sonstigen Zugangskriterien neben dem Netzentgelt konzentrieren.

pekte mehr enthält, wie es noch in § 1 Abs. 1 S. 1 der zum 1. 7. 2007 aufgehobenen Bundestarifordnung Elektrizität (BTOElt[72]) der Fall war, dürfte dabei angesichts der höherrangigen Regelung des § 1 Abs. 1 EnWG zwar unschädlich sein. Allerdings sind die Vorgaben aus §§ 17–19 StromNEV zu berücksichtigen. Zunächst könnte eine Privilegierung von EE-Stromlieferungen nach dem hier diskutierten Schema in Konflikt mit § 18 StromNEV geraten, der bereits eine Förderung von EE-Strom in Gestalt der Zahlung von durch die dezentrale Einspeisung (und den sich daran anschließenden Verbrauch *ohne* Nutzung der höheren Spannungsebenen) vermiedenen Netzentgelten an die Anlagenbetreiber vorsieht.[73] Eine Kollision mit ermäßigten Netzentgelten für den von EE-Stromlieferanten (im Anwendungsbereich von § 39 EEG) bezogenen Strom im Sinne einer „Doppelförderung" scheidet jedoch aus. EE-Strom fällt nur dann unter die Regelung des § 39 EEG, die hier – wie schon im Zusammenhang mit ermäßigten Konzessionsabgaben – als Anknüpfungspunkt für einen konzessionsvertraglich vereinbarten Netzentgeltrabatt gewählt wurde, wenn diese Strommenge auch direkt vermarktet wird (§ 39 Abs. 2 Nr. 1 EEG). In diesem Falle greift § 18 StromNEV nach dem neuen ausdrücklichen Vorbehalt im dortigen Abs. 1 Nr. 1 aber ohnehin nicht (mehr) ein.[74]

Darüber hinaus stellt sich die Frage, ob die Sonderregelung des § 19 StromNEV einer zusätzlichen Privilegierung von EE-Strom bei der Netzentgeltberechnung entgegensteht. Dort sind bereits Differenzierungsmöglichkeiten für Netzentgelte aufgeführt. Diese auf Grundlage von § 24 Abs. 1 Nr. 3 EnWG erlassene Vorschrift könnte als abschließende Regelung von Netzentgeltdifferenzierungen gewertet werden.[75] Eindeutige Hinweise hierauf lassen sich dem Wortlaut von § 19 StromNEV jedoch nicht entnehmen. Im Übrigen dient § 19 StromNEV der Schaffung von Anreizen für eine netzstabilisierende Bedarfsausrichtung,[76] sodass der Regelung schon nach ihrer Intention keinerlei Aussagen zur EE-Förderung zu entnehmen sind. Die Belieferung mit EE-Strom stellt damit eine Fallgruppe dar, die zwischen den Sonderfällen des § 19 StromNEV und der Belieferung mit konventionell erzeugtem Strom einzuordnen ist.

Wenngleich den §§ 18 f. StromNEV keine zwingenden Gründe zu entnehmen sind, die gegen ermäßigte Netzentgelte für EE-Strom sprechen, stellt sich jedoch das Problem des konkreten regulierungstechnischen Vollzugs. Da § 17

---

[72] Aufgehoben durch Art. 5 Abs. 3 Zweites Gesetz zur Neuregelung des Energiewirtschaftsrechts v. 7. 7. 2005 (BGBl. I S. 1970).

[73] Detailliert hierzu *Schumacher*, Innovationsregulierung im Recht der netzgebundenen Elektrizitätswirtschaft, 2009, S. 206 ff.

[74] Zum Hintergrund *Wustlich/Müller*, Die Direktvermarktung von Strom aus erneuerbaren Energien im EEG 2012 – Eine systematische Einführung in die Marktprämie und die weiteren Neuregelungen zur Marktintegration, ZNER 2011, 380 (383).

[75] So wohl *Britz*, in: Britz/Hellermann/Hermes (Hrsg.), EnWG, 2. Aufl. 2010, § 20 Rn. 21.

[76] Vgl. näher *Chatzinerantzis*, in: Baur/Salje/Schmidt-Preuß (Hrsg.), Regulierung in der Energiewirtschaft, 2011, Kap. 70 Rn. 87.

StromNEV, der seit Beginn der Anreizregulierung über § 17 Abs. 1 S. 1 Anreizregulierungsverordnung (ARegV[77]) nach wie vor Anwendung findet, detaillierte Vorgaben zur Berechnung der Netzentgelte enthält, bleibt zweifelhaft, ob ohne eine entsprechende Ergänzung in § 17 StromNEV eine Entgeltdifferenzierung zu Gunsten von EE-Strom möglich ist. Obwohl gute Gründe für eine zusätzliche Ermäßigung der Netzentgelte für EE-Strom sprechen, ist damit nicht ersichtlich, auf welcher Grundlage (aus der StromNEV) eine solche Differenzierung genehmigt würde.

Nach alledem lässt sich festhalten, dass wohl kein potenzieller Konzessionsnehmer bereit sein dürfte, sich vertraglich zu einer Differenzierung der Netzentgelte nach dem oben beschriebenen Modus zu verpflichten. Hierfür wäre zumindest eine Änderung der StromNEV notwendig, die bisher keine derartige Privilegierung für den Bezug von EE-Strom vorsieht.

3. Förderung der Errichtung von EE-Anlagen

In der Literatur wird der Frage nachgegangen, welche sonstigen finanziellen Maßnahmen denkbar sind, um den Bau von EE-Anlagen konzessionsvertraglich zu unterstützen. Zu Recht wird der Vereinbarung höherer Einspeiseentgelte für EE-Strom in Konzessionsverträgen[78] kaum Aussicht auf Erfolg eingeräumt. Nach teilweise vertretener Ansicht würde eine solche Regelung zudem gegen § 3 Abs. 2 Nr. 1 KAV verstoßen.[79] Auch die für zulässig erachtete konzessionsvertragliche Verpflichtung des Netzbetreibers, in Abweichung von dem Grundsatz des § 13 Abs. 1 EEG die Kosten für den Anschluss von EE-Anlagen zu übernehmen, begegnet erheblichen Bedenken im Hinblick auf ihre praktische Durchsetzbarkeit, die sich wiederum daraus ergeben, dass die Geltendmachung derartiger Zusatzkosten bei der Netzentgeltregulierung ausgeschlossen sein dürfte.[80]

---

[77] Anreizregulierungsverordnung v. 29. 10. 2007 (BGBl. I S. 2529), letzte berücksichtigte Änderung durch Verordnung v. 20. 7. 2012 (BGBl. I S. 1635).

[78] Ein Konzept mit ähnlichem Ziel, bei dem die Einnahmen aus der Konzessionsabgabe von der Gemeinde für die Bezuschussung von Strom aus PV-Anlagen ausgegeben werden sollten, wurde 1995 (also bevor das EEG in seiner heutigen Form existierte) in Berlin angestrebt, jedoch konnte keine Einigkeit hierüber in der Senatsverwaltung erzielt werden. Vgl. *Marks*, Solarenergie im Wohnungsbau, 2001, S. 223 f., 244.

[79] *Morell*, Konzessionsverträge und Konzessionsabgaben, S. 114c.

[80] Zum Ganzen *Lehnert/Templin/Theobald*, Die Erneuerbaren Energien im System des Energierechts, VerwArch 102 (2011), 83 (102 f.); *Theobald*, Die erneuerbaren Energien im System des Energierechts, in: Hendler/Marburger/Reiff/Schröder (Hrsg.), Energieversorgung und Umweltschutz (UTR Band 102), 2010, S. 69 (82 f.), die auch jeweils die Zulässigkeit einer solchen Regelung im Übrigen, namentlich im Hinblick auf die EEG-Regelungen sowie grundsätzlich auch im Hinblick auf § 3 Abs. 2 Nr. 1 KAV bejahen.

4. Abbau der Privilegierung konventionellen Stroms

Ungenutzte EE-Ausbaupotenziale dürften sich im Bereich der Stromversorgung gewerblicher (Groß-)Verbraucher verbergen. Nicht zuletzt aufgrund der vielfältigen Privilegierungen großer Stromverbraucher im Strompreisrecht bestehen hier noch nicht genügend (finanzielle) Anreize für ambitionierte EE-Eigenverbrauchslösungen. Eine solche Privilegierung findet sich auch im Konzessionsvertragsrecht durch die ganz erheblich herabgesetzte Grenze für Konzessionsabgaben (vgl. § 2 Abs. 3 Nr. 1 KAV). Allerdings eröffnet sich *de lege lata* wegen der zwingenden Höchstgrenze in der KAV keine Möglichkeit für Kommunen, durch konzessionsvertragliche Vereinbarungen eine Verteuerung des Netzstromes für gewerbliche Großverbraucher zu erreichen und damit die Anreize für EE-Eigenverbrauchslösungen zu erhöhen. *De lege ferenda* wäre es angeraten, die Privilegierung von Sondervertragskunden in der KAV zumindest an weitere Voraussetzungen, wie etwa die Prüfung eines möglichen EE-Einsatzes oder auch die Prüfung bzw. Durchführung von Energieeffizienzmaßnahmen, zu binden. In eine ähnliche Richtung geht bereits die Einschränkung der EEG-Ausgleichsregelung für Großverbraucher in Form der Vorgabe einer Bewertung von Energieeinsparpotenzialen (§ 41 Abs. 1 Nr. 2 EEG).[81] Die Einfügung zusätzlicher Voraussetzungen der hier vorgeschlagenen Art in die KAV-Regelungen zur Privilegierung von Großverbrauchern bedürfte dabei keiner Erweiterung der Ermächtigungsgrundlage (§ 48 Abs. 2 EnWG). Die Anforderungen von Art. 80 Abs. 1 S. 2 GG und auch des Vorbehalts des Gesetzes (Art. 20 Abs. 3 GG) würden durch eine bloße Änderung der KAV-Normen nicht verletzt, da es sich hierbei nicht um einen – vom Parlamentsgesetzgeber zu regelnden – Eingriff in Grundrechte der von der Verschärfung betroffenen Unternehmen handeln würde, sondern nur um die Modifizierung einer vom Verordnungsgeber auf der ausdrücklichen Grundlage von § 48 Abs. 2 S. 2 EnWG („für verschiedene Kundengruppen") gewählten Privilegierung gewerblicher Verbraucher. Festzuhalten bleibt jedoch, dass nach aktueller Rechtslage den Kommunen auch insofern keine Spielräume verbleiben.

[81] Zum Erfordernis einer Bindung von energie- und stromsteuerlichen Privilegierungen von Unternehmen an erhöhte Effizienzanstrengungen siehe auch die entsprechende Ankündigung im Energiekonzept der Bundesregierung vom 28.9. 2010, BT-Drs. 17/3049, S. 7, die etwa mit dem Zweiten Gesetz zur Änderung des Energie- und Stromsteuergesetzes umgesetzt werden soll. Der Gesetzentwurf (BT-Drs. 17/10744, siehe insbesondere S. 7, 9f., 13, 14f.) wurde vom Bundestag am 8.11. 2012 in der Fassung der Ausschussempfehlung (BT-Drs. 17/11387) beschlossen. Die Klimaschutzbedeutung der neuen (wenig ambitionierten) Regelungen und Zielwerte dürfte jedoch in Folge nivellierender Berechnungsmethoden sowie durch Verzicht auf *absolute* Einsparziele begrenzt bleiben.

5. Zwischenfazit

Nach alledem lässt sich konstatieren, dass konzessionsvertragliche Bestimmungen zur finanziellen Unterstützung der Nutzung Erneuerbarer Energien zur Stromerzeugung nur ein geringes Potenzial aufweisen. Ursache hierfür sind einerseits Mängel in der Praxistauglichkeit (ermäßigte Konzessionsabgaben für EE-Strom, Übernahme von Anschlusskosten für EE-Anlagen durch den Konzessionär, Zahlung höherer Einspeiseentgelte für EE-Strom durch den Konzessionär) und andererseits Schwierigkeiten bei der rechtlichen Durchsetzung (ermäßigte Netzentgelte für EE-Strom, Aufhebung der anreizfeindlichen Privilegierung von Großverbrauchern).

III. EE-Förderung durch Vereinbarung nicht-finanzieller Maßnahmen

Die Umstellung der Stromversorgung auf die EE-Nutzung erfordert vielfältige Veränderungen in der Technik der Stromerzeugung, des Stromtransports und der Stromverwendung, die auch den Bereich der Verteilnetze betreffen, weil die Verteilnetze häufig die für die Stromeinspeisung genutzte Spannungsebene und zudem regelmäßig die Schnittstelle zum Endverbraucher darstellen. Es liegt deshalb nahe zu überprüfen, inwieweit die Gemeinden und die Verteilnetzbetreiber zu konzessionsvertraglichen Partnern der Energiewende werden können. Dabei wird insbesondere die Reichweite des so genannten Nebenleistungsverbots des § 3 Abs. 2 Nr. 1 KAV vertieft zu erörtern sein, das bei den Ausführungen zu den finanziellen Maßnahmen außen vor gelassen wurde,[82] weil deren Potenzial ohnehin aus anderen (rechtlichen und tatsächlichen) Gründen wie beschrieben als gering zu bewerten ist.

1. EE-Stromerzeugung

Aus Gründen der Vollständigkeit ist vorab zu erwähnen, dass Konzessionsverträge aufgrund der Entflechtung von Netzbetrieb und Stromerzeugung bzw. Stromvertrieb (§§ 6 ff. EnWG) keine Vorschriften (mehr) zum Betrieb von EE-Anlagen durch den Konzessionär enthalten dürfen.[83] Dies wird in der Be-

---

[82] Siehe hierzu aber *Lehnert/Templin/Theobald*, Die Erneuerbaren Energien im System des Energierechts, VerwArch 102 (2011), 83 (102); *Theobald*, Die erneuerbaren Energien im System des Energierechts, in: Hendler/Marburger/Reiff/Schröder (Hrsg.), Energieversorgung und Umweltschutz (UTR Band 102), 2010, S. 69 (82 f.).

[83] Stellvertretend etwa *Pippke/Gaßner*, Neuabschluss und Änderung von Konzessionsverträgen nach dem neuen EnWG, RdE 2006, 33 (38), die daraus jedoch zu Unrecht die pau-

gründung zum durch die EnWG-Novelle 2011 neu gefassten §46 Abs. 3 S. 5 EnWG nochmals ausdrücklich klargestellt.[84] Angesichts der diesbezüglich in der Praxis teilweise anzutreffenden ungenauen vertraglichen Gestaltungen[85] und der in der Literatur teilweise zu weit gehenden Annahmen über mögliche Konzessionsvertragsinhalte[86] ist diese Klarstellung zu begrüßen.

2. Ausbau der Verteilnetze

Die Umstellung auf eine Stromversorgung aus Erneuerbaren Energien erfordert neben dem Ausbau des Übertragungsnetzes auch entsprechende Maßnahmen auf der Verteilnetzebene, sodass sich die Frage stellt, inwieweit Konzessionsverträge hier (in Ergänzung der bestehenden Vorgaben des Energierechts) für verstärkte Aktivitäten der Netzbetreiber instrumentalisiert werden können.

a) Netzausbaudefizite

In technischer Hinsicht sind das Übertragungsnetz und das Verteilnetz zu unterscheiden. Wie sich aus dem Zusammenhang[87] von § 3 Nr. 17, Nr. 32 und Nr. 37 EnWG ergibt,[88] unterteilt sich das Übertragungsnetz in die Höchstspannungsebene (380 kV oder 220 kV) und – in einigen wenigen Fällen – bestimmte Hochspannungsnetze (110 kV), während die Verteilnetze („Netz der allgemeinen Versorgung", §46 Abs. 2 S. 1 EnWG) die Ebenen Hochspannung (110 kV), Mittelspannung (6 kV bis 36 kV) und Niederspannung (230 V, 400 V, 1 kV) umfassen.[89] Das Übertragungsnetz dient dem Stromtransport über große Entfer-

---

schale Schlussfolgerung ableiten, dass das Kriterium der Umweltverträglichkeit damit insgesamt keine Rolle für den Netzbetrieb spiele.

[84] BT-Drs. 17/6072, S. 88.

[85] So wurde in einigen Verträgen als Konzessionsvertragspartner der Gemeinde nicht – wie angesichts der Entflechtungsbestimmungen des EnWG vorgesehen – die eigentliche Netzbetriebsgesellschaft gewählt, sondern das vertikal integrierte Energieversorgungsunternehmen, zu dem die Netzbetriebsgesellschaft gehört, siehe A-Drs. 17(9)382, S. 4f. Vgl. außerdem die Ausführungen bei *Salje*, in: Bartsch/Röhling/Salje/Scholz (Hrsg.), Stromwirtschaft, 2. Aufl. 2008, Kap. 58 Rn. 24, der von in der Vergangenheit verwandten Verpflichtungen zur Installation von EE-Anlagen berichtet.

[86] Siehe etwa die Vorschläge bei *Theobald/Templin*, in: Danner/Theobald (Hrsg.), Energierecht, EnPrR III B 4 § 3 Rn. 200.

[87] *Boesche*, in: Säcker (Hrsg.), Berliner Kommentar zum Energierecht, 2. Aufl. 2010, Bd. 1, EnWG, § 3 Rn. 45, 96, 106f.

[88] Streitig ist, ob auch § 3 Nr. 29c EnWG für den Strombereich relevant ist. Bejahend *Boesche*, in: Säcker (Hrsg.), Berliner Kommentar zum Energierecht, 2. Aufl. 2010, Bd. 1, EnWG, § 3 Rn. 75; verneinend *Theobald*, in: Danner/Theobald (Hrsg.), Energierecht, EnWG I B 1 § 3 Rn. 231.

[89] *Konstantin*, Praxishandbuch Energiewirtschaft, 2009, S. 394f.; *Templin*, Recht der Konzessionsverträge, 2009, S. 6.

nungen und damit auch der Integration in das europäische Verbundnetz, während über das Netz zur allgemeinen Versorgung eine Verteilung an die einzelnen Kunden erreicht wird, weshalb letzteres auch vereinfachend als Verteilnetz bezeichnet wird.

Im Zentrum des öffentlichen Interesses und damit auch der juristischen Auseinandersetzung[90] stehen aktuell die Übertragungsnetze und deren Ausbaubedarf. Mit den so genannten „Netzstudien" der (halbstaatlichen) Deutschen Energieagentur (dena)[91], die den prognostizierten Netzausbaubedarf darstellen, sowie dem Energieleitungsausbaugesetz (EnLAG[92]), der Umsetzung der unionsrechtlichen Vorgaben zur Netzausbauplanung (vgl. Art. 22 RL 2009/72/EG[93] bzw. §§ 12a ff. EnWG) und dem Netzausbaubeschleunigungsgesetz Übertragungsnetz (NABEG[94]) sind in diesem Bereich sowohl groß angelegte Untersuchungen als auch besondere gesetzgeberische Aktivitäten zu verzeichnen. Ungeachtet des nicht zu bestreitenden faktischen Erneuerungs- und Erweiterungsbedarfs sowie der notwendigen rechtlichen Reformen auf der *Übertragungs*netzebene sollte jedoch die *Verteil*netzebene nicht aus dem Blick geraten. Obwohl vor allem die Übertragungsnetze durch ihre auffälligen Überlandfreileitungen ins Auge fallen, macht das Verteilnetz gemessen an der Netzlänge ein Vielfaches dessen aus,[95] was allerdings durch die regelmäßige Erdverkabelung auf niedrigeren Spannungsebenen vor allem im urbanen Raum kaum sichtbar ist.[96] Anzumerken ist jedoch, dass sich Konzessionsverträge gemäß § 46 Abs. 2

[90] Vgl. etwa *Appel*, Neues Recht für neue Netze – das Regelungsregime zur Beschleunigung des Stromnetzausbaus nach EnWG und NABEG, UPR 2011, 406 ff.; *Calliess/Dross*, Neue Netze braucht das Land: Zur Neukonzeption von Energiewirtschaftsgesetz und Netzausbaubeschleunigungsgesetz (NABEG), JZ 2012, 1002 ff.; *Gärditz/Rubel*, Die regulierungsbehördliche Sanktionierung ausbleibender Netzinvestitionen im Rahmen des dritten Legislativpakets zur Liberalisierung der Energiebinnenmärkte, N&R 2010, 194 ff.; *Kühling/Pisal*, Investitionspflichten beim Ausbau der Energieinfrastrukturen zwischen staatlicher Regulierung und nachfrageorientierter Netzbewirtschaftung, ZNER 2011, 13 ff.; *Moench/Ruttloff*, Netzausbau in der Beschleunigung, NVwZ 2011, 1040 ff.; *Wagner*, Bundesfachplanung für Höchstspannungsleitungen – rechtliche und praktische Belange, DVBl. 2011, 1453 ff.; *Weyer*, Netzausbau als Instrument des Klimaschutzes, in: Gundel/Lange (Hrsg.), Klimaschutz nach Kopenhagen, 2011, S. 79 ff., der jedoch auch ausdrücklich auf den Ausbaubedarf auf der Verteilnetzebene hinweist (ebd., S. 80).

[91] Siehe http://www.dena.de/presse-medien/studien/netzstudie-ii.html (abgerufen: 30. 10. 2012).

[92] Energieleitungsausbaugesetz v. 21. 8. 2009 (BGBl. I S. 2870).

[93] Richtlinie 2009/72/EG des Europäischen Parlaments und des Rates vom 13. 7. 2009 über gemeinsame Vorschriften für den Elektrizitätsbinnenmarkt und zur Aufhebung der Richtlinie 2003/54/EG (ABlEU L 211 S. 55).

[94] Art. 1 des Gesetzes über Maßnahmen zur Beschleunigung des Netzausbaus Elektrizitätsnetze vom 28. 7. 2011 (BGBl. I S. 1690). Die Gesetzesbegründung findet sich in BT-Drs. 17/6073.

[95] Die (nachfolgend gerundeten) Zahlen finden sich bei *Schiffer*, Energiemarkt Deutschland, 11. Aufl. 2010, S. 220: Höchstspannungsnetz: 36.000 km; Hochspannungsnetz: 76.000 km; Mittelspannungsnetz: 510.000 km; Niederspannungsnetz: 1.200.000 km.

[96] Zu den Hintergründen vgl. *Agentur für Erneuerbare Energien*, Renews Spezial 50/2011,

S. 1 EnWG nur auf diejenigen Bestandteile des Verteilnetzes beziehen, für deren Verlegung und Betrieb tatsächlich öffentliche Verkehrswege genutzt werden, was nicht bei jeder zum Verteilnetz gehörenden Leitung automatisch der Fall ist.[97]

Mit dem Ausbau der dezentralen Stromerzeugung stößt auch das Verteilnetz in seiner herkömmlichen Form an seine Grenzen, denn EE-Anlagen werden, anders als große Kohle- und Atomkraftwerke, an die unteren Spannungsebenen angeschlossen (Ausnahme: Offshore-Windparks).[98] Zwar bestehen im Einzelnen große Unterschiede beim Netzausbaubedarf auf Verteilebene, die darauf zurückzuführen sind, dass unterschiedliche EE-Arten in regional unterschiedlichem Ausmaß genutzt werden. Die (beginnende) Entwicklung des Verteilnetzes weg von einem reinen Ausspeisenetz hin zu einem Ein- und Ausspeisenetz dürfte sich jedoch kaum bestreiten lassen und zukünftig weiter verstärken.[99] Im süddeutschen Raum beispielsweise bedarf es aufgrund des starken Zubaus an Photovoltaikanlagen zunehmend auch des Ausbaus auf der Mittel- und Niederspannungsebene.[100] Diese Notwendigkeit wird trotz der fortschreitenden Systemintegration der Photovoltaik, wie sie etwa durch die neuen technischen Vorgaben in § 6 Abs. 2 EEG (EEG 2012[101]) fortentwickelt wurde bzw. durch den Eigenverbrauchsanreiz, der mit der Vergütungsbegrenzung in § 33 Abs. 1 EEG n. F.[102] aufrechterhalten werden soll (vgl. auch § 33 Abs. 2 EEG a. F.), weiterbestehen, zumal die Reduzierung von Einspeisemengen bei Netzüberlas-

---

S. 24 (http://www.unendlich-viel-energie.de/de/service/mediathek/renewsspezial.html; abgerufen: 30. 10. 2012). Vgl. ferner *Templin*, Kriterien und Verfahren der kommunalen Auswahlentscheidung bei Abschluss eines Konzessionsvertrages (Teil 1), IR 2009, 101 (102 mit Fn. 7), der von einem Erdkabelanteil von 85% im Niederspannungsnetz spricht.

[97] Insbesondere die Leitungen zum Anschluss von Windenergieanlagen dürften vielfach *nicht* von Konzessionsverträgen erfasst sein, was insbesondere wegen des Netzausbaubedarfs aufgrund der Repowering-Entwicklung von Bedeutung ist, da Repowering-Projekte häufig Probleme mit dem Netzbetreiber provozieren, vgl. *Deutsche WindGuard* (Hrsg.), Fallsammlung erfolgreich abgeschlossener Repowering-Projekte, 2009 (http://www.repowering-kommunal.de/downloads/; abgerufen: 30. 10. 2012), passim. Ferner zum Netzanschluss von Windenergieanlagen *Jarass/Obermair/Voigt*, Windenergie, 2. Aufl. 2009, S. 65 ff., 208 ff.

[98] Nach Energieträgern aufgeschlüsselte Anschlussdaten bei *Bundesnetzagentur*, Monitoringbericht 2011, S. 89 f.

[99] *Bundesministerium für Wirtschaft und Technologie*, Monitoring-Bericht nach § 51 EnWG, 2011, S. 20, 24 (http://www.bmwi.de/DE/Mediathek/publikationen,did=377646.html; abgerufen: 30. 10. 2012); *Bundesnetzagentur*, Monitoringbericht 2011, S. 24. Darauf wurde auch im Zuge der EnWG-Novelle 2011 hingewiesen, vgl. A-Drs. 17(9)377, S. 71; A-Drs. 17(9)379, S. 7 f.; A-Drs. 17(9)526, S. 5 f.

[100] *Bundesministerium für Umwelt, Naturschutz und Reaktorsicherheit* (Hrsg.), EEG-Erfahrungsbericht 2011 (Entwurfsfassung), 3. 5. 2011, S. 35 (http://www.bmu.de/erneuerbare_energien/downloads/doc/47342.php; abgerufen: 30. 10. 2012); *Kühling/Pisal*, Investitionspflichten beim Ausbau der Energieinfrastrukturen zwischen staatlicher Regulierung und nachfrageorientierter Netzbewirtschaftung, ZNER 2011, 13 (14).

[101] Art. 1 des Gesetzes zur Neuregelung des Rechtsrahmens für die Förderung der Stromerzeugung aus erneuerbaren Energien vom 28. 7. 2011 (BGBl. I S. 1634).

[102] Siehe das Gesetz zur Änderung des Rechtsrahmens für Strom aus solarer Strahlungs-

tung regelmäßig nur die zweitbeste Alternative (nach dem Netzausbau) zur Gewährleistung der Versorgungssicherheit darstellt, ohne dass sie grundsätzlich[103] zur Dauerlösung werden sollte.[104] Insgesamt eröffnet sich hier ein Betätigungsfeld für Kommunen, die wegen ihrer räumlichen und sachlichen Nähe gute Voraussetzungen für eine „Partnerschaft" zur Weiterentwicklung der Verteilnetze mitbringen, zumal sich die Aktivitäten des Bundes in Sachen Netzausbau derzeit auf die Übertragungsnetze konzentrieren.[105] Es ist hierbei aber zu betonen, dass jeweils im Einzelfall zu ermitteln ist, welche Netzausbaudefizite im Anwendungsbereich eines Konzessionsvertrages bestehen bzw. welche Leitungen hiervon tatsächlich erfasst sind.

b) Netzausbauregelungen in EnWG und EEG

Ein ausreichender Netzausbau auf der Verteilnetzebene sollte nach den Vorstellungen des Gesetzgebers mit den Regelungen in § 11 Abs. 1 S. 1 EnWG und § 12 Abs. 3 i. V. m. § 14 Abs. 1 S. 1 EnWG sowie für den Fall der EE-Einspeisung in Verteilnetze durch die spezielleren §§ 9 ff. EEG sichergestellt werden. Dabei fällt auf, dass im Einzelfall offenbar nicht immer klar war, dass bzw. inwieweit auch Verteilnetzbetreiber den Netzausbaupflichten unterliegen, denn nicht umsonst findet sich seit 2012 in § 9 Abs. 1 S. 2 EEG nunmehr eine entsprechende Klarstellung.

Die Vorgaben in §§ 9 ff. EEG enthalten jedoch nicht nur Pflichten zum Netzausbau, sondern vielmehr ein Stufenmodell für Maßnahmen des Netzbetreibers zur Vereinbarung von Netzstabilität und maximaler EE-Einspeisung. Unbeschadet der Pflicht zu Optimierung, Verstärkung und Ausbau des Netzes (wobei hier und im Folgenden für alle diese Einzelmaßnahmen[106] zur Vereinfachung der einheitliche Begriff des Ausbaus gewählt wird) bietet § 11 EEG die Möglichkeit, auf ein kurzfristiges Überangebot an EE-Strom infolge mangel-

---

energie und zu weiteren Änderungen im Recht der erneuerbaren Energien v. 17. 8. 2012 (BGBl. I S. 1754); vgl. auch die entsprechende Begründung in BT-Drs. 17/8877, S. 13, 22.

[103] Zu den seltenen Ausnahmefällen des Einspeisemanagements als dauerhafte Maßnahme an Stelle des Netzausbaus siehe *LG Itzehoe*, Urt. v. 23. 12. 2005 – 2 O 254/05, ZNER 2006, 60 ff. Die Voraussetzungen hierfür sind allerdings sehr streng, erforderlich ist u. a. die Zustimmung des Anlagenbetreibers. Zustimmung zu dem Urteil findet sich bei *Altrock*, IR 2006, 65 f.

[104] So auch *Kment*, Rechts vor links? Überlegungen zur Vereinfachung der rechtlichen Vorfahrtsregeln im deutschen Stromnetz, ZNER 2011, 225 (226).

[105] Vgl. auch *Umweltbundesamt* (Hrsg.), Das Klimaschutzrecht des Bundes – Analyse und Vorschläge zu seiner Weiterentwicklung (Stand November 2010), Climate Change 17/2011, S. 445 f. (http://www.umweltdaten.de/publikationen/fpdf-l/4166.pdf; abgerufen: 30. 10. 2012).

[106] Zum genauen Verhältnis untereinander siehe *Salje*, EEG, 6. Aufl. 2012, § 9 Rn. 8 ff.; *Schäfermeier*, in: Reshöft (Hrsg.), EEG, 3. Aufl. 2009, § 9 Rn. 28 ff.; *Wustlich*, Rechtsentwicklung des Netzausbaus in Norddeutschland, NordÖR 2008, 201 (203 f.).

hafter Leitungskapazitäten durch das so genannte Einspeisemanagement, also durch Abschaltung von EE-Anlagen zu reagieren.[107]

Da die Engpasssituation nicht zu Lasten des Anlagenbetreibers gehen soll, wird ihm in § 10 Abs. 1 EEG ein Schadensersatzanspruch gegenüber dem Netzbetreiber eingeräumt. Der Netzbetreiber wird jedoch regelmäßig (von ihm nicht zu vertretende) Gründe für eine Verzögerung des Netzausbaus finden, deren Vorliegen vom Anlagenbetreiber nur schwerlich überprüft werden kann (z.B. die Notwendigkeit weiterer Planungen und weiterer Wirtschaftlichkeitsberechnungen, Verzögerungen des Genehmigungsverfahrens beim Netzausbau bzw. in der Abstimmung mit der Gemeinde hinsichtlich der Ausbauarbeiten im Bereich der öffentlichen Verkehrswege, technische Probleme usw.). In Ermangelung einer konkreten Zeitvorgabe für die Durchführung des Netzausbaus ist die Situation des Anlagenbetreibers also von erheblicher Rechtsunsicherheit geprägt.[108] Vor einem gerichtlichen Verfahren zur Durchsetzung des Ausbauanspruchs wie auch des Schadensersatzanspruchs schrecken Anlagenbetreiber deshalb zurück.[109] Neben dem stets gegebenen Prozessrisiko und dem Zeitaufwand ist hierfür auch die Regelung des § 12 Abs. 1 EEG verantwortlich, die damit praktisch wesentlich größere Bedeutung hat als der Schadensersatzanspruch.[110] Auf der Grundlage von § 12 Abs. 1 EEG bekommt der Anlagenbetreiber die EEG-Vergütung, die ihm ohne die Drosselung seiner Anlage zugestanden hätte, vom Netzbetreiber (verschuldensunabhängig) nahezu vollständig ersetzt.[111] Der Netzbetreiber wiederum kann die Kosten hierfür gemäß § 12 Abs. 2 S. 1 EEG bei den Netzentgelten in Ansatz bringen.[112] Damit ist keiner der Beteiligten (wirtschaftlich) schlechter gestellt als bei einem hinreichenden Netzausbau, allerdings muss hierfür am Ende der Stromverbraucher die Kosten in Form höherer Netzentgelte übernehmen. Um dies zu verhindern oder jedenfalls zu begrenzen, dürfen die Kosten für die Entschädigung der Anlagenbetreiber nur insoweit bei den Netzentgelten in Ansatz gebracht werden, als der Netzbetreiber alle Möglichkeiten zum Netzausbau ausgeschöpft hat (§ 12 Abs. 2

---

[107] Vgl. zum Verhältnis von § 13 EnWG und §§ 11 f. EEG die mit der EnWG-Novelle 2011 eingefügte klarstellende Regelung in § 13 Abs. 2a S. 3 EnWG.

[108] *Ehricke*, in: Frenz/Müggenborg (Hrsg.), EEG, 2. Aufl. 2011, § 11 Rn. 22.

[109] Die Wirkung des § 10 EEG wird nach *Prall/Ewer*, in: Koch (Hrsg.), Umweltrecht, 3. Aufl. 2010, § 9 Rn. 127, weiterhin gemindert durch Nachweisschwierigkeiten in Bezug auf die Kausalität und die Schadenshöhe. Siehe außerdem *Altrock/Vollprecht*, Zur Entwicklung des Einspeisemanagements zwischen dem Vorrang Erneuerbarer Energien und dem Ausbau fluktuierender Stromerzeugungskapazitäten, ZNER 2011, 231 (235).

[110] Ausführlich zu § 12 EEG siehe *Vergoßen*, Das Einspeisemanagement nach dem Erneuerbare-Energien-Gesetz, 2011, S. 129 ff.

[111] *Ehricke*, in: Frenz/Müggenborg (Hrsg.), EEG, 2. Aufl. 2011, § 12 Rn. 15, 20 ff.

[112] Im Einzelnen hierzu *Bundesnetzagentur*, Leitfaden zum EEG-Einspeisemanagement, 29. 3. 2011, S. 19 f. (http://www.bundesnetzagentur.de/cln_1931/DE/Sachgebiete/ElektrizitaetGas/ErneuerbareEnergienGesetz/ErneuerbareEnergienGesetz_node.html; abgerufen: 30. 10. 2012).

S. 2 EEG). Es ist Aufgabe der Entgeltregulierungsbehörde, d. h. der Bundesnetzagentur bzw. der zuständigen Landesregulierungsbehörde, hier ein eventuelles Verschulden des Verteilnetzbetreibers nachzuweisen. Schon angesichts des Ausmaßes der Verteilnetze dürfte der lückenlose Vollzug dieser Regelung jedoch an den begrenzten personellen Kapazitäten der Regulierungsbehörden scheitern.

Insgesamt lässt sich daraus schlussfolgern, dass der Netzausbau in erhöhtem Maße auf die Initiative des Netzbetreibers angewiesen ist, die bestehenden EEG-Regelungen allerdings als Anreize hierfür nur bedingt geeignet erscheinen. Demnach besteht ein zunehmender Bedarf, Netzbetreiber – auch durch konzessionsvertragliche Regelungen – zu verstärkten Netzausbaumaßnahmen zu bewegen.

c) *Netzentgelte und Anreizregulierung*

Ein potenzieller Konzessionär wird sich nur aufgeschlossen gegenüber konzessionsvertraglichen Verpflichtungen zum Netzausbau zeigen, wenn die Kosten hierfür im Rahmen der Netzentgeltregulierung berücksichtigungsfähig sind.[113] Daraus allerdings den Schluss zu ziehen, dass Vorgaben zum Netzausbau in Konzessionsverträgen keinerlei Realisierungsmöglichkeit hätten,[114] erscheint zu pauschal und zu weitgehend, da sich auch im Rahmen der Anreizregulierung Möglichkeiten zur Berücksichtigung von Netzausbaukosten bieten, für deren Ausnutzung es jedoch der (konzessionsvertraglich zu fordernden) Initiative des Verteilnetzbetreibers bedarf. Allerdings muss sich die nachfolgende Darstellung auf die überblicksartige Wiedergabe der wichtigsten Aspekte beschränken.

Zuzugeben ist, dass die Ansetzung von Kosten für den Netzausbau zur Einbindung der Erneuerbaren Energien im Rahmen der Entgeltregulierung seit dem Wegfall des § 13 Abs. 2 S. 3 EEG (2004) bzw. mit Einführung der Anreizregulierung insoweit erschwert wurde, als *während* einer Regulierungsperiode nur wenige Möglichkeiten hierfür bestehen. Die wichtigsten Fälle für die Verteilnetzbetreiber dürften aktuell die Beantragung von Erweiterungsfaktoren (§ 4 Abs. 4 S. 1 Nr. 1 i. V. m. § 10 ARegV[115]) und – vorausgesetzt es handelt sich nicht um einen kleinen Netzbetreiber, der das vereinfachte Verfahren gewählt hat (vgl. § 24 Abs. 1, 3 ARegV) – die Beantragung von Investitionsbudgets (§ 4 Abs. 3 S. 1 Nr. 2 i. V. m. § 11 Abs. 2 S. 1 Nr. 6 ARegV in Verbindung insbesondere mit § 23 Abs. 6 ARegV) sein.[116]

---

[113] *Salje*, in: Bartsch/Röhling/Salje/Scholz (Hrsg.), Stromwirtschaft, 2. Aufl. 2008, Kap. 58 Rn. 44, 58.

[114] So *Pippke/Gaßner*, Neuabschluss, Verlängerung und Änderung von Konzessionsverträgen nach dem neuen EnWG, RdE 2006, 33 (37 f.).

[115] Fundstelle oben Fn. 77.

[116] Näher und kritisch zu den Voraussetzungen der Tatbestände *Theobald*, Die erneuer-

Auf die Kritik[117] an der restriktiven Anerkennung von Erweiterungsfaktoren (§ 10 ARegV)[118] im Zusammenhang mit dem Anschluss von EE-Anlagen wurde seitens der Bundesnetzagentur inzwischen reagiert, indem die Zahl der anzuschließenden dezentralen EE-Anlagen als „sonstiger Parameter“ i.S.v. § 10 Abs. 2 S. 2 Nr. 4 ARegV festgelegt wurde.[119] Nichtsdestoweniger besteht hier noch immer Verbesserungsbedarf.[120]

In Bezug auf die Investitionsbudgets[121] von Verteilnetzbetreibern ist besonderes Augenmerk darauf zu legen, dass § 23 Abs. 6 S. 1 ARegV nicht einfach vom „Anschluss“ der EE-Anlagen spricht, sondern von ihrer „Integration“. Damit ist also nicht nur die technische Verbindung mit dem Stromnetz gemeint, sondern vielmehr eine Verknüpfung und Einfügung in die Energieversorgung, die auch die Versorgungssicherheit gewährleistet.[122] Mit anderen Worten werden damit also auch Maßnahmen zur Verstetigung der Stromerzeugung aus fluktuierenden Erneuerbaren Energien in bestimmtem Umfang erfasst, wobei sich gerade diese Verstetigung als größte Herausforderung der in Deutschland bekanntlich zu einem großen Teil von der Windkraft getragenen Energiewende darstellt. Damit kommt dieser Variante in § 23 Abs. 6 S. 1 ARegV auch nach Festlegung der Zahl der anzuschließenden dezentralen EE-Anlagen als „sonsti-

baren Energien im System des Energierechts, in: Hendler/Marburger/Reiff/Schröder (Hrsg.), Energieversorgung und Umweltschutz (UTR Band 102), 2010, S. 69 (85 ff.). Vgl. ferner *Kühling/Pisal*, Investitionspflichten beim Ausbau der Energieinfrastrukturen zwischen staatlicher Regulierung und nachfrageorientierter Netzbewirtschaftung, ZNER 2011, 13 (21 f.); *Rufin*, Fortentwicklung des Rechts der Energiewirtschaft: für mehr Wettbewerb und eine nachhaltige Energieversorgung in Deutschland?, ZUR 2009, 66 (69).

[117] *Lehnert/Templin/Theobald*, Die Erneuerbaren Energien im System des Energierechts, VerwArch 102 (2011), 83 (108).

[118] Zur praktischen Bedeutung: In 2011 wurden 105 Erweiterungsfaktoranträge genehmigt, vgl. *Bundesnetzagentur*, Monitoringbericht 2011, S. 105.

[119] *Bundesnetzagentur*, Beschluss v. 8.9. 2010: Festlegung zur Verwendung anderer Parameter zur Ermittlung des Erweiterungsfaktors nach § 10 Abs. 2 S. 2 Nr. 4 ARegV für Elektrizitätsverteilnetzbetreiber, Az. BK8-10-004 (www.bundesnetzagentur.de; abgerufen: 30. 10. 2012).

[120] Siehe die Vorschläge in A-Drs. 17(9)377, S. 75.

[121] Zu den Vorteilen, Nachteilen und der Genehmigungspraxis der Bundesnetzagentur im Zusammenhang mit Investitionsbudgets siehe *Finger/Ufer*, Wirkungsmechanismen der Investitionsbudgets nach § 23 ARegV, IR 2010, 253 (254 f.). Ausführlich zu Investitionsbudgets auch *Hardach*, Die Anreizregulierung der Energieversorgungsnetze, 2010, S. 234 ff. Auch die Investitionsbudgets haben große praktische Bedeutung. In 2010 wurden Investitionsbudgets i.H.v. ca. 7 Mrd. Euro bei der Bundesnetzagentur beantragt, wenngleich hiervon (bisher) nur ein geringer Teil auf die Verteilnetzbetreiber entfällt, siehe *Hummel*, in: Danner/Theobald (Hrsg.), Energierecht, EnPrP III B 1 § 23 Rn. 4, 97.

[122] Auch die Gleichsetzung von „Integration“ mit dem bloßen Netzausbau (vgl. § 23 Abs. 1 S. 2 Nr. 1 ARegV), wie sie von *Hummel*, in: Danner/Theobald (Hrsg.), Energierecht, EnPrP III B 1 § 23 Rn. 17, erwogen, aber weder befürwortet noch abgelehnt wird, dürfte zu kurz greifen.

ger Parameter“ im Sinne von § 10 Abs. 2 S. 2 Nr. 4 ARegV durch die *Bundesnetzagentur* weiterhin Bedeutung zu.[123]

In Anbetracht der Ausrichtung von Investitionen auf die zukünftige Entwicklung der EE-Integration, die sich gerade aufgrund der aktuellen Dynamik kaum zuverlässig unter bloßem Rückgriff auf die Daten der jüngeren Vergangenheit antizipieren lässt, verdient jedoch der Vorschlag[124] Zustimmung, nach dem die Investitionsbudgets auf der Grundlage von Plankosten bei der Anpassung der Erlösobergrenze berücksichtigt werden sollten, nicht auf der Grundlage der zwei Jahre zuvor entstandenen Kosten (so bisher § 4 Abs. 3 S. 1 Nr. 2 ARegV).

Zukünftig könnte außerdem der Berücksichtigung des Qualitätselements (§ 19 ARegV) größere Bedeutung zukommen, die auch während einer Regulierungsperiode zu einer Anpassung der Erlösobergrenze führen kann (§ 4 Abs. 5 S. 1 ARegV). In § 20 Abs. 5 ARegV etwa wird zur Bestimmung der Netzleistungsfähigkeit auf die Dauer und Häufigkeit des Einspeisemanagements als Kennzahl abgestellt, sodass ein positives oder negatives Abweichen von den entsprechenden Kennzahlen Auswirkungen auf die Erlösobergrenze hat (§ 19 Abs. 1 S. 1 ARegV).[125]

Insgesamt lässt sich festhalten, dass die ARegV Möglichkeiten zur Berücksichtigung von Netzausbaukosten von Verteilnetzbetreibern enthält, die kurzfristig, also innerhalb einer Regulierungsperiode anfallen, wenngleich insoweit noch erheblicher Weiterentwicklungsbedarf besteht. Im Übrigen erstrecken sich Konzessionsverträge angesichts ihrer Maximallaufzeit von 20 Jahren in aller Regel über mehrere Regulierungsperioden, sodass sich auch langfristigere Investitionsmaßnahmen eines Konzessionärs im Zuge des Umbaus des Verteilnetzes zu einem (EE-)Ein- und Ausspeisenetz in konzessionsvertraglichen Verpflichtungen niederschlagen können.

---

[123] A. A. *Weyer*, in: Baur/Salje/Schmidt-Preuß (Hrsg.), Regulierung in der Energiewirtschaft, 2011, Kap. 81 Rn. 43, der jedoch gleichfalls ein Beispiel aus der Regulierungspraxis aufführt.

[124] *Bundesministerium für Umwelt, Naturschutz und Reaktorsicherheit* (Hrsg.), EEG-Erfahrungsbericht 2011 (Entwurfsfassung), 3. 5. 2011, S. 44 (http://www.bmu.de/erneuerbare_energien/downloads/doc/47342.php; abgerufen: 30. 10. 2012). Näher hierzu auch *Brunekreeft/Meyer*, Netzinvestitionen im Strommarkt: Anreiz- oder Hemmniswirkungen der deutschen Anreizregulierung?, ET 1–2/2011, 40 f.

[125] *Rufin*, Fortentwicklung des Rechts der Energiewirtschaft: für mehr Wettbewerb und eine nachhaltige Energieversorgung in Deutschland?, ZUR 2009, 66 (69), schätzt die daraus erwachsende Sanktionsmöglichkeit jedoch als nicht allein ausreichend ein.

d) Nebenleistungsverbot des § 3 Abs. 2 KAV

aa) Bedeutung und Normstruktur

Alle Überlegungen zu konzessionsvertraglichen Vorgaben zum Umbau des Verteilnetzes müssen sich jedoch an den gesetzlichen Grenzen hierfür messen lassen, namentlich am so genannten Nebenleistungsverbot des § 3 Abs. 2 Nr. 1 KAV.[126] Dieses Nebenleistungsverbot gilt noch immer in der Fassung des Verordnungsentwurfs von 1991 und stammt damit aus einer überkommenen Zeit der Regulierung des Energiesektors. Gleichwohl kommt ihm erhebliche rechtliche Bedeutung zu. Ein Verstoß hiergegen wird nämlich als Missbrauch der marktbeherrschenden Stellung, die der Gemeinde beim Abschluss eines Konzessionsvertrages zukommt[127] bzw. als Verstoß gegen ein gesetzliches Verbot mit der Folge der (Teil-)Nichtigkeit[128] gemäß § 134 BGB eingeordnet.[129]

§ 3 Abs. 2 KAV gilt mit Recht als wenig geglückte Vorschrift. Schon eine genaue Zitierung der Einzelelemente stößt auf Schwierigkeiten. Nachfolgend wird im Anschluss an einen Vorschlag von *Theobald*[130] eine Strukturierung gewählt, die § 3 Abs. 2 Nr. 1 KAV einteilt in den 1. Hs. sowie diesen wiederum in Var. 1 („sonstige Finanz- und Sachleistungen, die [...]" = eigentliches Nebenleistungsverbot), Var. 2 („Leistungen [...] bei der Aufstellung kommunaler oder regionaler Energiekonzepte" = erste Ausnahme vom Verbot), Var. 3 („Maßnahmen, die dem rationellen [...] Umgang mit der vereinbarten Energieart dienen" = zweite Ausnahme vom Verbot) und den 2. Hs. („soweit sie nicht im Zusammenhang mit dem Abschluss oder der Verlängerung von Konzessionsverträgen stehen" = Gegenausnahme bzw. Beschränkung der Ausnahme), wobei gerade § 3 Abs. 2 Nr. 1 *2. Hs.* KAV ganz erhebliche Auslegungsprobleme aufwirft.

---

[126] Ausführlich hierzu *Theobald/Templin*, in: Danner/Theobald (Hrsg.), Energierecht, EnPrR III B 4 § 3 Rn. 88 ff.

[127] *Bundeskartellamt/Bundesnetzagentur*, Gemeinsamer Leitfaden von Bundeskartellamt und Bundesnetzagentur zur Vergabe von Strom- und Gaskonzessionen und zum Wechsel des Konzessionsnehmers, 2010, Rn. 22, abgedruckt in ZNER 2011, 153 ff. Näher zur marktbeherrschenden Stellung der Gemeinde beim Konzessionsvertragsschluss *Säcker/Mohr/Wolf*, Konzessionsverträge im System des europäischen und deutschen Wettbewerbsrechts, 2011, S. 52 ff.

[128] Hierzu näher *Theobald/Templin*, in: Danner/Theobald (Hrsg.), Energierecht, EnPrR III B 4 § 3 Rn. 201 ff.

[129] *Kermel/Brucker/Baumann*, Wegenutzungsverträge und Konzessionsabgaben in der Energieversorgung, 2008, S. 214; *Templin*, Recht der Konzessionsverträge, 2009, S. 147 m. w. N.

[130] *Theobald*, Die erneuerbaren Energien im System des Energierechts, in: Hendler/Marburger/Reiff/Schröder (Hrsg.), Energieversorgung und Umweltschutz (UTR Band 102), 2010, S. 69 (78 f.), bei dem sich auch die Kritik an der sprachlichen Fassung der Bestimmung findet. Anders hingegen die Zitierweise bei *Kermel*, in: Säcker (Hrsg.), Berliner Kommentar zum Energierecht, 2. Aufl. 2010, Bd. 1, Anhang zu § 48 EnWG, § 3 KAV Rn. 25 ff.

bb) „Sonstige Finanz- und Sachleistungen" (§ 3 Abs. 2 Nr. 1 1. Hs. 1. Var. KAV)

Der auf den ersten Blick sehr weite Wortlaut des Nebenleistungsverbotes erfährt durch systematische und teleologische Erwägungen diverse Einschränkungen. Von dem Verbot erfasst sind nicht nur konzessionsvertraglich vereinbarte Leistungen an die Gemeinde, sondern auch an Dritte.[131] Eben diese Leistung an eine (Rechts-)Person, sei es die Gemeinde oder ein Dritter, begrenzt jedoch zugleich das Nebenleistungsverbot in § 3 Abs. 2 Nr. 1 1. Hs. 1. Var. KAV. Von dem Verbot sind damit nur Bestimmungen erfasst, die zu Leistungen an eine oder mehrere konkrete Personen verpflichten. Außen vor bleiben Maßnahmen, zu denen sich der Konzessionsnehmer verpflichtet und die der Allgemeinheit zu Gute kommen.[132] Die Allgemeinheit, etwa die Gemeindeeinwohner in ihrer Gesamtheit als Stromverbraucher, kann insoweit von der Gemeinde als Rechtsperson oder von Dritten durchaus unterschieden werden, weil die Begünstigten nicht in vergleichbarer Weise konkretisiert sind.

Beispielhaft für Bestimmungen, die Leistungen an die Allgemeinheit darstellen, ist die konzessionsvertragliche Pflicht zur Verlegung von Erdkabeln an Stelle von Freileitungen, die folgerichtig auch zu Recht für zulässig gehalten wird[133] und in der Praxis zur Anwendung kommt.[134] Eine Pflicht zum Netzausbau kann im Hinblick auf die Vereinbarkeit mit § 3 Abs. 2 Nr. 1 1. Hs. 1. Var. KAV gleichgesetzt werden mit einer solchen Erdverkabelungspflicht, da es jeweils an konkreten bzw. an im Voraus konkretisierbaren „Leistungsempfängern" fehlt.[135] Als Leistungsempfänger kommt dabei auch nicht ein (vom Netzbetreiber verschiedenes) Drittunternehmen in Betracht, das die Leitungsarbeiten ausführt, da eine konzessionsvertragliche Festlegung der Person, die die Verkabelungs- oder Netzausbauarbeiten im Einzelnen durchführt, nicht notwendig ist. Für die Beurteilung von konzessionsvertraglichen Netzaus-

---

[131] *Morell*, Konzessionsverträge und Konzessionsabgaben, S. 114c. Dem folgend *Kermel*, in: Säcker (Hrsg.), Berliner Kommentar zum Energierecht, 2. Aufl. 2010, Bd. 1, Anhang zu § 48 EnWG, § 3 KAV Rn. 27.

[132] Ähnlich auch *Theobald/Templin*, in: Danner/Theobald (Hrsg.), Energierecht, EnPrR III B 4 § 3 Rn. 115 f., die zur Abgrenzung auf eine „Vermögensmehrung auf Seiten der Gemeinde" abstellen.

[133] *Templin*, Kriterien und Verfahren der kommunalen Auswahlentscheidung bei Abschluss eines Konzessionsvertrages (Teil 1), IR 2009, 125 (127).

[134] *Deutscher Städte- und Gemeindebund* (Hrsg.), Konzessionsverträge und Konzessionsabgaben – Hinweise für die kommunale Praxis nach der Energierechtsreform 2005, DStGB Dokumentation Nr. 82, September 2008, S. 9. Siehe ferner § 4 Grüner MusterkonzessionsV, der hierfür auch eine ausgewogene Kostenregelung enthält, die eine finanzielle Überforderung des Netzbetreibers vermeiden soll. Verwendet wurde eine Erdverkabelungsklausel etwa im Stromkonzessionsvertrag der Gemeinde Neckargemünd bei Heidelberg, vgl. Sitzungsprotokoll v. 10. 2. 2011 (http://www.neckargemuend.de/servlet/PB/menu/1354678_l1/index.html; abgerufen: 30. 10. 2012).

[135] Auch der einzelne EE-Anlagenbetreiber ist nicht der unmittelbare Nutznießer, da nicht der Netzanschluss, sondern der Netzausbau in Rede steht.

baupflichten, käme es damit *insoweit* auf die Ausnahmeregelung des § 3 Abs. 2 Nr. 1 1. Hs. 3. Var. KAV genau genommen nicht mehr an, weil schon gar keine „Finanz- und Sachleistungen" im Sinne der 1. Var. vorliegen. Gleiches gilt etwa auch für die in § 9 Abs. 3 Grüner MusterkonzessionsV vorgeschlagene Regelung zur Einrichtung einer „kommunalen Schlichtungsstelle für Fragen der dezentralen Stromerzeugung", also für Streitfragen zwischen Bürgern und Konzessionär.[136] Allerdings ist hier genau darauf zu achten, dass diese vom Konzessionär unterstützte Stelle keine genuin gemeindlichen Aufgaben (mit-)übernimmt, weil es dann zu einer Entlastung der Rechtsperson Gemeinde käme, die zwar – wie jede öffentliche Beschaffung von Sach- oder Dienstleistungen – grundsätzlich zulässig ist, allerdings sollen derartige Unterstützungsleistungen nicht durch eine wettbewerbsfreie Einschaltung des Netzbetreibers aquiriert werden, sondern die Gemeinde soll ein marktübliches Entgelt für entsprechende Leistungen entrichten müssen. Die Grenze zur von § 3 Abs. 2 Nr. 1 1. Hs. 1. Var. KAV erfassten Finanz- und Sachleistung ist also relativ schnell erreicht. Teilweise erscheint es außerdem problematisch, ob eine Leistung unter § 3 Abs. 2 Nr. 1 1. Hs. 1. Var. KAV fällt oder hiervon auszunehmen ist, weil kein Markt bzw. kein Marktpreis für die konzessionsvertragliche Leistung existiert.[137] In Zweifelsfällen oder eben bei Vorliegen eines Falles der Var. 1 können dann allerdings noch die Ausnahmen in Var. 2 oder Var. 3 greifen, die für gewisse energie- und umweltpolitische Leistungen von dem eigentlichen Verbot befreien[138] und deren Gehalt deshalb nachfolgend analysiert werden soll.

cc) „Maßnahmen, die dem rationellen und sparsamen sowie ressourcenschonenden Umgang mit der vertraglich vereinbarten Energieart dienen" (§ 3 Abs. 2 Nr. 1 1. Hs. 3. Var. KAV)

Die Formulierung der Ausnahme in § 3 Abs. 2 Nr. 1 1. Hs. 3. Var. KAV, speziell die Wahl des Begriffes „Umgang" mit der jeweiligen Energieart (hier: Strom), könnte zu der Annahme verleiten, dass man hierunter nur Maßnahmen bei dem Verbrauch von Strom zu verstehen hat, bezogen auf die umweltpolitische Aus-

---

136 *Theobald*, Die erneuerbaren Energien im System des Energierechts, in: Hendler/Marburger/Reiff/Schröder (Hrsg.), Energieversorgung und Umweltschutz (UTR Band 102), 2010, S. 69 (81).

137 So *Theobald/Templin*, in: Danner/Theobald (Hrsg.), Energierecht, EnPrR III B 4 § 3 Rn. 103. Diskutiert wird diese Einschränkung etwa bei *Lehnert/Templin/Theobald*, Die Erneuerbaren Energien im System des Energierechts, VerwArch 102 (2011), 83 (99f.), für die Verpflichtung des Konzessionärs in § 11 Abs. 4 Grüner MusterkonzessionsV, die Leitungsverluste jährlich um einen bestimmten Prozentsatz zu verringern.

138 Zu pauschal erscheint deshalb die generelle Ablehnung von Leistungen an die Gemeindeeinwohner zum Energiesparen bei *Kermel/Brucker/Baumann*, Wegenutzungsverträge und Konzessionsabgaben in der Energieversorgung, 2008, S. 215.

richtung der Ausnahme also nur Energiesparmaßnahmen.[139] Eine derartige Verengung würde indessen nicht durchgreifen, zum einen weil damit die ebenfalls aufgeführten Attribute des rationellen und insbesondere des ressourcenschonenden Umgangs ausgeblendet würden, obwohl gerade die Ressourcenschonung die EE-Nutzung umfasst (vgl. § 3 Nr. 33 EnWG), zum anderen weil der Umgang mit Energie auch die Verteilung einschließt.[140] Der faktische Zusammenhang zwischen dezentralen EE-Anlagen und einer Netzinfrastruktur, die den (fluktuierenden) EE-Strom auch aufnehmen und bedarfsgerecht verteilen kann, bewirkt also eine Verzahnung des Netzbereichs mit dem Erzeugungsbereich, mit der Folge, dass Ressourcenschonung (mittelbar) auch eine Frage des Netzes bzw. des Netzbetriebs wird, und zwar ohne dass der Betrieb einer Erzeugungsanlage durch den Netzbetreiber selbst in Rede steht.

Die Gegenansicht, die § 3 Abs. 2 Nr. 1 1. Hs. 3. Var. KAV restriktiv auslegt,[141] ist daher abzulehnen.[142] In Betracht kommen mithin alle Maßnahmen zur Umstellung der Stromversorgung hin zu mehr Effizienz und einer verbesserten Einbindung von (fluktuierendem) EE-Strom, für deren Umsetzung eine Zusammenarbeit mit dem Verteilnetzbetreiber erforderlich ist. Neben dem hier gewissermaßen als Referenzbeispiel angeführten Verteilnetzausbau gehören dazu auch Maßnahmen zur Elektromobilisierung,[143] zum Aufbau sonstiger Stromspeicherlösungen sowie zur Forcierung des Smart Metering bzw. des Aufbaus von Smart Grids.[144] Gerade in Bezug auf das zu befürchtende Vollzugsdefizit bei den Regelungen[145] zum Smart Metering/Smart Grid ist Konzessionsverträgen ein nicht unerhebliches Potenzial zuzuerkennen. Diese Zusammenhänge zwischen traditionellem Energiewirtschaftsrecht und Umweltener-

---

139 Dies legen auch die bei *Kermel*, in: Säcker (Hrsg.), Berliner Kommentar zum Energierecht, 2. Aufl. 2010, Bd. 1, Anhang zu § 48 EnWG, § 3 KAV Rn. 33, aufgezählten Beispiele nahe.

140 Vgl. insgesamt *Theobald*, in: Danner/Theobald, Energierecht, EnWG I B 1 § 3 Rn. 256, 259.

141 Für eine enge Auslegung, jedoch ohne nähere Konkretisierung, plädieren *Feuerborn/Riechmann*, KAV, 1994, § 3 Rn. 15; *Kermel*, in: Säcker (Hrsg.), Berliner Kommentar zum Energierecht, 2. Aufl. 2010, Bd. 1, Anhang zu § 48 EnWG, § 3 KAV Rn. 31.

142 Ähnlich *Immesberger* (Hrsg.), Das neue Recht der Konzessionsabgaben, II-2, § 3 KAV, Rn. 18 f.

143 Siehe dementsprechend etwa § 10 Grüner MusterkonzessionsV. Die Zulässigkeit einer konzessionsvertraglichen Vereinbarung zur Aufstellung von „Stromtankstellen" vor dem Hintergrund des Nebenleistungsverbots bejahen *Theobald/Templin*, in: Danner/Theobald (Hrsg.), Energierecht, EnPrR III B 4 § 3 Rn. 114.

144 Ansätze finden sich etwa in Form der Informationspflicht in § 9 Abs. 5 S. 2 Nr. 6, 7 Grüner MusterkonzessionsV. Siehe außerdem *Lindauer*, Smart Cities – zehn Thesen für eine nachhaltige Zukunft der Stadt(-werke), ET 1–2/2011, 106 (107 f.), der Pilotprojekte nennt, die ggf. auch durch Konzessionsverträge angestoßen werden könnten.

145 Vgl. die Vorgaben in § 21b EnWG und insbesondere in den §§ 21c ff. EnWG. Zu den Defiziten der bisher geltenden Regelungen im Bereich von Smart Metering und Smart Grids, die nunmehr (teilweise) ausgeräumt sind, vgl. *Güneysu/Vetter/Wieser*, Intelligenter Rechtsrahmen für intelligente Netze *(Smart Grids)*, DVBl. 2011, 870 (871 ff.).

gierecht erklären sich schlicht daraus, dass der Verteilnetzbetreiber (abgesehen vom strombetriebenen Produkt selbst) das letzte Glied in der Kette von der Stromerzeugung zum Stromverbraucher ist, dem damit auch eine nicht unerhebliche Rolle in der Umstellung der Stromversorgung auf Erneuerbare Energien zukommt.

§ 3 Abs. 2 Nr. 1 1. Hs. 3. Var. KAV erfasst damit in Folge der enormen Aufwertung des Umweltaspektes in der Energieversorgung heute weitaus mehr Bereiche, als bei ihrer Schaffung intendiert, was schlicht daran liegt, dass die technische Entwicklung in Sachen Energiewende nicht vorhersehbar war und auch noch nicht abgeschlossen ist. Daraus kann jedoch nicht abgeleitet werden, dass das Nebenleistungsverbot konterkariert würde oder es zu einer uferlosen Anwendbarkeit der Ausnahme käme. So verbleibt bereits die grundlegende Restriktion, dass sich konzessionsvertragliche Regelungen nur auf diejenigen Themenbereiche der umweltfreundlichen Energieversorgung beziehen können, auf die der Konzessionär originären Einfluss hat, also solche, die das Verteilnetz berühren. Bei aller Bedeutung für die Stromversorgung, die dem Verteilnetz im Einzelfall zukommt, bleiben damit doch ganz wesentliche Fragen (Erzeugung, Übertragung) außen vor. Umgekehrt betrachtet dient das Nebenleistungsverbot auch gerade *nicht* dazu, umweltenergierelevante (Neben-)Leistungen in Konzessionsverträgen soweit als möglich auszuschließen. Untersagt werden sollen „nur" alle sonstigen denkbaren Nebenleistungen, die sich für eine Gemeinde zur Einnahmeerzielung oder zur Einsparung eigener Aufwendungen anbieten könnten.[146]

dd) „Soweit sie nicht im Zusammenhang mit dem Abschluß oder der Verlängerung von Konzessionsverträgen stehen" (§ 3 Abs. 2 Nr. 1 2. Hs. KAV)

Die Ausnahme vom Nebenleistungsverbot zu Gunsten von Maßnahmen, die der umweltverträglichen Energieversorgung dienen, erfährt ihrerseits wiederum eine Beschränkung durch § 3 Abs. 2 Nr. 1 2. Hs. KAV. Eine extensive Auslegung dieses Zusatzes würde dazu führen, dass im Konzessionsvertrag selbst keinerlei Verpflichtungen betreffend Maßnahmen zum rationellen Umgang mit Energie getroffen werden könnten, weil ein Netzbetreiber außerhalb der Konzessionsvertragsverhandlungen kaum Anreize sehen dürfte, sich auf weitere Vereinbarungen mit der Gemeinde einzulassen. § 3 Abs. 2 Nr. 1 1. Hs. 3. Var. KAV würde dann keinerlei praktische Wirksamkeit entfalten können.[147] Dieses widersinnige Ergebnis der Wortlautauslegung bedarf demnach genauerer Über-

---

[146] Beispiele finden sich etwa bei *Feuerborn/Riechmann*, KAV, 1994, § 3 Rn. 13.

[147] Dies wird auch erkannt bei *Morell*, Konzessionsverträge und Konzessionsabgaben, S. 114c, allerdings werden hieraus keine weitergehenden Schlussfolgerungen gezogen.

prüfung anhand der sonstigen Auslegungsmethoden. Anhaltspunkte hierfür liefert etwa die historisch-genetische Interpretation. Allerdings zeigt sich, dass sich diese Erwägungen von 1991 kaum mehr angemessen auf die heutige Situation übertragen lassen.

Die Bundesregierung hatte die Ausnahme vom Nebenleistungsverbot in ihrem Verordnungsentwurf zunächst beschränkt auf die Erstellung von Energiekonzepten und Beratungsleistungen zum Energiesparen. Die Privilegierung von weiteren Maßnahmen zur umweltverträglichen Energieversorgung wurde nicht mit aufgenommen. Dies sollte ausweislich der Begründung dem Schutz von Wettbewerbern des konzessionierten Unternehmens dienen,[148] die selbst weitergehende (also über bloße Beratungen hinausgehende) Leistungen für die Gemeinde erbringen wollten, etwa die Errichtung von EE- oder KWK-Anlagen. Wäre das konzessionierte Versorgungsunternehmen hierzu bereits im Rahmen des Konzessionsvertrags berechtigt bzw. verpflichtet gewesen – und zwar ohne Gegenleistung der Gemeinde bzw. gegen Zahlung eines Entgelts unter dem Marktpreis –, hätten derartige Wettbewerber keine Marktchancen gehabt. Die Verbindung von Netzbetrieb und Stromerzeugung (auch durch EE- oder KWK-Anlagen) in der Person des Konzessionärs war seinerzeit selbstverständlich, da beide Bereiche mangels Entflechtung von den integrierten Versorgungsunternehmen abgedeckt wurden. Für die konzessionsvertragliche Verpflichtung zu derartigen Nebenleistungen hätte die Gemeinde vor allem deshalb kein marktübliches Entgelt an den Konzessionär zahlen müssen, weil dieser die Zusatzkosten über eine Erhöhung des Strompreises ausgleichen konnte. Wettbewerb auf dem Strommarkt existierte zu dieser Zeit nicht, sodass der Konzessionär, der durch den Konzessionsvertrag seinerzeit auch zur ausschließlichen Versorgung der Gemeindeeinwohner mit Strom berechtigt war,[149] in seiner Strompreisgestaltung relativ frei war. Der daraus erwachsenden Gefahr einer Aushöhlung des Wettbewerbs um Energieleistungen, verbunden mit einer Erhöhung der Strompreise wegen unangemessener Nebenleistungen an die Gemeinde, musste nach Ansicht der Bundesregierung mit einem möglichst weitgehenden Verbot vorgebeugt werden.

Hiergegen wandte der Bundesrat ein, dass es dem konzessionierten Energieversorgungsunternehmen nichtsdestotrotz erlaubt sein müsse, derartige Leistungen (im Wettbewerb zu Marktpreisen) zu erbringen, was durch ein pauschales Verbot jedoch nicht möglich gewesen wäre. Der Bundesrat schlug deshalb eine Erweiterung der Ausnahme um die sonstigen Maßnahmen zur rationellen Energienutzung vor, allerdings wurde der einschränkende 2. Hs. an-

[148] BR-Drs. 686/91, S. 4, 18 f. Hierzu *Kermel*, in: Säcker (Hrsg.), Berliner Kommentar zum Energierecht, 2. Aufl. 2010, Bd. 1, Anhang zu § 48 EnWG, § 3 KAV Rn. 28; *Theobald*, Die erneuerbaren Energien im System des Energierechts, in: Hendler/Marburger/Reiff/Schröder (Hrsg.), Energieversorgung und Umweltschutz (UTR Band 102), 2010, S. 69 (78).

[149] Vgl. näher die Nachweise oben in Fn. 14.

gefügt. Der Bundesrat wollte mit seiner Fassung, die sich am Ende durchsetzte, die Klarstellung erreichen, dass ein Konzessionär mit der Gemeinde – unabhängig und getrennt vom Konzessionsvertrag – Vereinbarungen über Maßnahmen zur umweltverträglichen Energieversorgung (insbesondere Erzeugungsleistungen) schließen konnte.[150] Hierzu sah sich der Bundesrat offenbar veranlasst, weil er befürchtete, das Nebenleistungsverbot könnte so weit ausgelegt werden, dass auch derartige separate Vereinbarungen zwischen Gemeinde und Konzessionär nicht zulässig wären, denn auch bei solchen separaten Vereinbarungen hätte die Gefahr der Quersubventionierung mit den Einnahmen des Konzessionärs aus dem Stromversorgungsgeschäft bestanden.

Diese historischen Erwägungen sind jedoch angesichts der Entwicklung der Regulierung des Energiesektors mittlerweile überholt, da sich die Handlungsspielräume des Konzessionärs in Folge der Entflechtung[151] von Netzbetrieb und Versorgung sowie in Folge der Netzentgeltregulierung[152] grundlegend geändert haben.[153] Aufgrund der Entflechtung kann eine Quersubventionierung von Ausgaben für Nebenleistungen durch Einnahmen aus dem Stromvertrieb nicht mehr stattfinden. Auch ein Ausgleich über eine Erhöhung der Netzentgelte ist aufgrund der Entgeltregulierung durch ARegV und StromNEV nur begrenzt möglich. Gerade aus diesem Grunde müssen sich alle Überlegungen zu möglichen Nebenleistungsvereinbarungen daran messen lassen, inwieweit die Leistungen im Rahmen der Anreizregulierung anerkannt werden.[154] Umgekehrt kann systematisch geschlussfolgert werden, dass diejenigen Leistungen, die unter Geltung der ARegV anerkannt werden, wohl kaum von einem Verbot der KAV erfasst sein können.

Auch die Stärkung des Umweltschutzaspektes durch dessen Einfügung in die Zielbestimmung des § 1 Abs. 1 EnWG,[155] die ausdrückliche Festschreibung einer fortlaufenden Umstellung auf Erneuerbare Energien in derselben Vorschrift und vor allem die Verpflichtung der Gemeinde auf *alle* Zwecke des § 1 Abs. 1

---

[150] BR-Drs. 686/1/91, S. 12.

[151] Hierzu m.z.w.N. *Baur/Salje/Schmidt-Preuß* (Hrsg.), Regulierung in der Energiewirtschaft, 2011, Kap. 86 ff.; *Scholz*, in: Bartsch/Röhling/Salje/Scholz (Hrsg.), Stromwirtschaft, 2. Aufl. 2008, Kap. 7 Rn. 1 ff.; *de Wyl/Finke*, in: Schneider/Theobald (Hrsg.), Recht der Energiewirtschaft, 3. Aufl. 2011, § 4 Rn. 1 ff.

[152] Hierzu ausführlich und m.z.w.N. *Baur/Salje/Schmidt-Preuß* (Hrsg.), Regulierung in der Energiewirtschaft, 2011, Kap. 70 ff.; *Schäfer/Schönefuß*, in: Bartsch/Röhling/Salje/Scholz (Hrsg.), Stromwirtschaft, 2. Aufl. 2008, Kap. 49 Rn. 1 ff.; *Schneider/Theobald* (Hrsg.), Recht der Energiewirtschaft, 3. Aufl. 2011, §§ 17 f.

[153] So auch *Theobald/Templin*, in: Danner/Theobald (Hrsg.), Energierecht, EnPrR III B 4 § 3 Rn. 18 ff., die deshalb sogar einen Verstoß gegen Art. 28 Abs. 2 S. 1 GG annehmen, a.a.O. Rn. 26 ff.

[154] Dazu oben S. 272 ff.

[155] Vgl. auch *Lehnert/Templin/Theobald*, Die Erneuerbaren Energien im System des Energierechts, VerwArch 102 (2011), 83 (98 f.); *Theobald*, Die erneuerbaren Energien im System des Energierechts, in: Hendler/Marburger/Reiff/Schröder (Hrsg.), Energieversorgung und Umweltschutz (UTR Band 102), 2010, S. 69 (79 f.).

EnWG gemäß § 46 Abs. 3 S. 5 EnWG machen es – in Konkretisierung der Bindung auch der Gemeinden an das Staatsziel Umweltschutz in Art. 20a GG – notwendig, die Auslegung von § 3 Abs. 2 Nr. 1 2. Hs. KAV zu überdenken.

Der Rechtsanwender sieht sich also vor die Herausforderung gestellt, eine im Grunde überholte Norm durch teleologisch-dynamische Auslegung so auf die gewandelten Verhältnisse anzuwenden, dass sie eine möglichst effektive (hier: umweltschutzförderliche) Wirkung zu entfalten vermag. Bei der Auslegung von § 3 Abs. 2 Nr. 1 2. Hs. KAV kann auf die grundlegende Intention des Nebenleistungsverbots aufgebaut werden. Danach gilt es zu verhindern, dass sich die Gemeinde von unsachlichen Erwägungen in ihrer Entscheidung für einen Konzessionär leiten lässt. Derartige Erwägungen können ihren Ursprung auch in unzulässigen Vorabbindungen einer Gemeinde an den Altkonzessionär haben. Die Gegenausnahme in § 3 Abs. 2 Nr. 1 2. Hs. KAV kann also so verstanden werden, dass sie verhindern soll, dass die Gemeinde Nebenleistungsvereinbarungen trifft, mit denen sie sich faktisch schon im Voraus darauf festlegen würde, dass der Altkonzessionär auch zukünftig wieder die Konzession bekäme. Angesichts der 20-jährigen Laufzeit von Konzessionsverträgen könnten Zweifel aufkommen, ob eine derart langfristige Bindung bzw. Zusammenarbeit zwischen Gemeinde und Energieversorgungsunternehmen überhaupt denkbar ist, die dazu führt, dass die Kommune auch bei dem *nächsten* anstehenden Konzessionsvertragsabschluss wieder auf den Altkonzessionär angewiesen ist. Das Nebenleistungsverbot gilt jedoch nicht nur für Vereinbarungen zwischen Gemeinde und Konzessionsnehmer, die im ursprünglichen Konzessionsvertrag enthalten sind, sondern auch für spätere Änderungen und Ergänzungen, insbesondere wenn diese nicht so wesentlich sind, dass ein Neuabschluss notwendig wird.[156] Im Übrigen sind Projekte denkbar, deren Planungs- und Realisierungszeitraum 20 Jahre überschreiten kann oder aber solche, die erst im Laufe der Vertragslaufzeit beginnen, sodass sie zeitlich über das Vertragsende hinausreichen können. Schließlich sind des Weiteren auch Konzessionsvertragslaufzeiten von weniger als 20 Jahren denkbar, da es sich hierbei nur um eine Höchstgrenze handelt.[157] In all diesen Fällen wäre das „Vorabbindungsverbot" des § 3 Abs. 2 Nr. 1 2. Hs. KAV nach der hier vorgeschlagenen Auslegung einschlägig.

---

[156] Zur Notwendigkeit der Neuausschreibung bei wesentlichen Änderungen siehe *Säcker/Mohr/Wolf*, Konzessionsverträge im System des europäischen und deutschen Wettbewerbsrechts, 2011, S. 71 ff.

[157] *Theobald*, Auslaufende Konzessionsverträge Strom und Gas: Was ist seitens der Kommunen zu tun?, DÖV 2009, 356 (357, 361), erwähnt Verträge, für die teilweise Laufzeiten von nur zehn Jahren oder sogar von nur einem Jahr vereinbart wurden.

e) Potenzielle Regelungsgegenstände in Konzessionsverträgen

Die vorstehende Analyse der Regelungen in KAV und ARegV hat gezeigt, dass Konzessionsverträge ein taugliches Instrument für Kommunen sind, um klimapolitische Ziele, die einen Bezug zum Verteilnetzbereich haben, zu verwirklichen. Die teilweise bereits als rechtmäßig eingeordneten[158] Investitionspflichten in Konzessionsverträgen können demnach im Sinne der Umstellung der Stromversorgung auf Erneuerbare Energien weitergedacht werden und auch über die im Grünen MusterkonzessionsV vorgeschlagenen Regelungen[159] hinausreichen.

Im Hinblick auf den hier näher behandelten Netzausbau kommen verschiedene konzessionsvertragliche Bestimmungen in Betracht. Zunächst sind Verpflichtungen zu konkreten technisch möglichen Netzausbau-/Optimierungsmaßnahmen[160] denkbar, insbesondere wenn im Gemeindegebiet bereits Defizite in dem vom Konzessionsvertrag erfassten Netzbereich bekannt sind. In Betracht kommt weiterhin ein Anspruch der Gemeinde auf Information über Netzengpässe einschließlich geplanter Abhilfemaßnahmen durch den Netzbetreiber (unter Angabe eines konkreten Netzausbauzeitplans). Dieser Informationsanspruch der Gemeinde, der damit faktisch zu einem Anspruch auf Planung des (notwendigen) Verteilnetzausbaus wird, geht qualitativ sowohl über den Vorschlag in § 9 Abs. 5 S. 2 Nr. 5 Grüner MusterkonzessionsV als auch über § 11 Abs. 3 EEG hinaus, der dem EE-Anlagenbetreiber bereits einen Anspruch auf Informationen über Umfang und Gründe für Einspeisemanagementmaßnahmen einräumt. Ein solch weitergehender Informationsanspruch könnte im Übrigen trotz der im Zuge der EnWG-Novelle 2011 eingefügten Regelungen zur Verteilnetzausbauplanung in § 14 Abs. 1a EnWG weiterhin von Bedeutung sein, da noch nicht absehbar ist, in welchem Ausmaß die jeweilige Regulierungsbehörde ihrerseits tatsächlich entsprechende Planungen von den Verteilnetzbetreibern verlangen wird. Diese Anregungen für Regelungen zum Netzausbau können noch um Bestimmungen zu den bereits genannten Zukunftsbereichen Elektromobilisierung, Smart Metering (z.B. zur Gewährleistung eines effektiven Vollzugs von §§ 21c ff. EnWG) bzw. Smart Grids usw. ergänzt werden. Angesichts der notwendigen „Pionierarbeit" dürfte jede Bestimmung, die zu Pilotprojekten anhält, zu Erkenntnisfortschritten beitragen.[161]

Gekoppelt werden könnten (und sollten) derartige konzessionsvertragliche Verpflichtungen an ein Sonderkündigungsrecht der Gemeinde im Falle der

---

[158] *Bundeskartellamt/Bundesnetzagentur*, Gemeinsamer Leitfaden von Bundeskartellamt und Bundesnetzagentur zur Vergabe von Strom- und Gaskonzessionen und zum Wechsel des Konzessionsnehmers, 2010, Rn. 23, abgedruckt in ZNER 2011, 153 ff.

[159] Siehe insbesondere die Regelungen zur dezentralen Stromerzeugung in § 9 Grüner MusterkonzessionsV.

[160] Vgl. die Aufzählung bei *Bundesnetzagentur*, Monitoringbericht 2011, S. 25.

[161] Siehe beispielhaft etwa § 10 Grüner MusterkonzessionsV.

Nichterfüllung.[162] Ein derartiges bedingtes, aber zeitlich nicht genau festgelegtes Sonderkündigungsrecht ist vorzugswürdig gegenüber einem starren Sonderkündigungsrecht nach 10 bzw. 15 Jahren Vertragslaufzeit, wie es in § 12 Abs. 2 Grüner MusterkonzessionsV vorgeschlagen wird. Bei einem hinreichenden Engagement und guter Zusammenarbeit zwischen Kommune und Netzbetreiber in Sachen Netzausbau sorgt ein bedingtes Sonderkündigungsrecht zudem für mehr Planungssicherheit als ein voraussetzungsloses Kündigungsrecht, da der Netzbetreiber das Entstehen des Kündigungsrechtes durch eigenes Verhalten verhindern kann.

Es ist jedoch nochmals darauf hinzuweisen, dass konzessionsvertragliche Regelungen die wirtschaftlichen Interessen des Netzbetreibers nicht ausblenden können, sodass auf eine Anerkennung der Kosten im Rahmen der Entgeltregulierung zu achten ist respektive ausgleichende Regelungen[163] zur Kostentragung im Konzessionsvertrag selbst getroffen werden müssen.

3. Aufstellung von Energiekonzepten

Auf die in § 3 Abs. 2 Nr. 1 1. Hs. 2. Var. KAV enthaltene Ausnahme vom Nebenleistungsverbot zu Gunsten von Leistungen zur Erstellung von Energiekonzepten wurde bisher nicht vertieft eingegangen. Dies erklärt sich nicht etwa aus der mangelnden Bedeutung von Energiekonzepten,[164] sondern vielmehr daraus, dass die Unklarheiten, die sich im Zusammenhang mit der 3. Var. ergeben haben, bei der Ausnahme zu Gunsten der Energiekonzepte nicht zu finden sind. So wird – mit überzeugender Begründung (historisch-genetische Auslegung) – davon ausgegangen, dass sich die Gegenausnahme gemäß § 3 Abs. 2 Nr. 1 2. Hs. KAV nicht auf die Energiekonzepte bezieht, die in § 3 Abs. 2 Nr. 1 1. Hs. 3. Var. KAV als Ausnahme vom Nebenleistungsverbot genannt werden.[165] Des Weite-

---

[162] Sonderkündigungsrechte sind bereits in anderem Zusammenhang gebräuchlich, etwa um der Gemeinde eine Reaktionsmöglichkeit im Falle einer wesentlichen Änderung der Eigentümerstruktur auf Seiten des Konzessionsnehmers zu geben, vgl. *Geßner/Jansen*, Kommunen und Stromkonzessionsverträge: Drum prüfe, wer sich ewig bindet?, LKV 2011, 450 (455).

Theobald, Auslaufende Konzessionsverträge Strom und Gas: Was ist seitens der Kommunen zu tun?, DÖV 2009, 356 (360).

[163] Vgl. etwa die insoweit vergleichbare Regelung bei der Erdkabelpflicht in § 4 Abs. 2 Grüner MusterkonzessionsV.

[164] Ausführlich zu Klimaschutzkonzepten, die regelmäßig auch Energiekonzepte sind, unten § 10 (S. 342 ff.).

[165] *Feuerborn/Riechmann*, KAV, 1994, § 3 Rn. 14; *Kermel*, in: Säcker (Hrsg.), Berliner Kommentar zum Energierecht, 2. Aufl. 2010, Bd. 1, Anhang zu § 48 EnWG, § 3 KAV Rn. 30; *Theobald*, Die erneuerbaren Energien im System des Energierechts, in: Hendler/Marburger/Reiff/Schröder (Hrsg.), Energieversorgung und Umweltschutz (UTR Band 102), 2010, S. 69 (79); *Theobald/Templin*, in: Danner/Theobald (Hrsg.), Energierecht, EnPrR III B 4 § 3 Rn. 187.

ren ist angesichts des integrativen Ansatzes eines Energiekonzeptes[166] auch die Beschränkung auf die „vertraglich vereinbarte Energieart" nicht ohne weiteres auf § 3 Abs. 2 Nr. 1 1. Hs. 2. Var. KAV anwendbar.[167] Zwar dürfte es nicht zulässig sein, dass ein Stromnetzbetreiber konzessionsvertraglich dazu verpflichtet wird, die Gesamtkosten für ein umfassendes Konzept unter Einbeziehung aller Energieverbrauchssektoren einer Gemeinde (Strom, Wärme, Verkehr) zu übernehmen.[168] Eine konzessionsvertragliche Regelung sollte sich jedoch ohnehin vorrangig auf die Einbringung des Know-How eines Netzbetreibers und nicht auf bloße finanzielle Leistungen beziehen, sodass eine Unterstützung in den Bereichen Wärme und Verkehr regelmäßig von vornherein ausscheidet. Die praktische Bedeutung[169] von Energiekonzepten kann durchaus erheblich sein, weil so der Blick von Einzelfragen weg auf integrative Lösungen gerichtet wird, sodass auch bislang eher vernachlässigte Sachfragen oder unberücksichtigt gebliebene Gemeindegebiete in die Betrachtung mit einbezogen werden.

IV. Fazit

Konzessionsverträge bieten auch innerhalb der existierenden Schranken des Energiewirtschaftsrechts erhebliche Handlungsspielräume für die verbindliche Durchsetzung klimapolitischer Ziele von Kommunen. Dies gilt vor allem im Hinblick auf die Sicherstellung des notwendigen Verteilnetzausbaus. Größere Gemeinden, die über eine entsprechende Verhandlungsmacht im Neukonzessionierungsverfahren verfügen, weil eine Mehrzahl an Bewerbern um einen Konzessionsvertrag konkurriert, sollten diese Chance, ihrer Verantwortung für den Wandel zu einer nachhaltigen Energieversorgung[170] gerecht zu werden, nicht ungenutzt verstreichen lassen.

---

[166] Inhaltsbestimmung bezogen auf die KAV-Regelung bei *Theobald/Templin*, in: Danner/Theobald (Hrsg.), Energierecht, EnPrR III B 4 § 3 Rn. 182 ff.

[167] So stellt etwa *Immesberger* (Hrsg.), Das neue Recht der Konzessionsabgaben, II-2, § 3 KAV Rn. 18, zutreffend die Überschneidungen des Gasnetzbetriebs mit der Fernwärme heraus. Weitere Überschneidungen mit dem Wärmesektor und noch viel mehr mit dem Verkehrssektor (Stichwort Elektromobilisierung) bestehen auch im Strombereich.

[168] Ähnlich *Kermel*, in: Säcker (Hrsg.), Berliner Kommentar zum Energierecht, 2. Aufl. 2010, Bd. 1, Anhang zu § 48 EnWG, § 3 KAV Rn. 32; in der Tendenz weitergehend *Theobald/Templin*, in: Danner/Theobald (Hrsg.), Energierecht, EnPrR III B 4 § 3 Rn. 188 f.

[169] Zum Beispiel der Stadt Ulm siehe *Deutscher Städte- und Gemeindebund* (Hrsg.), Auslaufende Konzessionsverträge, DStGB Dokumentation Nr. 97, 2010, S. 26. Vgl. auch § 9 Abs. 2 und § 11 Abs. 1 Grüner MusterkonzessionsV.

[170] Hierzu *Gundel*, Nachhaltigkeit und Energieversorgung, in: Kahl (Hrsg.), Nachhaltigkeit als Verbundbegriff, 2008, S. 443 ff.

Teil 3

Kommunaler Anschluss- und Benutzungszwang und Wärmenetzversorgung

§ 6 Klimaschutz durch Wärmenetzversorgung

I. Praktische Bedeutung von Wärmenetzen

1. Klimaschutzwirkung von Wärmenetzen

Im Grundsatz unterscheiden sich der Strom- und der Wärmemarkt in ihrer heutigen Struktur sehr stark voneinander. Einer netzgebundenen Stromversorgung ohne größere Anteile von „Eigenversorgungslösungen“ für einzelne Gebäude steht der Wärmemarkt mit einer auf die Versorgung des jeweiligen Gebäudes angelegten dezentralen Anlagenstruktur gegenüber. Neben diese ganz überwiegend eingesetzte dezentrale Form der Beheizung und Warmwasserversorgung tritt die Möglichkeit einer Belieferung über Wärmenetze. Solche Netze weisen eine Vielzahl ökologischer Vorteile auf, sodass ihr weiterer Ausbau unter anderem aus Klimaschutzgründen angeraten ist.

Die klimaschonende Wirkung einer Beheizung über Wärmenetze beruht auf der Nutzung der KWK-Technik. Dabei wird die Wärme von Heizkraftwerken bereitgestellt, die durch die Parallelerzeugung von Strom und Wärme aus der Verbrennung von Energieträgern eine erhebliche Effizienzsteigerung ermöglichen. Der Gesamtwirkungsgrad, d.h. die Summe aus elektrischem und thermischem Wirkungsgrad von steinkohlebetriebenen Heizkraftwerken liegt aktuell bei etwa 89%, während der (elektrische) Wirkungsgrad von entsprechenden Steinkohle*kraft*werken nur etwa 47% beträgt.[1] Der Wirkungsgrad von Braunkohlekraftwerken wird mit nur 45% angegeben, neue Gaskraftwerke kommen immerhin auf einen Wirkungsgrad von ca. 60%.[2] Werden KWK-Anlagen mit fossilen Brennstoffen wie Kohle, Erdöl oder Erdgas betrieben – was aktuell weit

[1] *Umweltbundesamt* (Hrsg.), Potenziale von Nah- und Fernwärmenetzen für den Klimaschutz bis zum Jahr 2020, Climate Change 17/2007, S. 82f. (http://www.umweltdaten.de/publikationen/fpdf-l/3501.pdf; abgerufen: 30. 10. 2012). Vgl. näher außerdem *Schäfer/Geiger/Rudolph*, Energiewirtschaft und Umwelt, 1995, S. 44f. Ferner auch m.w.N. *Sösemann*, Umweltverträgliche Energienetze, 2009, S. 91f.; *Traube/Schulz*, Aktuelle Bewertung der Kraft-Wärme-Kopplung, 2001, S. 41ff. Bei *Chelmowski*, Kraft-Wärme-Kopplung – ein frommer Trugschluss!, ET 6/2009, 51ff., wird hervorgehoben, dass es für eine genaue Beurteilung der KWK stets eines energieträgerspezifischen Vergleichs bedürfe.

[2] *Schiffer*, Energiemarkt Deutschland, 11. Aufl. 2010, S. 268; ferner auch *Chelmowski*, Kraft-Wärme-Kopplung – ein frommer Trugschluss!, ET 6/2009, 51.

überwiegend der Fall ist[3] –, emittieren zwar auch diese Anlagen Treibhausgase, aber die Energieausbeute pro CO_2-Einheit ist wesentlich größer, sodass die KWK-Potenziale bestehender Anlagen, gerade auch im Hinblick auf eine Verbesserung der Umweltbilanz im Gebäudebestand, bestmöglich ausgenutzt werden sollten.

Neben der Nutzung der KWK-Technik werden Wärmenetze zum Teil auch über reine *Heiz*werke versorgt, in denen keine parallele Stromerzeugung erfolgt. Aus den geringfügig höheren (Wärme-)Wirkungsgraden, die große Heizwerke gegenüber einer entsprechenden Anzahl von dezentralen Einzelfeuerungsanlagen mit in Summe gleicher Leistung aufweisen,[4] resultiert jedoch kein klimaschonender Effekt, soweit in den Anlagen fossile Energieträger verbrannt werden. Der Effizienzgewinn aufgrund steigender Anlagengröße wird regelmäßig durch die Leitungsverluste im für die Verteilung notwendigen Wärmenetz (durchschnittlich etwa 10%[5]) mehr als aufgezehrt. Heizwerke wurden stattdessen vor allem aus Gründen des örtlichen Immissionsschutzes errichtet, weil sich so die großflächig verteilten und damit belastungsintensiven Einzelgebäudeanlagen verhindern bzw. reduzieren ließen und darüber hinaus in den zentralen Heizwerken auch wesentlich bessere Schadstofffiltertechniken eingesetzt werden konnten. Zur Reduktion der örtlichen Schadstoffbelastung (insbesondere durch Feinstäube, Stickoxide und Schwefeloxide[6]) kann eine solche Wärmenetzversorgung nach wie vor angezeigt sein, wobei insoweit eine sukzessive Umstellung auf regenerative Energieträger vorangetrieben werden sollte, um die örtliche Umweltschutzwirkung durch einen zusätzlichen Klimaschutzfaktor aufzuwerten.

Perspektivisch muss sich auch der weitere Ausbau der Versorgung aus KWK-gespeisten Netzen konsequent in Richtung einer stärkeren Einbeziehung der Erneuerbaren Energien (z.B. der Biomasse als Brennstoff für Heizkraftwerke) entwickeln,[7] und zwar sowohl in Form der Einbringung von Biobrennstoffen in bestehende Anlagen (soweit technisch möglich) als auch in Form der Errichtung neuer, ausschließlich EE-gespeister Anlagen. Neben der Biomasse bietet sich dabei vor allem die (tiefe) Geothermie als Energieträger an.

---

[3] Etwa 80% der Fernwärme wird durch KWK-Anlagen erzeugt, vgl. *Institut für Energie- und Umweltforschung Heidelberg*, Erneuerbare Energien kompakt, 2. Aufl. 2007, S. 33; *Umweltbundesamt* (Hrsg.), Potenziale von Nah- und Fernwärmenetzen für den Klimaschutz bis zum Jahr 2020, Climate Change 17/2007, S. 16 (http://www.umweltdaten.de/publikationen/fpdf-l/3501.pdf; abgerufen: 30. 10. 2012).

[4] *Quaschning*, Erneuerbare Energien und Klimaschutz, 2. Aufl. 2010, S. 274.

[5] *Umweltbundesamt* (Hrsg.), Potenziale von Nah- und Fernwärmenetzen für den Klimaschutz bis zum Jahr 2020, Climate Change 17/2007, S. 52 (http://www.umweltdaten.de/publikationen/fpdf-l/3501.pdf; abgerufen: 30. 10. 2012).

[6] Vgl. in diesem Zusammenhang die §§ 4 f., 6 ff. 1. BImSchV; §§ 4 ff. 13. BImSchV.

[7] Zur Kritik an der fortbestehenden Zulassung von EE-freier KWK als vorbehaltlose Ersatzmaßnahme im Sinne des EEWärmeG oben S. 55 ff. Siehe ferner zum KWK-Erfordernis bei der Biomasseverfeuerung oben S. 50 ff.

Eine weitere Herausforderung betrifft sowohl die „fossile" als auch die „erneuerbare KWK". Die Effizienzgewinne lassen sich in solchen Anlagen nur realisieren, wenn die entstehende Wärme auch tatsächlich genutzt wird. Der erzeugte Strom wird praktisch immer genutzt, indem er in das Netz eingespeist wird.[8] Damit müssten KWK-Anlagen an sich im Regelfall wärmegeführt betrieben werden, d.h. entsprechend der Wärmenachfrage, da bei einem stromgeführten Einsatz die entstehende Wärme gegebenenfalls nicht (vollständig) genutzt werden kann, so etwa in den Sommermonaten. Regelbare Anlagen, zu denen viele KWK-Anlagen gehören, werden jedoch künftig in großem Maße gebraucht werden, um den fluktuierenden Strom aus Wind- und Photovoltaikanlagen ausgleichen zu können. KWK-Anlagen müssen deshalb zukünftig verstärkt stromgeführt betrieben werden.[9] Damit erweisen sich für die anfallende Wärme größere Speicher („Saisonspeicher") als notwendig, um die erzeugte Wärme bis zur Erreichung der hohen Wärmenachfrage (Herbst und Winter) zu sammeln.[10] Einzubinden ist dabei auch die Solarthermie, die gleichfalls für ein hohes Wärmeaufkommen im Sommer sorgt, das unter Einsatz von großen Speichern in die Wintermonate verschoben werden kann.[11]

2. Verbreitung und Potenzial von Wärmenetzen in Deutschland

Etwa 14% der Wohnungen bzw. 13% aller beheizten Gebäude (Wohnungen, Gewerbe, Handel und Dienstleistungen sowie Industrie) in Deutschland werden über Fernwärmenetze versorgt,[12] wobei die Anteile in West- und Ostdeutschland mit ca. 10% bzw. ca. 30% stark differieren. Den höchsten Anteil haben Wärmenetze an der Wärmeversorgung von Gebäuden in Großstädten mit über 100.000 Einwohnern (30%).[13] Bemerkenswert ist, dass der Anschluss-

[8] Zu kurz greift allerdings der Einwand bei *Chelmowski*, Kraft-Wärme-Kopplung – ein frommer Trugschluss!, ET 6/2009, 51 (52f.), der zur Begründung seiner Kritik an der KWK nur auf den Stromverbrauch derjenigen Personen abstellt, die gleichzeitig auch zu den Beziehern von Wärme aus den entsprechenden KWK-Anlagen gehören.

[9] Näher zur Problematik einschließlich der unionsrechtlichen Implikationen oben S. 50ff.

[10] So auch *Bundesministerium für Umwelt, Naturschutz und Reaktorsicherheit* (Hrsg.), Leitstudie 2011, S. 72, 77 (http://erneuerbare-energien.de/files/pdfs/allgemein/application/pdf/leitstudie2011_bf.pdf; abgerufen: 30. 10. 2012).

[11] Näher unten S. 328ff.

[12] *Umweltbundesamt*, (Hrsg.), Potenziale von Nah- und Fernwärmenetzen für den Klimaschutz bis zum Jahr 2020, Climate Change 17/2007, S. 22 (http://www.umweltdaten.de/publikationen/fpdf-l/3501.pdf; abgerufen: 30. 10. 2012).

[13] Zum Ganzen *AGFW (Energieeffizienzverband für Wärme, Kälte und KWK)*, AGFW-Report 2008, S. 8 (http://www.agfw.de/wir-ueber-uns/agfw-report/agfw-report-2008/; abgerufen: 30. 10. 2012). Zum Anteil der Gemeinden, die über eine Fernwärmeversorgung verfügen (jedoch ohne Angaben zur jeweiligen Anschlussdichte), geordnet nach Größenklassen, siehe *Blesl*, Raumwärmebedarf und Fernwärmepotenzial der Haushalte in Deutschland bis 2050, ET 8/2010, 40 (40f.).

und Benutzungszwang bisher nur eine Nebenrolle beim Anschluss an Wärmenetze spielte. Letzterer wurde nur bei knapp einem Zehntel der Gebäude, die an Fernwärmenetze angeschlossen sind, über eine entsprechende kommunale Satzung herbeigeführt.

In der Wärmenetzversorgung, speziell auch auf der Grundlage Erneuerbarer Energien, wird zu Recht ein erhebliches Potenzial gesehen.[14] So könnte nach entsprechenden Langfristszenarien der Anteil EE-gestützter Netze an der Raumwärmebereitstellung bis 2050 von derzeit etwa 5% auf bis zu 40% ansteigen.[15]

II. Rechtsgrundlagen des Klimaschutzes durch Wärmenetze

1. Vorbemerkung

Die Potenziale für Wärmenetze sind je nach den konkreten örtlichen Verhältnissen sehr unterschiedlich. Sie sind abhängig von der Gebäudestruktur und dem entsprechenden Wärmebedarf, der je nach Größe und Nutzungsart (Wohngebäude, Industrieanlagen, sonstige Gewerbeanlagen) ganz erheblich differiert, den bereits vorhandenen Wärmeversorgungsanlagen, den räumlichen Kapazitäten, den Eigentumsverhältnissen sowie von einer Vielzahl weiterer Faktoren. Zur Beurteilung müssen unterschiedlichste technische, ökologische und wirtschaftliche Parameter berücksichtigt werden. In der Folge erscheinen die Kommunen zur Forcierung der Wärmenetzversorgung besonders geeignet, da sie unter allen Hoheitsträgern den besten Überblick über die genannten Parameter haben (sollten), insbesondere wenn sie durch den Betrieb eigener Stadtwerke auch über den notwendigen technischen Zugang zu der komplexen Materie verfügen. Diese Zusammenhänge spiegeln sich im Rechtsrahmen der Wärmenetzversorgung wider, der – zusammengefasst – vorrangig auf eine Ermächtigung der Kommunen zur eigenverantwortlichen Förderung der Wärmenetzversorgung über rechtliche Vorgaben angelegt ist. Nachfolgend wird dieser ordnungsrechtliche Rahmen für den Wärmenetzausbau wiedergegeben. Dabei ist zu berücksichtigen, dass in der Praxis, vor allem in Fällen einer Versorgung über Stadtwerke, häufig sonstige, hier nicht näher erläuterte Vorschriften, etwa aus dem Bereich des Steuerrechts, die kommunalen Entscheidungen ganz wesent-

[14] Zu den Vorteilen von EE-gespeisten Wärmenetzen siehe unten S. 328ff.

[15] *Bundesministerium für Umwelt, Naturschutz und Reaktorsicherheit* (Hrsg.), Leitstudie 2011, S. 125 (http://erneuerbare-energien.de/files/pdfs/allgemein/application/pdf/leitstudie2011_bf.pdf; abgerufen: 30. 10. 2012). Vgl. ferner das umfangreiche Zahlenmaterial zum Potenzial der Wärmenetzversorgung bei *Blesl*, Raumwärmebedarf und Fernwärmepotenzial der Haushalte in Deutschland bis 2050, ET 8/2010, 40ff.

lich beeinflussen werden. Ferner spielt die Förderung nach dem KWKG[16], die sowohl KWK-Anlagen als auch die Errichtung von Wärmenetzen betrifft, eine zentrale Rolle.

2. Landesrecht

a) Ermächtigungsgrundlagen für einen Anschluss- und Benutzungszwang an Wärmenetze

KWK-Anlagen werden herkömmlich (auch) als Großanlagen im Leistungsbereich bis zu mehreren Hundert Megawatt betrieben. Die thermische Leistung einer solchen großen KWK-Anlage genügt, um eine drei- bis vierstellige Zahl von Gebäuden über ein Wärmenetz zu beheizen. Deshalb kann ein Anschluss- und Benutzungszwang (im Folgenden: ABZ) dienlich sein, um eine ausreichende Nachfrage nach dieser energieeffizienten Form der Wärmeversorgung sicherzustellen. Der Markt allein kann (aktuell) mangels vollständiger Einpreisung der vom Klimawandel sukzessiv verursachten Kosten in die Preise für Wärme aus Einzelfeuerungsanlagen (vor allem Öl- und Gasheizungen) ein solches nachhaltiges Verhalten nicht sicherstellen. Wie erwähnt wurden allerdings nur ca. 10% der bestehenden Fernwärmeanschlüsse über ABZ-Satzungen herbeigeführt.[17] Dabei dürfte es von Bedeutung sein, dass die Wirkung von ABZ-Satzungen ebenso auf privatrechtlicher Grundlage,[18] etwa im Zuge des Verkaufs kommunaler Grundstücke zum Zwecke der Bebauung, erreicht werden kann,[19] was den – meist unpopulären – Erlass von zwingenden Vorschriften häufig entbehrlich werden lässt.

Nichtsdestoweniger wurden in allen Bundesländern Ermächtigungsgrundlagen für den Erlass eines Wärmenetz-ABZ geschaffen. In den Flächenstaaten sind diese regelmäßig in den Gemeindeordnungen enthalten. In Brandenburg steht darüber hinaus noch eine zweite Ermächtigungsgrundlage im Landesimmissionsschutzgesetz zur Verfügung (§ 8 Abs. 1 BbgImSchG[20]), die neben die

[16] Fundstelle oben Fn. 142, § 1.

[17] Dabei fällt auf, dass insbesondere in Ostdeutschland verstärkt vom Instrument des Anschluss- und Benutzungszwangs Gebrauch gemacht wurde, vgl. *Umweltbundesamt* (Hrsg.), Potenziale von Nah- und Fernwärmenetzen für den Klimaschutz bis zum Jahr 2020, Climate Change 17/2007, S. 210 (http://www.umweltdaten.de/publikationen/fpdf-l/3501.pdf; abgerufen: 30. 10. 2012).

[18] Zu weiteren Einsatzmöglichkeiten städtebaulicher Verträge zu Klimaschutzzwecken ausführlich oben S. 178 ff.

[19] Hierzu BGHZ 151, 274 ff.

[20] Landesimmissionsschutzgesetz v. 22. 7. 1999 (GVBl. I S. 386), letzte berücksichtigte Änderung durch Gesetz v. 15. 7. 2010 (GVBl. I/10, Nr. 28).

kommunalrechtliche Regelung (§ 12 Abs. 2 BbgKVerf[21]) tritt. Dies ist von Bedeutung, weil § 8 Abs. 1 BbgImSchG neben den Gemeinden auch Landkreise und Zweckverbände ermächtigt. Auch Hessen verfügte ursprünglich neben der entsprechenden Norm in der Gemeindeordnung (§ 19 HessGO[22]) mit § 81 Abs. 2 HessBO a. F. über eine zweite Ermächtigungsgrundlage, die aber im Zuge der Auseinandersetzungen um die Marburger Solarsatzung aufgehoben wurde.[23] Ferner finden sich weitere Ermächtigungsgrundlagen in Baden-Württemberg (§ 11 Abs. 1 S. 1 BaWüGO[24]), Bayern (Art. 24 Abs. 1 Nr. 3 BayGO[25]), Mecklenburg-Vorpommern (§ 15 Abs. 1 M-V KV[26]), Niedersachsen (§ 13 S. 1 Nr. 1 lit. a NdsKomVG[27]), Nordrhein-Westfalen (§ 9 S. 1 NRW GO[28]), Rheinland-Pfalz (§ 26 Abs. 1 Rh-PfGO[29]), Saarland (§ 22 Abs. 1 SaarlKSVG[30]), Sachsen (§ 14 Abs. 1 SächsGO[31]), Sachsen-Anhalt (§ 8 Nr. 2 GO LSA[32]), Schleswig-Holstein (§ 17 Abs. 2 SchlHGO[33]) und Thüringen (§ 20 Abs. 2 Nr. 2 ThürKO[34]).

In den Stadtstaaten finden sich gleichfalls einschlägige Ermächtigungsgrundlagen, dort allerdings naturgemäß nicht in den Gemeindeordnungen, sondern in speziellen Gesetzen zum Klimaschutz (so § 4 HmbKliSchG[35]), zur Energie-

---

[21] Kommunalverfassung des Landes Brandenburg v. 18. 12. 2007 (GVBl. I S. 286), letzte berücksichtigte Änderung durch Gesetz v. 13. 3. 2012 (GVBl. I/12 Nr. 16).

[22] Hessische Gemeindeordnung v. 7. 3. 2005 (GVBl. I S. 142), letzte berücksichtigte Änderung durch Gesetz v. 16. 12. 2011 (GVBl. I S. 786).

[23] Näher oben S. 223 f.

[24] Gemeindeordnung für Baden-Württemberg v. 24. 7. 2000 (GBl. S. 581), letzte berücksichtigte Änderung durch Verordnung v. 25. 1. 2012 (GBl. S. 65).

[25] Gemeindeordnung für den Freistaat Bayern v. 22. 8. 1998 (GVBl. S. 796), letzte berücksichtigte Änderung durch Gesetz v. 24. 7. 2012 (GVBl. S. 366).

[26] Kommunalverfassung für das Land Mecklenburg-Vorpommern v. 13. 7. 2011 (GVOBl. S. 777).

[27] Niedersächsisches Kommunalverfassungsgesetz v. 17. 12. 2010 (GVBl. S. 576), letzte berücksichtigte Änderung durch Gesetz v. 18. 7. 2012 (GVBl. S. 279). Bemerkenswert ist, dass in § 13 S. 1 Nr. 1 lit. b NdsKomVG auch eine Ermächtigung zur Vorgabe sonstiger, d. h. nicht-netzgebundener Heizungstechniken enthalten ist.

[28] Gemeindeordnung für das Land Nordrhein-Westfalen v. 14. 7. 1994 (GV. S. 666), letzte berücksichtigte Änderung durch Gesetz v. 18. 9. 2012 (GV. S. 436).

[29] Gemeindeordnung für Rheinland-Pfalz v. 31. 1. 1994 (GVBl. S. 153), letzte berücksichtigte Änderung durch Gesetz v. 20. 10. 2010 (GVBl. S. 319). Wie in Niedersachsen ist auch hier eine zusätzliche Ermächtigung zur Vorgabe sonstiger, d. h. nicht-netzgebundener Heizungstechniken enthalten.

[30] Kommunalselbstverwaltungsgesetz v. 27. 6. 1997 (Amtsbl. S. 682), letzte berücksichtigte Änderung durch Gesetz v. 11. 2. 2009 (Amtsbl. S. 1215).

[31] Gemeindeordnung für den Freistaat Sachsen v. 18. 3. 2003 (GVBl. S. 55), letzte berücksichtigte Änderung durch Gesetz v. 27. 1. 2012 (GVBl. S. 130).

[32] Gemeindeordnung für das Land Sachsen-Anhalt (GO LSA) v. 10. 8. 2009 (GVBl. S. 383), letzte berücksichtigte Änderung durch Gesetz v. 30. 11. 2011 (GVBl. S. 814).

[33] Gemeindeordnung für Schleswig-Holstein v. 28. 2. 2003 (GVOBl. S. 57), letzte berücksichtigte Änderung durch Gesetz v. 1. 10. 2012 (GVOBl. S. 696).

[34] Thüringer Gemeinde- und Landkreisordnung (Thüringer Kommunalordnung) v. 28. 1. 2003 (GVBl. S. 41), letzte berücksichtigte Änderung durch Gesetz v. 21. 12. 2011 (GVBl. S. 531).

[35] Fundstelle oben Fn. 47, § 2. Konsequenterweise wird ein Anschluss- und Benutzungs-

versorgung (§ 23 Abs. 1 BerlEnSpG[36]) bzw. in einem Gesetz über die Befugnisse von Gemeinden (§ 1 Abs. 2 BremGemRechtsG[37]).

b) *Klimaschutzbezüge*

Wie bereits im Rahmen der Ausführungen zum kommunalen Klimaschutz durch Bauplanungsrecht[38] stellt sich auch im Zusammenhang mit dem Wärmenetz-ABZ die Frage nach dessen Instrumentalisierbarkeit aus Gründen des allgemeinen Klimaschutzes. Ein großer Teil der einschlägigen Ermächtigungsgrundlagen macht die Verhängung eines Wärmenetz-ABZ ganz allgemein vom Vorliegen eines Grundes des öffentlichen Wohls oder eines (dringenden) öffentlichen Bedürfnisses abhängig.[39] In diesen Fällen lässt sich die Frage nach dem Einsatz des Wärmenetz-ABZ zur Durchsetzung des globalen Klimaschutzes nicht ohne weiteres beantworten. Hierauf soll an späterer Stelle noch genauer eingegangen werden.[40]

Ähnlich stellte sich die Rechtslage lange Zeit in Baden-Württemberg dar (§ 11 Abs. 2 BaWüGO a. F.). Die dortige Regelung erfuhr jedoch in 2005 eine Änderung, mit der der Klima- und Ressourcenschutz indirekt als Anordnungsgrund für einen Wärmenetz-ABZ anerkannt wurde, indem die Einrichtungszwecke im neuen § 11 Abs. 1 S. 1 BaWüGO entsprechend erweitert wurden („und ähnliche der Volksgesundheit oder dem Schutz der natürlichen Grundlagen des Lebens einschließlich des Klima- und Ressourcenschutzes dienende Einrichtungen“). Ganz ähnlich formuliert ist § 17 Abs. 2 SchlHGO. Die Ermächtigungsgrundlage in Sachsen (§ 14 Abs. 1 SächsGO) nennt immerhin ausdrücklich den „Umweltschutz“ und schließt damit den Klimaschutz ein. Sprachlich klarer kommt der Klimaschutzbezug hingegen in § 12 Abs. 2 S. 4 BbgKVerf zum Ausdruck, weil dort direkt die Anordnungsgründe erweitert wurden („Gründe des öffentlichen Wohls können auch Gründe des Schutzes der natürlichen Grundlagen des Lebens einschließlich des Klima- oder Ressourcenschutzes sein.“).

In den Ermächtigungsgrundlagen Berlins (§ 23 Abs. 1 BerlEnSpG) und Hamburgs (§ 4 Abs. 1 S. 1 HbmKliSchG) sowie in der immissionsschutzrechtlichen Regelung in Brandenburg (§ 8 Abs. 1 BbgImSchG) wird der Klimaschutzbezug

---

zwang an Wärmenetze, die aus fossil befeuerten reinen *Heiz*werken gespeist werden, über den dortigen § 4 Abs. 1 S. 2 HmbKliSchG ausgeschlossen.

[36] Fundstelle oben Fn. 2, § 2.

[37] Bremisches Gesetz über Rechtsetzungsbefugnisse der Gemeinden v. 16. 6. 1964 (GBl. S. 59), letzte berücksichtigte Änderung durch Gesetz v. 6. 10. 2009 (GBl. S. 379).

[38] Oben S. 117 ff.

[39] So die bereits genannten Regelungen in Bremen, Hessen, Mecklenburg-Vorpommern, Niedersachsen, Nordrhein-Westfalen, Rheinland-Pfalz, dem Saarland, Sachsen-Anhalt und Thüringen.

[40] Siehe unten S. 304 ff.

jeweils durch einen Verweis auf die Gesetzeszwecke deutlich. Zweifel hinsichtlich des Hinausreichens über einen örtlichen Immissionsschutz könnten allein bei der brandenburgischen Regelung aufkommen. Zu den Gesetzeszwecken gehört dort aber gemäß § 1 Abs. 2 BbgImSchG der Schutz vor schädlichen Umwelteinwirkungen im Sinne des § 3 Abs. 1 BImSchG, der über den Immissionsbegriff gemäß § 3 Abs. 2 BImSchG alle auf die Atmosphäre einwirkenden Luftverunreinigungen und damit auch das Treibhausgas CO_2 erfasst.[41] Im Übrigen kann in systematischer Auslegung auch § 8 Abs. 2 S. 3 BbgImSchG herangezogen werden, der bei Verwendung von regenerativen Energien pauschal von dem Anschluss- und Benutzungszwang befreit, sodass auch die Nutzung der Biomasse, die jedenfalls vor Ort zu Emissionen führt und folglich in erster Linie positive Wirkungen für das globale Klima hat, mit hierunter fällt.

Hinsichtlich des Art. 24 Abs. 1 Nr. 3 BayGO wird zwar bezweifelt, dass der Klimaschutz ein hinreichender Anordnungsgrund sei.[42] Begründet wird dies mit der entsprechenden Anwendung der zu § 9 Abs. 1 Nr. 23 a. F. BauGB ergangenen Rechtsprechung zum Merkmal der „städtebaulichen Gründe".[43] Zweifelhaft ist allerdings, inwieweit diese Begrenzung zum einen mit dem Wortlaut des Art. 24 Abs. 1 Nr. 3 GO vereinbar ist, der den „Schutz vor schädlichen Umwelteinwirkungen im Sinne des Bundes-Immissionsschutzgesetzes" nennt, wobei hiervon – wie bereits im Zusammenhang mit der brandenburgischen Immissionsschutzregelung erwähnt – gemäß § 3 Abs. 1 und Abs. 2 BImSchG auch klimaschädliche Treibhausgase erfasst sind. Zum anderen wurden die bauplanungsrechtlichen Grundlagen und insbesondere auch die dortigen Festsetzungsmöglichkeiten zwischenzeitlich durch die BauGB-Klimanovelle 2011 dergestalt abgewandelt, dass die städtebaulichen Gründe gemäß § 9 Abs. 1 BauGB auch den allgemeinen Klimaschutz umfassen.[44] Sofern man der Ansicht folgt, wonach sich Art. 24 Abs. 1 Nr. 3 BayGO in seiner Auslegung eng an § 9 Abs. 1 Nr. 23 BauGB orientieren müsse, wäre konsequenterweise auch die Berücksichtigung der (ausdrücklichen) Öffnung des BauGB für den globalen Klimaschutz angezeigt.

Zusammenfassend lässt sich feststellen, dass nur ein Teil der Länder seine Ermächtigungsgrundlagen so formuliert hat, dass Kommunen mit dem Instrument des Wärmenetz-ABZ ohne weiteres, insbesondere also ohne einen Rückgriff auf den noch ausführlich zu behandelnden § 16 EEWärmeG, Klimaschutzziele verfolgen dürfen.

---

41 *Koch*, in: Koch/Pache/Scheuing (Hrsg.), GK-BImSchG, § 3 Rn. 29.

42 *Ennuschat/Volino*, § 16 EEWärmeG und der kommunalrechtliche Anschluss- und Benutzungszwang für Fernwärme, CuR 2009, 90 (91).

43 So *Widtmann/Grasser/Glaser* (Hrsg.), BayGO, Art. 24 (Stand: 24. EL Mai 2011) Rn. 12.

44 Ausführlich oben S. 117 ff.

3. Bundesrecht

Nicht ganz zu Unrecht wird der (derzeitige) Rechtsrahmen zur Förderung der Wärmenetzversorgung als „fragmentarisch" bezeichnet.[45] Die einschlägigen (ordnungsrechtlich relevanten) Regelungen finden sich vor allem im EEWärmeG und im BauGB.

Zentrale Bedeutung kommt dabei § 16 EEWärmeG zu, der anordnet, dass Gemeinden und Gemeindeverbände von den Landesregelungen, die sie zur Verhängung eines Anschluss- und Benutzungszwangs an ein Wärmenetz ermächtigen, auch zum Zwecke des Klima- und Ressourcenschutzes Gebrauch machen dürfen.[46] Bedeutsam ist ferner die Anerkennung einer Wärmenetzversorgung als (gleichwertige) Ersatzmaßnahme zur Erfüllung der Nutzungspflichten gemäß § 7 Abs. 1 Nr. 3 EEWärmeG. Mittlerweile bestehen auch erste Erfahrungen hinsichtlich der quantitativen Bedeutung von Wärmenetzen zur Erfüllung des EEWärmeG. Von den Bauherren, die eine der zugelassenen Ersatzmaßnahmen anstelle der eigenständigen Nutzung Erneuerbarer Energien wählten (dies sind etwa 32% der vom EEWärmeG in 2009 Betroffenen), wählten wiederum 18% die Wärmenetzversorgung, was innerhalb der Ersatzmaßnahmen des § 7 EEWärmeG den zweiten Rang (hinter verstärkten Effizienzmaßnahmen [§ 7 Abs. 1 Nr. 2 EEWärmeG] mit einem Anteil von 62%) und insgesamt einen Anteil von etwa 5,8% an der Zahl derer, die die Vorgaben des EEWärmeG in 2009 erfüllen mussten, bedeutet.[47]

Darüber hinaus werden Wärmenetze ausdrücklich als förderfähige Anlagen in § 14 Abs. 1 Nr. 4 EEWärmeG genannt, was zum einen ihr Zukunftspotenzial unterstreicht, zum anderen aber auch die aktuell (noch) notwendige zusätzliche Unterstützung deutlich macht. Es ist allerdings darauf hinzuweisen, dass erst die konkrete Ausgestaltung der finanziellen Förderung durch die einschlägigen Verwaltungsvorschriften (vgl. § 13 S. 2 EEWärmeG) sowie eine entsprechende Finanzausstattung im Rahmen des Haushaltsbeschlusses tatsächlich eine Subventionierung ermöglichen.[48]

Ergänzt werden die Bestimmungen durch eine Definition des Fernwärmebegriffs in § 2 Abs. 2 Nr. 2 EEWärmeG. Mit dieser im Zuge des EAG EE eingefügten Erklärung wurde der Fernwärmebegriff aus Art. 2 UAbs. 2 lit. g EE-RL[49] übernommen. Ursprünglich sollte zur Abgrenzung von so genannten Quartierslösungen (§ 6 Abs. 1 EEWärmeG) auch ein Verweis auf die Definition

---

[45] So *Schlacke*, Klimaschutzrecht – ein Rechtsgebiet?, in: Schlacke (Hrsg.), Umwelt- und Planungsrecht im Wandel, Die Verwaltung, Beiheft 11, 2010, 121 (144).

[46] Hierzu näher unten S. 304 ff.

[47] Vgl. die Zusammenfassung einer repräsentativen Umfrage bei *Agentur für Erneuerbare Energien*, Renews Spezial 24/2010, S. 5, 8 (http://www.unendlich-viel-energie.de/de/service/mediathek/renewsspezial.html; abgerufen: 30. 10. 2012).

[48] Siehe in diesem Zusammenhang unten S. 334 ff. sowie S. 404 f.

[49] Fundstelle oben Fn. 12, § 1.

des Wärmenetzes in § 3 Abs. 13 KWKG aufgenommen werden, der insbesondere das Kriterium des öffentlichen Netzes, an das eine unbestimmte Anzahl von Abnehmern angeschlossen werden kann, enthält.[50] Diese Regelung stieß jedoch auf Vorbehalte sowohl bei den Regierungsfraktionen wie auch bei der Opposition, weil damit Rechtsunsicherheiten in Folge einer Verengung des Fernwärmebegriffs im EEWärmeG (mit einer entsprechenden Reduzierung der Erfüllungsmöglichkeiten) befürchtet wurden.[51] Der Verweis auf § 3 Abs. 13 KWKG wurde deshalb nicht Gesetz und es verblieb bei der wenig aussagekräftigen Definition in ihrer aktuellen Fassung.

Aus dem Baugesetzbuch ist insbesondere die bereits behandelte[52] Regelung in § 9 Abs. 1 Nr. 23 lit. a BauGB zu nennen. Das dort ermöglichte Verwendungsverbot für bestimmte Brennstoffe kann dazu genutzt werden, klimaschädliche Brennstoffe auszuschließen und so eine Wärmenetzversorgung zumindest zu stärken,[53] wenngleich hieraus kein mittelbar-faktischer Anschluss- und Benutzungszwang erwachsen darf.[54] Hinzuweisen ist ferner auf § 9 Abs. 6 BauGB, der durch die BauGB-Klimanovelle 2011[55] neu gefasst wurde. Mit der Ergänzung wurde die nachrichtliche Übernahme von ABZ-Regelungen in den Bebauungsplan ermöglicht, sodass Betroffene einen leichteren und schnelleren Zugang zu allen rechtlichen Informationen, die ein Baugebiet betreffen, erhalten. Eine Erweiterung der Befugnisse, eine Wärmenetz-ABZ-Satzung zu erlassen, ist damit nicht verbunden.[56]

---

[50] Vgl. BT-Drs. 17/3629, S. 10, 40.

[51] BT-Drs. 17/4895, S. 24, 36.

[52] Oben S. 148 ff.

[53] *Kloepfer*, Umweltschutzrecht, 2. Aufl. 2011, § 11 Rn. 49.

[54] Siehe m. w. N. oben S. 152 mit Fn. 192.

[55] Hierzu oben S. 110 f.

[56] *Mitschang*, Die Auswirkungen der Klimaschutz-Novelle auf die kommunale Bauleitplanung, DVBl. 2012, 134 (140); *Otting*, Klimaschutz durch Baurecht – Ein Überblick über die BauGB-Novelle 2011, REE 2011, 125 (129).

§ 7 Neue Gestaltungsspielräume durch § 16 EEWärmeG

I. Kompetenzfragen

Aufgrund der Ausgestaltung des § 16 EEWärmeG als einer Norm, die von *bundes*rechtlicher Ebene aus das bestehende *Landes*recht erweitert, um den *Kommunen* größere Spielräume im Klimaschutz zu eröffnen, drängte sich bereits im Gesetzgebungsverfahren die Frage nach einem Verstoß gegen das Kompetenzgefüge des Grundgesetzes auf, da eine „Überwölbung" des Landesrechts durch Bundesrecht in dieser Form als Novum anzusehen ist.[1] Auch die bundesgesetzliche Abfallüberlassungspflicht gemäß § 17 Abs. 1 S. 1 Kreislaufwirtschaftsgesetz (KrWG[2]), die sich unter anderem zu Gunsten der Kommunen auswirkt und an die man sich in diesem Zusammenhang erinnert fühlen könnte, lässt sich kaum als Referenzbeispiel anführen, da im Abfallbereich mit Art. 74 Abs. 1 Nr. 24 GG („Abfallwirtschaft") eine klare Kompetenzzuweisung an den Bund besteht. Demgegenüber wurde die Diskussion um § 16 EEWärmeG ausgelöst von entsprechenden Äußerungen des Bundesrates, der in der Regelung erstens einen Eingriff in die Kompetenz der Länder zur Regelung des Kommunalrechts (Art. 70 GG) und zweitens einen Verstoß gegen das Aufgabenübertragungsverbot gemäß Art. 84 Abs. 1 S. 7 GG sah.[3] Dabei ist zum einen bemerkenswert, dass § 16 EEWärmeG im ursprünglichen Referentenentwurf sogar ausdrücklich als vollwertige Ermächtigungsgrundlage zu Gunsten der Gemeinden angelegt war und damit über die aktuelle Regelung noch weit hinausging.[4] Zum anderen sollte nicht unerwähnt bleiben, dass der Bundesrat trotz seiner verfassungsrechtlichen Vorbehalte, mit denen er sich jedoch nicht durchsetzen konnte, bis heute auf eine Anrufung des *BVerfG* zur endgültigen Klärung verzichtet hat.

---

[1] So zu Recht *Milkau*, Ansätze zur Förderung der erneuerbaren Energien im Wärmemarkt, 2009, S. 261.

[2] Gesetz zur Förderung der Kreislaufwirtschaft und Sicherung der umweltverträglichen Bewirtschaftung von Abfällen v. 24. 2. 2012 (BGBl. I S. 212).

[3] Vgl. die entsprechende Stellungnahme des Bundesrates zum EEWärmeG-Entwurf in BT-Drs. 16/8149, S. 37.

[4] Siehe § 10 im EEWärmeG-Referentenentwurf vom 18. 10. 2007, abgedruckt in CuR 2007, 114 ff.

1. Sachgesetzgebungskompetenz des Bundes

Nach der Begründung zum Regierungsentwurf wurde das EEWärmeG auf Art. 74 Abs. 1 Nr. 24 GG („Luftreinhaltung") gestützt.[5] Diese Auffassung fand im Schrifttum überwiegend Zustimmung.[6] Dabei wird zu Recht festgestellt, dass der Begriff der Luftreinhaltung, der in Ermangelung einer Definition durch das *BVerfG* regelmäßig im Lichte des § 3 Abs. 4 BImSchG ausgelegt wird, entwicklungsoffen ist und folglich auch den Klimaschutz, den der Verfassungsgeber bei Schaffung dieses Kompetenztitels im Jahre 1974 noch nicht vor Augen hatte, mit umfasst.[7] Damit erfolgt keine Definition des Verfassungsbegriffs der Luftreinhaltung durch das einfache Gesetzesrecht, sondern es wird dem zeitlichen Zusammenfallen der Einfügung der Nr. 24 in Art. 74 Abs. 1 GG und des Erlasses des BImSchG Rechnung getragen, das auf ein gleiches Verständnis des Begriffes beim BImSchG-Gesetzgeber wie auch beim Verfassungsgeber hindeutet.[8]

In diesem Zusammenhang stellt sich die Frage nach dem Verhältnis des Art. 74 Abs. 1 Nr. 24 zu Art. 74 Abs. 1 Nr. 11 GG (Recht der Wirtschaft, insbesondere Energiewirtschaft) und zu Art. 70 GG (Kommunalrecht). Im Ergebnis dürfte es sich als die überzeugendere Lösung erweisen, Art. 74 Abs. 1 Nr. 24 und Nr. 11 GG im Stile eines „Kompetenzmixes" heranzuziehen. Die sich hieran anschließende Frage, ob damit auch die – an sich auf Art. 74 Abs. 1 Nr. 11 GG begrenzte – Erforderlichkeitsklausel des Art. 72 Abs. 2 GG gilt, ist zu bejahen. Weitere Restriktionen sind hiermit allerdings nicht verbunden, da die Erforderlichkeit gegeben ist.[9] Von anderen Stimmen im Schrifttum wird dagegen einer alleinigen Abstützung auf Art. 74 Abs. 1 Nr. 24 GG der Vorzug gegeben,[10] wo-

---

[5] BT-Drs. 16/8149, S. 14 f.

[6] Vgl. etwa *Ennuschat/Volino*, § 16 EEWärmeG und der kommunalrechtliche Anschluss- und Benutzungszwang für Fernwärme, CuR 2009, 90 (94); ausführlich *Sösemann*, Art. 74 Abs. 1 Nr. 24 GG (Luftreinhaltung) als Kompetenzgrundlage für EEG und EEWärmeG, ZNER 2008, 137 (139).

[7] *Sösemann*, Art. 74 Abs. 1 Nr. 24 GG (Luftreinhaltung) als Kompetenzgrundlage für EEG und EEWärmeG, ZNER 2008, 137 (139 f.).

[8] Vgl. *Degenhart*, in: Sachs (Hrsg.), GG, 6. Aufl. 2011, Art. 74 Rn. 102; *Sösemann*, Art. 74 Abs. 1 Nr. 24 GG (Luftreinhaltung) als Kompetenzgrundlage für EEG und EEWärmeG, ZNER 2008, 137 (139); *T. Müller*, in: Müller/Oschmann/Wustlich (Hrsg.), EEWärmeG, 2010, Einleitung Rn. 112.

[9] Vgl. überzeugend zum Ganzen *Milkau*, Bundeskompetenzen für ein Umweltenergierecht – dargestellt am Beispiel des Erneuerbare-Energien-Wärmegesetzes, ZUR 2008, 561 (564). Ferner bereits vor Erlass des EEWärmeG *Gaßner/Fischer*, Pflichtanteil Erneuerbarer Energien zur Wärmeerzeugung in Gebäuden, ZNER 2005, 21 (22).

[10] *Sösemann*, Art. 74 Abs. 1 Nr. 24 GG (Luftreinhaltung) als Kompetenzgrundlage für EEG und EEWärmeG, ZNER 2008, 137 ff. A. A. offenbar *Walsch*, Regelungsmöglichkeiten der Länder hinsichtlich Erneuerbarer Energien und Energieeffizienz am Beispiel Hessens, LKRZ 2010, 291 (293), die (trotz des ausdrücklich bejahten Klimaschutzbezuges) nur auf Art. 74 Abs. 1 Nr. 11 GG abstellt.

bei zum Teil mit einer gebotenen Korrektur des weiten Anwendungsbereichs des Art. 74 Abs. 1 Nr. 11 GG argumentiert wird. Ferner sei zu berücksichtigen, dass das EEWärmeG anders als etwa das EEG nicht unmittelbar die Hersteller von EE-Anlagen oder Vertreter der traditionellen Energiewirtschaft adressiert, sondern diese nur reflexartig von den an die Gebäudeeigentümer gerichteten Pflichten betroffen sind.[11]

Hinsichtlich des Verhältnisses zur kommunalrechtlichen Länderkompetenz aus Art. 70 GG wird zu Recht nahezu einhellig darauf verwiesen, dass gemäß der vom *BVerfG* vorgenommenen Schwerpunktbetrachtung[12] nicht schon mit einer Berührung der kommunalgesetzlichen Ermächtigungsgrundlagen durch die punktuelle Erweiterung der ABZ-Anordnungsgründe durch § 16 EEWärmeG eine (verfassungswidrige) *kommunalrechtliche* Norm geschaffen wird. Vielmehr besteht ein ausreichend enger Zusammenhang von § 16 EEWärmeG zum Hauptzweck des Klimaschutzes,[13] weshalb es sich um eine im Schwerpunkt *umweltrechtliche* Norm aus dem Bereich der Luftreinhaltung, daneben um eine energiewirtschaftsrechtliche Norm handelt. Die vom Bundesrat vorgebrachten Zweifel an der Verfassungsmäßigkeit von § 16 EEWärmeG[14] wurden zwar zum Teil in der Literatur aufgegriffen,[15] allerdings erfolgte insoweit bisher keine genauere argumentative Konkretisierung. Zwar trifft es zu, dass mit der Erweiterung der Anordnungsgründe durch § 16 EEWärmeG auch eine theoretisch denkbare bewusste Entscheidung eines Landesgesetzgebers *gegen* eine solche Erweiterung seiner kommunalrechtlichen ABZ-Ermächtigungsgrundla-

---

[11] *T. Müller*, in: Müller/Oschmann/Wustlich (Hrsg.), EEWärmeG, 2010, Einleitung Rn. 116 f.

[12] BVerfGE 80, 124 (132); 97, 228 (251); 97, 332 (341); 98, 145 (158); 98, 265 (299).

[13] *Böhm/Schwarz*, Klimaschutz durch Anschluss- und Benutzungszwang für kommunale Fernwärmenetze – Voraussetzungen und Grenzen, DVBl. 2012, 540 (542); *Ekardt/Heitmann*, Probleme des EEWärmeG bei Neubauten, ZNER 2009, 346 (354); *Ennuschat/Volino*, § 16 EEWärmeG und der kommunalrechtliche Anschluss- und Benutzungszwang für Fernwärme, CuR 2009, 90 (94); *Klemm*, Das Erneuerbare-Energien-Wärmegesetz – Ein Überblick über die wichtigsten Regelungen, CuR 2008, 124 (125). Vgl. außerdem die umfassende Begutachtung bei *Nast/Bürger/Klinski/Leprich/Ragwitz/Schulz*, Ergänzende Untersuchungen und vertiefende Analysen zu möglichen Ausgestaltungsvarianten eines Wärmegesetzes, 2009, S. 140 ff. (http://www.erneuerbare-energien.de/files/pdfs/allgemein/application/pdf/endbericht_waermegesetz.pdf; abgerufen: 30. 10. 2012); *Walsch*, Regelungsmöglichkeiten der Länder hinsichtlich Erneuerbarer Energien und Energieeffizienz am Beispiel Hessens, LKRZ 2010, 291 (293). Kritisch zur Verwischung der Grenzen zwischen Bundes- und Landesgesetzgebung durch eine solche Überwölbung *Milkau*, Ansätze zur Förderung der erneuerbaren Energien im Wärmemarkt, 2009, S. 261; weniger kritisch aber *Milkau*, in: Müller/Oschmann/Wustlich (Hrsg.), EEWärmeG, 2010, § 16 Rn. 14.

[14] BT-Drs. 16/8149, S. 37.

[15] *Longo*, Neue örtliche Energieversorgung als kommunale Aufgabe, 2010, S. 337 f.; *Pielow*, Effektives Recht der Energieeffizienz?, ZUR 2010, 115 (121); *Pollmann/Reimer/Walter*, Obligatorische Verwendung erneuerbarer Energien zur Wärmeerzeugung am Beispiel der Marburger Solarsatzung, LKRZ 2008, 251.

ge um das Ziel des Klimaschutzes ausgehöhlt würde.[16] Aus der Kompetenz des Bundes für die Luftreinhaltung (Art. 74 Abs. 1 Nr. 24 GG) muss indessen konsequenterweise gefolgert werden, dass der Landesgesetzgeber für diese Entscheidung *gegen den Klimaschutzbelang* (die von der sonstigen Ausgestaltung des Anschluss- und Benutzungszwangs zu trennen ist) nur solange die Kompetenz hat, bis – wie hier – der Bund tätig geworden ist (Art. 72 Abs. 1 GG).

Nach anderer Ansicht ist § 16 EEWärmeG bereits deshalb kompetenzrechtlich unbedenklich, weil der Bund damit lediglich habe klarstellen wollen, dass jedenfalls bezogen auf den Wärmenetz-ABZ vom EEWärmeG keine Sperrwirkung für landesrechtliche Maßnahmen ausgehe, wie es für EE-Nutzungspflichten im Neubaubereich aufgrund von § 3 EEWärmeG grundsätzlich der Fall ist.[17] Diese Argumentation verdient auf den ersten Blick Zustimmung, da ohne die Existenz einer „anerkennenden" Regelung wie in § 16 EEWärmeG in einem Anschluss- und Benutzungszwang auf landesrechtlicher Grundlage eine unzulässige Einschränkung der Erfüllungsmöglichkeiten, die das EEWärmeG im Neubausektor eröffnet, erblickt werden könnte. Zu bedenken bleibt freilich, dass diese Position keine Aussage zum klimapolitisch bedeutsamen Gebäudebestand im Hinblick auf die Einsatzmöglichkeiten von Anschluss- und Benutzungszwängen aus Klimaschutzgründen zulässt. Im Übrigen dürfte es sich schwierig gestalten, allein mit der Berufung auf einen Klarstellungs- bzw. Anerkennungseffekt von § 16 EEWärmeG eine Kompetenz des Bundes für die Erweiterung bestehender landesrechtlicher Ermächtigungsgrundlagen herzuleiten. In der Konsequenz würde diese Ansicht vielmehr dazu führen, dass § 16 EEWärmeG keine konstitutive (erweiternde) Wirkung, sondern nur eine mit § 3 Abs. 4 EEWärmeG vergleichbare deklaratorische Bedeutung zukäme. Dies widerspricht freilich dem Willen des historischen Gesetzgebers und der teleologischen Auslegungsmaxime, jede Norm grundsätzlich – es sei denn, sie ist ersichtlich als Ausnahmevorschrift gedacht – so zu interpretieren, dass sie eine größtmögliche, jedenfalls aber substanzielle praktische Wirksamkeit entfaltet.

2. Aufgabenübertragungsverbot gemäß Art. 84 Abs. 1 S. 7 GG

Der Bundesrat berief sich ferner auch auf einen Verstoß von § 16 EEWärmeG gegen das Aufgabenübertragungsverbot in Art. 84 Abs. 1 S. 7 GG. Zur Begründung wurde ausgeführt, dass mit der Erweiterung der ABZ-Anordnungsgründe um den Klimaschutz, wie sie durch § 16 EEWärmeG erfolgt ist, „im weiteren Sinne eine Aufgabenübertragung" verbunden sei, „da den Kommunen zumin-

[16] So auch *Milkau*, in: Müller/Oschmann/Wustlich (Hrsg.), EEWärmeG, 2010, § 16 Rn. 13.

[17] *Faßbender*, Kommunale Steuerungsmöglichkeiten zur Nutzung erneuerbarer Energien im Siedlungsbereich, NuR 2009, 618 (622).

dest aufgegeben werde, verantwortungsvoll über den Gebrauch dieser Ermächtigung zu entscheiden und ggf. tätig zu werden."[18]

Auch diese Ansicht wurde – zu Recht – einhellig abgelehnt. Sie trifft schon deshalb nicht zu, weil mit § 16 EEWärmeG keinerlei rechtliche Verpflichtungen für die Kommunen verbunden sind.[19] Unter Berücksichtigung von Entstehungsgeschichte und Zweck des Art. 84 Abs. 1 S. 7 GG, wonach die Aufnahme der Norm in das Grundgesetz die Kommunen vor allem vor einer zunehmenden Aufbürdung ausgabenintensiver Aufgaben (im Sinne von Verpflichtungen) ohne entsprechende Finanzmittelzuweisungen schützen sollte,[20] ist der Regelungszweck von § 16 EEWärmeG vorliegend ersichtlich nicht berührt. Selbst dort, wo in der Literatur von einem weiten Begriff der Aufgaben im Sinne von Art. 84 Abs. 1 S. 7 GG ausgegangen wird, soll damit nur vermieden werden, dass bestimmte Sachbereiche von der Vorschrift vollständig ausgenommen bleiben. Auch der weite Aufgabenbegriff geht gleichwohl davon aus, dass es sich stets um *zu erledigende* Verwaltungsangelegenheiten handeln muss.[21] Das hierin zum Ausdruck kommende Element des „Ausführungsbefehls" des Bundes an die Kommunen lässt sich jedoch im Falle des § 16 EEWärmeG nicht feststellen.[22]

Zu bedenken ist ferner das bereits im Rahmen der Diskussion um die Bedeutung von Art. 84 Abs. 1 S. 7 GG beim kommunalen Klimaschutz durch Bauleitplanung zu berücksichtigende Verhältnis des Aufgabenübertragungsverbots zu Art. 28 Abs. 2 S. 1 GG. Geht man – wie hier[23] – davon aus, dass Art. 28 Abs. 2 Satz 1 GG als *lex specialis* zu Art. 84 Abs. 1 S. 7 GG einzuordnen ist, kann auch für § 16 EEWärmeG keine Restriktion aus dem Aufgabenübertragungsverbot

---

[18] BT-Drs. 16/8149, S. 37.

[19] *Ekardt/Heitmann*, Probleme des EEWärmeG bei Neubauten, ZNER 2009, 346 (354); *Ennuschat/Volino*, § 16 EEWärmeG und der kommunalrechtliche Anschluss- und Benutzungszwang für Fernwärme, CuR 2009, 90 (94); ähnlich *Nast/Bürger/Klinski/Leprich/Ragwitz/Schulz*, Ergänzende Untersuchungen und vertiefende Analysen zu möglichen Ausgestaltungsvarianten eines Wärmegesetzes, 2009, S. 153 (http://www.erneuerbare-energien.de/files/pdfs/allgemein/application/pdf/endbericht_waermegesetz.pdf; abgerufen: 30. 10. 2012).

[20] Vgl. etwa *Suerbaum*, in: Epping/Hillgruber (Hrsg.), GG, 2009, Art. 84 Rn. 26 ff., der außerdem die – durch § 16 EEWärmeG genauso wenig betroffene – organisatorische Eigenständigkeit der Länder als weiteren durch Art. 84 Abs. 1 S. 7 GG geschützten Aspekt aufführt.

[21] *Schoch*, Verfassungswidrigkeit des bundesgesetzlichen Durchgriffs auf Kommunen, DVBl. 2007, 261 (263), mit näheren Ausführungen zum Hintergrund von Art. 84 Abs. 1 S. 7 GG. Ein weiter Aufgabenbegriff findet sich auch bei *Pieroth*, in: Jarass/Pieroth (Hrsg.), GG, 12. Aufl. 2012, Art. 84 Rn. 7.

[22] Ähnlich *Walsch*, Regelungsmöglichkeiten der Länder hinsichtlich Erneuerbarer Energien und Energieeffizienz am Beispiel Hessens, LKRZ 2010, 291 (292); zustimmend auch *Böhm/Schwarz*, Klimaschutz durch Anschluss- und Benutzungszwang für kommunale Fernwärmenetze – Voraussetzungen und Grenzen, DVBl. 2012, 540 (542).

[23] Vgl. bereits oben m. w. N. S. 132 ff.

erwachsen, da eine ABZ-Satzung regelmäßig im eigenen Wirkungskreis der Gemeinde erlassen wird.[24]

Teilweise wird neben dem primären Regelungszweck des Art. 84 Abs. 1 S. 7 GG (Schutz der Kommunen vor finanziellen Belastungen) noch der Schutz der Länderhoheit vor Durchgriffen des Bundes auf die kommunale Ebene als weiterer Zweck betont.[25] Dementsprechend wird ein Verstoß gegen Art. 84 Abs. 1 S. 7 GG immer dort angenommen, wo das „Ob" des kommunalen Tätigwerdens durch eine Bundesregelung berührt sei.[26] Wenngleich man auf den ersten Blick in § 16 EEWärmeG eine solche „Ob"-Regelung erblicken könnte, greift diese Überlegung im Ergebnis dennoch nicht durch. Zunächst spricht hiergegen, dass es sich bei § 16 EEWärmeG lediglich um eine Erweiterung der bereits *bestehenden landesrechtlichen* ABZ-Ermächtigungsgrundlagen handelt. Ferner entscheidet weiterhin die Kommune selbst, ob und aus welchen Gründen von der Ermächtigungsgrundlage Gebrauch gemacht werden soll. Mit § 16 EEWärmeG findet damit keine Einschaltung der Kommunen „in den Vollzug der Bundesgesetze" statt. So verlangen es aber selbst die Vertreter dieser sehr weiten Ansicht zu Art. 84 Abs. 1 S. 7 GG,[27] die daher folglich auch – in Übereinstimmung mit der bisherigen Verfassungspraxis[28] – davon ausgehen, dass das Aufgabenübertragungsverbot die Kommunen (nur) vor „Rechtsanwendungsbefehlen" durch den Bund schützen soll.[29] An einem solchen Verpflichtungselement im Verhältnis Bund-Kommunen fehlt es bei § 16 EEWärmeG aber gerade.

---

[24] Siehe auch die entsprechenden ausdrücklichen Regelungen in § 13 S. 1 NdsKomVG; § 8 GO LSA (Fundstellen oben in Fn. 27, § 6 und Fn. 32, § 6).

[25] *Knitter*, Das Aufgabenübertragungsverbot des Art. 84 Abs. 1 Satz 7 GG, 2008, S. 102.

[26] *Knitter*, Das Aufgabenübertragungsverbot des Art. 84 Abs. 1 Satz 7 GG, 2008, S. 105, mit Verweis auf *Burgi*, Künftige Aufgaben der Kommunen im sozialen Bundesstaat, DVBl. 2007, 70 (77). Der Ansatz von *Meßmann*, Das Aufgabenübertragungsverbot aus Art. 84 Abs. 1 S. 7 GG: Hindernis für die Erweiterung bereits übertragener Aufgaben und die Übertragung von Angelegenheiten der örtlichen Gemeinschaft?, DÖV 2010, 726 ff., der ebenfalls in diese Richtung geht, unterscheidet zwischen Aufgaben*zuweisungs*normen und Aufgaben*bestimmungs*normen und hält Art. 84 Abs. 1 Satz 7 GG nur bei erstgenannten für einschlägig. Auch nach diesem Verständnis unterfällt § 16 EEWärmeG indes nicht dem Aufgabenübertragungsverbot.

[27] *Knitter*, Das Aufgabenübertragungsverbot des Art. 84 Abs. 1 Satz 7 GG, 2008, S. 103.

[28] Vgl. noch zu Art. 84 Abs. 1 GG a. F. BVerfGE 77, 288 (299). Auch bei der Nichtausfertigung des Verbraucherinformationsgesetzes durch den Bundespräsidenten (BT-Drs. 16/3866), die mit einem Verstoß gegen Art. 84 Abs. 1 S. 7 GG begründet wurde, stand eine *Verpflichtung* der Kommunen zur Bearbeitung von Anträgen auf Informationseinsicht in Rede. Zu den Beispielen insgesamt *Henneke*, in: Schmidt-Bleibtreu/Hofmann/Hopfauf (Hrsg.), GG, 12. Aufl. 2011, Art. 84 Rn. 25 f.

[29] *Knitter*, Das Aufgabenübertragungsverbot des Art. 84 Abs. 1 Satz 7 GG, 2008, S. 109 f.

II. Auswirkungen von § 16 EEWärmeG auf das Landesrecht

1. Rechtslage vor Inkrafttreten des EEWärmeG

a) Rechtsprechung zum Landesrecht

Einige der landesgesetzlichen Ermächtigungsgrundlagen für einen Wärmenetz-ABZ beschäftigten vor Inkrafttreten des § 16 EEWärmeG die Rechtsprechung mit der Frage, inwieweit über dieses Instrument globaler Klimaschutz betrieben werden darf. Dabei hatte der *VGH Mannheim* unmittelbar vor der Neufassung des § 11 BaWüGO die Rechtmäßigkeit einer Satzung der Stadt Aalen verneint, die einen Wärmenetz-ABZ verhängte, ohne dass damit eine Verbesserung der örtlichen Emissions- oder Immissionssituation verbunden war, die also nur dem globalen Klimaschutz diente.[30] Das *BVerwG* bestätigte dieses Urteil im Revisionsverfahren.[31] Beide Urteile bezogen sich auf § 11 Abs. 2 BaWüGO *a. F.*, der den Klimaschutz noch nicht erwähnte. Insbesondere im Urteil des *VGH Mannheim* wurde betont, dass es zur Rechtfertigung eines Wärmenetz-ABZ aus Klimaschutzgründen einer entsprechenden Entscheidung des (Landes-)Gesetzgebers bedürfe.[32] Mit § 11 Abs. 1 BaWüGO *n. F.* wurde eine solche positive Entscheidung getroffen. In seiner zentralen Grundsatzentscheidung vom 25. 1. 2006 hat das *BVerwG* sodann erstmals eine Fernwärmesatzung aus Gründen des globalen Klimaschutzes für rechtmäßig befunden.[33] Dieses Urteil bezog sich auf § 17 Abs. 2 SchlHGO, der wie § 11 Abs. 1 BaWüGO *n. F.* den Schutz der natürlichen Lebensgrundlagen als Einrichtungszweck aufzählt,[34] wobei die baden-württembergische Norm mit der ausdrücklichen Nennung des Klimaschutzes sogar noch eindeutiger formuliert ist.

Diese Rechtsprechung macht deutlich, dass es den Gemeinden vor Inkrafttreten des § 16 EEWärmeG verwehrt war, einen Anschluss- und Benutzungszwang aus Klimaschutzgründen zu erlassen, wenn hierfür keine eindeutige Grundlage im Wortlaut der jeweiligen Ermächtigung ermittelt werden konnte. Allein aus der Berücksichtigung des Art. 20a GG im Rahmen des Tatbestandsmerkmals „(dringendes) öffentliches Bedürfnis“ durfte eine solche Befugnis

---

[30] *VGH Mannheim*, Urteil v. 18. 3. 2004 – 1 S 2261/02, NuR 2004, 668 ff. Zur (vergleichbaren) Rechtslage in Sachsen-Anhalt: *OVG Magdeburg*, Urteil v. 8. 4. 2008 – 4 K 95/07, NVwZ-RR 2008, 810 ff.

[31] *BVerwG*, Urteil v. 23. 11. 2005 – 8 C 14/04, NVwZ 2006, 595 ff.

[32] *VGH Mannheim*, Urteil v. 18. 3. 2004 – 1 S 2261/02, NuR 2004, 668 (671).

[33] BVerwGE 125, 68 ff. Vgl. auch die umfassende chronologische Aufbereitung der einschlägigen Rechtsprechung unter Einbeziehung weiterer Urteile bei *Milkau*, in: Müller/Oschmann/Wustlich (Hrsg.), EEWärmeG, 2010, § 16 Rn. 32 ff. und *Schmidt-Aßmann*, Anschluss- und Benutzungszwang bei der Fernwärmeversorgung: Kommunalem Aktivismus Grenzen setzen!, ZHR 170 (2006), 489 (492 ff.).

[34] Wörtlich lautet der maßgebliche Passus in § 17 Abs. 2 SchlHGO: „und ähnliche […] dem Schutz der natürlichen Grundlagen des Lebens dienende Einrichtungen“.

nicht hergeleitet werden,[35] denn auch Art. 20a GG lässt die Erreichung des Staatsziels Umweltschutz nur „im Rahmen der verfassungsmäßigen Ordnung" zu, ohne kompetenzerweiternd zu wirken.[36] Erforderlich war demnach stets ein Bezug zum Klimaschutz in der konkreten ABZ-Ermächtigungsgrundlage. Da diese Bezugnahme in den Landesnormen bislang auf unterschiedliche Art und Weise erfolgte,[37] war es besonders bemerkenswert, dass das *BVerwG* selbst die unter anderem von Schleswig-Holstein gewählte – sprachlich-systematisch eher verunglückte – Variante der auf den Umwelt- bzw. Klimaschutz[38] abstellenden Erweiterung möglicher *Einrichtungszwecke* (anstelle der Erweiterung der *Anordnungsgründe*) als ausreichend[39] angesehen hat, um einen entsprechenden Ermächtigungswillen des Landesgesetzgebers zu begründen. Diese Entscheidung zur Rechtslage in Schleswig-Holstein konnte wegen des im Wesentlichen gleichen Normtextes auf § 11 Abs. 1 BaWüGO (n. F.) übertragen werden.

b) Reaktionen im Schrifttum

Die Reaktionen im Schrifttum auf die Rechtsprechung des *BVerwG* fielen unterschiedlich aus. Während die Auffassung des Gerichts einerseits Zustimmung erfuhr,[40] wurde andernorts kritisch angemerkt, dass der Betätigung der Kommunen für überörtliche Ziele wie das des Klimaschutzes im Allgemeinen durch Art. 28 Abs. 2 S. 1 GG enge Grenzen gezogen seien. Es wurde nach wie vor ein lokaler Emissionsvorteil als erforderlich angesehen.[41] Dieser sei jedoch nicht ge-

---

[35] So aber *Longo/Schuster*, Zur Rechtmäßigkeit von „solaren" Energiekonzepten in Neubaugebieten – Die Wirkung von Art. 20a GG im Bau- und Kommunalrecht, ZNER 2000, 118 (121), *Schwerdtner*, Global denken – Lokal handeln!, VBlBW 2005, 99; ähnlich (unter Berufung auf die technischen Besonderheiten der Fernwärme) *Faber*, Der kommunale Anschluss- und Benutzungszwang, 2005, S. 54.

[36] Vgl. *VGH Mannheim*, Urteil v. 18. 3. 2004 – 1 S 2261/02, NuR 2004, 668 (670 f.); *Gern*, Deutsches Kommunalrecht, 3. Aufl. 2003, Rn. 179; *Glaser*, „Angelegenheiten der örtlichen Gemeinschaft" im Umweltschutz, DV 41 (2008), 483 (487); *Milkau*, in: Müller/Oschmann/Wustlich (Hrsg.), EEWärmeG, 2010, § 16 Rn. 17.

[37] Siehe oben S. 292 ff.

[38] Der „Schutz der natürlichen Grundlagen des Lebens" gemäß § 17 Abs. 2 SchlHGO umfasst auch den Klimaschutz, vgl. *Düsterdiek*, Praxishinweis zum Beschluss des BVerwGE 125, 68 ff., KommJur 2006, 353 (354); *Groß*, Welche Klimaschutzpflichten ergeben sich aus Art. 20a GG, ZUR 2009, 364 (366); i.E. zustimmend *Ennuschat/Volino*, § 16 EEWärmeG und der kommunalrechtliche Anschluss- und Benutzungszwang für Fernwärme, CuR 2009, 90 (91).

[39] Zweifelnd *Klemm*, Das Erneuerbare-Energien-Wärmegesetz – Ein Überblick über die wichtigsten Regelungen, CuR 2008, 124 (130).

[40] Zustimmend *Groß*, Welche Klimaschutzpflichten ergeben sich aus Art. 20a GG, ZUR 2009, 364 (366); *Kahl*, Einführung in das Umweltenergierecht, JuS 2010, 599 (602); *Kloepfer*, Umweltschutzrecht, 2. Aufl. 2011, § 11 Rn. 50; *Lange*, Orientierungsverlust im Kommunalrecht: Wer verantwortet was?, DÖV 2007, 820 (821); *Schnutenhaus/Günther*, Anm. zu BVerwG, Urteil vom 25. Januar 2006 – 8 C 13.05, ZUR 2006, 367.

[41] *Ennuschat/Volino*, § 16 EEWärmeG und der kommunalrechtliche Anschluss- und Benutzungszwang für Fernwärme, CuR 2009, 90 (93); *Glaser*, „Angelegenheiten der örtlichen

geben, weil der geringere Ausstoß von Treibhausgasen nur aus der Einbeziehung des bei der Fernwärmeversorgung im KWK-Verfahren gleichzeitig produzierten Stroms resultiert – dem seinerseits kein Bezug zu örtlich verursachten Emissionen zuerkannt wurde.[42] Damit wurde der Rechtsprechung des *BVerwG*, die gerade die Einbeziehung der Klimavorteile durch die Effizienz der KWK-Technik zulässt[43] und den Ortsbezug durch Anschluss der Gemeindeeinwohner an ein Fernwärmenetz als ausreichend ansieht,[44] widersprochen.

Letztlich scheitert aber die Anordnung eines Wärmenetz-ABZ aus Klimaschutzgründen nicht an dem – zu Recht betonten – Erfordernis eines hinreichenden Ortsbezugs in Art. 28 Abs. 2 S. 1 GG („Angelegenheiten der örtlichen Gemeinschaft"),[45] denn es handelt sich bei dieser Maßnahme um eine *vor Ort* wirkende Inpflichtnahme (Zwang zum Anschluss an ein *gemeindliches* Fernwärmenetz) zur möglichst effizienten Energiebereitstellung[46] bei der Befriedigung von *vor Ort* bestehender Nachfrage nach Wärmeenergie, die die *Gemeinde* durch ihre Bauleitplanung und die hiermit erst eröffneten Bodennutzungsmöglichkeiten selbst veranlasst hat. Damit kann ein mehrfacher, bei Gesamtbetrachtung hinreichender örtlicher Bezug bejaht werden, denn es lässt sich aus Art. 28 Abs. 2 S. 1 GG nicht entnehmen, dass eine örtliche Angelegenheit nur vorliegt, wenn zu der soeben beschriebenen lokalen *Einwirkung* auch eine lokale bzw. lokal spürbare statt (nur) globale *Auswirkung* hinzu tritt.[47] Umgekehrt ist es gleichfalls unschädlich, wenn sich eine Angelegenheit nicht hinsichtlich aller Teilaspekte als eine solche der örtlichen Gemeinschaft darstellt, sondern auch überörtliche Elemente enthält,[48] wie dies auf den kommunalen „Klimaschutz-ABZ" zutrifft. Konsequenterweise ist damit die argumentative Grundlage für einen kommunalen Klimaschutz durch bauleitplanerische Maßnahmen[49] auch auf die Frage einer entsprechenden Instrumentalisierbarkeit von ABZ-Satzungen anzuwenden.

Speziell in Bezug auf § 11 Abs. 1 BaWüGO wurde vorgebracht, dass dieser es trotz der Neufassung nicht zulassen würde, einen Wärmenetz-ABZ ohne unmittelbare positive Auswirkungen auf das Gemeindegebiet zu verhängen, ob-

---

Gemeinschaft" im Umweltschutz, DV 41 (2008), 483 (499 f.); *Pielow/Finger*, Der Anschluss- und Benutzungszwang im Kommunalrecht, JURA 2007, 189 (195).

[42] *Glaser*, „Angelegenheiten der örtlichen Gemeinschaft" im Umweltschutz, DV 41 (2008), 483 (498 ff.).

[43] So BVerwGE 125, 68 (71 f.), sowie bereits in einem vorhergehenden Fall *OVG Schleswig*, Urteil v. 21. 8. 2002 – 2 L 30/00, NuR 2003, 55 (58).

[44] BVerwGE 125, 68 (73).

[45] Hierzu näher sogleich auf S. 308 ff.

[46] Diesen Aspekt betont *Faßbender*, Kommunale Steuerungsmöglichkeiten zur Nutzung erneuerbarer Energien im Siedlungsbereich, NuR 2009, 618 (621).

[47] So auch bereits BT-Drs. 16/8149, S. 29; vgl. ferner die z.w.N. bei *Schmidt/Kahl*, Umweltrecht, 8. Aufl. 2010, § 3 Rn. 96 m. Fn. 346, 348.

[48] BVerfGE 110, 370 (401).

[49] Vgl. oben S. 126 ff.

gleich zugestanden wurde, dass mit der Erweiterung der Einrichtungszwecke um jene des Umweltschutzes einschließlich des Klima- und Ressourcenschutzes die Schwelle für die Anordnung eines Anschluss- und Benutzungszwangs abgesenkt wurde.[50] Diese Ansicht beruft sich auf die Motive des Landesgesetzgebers, der zwar die Erweiterung des § 11 Abs. 1 BaWüGO einerseits unmittelbar im Anschluss an das Urteil des *VGH Mannheim* vornahm, in dem klargestellt wurde, dass es jedenfalls einer zweifelsfreien Einbeziehung des globalen Klimaschutzes in die ABZ-Ermächtigungsgrundlage bedürfe,[51] der aber andererseits auch widersprüchliche Aussagen zur fortbestehenden Notwendigkeit einer örtlichen Immissionsverbesserung macht.[52] Hintergrund dürfte vor allem sein, dass sich der Landesgesetzgeber an einer *vollständigen* Öffnung des § 11 Abs. 1 BaWüGO für den allgemeinen Klimaschutz aufgrund der diesbezüglichen verfassungsrechtlichen Bedenken des *VGH Mannheim*[53] gehindert sah.[54]

2. Klarstellung und Erweiterung durch § 16 EEWärmeG

Die auch nach dem Grundsatzurteil des *BVerwG* vom 25. 1. 2006 anhaltende Diskussion um die Rechtmäßigkeit kommunaler Wärmenetz-ABZ-Satzungen aus Klimaschutzgründen verdeutlicht den Handlungsbedarf, den der Bund im Hinblick auf die Schaffung rechtssicherer kommunaler Handlungsmöglichkeiten gesehen hat. Zum einen wurden – wie soeben dargestellt – sogar in denjenigen Bundesländern, deren ABZ-Ermächtigungsgrundlagen ausdrückliche Bezüge zum Klimaschutz enthielten, fortwährend Zweifel an den Handlungsbefugnissen der Gemeinden zur Verfolgung globaler Ziele geäußert. Zum anderen machte die Rechtsprechung deutlich, dass es für die Städte und Gemeinden in den Ländern, deren Ermächtigungsgrundlagen keine Klimaschutzbezüge enthielten, keine Möglichkeit gab, einen Wärmenetz-ABZ aus Gründen des globalen Klimaschutzes zu erlassen. Dies traf auf die Mehrzahl der Bundesländer zu.[55] Der neue § 16 EEWärmeG sollte demnach eine Klarstellungs- und Erweiterungsfunktion haben.[56] Klargestellt wurden zum einen die kommunalen Möglichkeiten in den Ländern, in denen die Ermächtigungsgrundlagen auch bisher schon Klimaschutzbezüge aufwiesen, aber trotzdem noch teilweise örtliche Bezüge als notwendig angesehen wurden. Zum anderen kommt § 16 EE-

[50] *Glaser*, „Angelegenheiten der örtlichen Gemeinschaft" im Umweltschutz, DV 41 (2008), 483 (499 f.).

[51] *VGH Mannheim*, Urteil v. 18. 3. 2004 – 1 S 2261/02, NuR 2004, 668 (671).

[52] Besonders deutlich werden die Widersprüche in LT-Drs. 13/4385, S. 16 f.

[53] *VGH Mannheim*, Urteil v. 18. 3. 2004 – 1 S 2261/02, NuR 2004, 668 (671).

[54] Vgl. LT-Drs. 13/4495, S. 7 f., sowie LT-Pl.Prot. 13/96, S. 6819.

[55] Vgl. die Aufzählung oben in Fn. 39, § 6.

[56] BT-Drs. 16/8149, S. 29.

WärmeG eine Erweiterungsfunktion im Hinblick auf diejenigen Ermächtigungsgrundlagen zu, die den Klimaschutz zuvor nicht berücksichtigten.[57]

III. Begrenzung des kommunalen Klimaschutzes durch Art. 28 Abs. 2 S. 1 GG

Obgleich durch Inkrafttreten des § 16 EEWärmeG auf einfachgesetzlicher Ebene Rechtssicherheit für den kommunalen Klimaschutz durch das Instrument des Wärmenetz-ABZ hergestellt wurde, ist aus den vorstehenden Ausführungen bereits deutlich geworden, dass die Beschränkung der Kommunen auf örtliche Angelegenheiten durch Art. 28 Abs. 2 S. 1 GG[58] auf der einen Seite und die kommunalen Bemühungen für einen globalen Klimaschutz auf der anderen Seite in einem Spannungsverhältnis zueinander stehen. Dabei ist zunächst herauszustellen, dass es sich bei dem Klimaschutz gemäß Art. 20a GG um eine – jedenfalls in ihrer Tragweite, vergleichsweise neue – Aufgabe *aller* Ebenen des politischen Systems handelt.[59] Bei der Beurteilung, inwieweit den kommunalen Aktivitäten zum Klima- und Ressourcenschutz durch Art. 28 Abs. 2 S. 1 GG Grenzen gezogen sind, muss deshalb berücksichtigt werden, dass die Festlegung der Gemeinden auf die Verfolgung von „Angelegenheiten der örtlichen Gemeinschaft“ auch und gerade in diesem Fall nicht als starre Restriktion mit einer Bindung an hergebrachte Aufgabenkreise gleichgesetzt werden darf, sondern für die Berücksichtigung auch neuartiger Entwicklungen und Herausforderungen offen ist,[60] zu denen der (kommunale) Klimaschutz gehört.[61]

---

[57] So auch *Böhm/Schwarz*, Klimaschutz durch Anschluss- und Benutzungszwang für kommunale Fernwärmenetze – Voraussetzungen und Grenzen, DVBl. 2012, 540 (542); *Milkau*, in: Müller/Oschmann/Wustlich (Hrsg.), EEWärmeG, 2010, § 16 Rn. 44; *Wustlich*, Das Erneuerbare-Energien-Wärmegesetz – Ziel, Inhalt und praktische Auswirkungen, NVwZ 2008, 1041 (1045). Vgl. außerdem *Ennuschat/Volino*, § 16 EEWärmeG und der kommunalrechtliche Anschluss- und Benutzungszwang für Fernwärme, CuR 2009, 90 (93 f.), die § 16 EEWärmeG als eingeschränkte Rechtsgrundverweisung einordnen.

[58] Die Frage, ob Art. 28 Abs. 2 S. 1 GG für die Kommunen lediglich Rechte begründet oder auch eine kompetenz*begrenzende* Funktion hat, ist umstritten. Von der ganz h. M. wird mit Recht die zweite Position vertreten, vgl. mit eingehender Aufarbeitung des Meinungsstandes und i.E. wie hier *Milkau*, in: Müller/Oschmann/Wustlich (Hrsg.), EEWärmeG, 2010, § 16 Rn. 18 ff.

[59] Vgl. den Bericht der *Bundesregierung* über die Perspektiven für Deutschland – Nationale Strategie für eine nachhaltige Entwicklung, BT-Drs. 14/8953, S. 31; ferner *Battis/Kersten/Mitschang*, Rechtsfragen der ökologischen Stadterneuerung, 2010, S. 22 f.; *Böhm*, Umweltschutz durch Baurecht – kommunale Solarsatzungen auf dem Prüfstand, JbUTR 2009, 237 (246).

[60] BVerfGE 79, 127 (152).

[61] *Faßbender*, Kommunale Steuerungsmöglichkeiten zur Nutzung erneuerbarer Energien im Siedlungsbereich, NuR 2009, 618 (621); *Longo*, Neue örtliche Energieversorgung als kommunale Aufgabe, 2010, S. 126 f.; *Manten/Elbel*, Möglichkeiten und Grenzen des kommunalen Klimaschutzes in den neuen Bundesländern, LKV 2009, 1 (5 f.).

Der (vermeintliche) Widerspruch zwischen der Beschränkung der Kommunen auf örtliche Angelegenheiten und der Ermächtigung zum Klimaschutz durch das Instrument des Anschluss- und Benutzungszwangs löst sich jedoch auf, wenn man bedenkt, dass auch mit einer weiten Auslegung des Terminus der „örtlichen Angelegenheit" mit Blick auf die Zulässigkeit eines Fernwärme-ABZ aus Gründen des Klimaschutzes keine völlige Entgrenzung kommunaler Klimaschutzmaßnahmen verbunden ist. Durch den bereits ausgeführten Bezug, den ein „Klimaschutz-ABZ" zur örtlichen Gemeinschaft hat,[62] sind zugleich auch die Kriterien festgelegt, die erfüllt sein müssen, um die in Art. 28 Abs. 2 S. 1 GG enthaltene Kompetenzgrenze für kommunale Aktivitäten einzuhalten. Zwar wird mitunter angemahnt, dass in Wirklichkeit keine Kompetenzbegrenzung mehr stattfände, wenn man es für die Bejahung einer örtlichen Angelegenheit ausreichen ließe, dass eine kommunale Rechtsnorm die (Energie-)Versorgung *der Gemeindeeinwohner* regelt.[63] Dahinter verbirgt sich der Gedanke, dass ohnehin keine kommunalen Klimaschutzvorschriften denkbar wären, bei denen dies nicht der Fall ist, bei denen also die Kompetenzgrenze noch beschränkende Wirkung entfalten könnte. Dem ist zu widersprechen. Aus Gründen des Klimaschutzes könnte eine Kommune etwa erwägen, gewerblichen Unternehmen, die einen Standort in ihrer Gemeinde unterhalten und damit potenzielle ABZ-Verpflichtete sind, in einer ABZ-Satzung als Ersatzmaßnahme an Stelle des Fernwärmeanschlusses die Möglichkeit einzuräumen, Maßnahmen mit quantitativ gleichwertigem Klimaschutzeffekt an Unternehmensstandorten außerhalb der Gemeinde vorzunehmen, etwa weil hiermit für das betreffende Unternehmen geringere Kosten verbunden sind. Zwar mag eine solche Konstellation aus wirtschaftlichen Gründen unrealistisch sein, weil es die Auslastung von Fernheizkraftwerken vermindert, wenn man potenziellen (Groß-)Kunden eine derartige Befreiungsmöglichkeit eröffnete. Dies spielt jedoch keine Rolle, wenn es um die Beurteilung der rechtlichen Grenzen für ein entsprechendes kommunales Engagement *aus Klimaschutzgründen* geht. In eben solchen Fällen verließe die Gemeinde jedoch den Bereich der örtlichen Energieversorgung und damit den Bereich der örtlichen Angelegenheiten. Gleichfalls denkbar wären Regelungen in einer ABZ-Satzung aus Klimaschutzgründen zur ersatzweisen Zahlung einer Geldsumme anstelle des Anschlusses an ein Fernwärmenetz („Ablöse") bei anschließender Verwendung der vereinnahmten Mittel zur Realisierung von Klimaschutzprojekten außerhalb des Gemeindegebiets, in Anlehnung an den Gedanken der Clean Development Mechanism (CDM)- und Joint Implementation (JI)-Projekte im Emissionshan-

[62] Siehe oben S. 305 ff.

[63] *VGH Mannheim*, Urteil v. 18.3. 2004 – 1 S 2261/02, NuR 2004, 668 (671); *Ennuschat/Volino*, § 16 EEWärmeG und der kommunalrechtliche Anschluss- und Benutzungszwang für Fernwärme, CuR 2009, 90 (93).

delsrecht[64]. Auch eine solche Ausgestaltung würde – wiewohl Teil eines grundsätzlich zulässigen Fernwärme-ABZ aus Gründen des allgemeinen Klimaschutzes – einen hinreichenden örtlichen Bezug vermissen lassen und gegen die Kompetenzgrenze des Art. 28 Abs. 2 S. 1 GG verstoßen, selbst nach Erlass des § 16 EEWärmeG.

Erwähnenswert ist schließlich noch ein neuerer Ansatz. Dieser lehnt eine Einordnung kommunaler Klimaschutzbemühungen als örtliche Angelegenheit durch die – hier befürwortete – Anknüpfung an die Verpflichtung der Gemeindeeinwohner und die Befriedigung der gemeindlichen Nachfrage nach Energie ab[65] und verlangt nach eingehender Analyse von Art. 28 Abs. 2 S. 1 GG, dass jedes kommunale Tätigwerden einen *spürbaren* Vorteil für die Gemeindeeinwohner mit sich bringen müsse.[66] Ein solcher sei zwar im Hinblick auf den Beitrag einer Kommune zum globalen Klimaschutz zu verneinen. Allerdings stellten die mit einer nachhaltigen kommunalen Energiepolitik verbundenen *siedlungsökologischen* Wirkungen (lokale Luftreinhaltung) und die *siedlungsökonomischen* Effekte (lokale Investition, Energieautonomie) einen vor Ort spürbaren Nutzen dar. Sofern ein solcher örtlicher Nutzen mit kommunalen Klimaschutzbemühungen realisiert werden könne, wären diese auch als örtliche Angelegenheit im Sinne von Art. 28 Abs. 2 S. 1 GG einzuordnen.[67] Dieser Vorschlag kann im Ergebnis aber einerseits als Ergänzung zu den hier präferierten (Primär-)Kriterien aufgefasst werden, da kommunale Klimaschutzmaßnahmen regelmäßig *auch* – zumindest mittelbar-faktisch – den angesprochenen siedlungsökologischen und -ökonomischen Interessen dienen können. Andererseits ist festzustellen, dass auch etwa siedlungs*ökonomische* Effekte kaum geeignet erscheinen, die kommunalen Handlungskompetenzen vor dem Hintergrund der Restriktionen aus Art. 28 Abs. 2 S. 1 GG besser zu begründen als die Erwägungen des Klimaschutzes. Zwar können sich Städte und Gemeinden (politische) Ziele wie Energieautonomie oder eine Vollversorgung aus Erneuerbaren Energien setzen. Diese Ziele werden sich aber (wie schon im Falle des Klimaschutzes) in der ganz überwiegenden Zahl der Gemeinden nicht (vollständig) auf dem Gebiet der jeweiligen Kommune realisieren lassen. Auch wenn *kalkulatorisch* etwa über eine entsprechende (energie-)wirtschaftliche Betätigung der Kommunalunternehmen großer Städte derartige Versorgungsziele erreicht werden könnten, kann dies nicht darüber hinwegtäuschen, dass hierfür regelmäßig eine Geschäftstätigkeit außerhalb des Gemeindegebiets ein-

---

[64] Dazu *Schmidt/Kahl*, Umweltrecht, 8. Aufl. 2010, § 3 Rn. 35.

[65] *Longo*, Neue örtliche Energieversorgung als kommunale Aufgabe, 2010, S. 147 f.

[66] *Longo*, Neue örtliche Energieversorgung als kommunale Aufgabe, 2010, S. 101 ff., 156.

[67] *Longo*, Neue örtliche Energieversorgung als kommunale Aufgabe, 2010, S. 157 ff., 165 ff. Ähnlich auch *Manten/Elbel*, Möglichkeiten und Grenzen des kommunalen Klimaschutzes in den neuen Bundesländern, LKV 2009, 1 (5), die die langfristige Energiesicherung der Gemeinde als Grund für kommunales Engagement für eine nachhaltige Energieversorgung betonen.

bezogen werden muss. Wie der Klimaschutz weist damit auch das Streben nach „örtlicher" Versorgungssicherheit regelmäßig sowohl örtliche als auch überörtliche Bezüge auf.[68]

[68] Diese Gemeinsamkeit wird nicht hinreichend berücksichtigt bei *Ekardt/Hehn*, Peak Oil: Postfossile Stadtentwicklung als BauGB-Ziel, ZUR 2011, 413 (418 f.), die die Frage kommunaler Handlungsmöglichkeiten für den insoweit vergleichbaren Bereich der Bauleitplanung diskutieren.

§ 8 Vereinbarkeit des Anschluss- und Benutzungszwangs mit den Grundrechten

I. Betroffene Grundrechte

Ein Wärmenetz-ABZ aus Klimaschutzgründen bedeutet einen rechtfertigungsbedürftigen Eingriff in Grundrechte. In erster Linie ist dabei die Eigentumsfreiheit (Art. 14 Abs. 1 GG) von Bauherren bzw. Gebäudeeigentümern betroffen. So werden dem Bauherrn bzw. dem Grundstückseigentümer im Falle neu zu errichtender Gebäude Beschränkungen hinsichtlich der baulichen und technischen Gestaltung auferlegt. Soweit bereits bestehende Gebäude nachträglich mit einem Anschluss- und Benutzungszwang belegt werden, wird die Intensität des Eingriffs noch erhöht, weil in der Folge die bereits installierten technischen Anlagen demontiert werden müssen und an dem fraglichen Standort nicht mehr verwendet werden dürfen. In beiden Fällen handelt es sich bei dem Anschluss- und Benutzungszwang um eine Inhalts- und Schrankenbestimmung des Eigentums (Art. 14 Abs. 1 S. 2 GG),[1] obgleich die Rechtfertigungsanforderungen, womit speziell die nachfolgend näher behandelten Implikationen des Verhältnismäßigkeitsgrundsatzes angesprochen sind, entsprechend der Eingriffsintensität differieren.

Für den von der „Zwangsversorgung“ erfassten Personenkreis ist darüber hinaus ein Eingriff in Art. 2 Abs. 1 GG zu bejahen, weil die eigenverantwortliche Entscheidung über die Art und Weise der Energieversorgung unmöglich gemacht wird.[2] Soweit im Einzelnen zugleich ein Eingriff in Art. 14 Abs. 1 GG vorliegt, tritt diese Beschränkung der allgemeinen Handlungsfreiheit allerdings zurück. Auch soweit dies nicht der Fall ist, führen die nachfolgend für die Rechtfertigung des Eingriffs in die Eigentumsfreiheit vorgebrachten Erwägungen indessen regelmäßig dazu, dass dementsprechend auch Verletzungen von Art. 2 Abs. 1 GG im Ergebnis zu verneinen sind.

Schließlich kann es aufgrund der in den ABZ-Ermächtigungsgrundlagen regelmäßig ausdrücklich eingeräumten Möglichkeit, den Zwang auf bestimmte Gemeindegebiete oder auch auf bestimmte Gruppen von Grundstücken oder

---

[1] BVerwGE 125, 68 (74); *VGH Mannheim*, Urteil v. 18. 3. 2004 – 1 S 2261/02, NuR 2004, 668 (669); *Longo*, Neue örtliche Energieversorgung als kommunale Aufgabe, 2010, S. 206 ff.

[2] *Wagener*, Anschluß- und Benutzungszwang für Fernwärme, 1989, S. 152.

bestimmte Personen zu beschränken,[3] zu Ungleichbehandlungen kommen, die wegen Art. 3 Abs. 1 GG rechtfertigungsbedürftig sind. Gleichwohl dürfte die Rechtfertigung in aller Regel gelingen, da die Gemeinden grundsätzlich über die erforderlichen Kenntnisse der Umstände, die eine Differenzierung erlauben bzw. notwendig machen, verfügen.[4]

Neben den Grundrechtsbeeinträchtigungen auf Seiten der Anschlussnehmer sind noch weitere Freiheitsbeschränkungen auf Seiten der Energieversorger festzustellen, namentlich in deren Berufsfreiheit (Art. 12 Abs. 1 GG).[5] Die Möglichkeiten der Rechtfertigung der entsprechenden Eingriffe sind allerdings bereits vor Hinzutreten des Klimaschutzaspekts hinreichend untersucht und bejaht worden.[6]

II. Verhältnismäßigkeit eines Anschluss- und Benutzungszwangs an Wärmenetze

1. Legitimer Zweck

Der Klimaschutz ist unstreitig als legitimer Zweck für rechtliche Maßnahmen einzuordnen. Er wird durch Art. 20a GG auf nationaler Ebene und durch Art. 191 Abs. 1, 4. Spiegelstrich AEUV auf Unionsebene zu einem Gemeinwohlbelang mit Verfassungsrang erhoben, mit dem Eingriffe in die Eigentumsfreiheit von Bauherren und Gebäudeeigentümern unter bestimmten Voraussetzungen gerechtfertigt werden können.[7]

Hinzuweisen ist in diesem Zusammenhang auf ein Urteil des *BVerwG*, aus dem hervorgeht, dass es notwendig ist, das Klimaschutzziel auch im Satzungs-

---

[3] Diese Beschränkungsvarianten werden in allen der oben auf S. 292 ff. genannten Ermächtigungsgrundlagen eingeräumt, mit Ausnahme von Art. 24 Abs. 1 Nr. 3 BayGO.

[4] Vgl. näher *Böhm/Schwarz*, Klimaschutz durch Anschluss- und Benutzungszwang für kommunale Fernwärmenetze – Voraussetzungen und Grenzen, DVBl. 2012, 540 (545 f.); *Wagener*, Anschluß- und Benutzungszwang für Fernwärme, 1989, S. 152.

[5] Genauer zur im Einzelfall notwendigen Unterscheidung nach dem räumlichen Betätigungsradius der betroffenen Unternehmen und der entsprechenden Einordnung in die Drei-Stufen-Lehre des *BVerfG* für Eingriffe in die Berufsfreiheit *Faber*, Der kommunale Anschluss- und Benutzungszwang, 2005, S. 153 ff. Vgl. ferner die allgemeine und daher nicht näher auf die Fernwärmeversorgung eingehende Untersuchung der verfassungsrechtlichen Implikationen bei *Weiß*, Öffentliche Monopole, kommunaler Anschluß- und Benutzungszwang und Art. 12 GG, VerwArch 90 (1999), 415 (435 ff.).

[6] Für die Fälle der Einordnung als Berufswahlregelung differenzierend nach den verschiedenen Motiven für einen Wärmenetz-ABZ *Wagener*, Anschluß- und Benutzungszwang für Fernwärme, 1989, S. 145 ff.

[7] Zum Verhältnis von Art. 14 Abs. 1 und Abs. 2 GG sowie Art. 20a GG eingehend *Blasberg*, Inhalts- und Schrankenbestimmungen des Grundeigentums zum Schutz der natürlichen Lebensgrundlagen, 2008.

text festzuhalten.[8] Im zugrunde liegenden Fall begehrte die klagende Gemeinde in Schleswig-Holstein die Feststellung, dass ein gewerblich genutztes Gebäude von einem Wärmenetz-ABZ erfasst sei und berief sich zur Rechtfertigung der Satzung auf den globalen Klimaschutz. Diese Erwägungen fanden jedoch keinen Niederschlag im Satzungstext, der lediglich zum Ausdruck brachte, dass die Satzung zum Zwecke des örtlichen Immissionsschutzes erlassen worden war. Nachweise über Klimaschutzerwägungen, die in den Beratungen der kommunalen Mandatsträger bei Erlass der ABZ-Satzung zur Sprache kamen, ließ das *BVerwG* nicht genügen, weil sie – im Gegensatz zum Satzungstext – nicht Teil des Beschlusses der Gemeindevertretung waren und damit nach Ansicht des Gerichts von geringerer Aussagekraft für die Beurteilung, welchen Zwecken der verhängte Wärmenetz-ABZ dienen sollte. Da die Vorinstanzen keine Feststellungen zur Geeignetheit der Satzung zur Verbesserung der örtlichen Belastungssituation getroffen hatten, wurde die Sache zurückverwiesen. Hieraus lässt sich ersehen, dass die Klimaschutzerwägungen, die einem Wärmenetz-ABZ als legitimer Zweck zugrunde liegen (können), stets auch ausdrücklich in den einleitenden Vorschriften der Satzung[9] zur Geltung gebracht werden müssen.[10]

2. Geeignetheit

Im Hinblick auf die Geeignetheit eines Wärmenetz-ABZ ist festzustellen, dass ein solcher unter Berufung auf Klimaschutzgründe (§ 16 EEWärmeG) nur verhängt werden darf, wenn das Wärmenetz von EE- oder KWK-Anlagen[11] gespeist wird. Ein Zwang zum Anschluss an ein Fern*heiz*werk, das mit fossilen Energieträgern betrieben wird, ist hingegen ungeeignet, das Globalklima zu schützen. Daher wurde mit Recht darauf verwiesen, dass Anschluss- und Benutzungszwänge aus Klimaschutzgründen, die den Neubaubereich betreffen, unter systematischer Heranziehung von § 7 Abs. 1 Nr. 3 EEWärmeG nur dann geeignet sind, wenn die dort in Bezug genommenen Vorgaben von Nr. VIII der Anlage zum EEWärmeG eingehalten werden, also insbesondere eine EE- oder

[8] *BVerwG*, Urteil v. 28. 4. 2004 – 8 C 13.03, NVwZ 2004, 1131 f.

[9] Als Anschauungsobjekt kann etwa die Regelung in § 1 der Marburger Solarsatzung (Fundstelle oben Fn. 57, § 4) gelten, wenngleich im Einzelfall selbstverständlich einige Abwandlungen notwendig sind, da es sich bei der Solarsatzung gerade nicht um eine ABZ-Satzung handelte.

[10] Auch *OVG Bautzen*, Urteil v. 3. 6. 2003 – 4 D 373/99, SächsVBl. 2005, 256 (260), bezweifelt in einem *obiter dictum* die Stichhaltigkeit der (nachträglich) vorgebrachten Erwägungen (im dortigen Fall zum örtlichen Immissionsschutz) und geht vielmehr davon aus, dass Rentabilitätserwägungen den Ausschlag für den Erlass der zu beurteilenden und bereits aus anderen Gründen unwirksamen ABZ-Satzung gegeben hatten.

[11] Vgl. auch BVerwGE 125, 68 (75).

KWK-Speisung des Wärmenetzes sichergestellt ist.[12] Dem wurde teilweise widersprochen, weil man damit eine zu starke Verengung der Möglichkeiten des § 16 EEWärmeG befürchtete und es wurde vorgebracht, dass auch nicht-KWK-gespeiste (und nicht-regenerativ betriebene) Wärmenetze positive Klimaschutzeffekte hervorrufen würden.[13] Dies kann – bezogen auf den globalen Klimaschutz – nicht überzeugen.[14] Im Übrigen dürfte derzeit angesichts des KWK-Anteils von ca. 80% an der Fernwärmeversorgung[15] von einer Bindung der Zulässigkeit eines Wärmenetz-ABZ an den KWK- oder EE-Betrieb ohnehin keine übermäßige Verengung des Anwendungsbereichs von § 16 EEWärmeG zu erwarten sein. In diesem Zusammenhang ist deutlich darauf hinzuweisen, dass beide Anlagetypen (KWK/EE) strikt zu unterscheiden sind. Da KWK-Anlagen derzeit ganz überwiegend mit fossilen Energieträgern betrieben werden, ist eine Bindung an die KWK-Technik keineswegs mit einer Bindung an den EE-Betrieb (etwa Biomasse- oder Geothermie-KWK-Anlagen) gleichzusetzen. Deshalb dürfte es nach aktueller Rechtslage auch bei einer Einschränkung des § 16 EEWärmeG unter Rückgriff auf § 7 Abs. 1 Nr. 3 EEWärmeG nicht zum teilweise befürchteten unterschiedlichen Anwendungsbereich von landesrechtlicher Ermächtigungsgrundlage und § 16 EEWärmeG kommen.[16] Zu fragen bleibt lediglich, ob die technischen Anforderungen an KWK-Anlagen, die sich aus der Zugrundelegung des § 7 Abs. 1 Nr. 3 EEWärmeG ergeben, zu einer Verengung des Anwendungsbereichs führen. Der Verweis auf Nr. VIII der Anlage zum EEWärmeG (Fernwärme [und Fernkälte]) führt weiter zur entsprechenden Anwendung von Nr. VI der Anlage zum EEWärmeG (KWK) und erfordert deshalb eine KWK-Anlage, die „hocheffizient" im Sinne der KWK-RL[17] ist.[18] Eine unangemessene Beschränkung des Anwendungspotenzials von § 16 EEWärmeG ist hiermit freilich nicht verbunden, da die nach Art. 3 lit. i i. V. m. Anhang III lit. a KWK-RL gestellte und nur mäßig ambitionierte Anforderung einer 10%-igen Primärenergieersparnis durch den KWK-

---

[12] *Wustlich*, „Erneuerbare Wärme" im Klimaschutzrecht, ZUR 2008, 113 (119).

[13] *Ennuschat/Volino*, § 16 EEWärmeG und der kommunalrechtliche Anschluss- und Benutzungszwang für Fernwärme, CuR 2009, 90 (95), die zur Begründung des letztgenannten Aspektes auf *OVG Schleswig*, Urteil v. 21. 8. 2002 – 2 L 30/00, NuR 2003, 55 (58), verweisen; *Milkau*, in: Müller/Oschmann/Wustlich (Hrsg.), EEWärmeG, 2010, § 16 Rn. 56, mit Verweis auf BVerwGE 125, 68 (72 ff.). Der Verweis auf das *OVG Schleswig* trägt indes nicht, weil in dem zitierten Urteil herausgearbeitet wird, dass sich die Klimaschutzeffekte gerade aus dem KWK-Betrieb ergeben. Gleiches gilt für den Verweis auf BVerwGE 125, 68 (72 ff.).

[14] Siehe die Ausführungen zur Klimaschutzwirkung von Wärmenetzen oben auf S. 288 ff.

[15] Nachweise oben in Fn. 3, § 6.

[16] So aber *Milkau*, in: Müller/Oschmann/Wustlich (Hrsg.), EEWärmeG, 2010, § 16 Rn. 56, der diese Befürchtung an eine Bindung an *EE*-gespeiste Wärmenetze knüpft – was von § 7 Abs. 1 Nr. 3 EEWärmeG (bisher) jedoch nicht gefordert wird.

[17] Fundstelle oben Fn. 148, § 1.

[18] Näher hierzu *Wustlich*, in: Müller/Oschmann/Wustlich (Hrsg.), EEWärmeG, 2010, § 7 Rn. 89 ff., 157 ff.

Betrieb wohl als Minimum zur Sicherstellung eines Klimaschutzeffekts eingeordnet werden kann[19] und die Anforderung außerdem noch dadurch abgesenkt wird, dass nach Nr. VIII.1. lit. c der Anlage zum EEWärmeG nur eine Verpflichtung zum hälftigen KWK-Betrieb statuiert wird, ein rechnerischer Ausgleich also möglich erscheint.

Im Übrigen sollte nicht vernachlässigt werden, dass es in einer Gemeinde politisch schwer vermittelbar sein dürfte, wenn ein aus Klimaschutzgründen angeordneter Anschluss- und Benutzungszwang für die Bauherren nicht gleichzeitig auch zu einer Erfüllung der Anforderungen des EEWärmeG führte (was zwingend die Einhaltung der Kriterien des § 7 Abs. 1 Nr. 3 EEWärmeG erfordert),[20] sondern stattdessen im Neubaubereich (soweit möglich) noch auf die in der ABZ-Satzung zuzulassenden[21] emissionslosen (regenerativen) Heizungsanlagen zurückgegriffen werden müsste.[22]

Für eine Einschätzung der weiteren Entwicklung ist allerdings darauf hinzuweisen, dass zukünftig wegen der unionsrechtlichen Vorgaben mit einer Einschränkung des bisher zulässigen Anschluss- und Benutzungszwangs an Wärmenetze zu rechnen ist, soweit dieser ausschließlich über fossil befeuerte KWK-Anlagen gespeist wird. Da die EE-RL für den Zeitraum ab 1. 1. 2015 grundsätzlich ein „Mindestmaß an Energie aus erneuerbaren Quellen" fordert, genügt die vorbehaltlose Zulassung nicht-regenerativer Versorgungstechniken, und sei es in KWK-Betriebsweise, folglich nicht mehr.[23] Die soeben beschriebenen und aktuell noch unbegründeten Befürchtungen einer Einschränkung der Potenziale des § 16 EEWärmeG bzw. des Anschluss- und Benutzungszwangs als Klimaschutzinstrument werden sich demnach nur dann auch zukünftig *nicht* realisieren, wenn regenerative Energieträger in die Anlagenstruktur zumindest anteilig eingebunden werden.

3. Erforderlichkeit

Bei der Beurteilung der grundlegenden Erforderlichkeit („Ob") eines Wärmenetz-ABZ ist von einem weiten Einschätzungsspielraum des Normgebers, d. h. vorliegend der Kommune, auszugehen. In der Vergangenheit hatte das *BVerwG* ausdrücklich festgestellt, dass sich eine Gemeinde in diesem Zusammenhang

---

[19] Vgl. die Ausführungen zu den einzelnen Anlagenwirkungsgraden oben auf S. 288.

[20] Dies zugestehend *Milkau*, in: Müller/Oschmann/Wustlich (Hrsg.), EEWärmeG, 2010, § 16 Rn. 54.

[21] Näher sogleich auf S. 322 ff.

[22] Sollten sich alle von der ABZ-Satzung zuzulassenden emissionslosen Erfüllungsvarianten als nicht realisierbar erweisen, müsste schließlich auch noch auf § 9 Abs. 1 Nr. 1 lit. a EEWärmeG abgestellt werden, d. h. der Anschluss- und Benutzungszwang wäre als „andere öffentlich-rechtliche Vorschrift" einzuordnen.

[23] Näher oben S. 55 ff.

nicht auf ein bauplanungsrechtliches Verbrennungsverbot verweisen lassen müsse, weil es sich hierbei *nicht* um ein milderes und gleich effektives Mittel handele. Diese Einschätzung stützte das Gericht darauf, dass ein solches Verbrennungsverbot anders als ein Anschluss- und Benutzungszwang „nur aus städtebaulichen Gründen in einem Bebauungsplan im Hinblick auf begrenzte örtliche Gegebenheiten festgesetzt werden" könne.[24] Spätestens seit der BauGB-Klimanovelle 2011 muss diese Erwägung als überholt gelten. Nichtsdestoweniger stellt ein solches Verbrennungsverbot im Allgemeinen nach wie vor kein gleich wirksames Mittel dar, gerade im Hinblick auf einen Umbau der Energieversorgung hin zu größeren EE-Anteilen. So bieten gerade die Netzversorgung und die dadurch reduzierte Zahl an Erzeugungsanlagen stark verbesserte Umsetzungsmöglichkeiten für Innovationen gegenüber einer Vielzahl von Einzelanlagen.[25]

4. Angemessenheit

a) Erfassung des Gebäudebestands

Der Umwandlung der Energie- und speziell der Wärmeversorgung von Bestandsbauten ist wie gesehen größte klimapolitische Bedeutung beizumessen.[26] Fast alle Ermächtigungsgrundlagen lassen die Einbeziehung sowohl von Neu- als auch von Bestandsbauten zu. Ein Sonderweg wird in Bayern beschritten, wo nach Art. 24 Abs. 1 Nr. 3 BayGO die ABZ-Anordnungsbefugnis auf Neubauten und Sanierungsgebiete (vgl. §§ 136 ff. BauGB) beschränkt ist, sodass zunächst die förmliche Festlegung eines Sanierungsgebiets nach § 142 Abs. 1 BauGB erforderlich ist.[27] Sonstige Bestandsbauten außerhalb von Sanierungsgebieten könnten in Bayern nur in denjenigen Fällen einbezogen werden, in denen keine Veränderungen an bestehenden technischen Anlagen vorgenommen werden müssten.[28] Dies dürfte nur bei Gebäuden erfüllt sein, die ohnehin bereits über ein Fernwärmenetz versorgt werden, sodass eine Einbeziehung in eine ABZ-Satzung nur den Zweck erfüllt, diesen Anschluss auch für die Zukunft sicherzustellen.

Eine Einschränkung wie in Bayern lässt sich den Regelungen in den übrigen Bundesländern nicht entnehmen. Lediglich § 4 Abs. 2 S. 4 HmbKliSchG enthält eine Restriktion für die Erfassung bestehender Gebäude, indem ausdrücklich eine „wesentliche Änderung" als Auslöser für die Erfüllung von Anschluss-

---

[24] BVerwGE 125, 68 (76).
[25] Näher unten S. 328 ff.
[26] Oben S. 28, 80.
[27] *Böhm/Schwarz*, Klimaschutz durch Anschluss- und Benutzungszwang für kommunale Fernwärmenetze – Voraussetzungen und Grenzen, DVBl. 2012, 540 (544).
[28] So *Widtmann/Grasser/Glaser* (Hrsg.), BayGO, Art. 24 Rn. 12.

und Benutzungspflichten vorausgesetzt wird. Die Landesregelungen enthalten demnach insgesamt nur wenige Hinweise auf die Anforderungen an ABZ-Satzungen, die bestehende Gebäude erfassen. Die allgemeine Zulässigkeit der Einbeziehung des Gebäudebestands wird zwar bejaht,[29] allerdings bedürfen die wesentlichen Grenzen hierfür, die sich aus der Verfassung ergeben, noch einer näheren Ausdifferenzierung.

Die Diskussion um den Bestandsschutz und die Angemessenheit von Grundrechtseingriffen zu Klimaschutzzwecken wird häufig beherrscht von der Betrachtung der finanziellen Belastungen der Verpflichteten. Dies war auch in der Debatte um einen Sanierungszwang im Zusammenhang mit dem Energiekonzept der Bundesregierung vom 28. 9. 2010[30] zu beobachten.[31] Die hiermit verbundene verfassungsrechtliche Frage, ob dem aus Art. 14 Abs. 1 GG erwachsenden Bestandsschutz nur dann genügt wird, wenn sich die aus einer rechtlichen Verpflichtung entstehenden Kosten für den Verpflichteten durch zukünftige Einsparungen rentieren (Amortisationskriterium[32]), ist zu verneinen.[33] In diesem Zusammenhang ist darauf hinzuweisen, dass das *BVerfG* in seinem Altlasten-Urteil – vereinfacht gesagt – die Grenze für die Haftung des Grundstücksbesitzers für Umweltschäden, die von seinem Grundstück ausgehen, grundsätzlich in Höhe des Verkehrswertes des (sanierten) Grundstücks angesetzt hat.[34] Beide Konstellationen (klimaneutrale Wärmeversorgung und Altlasten) sind zwar nicht deckungsgleich und unterscheiden sich insbesondere in der Spürbarkeit der jeweiligen Schäden und der Summationsproblematik. Es lässt sich dem Urteil des *BVerfG*, das zur Beurteilung der Angemessenheit finanzieller Belastungen *nicht* auf eine Amortisation der aufgewendeten Kosten im Zuge des laufenden „Betriebs" des Grundstücks abstellt, sondern eine Manifestation des „(Umwelt-)Wertzuwachses" im Grundstückswert genügen lässt, aber entnehmen – und auf Fragen der Energieversorgung übertragen –, dass die Umweltverantwortlichkeit eines Eigentümers weiter geht als teilweise angenommen. Wenngleich das Amortisationskriterium im Umweltenergiebereich

---

[29] Bereits frühzeitig *Wagener*, Anschluß- und Benutzungszwang für Fernwärme, 1989, S. 99, 102 f.

[30] BT-Drs. 17/3049.

[31] Siehe etwa Frankfurter Allgemeine Zeitung v. 19. 9. 2010, S. 53.

[32] Näher und kritisch hierzu *Longo*, Neue örtliche Energieversorgung als kommunale Aufgabe, 2010, S. 232 ff., der auch die entsprechenden Anforderungen gemäß der Rechtsprechung des *BVerwG* beleuchtet.

[33] Vgl. auch *OVG Schleswig*, Urteil v. 22. 10. 2003 – 2 KN 5/02, NordÖR 2004, 152 (153), das darauf verweist, dass die Beurteilung *überhöhter* Nutzungsentgelte für eine Wärmenetzversorgung nicht die Verhältnismäßigkeit des Anschluss- und Benutzungszwangs betrifft, sondern einer hiervon zu trennenden Beurteilung über die Leistungsbedingungen vorbehalten bleibt. Relativ eng dagegen *Böhm/Schwarz*, Klimaschutz durch Anschluss- und Benutzungszwang für kommunale Fernwärmenetze – Voraussetzungen und Grenzen, DVBl. 2012, 540 (545).

[34] BVerfGE 102, 1 (20).

häufig herangezogen wird, um Zwangsmaßnahmen politisch überzeugend begründen zu können und dies angesichts der so ermöglichten Akzeptanzsteigerung durchaus auf Verständnis stößt, lassen sich hieraus keine unmittelbaren rechtlichen Implikationen ableiten. Vielmehr stellt das Amortisationskriterium nur *einen* Aspekt unter mehreren in der Abwägung von Eigentumsbeeinträchtigung und Klimaschutz dar.[35] Würde man es zum einzig entscheidenden Abwägungskriterium erheben, verlöre der Klimaschutz seinen durch Art. 20a GG, Art. 191 Abs. 1, 4. Spiegelstrich AEUV verbürgten eigenständigen Stellenwert nahezu vollständig bzw. es bedürfte seiner Geltendmachung in der Abwägung kaum noch. Energieversorgungsbezogene Verpflichtungen, deren Kosten sich amortisieren, könnten stattdessen bereits durch volkswirtschaftliche Erwägungen (Versorgungssicherheit, Ressourcenschutz, regionale/kommunale Wertschöpfung etc.) hinreichend legitimiert werden.

Neben diesen grundsätzlichen Bedenken gegen eine übermäßige Aufwertung der Wirtschaftlichkeitsbetrachtung ist zudem die Ausgestaltung solcher Beurteilungen kritisch zu hinterfragen. Für die Berücksichtigung der Wirtschaftlichkeit von Investitionen in klimaschonende Wärmeversorgungsanlagen im Rahmen der Angemessenheitsbeurteilung spricht auf den ersten Blick der Eindruck eines „klaren", da formalen Kriteriums. Angesichts der Volatilität der Energiepreise und den hiermit verbundenen Prognoseunsicherheiten einerseits[36] sowie der Abhängigkeit von weiteren Umständen des Einzelfalls (z.B. Lebensalter der Betroffenen) andererseits ist dem jedoch zu widersprechen.

Im Übrigen muss der Bezugspunkt einer Wirtschaftlichkeitsbetrachtung im Einzelnen ermittelt werden. Hierfür ist es notwendig, die von einer ABZ-Regelung (oder auch einer sonstigen gesetzlichen Inpflichtnahme etwa im EEWärmeG oder in einem Landeswärmegesetz) für den Bestandsgebäudebereich verursachten Kosten auszudifferenzieren. Zu unterscheiden sind dabei *einerseits* die Mehrkosten für Errichtung und Betrieb klimaverträglicher Neuanlagen (zu denen auch Wärmenetzanschlüsse zu rechnen sind) gegenüber herkömmlichen Neuanlagen auf Grundlage fossiler Brennstoffe und *andererseits* die Kosten, die durch einen Erneuerungszwang bzw. das kehrseitig hiermit verbundene Nutzungsverbot für Altanlagen („verlorene Kosten") entstehen. Zwar kann eine Wirtschaftlichkeitsbetrachtung diese beiden Kostenblöcke auch gemeinsam erfassen. Allerdings führt diese Vermengung nicht nur zu einer kaum mehr prak-

---

[35] Zum Teil wird allerdings versucht, den Klimaschutz über die Einpreisung dieses „externen Effekts" im Rahmen der Kostenkalkulation zu berücksichtigen, vgl. *Gerder/Tigges*, Vorfahrt für Erneuerbare Energien – Wind, Sonne & Co. gehört die Zukunft!, ZNER 2009, 230. Für die Beurteilung der Angemessenheit von (finanziellen) Belastungen *im Einzelfall* erscheinen derartige Betrachtungen indessen wenig geeignet.

[36] Vgl. *Longo*, Neue örtliche Energieversorgung als kommunale Aufgabe, 2010, S. 235 f., sowie *Schiffer*, Energiemarkt Deutschland, 11. Aufl. 2010, S. 444 f., wo Energiepreisprognosen aus der Vergangenheit mit der mittlerweile eingetretenen tatsächlichen Entwicklung verglichen werden.

tikablen Komplexität[37] der – an sich im Vorfeld eines Satzungserlasses notwendigen, antizipierten – Einzelfallbetrachtungen, sondern auch zu einer Diffusion der verfassungsrechtlichen Anforderungen. Da sich der in Art. 14 Abs. 1 GG verankerte Bestandsschutz allein auf das Recht auf eine angemessene Nutzungsdauer der bereits installierten Anlagen beschränkt, sind Kostenvergleiche von Neuanlagen in diesem Zusammenhang nur begrenzt berücksichtigungsfähig. Erst recht ist deshalb der Heranziehung von Bestandsschutzerwägungen zu widersprechen, wenn (z. B. aus Vereinfachungsgründen) allein ein Vergleich von Neuanlagenkosten in Rede steht. Die von einer satzungsrechtlichen oder anderweitigen gesetzlichen Verpflichtung verursachten Kosten für Neuanlagen unterliegen vielmehr – schematisch betrachtet – einer eigenständigen Angemessenheitsprüfung, die sich allerdings kaum auf das Bestandsschutzinteresse und dessen vergleichsweise hohen Wert zu stützen vermag.

Angesichts der Vorbehalte gegenüber einem auf die Zukunft gerichteten Amortisationskriterium ist nach wie vor die Frage nach einer praktikablen Begrenzung der finanziellen Belastung durch einen Wärmenetz-ABZ zu beantworten. Die „verlorenen Kosten", die durch das Verbot der Weiternutzung von Altanlagen im betroffenen Gebäude entstehen, müssen aus Bestandsschutzgründen gering gehalten werden. Diesem Erfordernis kann in umfassendem Maße dadurch genügt werden, dass ein Wärmenetz-ABZ im Bestandsgebäudebereich erst wirksam wird, wenn es zu einer freiwilligen Erneuerung der Heizungsanlage kommt. Es fallen dann keine „verlorenen Kosten" an. Sollte eine ABZ-Satzung für Bestandsgebäude überhaupt mehrheitsfähig sein, ist davon auszugehen, dass diese Variante gewählt wird. Allerdings lassen die verfassungsrechtlichen Grenzen auch ambitioniertere Regelungen unter Einschluss eines echten Erneuerungs*zwangs* zu.[38] Da, wie gesehen, aus Art. 14 Abs. 1 GG keine Beschränkung der ABZ-Pflichten auf vollständig rentable Maßnahmen, mithin kein Gebot zur Vermeidung von Zusatzkosten hergeleitet werden kann, dürfte sich wohl auch keine Begründung für einen unmittelbar aus Art. 14 Abs. 1 GG folgenden *pauschalen* Ausschluss von Erneuerungspflichten für Heizungsanlagen nach Ablauf bestimmter Verwendungszeiten finden lassen, es sei denn die einschlägige Ermächtigungsgrundlage zieht eine engere Grenze, wie im Fall von § 4 Abs. 2 S. 4 HmbKliSchG. Gerade durch das Abstellen auf typisierte Nutzungszeiten, mithin also eine auf die bereits vergangene Entwicklung ausgerichtete und damit nicht durch Prognoseunsicherheiten verzerrte Amortisationsbetrachtung, lässt sich ein praktikabler Ausgleich der betroffenen Inte-

[37] Siehe deshalb den Vorschlag einer „Beweiserleichterung" bei *Böhm/Schwarz*, Möglichkeiten und Grenzen bei der Begründung von energetischen Sanierungspflichten für bestehende Gebäude, NVwZ 2012, 129 (131 f.), die jedoch nichtsdestoweniger im Grundsatz das Amortisationskriterium anwenden wollen.

[38] A. A. *Böhm/Schwarz*, Klimaschutz durch Anschluss- und Benutzungszwang für kommunale Fernwärmenetze – Voraussetzungen und Grenzen, DVBl. 2012, 540 (545).

ressen erreichen. In einigen ABZ-Ermächtigungsgrundlagen wird die Notwendigkeit entsprechender „Übergangsregelungen“ zumindest in allgemeiner Form angesprochen,[39] wenngleich es sich dabei eher um deklaratorische Regelungen handelt, da die Anforderungen, die der Vertrauensschutz insoweit stellt, normativ in Art. 14 Abs. 1 GG wurzeln.[40]

Für die Festsetzung konkreter Zeiträume kann auf diverse Vorschläge zurückgegriffen werden. So wird der Amortisationszeitraum für eine Heizungsanlage („normative Nutzungsdauer“) mit durchschnittlich 15–20 Jahren angesetzt,[41] wobei eine 15-jährige Nutzungsdauer eher kurz bemessen erscheint. Im ersten Referentenentwurf für das EEWärmeG, der noch eine Nutzungspflicht für den Gebäudebestand enthielt, war eine Modernisierungspflicht für Heizungen mit einem Alter von 20 bzw. 25 Betriebsjahren enthalten.[42] Die in der Vergangenheit von den Landesministerien teilweise herausgegebenen Mustersatzungen gaben bzw. geben zum Teil noch kürzere Zeiträume vor.[43] Eine Übergangszeit von 8 Jahren ab Inkrafttreten der Satzung erscheint jedoch zu kurz.[44] Von Bedeutung sind die genauen Bezugspunkte des Zeitrahmens. Eine ABZ-Satzung, die auch Bestandsgebäude erfasst, sollte erstens an das Alter der Heizungsanlage (z.B. „25 Jahre nach Installation der Anlage“) anknüpfen. Zweitens sollte kumulativ eine zweite Übergangsfrist aufgenommen werden, die sich auf den Zeitpunkt des Satzungserlasses bezieht („Die Verpflichtungen betreffend Bestandsbauten werden erst mit Ablauf von 5 Jahren nach Inkrafttreten der Satzung wirksam.“), sodass auch diejenigen Eigentümer, deren Anlagen die normative Nutzungsdauer bereits bei Satzungserlass erreicht haben, sich auf die neuen Pflichten in angemessener Weise einstellen können. Weiterhin sind – wie üblich – auch Befreiungsmöglichkeiten für atypische Fälle vorzusehen, in denen die Anwendung der Erneuerungspflichten zu einer unzumutbaren Härte führen würde.

---

[39] § 23 Abs. 2 S. 3 BerlEnSpG; § 8 Abs. 2 S. 3 BbgImSchG; § 9 S. 4 GO NRW; § 17 Abs. 3 S. 2 SchlHGO.

[40] *Papier*, in: Maunz/Dürig, GG, Art. 14 Rn. 327; *Maurer*, Kontinuitätsgewährung und Vertrauensschutz, in: Isensee/Kirchhof (Hrsg.), HStR IV, 3. Aufl. 2006, § 79 Rn. 64.

[41] *Umweltbundesamt* (Hrsg.), Potenziale von Nah- und Fernwärmenetzen für den Klimaschutz bis zum Jahr 2020, Climate Change 17/2007, S. 151 (http://www.umweltdaten.de/publikationen/fpdf-l/3501.pdf; abgerufen: 30. 10. 2012). In Abhängigkeit von den Anlagentechniken können längere Zeiträume in Betracht kommen, sodass eine entsprechende Differenzierung geboten sein kann.

[42] Näher *T. Müller*, in: Müller/Oschmann/Wustlich (Hrsg.), EEWärmeG, 2010, Einleitung Rn. 92.

[43] Vgl. § 8 Abs. 2 der Mustersatzung Brandenburgs von 1998, die 10–20 Jahre empfiehlt (http://www.brandenburg.de/cms/media.php/2318/i_waerme.pdf; abgerufen: 30. 10. 2012).

[44] So aber § 6 Abs. 2 der Mustersatzung von Schleswig-Holstein von 1973, die bei *Wagener*, Anschluß- und Benutzungszwang für Fernwärme, 1989, S. 175 ff., abgedruckt ist.

Zusammenfassend lässt sich feststellen, dass sich unabhängig von den hiergegen zu erwartenden politischen Widerständen[45] und der dadurch wohl stark begrenzten Durchsetzbarkeit in der Praxis jedenfalls keine grundlegenden verfassungsrechtlichen Bedenken gegen eine stärkere Inpflichtnahme des Gebäudebestands im Rahmen von ABZ-Satzungen erkennen lassen.

b) Ausnahmen für gebäudeeigene EE-Anlagen

Bei der Beurteilung der Angemessenheit eines Fernwärme-ABZ ist den Ausnahmeregelungen zu Gunsten klimaschonender Heizungsanlagen wegen der durch § 16 EEWärmeG erfolgten Aufwertung des Klimaschutzbelangs nunmehr gesteigerte Bedeutung zuzuerkennen. Im Vergleich zum „traditionellen", aus Gründen des örtlichen Immissionsschutzes verhängten Anschluss- und Benutzungszwang müssen die Beurteilungen dabei zum Teil angepasst werden. Soweit eine ABZ-Satzung auf die Verbesserung der örtlichen Luftsituation abzielte, konnten die Ausnahmeregelungen auf emissionslose Techniken (wie z. B. solarthermische Anlagen, Nachtspeicherheizungen und Wärmepumpen) oder emissionsarme Anlagen (Gasheizungen) begrenzt werden.[46] Nicht von den Ausnahmeregelungen erfasst waren dagegen regelmäßig Anlagen zur Verfeuerung fester Biomasse, die über ungünstige Emissionsdaten verfügen.[47] Durch die Verfolgung von Klimaschutzaspekten ist hier in Teilen ein Umdenken notwendig. Solarthermische Anlagen und Wärmepumpen – soweit sie die Vorgaben in Nr. III der Anlage zum EEWärmeG erfüllen – sind gleichbleibend als ausnahmeberechtigt einzuordnen. Unter *Klimaschutz*gesichtspunkten positiv zu beurteilen sind ferner Anlagen zur Verbrennung fester Biomasse, auch wenn sie aufgrund ihrer Schadstoffwerte nicht für den örtlichen Immissionsschutz geeignet sind. Anders zu beurteilen ist die Wärmeversorgung über Stromspeicherheizungen, die wegen des nach wie vor erheblich überwiegenden Anteils an

---

[45] Diese ließen sich wohl nur abbauen über eine Satzungsgestaltung unter Einbeziehung finanzieller Förderungen für die Umrüstung. So wird etwa bei *Lippert*, Energiewirtschaftsrecht, 2002, S. 666, die Zahlung einer Entschädigung für vorzeitig außer Betrieb zu nehmende Heizungsanlagen angeregt. Alternativ weisen *Böhm/Schwarz*, Klimaschutz durch Anschluss- und Benutzungszwang für kommunale Fernwärmenetze – Voraussetzungen und Grenzen, DVBl. 2012, 540 (545), auf den Einsatz öffentlich-rechtlicher Verträge unter Einbindung finanzieller Anreize hin. Auch über öffentliche Darlehen ist nachzudenken, vgl. *Böhm/Schwarz*, Möglichkeiten und Grenzen bei der Begründung von energetischen Sanierungspflichten für bestehende Gebäude, NVwZ 2012, 129 (132 f.). Umfangreiche Förderungen dürften die Haushaltsspielräume der Kommunen jedoch häufig überstrapazieren.

[46] Vgl. etwa *Faber*, Der kommunale Anschluss- und Benutzungszwang, 2005, S. 147; *Wagener*, Anschluß- und Benutzungszwang für Fernwärme, 1989, S. 130 ff.

[47] Eine Befreiung für Biomassefeuerungsanlagen wurde abgelehnt von *BVerwG*, Beschluss v. 12. 7. 1991 – 7 B 17/91 und 7 B 18/91, NVwZ-RR 1992, 37 (38 f.). Siehe außerdem die entsprechenden Ausführungen in *OVG Weimar*, Urteil v. 24. 9. 2007 – 4 N 70/03, ThürVBl. 2008, 131 (134).

nicht-regenerativ erzeugtem Strom und der noch hinzukommenden Ineffizienzen vieler Speicherheizungen als klimaschädlich einzuordnen ist. Erwähnenswert ist hier ein Urteil des *VG Frankfurt* zu einer begehrten ABZ-Ausnahme, das eine Stromspeicherheizung mit Recht auch dann nicht als klimafreundliche Alternative akzeptierte, wenn über eine auf dem Gebäude installierte Photovoltaikanlage *rechnerisch* die Klimabilanz des Gebäudes im Hinblick auf den Stromverbrauch insgesamt verbessert wird.[48] Eine andere Beurteilung wäre nur dann angezeigt, wenn tatsächlich der von der EE-Anlage erzeugte Strom direkt zur eigenen Wärmeversorgung (über die Speicherheizung) nutzbar gemacht worden wäre, was jedoch auf erhebliche technische Schwierigkeiten stößt. Ferner ist die Verwendung von Erdgas zu Heizzwecken aus Klimaschutzgründen abzulehnen, auch wenn die CO_2-Emissionswerte von Gasheizungen bedingt durch die chemischen Strukturen von Erdgas günstiger sind als diejenigen von Ölkesseln.

Insgesamt ist damit besonderes Augenmerk auf den Zweck eines Wärmenetz-ABZ und die konkreten Gegebenheiten vor Ort zu legen. Je nachdem, ob der Anschluss- und Benutzungszwang (auch) dem globalen Klimaschutz dienen soll oder nur der örtlichen Luftverbesserung, müssen neben den emissionsfreien Heizanlagen auch klimaneutrale, aber emittierende Anlagen von einer Befreiungsregelung erfasst oder ausgeschlossen werden. Unter Berücksichtigung der lokalen Verhältnisse ist so eine praktische Konkordanz zwischen der Gesundheit insbesondere der ansässigen Bevölkerung (Art. 2 Abs. 2 S. 1 GG) und dem globalen Klimaschutz (Art. 191 Abs. 1, 4. Spiegelstrich AEUV, Art. 20a GG) herzustellen.

In allen Ermächtigungsgrundlagen der Länder finden sich Vorgaben über mögliche Ausnahmebestimmungen von den ABZ-Pflichten, die jedoch erheblich differieren. Der größte Teil der Landesregelungen enthält schlicht den unspezifischen Hinweis auf die Möglichkeit von Ausnahmen,[49] was sich ohnehin bereits aus dem Verhältnismäßigkeitsgebot herleiten lässt. Soweit die Landesgesetze nähere Angaben zu möglichen Befreiungen in Form von „Kann-Bestimmungen" enthalten, sind diese nicht abschließend und zählen regelmäßig nur einen Aspekt unter vielen deklaratorisch[50] auf. Dazu gehören mögliche

---

[48] *VG Frankfurt*, Urteil v. 23. 6. 2009 – 3 K 150/08.F, CuR 2009, 109ff.

[49] § 11 Abs. 2 S. 1 BaWüGO; § 19 Abs. 2 S. 2 HessGO; § 15 Abs. 2 S. 1 M-V KV; § 13 S. 2 NdsKomVG; § 9 S. 2 GO NRW; § 26 Abs. 2 Rh-PfGemO; § 22 Abs. 2 S. 1 SaarlKSVG; § 14 Abs. 2 S. 1 SächsGO; § 8 Nr. 2 S. 2 GO LSA; § 20 Abs. 2 S. 2 ThürKO (Fundstellen oben in Fn. 24ff., § 6).

[50] Eine Ausnahme bilden § 8 Abs. 2 S. 4 BbgImSchG, der Gebäude, deren Wärmebedarf überwiegend mit regenerativen Energien gedeckt wird, ausdrücklich vom Anschluss- und Benutzungszwang befreit, und Art. 24 Abs. 1 Nr. 3 BayGO, der eine zwingende gesetzliche Ausnahme für emissionsfreie Heizungsanlagen enthält.

Ausnahmen für immissionsarme[51] oder für immissionsfreie[52] Anlagen bzw. für Anlagen mit einem höheren Umweltstandard als die kommunale Einrichtung.[53] Hinzu kommen beispielhafte Vorschläge von Befreiungsklauseln zu Gunsten von Gebäuden mit geringem Energieverbrauch,[54] der etwa über besondere Effizienzmaßnahmen (Wärmedämmung) zu erreichen wäre. Angesichts der vorstehend ausgeführten Zusammenhänge, die bei der Beurteilung der in eine ABZ-Satzung einzufügenden Ausnahmevorschriften für bestimmte Heizungsanlagen zu beachten sind, zeigt sich, dass die landesgesetzlichen Ermächtigungsgrundlagen nur einen Bruchteil der anzustellenden Erwägungen wiedergeben. Zwar würden die Regelungen bei einer – gleichfalls nur deklaratorischen – umfassenden Ergänzung um die hier dargestellten sonstigen möglichen Ausnahmekonstellationen wegen der Komplexität der Materie wohl unnötig überfrachtet. Angeraten scheint aber nichtsdestoweniger eine Erweiterung der Ausnahmeregelungen, um zu verhindern, dass die soeben genannten, in den Normen jeweils herausgegriffenen Einzelaspekte als allein hinreichende Ausnahmetatbestände fehlgedeutet werden. Eine solche erweiterte Ausnahmevorschrift könnte etwa lauten: „Satzungen über den Anschluss an und die Benutzung von Wärmenetzen sollen Ausnahmen enthalten für immissionsfreie und für solche Wärmeversorgungsanlagen, die eine gegenüber der Netzversorgung günstigere Klimabilanz aufweisen sowie für Gebäude, die über einen besonders geringen Wärmebedarf verfügen. Dabei sind die Auswirkungen auf den örtlichen Immissionsschutz angemessen zu berücksichtigen."

c) Versorgungssicherheit

Das *BVerwG* hat es – zu Recht – als eine Ausprägung des Verhältnismäßigkeitsgrundsatzes angesehen, dass gewissermaßen kehrseitig zum hoheitlich verordneten Zwang zur Nutzung einer bestimmten Wärmeversorgungsanlage auch die Versorgung von Seiten des Hoheitsträgers gewährleistet sein muss.[55] Dabei ist insbesondere im Falle der Übertragung der Versorgungsaufgabe auf Private die Betriebsführung in finanzieller Hinsicht dauerhaft von der Gemeinde sicherzustellen.[56] Es bestehen verschiedene gesellschaftsrechtliche Möglich-

---

[51] § 1 Abs. 2 S. 2 BremGemRechtsG.

[52] § 17 Abs. 3 S. 1 SchlHGO.

[53] § 12 Abs. 3 S. 1, 2 BbgKVerf.

[54] § 23 Abs. 2 S. 1 BerlEnSpG; § 8 Abs. 2 S. 1 BbgImSchG; § 4 Abs. 2 S. 3 HmbKliSchG.

[55] Näher zum Ganzen auch *Böhm/Schwarz*, Klimaschutz durch Anschluss- und Benutzungszwang für kommunale Fernwärmenetze – Voraussetzungen und Grenzen, DVBl. 2012, 540 (543 f.).

[56] BVerwGE 123, 159 (164 f.); demgegenüber mit der weitergehenden Schlussfolgerung der Unwirksamkeit des „Betreibermodells" vorhergehend *OVG Schleswig*, Urteil v. 22. 10. 2003 – 2 KN 5/03, NordÖR 2004, 152 (153 f.). Zu beiden Urteilen näher *Ennuschat*, Kommunalrechtlicher Anschluss- und Benutzungszwang beim Betreibermodell, CuR 2005, 75 ff. Zur

keiten der Gemeinde, um einen Versorgungsstopp im Insolvenzfall soweit als möglich auszuschließen. Diese von der Rechtsprechung im Einzelnen ausgeführten Maßnahmen[57] hat die Gemeinde zwingend zu ergreifen.

d) Rentabilität der Wärmenetzversorgung

Die Notwendigkeit von Ausnahmeregelungen in ABZ-Satzungen zu Gunsten von gebäudeeigenen EE-Anlagen wird nicht grundlegend in Frage gestellt.[58] Fraglich ist jedoch, wie weit der Konsens reichen wird, wenn derartige Befreiungen in einem Ausmaß notwendig werden, dass sie den wirtschaftlichen Betrieb von mit „fossiler KWK" gespeisten Fernwärmenetzen akut gefährden. Bekanntlich können Rentabilitätserwägungen bei der Entscheidung für einen Anschluss- und Benutzungszwang im Rahmen des Kriteriums „öffentliches Bedürfnis" mit einbezogen werden, auch wenn die ABZ-Satzung nicht allein hierauf gestützt werden darf.[59] Dieses Problem wird noch dadurch verstärkt, dass auch dann (Teil-)Befreiungen zugelassen werden müssen, wenn ein Betroffener *nachträglich* EE-Anlagen einbauen möchte. Gestützt werden kann dieser Anspruch der betroffenen Gebäudeeigentümer im Übrigen auf § 3 S. 3 der Verordnung über Allgemeine Bedingungen für die Versorgung mit Fernwärme (AVBFernwärmeV[60]), der über § 35 Abs. 1 AVBFernwärmeV auch für ABZ-Satzungen entsprechend gilt. Einschränkend wird insofern zwar festgestellt, dass Ausnahmetatbestände nur dann festgesetzt werden müssen, soweit dies der Gemeinde wirtschaftlich zumutbar ist. Außerdem sei eine gewisse Mehrbelastung

Rechtslage in Sachsen vgl. *OVG Bautzen*, Urteil v. 6. 4. 2005 – 4 D 373/99, SächsVBl. 2005, 256 (258), das dort zu einem vergleichbaren Ergebnis kommt, hierfür aber nicht auf die Verhältnismäßigkeit abstellt, sondern einen anderen dogmatischen Weg wählt, indem es den Begriff der öffentlichen Einrichtung gemäß §§ 2 Abs. 1, 10 Abs. 2, 14 Abs. 1 SächsGO als nicht erfüllt ansieht, sofern die Gemeinde die notwendigen (gesellschaftsrechtlichen) Maßnahmen zur dauerhaften Sicherstellung der Versorgung nicht ergriffen hat.

57 BVerwGE 123, 159 (165).

58 Vgl. *Milkau*, in: Müller/Oschmann/Wustlich (Hrsg.), EEWärmeG, 2010, § 16 Rn. 50; *Schnutenhaus/Günther*, Anm. zu BVerwG, Urteil vom 25. Januar 2006 – 8 C 13.05, ZUR 2006, 367 (368); *Sparwasser/Mock*, Energieeffizienz und Klimaschutz im Bebauungsplan, ZUR 2008, 469 (472); *Umweltbundesamt* (Hrsg.), Umweltschutz im Planungsrecht, Texte 10/2008, S. 43 (http://www.umweltdaten.de/publikationen/fpdf-l/3443.pdf; abgerufen: 30. 10. 2012); *Wustlich*, „Erneuerbare Wärme" im Klimaschutzrecht, ZUR 2008, 113 (119); *Wustlich*, Das Erneuerbare-Energien-Wärmegesetz – Ziel, Inhalt und praktische Auswirkungen, NVwZ 2008, 1041 (1045).

59 *VGH Mannheim*, Urteil v. 18. 3. 2004 – 1 S 2261/02, VBlBW 2004, 337 (338); *OVG Schleswig*, Urteil v. 21. 8. 2002 – 2 L 30/00, NuR 2003, 55 (57); *Burgi*, Kommunalrecht, 2. Aufl. 2008, § 16 Rn. 64.

60 Verordnung über Allgemeine Bedingungen für die Versorgung mit Fernwärme v. 20. 6. 1980 (BGBl. I S. 742), letzte berücksichtige Änderung durch Gesetz v. 4. 11. 2010 (BGBl. I S. 1483).

der übrigen Nutzer hinzunehmen.[61] Es ist aber nicht ausgeschlossen, dass auch diese beiden Grenzen im Einzelfall einmal erreicht sein werden.

Insgesamt dürfte sich eine *allgemeingültige* Entscheidung zu Gunsten des wirtschaftlichen Betriebs kommunaler Wärmenetze einerseits oder zu Gunsten von (insbesondere nachträglich installierten) EE-Anlagen einzelner Betroffener andererseits als schwierig erweisen. Generalisierende Aussagen werden regelmäßig über abstrakte Leitlinien wie die „wirtschaftliche Zumutbarkeit" für alle Beteiligten und den „angemessenen Ausgleich" bzw. die „praktische Konkordanz" zwischen einer *EE*-gespeisten Wärmeversorgung von Anschlussunwilligen und einer (bezahlbaren) *KWK*-gespeisten Wärmeversorgung aller übrigen Anschlussnehmer (mit beiderseits positiven Klimawirkungen) kaum hinauskommen. Im Übrigen bleibt es stets bei einer Abwägung der konkreten Umstände des Einzelfalls. Praktisch gesehen dürfte daher die politische Ebene entscheidend sein: Damit ist eine frühzeitige, transparente und partizipativ-kooperative Abstimmung zwischen der Kommune und den Anschlussverpflichteten auch im Rahmen eines längerfristigen Energieversorgungskonzeptes der Gemeinde angesprochen. Ein solches konsensuales Verwaltungshandeln kann akzeptanzstiftend wirken und dazu beitragen, spätere Streitigkeiten, insbesondere Gerichtsverfahren, zu vermeiden. Dies gilt umso mehr als gerade der ABZ verbreitet als „unfreiheitlich" bzw. „nicht marktkonform" wahrgenommen wird und daher bei seinem praktischen Einsatz erhebliche (kommunal- oder ordnungs-)politische, aber auch psychologische Hemmnisse zu überwinden sind.[62]

---

[61] Insgesamt zur nachträglichen Befreiung wegen der Installation von EE-Anlagen *OVG Weimar*, Urteil v. 24. 9. 2007 – 4 N 70/03, ThürVBl. 2008, 131 (133 f.).

[62] Näher *Nast/Bürger/Klinski/Leprich/Ragwitz/Schulz*, Ergänzende Untersuchungen und vertiefende Analysen zu möglichen Ausgestaltungsvarianten eines Wärmegesetzes, 2009, S. 47 ff. (http://www.erneuerbare-energien.de/files/pdfs/allgemein/application/pdf/endbericht_waermegesetz.pdf; abgerufen: 30. 10. 2012).

§ 9 Fernwärme und Nahwärme

I. Hintergrund

1. Entwicklungspotenzial

In den vorstehenden Erörterungen zum kommunalen Anschluss- und Benutzungszwang wurde bewusst der vergleichsweise offene (Ober-)Begriff der *Wärmenetze* gewählt. Damit dürfte zumeist die hergebrachte Vorstellung von der *Fern*wärme verbunden sein, bei der ausgedehnte Wärmenetze von großen, auf der Verbrennung fossiler Brennstoffe beruhenden KWK-Anlagen (oder Heizwerken) gespeist werden. Eine weitere Ausdifferenzierung der Begrifflichkeiten und hierauf aufbauend der rechtlichen Maßnahmen scheint jedoch angeraten, um die Potenziale der Erneuerbaren Energien in der Wärmenetzversorgung künftig noch effektiver heben zu können. Die Terminologie (im kommunalen Klimaschutz) könnte und sollte hierfür um den Begriff der *Nah*wärme ergänzt werden, der dann gerade solche Wärmenetze erfasst, die auf Erneuerbaren Energien beruhen. Mit dieser Ausdifferenzierung wird das Ziel verfolgt, eben solche EE-Wärmenetze effektiv durch rechtliche Maßnahmen zu fördern. Erste Implikationen im Zusammenhang mit dem notwendigen Ausbau von Nahwärmenetzen sollen deshalb nachfolgend näher umrissen werden.

2. Technische Unterscheidung

Das Nebeneinander von Nah- und Fernwärme stellt als solches kein Novum dar. Die Begriffe werden etwa aus technischer Sicht bereits heute unterschieden. Dies erklärt sich auch aus der zeitlich nacheinander erfolgten Entwicklung beider „Netztypen". Während sich die Fernwärme traditionell[1] als Versorgung mit Wärme aus großen Heiz- oder Heizkraftwerken etabliert hat, wurden Nahwärmekonzepte erst in jüngerer Zeit entwickelt. Fernwärmenetze, an die aufgrund der enormen Leistung großer Heiz(kraft)werke ganze Städte oder Stadtteile angeschlossen wurden, erreichen damit in ihren technischen Daten

---

[1] Fernwärmenetze wurden in Deutschland bereits Anfang des 20. Jahrhunderts aufgebaut, vgl. *Topp*, Der Begriff der Fernwärme, RdE 2009, 133 (135).

(Ausdehnung des Leitungsnetzes, Vorlauftemperatur, Leitungsdruck) größere Ausmaße als Nahwärmenetze. Die hiermit hervorgerufenen unterschiedlichen Herausforderungen in technischer und betriebswirtschaftlicher Hinsicht rechtfertigen abweichende Begrifflichkeiten.[2]

In diesem Zusammenhang ist hinsichtlich des kommunalen Klimaschutzes zu berücksichtigen, dass die für ein ausgedehntes Fernwärmenetz notwendige Wärme im Übrigen – ebenfalls aufgrund der hergebrachten technischen Entwicklung bzw. Ausrichtung von Großheiz(kraft)werken – regelmäßig durch die Verbrennung fossiler Energieträger erzeugt wird.[3] Demgegenüber werden Nahwärmenetze von kleineren Erzeugungsanlagen gespeist und können damit auch nur eine kleinere Zahl von Abnehmern versorgen. In solchen kleineren Wärmeerzeugungseinheiten können verstärkt regenerative Energieträger eingesetzt werden, die aus technischen Gründen für Großanlagen im Multi-MW-Leistungsbereich nur eingeschränkt geeignet sind. Beispielgebend sind dabei etwa die Biogas-Blockheizkraftwerke, die häufig in Verbindung mit Biogasanlagen errichtet werden oder auch Anlagen zur netzgebundenen Nutzung der Solarthermie („solare Nahwärme"). Der Nahwärmebereich ist in technischer Hinsicht zwar nicht ausschließlich den Erneuerbaren Energien vorbehalten, wie etwa die Verwendungsmöglichkeiten kleiner Blockheizkraftwerke auf Basis fossiler Brennstoffe zeigen. Gleichwohl eignet er sich in besonderem Maße zur schnellen Umstellung auf bzw. Forcierung von regenerativen Energieträgern. Wegen der kleinräumigen Ausdehnung von Nahwärmenetzen sind auch hier wiederum vor allem Gemeinden angesprochen, aktiv zu werden.

3. Vorteile von Nahwärmenetzen

Der Aufbau und die Verwendung von Nahwärmenetzen mit (anteiligem) EE-Einsatz bringen neben der gegenüber einer KWK-Nutzung fossiler Brennstoffe nochmals verbesserten Klimabilanz noch eine Reihe weiterer ökologischer und mittelfristig auch ökonomischer Vorteile mit sich, die für ein stärkeres (kommunales) Engagement für diese Form der Wärmenetzversorgung sprechen.

Wenn zum Betrieb von Fernwärmenetzen (in Abgrenzung zu Nahwärmenetzen nach hiesigem Verständnis) ausschließlich fossile Energieträger verfeu-

---

[2] Vgl. zum Ganzen etwa *Umweltbundesamt* (Hrsg.), Potenziale von Nah- und Fernwärmenetzen für den Klimaschutz bis zum Jahr 2020, Climate Change 17/2007, S. 62f. (http://www.umweltdaten.de/publikationen/fpdf-l/3501.pdf; abgerufen: 30. 10. 2012).

[3] In 2010 wurden 48% der Fernwärme aus Erdgas erzeugt, 32% aus Steinkohle und 12% aus Braunkohle, so *AGFW (Energieeffizienzverband für Wärme, Kälte und KWK)*, Leistungs-Bilanz 2010, S. 14 (http://www.agfw.de/wir-ueber-uns/agfw-report/; abgerufen: 30. 10. 2012).

ert werden, führt dies dazu, dass die Bezugspreise für Fernwärme insoweit auch an das steigende Preisniveau fossiler Energieträger gekoppelt bleiben.[4] Dieser Nachteil vermindert sich jedoch mit zunehmendem EE-Anteil beim Betrieb von Nahwärmenetzen. Wegen der (faktischen) Kopplung aller Brennstoffpreise an den Ölpreis dürften die ökonomischen Vorteile bei der Nutzung von Geothermie und Solarthermie wiederum wesentlich ausgeprägter sein als bei der Biomasseverfeuerung.

Preissteigerungen bei der herkömmlichen Fernwärmeversorgung können außerdem daraus erwachsen, dass zentrale Heiz(kraft)werke sich nach Inbetriebnahme als überdimensioniert erweisen. Als Ursache für diese Entwicklung kommt ein zunehmender Umstieg von Bauherren oder auch von bereits über Fernwärme versorgten Kunden (im Bestandsgebäudebereich) auf EE-Einzelanlagen in Betracht, der zur (Teil-)Befreiung von der Bindung an die Fernwärmenutzung berechtigt, unabhängig davon, ob sich diese Bindung aus freiwilligen vertraglichen Vereinbarungen oder aus kommunalen Anschluss- und Benutzungszwängen ergibt.[5] Ferner kann es zu einem sinkenden Wärmeverbrauch der bereits angeschlossenen Nutzer bzw. zu einer abfallenden Nachfrage im Neubaubereich als Folge der stetig steigenden Wärmedämmungsanforderungen der EnEV kommen, wenngleich dies nicht dazu führen dürfte, dass die Wärmenetzversorgung generell unwirtschaftlich wird.[6] In der Praxis wird es dabei auf die Verhältnisse vor Ort ankommen. Kleinräumige Nahwärmenetze dürften sich hier als wesentlich flexibler erweisen. Darüber hinaus wird (gebäudeübergreifenden) Nahwärmekonzepten auch ein besonderes Potenzial im Zuge der Erneuerung von bisher über Fernwärme beheizten großen Gebäudetrakten zuerkannt, die in Folge des demografischen Wandels nicht mehr wirtschaftlich betrieben werden können und bei denen ohnehin eine Erneuerung der bestehenden (Fern-)Heizungsanlagen ansteht.[7]

Besonders förderungswürdig erscheint der Aufbau einer EE-basierten Nahwärmeversorgung unter Einbindung größerer Wärmespeicher, die es erlauben, unregelmäßig anfallende Wärmeenergie, namentlich also Solarenergie, aufzunehmen und deren hohes Angebot in den Sommermonaten nutzbar zu

---

[4] Vgl. *Umweltbundesamt* (Hrsg.), Potenziale von Nah- und Fernwärmenetzen für den Klimaschutz bis zum Jahr 2020, Climate Change 17/2007, S. 34 (http://www.umweltdaten.de/publikationen/fpdf-l/3501.pdf; abgerufen: 30. 10. 2012).

[5] Siehe zu den Befreiungsmöglichkeiten im Rahmen von Anschluss- und Benutzungszwängen oben S. 322 ff. Zu vertraglichen Vereinbarungen siehe die Befreiungsvorschrift im – ebenfalls a.a.O. erwähnten – § 3 S. 3 AVBFernwärmeV.

[6] *Nast/Bürger/Klinski/Schulz/Steinbach*, Ergänzende Untersuchungen und vertiefende Analysen zum EEWärmeG (Folgevorhaben), 2010, S. 86 f. (http://elib.dlr.de/69183/1/Endbericht_Folgevorhaben_EEW%C3%A4rmeG_final-2.pdf; abgerufen: 30. 10. 2012).

[7] Näher, insbesondere auch zu den Unterschieden in der Wirtschaftlichkeit von Nah- und Fernwärme, *Umweltbundesamt* (Hrsg.), Potenziale von Nah- und Fernwärmenetzen für den Klimaschutz bis zum Jahr 2020, Climate Change 17/2007, S. 193 ff. (http://www.umweltdaten.de/publikationen/fpdf-l/3501.pdf; abgerufen: 30. 10. 2012).

machen für den erhöhten Wärmebedarf im Winter („Saisonspeicher").[8] Solche Formen der „solaren Nahwärme" beruhen auf einer (gemeinschaftlichen) Einspeisung aus großflächigen Solarkollektoren. Dabei können die Kollektoren entweder auf eine Vielzahl von Gebäuden verteilt sein oder es werden Kollektoranlagen auf großen (kommunalen) Gebäudedachflächen in einem Ausmaß installiert, dass die produzierte Wärme nicht nur für das jeweilige Gebäude genügt, sondern zudem weitere umliegende Häuser versorgt werden können. Damit können auch die Installationskosten für Solarkollektoren um bis zu 50% gesenkt werden.[9] Nicht zuletzt diese Skaleneffekte lassen eine Netzlösung mit entsprechenden Saisonspeichern als vorteilhaft gegenüber Einzelgebäudelösungen erscheinen.[10]

Die beschriebenen Speicherlösungen machen es möglich, die Solarthermie nicht nur für die Warmwasserbereitung, sondern für die in quantitativer Hinsicht wichtigere Heizungsunterstützung zu nutzen. So können solare Deckungsraten von bis zu 50% erreicht werden,[11] was bereits durch Pilotprojekte in der Praxis unter Beweis gestellt werden konnte.[12]

---

[8] Vgl. in diesem Sinne etwa die Begründung zum EEWärmeG, BT-Drs. 16/8149, S. 28; einschließlich konkreter Potenzialabschätzungen auch *Bundesministerium für Umwelt, Naturschutz und Reaktorsicherheit* (Hrsg.), Leitstudie 2011, S. 72, 77, 125, 282, 285 (http://erneuerbare-energien.de/files/pdfs/allgemein/application/pdf/leitstudie2011_bf.pdf; abgerufen: 30. 10. 2012). Nach der aktuellen Forschungsstrategie des Bundesministeriums für Umwelt, Naturschutz und Reaktorsicherheit soll die Solarthermie bis 2050 einen Anteil von 50% an der Wärmebereitstellung erreichen, vgl. *Bundesministerium für Umwelt, Naturschutz und Reaktorsicherheit* (Hrsg.), Innovation durch Forschung – Jahresbericht 2010, 2011, S. 48 (http://www.bmu.de/files/pdfs/allgemein/application/pdf/broschuere_innovation_forschung_2010_bf.pdf; abgerufen: 30. 10. 2012). Auch *Späte/Ladener*, Solaranlagen, 10. Aufl. 2008, S. 91 f., gehen von einem langfristigen Trend hin zur Solarthermie aus.

[9] *Späte/Ladener*, Solaranlagen, 10. Aufl. 2008, S. 231. Teilweise wird sogar von einer Ersparnis von 75% ausgegangen, so *Bundesministerium für Umwelt, Naturschutz und Reaktorsicherheit* (Hrsg.), Erneuerbare Energien – Innovationen für eine nachhaltige Energiezukunft, 2009, S. 61. Vgl. auch *Deutsches Institut für Urbanistik* (Hrsg.), Nutzung erneuerbarer Energien durch die Kommunen, 2010, S. 35. Beachtlich ist ferner, dass sich die Kosten für Solarthermieanlagen von 1996 bis 2008 bereits etwa halbiert haben, so *Bundesministerium für Umwelt, Naturschutz und Reaktorsicherheit* (Hrsg.), Innovation durch Forschung – Jahresbericht 2010, 2011, S. 50 (http://www.bmu.de/files/pdfs/allgemein/application/pdf/broschuere_innovation_forschung_2010_bf.pdf; abgerufen: 30. 10. 2012).

[10] *Wustlich*, in: Danner/Theobald (Hrsg.), Energierecht, EEG VI B 4 Einf Rn. 9.

[11] Zum Vergleich: Die vorrangig auf die Warmwassererzeugung ausgerichteten Anforderungen an die Solarthermienutzung in § 5 Abs. 1 i. V. m. Nr. I der Anlage zum EEWärmeG zielen auf eine solare Deckungsrate von 15% ab.

[12] Näher und teilweise mit Beschreibungen der Praxisbeispiele *Bührke/Wengenmayr* (Hrsg.), Erneuerbare Energien, 2. Aufl. 2010, S. 109; *Deutsches Institut für Urbanistik* (Hrsg.), Nutzung erneuerbarer Energien durch die Kommunen, 2010, S. 35, 57 ff.; *Deutsches Institut für Urbanistik* (Hrsg.), Klimaschutz in Kommunen, 2011, S. 57 (auch online unter http://leitfaden.kommunaler-klimaschutz.de/; abgerufen: 30. 10. 2012); *Everding*, Solarer Städtebau, 2007, S. 126 ff.; *Institut für Energie- und Umweltforschung Heidelberg*, Erneuerbare Energien kompakt, 2. Aufl. 2007, S. 36 (auch online unter http://www.erneuerbare-energien.de/files/pdfs/allgemein/application/pdf/ee_factsheets.pdf; abgerufen: 30. 10. 2012); *Hegger/*

Ferner ist positiv zu bewerten, dass durch den Einsatz von Wärmespeichern der *strom*geführte Betrieb der KWK-Anlagen,[13] die zur Unterstützung der Wärmeversorgung aus solaren Nahwärmenetzen weiterhin notwendig sind, ermöglicht wird.[14] Wie bereits ausgeführt stellt ein stromgeführter KWK-Anlagenbetrieb ein wesentliches Element für den Ausgleich der fluktuierenden Stromproduktion aus Wind- und Sonnenenergie dar. Selbst bei „herkömmlichen" KWK-gespeisten Wärmenetzen ohne Solaranteil erhöht ein größerer Wärmespeicher folglich den Nutzen für die integrative Umstellung der Energieversorgung auf regenerative Energien. Ohne große Wärmespeicher reduziert ein KWK-Betrieb im Sommer, wenn also nur ein Bruchteil der gekoppelt produzierten Wärme auch tatsächlich abgenommen werden kann und der Rest ungenutzt bleibt, die an sich bestehenden Effizienzvorteile der KWK in ganz erheblichem Maße.[15]

Die zunehmende Erhöhung von EE-Anteilen in Wärmenetzlösungen, vornehmlich in Gestalt der emissionslosen und risikoarmen[16] Solarthermie, stellt im Übrigen den vorzugswürdigen Weg zur Erfüllung der Vorgaben der EE-RL dar, denn nur ein nennenswerter EE-Anteil kann den Maßgaben des Art. 13 Abs. 4 UAbs. 3 EE-RL gerecht werden. Die vorbehaltlose Zulassung einer Versorgung über „fossile KWK" genügt den dortigen Vorgaben ab 1. 1. 2015 nicht mehr.[17]

Die genannten Vorteile unterstreichen, wie notwendig erhöhte Auf- bzw. Ausbauanstrengungen im Zusammenhang mit (EE-)Nahwärmenetzen sind. Hierfür kann gerade auch das bereits ausführlich beschriebene Instrument des Anschluss- und Benutzungszwangs Bedeutung erlangen.

Fuchs/Stark/Zeumer, EnergieAtlas – Nachhaltige Architektur, 2008, S. 73 f.; *Kaltschmitt/Streicher/Wiese*, Erneuerbare Energien, 4. Aufl. 2006, S. 172 f.; *Marks*, Solarenergie im Wohnungsbau, 2001, S. 42 ff.; *Späte/Ladener*, Solaranlagen, 10. Aufl. 2008, S. 89 f., 236 f.

[13] Zur Notwendigkeit sowie zur Förderung durch den im Zuge der KWKG-Novelle 2012 eingefügten § 5b KWKG n. F. siehe oben S. 52 f.

[14] Diese Notwendigkeit wird auch bei *Attig*, Kraft-Wärme-Kopplung als Ergänzung der erneuerbaren Energien, ET 3/2012, 13 (14), beschrieben.

[15] Vgl. *Chelmowski*, Kraft-Wärme-Kopplung – ein frommer Trugschluss!, ET 6/2009, 51 (52 f.).

[16] Im Gegensatz hierzu wirft die Geothermie, die sich gleichfalls für den Betrieb von Wärmenetzen anbietet, teilweise nicht unerhebliche Risiken, wie etwa die Gefahr von Erdbeben oder sonstigen seismischen Aktivitäten auf, vgl. hierzu etwa *Bührke/Wengenmayr* (Hrsg.), Erneuerbare Energien, 2. Aufl. 2010, S. 64 f.; *Quaschning*, Erneuerbare Energien und Klimaschutz, 2. Aufl. 2010, S. 245; *Umgeher/Stöglehner*, Geothermie – aus raum- und umweltplanerischer Sicht zur Diskussion gestellt, UVP-Report 2010, 180 (182 f.).

[17] Näher oben S. 60 ff.

II. Tradierte juristische Begrifflichkeit

1. Zivilrecht

Die juristische Auseinandersetzung um die Begriffe der Fern- und Nahwärme ist traditionell sehr stark durch das Zivilrecht geprägt. Dies liegt vor allem daran, dass der Gesetz- und Verordnungsgeber im Zivilrecht bislang trotz der dortigen Verwendung des Begriffes der Fernwärme auf eine verbindliche Definition verzichtet hat.[18] Virulent wurde die Frage nach einer Definition der *Fern*wärme, weil mit dem Begriff Auswirkungen auf die Zulässigkeit von Vertragsinhalten und die Bestandteile der Heizkostenabrechnung insbesondere im Bereich der Wohnraummiete verbunden sind. Noch immer maßgeblich ist in diesem Zusammenhang das Grundsatzurteil des *BGH* vom 25. 10. 1989. Dort hatte der *BGH* entschieden:

> „Jedenfalls in Fällen, in denen – wie hier – aus einer nicht im Eigentum des Gebäudeeigentümers stehenden Heizungsanlage von einem Dritten nach unternehmenswirtschaftlichen Gesichtspunkten eigenständig Wärme produziert und an andere geliefert wird, handelt es sich um Fernwärme. Dabei kommt es auf die Nähe der Anlage zu dem versorgten Gebäude ebensowenig an wie auf das Vorhandensein eines größeren Leitungsnetzes.“[19]

Unter die vom *BGH* formulierte Definition fallen damit auch Nahwärmenetze und Contracting-Lösungen.[20] Der Einschluss der Nahwärme unter den Fernwärmebegriff durch den *BGH* führt die Intention des Bundesverordnungsgebers fort, auch eine Versorgung über Nahwärmenetze vom mietrechtlich geprägten Regime der Heizkostenverordnung[21] und der AVBFernwärmeV[22] zu umfassen[23] und insoweit keine Schlechterstellung von Mietern bzw. Wärmekunden in Folge bestimmter Ausgestaltungsvarianten zuzulassen.[24] Eine Aus-

---

[18] Zur nunmehr im EEWärmeG enthaltenen, aber denkbar weit formulierten Definition siehe unten S. 337 f.

[19] BGHZ 109, 118 (126).

[20] Die spätere Entscheidung des *BGH*, Urteil v. 16. 4. 2008 – VIII ZR 75/07, NZM 2008, 442 ff., die eine andere Auslegung suggeriert, sollte keine Abweichung hiervon darstellen, sondern beruhte auf Besonderheiten der Vertragsformulierung im dort entschiedenen Fall. Siehe auch die Einschränkungen gemäß *BGH*, Urteil v. 21. 12. 2011 – VIII ZR 262/09, RdE 2012, 104 (105 f.).

[21] Verordnung über Heizkostenabrechnung (HeizkostenV) v. 5. 10. 2009 (BGBl. I S. 3250).

[22] Fundstelle oben in Fn. 60, § 8.

[23] Vgl. dazu BGHZ 109, 118 (124 f.), auch mit Verweis auf die amtlichen Begründungen zur ursprünglichen Fassung der HeizkostenV (BT-Drs. 652/80, S. 17) und deren Änderungsverordnung von 1989 (BT-Drs. 494/88, S. 19, 21 f.).

[24] Noch immer aktuell sind dabei die differenzierenden Ausführungen von *Schubart*, Der Fernwärme-Begriff in der Heizkostenabrechung, NJW 1985, 1682 ff. Vgl. insgesamt zum Fernwärmebegriff die umfassenden Ausführungen bei *Topp*, Der Begriff der Fernwärme, RdE 2009, 133 ff., mit zahlreichen Verweisen auf die teils nur marginal voneinander abweichenden Ansichten in Literatur und Rechtsprechung.

differenzierung der Begriffe Fern- und Nahwärme anhand der verwendeten Energieträger, wie sie für das Umweltenergierecht erwogen werden sollte, wäre im Zivilrecht nach aktuellem Stand jedoch ohnehin nicht nötig. Zwar müssen mietrechtliche Hemmnisse für eine klimafreundlichere Gebäudeversorgung, soweit es sozialverträglich möglich ist, ausgeräumt werden, wie etwa die Mietrechtsreformbestrebungen im Zusammenhang mit energetischen Sanierungen zeigen.[25] Zur Förderung einzelner regenerativer Energieträger im Zusammenhang mit der klimagerechten Wärmenetzversorgung ist eine Instrumentalisierung des Zivilrechts in Form einer Aufspaltung des Fernwärmebegriffs bisher allerdings nicht angezeigt.

2. Definitionsentwurf im Energiesteuerrecht

Im Zuge des Haushaltsbegleitgesetzes 2011 (HBeglG 2011[26]) wurden auch Änderungen im Energiesteuergesetz (EnergieStG[27]) vorgenommen. Im ursprünglichen Gesetzentwurf der Bundesregierung sollte durch Art. 6 Nr. 1 lit. b HBeglG 2011 zu Gunsten der Fernwärme eine Ausnahme von der ebenfalls neu eingefügten Beendigung der Steuerentlastung von Wärmelieferungen für bestimmte Erzeuger-/Abnehmerkonstellationen statuiert werden. Dabei war auch eine Legaldefinition der Fernwärme vorgesehen.[28] In der endgültigen Fassung des HBeglG 2011 war diese Begriffsbestimmung hingegen auf eine Empfehlung des Haushaltsausschusses[29] hin nicht mehr enthalten. Ob dafür haushaltspolitische Gründe oder Zweifel an der Praktikabilität der Definition, die unter anderem auf eine Versorgung „eines größeren Gebiets“ abstellte und damit unter Umständen neue Abgrenzungsprobleme aufgeworfen hätte, ursächlich gewesen sind, kann jedoch nicht mehr festgestellt werden. Auch die Begründung zum genannten Regierungsentwurf vermag die Beweggründe, die für die angedachte Fernwärme-Definition maßgeblich waren, nicht zu erhellen.

---

[25] Hierzu oben S. 81 mit Fn. 253, § 1.

[26] Haushaltsbegleitgesetz 2011 v. 9. 12. 2010 (BGBl. I S. 1885).

[27] Energiesteuergesetz v. 15. 7. 2006 (BGBl. I S. 1534; 2008 I S. 660, 838, 1007), letzte berücksichtigte Änderung durch Gesetz v. 1. 3. 2011 (BGBl. I S. 282).

[28] BT-Drs. 17/3030, S. 17.

[29] BT-Drs. 17/3406, S. 22.

III. Nahwärme im Umweltenergierecht

1. Nahwärmebegriff im EEWärmeG von 2008

In der ursprünglichen Fassung des EEWärmeG vom 7. 8. 2008[30] fand der Begriff der Nahwärme (erstmals) neben dem der Fernwärme an verschiedenen Stellen Verwendung. So wurden als „Ersatzmaßnahme" zur Erfüllung der Nutzungspflicht gemäß § 7 Nr. 3 EEWärmeG a. F. (sowie in der zugehörigen a. F. der Nr. VII.1. in der Anlage zum EEWärmeG) Nahwärmeversorgungssysteme in einem Atemzug mit Fernwärmenetzen genannt. Gleiches galt für § 16 EEWärmeG a. F. In § 14 EEWärmeG a. F. wiederum, der auch seinerzeit bereits nähere Vorgaben zu denjenigen Wärmeversorgungstechnologien enthielt, für die eine finanzielle Förderung im Rahmen des MAP als möglich angesehen wurde, war in Nr. 4 *ausschließlich* der Begriff des Nahwärmenetzes aufgenommen worden, ohne dass – wie in den sonstigen soeben zitierten Gesetzespassagen – Fernwärmeeinrichtungen gleichrangig aufgeführt worden wären. Dass es sich bei der Auslassung der Fernwärme in § 14 Nr. 4 EEWärmeG um ein Redaktionsversehen gehandelt haben könnte, erscheint fernliegend, sprach doch auch die Gesetzesbegründung an dieser Stelle nicht nur vom Oberbegriff der Wärmenetze, sondern gleichfalls ausdrücklich von Nahwärmenetzen.[31]

Diese Neuerungen erforderten eine Bestimmung des Inhalts und der Auswirkungen des Nahwärmebegriffs, gerade angesichts der über § 16 EEWärmeG gegebenenfalls vermittelten Auswirkungen auf den Erlass entsprechender kommunaler Anschluss- und Benutzungszwänge. Unter Einbeziehung des § 14 Nr. 4 EEWärmeG a. F. drängte sich die Auslegung auf, dass unter Nahwärme im Sinne des EEWärmeG solche Wärmenetze zu verstehen sind, die nicht ausschließlich von fossil befeuerten KWK-Anlagen gespeist werden. Positiv gewendet lagen Nahwärmenetze nach der damaligen Fassung des EEWärmeG also vor, wenn Wärme über Netze verteilt wurde, die zumindest zu einem wesentlichen Anteil aus dezentralen EE-Anlagen stammt.[32] Neben dem hierin ent-

---

[30] BGBl. I S. 1658.

[31] BT-Drs. 16/8149, S. 28.

[32] Ähnlich, aber ohne nähere Begründung *Pause*, in: Müller/Oschmann/Wustlich (Hrsg.), EEWärmeG, 2010, § 14 Rn. 12, dessen Ausführungen sich aber offenbar widersprechen, denn der EE-Bezug sollte danach nur bei § 7 Nr. 3 EEWärmeG a. F., nicht aber bei § 14 Nr. 4 EEWärmeG a. F. gelten, was gegen die in § 15 Abs. 1 EEWärmeG zum Ausdruck kommende Regelung verstößt, wonach Maßnahmen, die nur der Erfüllung gesetzlicher Pflichten dienen, nicht förderfähig sind. Jedoch ist gerade eine Versorgung mit höherem EE-Anteil als gesetzlich vorgegeben (z. B. durch § 7 EEWärmeG) als förderfähig und -bedürftig einzuordnen. Vgl. ferner *Wustlich*, in: Müller/Oschmann/Wustlich (Hrsg.), EEWärmeG, 2010, § 7 Rn. 143 f., der die Notwendigkeit einer Differenzierung zwischen Nah- und Fernwärmenetzen zwar verneint, dafür aber (wenngleich ohne konkrete Auswirkungen zu benennen) eine Unterscheidung der Netze anhand der eingespeisten Wärme (EE, Abwärme, KWK) für möglich erachtet.

haltenen EE-Erfordernis besteht die Besonderheit von derartigen Nahwärmenetzen darin, dass sie auch geeignet sind, mehrere bei den jeweiligen Anschlussnehmern installierte EE-Wärmebereitstellungsanlagen zu verbinden, wobei sich insbesondere Solarkollektoren anbieten, die so auch gemeinsam in Langzeitwärmespeicher einspeisen können.

Diese Auslegung des Begriffs der Nahwärme im Sinne des EEWärmeG konnte sich auf den Zweck des Gesetzes stützen, der ausweislich von dessen § 1 Abs. 1 auch darin besteht, Technologien zur Erzeugung von Wärme *aus Erneuerbaren Energien* zu fördern. Wärmenetze, die nur über fossil befeuerte Heizkraftwerke versorgt werden, stellen demgegenüber keine EE-Nutzung dar, auch wenn sie als ersatzweise Erfüllungsmaßnahme im EEWärmeG anerkannt sind. Eine finanzielle Förderung solcher traditioneller Wärmenetze entspräche deshalb nicht dem Zweck des EEWärmeG.[33] Seinen Ausdruck fand dies in der alleinigen Erwähnung von *Nah*wärmenetzen in § 14 Nr. 4 EEWärmeG a. F. Zudem wurden Nahwärmenetze in § 14 Nr. 4 EEWärmeG a. F. in unmittelbarem Zusammenhang mit Wärmespeichern aufgeführt (und nicht etwa in einer separaten Nummer), die ihrerseits hauptsächlich bei der Nutzung von solarer Strahlungsenergie zu Heizzwecken von Nutzen sein können, sowie bei der Biomassenutzung im KWK-Betrieb.[34] In dieses Verständnis fügt sich auch ein, dass Wärmenetze, die ausschließlich von fossil befeuerter KWK gespeist werden, im Rahmen des Marktanreizprogramms gemäß den zur Konkretisierung von § 14 Nr. 4 EEWärmeG a. F. erlassenen Richtlinien nicht förderfähig waren und dies bis heute nicht sind.[35] Nicht zuletzt aufgrund des wichtigen Bereiches der finanziellen Förderung spielte damit der Nahwärmebegriff eine besondere Rolle. Dies wurde noch durch einen Rekurs auf die MAP-Förderung von Nahwärmenetzen im „Nationalen Aktionsplan für erneuerbare Energie gemäß der Richtlinie 2009/28/EG zur Förderung der Nutzung von Energie aus erneuerbaren Quellen“ verstärkt.[36]

Der Gesetzgeber knüpfte mit diesem Verständnis von Nahwärmenetzen daran an, dass eben diesen das größte Potenzial zur Einbeziehung insbesondere der Solarwärme in die umweltfreundliche Wärmeversorgung von Gebäuden zukommt, etwa weil gerade durch Netzkonzepte[37] die notwendige Integration

---

[33] Darüber hinaus besteht für diese Fälle die Förderung nach dem KWKG.

[34] Näher zum Ganzen bereits oben S. 328ff.

[35] So bereits Nr. 14.1.4 der Richtlinien zur Förderung von Maßnahmen zur Nutzung erneuerbarer Energien im Wärmemarkt vom 9.7. 2010, eBAnz. AT72 2010 B1 v. 16.7. 2010. Auch die aktuelle Fassung der Förderrichtlinien v. 20.7. 2012, BAnz AT 08.08. 2012 B4, nennt unter Nr. 14.1.5 nach wie vor ausdrücklich Nahwärmenetze.

[36] Ebd., S. 59ff. (http://www.erneuerbare-energien.de/inhalt/46202; abgerufen: 30.10. 2012).

[37] Hinzuweisen ist in diesem Zusammenhang auf die Abgrenzung von den so genannten „Quartierslösungen“ nach § 6 Abs. 1 EEWärmeG; hierzu *Kahl/Schmidtchen*, Nah- und Fernwärmenetze als Instrumente des Klimaschutzes, ZNER 2011, 35 (40f.).

von mittleren und größeren Wärmespeichern ermöglicht wird.[38] Dass die Quantität solcher Konzepte trotz der existierenden Pilotprojekte[39] im nationalen Maßstab betrachtet bisher immer noch vernachlässigbar ist, bildet den Grund für einen entsprechenden Förderungsansatz im EEWärmeG.[40] Das Gesetz griff damit terminologisch die vorgefundene Wirklichkeit und die Perspektiven der Nahwärmenetze auf.

In Anbetracht der bereits referierten Rechtsprechung des *BGH*[41] und dessen weiter Auslegung des *Fern*wärmebegriffs wären gewisse Unstimmigkeiten in Folge eines neuen Nahwärmebegriffs kaum zu vermeiden gewesen, ohne dass hieraus allerdings Dysfunktionalitäten erwachsen wären. So darf ein neuer Nahwärmebegriff selbstverständlich nicht dazu führen, dass der *zivilrechtliche* Fernwärmebegriff ausgehöhlt wird und sich hieraus ungewollte Auswirkungen auf die Vertragsgestaltung im Recht der Wärmeversorgung insbesondere von Wohnungen ergeben, etwa in Folge der Unanwendbarkeit der AVB-FernwärmeV.[42] Hierzu wäre es jedoch bei einer eigenständigen Auslegung des Nahwärmebegriffs, der allein für den *ordnungsrechtlichen* Teil des Umweltenergierechts, namentlich also das EEWärmeG von Bedeutung ist, ohnehin nicht gekommen. Aufgrund der anwachsenden Komplexität des Verhältnisses des Umweltenergie- bzw. Klimaschutzrechts als Querschnittsmaterien zu den traditionellen Rechtsgebieten dürften derartige Abgrenzungen im Übrigen unausweichlich werden, auch wenn sie auf den ersten Blick der Rechtsklarheit abträglich erscheinen. Sie begründen sich darin, dass die „traditionellen Rechtsgebiete" nicht die Frage nach den zur Wärmeversorgung verwendeten Energieträgern betreffen. Gerade dieser Aspekt steht jedoch im Fokus des EEWärmeG und der mit ihm unter anderem erstrebten gezielten Förderung von Zukunftstechnologien.

---

[38] Siehe oben S. 328 ff. Vgl. außerdem *Bundesministerium für Umwelt, Naturschutz und Reaktorsicherheit* (Hrsg.), Erneuerbare Energien – Innovationen für eine nachhaltige Energiezukunft, 2009, S. 60 f.; *Fischer/Klinski*, Modelle für eine Förderung erneuerbarer Energien im Wärmemarkt aus rechtlicher Sicht, ZUR 2007, 8 (9); *Nast*, Chancen und Perspektiven der Nahwärme im zukünftigen Energiemarkt, Nahwärme 2004, S. 2 ff. (http://www.dlr.de/tt/Portaldata/41/Resources/dokumente/institut/system/publications/Nahwaerme_Energiemarkt.pdf; abgerufen: 30. 10. 2012); *Wustlich*, in: Müller/Oschmann/Wustlich (Hrsg.), EEWärmeG, 2010, § 7 Rn. 147.

[39] Hierzu die Nachweise oben in Fn. 12.

[40] Die Förderung von Wärmenetzen und Wärmespeichern wurde im Rahmen der Novellierung der MAP-Förderrichtlinien vom Juli 2012 auch noch erweitert und um klare Abgrenzungsvorgaben zur Förderung durch das KWKG ergänzt. Siehe Nr. 7.3, 14.1.5.2, 14.1.6 lit. a der Richtlinien zur Förderung von Maßnahmen zur Nutzung erneuerbarer Energien im Wärmemarkt vom 20. 7. 2012, BAnz AT 08. 08. 2012 B4.

[41] Oben S. 332 f.

[42] *Klemm*, Das Erneuerbare-Energien-Wärmegesetz – Ein Überblick über die wichtigsten Regelungen, CuR 2008, 124 (130).

2. Neuausrichtung durch das EAG EE

Trotz der großen Potenziale einer gezielten Förderung von Nahwärmenetzen durch eine entsprechende Ausrichtung des EEWärmeG sah der Gesetzgeber offenbar die Gefahr einer terminologischen Zersplitterung als so gewichtig an, dass er im Zuge des EAG EE[43] vom April 2011 den Nahwärmebegriff wieder aus dem EEWärmeG getilgt und den Terminus der Fernwärme als (alleinigen) Begriff für alle Wärmenetze konserviert hat. Zur Begründung wird darauf verwiesen, dass zum einen auch die EE-RL ausschließlich den Begriff der Fernwärme enthalte (vgl. etwa Art. 2 UAbs. 2 lit. g EE-RL) und zum anderen der Nahwärmebegriff überholt und im Energierecht sowie in der Rechtsprechung aufgegeben worden sei.[44]

Wie bereits dargelegt, ist der Nahwärmebegriff indes technisch keineswegs überholt.[45] Außerdem darf nicht übersehen werden, dass keiner der genannten Gründe zwingend dagegen spricht, einen Nahwärmebegriff im hier verstandenen Sinne im EEWärmeG zu etablieren, der einem Umbau der Wärmeversorgung von Gebäuden hin zu einem größeren EE-Anteil mit besonderem Augenmerk auf die unerschöpfliche Solarenergie Vorschub zu leisten vermag. Gerade das EEWärmeG als ohnehin sehr innovatives Gesetz wäre hierzu besonders geeignet. Im Übrigen ist soeben festgestellt worden, dass eine Orientierung an der (Zivil-)Rechtsprechung für die Bestimmung des Nahwärmebegriffs im EEWärmeG nicht notwendig ist. Es hätte sich vielmehr angeboten, den Begriff der Nahwärme durch eine eigene Definition im Katalog von § 2 Abs. 2 EEWärmeG zu stärken.

Erfreulicherweise wurde in die Gesetzesbegründung zumindest der klarstellende Hinweis aufgenommen, dass mit der Herausnahme des Nahwärmebegriffs im Zuge der Novellierung keine inhaltlichen Änderungen bzw. Begrenzungen verbunden sind, und zwar weder im Zusammenhang mit § 14 EEWärmeG noch in Bezug auf § 16 EEWärmeG.[46] Die vergleichsweise konturlose neue Fernwärmedefinition in § 2 Abs. 2 Nr. 2 EEWärmeG enthält insoweit ohnehin keine ausdrücklichen Beschränkungen. Ob die hier angeregte Möglichkeit einer Neukonzeption insbesondere von (Nah-)Wärmenetzen auf diese Weise erhalten werden kann, bleibt abzuwarten. Es ist jedoch zu befürchten, dass das EAG EE, bei allem Fortschritt infolge der damit einhergehenden Neuregelungen,[47] insoweit einen qualitativen Rückschritt bedeuten könnte.

Bemerkenswerterweise enthalten die für die Praxis wichtigen Förderrichtlinien für die Vergabe von MAP-Mitteln – wie bereits angedeutet – auch in ihrer

[43] Fundstelle oben Fn. 11, § 1.
[44] BT-Drs. 17/3629, S. 40.
[45] Oben S. 327 ff.
[46] BT-Drs. 17/3629, S. 40, 52, 58.
[47] Siehe hierzu im Überblick oben S. 23 ff.

aktuellen Fassung vom Juli 2012[48] in Nr. 14.1.5 noch immer den Begriff des Nahwärmenetzes als förderfähiger Technologie, setzen in diesem Zusammenhang voraus, dass ein wesentlicher Anteil an Erneuerbaren Energien in einem solchen Netz verwendet wird und geben vor, welche EE-Formen hierbei zum Einsatz kommen müssen, wobei unter anderem die Solarenergie aufgeführt wird. Obwohl die jüngste Aktualisierung der Förderrichtlinien im Juli 2012 und damit lange nach Inkrafttreten des EAG EE erfolgt ist, wurde der Nahwärmebegriff beibehalten. Nichtsdestoweniger wäre es vorzugswürdig, diese auf der Ebene der Verwaltungsvorschriften noch immer vorzufindende gezielte Förderung von Nahwärmenetzen auch im Gesetz zu verdeutlichen.

3. Auswirkungen auf den Anschluss- und Benutzungszwang

Das Verschwinden des Nahwärmebegriffs in Folge des EAG EE kann dazu führen, dass auch die Möglichkeiten der Instrumentalisierung des Anschluss- und Benutzungszwangs zum Aufbau von Nahwärmenetzen nicht hinreichend erkannt bzw. genutzt werden. Vor Erlass des EAG EE war der Nahwärmebegriff – wie gesehen – auch in § 16 EEWärmeG a. F. verankert und gab damit, speziell in Verbindung mit der über § 14 Nr. 4 EEWärmeG a. F. erfolgten Auslegung des neuen Terminus einen wichtigen Anstoß, den Erlass von innovativen Nahwärme-ABZ-Satzungen zu erwägen. Auch nach der Tilgung des Nahwärmebegriffs aus § 16 EEWärmeG bestehen an sich die rechtlichen Spielräume für derartige Satzungen fort, nicht zuletzt aufgrund der Klarstellung in der Gesetzesbegründung, dass die Neufassung keine inhaltliche Beschränkung bedeute. Dies gilt jedenfalls in denjenigen Bundesländern, deren ABZ-Ermächtigungsgrundlagen nicht auf *Fern*wärmenetze beschränkt sind,[49] sondern teils sogar ausdrücklich bereits eine Nahwärmeversorgung als Satzungsgegenstand mit aufführen. Gleichwohl hätte eine Verdeutlichung im EEWärmeG des Bundes, das aktuell (neben EnEG und EnEV) das zentrale Gesetz für die Energiewende im Wärmebereich darstellt, eine erheblich größere Signalwirkung zu Gunsten neuer Formen von ABZ-Satzungen gehabt.

Nahwärme-ABZ-Satzungen können unter Umständen nicht nur die Verpflichtung der Betroffenen zum Anschluss an ein Wärmenetz enthalten, sondern – im Falle von Satzungsbestimmungen zum Aufbau solarer Nahwärmenetze – auch die Verpflichtung (bzw. effektive Anreize) zur Installation von Solaranlagen auf den Dächern der erfassten Gebäude, um dieses Wärmenetz zu

---

[48] Fundstelle oben Fn. 35 a. E.

[49] Solche engen Formulierungen finden sich in den Ermächtigungsgrundlagen von Bayern, Nordrhein-Westfalen und Thüringen. Näher oben S. 292 f.

speisen.[50] Durch die Wärmenetzkonzeption verbleibt dabei immer noch ein fundamentaler Unterschied zu einer EE-Nutzungspflicht jedes einzelnen Betroffenen, wie sie § 3 Abs. 1 EEWärmeG statuiert, denn die Netzlösung mit integrierten Speichereinrichtungen erfordert einen koordinierenden Betrieb durch die Kommune einschließlich einer ergänzenden flexiblen (KWK-)Anlage, die jederzeit einen Fluktuationsausgleich und damit eine ausreichende Versorgung sicherstellt. Als Ergebnis sind also Wärmenetze denkbar, die (anteilig) von Solaranlagen (oder sonstigen EE-Anlagen) auf den Dächern der einzelnen Anschluss- und Benutzungsverpflichteten gespeist werden. Wegen der besseren Klimabilanz, die solche Nahwärmenetze mit einem erheblichen EE-Anteil (potenziell) aufweisen, können im Einzelfall die Befreiungsvorschriften für EE-Einzelgebäudeanlagen stark beschränkt werden. Bei einer Versorgung über fossil befeuerte KWK-Anlagen oder Heizwerke war bisher eine abweichende Beurteilung geboten.[51]

Bei der Erwägung von Nahwärme-ABZ-Satzungen sollte ein Aspekt nicht unberücksichtigt bleiben. Zwar wurde soeben[52] auch auf die nach den einschlägigen Verwaltungsvorschriften nach wie vor bestehenden Fördermöglichkeiten für Nahwärmenetze im Rahmen des MAP eingegangen. Allerdings ist für die Frage einer finanziellen Förderung im Einzelfall zu berücksichtigen, dass es nach subventionsrechtlichen Grundsätzen nicht zulässig ist, Maßnahmen zu fördern, die lediglich der Erfüllung gesetzlicher Pflichten, wie etwa den in einer ABZ-Satzung enthaltenen, dienen.[53] Dies ist bei der Entscheidung bzw. Gestaltung einer ABZ-Satzung für Nahwärmenetze angemessen zu berücksichtigen.

IV. Schlussfolgerungen

Trotz der Notwendigkeit und Möglichkeit einer Fortentwicklung des Rechtsrahmens für Wärmenetze, mit dem innovative Gestaltungen (auch von ABZ-Satzungen) zur Erhöhung der EE-Anteile bewirkt werden können, hält sich der Bundesgesetzgeber auf diesem Feld derzeit noch stark zurück. Die Etablierung des neuen Nahwärmebegriffs im EEWärmeG hätte weitergehende Wirkungen entfalten können. Nach der eher rückschrittlichen Beschränkung auf den Fernwärmebegriff durch das EAG EE ist mit einer baldigen Neueinführung des Nahwärmebegriffs auf Bundesebene kaum zu rechnen. Nunmehr

---

[50] Vgl. die technische Ausgestaltung der bereits existierenden solaren Nahwärmenetze, die in den in Fn. 12 genannten Quellen beschrieben werden.

[51] Siehe hierzu die Ausführungen über grundrechtlich gebotene Befreiungsmöglichkeiten oben auf S. 322 ff.

[52] Siehe oben S. 334 ff., dort insbesondere Fn. 35.

[53] Vgl. auch die ausdrückliche Regelung in Nr. 14.1.5.3 der in Fn. 35 a. E. näher nachgewiesenen Richtlinien in ihrer Fassung vom 20. 7. 2012.

gilt es für Städte und Gemeinden, ihre rechtlichen Spielräume, die nach wie vor auch ohne explizite bundesgesetzliche Erwähnung bestehen und zu denen auch der Erlass von ABZ-Satzungen gehört, zum Aufbau von Nahwärmenetzen in der hier beschriebenen Form zu nutzen.

Teil 4

Übergreifende kommunale Klimaschutzplanungen

§ 10 Kommunale Energie- und Klimaschutzkonzepte

I. Einführung

1. Begriff

Zur Steuerung der Entwicklung einer Kommune haben sich seit langer Zeit neben den gesetzlich vorgesehenen formellen Plänen (z.B. Flächennutzungsplan und Bebauungsplan) diverse Varianten von informellen Konzepten etabliert.[1] Hierzu zählen etwa Einzelhandelskonzepte, Verkehrskonzepte[2], Innenstadtkonzepte, Nahversorgungs- und Zentrenkonzepte.[3]

Die Bedeutung des Klimaschutzes als Herausforderung für alle Hoheitsträger hat eine Erweiterung des Konzeptkatalogs um kommunale Klimaschutzkonzepte zur Folge. Da Fortschritte beim Klimaschutz im Wesentlichen an eine Umstellung der Energieversorgung gekoppelt sind, sollte dieser Zusammenhang durch eine Erweiterung zum Begriff der „Kommunalen Energie- und Klimaschutzkonzepte" (im Folgenden: KEKK) verdeutlicht werden.[4] Hierunter ist eine informelle langfristige Planung von Maßnahmen zur Reduktion der aus der Energieversorgung der Gemeindeeinwohner resultierenden Treibhausgasemissionen zu verstehen, die sich am Konzept der Nachhaltigkeit orientiert und so als Leitfaden für eine konsistente Energie- und Klimaschutzpolitik dienen kann.[5] Darüber hinaus werden mit derartigen Konzepten regelmäßig noch

---

[1] Grundlegend zum Konzeptbegriff und der Bedeutung von Konzepten in der Verwaltung *Schmidt-Aßmann*, Das allgemeine Verwaltungsrecht als Ordnungsidee, 2. Aufl. 2006, S. 334.

[2] Zu Verkehrskonzepten, die heute in der Regel gleichzeitig auch Klimaschutzkonzepte sein müssen, siehe etwa *Umweltbundesamt* (Hrsg.), Leitfaden Klimaschutz im Stadtverkehr, 2010, S. 5ff. (http://www.umweltdaten.de/publikationen/fpdf-l/4023.pdf; abgerufen: 30.10. 2012).

[3] Zu den beiden letztgenannten siehe etwa *Terwiesche*, Die Wirkung städtebaulicher Konzepte auf die Zulässigkeit von Bauvorhaben, NVwZ 2010, 553.

[4] Vgl. in diesem Zusammenhang das Integrierte Energie- und Klimaprogramm der Bundesregierung von 2007 (hierzu ausführlich *Bosecke*, Das Integrierte Energie- und Klimaprogramm der Bundesregierung, EurUP 2008, 122ff.) und das Energiekonzept der Bundesregierung vom 28.9. 2012 (BT-Drs. 17/3049), die die enge Verbindung von Energieversorgung und Klimaschutz zeigen, wenngleich dort selbstverständlich andere Materien als in einem kommunalen Konzept behandelt werden.

[5] Ähnlich *Deutsches Institut für Urbanistik* (Hrsg.), Klimaschutz in Kommunen, 2011, S. 185 (auch online unter http://leitfaden.kommunaler-klimaschutz.de/; abgerufen: 30.10. 2012); *Mitschang*, in: Berliner Kommentar zum BauGB, § 1a Rn. 728.

weitere Nebenzwecke verfolgt, wie etwa die Steigerung regionaler Wertschöpfung und eine Verminderung der Abhängigkeit von Energieimporten, die sich mit einer Umstellung auf „heimische" regenerative Energieträger und die für deren Nutzung notwendige dezentrale Anlagenstruktur befördern lassen.

2. Entwicklung

Erste Ansätze kommunaler *Energie*konzepte gab es bereits in den 1980er Jahren,[6] seinerzeit hauptsächlich getragen von dem Wunsch nach Versorgungssicherheit (zu bezahlbaren Preisen), deren Fragilität durch die Ölkrisen 1973 und 1979/80 ins Bewusstsein gerückt war. Dieser Konzeptgedanke muss mittlerweile um den Klimaschutzaspekt erweitert werden. Da die Zahl der Kommunen, die über ein umfassendes und langfristig ausgerichtetes KEKK verfügen, gemessen an der Gesamtzahl deutscher Gemeinden noch überschaubar ist, wird versucht, über Informationskampagnen[7] und Förderprogramme[8] ein stärkeres Engagement der Kommunen für konzeptionelle und strategische Überlegungen zu erreichen. In der Folge existieren mittlerweile etliche veröffentlichte Beispiele für KEKK, die zur Orientierung herangezogen werden können.[9] Da-

[6] *Mitschang*, Die Belange von Klima und Energie in der Bauleitplanung, NuR 2008, 601 (612).

[7] Siehe etwa die umfangreichen Informationen über kommunale Handlungsmöglichkeiten im Zusammenhang mit den hier so bezeichneten KEKK bei *Deutsches Institut für Urbanistik* (Hrsg.), Klimaschutz in Kommunen, 2011, S. 181 ff. (auch online unter http://leitfaden.kommunaler-klimaschutz.de/; abgerufen: 30. 10. 2012); *Institut für Zukunftsstudien und Technologiebewertung* (Hrsg.), Erneuerbare Energien in Kommunen optimal nutzen – Denkanstöße für die Praxis, 2007, passim (http://www.izt.de/fileadmin/downloads/pdf/SKEP/SKEP_EE_in_Kommunen.pdf; abgerufen: 30. 10. 2012). Ferner zu *regionalen* Energiekonzepten *Bundesministerium für Verkehr, Bau und Stadtentwicklung* (Hrsg.), Erneuerbare Energien: Zukunftsaufgabe der Regionalplanung, 2011, S. 28 ff., 54 ff.

[8] Hinzuweisen ist dabei insbesondere auf die Bundesförderung im Rahmen der Richtlinie zur Förderung von Klimaschutzprojekten in sozialen, kulturellen und öffentlichen Einrichtungen im Rahmen der Klimaschutzinitiative („Kommunalrichtlinie"), die seit 2008 läuft und – bisher – zu Beginn jedes Jahres neu anläuft (http://www.kommunaler-klimaschutz.de/f%C3%B6rderprogramme/bmu-f%C3%B6rderprogramm; abgerufen: 30. 10. 2012). Siehe auch *Bundesministerium für Umwelt, Naturschutz und Reaktorsicherheit* (Hrsg.), Kommunaler Klimaschutz, 2011, S. 7 ff. (http://www.bmu.de/klimaschutz/downloads/publ/46961.php; abgerufen: 30. 10. 2012); UMWELT 2010, 608 (612).

[9] Siehe die zahlreichen Konzepte unter http://www.kuk-nds.de/projekte/klimaschutzkonzepte/beispiele-bundesweit.html (abgerufen: 30. 10. 2012) sowie http://www.kommunaler-klimaschutz.de/kommunale-praxis/beispiele-klimaschutzkonzepte (abgerufen: 30. 10. 2012); außerdem etwa die Zusammenfassung konkreter Maßnahmen eines Konzeptes bei *Bruns*, Kommunaler Klimaschutz in Nordrhein-Westfalen: das Klimaschutzkonzept der Stadt Münster, in: Glenewinkel/Treutner (Hrsg.), Kommunaler Umwelt- und Klimaschutz, 2010, S. 61 ff.; weiterhin *Bunk/Klein*, In Effizienz investieren – Energiekonzepte für Kommunen, ET 4/2012, 14 f. Vgl. ferner das wegen der Stadtstaateigenschaft noch weitergehende Hamburger Klimaschutzkonzept 2007–2012, Fortschreibung 2009/2010, Drs. 19/4906.

bei verdeutlichen die Praxisbeispiele, dass die Erstellung von KEKK grundsätzlich für Kommunen unterschiedlichster Größenordnungen in Betracht kommt.

3. Bedeutung

Ein KEKK stellt eine Form des so genannten *soft law* dar, das eine bestimmte (politische) Bindungswirkung gegenüber der Kommunalverwaltung erzeugen soll. Hauptzweck ist dabei die Integrationswirkung, die ein solches Konzept durch die mit ihm erfolgende Koordination verschiedener kommunaler Maßnahmen im Umweltenergiebereich erzielen soll.[10] Die Integrationswirkung bezieht sich sowohl auf Verfahrensgesichtspunkte, wie etwa Fragen der Beteiligung von verschiedenen Teilen der Verwaltung sowie der betroffenen Bürger, als auch auf inhaltliche Aspekte. Materiell ergibt sich die Integrationswirkung eines KEKK zum einen daraus, dass der gesamte räumliche Bereich der Kommune analysiert und in die Maßnahmenplanung[11] einbezogen werden kann. Zum anderen sind nach Möglichkeit alle verschiedenen Sektoren des Energieverbrauchs (Haushalte, Gewerbe, Handel und Dienstleistungen, Industrie, öffentlicher Sektor) zu berücksichtigen. Ein KEKK ist damit in erster Linie als politisches und verwaltungstechnisches Instrument einzuordnen.

Im hier interessierenden Zusammenhang stellt sich die Frage, welche Anknüpfungspunkte und Verwendungsmöglichkeiten es für die Inhalte von Klimaschutzkonzepten in Verbindung mit den bereits ausführlich beschriebenen rechtlichen Maßnahmen des kommunalen Klimaschutzes im (Wärme-)Energiebereich gibt. Die Integrationswirkung von Klimaschutzkonzepten im Hinblick auf die möglichen rechtlichen Maßnahmen von Kommunen im EE-Bereich wurde bisher – soweit ersichtlich – nur zurückhaltend untersucht. Dies dürfte im Typus des KEKK als *soft law*-Instrument und der sich daraus ergebenden spärlichen Konturierung durch gesetzliche Vorschriften begründet liegen. Die so geschaffene Ungebundenheit bei der Erstellung und der Anwendung von informellen Konzepten reduziert die Zahl der rechtlichen Konflikte und in der Folge den Erörterungsbedarf in der rechtswissenschaftlichen Literatur. Ob damit auch die praktische Wirkung in vergleichbarer Weise sinkt, wird sich hingegen erst mittelfristig beurteilen lassen, d.h. nach einer Evaluierung der Fortschritte, die dieses relativ neue Instrument hervorbringen soll.

Die Bedeutung eines abgestimmten, im Stile eines Gesamtkonzepts durchdachten Vorgehens in Sachen kommunaler Klimaschutz ergibt sich bereits aus der Vielfalt der möglichen rechtlichen Maßnahmen im Rahmen des kommu-

---

[10] Vgl. auch *Wagner*, in: Ernst/Zinkahn/Bielenberg/Krautzberger (Hrsg.), BauGB, § 1a BauGB Rn. 289.

[11] Zur Planungstypologie *Hoppe*, Planung, in: Isensee/Kirchhof (Hrsg.), HStR IV, 3. Aufl. 2006, § 77 Rn. 9ff., der aber zu Recht den deskriptiven Charakter dieser Einteilung betont.

nalen Klimaschutzes, die vorstehend beschrieben wurden.[12] Ohne eine integrierende Beurteilung anhand der örtlichen Gegebenheiten werden die rechtlichen Instrumente von Gemeinden auch in Zukunft kaum effektiv eingesetzt werden können.[13] So ist es beispielsweise wenig wahrscheinlich, dass eine Gemeinde, in der kein KEKK vorliegt, von den noch relativ neuen und deshalb noch nicht standardmäßig gebrauchten EE-Festsetzungsmöglichkeiten des BauGB Gebrauch macht.

4. Verhältnis zu traditionellen Planungsinstrumenten

Im Schrifttum wurde behauptet, dass die Bedeutungszunahme informeller Planungen gerade auf Kosten der formellen Planungen erfolge.[14] Zwar bleiben allein die letztgenannten in juristischer Hinsicht maßgeblich. Da den gesetzlich nicht vorgesehenen informellen Planungen allerdings eine wichtige Vorbereitungs- und Vermittlungsaufgabe zukommen kann, gestalten sich spätere Abweichungen von den dortigen grundlegenden Entscheidungen einerseits mitunter schwierig, gerade wenn es sich um zwischen mehreren Beteiligten konsentierte Lösungen handelt. Andererseits ist bei der Anpassung an geänderte Umstände gerade den informellen Planungen wegen des Fehlens starrer Verfahrensregeln ein größeres Maß an Flexibilität zuzuerkennen. Im Übrigen beruht die beschriebene faktische Wirkung von informellen Konzepten im Kern nicht auf einer „Flucht" aus den gesetzlich vorgesehenen Planungsinstrumenten, sondern vielmehr auf den bei ihrer Erstellung – idealerweise – umfassend berücksichtigten tatsächlichen Verhältnissen. Dementsprechend sind die informellen Planungen insoweit auch als vorteilhaft zu bewerten, als sie etwa die Flächennutzungsplanung und die Bebauungsplanung entlasten können.[15] So kann eine „Planungskette" beginnend bei informellen Konzepten über Flächennutzungspläne bis hin zu Bebauungsplänen für eine klimaschonende Stadtentwicklung sorgen.[16] Jedem der genannten Planungselemente kommen dabei entsprechend den Unterschieden in der inhaltlichen Ausrichtung und der Rechtsverbindlichkeit jeweils spezifische Funktionen zu.

---

[12] Vgl. in diesem Sinne auch *Krautzberger*, Städtebauliche Verträge zur Umsetzung klimaschützender und energieeinsparender Zielsetzungen, DVBl. 2008, 737 (745).

[13] Ähnlich *Bundesministerium für Verkehr, Bau und Stadtentwicklung* (Hrsg.), Erneuerbare Energien: Zukunftsaufgabe der Regionalplanung, 2011, S. 43, 47; *Marks*, Solarenergie im Wohnungsbau, 2001, S. 362 f.

[14] *Mitschang*, Die heutige Bedeutung der Flächennutzungsplanung: Aufgaben, Stand und Perspektiven für ihre Weiterentwicklung, LKV 2007, 102 (103).

[15] Näher sogleich auf S. 347 ff.

[16] Vgl. hierzu auch oben S. 115 f. sowie *Söfker*, in: Danner/Theobald (Hrsg.), Energierecht, EnPlanR XIV B 2 Rn. 110 f.

II. Normative Bezugspunkte

1. Unionsrecht

Gemäß Art. 13 Abs. 3 S. 1 EE-RL[17] sind die Mitgliedstaaten verpflichtet, (auch) den Gemeinden zu „empfehlen", dass die Berücksichtigung einer Versorgung durch Erneuerbare Energien bei Entwurf, Bau und Renovierung von Industrie- und Wohngebieten sichergestellt wird. In Art. 13 Abs. 3 S. 2 EE-RL wird darüber hinaus erläuternd angefügt, dass die Mitgliedstaaten hierfür unter anderem Gemeinden „ermutigen" sollen, regenerative Energiequellen in die Planung der städtischen Infrastruktur einzubeziehen. Von diesen sehr allgemein gehaltenen Vorgaben sind damit (bezogen auf Deutschland) nicht nur die formellen Instrumente wie Flächennutzungspläne und Bebauungspläne erfasst, deren Instrumentalisierung zu Klimaschutzzwecken angeregt werden soll, sondern auch übergreifende KEKK. Allerdings ist der Verpflichtungsgrad denkbar niedrig angesetzt, indem die Mitgliedstaaten lediglich dazu angehalten werden, Empfehlungen abzugeben und die Kommunen (neben den Regionalplanungsträgern) zur Berücksichtigung Erneuerbarer Energien zu „ermutigen". Da keine Festlegung auf verbindliche Zielwerte erfolgt,[18] dürften die Vorgaben kaum Wirkung entfalten. Eine völlige Untätigkeit des Mitgliedstaates würde jedoch die Verpflichtung aus Art. 13 Abs. 3 EE-RL verletzen. Dabei genügt es nach überzeugender Ansicht zur Erfüllung der Verpflichtung noch nicht, dass der Mitgliedstaat die Rechtsgrundlagen für die planerische Berücksichtigung von Erneuerbaren Energien zur Verfügung stellt, wie dies im BauGB erfolgt ist. Zu fordern sein dürfte zumindest eine aktive Information der Planungsträger über die rechtlichen Spielräume und die Planungsmöglichkeiten, etwa in Gestalt von Leitlinien.[19] Mit dem bereits erwähnten Förderprogramm für kommunale Klimaschutzkonzepte nach den Vorgaben der so genannten „Kommunalrichtlinie"[20] vermag der Bund bereits eine erhebliche „Ermutigungswirkung" zu erzielen. Zu überlegen wäre allerdings eine zusätzliche Informationstätigkeit.[21] Diese sollte sowohl die Potenziale der formellen Planungsinstrumente beinhalten als auch Informationen zur Erstellung informeller KEKK. So würden auch diejenigen Städte und Gemeinden erreicht, die nicht in das – zahlenmäßig begrenzte – Förderprogramm aufgenommen werden können und bei denen es sich

---

[17] Fundstelle oben Fn. 12, § 1.

[18] In Betracht käme etwa die Verpflichtung der Mitgliedstaaten sicherzustellen, dass bis zum Jahre 2020 alle Kommunen (und Regionalplanungsträger) über ein Energie- und Klimaschutzkonzept verfügen.

[19] *Fouquet et al.*, Fachliche Bewertung des Umsetzungsbedarfs der Erneuerbare-Energien-Richtlinie der EU, 2011, S. 153, 164, 168 (http://www.bmu.de/erneuerbare_energien/downloads/doc/47170.php; abgerufen: 30. 10. 2012).

[20] Siehe oben Fn. 8.

[21] Siehe in diesem Zusammenhang auch unten S. 364 ff., dort insb. S. 377 ff.

gemessen an der Gesamtzahl der Kommunen um die weit überwiegende Mehrheit handelt.

2. Bundesrecht

a) Bauplanungsrecht

Wie bereits angesprochen können informelle Planungen, wie etwa im Rahmen eines KEKK, den Erlass von gesetzlich vorgesehenen Plänen entlasten.[22] So können die komplexen Erwägungen, die für eine nachhaltige Energieversorgung angestellt werden müssen und in die auch eine Vielzahl von Aspekten in Bezug auf die Angemessenheit von Eingriffen in Grundrechte einzubeziehen sind, in ein vorab erstelltes informelles Konzept einfließen. Über die Frage der „Inkorporierung" der Erwägungen in der informellen Planung in die einzelnen Bauleitpläne kann dann insgesamt entschieden werden. Eine solche (idealtypische) Abschichtung erlaubt eine Strukturierung von Verwaltungsentscheidungen, ohne auf die traditionellen Planungsformen oder die Möglichkeiten zu deren gerichtlicher Überprüfung verzichten zu müssen.[23] Die so erzielte Verknüpfungsmöglichkeit war im Übrigen einer der Beweggründe des Gesetzgebers für die Neufassung des § 5 Abs. 2 Nr. 2 BauGB im Zuge der BauGB-Klimanovelle 2011.[24] Dabei wird in der (impliziten) Verbindung von KEKK und Flächennutzungsplänen zum Teil die erstmalige Ermöglichung der Darstellung von Maßnahmen ohne Flächenbezug gesehen.[25] Ob dies in der Planungspraxis in Form textlicher Darstellungen zur Energieversorgung realisiert wird, bleibt abzuwarten.

Nach wie vor finden KEKK bisher keine gesonderte Erwähnung im BauGB. Einziger direkter normativer Anknüpfungspunkt ist die vergleichsweise allgemeine Regelung in § 1 Abs. 6 Nr. 11 BauGB, wonach „die Ergebnisse eines von der Gemeinde beschlossenen städtebaulichen Entwicklungskonzeptes oder einer von ihr beschlossenen sonstigen städtebaulichen Planung" bei der Aufstellung von Bauleitplänen zu berücksichtigen sind.[26] Die dort genannten städtebaulichen Entwicklungskonzepte bzw. sonstigen städtebaulichen Planungen erfassen zwar auch die hier behandelten KEKK.[27] Gerade aufgrund der vorma-

---

22 Siehe oben S. 345 f.

23 So können die durch einen Bebauungsplanbeschluss mit aufgenommenen Erwägungen aus einem KEKK für die gerichtliche Beurteilung von Einwendungen gegen einen Bebauungsplan ohne weiteres herangezogen werden.

24 BT-Drs. 17/6076, S. 7, 9.

25 *Jaeger*, in: Spannowsky/Uechtritz (Hrsg.), Beck-OK BauGB, § 5 Rn. 46a.

26 Siehe auch die vergleichbare Regelung für regionale (Energie- und Klimaschutz-)Konzepte in § 13 Abs. 2 S. 1 Nr. 2 ROG.

27 *Battis/Kersten/Mitschang*, Rechtsfragen der ökologischen Stadterneuerung, 2010, S. 113 f.; *Ingold/Schwarz*, Städtebau- und Energiefachrecht, NuR 2010, 308 (312); *Wagner*, in: Ernst/Zinkahn/Bielenberg/Krautzberger (Hrsg.), BauGB, § 1a BauGB Rn. 289.

ligen Konzentration auf Einzelhandels- bzw. sonstige Versorgungs- sowie Verkehrskonzepte sprechen jedoch gute Gründe für eine ausdrückliche Ergänzung von § 1 Abs. 6 Nr. 11 BauGB, um die Erstellung von KEKK zu befördern.[28] Dies wurde vom Bundesrat in den Beratungen zur BauGB-Klimanovelle 2011 vorgeschlagen.[29] Der Vorschlag einer solchen Änderung mit Signalwirkung wurde von der Bundesregierung jedoch zurückgewiesen, da KEKK bereits vom Wortlaut der aktuellen Regelung umfasst seien und die Änderung folglich keine konstitutive Wirkung entfaltet hätte.[30] Gleichwohl hätte sich der Vorschlag des Bundesrates wohl gerade deshalb in die BauGB-Klimanovelle 2011 eingefügt, die insgesamt sehr stark auf die Klarstellung bzw. klarstellende Ergänzung des bisherigen Gesetzeswortlauts diverser BauGB-Vorschriften speziell in Bezug auf Aspekte des globalen Klimaschutzes ausgerichtet war.

Nicht zuletzt über die Berücksichtigungspflicht in § 1 Abs. 6 Nr. 11 BauGB werden weitere indirekte Anknüpfungspunkte für KEKK in der Bauleitplanung vermittelt, die deren Bedeutung unterstreichen. So kann sich etwa über informelle Planungskonzepte der Gemeinde die Rechtfertigung (§ 1 Abs. 3 S. 1 BauGB) für Bauleitpläne mit Klimaschutzinhalten begründen lassen.[31] Des Weiteren wird die Abwägung einzelner Festsetzungen durch die in KEKK enthaltenen Erkenntnisse und Handlungsempfehlungen beeinflusst, da zur Erstellung solcher Konzepte die auch für die Abwägung notwendigen Daten erhoben und in der Folge entsprechend verwertet werden können.

Nach einer verbreiteten Ansicht ist ein gemeindeweites Klimaschutzkonzept eine Voraussetzung für die Aufnahme von Klimaschutz-Festsetzungen auf der Grundlage von § 9 Abs. 1 Nr. 23 lit. a und lit. b BauGB,[32] da nur so ein ernstlicher Klimaschutzbezug anzunehmen sei.[33] Diese vergleichsweise strenge Anforderung würde jedoch zu einer schwerlich zu rechtfertigenden Verschärfung der Anforderungen an bauleitplanerische Inhalte zum Schutze des Klimas gegenüber Darstellungen und Festsetzungen, die zur Verfolgung sonstiger Belange aufgenommen werden, führen. Wenngleich ein KEKK im hier behandelten

[28] So auch *Battis/Kersten/Mitschang*, Rechtsfragen der ökologischen Stadterneuerung, 2010, S. 113 f.

[29] BT-Drs. 17/6253, S. 7.

[30] BT-Drs. 17/6253, S. 9.

[31] *Ekardt/Hehn*, Peak Oil: Postfossile Stadtentwicklung als BauGB-Ziel, ZUR 2011, 413 (418); *Söfker*, in: Ernst/Zinkahn/Bielenberg/Krautzberger (Hrsg.), BauGB, § 1 BauGB Rn. 32.

[32] Hierzu ausführlich oben S. 141 ff.

[33] Bereits frühzeitig *Longo/Schuster*, Zur Rechtmäßigkeit von „solaren" Energiekonzepten in Neubaugebieten – Die Wirkung von Art. 20a GG im Bau- und Kommunalrecht, ZNER 2000, 118 (120 f.); ähnlich *Groth/Schöneich*, Auswirkungen der neuen Klimaschutzvorschriften auf Bauleit- und Gebäudeplanung, vhw-Forum Wohneigentum 2008, 241 (243 f.); *Löhr*, in: Battis/Krautzberger/Löhr (Hrsg.), BauGB, 11. Aufl. 2009, § 9 Rn. 81a; *Otting*, Klimaschutz durch Baurecht – Ein Überblick über die BauGB-Novelle 2011, REE 2011, 125 (128); *Sparwasser/Mock*, Energieeffizienz und Klimaschutz im Bebauungsplan, ZUR 2008, 469 (473 f.).

Sinne der sichtbare Ausdruck intensiver Klimaschutzanstrengungen einer Kommune ist und deshalb ohne weiteres als *hinreichende* Bedingung für die prinzipielle Rechtfertigung klimaschützender Festsetzungen in einer Kommune angesehen werden kann, so stellt es doch keinesfalls eine *notwendige* Voraussetzung dar.[34] Ernstliche Klimaschutzanstrengungen einer Gemeinde können sich vielmehr auch ohne ein solches feststehendes Konzept nachweisen lassen, etwa aus einer Gesamtschau einschlägiger Gemeinderatsbeschlüsse zu konkreten energieversorgungsrelevanten Fragestellungen. In jedem Falle sind willkürliche Festsetzungen unter (vorgeschobener) Berufung auf Klimaschutzgesichtspunkte als unangemessen einzustufen. Umgekehrt rechtfertigt die Existenz eines KEKK nicht per se jede Klimaschutz-Festsetzung, sondern es bedarf weiterhin einer konkreten Einzelfallabwägung, die sich jedoch – soweit möglich – auf die Erkenntnisse eines vorab erstellten Konzeptes stützen kann.[35] Ein auf die spezifischen Verhältnisse der Gemeinde ausgerichtetes KEKK dürfte im Übrigen besondere Bedeutung erlangen, wenn etwa über § 9 Abs. 1 Nr. 23 lit. b BauGB eine Einschränkung der Erfüllungsmöglichkeiten, die das EEWärmeG eröffnet, erreicht werden soll.[36]

b) Energiewirtschaftsrecht

Für die Erstellung eines KEKK drängt sich eine Zusammenarbeit mit einem regionalen bzw. lokalen Energieversorger (z. B. Stadtwerke) auf, da sich so bereits vorhandenes Fachwissen nutzen lässt.[37] Diese Erwägung spiegelt sich in § 3 Abs. 2 Nr. 1 1. Hs. 2. Var. KAV wider, wo ausdrücklich festgelegt wird, dass Vereinbarungen mit dem Energieversorgungsunternehmen, das das örtliche (Strom-)Verteilnetz betreibt, über die Erstellung von Energiekonzepten[38] nicht unter das konzessionsvertragliche Nebenleistungsverbot fallen.[39] Freilich kann damit nicht die gesamte Erstellung eines KEKK, das neben dem Strombereich jedenfalls auch die Wärmeversorgung behandeln sollte, auf den Konzessionsnehmer abgewälzt werden.[40]

---

[34] Siehe auch die vergleichbare Position im Hinblick auf das Erfordernis eines städtebaulichen Zusammenhangs bei städtebaulichen Verträgen oben auf S. 197 ff.

[35] Gleiches gilt im Übrigen für Abwägungen bei der Verhängung eines Wärmenetz-ABZ.

[36] Siehe in diesem Zusammenhang oben S. 164 ff., insbesondere die dortigen Bezugnahmen auf Klimaschutzkonzepte auf S. 168 ff.

[37] So zu Recht etwa *Mitschang*, Die Belange von Klima und Energie in der Bauleitplanung, NuR 2008, 601 (612).

[38] Wie bereits erwähnt, lassen sich Energie- und Klimaschutzkonzepte dabei kaum mehr voneinander trennen.

[39] Siehe ausführlich oben S. 275 ff. und S. 284 f.

[40] Näher auch *Theobald/Templin*, in: Danner/Theobald (Hrsg.), Energierecht, EnPrR III B 4 § 3 Rn. 181 ff.

3. Landesrecht

Im Landesrecht finden sich aktuell – soweit ersichtlich – keine nennenswerten Regelungen zur Aufstellung von Energie- und Klimaschutzkonzepten in Kommunen.[41] In § 5 Abs. 1 des Entwurfs für ein „Klimaschutzgesetz Nordrhein-Westfalen"[42] ist vorgesehen, dass Städte und Gemeinden (und sonstige öffentliche Stellen) zur Erstellung von Klimaschutzkonzepten verpflichtet sind bzw. hierzu verpflichtet werden können,[43] wobei nähere Vorgaben für derartige Konzepte in einer Rechtsverordnung festgelegt werden sollen.

III. Erstellung

Die Erstellung von KEKK wirft im Kern eher verwaltungs- und steuerungswissenschaftliche als rechtliche Fragen auf und bedarf deshalb hier keiner umfassenden Darstellung.[44] Ganz grundlegend lassen sich die drei Phasen der Vorbereitung, der Erstellung und der Umsetzung eines KEKK unterscheiden. Hinsichtlich des Zeithorizonts wird davon ausgegangen, dass die Konzepterstellung etwa ein bis zwei Jahre dauert, während für die Umsetzung und damit für die Wirkung des KEKK insgesamt etwa 10–20 Jahre anzusetzen sind. Dabei ist eine Abschichtung der Fragenkreise durch Aufteilung in einen Rahmenplan und mehrere sachliche und/oder räumliche Teilpläne denkbar.[45] Eine solche Vorgehensweise orientiert sich an den Möglichkeiten, die auch im Rahmen der Flächennutzungsplanung bestehen (vgl. § 5 Abs. 1 und Abs. 2b BauGB).

Größte Bedeutung in der Vorbereitungsphase haben die grundlegenden Ratsbeschlüsse, mit denen die Frage nach der Erstellung eines KEKK bejaht werden muss, aber auch bereits Klimaschutzziele umrissen werden sollten. Weiterhin dürfte es angeraten sein, über einen solchen Beschluss auch ausdrücklich sicherzustellen, dass alle verfügbaren rechtlichen Instrumente des kommunalen Klimaschutzes im Maßnahmenkatalog berücksichtigt und erörtert werden, ohne dass hiermit die Entscheidung über den späteren Einsatz der – häufig un-

---

[41] Von untergeordneter Bedeutung sind allgemeine Förderregelungen zu Gunsten von (gemeindlichen) Energiekonzepten, wie etwa in § 7 HessEnG (Fundstelle oben in Fn. 2, § 2), aus denen sich keine einklagbaren Rechte ableiten lassen.

[42] Der aktuelle Gesetzentwurf datiert vom 26. 6. 2012 und findet sich in LT-Drs. 16/127. Näher zum „Klimaschutzgesetz Nordrhein-Westfalen" und m. w. N. siehe oben S. 103 f.

[43] Eine Verpflichtung zur Aufstellung von Klimaschutzplänen für sinnvoll erachtend *Maaß*, Landesgesetze zum Klimaschutz: Mehr Substanz, bitte!, ZUR 2012, 265 (266).

[44] Siehe hierzu und zum Nachfolgenden die ausführlichen und instruktiven Erörterungen bei *Deutsches Institut für Urbanistik* (Hrsg.), Klimaschutz in Kommunen, 2011, S. 197 ff. (auch online unter http://leitfaden.kommunaler-klimaschutz.de/; abgerufen: 30. 10. 2012).

[45] *Mitschang*, Die Belange von Klima und Energie in der Bauleitplanung, NuR 2008, 601 (612).

populären – ordnungsrechtlich wirkenden Instrumente bereits determiniert wird. Die grundlegenden Beschlüsse dienen vorrangig dazu, die Bemühungen zur Erstellung eines Konzepts hinreichend zu legitimieren und können Akzeptanz sowohl in der Verwaltung als auch bei den Gemeindeeinwohnern für den erforderlichen Aufwand und das notwendige Engagement schaffen.[46] Ein KEKK, das ohne einen solchen Beschluss allein auf Initiative einer zuständigen Arbeitseinheit in der Verwaltung (und mit bloßer „Duldung" durch kommunale Mandatsträger) erstellt würde, hätte demgegenüber – soweit ohne einen Ratsbeschluss überhaupt die erforderlichen personellen und finanziellen Kapazitäten vorhanden wären – keine ausreichende Chance auf Kenntnisnahme und Durchsetzungsfähigkeit.

IV. Funktionen und Inhalte

Auch wenn die Gemeinden in der Gestaltung eines KEKK große Freiheit genießen, da es bisher keine konkreten rechtlichen Anforderungen an den Inhalt solcher Konzepte gibt, sollen nachfolgend doch zumindest einige Aspekte mit Bezug zu juristischen Zusammenhängen aufgeführt werden, wozu insbesondere auch die Verknüpfungen mit den bereits ausführlich behandelten rechtlichen Spielräumen der Kommunen zur EE-Förderung gehören. Die entsprechenden Inhalte eines KEKK müssen sich dabei an den einzelnen Funktionen eines solchen Konzepts orientieren.

1. Erkenntnisfunktion

Eine wesentliche Funktion eines KEKK sollte (künftig) darin bestehen, dass sich die Kommune durch die Erstellung desselben der verschiedenen Handlungsmöglichkeiten und dabei insbesondere auch der rechtlichen Instrumente bewusst wird. Soweit möglich sollten die Einflussmöglichkeiten der Kommunen, etwa im Rahmen der Bauleitplanung, im Zuge dieses Erkenntnisprozesses über verwaltungsinterne Vorgaben klar kommuniziert werden.[47]

Die bereits erwähnten Anleitungen zur Erstellung solcher Konzepte räumen den ordnungsrechtlich wirkenden Instrumenten in der Analyse möglicher Klimaschutzmaßnahmen nur eine äußerst untergeordnete Bedeutung ein. Auch die geringe Zahl der in den vorstehenden Ausführungen beschriebenen Praxisbeispiele von Bebauungsplänen, bauordnungsrechtlichen Satzungen und Wär-

[46] In diesem Sinne auch *Deutsches Institut für Urbanistik* (Hrsg.), Klimaschutz in Kommunen, 2011, S. 185, 189 (auch online unter http://leitfaden.kommunaler-klimaschutz.de/; abgerufen: 30. 10. 2012).

[47] Vgl. näher oben S. 162f.

menetz-ABZ-Satzungen, die zu Klimaschutzzwecken beschlossen wurden, belegt die Defizite in der Anwendung der zur Verfügung stehenden Maßnahmen.

2. Ermittlungsfunktion

Weiterhin müssen die konkreten energieversorgungstechnischen Defizite, Herausforderungen und Potenziale einer Kommune ermittelt werden. So wird bereits im Rahmen der Erstellung eines KEKK die Grundlage für spätere Entscheidungen in der Umsetzungsphase über rechtliche Maßnahmen und die dafür notwendigen Abwägungsvorgänge geschaffen. Wegen der besonderen Bedeutung der Prüfung der Verhältnismäßigkeit von ordnungsrechtlichen Maßnahmen im Rahmen kommunaler Klimaschutzbemühungen[48] kommt einer soliden Datengrundlage besondere Bedeutung für „gerichtsfeste" Beschlüsse zu, sodass entsprechende Inhalte eines KEKK eine ganz zentrale Rolle spielen.

Im Übrigen bietet die Konzepterstellung eine Gelegenheit, den Bestand an kommunalen Liegenschaften im Hinblick auf seine Energieversorgung genauer in den Blick zu nehmen. Damit wird zugleich die Erfüllung der Vorbildpflichten der Kommunen, die sich mittlerweile aus dem EEWärmeG ergeben,[49] vorbereitet.

Zur Ermöglichung einer späteren Kontrolle der Umsetzung eines KEKK ist bei der Datenerhebung auch die (näherungsweise) Ermittlung aktueller Werte, etwa zum Brennstoffverbrauch und zu den CO_2-Emissionen der Gemeinde (Energie- und CO_2-Bilanz), notwendig.[50] Diese stellt zugleich die Basis für eine realistische Festlegung von Klimaschutzzielen, d.h. vor allem von CO_2-Einsparzielen, dar. Dabei ist die Bilanzierungssystematik, die sich hinter CO_2-Einsparzielen verbirgt, häufig kritisch zu hinterfragen.[51] Tatsächlich entscheidend – und sehr viel aufwendiger – sind jedoch ohnehin die Abstimmung und Ausformulierung konkreter Maßnahmen für deren Erreichung.

---

[48] Siehe oben S. 141 ff., 238 ff., 313 ff.

[49] Hierzu oben S. 28 ff. sowie S. 36 ff.

[50] Näher *Deutsches Institut für Urbanistik* (Hrsg.), Klimaschutz in Kommunen, 2011, S. 314 f. (auch online unter http://leitfaden.kommunaler-klimaschutz.de/; abgerufen: 30. 10. 2012).

[51] Vgl. die Beispiele bei *Deutsches Institut für Urbanistik* (Hrsg.), Klimaschutz in Kommunen, 2011, S. 192, 199 f., 214 ff. (auch online unter http://leitfaden.kommunaler-klimaschutz.de/; abgerufen: 30. 10. 2012).

3. Partizipationsfunktion

Bei der Erstellung von KEKK können und sollten die Gemeindeeinwohner einbezogen werden, um so die Ermittlung der notwendigen Daten zu erleichtern und weitere (frühzeitige) Anregungen aus dem Kreis der Betroffenen zu erhalten. So wurde in der Praxis bereits festgestellt, dass es vorzugswürdig ist, Verbesserungsvorschläge bereits im Vorfeld des formalisierten Beteiligungsverfahrens im Rahmen des Bebauungsplanerlasses (§ 3 BauGB) zu erhalten, denn zu diesem Zeitpunkt sind die Planungen bereits so weit fortgeschritten, dass gegebenenfalls nicht unerhebliche Anpassungen vorgenommen werden müssen.[52]

Außerdem können mögliche Vorbehalte und Widerstände durch eine Öffentlichkeitsbeteiligung baldmöglichst erkannt werden (was auch für den Einsatz ordnungsrechtlicher Instrumente essentiell sein dürfte) und es besteht eine größere Chance, in der weiteren Diskussion Akzeptanz für die angedachten Schritte zu schaffen. Wesentlich dürfte dabei eine frühzeitige Vermittlung möglicher Maßnahmenstaffelungen sein, bei denen ordnungsrechtliche Instrumente (erst) dann zum Einsatz kommen, wenn alternative Bemühungen keinen hinreichenden Erfolg zeigen.[53]

Ferner ist auf eine Hinzuziehung aller betroffenen kommunalen Behörden bzw. der einzelnen Ämter der Stadtverwaltung zu achten. Beispielhaft sei etwa das Denkmalschutzamt erwähnt, das so frühzeitig seine Einschätzung zu den Spielräumen möglicher baulicher Veränderungen vor dem Hintergrund von gegebenenfalls einschlägigen Denkmalschutzbestimmungen geben kann. Besondere Bedeutung, speziell im Rahmen der Vorbildfunktion öffentlicher Gebäude,[54] kommt dem Amt für die Betreuung von und die Investitionen in kommunale Liegenschaften zu.

4. Koordinierungsfunktion

Die Integrations- und Koordinierungsfunktion wurde bereits als zentrales Element eines KEKK angesprochen.[55] Derlei Konzepte verkörpern damit auch einen praktischen Beitrag, um dem Bedeutungsgewinn des Klimaschutzes durch die BauGB-Klimanovelle 2011 gerecht zu werden. So kann vor allem durch Erstellung umfassender Konzepte der Aufwertung Rechnung getragen werden,

---

[52] *Schrott*, Leitfaden Klimaschutz und Stadtplanung Augsburg, vhw-Forum Wohneigentum 2008, 249 (250).

[53] Siehe dazu sogleich S. 255 f.

[54] Hierzu etwa oben S. 28 ff. und S. 36 ff.

[55] Überblick über die zahlreichen berücksichtigungsfähigen Einzelelemente bei *Schindelmann/Wagner/Joneck*, Kommunaler Klimaschutz – Strategien und Methoden, KommP spezial 2010, 158 (159 ff.) sowie in den in Fn. 7 genannten Quellen.

die sich im neu gefassten § 1 Abs. 5 S. 2 BauGB darin widerspiegelt, dass der Klimaschutz nicht nur als wesentlich für die *städtebauliche* Entwicklung, sondern für die *Stadtentwicklung* insgesamt eingeordnet wird.[56]

Besonderer konkreter Abstimmungsbedarf ergibt sich etwa daraus, dass entsprechende Konzepte neben den hier schwerpunktmäßig behandelten EE-Einsatzmöglichkeiten regelmäßig auch Maßnahmen zur Steigerung der Energieeffizienz behandeln. Deshalb müssen Vorstellungen über die Verwendung Erneuerbarer Energien auf der einen Seite und Energieeffizienzgedanken auf der anderen Seite koordiniert werden, um Widersprüche zu verhindern, die speziell im Wärmebereich etwa in Folge einer EE-Konzeption, die nicht auf einen durch zwischenzeitliche Effizienzmaßnahmen reduzierten Energiebedarf abgestimmt ist, entstehen könnten.[57]

Um die Koordinierung nicht allein auf die schriftliche Niederlegung eines KEKK zu beschränken, sondern aktiv und über den Zeitraum einer KEKK-Erstellung zu befördern, ist die Gründung einer kommunalen Energieagentur als Anlauf- und Beratungsstelle zu erwägen. In Bezug auf die bereits beschriebenen rechtlichen Instrumente des kommunalen Klimaschutzes wäre eine solche Agentur z. B. in der Lage, Aufgaben im Zusammenhang mit der Nutzung städtebaulicher Verträge für Klimaschutzzwecke zu übernehmen. Hierzu gehören etwa die Verhandlung über konkrete Inhalte der Verträge, die Abwicklung von Beratungen und die Durchführung von Monitoring-Maßnahmen, die Teil der kommunalen Gegenleistungen im Rahmen städtebaulicher Verträge sein können.[58]

In einem KEKK sollte im Rahmen der Koordinierung jedoch gleichzeitig klar bestimmt werden, wer für die Vorbereitung und Umsetzung der einzelnen identifizierten Maßnahmen zuständig ist.[59] Dies gilt auch für die hier eingehend beschriebenen rechtlichen Maßnahmen, deren konkrete Ausarbeitung aufgrund der engen Verknüpfungen unterschiedlicher Sachbereiche unter Umständen in verschiedenen Arbeitseinheiten der Verwaltung angesiedelt ist. Umso wichtiger sind deshalb Vorgaben über die internen Befugnisse.

---

[56] Ähnlich *Söfker*, in: Ernst/Zinkahn/Bielenberg/Krautzberger (Hrsg.), BauGB, § 1 BauGB Rn. 107e.

[57] Vgl. *Söfker*, Städtebauliche Energiekonzepte und deren Umsetzung in der Bauleitplanung, in: Spannowsky/Hofmeister (Hrsg.), Umweltrechtliche Einflüsse in der städtebaulichen Planung, 2009, 231 (231 f.).

[58] Zum Ganzen ausführlich oben S. 185 ff.

[59] *Deutsches Institut für Urbanistik* (Hrsg.), Klimaschutz in Kommunen, 2011, S. 190 (auch online unter http://leitfaden.kommunaler-klimaschutz.de/; abgerufen: 30. 10. 2012).

5. Kontrollfunktion

Auf der Grundlage von in einem KEKK zu benennenden Zielwerten[60] wird eine kontinuierliche Überprüfung der Fortschritte des kommunalen Klimaschutzes möglich. Als Alternative für die in bestimmten Lebensbereichen sehr aufwendige Ermittlung genauer Zahlen zur Wirkung von Klimaschutzmaßnahmen („quantitative Überprüfung") wird eine „qualitative Überprüfung" angeregt, bei der ausschließlich festgestellt wird, ob bestimmte Maßnahmen überhaupt umgesetzt wurden und, falls dem nicht so ist, wo die Ursachen hierfür lagen bzw. liegen. Auf diese Bewertungsform ist im Übrigen bei Maßnahmen zurückzugreifen, deren Klimaschutzeffekte sich schlechterdings gar nicht zahlenmäßig erfassen lassen (z. B. Beratungsangebote).[61]

Die Kontrolltätigkeit darf sich jedoch nicht in einem bloßen Vergleich von Soll- und Ist-Daten erschöpfen, sondern muss auch Schlussfolgerungen aus den ermittelten Daten einbeziehen und Vorschläge für eine Modifikation bisheriger KEKK-Inhalte generieren.[62] In diesem Zusammenhang sollten die in dieser Untersuchung eingehend beschriebenen rechtlichen Instrumente des kommunalen Klimaschutzes einbezogen werden. Die Vorgaben für die Evaluation der Fortschritte eines KEKK können diese rechtlichen Maßnahmen, soweit sie nicht von vornherein bei der KEKK-Umsetzung zum Einsatz kommen sollen, im Sinne einer Maßnahmenstaffelung integrieren. Beispielhaft würde dabei etwa die Aufnahme von Festsetzungen zur EE-Verwendung in Bebauungspläne davon abhängig gemacht werden, dass sich entsprechende EE-Ziele der Kommune im Neubaubereich, die über das EEWärmeG hinausgehen, nicht innerhalb bestimmter Zeiträume (z. B. 5–7 Jahre) durch städtebauliche Verträge als – untechnisch – „milderes Mittel" erreichen lassen. Um größeren zeitlichen Verzögerungen vorzubeugen, können in diese Determination der Maßnahmenabfolge, der jedoch keine rechtlich zwingende Qualität zukommt, auch Entwicklungen der jüngeren Vergangenheit mit einbezogen werden, insbesondere

---

[60] Um wirksamen Klimaschutz betreiben zu können und etwa negative Kompensationseffekte in Folge von Wachstumsentwicklungen (so genannte „Rebound-Effekte") zu vermeiden, sollten hierfür soweit möglich vorrangig *absolute* Zahlen gewählt werden, wie etwa die Verminderung des kommunalen Energie- bzw. Brennstoffverbrauchs oder der kommunalen CO_2-Emissionen um einen *absoluten* Betrag gegenüber einem nicht allzu weit zurückliegenden Referenzjahr. Auf das zentrale Problem der „Rebound-Effekte" wird etwa von *Bundesministerium für Umwelt, Naturschutz und Reaktorsicherheit* (Hrsg.), Leitstudie 2011, S. 293 (http://erneuerbare-energien.de/files/pdfs/allgemein/application/pdf/leitstudie2011_bf.pdf; abgerufen: 30. 10. 2012), hingewiesen; vgl. außerdem hierzu *Härtel*, Energieeffizienzrecht – ein neues Rechtsgebiet?, NuR 2011, 825 (832).

[61] *Deutsches Institut für Urbanistik* (Hrsg.), Klimaschutz in Kommunen, 2011, S. 194, 312, 315 (auch online unter http://leitfaden.kommunaler-klimaschutz.de/; abgerufen: 30. 10. 2012).

[62] *Deutsches Institut für Urbanistik* (Hrsg.), Klimaschutz in Kommunen, 2011, S. 311 (auch online unter http://leitfaden.kommunaler-klimaschutz.de/; abgerufen: 30. 10. 2012).

soweit sich dabei nur geringe Fortschritte in Sachen Klimaschutz gezeigt haben. Eine dergestalt antizipierte Staffelung von Maßnahmen hätte das Potenzial, die Zurückhaltung der Kommunen bei der Nutzung ihrer rechtlichen Spielräume für Klimaschutzmaßnahmen zumindest teilweise zu überwinden, auch wenn die KEKK-Vorgaben in zeitlicher Hinsicht eher als Orientierungsrahmen auszulegen sind und nicht zu einer strengen Bindung der Verwaltung im Sinne von „Fristenlösungen" führen.[63]

[63] Im angeführten Beispiel der Bebauungspläne wäre dies wegen der notwendigen Gemeinderatsbeschlüsse über entsprechende Pläne ohnehin nicht möglich.

§ 11 Kommunale Wärme- und Klimaaktionspläne

I. Einführung

1. Hintergrund

Wie gesehen hat der Bund mit der finanziellen Förderung im Rahmen der so genannten „Kommunalrichtlinie" Anreize für die freiwillige Erstellung von KEKK geschaffen.[1] Damit lassen sich jedoch – trotz der großen Zahl an bewilligten Förderanträgen[2] – bei weitem nicht alle Städte und Gemeinden erreichen. Auch mit Hilfe der zur Umsetzung von Art. 13 Abs. 3 EE-RL empfohlenen[3] umfassenden Informationstätigkeit ist nicht sichergestellt, dass hinreichende Effekte erzielt werden. Größere Wirkung könnte hingegen eine generelle gesetzliche Verpflichtung der Gemeinden zur Erstellung von *Klimaaktionsplänen* haben.[4] Nachfolgend sollen deshalb einige Überlegungen zu den rechtlichen Rahmenbedingungen eines solchen *de lege lata* noch nicht existenten Planungsinstruments angestellt werden.

2. Begriff und Abgrenzung

Die bereits beschriebenen informellen (Energie- und Klimaschutz-)Konzepte, mit denen vorrangig eine Selbstverpflichtung der Kommune erzeugt werden soll und die in eigener Initiative erstellt werden, lassen sich unterscheiden von anderen „Maßnahmenkatalogen", die sich an festgelegten Mindestanforderungen orientieren und einen höheren Verbindlichkeitsgrad aufweisen.[5] Letzte-

---

[1] Oben S. 343 f.

[2] Laut Pressemitteilung Nr. 143/12 des *Bundesministeriums für Umwelt, Naturschutz und Reaktorsicherheit* v. 26. 10. 2012 wurden in der Zeit von 2008 bis 2012 mehr als 3.000 Förderanträge positiv beschieden.

[3] Siehe oben S. 346 f.

[4] Eine entsprechende Forderung findet sich auch bei *Bundesministerium für Umwelt, Naturschutz und Reaktorsicherheit* (Hrsg.), Leitstudie 2011, S. 285 (http:/erneuerbare-energien.de/files/pdfs/allgemein/application/pdf/leitstudie2011_bf.pdf; abgerufen: 30. 10. 2012).

[5] Grundlegend zur (heterogenen) Erscheinungsform von Konzepten *Schmidt-Aßmann*, Das allgemeine Verwaltungsrecht als Ordnungsidee, 2. Aufl. 2006, S. 334 f., der auch auf die – nicht einheitlich zu beantwortende – Frage nach der Rechtsnatur eingeht.

re können zur Abgrenzung als „Aktionspläne" bezeichnet werden, wenngleich die Unterscheidung bisher keine allgemeine Gültigkeit erlangen konnte und die Begriffe deshalb durchaus unterschiedlich[6] verwendet werden.[7] In Anlehnung an die bereits etablierten *Luftreinhalte*aktionspläne (vgl. Art. 7 Abs. 3 Luftqualitätsrahmen-RL[8] sowie die Umsetzung in nationales Recht durch § 47 BImSchG) und die *Lärm*aktionspläne[9] (Art. 8 Umgebungslärm-RL[10] bzw. der zur Umsetzung geschaffene § 47d BImSchG) soll im Weiteren zur terminologischen Verdeutlichung von *Klima*aktionsplänen gesprochen werden.[11]

Hinsichtlich der informellen KEKK bleibt nicht nur das „Ob" ihrer Erstellung den Kommunen überlassen, sondern auch die inhaltliche Ausgestaltung und die Umsetzung der gesammelten Maßnahmen unterliegen keinen einheitlichen (Rahmen-)Anforderungen. Ob allein der „politische Druck" genügt, hier ausreichende Fortschritte zu erzielen, ist trotz der großen Potenziale fraglich, zumal die umwelt- und klimaschonende Energieversorgung seitens der Bevölkerung noch immer vorrangig als bundespolitisches Thema wahrgenommen wird. Dies begründet sich nicht zuletzt auch in der starken Konzentration der öffentlichen Diskussion zur Energiewende auf den Stromsektor, die den Wärmebereich und die dortigen Einflussmöglichkeiten der Kommunen häufig in den Hintergrund treten lässt. Demnach lässt sich ein Bedarf für Klimaaktionspläne ersehen, die für das Gebiet der jeweiligen Gemeinde den Status quo der EE-Versorgung darstellen, Potenziale für eine Erhöhung des EE-Anteils konkret anhand der örtlichen Verhältnisse aufzeigen und auf dieser Grundlage mögliche Maßnahmen, insbesondere auch rechtlicher Art (wie die hier ausführlich dargestellten) benennen, die die Gemeinde ergreifen kann, um die benann-

---

[6] Ein weiteres Beispiel für eine uneinheitliche Begriffsverwendung im Falle des Fehlens übergeordneter gesetzlicher Regelungen stellt der Bereich der Landesplanung dar, wo wahlweise von Landesentwicklungsplänen, -konzepten oder -programmen gesprochen wird. Siehe im Überblick etwa *Koch/Hendler*, Baurecht, Raumordnungs- und Landesplanungsrecht, 5. Aufl. 2009, § 5 Rn. 4 f., 23 f., 71 f., 103 f.

[7] Siehe in diesem Zusammenhang das Beispiel der obligatorisch zu erstellenden Überwachungs*konzepte* der Marktüberwachungsbehörden im Bereich der Produktsicherheit (§ 25 des Produktsicherheitsgesetz [ProdSG] v. 8. 11. 2011 [BGBl. I S. 2179; BGBl. 2012 I S. 131]) sowie die Begrifflichkeiten im Entwurf zum „Klimaschutzgesetz Nordrhein-Westfalen" (sogleich unten S. 361.

[8] Richtlinie 96/62/EG des Rates v. 27. 9. 1996 über die Beurteilung und die Kontrolle der Luftqualität (ABl. L 296 S. 55). Diese Rahmenrichtlinie und ihre Tochterrichtlinien wurden später zusammengefasst in der RL 2008/50/EG über Luftqualität und saubere Luft für Europa (ABlEG L 152 S. 1).

[9] Kritisch zur Begrifflichkeit *Blaschke*, Lärmminderungsplanung, 2010, S. 252 f.

[10] Richtlinie 2002/49/EG des Europäischen Parlaments und des Rates v. 25. 6. 2002 über die Bewertung und Bekämpfung von Umgebungslärm (ABlEG L 189 S. 12). Siehe ferner die Legaldefinition dort in Art. 3 lit. t.

[11] Zu den genannten Planungen näher *Sparwasser/Engel*, Aktionspläne des Luftreinhalte- und Lärmschutzrechts im Spannungsfeld zwischen deutschem und europäischem Recht, NVwZ 2010, 1513 ff. Weitere Beispiele bei *Durner/Ludwig*, Paradigmenwechsel in der europäischen Umweltrechtsetzung, NuR 2008, 457 (460 ff.).

ten Potenziale zu heben. Damit könnten die bestehenden (ordnungs-)rechtlichen Möglichkeiten durch ein spezifisches Planungsinstrument ergänzt[12] und so effektuiert werden.[13] Eine Ausrichtung dieser Aktionspläne als Katalog von in der Folge *zwingend umzusetzenden* Maßnahmen sollte hiermit jedoch (zunächst) nicht verbunden sein.[14]

Wegen der größeren Handlungsspielräume der Städte und Gemeinden im Wärmebereich wird an Stelle von Klimaaktionsplänen der engere Begriff der *Wärme*aktionspläne ins Spiel gebracht.[15] Dabei wird zum Teil auch auf Erfahrungen Dänemarks verwiesen, wo Gemeinden dafür verantwortlich sind, so genannte „Wärmeversorgungspläne" zu erstellen.[16] Diese zum Großteil bereits in den 1980er Jahren aufgestellten Pläne dürften einen wesentlichen Beitrag zu der sehr hohen Wärmenetzversorgungsquote in Dänemark (Stand 2009: 61%) geleistet haben.[17]

Einerseits ist die Konzentration auf einen kleineren – und zudem ordnungsrechtlich beeinflussbaren – Themenbereich wie etwa die Wärmeversorgung geeignet, in diesem Bereich greifbare Ergebnisse zu bewirken, weil ein Abgleiten in abstrakte und von der Gemeinde nur bedingt beeinflussbare Klimaschutz- bzw. Energieversorgungsüberlegungen vermieden wird. Andererseits sind die verschiedenen Sachbereiche von Klimaschutz und Energieversorgung (Wärme, Strom, Verkehr) in tatsächlicher Hinsicht sehr eng verknüpft und es ließe sich kaum behaupten, dass Städte und Gemeinden etwa im Stromsektor ohne jeglichen Einfluss seien.[18]

---

[12] Die Notwendigkeit hierzu wird allgemein auch bejaht von *Hoppe*, Planung, in: Isensee/Kirchhof (Hrsg.), HStR IV, 3. Aufl. 2006, § 77 Rn. 5.

[13] Differenzierte Auseinandersetzung mit einer solchen „Doppelstrategie", die an vielen Stellen durch die Umsetzung der unionsrechtlichen Planungsvorgaben in das ordnungsrechtlich geprägte deutsche Umweltrecht verfolgt wird, bei *Durner/Ludwig*, Paradigmenwechsel in der europäischen Umweltrechtsetzung, NuR 2008, 457 (463 ff.).

[14] Vgl. dazu auch unten S. 369 f.

[15] Siehe auch die – nicht realisierten – Überlegungen auf Ebene der EU zu Vorgaben für nationale Wärme- und Kältepläne sogleich auf S. 360 f.

[16] Siehe *Nast/Bürger/Klinski/Schulz/Steinbach*, Ergänzende Untersuchungen und vertiefende Analysen zum EEWärmeG (Folgevorhaben), 2010, S. 80 f. (http://elib.dlr.de/69183/1/Endbericht_Folgevorhaben_EEW%C3%A4rmeG_final-2.pdf; abgerufen: 30. 10. 2012); *Anker*, Energieeffizienz und Erneuerbare Energien im Städtebaurecht: Dänemark, in: Mitschang (Hrsg.), Energieeffizienz und Erneuerbare Energien im Städtebaurecht, 2010, S. 9 (10).

[17] *Nast/Bürger/Klinski/Leprich/Ragwitz/Schulz*, Ergänzende Untersuchungen und vertiefende Analysen zu möglichen Ausgestaltungsvarianten eines Wärmegesetzes, 2009, S. 10 (http://www.erneuerbare-energien.de/files/pdfs/allgemein/application/pdf/endbericht_waermegesetz.pdf; abgerufen: 30. 10. 2012).

[18] Siehe etwa die Möglichkeiten im Bereich der Konzessionsverträge (oben § 5 [S. 247 ff.]), die hier nicht näher erörterten Spielräume bei der Planung der Standorte für EE-Stromerzeugungsanlagen sowie die Potenziale im Rahmen des Betriebs gemeindeeigener Stadtwerke.

3. Normative Bezugspunkte

a) Unionsrecht

Die Europäische Kommission hatte im Juni 2011 einen Vorschlag für eine neue Richtlinie zur Energieeffizienz vorgelegt, die sowohl die KWK-RL[19] als auch die Endenergieeffizienz- und Energiedienstleistungs-RL[20] in sich aufnehmen bzw. ablösen sollte.[21] In Art. 10 Abs. 1 des RL-Vorschlags war eine Verpflichtung der Mitgliedstaaten zur Erstellung von nationalen Wärme- und Kälteplänen enthalten. Diese sollten nach den näheren Vorgaben in Anhang VII des Entwurfs insbesondere Informationen über den Wärme- und Kältebedarf im jeweiligen Mitgliedstaat, die Potenziale speziell der Wärmenetz- und KWK-Versorgung sowie über Maßnahmen, die im Zeitraum von 2020–2030 zu treffen wären, um diese Potenziale zu heben, enthalten. Ein solcher nationaler Plan wäre zwar nicht mit (Klima-)Aktionsplänen, die für dezentrale Verwaltungseinheiten wie etwa die Kommunen aufgestellt werden, gleichzusetzen gewesen. Insoweit unterschied sich bereits die Konzeption auf Unionsebene deutlich von den Vorgaben zu Lärmaktionsplänen in Art. 8 der Umgebungslärm-RL. Allerdings wurde im Kommissionsvorschlag für die Energieeffizienz-RL die Möglichkeit eingeräumt, den nationalen Wärme- und Kälteplan aus regionalen und lokalen Plänen zusammenzustellen.[22] Ferner sollte den Mitgliedstaaten nach Art. 10 Abs. 1 S. 3 des RL-Vorschlags aufgegeben werden sicherzustellen, dass regionale und lokale Pläne die Vorgaben des nationalen Wärme- und Kälteplans berücksichtigen.

Die vorgeschlagene Regelung zu Wärme- und Kälteplänen konnte sich indessen im Gesetzgebungsverfahren nicht durchsetzen und ist in der endgültigen Fassung der neuen Richtlinie zur Energieeffizienz nicht mehr enthalten.[23] Der Bedarf nach einer Regelung auf Bundesebene ist damit jedoch keineswegs entfallen, zumal eine – nunmehr nicht durch unionsrechtliche Determinierung beeinflusste – unmittelbare Adressierung unterer Planungsträger gegenüber einer

---

[19] Fundstelle oben Fn. 148, § 1.

[20] Richtlinie 2006/32/EG des Europäischen Parlaments und des Rates v. 5.4. 2006 über Endenergieeffizienz und Energiedienstleistungen und zur Aufhebung der Richtlinie 93/76/EWG des Rates (ABlEU L 114 S. 64).

[21] KOM(2011) 370 endg. v. 22.6. 2011 („Vorschlag für eine Richtlinie des Europäischen Parlaments und des Rates zur Energieeffizienz und zur Aufhebung der Richtlinien 2004/8/EG und 2006/32/EG"). Überblick über die Inhalte des Vorschlags bei *Falke*, Neue Entwicklungen im Europäischen Umweltrecht, ZUR 2011, 495 (496).

[22] Nr. 2 der Anlage VII in KOM(2011) 370 endg.

[23] Fundstelle oben Fn. 148, § 1. Im dortigen Art. 5 Abs. 7 lit. a findet sich nunmehr lediglich die Verpflichtung der Mitgliedstaaten, alle öffentlichen Einrichtungen (auch auf regionaler und lokaler Ebene) zu „ermutigen", einen Energieeffizienzplan „einzeln oder als Teil eines umfassenderen Klimaschutz- oder Umweltplans" zu verabschieden.

abstrakten nationalen Planung aus Effektivitätsgründen vorzugswürdig sein kann.

b) Landesrecht

In dem bereits erwähnten § 5 Abs. 1 des Entwurfs für ein „Klimaschutzgesetz Nordrhein-Westfalen" war – wie bei der Erörterung von KEKK beschrieben[24] – vorgesehen, dass Kommunen (neben anderen öffentlichen Stellen) zur Erstellung von Klimaschutzkonzepten verpflichtet sind bzw. hierzu verpflichtet werden können. Wie gesehen ist die Terminologie im Bereich der unterschiedlichen Formen von Plänen (abgesehen von gesetzlich detailliert bestimmten Formen im Raumordnungs- und Bauplanungsrecht) keineswegs konsentiert.[25] Nach der hier getroffenen Unterscheidung anhand des Verpflichtungsgrades würde die in Nordrhein-Westfalen entworfene Form der obligatorischen, dort so genannten „Klimaschutzkonzepte" eher in die Kategorie der „Klimaaktionspläne" eingeordnet werden.

II. Orientierungspunkte im Immissionsschutzrecht

Als Musterbeispiele für eine zu entwickelnde gesetzliche Normierung der Klimaaktionsplanung könnten einerseits die Luftreinhalteplanung[26] (§§ 44 ff. BImSchG, insbesondere § 47 BImSchG) und andererseits die Lärmaktionsplanung[27] (§§ 47a ff. BImSchG) in Betracht kommen. Allerdings zeigt sich, dass eine allzu enge Orientierung an bestehenden Regelungen kaum geeignet ist, das neue und in wesentlichen Punkten vom traditionellen Immissionsschutz verschiedene Feld der Klimaaktionsplanung zufriedenstellend zu strukturieren. Nichtsdestoweniger kann der Vergleich mit bestehenden Regelungen und die

---

[24] Oben S. 350.

[25] Siehe soeben S. 357 ff.

[26] Näher und m.z.w.N. *Erbguth/Schlacke*, Umweltrecht, 4. Aufl. 2012, § 9 Rn. 33; *Kloepfer*, Umweltschutzrecht, 2. Aufl. 2011, § 8 Rn. 82; *Koch*, in: Koch (Hrsg.), Umweltrecht, 3. Aufl. 2010, § 9 Rn. 50 ff.; *Schmidt/Kahl*, Umweltrecht, 8. Aufl. 2010, § 4 Rn. 153 ff.

[27] Ausführlich hierzu etwa *Blaschke*, Lärmminderungsplanung, 2010; *Feldmann*, Wandel im Lärmschutz: Die Umgebungslärmrichtlinie und ihre Umsetzung in deutsches Recht, ZUR 2005, 352 ff.; *Kupfer*, Lärmaktionsplanung – Effektives Instrument zum Schutz der Bevölkerung vor Umgebungslärm?, NVwZ 2012, 784 ff.; *Mitschang*, Die Umgebungslärmrichtlinie und ihre Auswirkungen auf die Regional- und Bauleitplanung, ZfBR 2006, 430 ff.; *Repkewitz*, Probleme der Umsetzung der Umgebungslärmrichtlinie, VBlBW 2006, 409 ff.; *Scheidler*, Neue Aufgaben für die Gemeinden durch die Neuregelungen im BImSchG zur Lärmminderungsplanung, DVBl. 2005, 1344 ff.; außerdem sehr kritisch *Fickert*, Zum Einfluss der in Deutsches Recht umgesetzten Umgebungslärm-Richtlinie der EU auf die Lärmsituation in den Gemeinden und auf die Bürger, BauR 2006, 920 ff.

Herausarbeitung von Unterschieden Hinweise für eine Ausgestaltung der Klimaaktionsplanung durch den Gesetzgeber hervorbringen.

Eine enge Anlehnung an die Luftreinhalteplanung scheidet insofern aus, als letztere primär auf die Einhaltung bestimmter Grenzwerte angelegt ist. So wird etwa gemäß § 47 Abs. 1 bzw. Abs. 2 BImSchG in Verbindung mit den auf Grundlage von § 48a Abs. 1 BImSchG erlassenen Verordnungen (25. BImSchV, 39. BImSchV) die Überschreitung der festgelegten Schadstoffgrenzwerte als Auslöser für konkrete rechtliche Maßnahmen herangezogen. Eine solche Herangehensweise wäre für die Klimaaktionsplanung wenig zielführend, da etwa der (globale) CO_2-Gehalt der Luft, der über die Intensität des Klimawandels (mit-)entscheidet, keinen tauglichen Parameter für konkrete (kommunale) Klimaschutzmaßnahmen darstellt.

Demgegenüber ist die Lärmminderungsplanung zwar bisher nicht in gleichem Maße an bundesweit einheitlichen Grenzwerten orientiert.[28] Allerdings kann auch sie nicht völlig losgelöst von derartigen Rahmenvorgaben betrieben werden.[29] So stellt bereits die Begrenzung des räumlichen Anwendungsbereichs auf Ballungsgebiete und Orte an wichtigen Verkehrslärmquellen (§ 47d Abs. 1 S. 1–2 BImSchG) eine Orientierung an bestimmten Belastungsspitzen dar.[30] Außerdem sind Grenzwerte zumindest im Rahmen der konkreten Ausgestaltung der Lärmaktionspläne zu berücksichtigen (§ 47d Abs. 1 S. 3 BImSchG). Im Übrigen ist der bisherige Verzicht auf Grenzwerte wohl eher der Befürchtung geschuldet, dass mit einer – unter Umständen auch noch einigermaßen niedrig angesetzten – formalen Grenze für die Notwendigkeit der Lärmaktionsplanung Spielräume für eine „zurückhaltende" Durchführung dieser Planung genommen würden und in der Folge der Erfüllungsaufwand erheblich zunehmen könnte.[31]

Die im Detail unterschiedliche Heranziehung fester Grenzwerte bei der Luftreinhalte- und der Lärmminderungsplanung kann damit nicht darüber hinwegtäuschen, dass sich beide Planungsformen wegen ihres Bezugs zur vor Ort spürbaren Beeinträchtigung grundlegend von der Klimaaktionsplanung unterscheiden. Bei Überschreitung bestimmter Schadstoff- oder Lärmgrenzen

---

[28] Die Festlegung von Grenzwerten bleibt stattdessen den Ländern und Kommunen überlassen, vgl. *Schulze-Fielitz*, in: Koch/Pache/Scheuing (Hrsg.), GK-BImSchG, Vor §§ 47a–47f Rn. 4; zum unionsrechtlichen Hintergrund näher *Schulze-Fielitz*, a.a.O., § 47c Rn. 43.

[29] Zu den Anknüpfungspunkten trotz Fehlens einer einheitlichen Regelung in einer BImSchV siehe *Jarass*, BImSchG, 9. Aufl. 2012, § 47d Rn. 4. Ferner kritisch zu einem konkreten Vorschlag für eine Grenzwertregelung in der 34. BImSchV *Cancik*, Die Pflicht zur Aufstellung von Aktionsplänen zur Lärmminderung und ihre Kopplung an „Auslösewerte", NVwZ 2008, 167 (168 f.).

[30] *Feldmann*, Wandel im Lärmschutz: Die Umgebungslärmrichtlinie und ihre Umsetzung in deutsches Recht, ZUR 2005, 352 (353).

[31] So die Vermutung von *Cancik*, Die Pflicht zur Aufstellung von Aktionsplänen zur Lärmminderung und ihre Kopplung an „Auslösewerte", NVwZ 2008, 167 (167 f.).

werden Maßnahmen der Emissions- bzw. Immissionsminderung bzw. die Planung ebensolcher Maßnahmen notwendig, da es andernfalls zu Gesundheitsgefährdungen oder -beeinträchtigungen der Personen im Umkreis der Emissionsquellen kommen kann. Demgegenüber sind die „Nachbarn" von CO_2-Emissionsquellen durch das Treibhausgas an sich nicht unmittelbar betroffen, sodass, ein Rückgriff auf solche formalen Anknüpfungspunkte als „Auslöser" für eine entsprechende Planung ausscheidet.

Eine Klimaaktionsplanung hätte jedoch nichtsdestoweniger mit den beschriebenen Planungsformen zum einen die grundlegende Notwendigkeit einer Minderung der Emissionen und zum anderen vor allem die Potenziale, die eine übergreifende Betrachtung in Gestalt eines integrierenden Plans bietet, gemein. Ein Rückgriff auf die bereits existierenden Planungsformen im BImSchG bei der näheren Ausgestaltung ist damit – trotz aller Unterschiede – zumindest in Form von „Orientierungspunkten" keineswegs abwegig.

Nicht zu vernachlässigen ist dabei freilich, dass insbesondere für die Lärmaktionsplanung noch nicht abgeschätzt werden kann, inwieweit sich das Instrument als effektiv erweist,[32] da noch nicht alle der gesetzlich festgelegten Fristen für die Erstellung der einzelnen Teilelemente abgelaufen sind (vgl. § 47c und § 47d BImSchG) und sich spürbare Auswirkungen zudem erst aus der zukünftigen Umsetzung der in der Planung vorgesehenen Maßnahmen ergeben. Zu berücksichtigen ist ferner, dass die praktische Wirkung maßgeblich von der Ausstattung der Gemeinden mit den für die Aktionsplanung notwendigen personellen und finanziellen Mitteln abhängt. Die insofern häufig bestehenden Defizite wurden bei der Lärmminderungsplanung als einer der Hauptgründe für die geringe Effektivität der Vorgängerregelung (§ 47a BImSchG a.F.) identifiziert.[33] Aus dieser Fehlentwicklung sollten auch für eine noch zu implementierende Klimaaktionsplanung die richtigen Schlussfolgerungen gezogen werden.

---

[32] Insoweit zuversichtlich *Schulze-Fielitz*, in: Koch/Pache/Scheuing (Hrsg.), GK-BImSchG, Vor §§ 47a–47f Rn. 5, 32. Auch *Engel*, Aktuelle Fragen des Lärmschutzes: Lärmaktionsplanung, NVwZ 2010, 1191 (1191 f.), geht trotz der damit verbundenen finanziellen Belastungen für die Gemeinden davon aus, dass das Instrument gut genutzt werde, was auch auf den praktischen Bedarf zurückzuführen sei. Einige Vorbehalte äußert jedoch bereits *Fickert*, Zum Einfluss der in Deutsches Recht umgesetzten Umgebungslärm-Richtlinie der EU auf die Lärmsituation in den Gemeinden und auf die Bürger, BauR 2006, 920 (928 ff., 937), der die Effektivität als vor allem von der – noch ausstehenden – Festlegung konkreter Grenzwerte abhängig ansieht.

[33] BT-Drs. 15/3782, S. 14. Genaue Zahlen betreffend den in höchstem Maße defizitären Vollzug bei *Schulze-Fielitz*, in: Koch/Pache/Scheuing (Hrsg.), GK-BImSchG, Vor §§ 47a–47f Rn. 30.

III. Vorschlag für eine gesetzliche Regelung

1. Regelungsstandort

Eine Verpflichtung zur Erstellung von Klimaaktionsplänen sollte wegen der vorrangigen Ausrichtung des BImSchG auf die Vermeidung von örtlich wirkenden Immissionen nicht ebendort, sondern in einem der „Umweltenergiegesetze" verortet werden. In Betracht kommen demnach das EEG und das EEWärmeG. Dabei dürfte sich die Einfügung in das EEWärmeG als vorzugswürdig erweisen, da sich die Kommunen als maßgeblich in die Aufstellung differenzierter Klimaschutzpläne einzubindende Verwaltungsträger nicht zuletzt wegen ihrer Nähe zur Versorgungsstruktur aufdrängen und den Städten und Gemeinden wiederum – wie gesehen – gerade im Wärmebereich vielfältige eigene Regelungsmöglichkeiten zukommen. Ausgehend von diesem Befund und unter der Prämisse, dass die klimafreundliche Wärmeversorgung angesichts der Diskrepanz von bestehenden und realisierten EE-Versorgungspotenzialen eine der zentralen und in der öffentlichen Diskussion häufig zurückstehenden Herausforderungen eines effektiven Klimaschutzes darstellt, käme eine Normierung im EEWärmeG in Betracht, die das Anliegen einer Wärmeaktionsplanung mit dem einer (umfassenderen) Klimaaktionsplanung verknüpft.

Zur Herausstellung der Bedeutung würde sich zwar die Schaffung eines neuen Teils 4 im EEWärmeG mit der Überschrift „Wärme- und Klimaaktionspläne" anbieten, wobei die Schlussbestimmungen dann nicht mehr in Teil 4 zu finden wären, sondern den neuen Teil 5 bilden würden. Allerdings dürfte es aus systematischen Gründen vorzugswürdig sein, die Neuregelung zu Wärme- und Klimaaktionsplänen möglichst an das Ende des Gesetzes zu stellen, um die übergreifende Ausrichtung von Klimaaktionsplänen zu verdeutlichen, wenngleich dies keineswegs zwingend ist. Damit wäre aber etwa § 16 EEWärmeG noch vor der Regelung zu Klimaaktionsplänen zu finden, sodass keine Zweifel bestehen können, dass Wärme- bzw. Klimaaktionspläne alle, insbesondere alle rechtlichen Instrumente eines wirksamen Klimaschutzes berücksichtigen sollen.[34] Als Regelungsstandort wäre demnach ein neuer § 18b EEWärmeG (im Folgenden: § 18b EEWärmeG-*Vorschlag*) in Betracht zu ziehen.

---

[34] Im Übrigen ist eine gewisse Nähe zu den Berichtsregelungen in §§ 18 f. EEWärmeG gegeben, auch wenn deshalb nicht von einer engen Verbindung zu Wärme- und Klimaaktionsplänen gesprochen werden kann.

2. Wortlaut

Als Diskussionsgrundlage für die Neuregelung im EEWärmeG wäre folgender Wortlaut vorstellbar:

§ 18b Aktionspläne

(1) [1]Die zuständigen Behörden erstellen bis zum ... *(z. B. 31. 12. 2018)* Aktionspläne, die für Gemeinden mit mehr als ... *(z. B. 10.000)* Einwohnern insbesondere die auf das jeweilige Gemeindegebiet bezogenen Potenziale und mögliche Maßnahmen im Einflussbereich der Kommunen zur Erhöhung des Anteils Erneuerbarer Energien in der Wärmeversorgung sowie der Energieeffizienz enthalten (Wärmeaktionspläne). [2]Der Prozesswärmebereich ist angemessen zu berücksichtigen. [3]In die Planung ist neben den neu zu errichtenden Gebäuden auch der Gebäudebestand einzubeziehen.
(2) In die Pläne nach Absatz 1 können Aussagen insbesondere auch zur Stromversorgung durch Erneuerbare Energien, zur klimaschonenden Gestaltung des Verkehrsaufkommens sowie zur Anpassung an den Klimawandel aufgenommen werden (Klimaaktionspläne).
(3) [1]Die Pläne nach Abs. 1 und Abs. 2 sind mindestens alle fünf Jahre nach dem Zeitpunkt ihrer Erstellung zu überprüfen und bei Bedarf zu überarbeiten. [2]Im Rahmen der Überprüfung werden die Fortschritte bei der Umstellung der Wärmeversorgung auf Erneuerbare Energien öffentlich bekannt gemacht.
(4) [1]Die Öffentlichkeit wird über die Fortschritte bei der Erstellung und Überarbeitung der Aktionspläne informiert und erhält dauerhaft Gelegenheit zur Stellungnahme. [2]Der aktuelle Stand der Erstellung der Aktionspläne sowie vorläufige Ergebnisse, unter anderem zu möglichen Maßnahmen im Einflussbereich der Kommunen, sind in für die Öffentlichkeit verständlicher Form und leicht zugänglichen Formaten zu veröffentlichen und regelmäßig zu aktualisieren. [3]Soweit angemessen, sollen auch kartografische Darstellungen einbezogen werden. [4]Die Veröffentlichung im Internet ist sicherzustellen. [5]Der Zeitraum zwischen den Aktualisierungen darf sechs Monate nicht überschreiten. [6]Die Möglichkeit zur Stellungnahme über elektronische Kommunikationswege ist vorzusehen. [7]Die Stellungnahmen sind bei der weiteren Planung zu berücksichtigen und in angemessener Form in der Planbegründung darzustellen.
(5) Die zuständigen Planungsträger haben die Ergebnisse der Aktionspläne bei ihren Planungen zu berücksichtigen.
(6) Das Bundesministerium für Umwelt, Naturschutz und Reaktorsicherheit veröffentlicht Leitlinien und Empfehlungen zum Inhalt der Aktionspläne.

Die Implikationen des Vorschlags sollen nachfolgend insbesondere anhand der Ähnlichkeiten mit und der Abgrenzung von den Regelungen zu den Aktionsplanungen des BImSchG erläutert werden.

3. Regelungsinhalte

a) Verpflichtung zur Erstellung von Wärme- bzw. Klimaaktionsplänen

Obgleich die Erstellung von *Klima*aktionsplänen grundsätzlich vorzugswürdig ist, um eine konsistente und dauerhafte Klimapolitik zu etablieren, setzt der Vorschlag zunächst bei der demgegenüber „reduzierten" (und damit auch weniger aufwendigen) Form der *Wärme*aktionspläne an.[35] Gleichwohl wird damit noch über eine Anregung aus der Literatur hinausgegangen, wonach die Bundesländer verpflichtet werden könnten, die Erstellung von Plänen sicherzustellen, die sich ausschließlich auf die Versorgung über Wärmenetze konzentrieren.[36]

Da sie das Minimum einer auf die Kommunen bezogenen Aktionsplanung darstellen und zudem unmittelbar an den Regelungsbereich des EEWärmeG anknüpfen,[37] werden Wärmeaktionspläne in § 18b Abs. 1 EEWärmeG-*Vorschlag* als „Grundform" genannt.[38] Die so erreichte Reduktion der Komplexität soll insbesondere auch akzeptanzstiftend wirken. Im Übrigen verfügen Städte und Gemeinden – wie gesehen – gerade im Wärmebereich über umfassende eigene Regelungsmöglichkeiten, die über die Aktionsplanung verstärkt wahrgenommen werden sollen. Die (rechtlichen) Einflussmöglichkeiten der Städte und Gemeinden sind hinsichtlich der Steigerung des EE-Anteils an der Wärmeversorgung zwar größer als bei der – von § 18b Abs. 1 S. 1 EEWärmeG-*Vorschlag* ausdrücklich mit erfassten – Erhöhung der Energieeffizienz von Gebäuden. Auch das EEWärmeG selbst enthält nur geringe Bezüge hierauf. Dennoch erscheint es nicht ratsam, diese beiden Säulen einer klimagerechten städtebaulichen Entwicklung bei der Schaffung eines übergreifenden Planungsinstruments zu trennen.[39]

---

[35] *Nast/Bürger/Klinski/Schulz/Steinbach*, Ergänzende Untersuchungen und vertiefende Analysen zum EEWärmeG (Folgevorhaben), 2010, S. 111 (http://elib.dlr.de/69183/1/Endbericht_Folgevorhaben_EEW%C3%A4rmeG_final-2.pdf; abgerufen: 30. 10. 2012).

[36] Vgl. den (nicht im Detail ausgearbeiteten) Vorschlag bei *Nast/Bürger/Klinski/Leprich/Ragwitz/Schulz*, Ergänzende Untersuchungen und vertiefende Analysen zu möglichen Ausgestaltungsvarianten eines Wärmegesetzes, 2009, S. 67 (http://www.erneuerbare-energien.de/files/pdfs/allgemein/application/pdf/endbericht_waermegesetz.pdf; abgerufen: 30. 10. 2012).

[37] Indem gemäß § 18b Abs. 1 S. 2 EEWärmeG-*Vorschlag* auch die Prozesswärmeanwendungen einbezogen werden *sollen*, wird teilweise über den vom EEWärmeG in seiner aktuellen Form erfassten Sachbereich hinausgegangen. Eine solche Erweiterung – zumal unter Angemessenheitsvorbehalt – ist angeraten, um die für die Erfassung des Prozesswärmebereichs durch EE-Vorgaben notwendigen Erkenntnisse zu generieren.

[38] Die Erwähnung von Neu- und Bestandsbauten in § 18b Abs. 1 S. 3 EEWärmeG-*Vorschlag* dient vorrangig der Klarstellung.

[39] Den reduzierten kommunalen Einflussmöglichkeiten kann im Rahmen der konkreten Planerstellung Rechnung getragen werden.

Vor diesem Hintergrund wird die Klimaaktionsplanung in § 18b Abs. 2 EEWärmeG-*Vorschlag* lediglich als hierauf aufbauende, fakultativ zu erstellende Planungsform aufgeführt, mit der die Synergieeffekte einer umfassenden Konzeption genutzt werden können. Dabei ist im Einzelfall eine Konzentration auf diejenigen zusätzlichen Elemente einer Klimaaktionsplanung denkbar, die sich aufgrund der besonderen Verhältnisse einer Kommune aufdrängen, ohne dass stets alle der in § 18b Abs. 2 EEWärmeG-*Vorschlag* aufgeführten Aspekte umfassend zu berücksichtigen wären. Ferner lassen sich – wie im Vorschlag ausdrücklich aufgeführt – auch Aspekte der Klimawandelanpassung einbinden, sodass ein Gleichlauf mit dem Anliegen der BauGB-Klimanovelle 2011 hergestellt werden kann.

Die Verpflichtung zur Darstellung sowohl der Potenziale einer EE-Versorgung einerseits als auch der (möglichen) rechtlichen Maßnahmen zu deren Realisierung andererseits lässt sich im weitesten Sinne vergleichen mit der Lärmkartierung (§ 47c BImSchG) einerseits bzw. der Lärmaktionsplanung (§ 47d BImSchG) andererseits, wobei die Inhalte im Rahmen der Wärme- bzw. Klimaaktionspläne in einem Akt zusammengefasst werden sollten. Von essentieller Bedeutung ist dabei die Verpflichtung zu einer Ausarbeitung, die sich auf die konkreten örtlichen Verhältnisse in den Städten und Gemeinden bezieht, da nur so verwertbare Inhalte generiert werden können.

Für die Darstellung der EE-Potenziale ist eine (möglichst) genaue Untersuchung der Wärmeversorgungsstruktur unumgänglich. Die bereits für die Lärmaktionsplanung getroffene Feststellung, dass eine „Bestandserhebung" zwingende Voraussetzung für eine weiterführende Planung ist,[40] gilt auch hier. Gegebenenfalls müssen in diesem Zusammenhang Rechtsgrundlagen geschaffen werden, die einen Verstoß gegen das Datenschutzrecht ausschließen.[41] Die Darstellung des EE-Potenzials erfordert freilich über die Erhebung des Status quo hinaus auch Angaben über in der konkreten Kommune realisierbare EE-Nutzungsformen, wenngleich hier keine detaillierte Festlegung der langfristigen Energieversorgung jedes einzelnen Gebäudes gefordert werden kann.

Die Planungspflicht sollte nicht auf große Kommunen begrenzt sein, wie es bei der Lärmaktionsplanung zum Teil durch die Kopplung an Ballungsräume der Fall ist. Klimaschutz- und insbesondere EE-Potenziale können sich im Grundsatz praktisch in allen Gemeinden ermitteln lassen. Auch sonstige Einflussfaktoren, die sich neben der Einwohnerzahl und -dichte auf die Frage der Notwendigkeit einer Lärmaktionsplanung auswirken (Vorbelastung, Zahl der Betroffenen, planerische Schutzwürdigkeit des Gebiets)[42] sind bei einer Wär-

[40] *Scheidler*, Die Neuregelungen im Bundes-Immissionsschutzgesetz zur Lärmminderungsplanung, UPR 2005, 334 (335).
[41] Siehe auch unten S. 379.
[42] *Engel*, Aktuelle Fragen des Lärmschutzes: Lärmaktionsplanung, NVwZ 2010, 1191 (1192 f.).

me- bzw. Klimaaktionsplanung von nachrangiger Bedeutung. Insofern wirkt sich der bereits benannte grundlegende Unterschied in der örtlichen Betroffenheit gegenüber der Luftreinhalte-und Lärmminderungsplanung aus. Es ist zu betonen, dass der unterschiedlichen Gemeindegröße und der Angemessenheit des Planungsaufwands für Wärme- bzw. Klimaaktionspläne in erster Linie durch die Gestaltung des Umfangs der Pläne hinreichend Rechnung getragen werden kann.[43] Das Ziel sollte es sein, einen Anstoß für die Auseinandersetzung mit den sich aufdrängenden Klimaschutzpotenzialen in der Wärmeversorgung zu erreichen, ohne eine Pflicht zur vollumfänglichen „Wärmeplanung" jedes einzelnen Gebäudes einer Gemeinde zu schaffen. Durch die eingeräumte Gestaltungsfreiheit können damit substanzielle Fortschritte bei der Sensibilisierung für Belange der Energieversorgung des Gemeindegebiets erreicht werden, ohne die Verwaltungskapazitäten durch pauschale inhaltliche Vorgaben unverhältnismäßig zu belasten.

Gleichwohl wäre eine „Bagatellgrenze" zur Vermeidung eines unverhältnismäßigen Planungsaufwands denkbar. Um den Großteil der Gemeinden zu erfassen, darf diese allerdings nicht zu hoch angesetzt werden. Angesichts der zahlenmäßigen Verteilung der Gemeinden in Deutschland auf die verschiedenen Größenkategorien[44] käme etwa ein Wert von 10.000 Einwohnern in Betracht.[45] Eine spätere Absenkung nach Etablierung des Instruments erscheint nicht ausgeschlossen. Alternativ kann es sich anbieten, die Grenze niedriger anzusetzen und dabei für eine Zusammenfassung der Planungen mehrerer kleiner Gemeinden zu sorgen.[46] Damit darf jedoch nicht der Kerngedanke der Wärme- bzw. Klimaaktionspläne, nämlich die konkrete Darstellung der möglichen Maßnahmen, die im Einflussbereich der einzelnen Kommunen liegen, konterkariert werden.

[43] Soweit es etwa in bestimmten Gemeinden aufgrund der Rahmenbedingungen (etwa demografische und ökonomische Entwicklung) absehbar ist, dass in mittlerer Zukunft kein Bedarf für Neubaugebiete bestehen wird, kann der Bereich des kommunalen Klimaschutzes durch Bauleitplanung, soweit er (ausschließlich) Neubauten erfasst, unberücksichtigt bleiben. Stattdessen kann sich aber gegebenenfalls eine (erstmalige) Auseinandersetzung mit Fördermöglichkeiten für städtebauliche Sanierungsmaßnahmen bzw. Stadtumbaumaßnahmen aufdrängen.

[44] Siehe *Blesl*, Raumwärmebedarf und Fernwärmepotenzial der Haushalte in Deutschland bis 2050, ET 8/2010, 40 (41).

[45] Für die kleineren Gemeinden könnte sich (ergänzend) die Fortführung der finanziellen Förderung von Klimaschutzkonzepten anbieten, dazu oben S. 343. Die Förderung im Rahmen der dort erwähnten „Kommunalrichtlinie" müsste entsprechend angepasst werden.

[46] Siehe auch die entsprechenden Erwägungen auf dem Gebiet der Lärmaktionsplanung, die in einigen Teilen herangezogen werden können, bei *Kupfer*, Die Aufstellung von Lärmaktionsplänen in interkommunaler Zusammenarbeit, VBlBW 2011, 128ff. Eine Zusammenarbeit kann sich dabei im Einzelfall selbstverständlich auch für größere Kommunen anbieten.

b) Rechtswirkungen

Die Aufnahme einer Darstellung möglicher (rechtlicher) Maßnahmen der Kommunen zur Steigerung des EE-Anteils in den nach § 18b Abs. 1 bzw. Abs. 2 EEWärmeG-*Vorschlag* zu erstellenden Plan bedeutet nicht, dass diese Maßnahmen zwingend durchgeführt werden müssen. Vielmehr sollen die konkreten Handlungsspielräume überhaupt ermittelt und zur Kenntnis gebracht werden, um so nicht zuletzt auch politischen Druck aufzubauen, sodass im Falle mangelnder Fortschritte beim notwendigen Umbau der Energieversorgung eine Auseinandersetzung mit allen zur Verfügung stehenden Instrumenten stattfindet.[47] Insoweit wird eine von § 47 Abs. 6 *S. 1* BImSchG bzw. § 47d Abs. 6 i. V. m. § 47 Abs. 6 *S. 1* BImSchG (entsprechend) abweichende Ausgestaltung vorgeschlagen.[48] Der Verzicht auf ein verbindlich umzusetzendes Maßnahmenprogramm in Wärme- bzw. Klimaaktionsplänen stellt folglich eine Abkehr von der bisher üblichen Ausgestaltung umweltrechtlicher (Aktions-)Pläne dar,[49] die sich auch auf die Erwägung stützt, dass die verbreiteten Vorbehalte gegenüber verbindlich festgelegten ordnungsrechtlichen Maßnahmen eine kontraproduktive Wirkung auf die Planungsphase und damit letztendlich auch auf den Gehalt der Aktionspläne insgesamt haben könnten. Dogmatisch wären Wärme- bzw. Klimaaktionspläne gemäß diesem Vorschlag als *influenzierende Pläne* einzuordnen.[50]

Trotz der formal schwächeren Position von Wärme- bzw. Klimaaktionsplänen gegenüber den beschriebenen Plänen nach dem BImSchG ergeben sich zumindest teilweise ähnliche Rechtswirkungen, namentlich über die in § 18b Abs. 5 EEWärmeG-*Vorschlag* enthaltene Regelung, die an § 47 Abs. 6 S. 2 BImSchG bzw. § 47d Abs. 6 i. V. m. § 47 Abs. 6 *S. 2* BImSchG (entsprechend) angelehnt ist. Die dortige Regelung wäre jedoch nicht „1:1" zu übernehmen, da Klimaaktionspläne wiederum keine strikten „planungsrechtlichen Festlegungen"[51] enthalten sollen. Vorrangig zielt § 18b Abs. 5 EEWärmeG-*Vorschlag* da-

---

[47] Vgl. auch die Ausführungen zur Maßnahmenstaffelung oben auf S. 355 f.

[48] Der bereits erwähnte § 5 Abs. 1 des Entwurfs für ein „Klimaschutzgesetz Nordrhein-Westfalen" (siehe oben S. 361) ist prinzipiell ähnlich ausgestaltet, hatte jedoch insgesamt eine geringere Regelungsdichte als der hier zur Diskussion gestellte § 18b EEWärmeG-*Vorschlag*.

[49] Zu letzterem differenzierend, aber insgesamt kritisch *Durner/Ludwig*, Paradigmenwechsel in der europäischen Umweltrechtsetzung, NuR 2008, 457 ff.; ferner zur Wirkung der Aufnahme konkreter Maßnahmen in Lärmaktionspläne *Repkewitz*, Probleme der Umsetzung der Umgebungslärmrichtlinie, VBlBW 2006, 409 (416).

[50] Allgemein hierzu *Hoppe*, Planung, in: Isensee/Kirchhof (Hrsg.), HStR IV, 3. Aufl. 2006, § 77 Rn. 19.

[51] Ausführliche Diskussion der Implikationen des Begriffs bei *Cancik*, Umweltrechtliche Aktionspläne in der Bauleitung – eine Annäherung an Probleme der Verzahnung von Planungsinstrumenten, DVBl. 2008, 546 (551 ff.). Als konkretes Beispiel für planungsrechtliche Festlegungen im Rahmen der Lärmaktionsplanung wird bei *Engel*, Aktuelle Fragen des Lärmschutzes: Lärmaktionsplanung, NVwZ 2010, 1191 (1197), der Bau von Umgehungsstraßen oder Lärmschutzwänden genannt. Weitere Beispiele bei *Blaschke*, Lärmminderungsplanung, 2010, S. 316 ff.; *Feldmann*, Wandel im Lärmschutz: Die Umgebungslärmrichtlinie und

mit auf die Berücksichtigung der Erkenntnisse der Aktionspläne in der Bauleitplanung, die einen großen Teil der rechtlichen Instrumente der Städte und Gemeinden zur Erhöhung des EE-Anteils enthält.[52] Wegen der notwendigen Abwägung im Rahmen bauleitplanerischer Maßnahmen können die Vorgaben eines Aktionsplans insoweit keine absolute Verbindlichkeit erlangen. Der kommunalen Planungshoheit (Art. 28 Abs. 2 S. 1 GG) wird damit durch die Beschränkung auf eine Berücksichtigungspflicht Rechnung getragen. Die nicht abschließende Regelung des § 1 Abs. 6 Nr. 7 lit. g BauGB („sonstige Pläne")[53] stellt in diesem Zusammenhang eine „Komplementärnorm" für den Bereich des Bauplanungsrechts dar, deren Existenz aber nicht dazu führt, dass § 18b Abs. 5 EEWärmeG-*Vorschlag* redundant wäre, da der Begriff des Planungsträgers funktional auszulegen ist und folglich nicht ausschließlich die Gemeinde als Träger der Bauleitplanung erfasst.

Ergänzt werden die Rechtswirkungen im Übrigen durch § 2 Abs. 4 S. 6 BauGB, wonach Pläne im Sinne des soeben erwähnten § 1 Abs. 6 Nr. 7 lit. g BauGB, zu dem die hier vorgeschlagenen Wärme- bzw. Klimaaktionspläne gehören würden, bei der Umweltprüfung von Bebauungsplänen heranzuziehen sind. Hinzuweisen ist ferner auf § 35 Abs. 1 S. 3 Nr. 2 BauGB, wenngleich dieser wegen der Privilegierung von (bestimmten) EE-Anlagen in § 35 Abs. 1 BauGB für Wärme- bzw. Klimaaktionspläne nur von nachrangiger Bedeutung wäre.

c) *Rechtsnatur*

Bei der Frage nach der Rechtsnatur der Wärme- bzw. Klimaaktionspläne kann auf die Diskussion im Rahmen der Lärmminderungsplanung zurückgegriffen werden. Dort werden Lärmaktionspläne nach § 47d BImSchG teilweise als ein der Verwaltungsvorschrift ähnliches Verwaltungsinternum eingeordnet.[54] Dem wurde zum Teil widersprochen, da die Wirkungen auf von der Aufstellungsbehörde verschiedene Träger öffentlicher Gewalt, die Lärmaktionspläne wegen § 47d Abs. 6 i. V. m. mit § 47 Abs. 6 BImSchG (entsprechend) aufweisen können, als „Außenwirkung" einzuordnen seien und eine Qualifikation des Plans als Verwaltungsvorschrift ausschlössen,[55] sodass eine Einordnung als Pläne *sui ge-*

ihre Umsetzung in deutsches Recht, ZUR 2005, 352 (357). Nichtsdestoweniger misst *Scheidler*, Die Neuregelungen im Bundes-Immissionsschutzgesetz zur Lärmminderungsplanung, UPR 2005, 334 (336), der Regelung nur geringe praktische Bedeutung bei.

[52] Ausführlich oben § 3 (S. 108 ff.).

[53] Vorzugswürdig wäre freilich eine ausdrückliche Erwähnung von Wärme- und Klimaaktionsplänen in § 1 Abs. 6 Nr. 7 lit. g BauGB.

[54] *Jarass*, BImSchG, 9. Aufl. 2012, § 47d Rn. 14 f.; dem folgend *Scheidler*, Die Neuregelungen im Bundes-Immissionsschutzgesetz zur Lärmminderungsplanung, UPR 2005, 334 (336).

[55] Entscheidend für die Beantwortung der Frage, ob im Ergebnis tatsächlich eine „Außenwirkung" auf andere Verwaltungsträger vorliegt, ist einerseits die Verteilung der Zuständig-

neris anzunehmen sei.[56] Eine solche „Außenwirkung“ wird hingegen abgelehnt, da die in Lärmaktionsplanungen festgelegten Maßnahmen trotz eines gewissen Verbindlichkeitsgrades keine endgültigen Entscheidungen seien, sondern den jeweils zuständigen Verwaltungsträgern noch Entscheidungsbefugnisse verblieben. In der Folge wird eine (präzisierende) Einordnung als „verwaltungsintern verbindliche Innenrechtspläne“ gewählt.[57] Diese Ansicht dürfte sich auf Wärme- bzw. Klimaaktionspläne übertragen lassen, die den betroffenen Planungs- bzw. Verwaltungsträgern wegen der geringeren Verpflichtungswirkung des Berücksichtigungsgebots gemäß § 18b Abs. 5 EEWärmeG-*Vorschlag* (im Vergleich zu § 47d Abs. 6 i. V. m. § 47 Abs. 6 BImSchG entsprechend) einen noch größeren Entscheidungsspielraum lassen als im Bereich der Lärmminderungsplanung, sodass eine verbindliche „Außenwirkung“ gleichfalls ausscheidet.

d) Pflicht zur Durchführung einer Strategischen Umweltprüfung

Wärme- bzw. Klimaaktionspläne bezwecken den Schutz des Klimas und haben folglich Auswirkungen auf die Umwelt. Es stellt sich deshalb die Frage nach der Pflicht zur Durchführung einer Strategischen Umweltprüfung (SUP) bei der Erstellung der hier vorgeschlagenen Pläne.[58] Die Antwort ergibt sich aus § 14b des Gesetzes über die Umweltverträglichkeitsprüfung (UVPG[59]).

Vorbehaltlich einer Ergänzung von Nr. 2 der Anlage 3 zum UVPG um eine ausdrückliche Nennung der Wärme- bzw. Klimaaktionspläne, die zur SUP-Pflicht nach § 14b Abs. 1 Nr. 2 UVPG führen würde,[60] richtet sich die SUP-Pflicht im Einzelfall nach § 14b Abs. 2 S. 1 UVPG. Wärme- bzw. Klimaaktionspläne erfüllen ohne Weiteres den Planbegriff gemäß § 2 Abs. 5 UVPG. Die nä-

---

keit für die Erstellung der Pläne und andererseits der Inhalt des konkreten Plans. Die Zuständigkeit für Lärmaktionspläne wurde z. B. in Hessen *nicht* bei den Gemeinden belassen, siehe m. w. N. *Blaschke*, Lärmminderungsplanung, 2010, S. 357 f.; *Cancik*, Umweltrechtliche Aktionspläne in der Bauleitung – eine Annäherung an Probleme der Verzahnung von Planungsinstrumenten, DVBl. 2008, 546 (547 m. Fn. 15). In diesem Falle dürfte der Plan regelmäßig eine gewisse „Außenwirkung“ auf die Gemeinden haben.

[56] *Engel*, Aktuelle Fragen des Lärmschutzes: Lärmaktionsplanung, NVwZ 2010, 1191 (1194 f.); ähnlich, aber ohne ausdrücklich positive Festlegung auf Pläne *sui generis*, *Repkewitz*, Probleme der Umsetzung der Umgebungslärmrichtlinie, VBlBW 2006, 409 (416).

[57] So für Lärmaktionspläne *Schulze-Fielitz*, in: Koch/Pache/Scheuing (Hrsg.), GK-BImSchG, § 47d Rn. 89 ff.; ähnlich *Blaschke*, Lärmminderungsplanung, 2010, S. 396 f.

[58] Die Strategische Umweltprüfung erfasst auch solche Pläne, die den Schutz der Umwelt bezwecken, siehe etwa *Peters/Balla*, UVPG, 3. Aufl. 2006, § 14b Rn. 1.

[59] Gesetz über die Umweltverträglichkeitsprüfung v. 24. 2. 2010 (BGBl. I S. 94), letzte berücksichtigte Änderung durch Gesetz v. 24. 2. 2012 (BGBl. I S. 212).

[60] Die einschlägigen Vorhaben aus Anlage 1 zum UVPG, die zur Erfüllung von § 14b Abs. 1 Nr. 2 UVPG führen können, finden sich bezogen auf die Inhalte von Wärme- bzw. Klimaaktionsplänen etwa in der Auflistung unter Nr. 1 von Anlage 1 zum UVPG sowie unter Nr. 19.7.1 der Anlage 1 zum UVPG, die bei der Planung von Wärmenetzen regelmäßig erfüllt sein dürfte.

here Erläuterung des Merkmals der Rahmensetzung für Vorhaben[61] in § 14b Abs. 3 UVPG ist im Übrigen weit auszulegen. „Festlegungen“ im Sinne der Vorschrift liegen deshalb schon dann vor, wenn die Inhalte eines Plans bei späteren Entscheidungen, etwa im Rahmen einer Abwägung, zu berücksichtigen sind.[62] Dies ist bei Wärme- bzw. Klimaaktionsplänen gemäß § 18b Abs. 5 EEWärmeG-*Vorschlag* der Fall und betrifft etwa die Entscheidung über nachfolgende Bauleitpläne zur Umsetzung der Aktionspläne, da eine unmittelbare rechtliche Außenwirkung keine Voraussetzung für die Rahmensetzung nach § 14b Abs. 3 UVPG bzw. für die SUP-Pflicht nach § 14b Abs. 2 S. 1 UVPG ist.[63] Wärme- und Klimaaktionspläne sind gerade darauf angelegt, berücksichtigungsbedürftige Aussagen zu den einzelnen in § 14b Abs. 3 UVPG aufgezählten Merkmalen von Vorhaben zu treffen, etwa zu Bedarf, Größe und Standort (z. B. im Hinblick auf zentrale Wärmeversorgungsanlagen und Wärmenetze) sowie zu Beschaffenheit und Betriebsbedingungen (z. B. hinsichtlich einzelner Gebäude und ihrer Wärmeversorgung). Auch die Vorprüfung des Einzelfalls gemäß § 14b Abs. 2 S. 1 i. V. m. Abs. 4 S. 1 i. V. m. Anlage 4 zum UVPG wird regelmäßig positiv ausfallen, da Wärme- bzw. Klimaaktionspläne darauf ausgelegt sind, etwa die in Nr. 1.3 und 1.4 der Anlage 4 zum UVPG genannten Kriterien zu erfüllen. Ausnahmen von der SUP-Pflicht könnten sich – in Abhängigkeit vom konkreten Planungsumfang – allein für die Gebiete kleinerer Gemeinden ergeben, soweit § 14d S. 1 UVPG („Nutzung kleiner Gebiete auf lokaler Ebene“) erfüllt ist.[64]

Die SUP-Pflichtigkeit von Wärme- bzw. Klimaaktionsplänen erhöht den Aufwand zur Erstellung der Pläne beträchtlich. Allerdings ist zu bemerken, dass dies trotz der Ausrichtung der neuen Planungsform auf die kommunale Ebene nicht (allein) die Städte und Gemeinden trifft, sondern wegen der Wahl des Regelungsadressaten in § 18b Abs. 1 EEWärmeG-*Vorschlag* vorrangig die Länder.[65] Zu berücksichtigen ist im Übrigen § 14 f Abs. 3 UVPG, der eine Regelung zur Vermeidung von Mehrfachprüfungen bei einem mehrstufigen Planungsprozess trifft, wie er sich auch aus dem Zusammenspiel von Wärme- bzw. Klimaaktionsplänen und etwa nachfolgenden Bauleitplänen ergeben kann.

---

[61] Der Kreis der „Vorhaben“ ist in § 14b Abs. 2 S. 1 UVPG praktisch kaum beschränkt („von in der Anlage 1 aufgeführten oder anderen Vorhaben“). Zudem ist der Vorhabenbegriff selbst in § 2 Abs. 2 UVPG denkbar weit gefasst.

[62] Ausführlich und mit Verweis auf Entstehungsgeschichte und Systematik *Peters/Balla*, UVPG, 3. Aufl. 2006, § 14b Rn. 9; ferner *Gassner*, UVPG, 2006, § 14b Rn. 25; *Leidinger*, in: Hoppe/Beckmann (Hrsg.), UVPG, 4. Aufl. 2012, § 14b Rn. 36 f.

[63] *Gärditz*, in: Landmann/Rohmer, Umweltrecht, UVPG § 14b Rn. 44.

[64] Zu berücksichtigen ist allerdings, dass gemäß dem hier unterbreiteten Vorschlag die Planungspflicht ohnehin nur für die Gebiete von Gemeinden mit mehr als 10.000 Einwohnern gilt, vgl. § 18b Abs. 1 S. 1 EEWärmeG-*Vorschlag*.

[65] Vgl. näher sogleich S. 373 ff., wobei insbesondere die dort erwähnten landesverfassungsrechtlichen Konnexitätsgebote für die Kostenübernahme eine Rolle spielen.

e) Regelungsadressat

Die Verpflichtung in § 18b Abs. 1 S. 1 EEWärmeG-*Vorschlag* ist nicht an die Kommunen gerichtet, sondern allgemeiner formuliert und adressiert die „zuständigen Behörden". Damit wird an die Regelung in § 12 EEWärmeG angeknüpft, wonach die Länder über die Zuständigkeitsverteilung entscheiden. Formal adressiert die vorgeschlagene Verpflichtung zur Erstellung von Wärmeaktionsplänen (mit der fakultativen Erweiterung zu Klimaaktionsplänen) damit die Landesgesetzgeber.[66]

Diese – von der Lärmminderungsplanung abweichende[67] – Ausgestaltung erscheint notwendig, um Zweifel an der Vereinbarkeit der Regelung mit dem Verbot der Übertragung von Aufgaben durch den Bund auf die Kommunen (Art. 84 Abs. 1 S. 7 GG) von vornherein auszuschließen.[68] Die Erstellung von Plänen betreffend die Wärmeversorgung oder gar den Klimaschutz insgesamt gehört bisher nicht zum bundesgesetzlich vorgegebenen kommunalen Aufgabenkreis. Die von den Kommunen durchzuführenden Planungen (Bauleitplanung, Luftreinhalteplanung, Immissionsschutzplanung) können nicht herangezogen werden, um ein hiervon abweichendes Ergebnis zu begründen, weil diese Planungsformen sowohl räumlich als auch sachlich keine oder nur geringe Schnittmengen mit einer Wärme- bzw. Klimaschutzplanung aufweisen, dementsprechend einen erheblich abweichenden Aufstellungsaufwand verursachen und darüber hinaus auch andere Ziele verfolgen als eine Wärme- bzw. Klimaaktionsplanung. Die Verpflichtung zur Erstellung von Wärme- bzw. Klimaaktionsplänen stellt damit keine Erweiterung einer bestehenden Aufgabe dar, sondern die Übertragung einer neuen Aufgabe. Hieran ändert auch nichts, dass es den Gemeinden nach bisheriger Rechtslage „heute schon möglich ist", eine Wärme- bzw. Klima-

---

66 Vgl. auch den ähnlichen Vorschlag bei *Nast/Bürger/Klinski/Schulz/Steinbach*, Ergänzende Untersuchungen und vertiefende Analysen zum EEWärmeG (Folgevorhaben), 2010, S. 110 f., 120 f. (http://elib.dlr.de/69183/1/Endbericht_Folgevorhaben_EEW%C3%A4rmeG_final-2.pdf; abgerufen: 30. 10. 2012).

67 Siehe zur Lärmminderungsplanung § 47e Abs. 1 BImSchG. Da die §§ 47a ff. BImSchG bereits 2005 eingefügt wurden (Gesetz zur Umsetzung der EG-Richtlinie über die Bewertung und Bekämpfung von Umgebungslärm v. 24. 6. 2005 [BGBl. I S. 1794]), mithin also noch vor der Schaffung des kommunalen Aufgabenübertragungsverbots in Art. 84 Abs. 1 S. 7 GG durch die so genannten Föderalismusreform I (Gesetz zur Änderung des Grundgesetzes v. 28. 8. 2006 [BGBl. I S. 2034]), unterlag der Bund bei der Zuweisung der Lärmaktionsplanung noch nicht denselben Beschränkungen, wie es heute im Hinblick auf eine Wärme- bzw. Klimaaktionsplanung der Fall ist.

68 Siehe etwa die Zweifel bei *Lindner/Klinski/Schmidt/John*, Untersuchung möglicher Ansatzpunkte bundespolitischer Instrumente zur Förderung des kommunalen Klimaschutzes, 2009, S. 35 (http://www.ecofys.com/files/files/ecofys_2009_gutachten_foerderung_kommunaler_klimaschutz.pdf; abgerufen: 30. 10. 2012); *Nast/Bürger/Klinski/Leprich/Ragwitz/Schulz*, Ergänzende Untersuchungen und vertiefende Analysen zu möglichen Ausgestaltungsvarianten eines Wärmegesetzes, 2009, S. 67 (http://www.erneuerbare-energien.de/files/pdfs/allgemein/application/pdf/endbericht_waermegesetz.pdf; abgerufen: 30. 10. 2012).

aktionsplanung durchzuführen, denn die Ablösung eines rechtlichen Könnens zur freiwilligen Aufgabenerfüllung durch eine Pflichtaufgabe kann nicht lediglich als Umgestaltung einer bestehenden Aufgabe gedeutet werden.[69]

Zwar wäre zu überlegen, die Erstellung von Wärme- bzw. Klimaaktionsplänen im hier vorgeschlagenen Sinne als Angelegenheit der örtlichen Gemeinschaft im Sinne von Art. 28 Abs. 2 S. 1 GG einzuordnen,[70] was bei konsequenter Anwendung der oben bereits beschriebenen These, wonach Art. 28 Abs. 2 S. 1 GG als *lex specialis* dem Art. 84 Abs. 1 S. 7 GG vorgeht, dazu führt, dass ein Verstoß gegen das Aufgabenübertragungsverbot von vornherein ausgeschlossen ist. Allerdings ist zu befürchten, dass eine solche Schaffung neuer Planungspflichten für die Gemeinden durch den Bund allein unter Berufung auf die grundgesetzliche Systematik und in Anbetracht des bei unbefangenem Blick auf Art. 84 Abs. 1 S. 7 GG entgegenstehenden Wortlauts politisch nur äußerst schwer vermittelbar sein dürfte, zumal ein unmittelbarer finanzieller Ausgleich des Aufwands der Gemeinden durch den Bund nicht zulässig wäre. Anders verhält es sich demgegenüber bei einer Verpflichtung der Länder, die wegen der mittlerweile flächendeckend vorhandenen (allerdings im Detail unterschiedlich ausgestalteten) landesverfassungsrechtlichen Konnexitätsgebote für die Finanzierung der auf die Gemeinden übertragenen Aufgaben verantwortlich sind.[71]

Weniger aussichtsreich dürfte demgegenüber die Anregung sein, Art. 84 Abs. 1 S. 7 GG zu streichen bzw. zu ändern, um die Möglichkeiten des Bundes, effektivere Regelungen für einen kommunalen Klimaschutz schaffen zu können, ausdrücklich klarzustellen bzw. zu erweitern.[72] Eine vollständige Abschaf-

[69] So aber *Nast/Bürger/Klinski/Schulz/Steinbach*, Ergänzende Untersuchungen und vertiefende Analysen zum EEWärmeG (Folgevorhaben), 2010, S. 120 f. (http://elib.dlr.de/69183/1/Endbericht_Folgevorhaben_EEW%C3%A4rmeG_final-2.pdf; abgerufen: 30. 10. 2012).

[70] Dies liegt insbesondere deshalb nahe, weil die Pläne gemäß der vorgeschlagenen Regelung gerade die EE-Potenziale und die rechtlichen Möglichkeiten konkret für die einzelnen Kommunen darstellen sollen. Die von *Nast/Bürger/Klinski/Schulz/Steinbach*, Ergänzende Untersuchungen und vertiefende Analysen zum EEWärmeG (Folgevorhaben), 2010, S. 120 (http://elib.dlr.de/69183/1/Endbericht_Folgevorhaben_EEW%C3%A4rmeG_final-2.pdf; abgerufen: 30. 10. 2012), vorgebrachte Einschätzung, dass es sich nicht um eine Angelegenheit der örtlichen Gemeinschaft handele, da die Planung „nicht städtebaulicher Natur" sei, überzeugt hingegen kaum. Die in wesentlichen Aspekten vergleichbare Lärmaktionsplanung wird ausdrücklich als Angelegenheit der örtlichen Gemeinschaft eingeordnet bei *Kupfer*, Lärmaktionsplanung – Effektives Instrument zum Schutz der Bevölkerung vor Umgebungslärm?, NVwZ 2012, 784 (790).

[71] Hierzu m. w. N. *Huber/Wollenschläger*, Durchgriffsverbot und landesverfassungsrechtliches Konnexitätsgebot, VerwArch 100 (2009), 305 (310 ff.); *Kluth*, Das kommunale Konnexitätsprinzip der Landesverfassungen – Überblick über Rechtssetzung und Rechtsprechung, LKV 2009, 337 (339 ff.).

[72] So aber *Lindner/Klinski/Schmidt/John*, Untersuchung möglicher Ansatzpunkte bundespolitischer Instrumente zur Förderung des kommunalen Klimaschutzes, 2009, S. 41 (http://www.ecofys.com/files/files/ecofys_2009_gutachten_foerderung_kommunaler_kli-

fung des Aufgabenübertragungsverbots würde am massiven Widerstand der Kommunen scheitern. Eine partielle Ausnahme zu Gunsten klimaschutzrelevanter Regelungen dürfte nicht praktikabel sein, da der Klimaschutzbegriff aufgrund seiner faktischen Auswirkungen auf nahezu alle Lebensbereiche nicht im Stande ist, eine Verbotsausnahme hinreichend zu konturieren.

Nach alledem ist es vorzugswürdig, die bundesgesetzliche Verpflichtung zur Aufstellung der Wärme- bzw. Klimaaktionspläne an die Länder zu richten, die dann ihrerseits die Kommunen verpflichten können oder aber selbst für ihre Kommunen entsprechende Pläne aufstellen. Gleichwohl ist davon auszugehen, dass letztere Variante qualitative Einbußen bei der Erstellung der Aktionspläne bedeuten würde, da die Kommunen angesichts größerer Sachnähe für die Planung geeigneter erscheinen. In jedem Falle wäre jedoch auch bei einer Übertragung auf Landesbehörden zwingend eine intensive Kooperation mit den Kommunen vorzusehen, zum einen zur Wahrung der kommunalen Planungshoheit (Art. 28 Abs. 2 S. 1 GG), die (auch) durch die Berücksichtigungspflicht gemäß § 18b Abs. 5 EEWärmeG-*Vorschlag* berührt ist, und zum anderen aus Gründen der praktischen Durchführbarkeit etwa der Öffentlichkeitsbeteiligung (§ 18b Abs. 4 EEWärmeG-*Vorschlag*).

f) Überarbeitungspflicht

Nach dem Vorbild von § 47c Abs. 4 BImSchG bzw. § 47d Abs. 5 BImSchG enthält § 18b Abs. 3 S. 1 EEWärmeG-*Vorschlag* eine Pflicht zur regelmäßigen Aktualisierung der Aktionspläne, um eine fortlaufende Anpassung an die Entwicklung zu ermöglichen. Zusätzlich sollte diese Aktualisierung genutzt werden, die erreichten Fortschritte bei der Erhöhung der EE-Anteile in der Wärmeversorgung bzw. bei der Verbesserung des kommunalen Klimaschutzes insgesamt zu erfassen und zu kommunizieren, um Defizite zu erkennen und durch den so erzeugten Handlungsdruck zu vermeiden, dass die Aktionsplanung zum Selbstzweck verkommt.

g) Öffentlichkeitsbeteiligung

Die Einbindung der Öffentlichkeit, wie sie etwa in § 47 Abs. 5a BImSchG und § 47d Abs. 3 BImSchG geregelt[73] ist,[74] stellt ein zentrales Element einer zeitge-

maschutz.pdf; abgerufen: 30. 10. 2012); *Umweltbundesamt* (Hrsg.), Das Klimaschutzrecht des Bundes – Analyse und Vorschläge zu seiner Weiterentwicklung (Stand: November 2010), Climate Change 17/2011, S. 443 f. (http://www.umweltdaten.de/publikationen/fpdf-l/4166.pdf; abgerufen: 30. 10. 2012).

[73] Für die Lärmaktionsplanung erfolgt die nähere Ausgestaltung in § 7 der 34. BImSchV, hierzu *Schulze-Fielitz*, in: Koch/Pache/Scheuing (Hrsg.), GK-BImSchG, § 47c Rn. 95 f.

[74] Hierzu etwa *Mitschang*, Die Umgebungslärmrichtlinie und ihre Auswirkungen auf die Regional- und Bauleitplanung, ZfBR 2006, 430 (438 f.).

mäßen Planung dar. Wie schon im Rahmen der Immissionsschutzplanungen soll die Öffentlichkeitsbeteiligung nicht nur eine informierende und legitimierende, sondern vor allem eine *aktivierende* Funktion haben,[75] sodass die Betroffenen ihre Vorstellungen frühzeitig einbringen können.

Für eine Wärme- bzw. Klimaaktionsplanung nach dem hier vorgeschlagenen Modell ist eine möglichst intensive Einbindung der Öffentlichkeit auch deshalb von Bedeutung, weil der Verpflichtungsgrad der Pläne gegenüber den existierenden immissionsschutzrechtlichen Planungen herabgesetzt ist.[76] Der deshalb umso mehr erforderliche öffentliche Druck zur Erreichung substanzieller Fortschritte beim kommunalen Klimaschutz lässt sich – insbesondere mangels Einklagbarkeit konkreter Maßnahmen – deshalb allein durch stetige Mitwirkungsmöglichkeiten erzeugen. Wenngleich allein der Klimaschutzgedanke wohl häufig keine ausreichende Motivation für ein breites Engagement der Gemeindeeinwohner darstellen dürfte, sollten jedenfalls die monetären Effekte einer Verminderung der Abhängigkeit von fossilen Energieträgern (und gegebenenfalls auch die Aussicht auf eine Aufnahme ordnungsrechtlicher Maßnahmen der Gemeinde in die Planung) für ein gewisses Interesse sorgen, das durch die Eröffnung einfacher Zugangs- und Mitwirkungsmöglichkeiten gestärkt werden sollte. Diese Anforderungen soll § 18b Abs. 4 EEWärmeG-*Vorschlag* umsetzen, wobei eine weitere Ausgestaltung etwa durch den Landesgesetzgeber ohne weiteres möglich wäre.

Da eine effektive Planung insbesondere wegen der Überarbeitungspflicht in § 18b Abs. 3 EEWärmeG-*Vorschlag* als „Daueraufgabe“ anzusehen ist, sollten die Mitwirkungsmöglichkeiten der Öffentlichkeit nicht auf feste Fristen begrenzt sein (§ 18b Abs. 4 S. 1 EEWärmeG-*Vorschlag*). Dass bestimmte Einlassungen, die etwa erst kurz vor der Fertigstellung eines Plans bzw. eines bestimmten Planungsabschnitts vorgebracht werden, nicht mehr umfänglich berücksichtigt werden können, ist dabei selbstverständlich, stellt aber das Konzept nicht grundsätzlich in Frage. Wegen der begrenzten Verpflichtungswirkung der Aktionspläne in Gestalt einer bloßen Berücksichtigungspflicht kann jedes Vorbringen im Übrigen bei späteren (konkreten) Verwaltungs- bzw. Planungsentscheidungen gewürdigt werden.

Den Kern einer zeitgemäßen und damit insbesondere auf elektronische Kommunikationsmittel zurückgreifenden Öffentlichkeitsbeteiligung bilden die Sätze 2–4 von § 18b Abs. 4 EEWärmeG-*Vorschlag*. Die gleichfalls erfasste Veröffentlichung in herkömmlichen Printformaten[77] wird durch die Herausstellung

---

[75] Siehe in Bezug auf die Lärmaktionsplanung *Scheidler*, Neue Aufgaben für die Gemeinden durch die Neuregelungen im BImSchG zur Lärmminderungsplanung, DVBl. 2005, 1344 (1350).

[76] Näher oben S. 369f.

[77] In Betracht kommen amtliche Veröffentlichungsblätter sowie ortsübliche Bekanntmachungen. Diese in § 47 Abs. 5a S. 2 bzw. S. 5 BImSchG angesprochenen Medien sind durch

der Nutzung des Internets allerdings nicht in Frage gestellt (§ 18b Abs. 4 S. 4 EEWärmeG-*Vorschlag*: „auch"). Die kartografische Darstellung (§ 18b Abs. 4 S. 3 EEWärmeG-*Vorschlag*) dürfte den leichten Zugang der einzelnen Betroffenen erheblich unterstützen und weist zusammen mit der Darstellung möglicher Maßnahmen (§ 18b Abs. 4 S. 2 EEWärmeG-*Vorschlag*) eine Ähnlichkeit mit den in § 47 Abs. 5a S. 6 BImSchG für Luftreinhaltepläne geforderten Inhalten der Veröffentlichung auf. Eine regelmäßige Aktualisierung (§ 18b Abs. 4 S. 2 und S. 5 EEWärmeG-*Vorschlag*) soll zum einen Handlungsdruck bei der Planerstellung erzeugen und zum anderen der Abnahme des öffentlichen Interesses, die sich bei Ausbleiben von sichtbaren Fortschritten einstellt, vorbeugen.[78] Schließlich ist die Möglichkeit zur elektronischen Mitwirkung an der Planung sicherzustellen (§ 18b Abs. 4 S. 6 EEWärmeG-*Vorschlag*), die wegen des geringeren Aufwands erheblich größere Aktivierungswirkung entfalten dürfte als „herkömmliche" Beteiligungen über Erörterungstermine oder schriftliche Stellungnahmen. Die Vorschläge und Hinweise der Öffentlichkeit sollten neben ihrer inhaltlichen Berücksichtigung bei der Planerstellung auch – soweit mit angemessenem Aufwand realisierbar – in der Begründung, die dem Plan beizufügen ist, „beantwortet" werden (etwa in zusammengefasster [anonymisierter] Form), um den Eindruck einer Öffentlichkeitsbeteiligung ohne substanzielle Wirkungen zu vermeiden (§ 18b Abs. 4 S. 7 EEWärmeG-*Vorschlag*).

Insgesamt könnte durch die Rahmenvorgaben zur Öffentlichkeitsbeteiligung wiederum der Eindruck eines nur schwer zu bewältigenden Verwaltungsaufwands entstehen. Dem ist zu widersprechen, da den Verhältnissen in den Städten und Gemeinden einschließlich der unterschiedlichen Professionalisierung in Abhängigkeit von der Gemeindegröße ohne weiteres bei der konkreten Ausgestaltung Rechnung getragen werden kann, ohne die vorgeschlagenen Rahmenvorgaben grundsätzlich in Frage zu stellen.

h) Lenkung der inhaltlichen Gestaltung

Obgleich ohne weiteres Spielräume für eine Differenzierung von Inhalt und Umfang der Aktionspläne entsprechend der Größe des jeweiligen Gebiets und der konkreten örtlichen Herausforderungen bestehen, muss doch vermieden

---

§ 18b Abs. 4 S. 2 EEWärmeG-*Vorschlag* („leicht zugängliche[n] Formate[n]") bereits vollständig erfasst.

[78] Veröffentlichungsbedürftig sind dabei sowohl der Beschluss zur Erstellung bzw. Überarbeitung eines Wärme- bzw. Klimaaktionsplans und der fertige Plan selbst als auch inhaltliche Zwischenstände. Dabei kann es sich je nach Herangehensweise bei der Planerstellung etwa um vorläufige Untersuchungsergebnisse im Hinblick auf bestimmte (Gemeinde-)Gebietsteile oder betreffend bestimmte Maßnahmenkategorien handeln. Die Veröffentlichung des Erstellungs- bzw. Überarbeitungsbeschlusses und des fertigen Plans ist in § 47 Abs. 5a S. 2 bzw. S. 5 BImSchG explizit aufgeführt. Hierauf wird in § 18b Abs. 4 EEWärmeG-*Vorschlag* aus Gründen der Übersichtlichkeit und zu Gunsten einer allgemeinen Regelung verzichtet.

werden, dass es zur Erstellung von kaum aussagekräftigen „Pro-forma-Plänen" kommt, mit denen zwar der gesetzlichen Pflicht genügt wird, die aber zu wenig Substanz für eine nachdrückliche Beeinflussung der kommunalen Klima- und Energiepolitik aufweisen.[79]

Zwar verfügt der Bund nicht über effektive formale Zwangsmittel, um eine hinreichende Qualität der Pläne ohne engagierte Mitwirkung aller Beteiligten sicherzustellen. Es sollte allerdings aufgrund der großen Bedeutung nicht nur des Klimaschutzes, sondern auch und gerade einer nachhaltig gesicherten und bezahlbaren Energieversorgung eine hinreichende Bereitschaft zur Erstellung von entsprechenden Konzepten mit substanziellem Wert bestehen. Um eine gewisse Lenkungswirkung zu erreichen, kann diese (unterstellte) Bereitschaft durch Empfehlungen und Leitlinien zu (möglichen) Inhalten von Wärme- bzw. Klimaaktionsplänen unterstützt werden. Anhand von Planmusterbeispielen für Städte und Gemeinden unterschiedlicher Größenordnungen können so die Vorbehalte gegenüber einem neuen Planungsinstrument, über dessen inhaltliche Gestaltung zunächst bei den meisten Verpflichteten schlicht keine genügenden Kenntnisse vorhanden sein dürften, abgebaut werden. Mangels weitergehender rechtlicher Möglichkeiten muss versucht werden, vergleichbar strukturierte[80] und damit aussagekräftige Wärme- bzw. Klimaaktionspläne über diese Verfahrensweise zu generieren.

Konkret kann in den Leitlinien und Empfehlungen z. B. darauf hingewiesen werden, inwiefern die verschiedenen Instrumente des kommunalen Klimaschutzes, die hier ausführlich beschrieben wurden, berücksichtigt werden können und sollten (zumindest als nachrangiges Mittel im Rahmen einer Maßnahmenstaffelung).

Dabei sollte ferner die Empfehlung aufgenommen werden, dass in einem Aktionsplan auch zu erklären ist, warum bestimmte rechtliche Maßnahmen in einer konkreten Gemeinde *nicht* in Betracht kommen, sodass kein Rückzug auf ein „beredtes Schweigen" erfolgt, das sich eher auf undifferenzierte Vorbehalte gegenüber bestimmten Maßnahmen gründen könnte. Schließlich wären Vorschläge aufzunehmen, welche Daten die Bekanntmachung der Fortschritte (§ 18b Abs. 3 S. 2 EEWärmeG-*Vorschlag*) enthalten sollte. Dazu können etwa Angaben oder Schätzungen über die Entwicklung des EE-Anteils (in Prozent), vermiedene Rohstoffimporte (einschließlich vermiedener Zahlungen hierfür), eingesparte CO_2-Mengen usw. gehören.

---

[79] Hinzuweisen ist in diesem Zusammenhang auf die Negativbeispiele der teils sehr kurzen Berichte der Länder, mit denen die Berichtspflicht nach § 18a EEWärmeG erfüllt werden soll.

[80] Bei *Bundesministerium für Umwelt, Naturschutz und Reaktorsicherheit* (Hrsg.), Leitstudie 2011, S. 285 (http://erneuerbare-energien.de/files/pdfs/allgemein/application/pdf/leitstudie2011_bf.pdf; abgerufen: 30. 10. 2012), wird das Erfordernis einer einheitlichen Struktur, die auch den Erfahrungsaustausch der Kommunen untereinander begünstigt, betont.

i) Erfordernisse des Datenschutzes

Die Erstellung der Aktionspläne bzw. die Öffentlichkeitsbeteiligung nach § 18b Abs. 4 EEWärmeG-*Vorschlag* kann eine Erhebung bzw. Veröffentlichung personenbezogener Daten zur Folge haben, speziell im Falle der Verwendung kartografischer Darstellungen, wenngleich dies im Einzelnen von der Detailliertheit abhängt. Für die demnach zu erwartenden Eingriffe in das Recht auf informationelle Selbstbestimmung (Art. 2 Abs. 1 i. V. m. Art. 1 Abs. 1 GG) muss gegebenenfalls eine Ermächtigungsgrundlage geschaffen werden, die insbesondere eine Möglichkeit zum Widerspruch gegen die Veröffentlichung von Daten zur Energieversorgung einzelner Gebäude vorsehen sollte.[81] In Betracht käme dabei entweder eine Regelung im Rahmen des § 18b EEWärmeG-*Vorschlag* (etwa im Rahmen eines zusätzlichen Abs. 7) oder eine Normierung durch die Länder selbst im Rahmen ihrer „Umsetzungsgesetzgebung“.

[81] Ausführlich zur vergleichbaren Problematik im Zusammenhang mit Solarkatastern *Wohlfarth*, Über Solar- und andere Kataster, LKRZ 2012, 11 ff.

Teil 5

Gesamtbewertung und Zusammenfassung

§ 12 Kohärenz und Effektivität des Instrumentenverbundes im kommunalen Klimaschutzrecht

I. Vorbemerkung

Die Zahl der Instrumente und Regelungen für einen klimagerechten Umbau der Energieversorgung hat sich in den letzten Jahren beträchtlich erhöht,[1] wofür auch die „Vielfalt der umweltpolitischen Akteure", d. h. das Zusammenspiel von EU, Bund und Ländern (einschließlich der Kommunen) verantwortlich ist.[2] Ein Ende dieses Trends ist kaum absehbar, wie die zahlreichen Beschlüsse seit Verkündung der Energiewende in 2011 deutlich machen.[3] Der für das Umweltenergierecht im Allgemeinen und etwa für das Energieeffizienzrecht im Besonderen zutreffende Befund eines „reich bestückten Werkzeugkastens",[4] dem es jedoch an einer gewissen Ordnung mangele,[5] lässt sich jedoch – jedenfalls bisher – kaum auf das Recht der Erneuerbaren Wärme übertragen. Dies dürfte maßgeblich darin begründet liegen, dass erst seit Inkrafttreten des BaWüEWärmeG

---

[1] Grundlegende Kritik am gegenwärtigen Steuerungsmodell findet sich bei *Ekardt*, Theorie der Nachhaltigkeit, 2011, S. 422 ff., 439 ff., 478 ff., der auf eine Fokussierung des Suffizienz-Ansatzes dringt und in diesem Zusammenhang für eine Umstellung der (globalen) Klimaschutzbemühungen auf das bereits angesprochene „Upstream"-Modell (oben S. 68 f.) plädiert. Siehe auch *Ekardt*, Energie- und Klimawende, Hemmnisse, Suffizienz, Mengensteuerung und die Grundrechte, in: Ekardt/Hennig/Unnerstall (Hrsg.), Erneuerbare Energien, 2012, S. 17 (23 ff., 28 ff.).

[2] Dieser etwa von *Rodi*, Instrumentenvielfalt und Instrumentenverbund im Umweltrecht, ZG 2000, 231 (235), für das Umweltrecht generell angesprochene Befund lässt sich mittlerweile ohne weiteres auf das Umweltenergierecht übertragen.

[3] Siehe etwa neben dem Gesetzespaket von 2011 (hierzu im Überblick *Scholtka/Helmes*, Energiewende 2011 – Schwerpunkte der Neuregelungen im Energiewirtschafts- und Energieumweltrecht, NJW 2011, 3185 ff.) die KWKG-Novelle v. 12. 7. 2012 (BGBl. I S. 1494) mit der Gesetzesbegründung in BT-Drs. 17/8801, die neuerliche Novellierung des EEG v. 17. 8. 2012 (BGBl. I S. 1754) mit der Gesetzesbegründung in BT-Drs. 17/8877, sowie das Gesetz zur Demonstration und Anwendung von Technologien zur Abscheidung, zum Transport und zur dauerhaften Speicherung von Kohlendioxid („CCS-Gesetz") v. 17. 8. 2012 (BGBl. I S. 1726) mit der Gesetzesbegründung in BT-Drs. 17/5750.

[4] Überblicke zu den Säulen und Instrumenten des Umweltenergierechts etwa bei *Kahl*, Einführung in das Umweltenergierecht, JuS 2010, 599 ff.; *Sailer*, Klimaschutzrecht und Umweltenergierecht – Zur Systematisierung beider Rechtsgebiete, NVwZ 2011, 718 (721 ff.).

[5] *Schulte*, Instrumentenmix im Energieeffizienzrecht, in: Ipsen/Stüer (Hrsg.), Festschrift für Hans-Werner Rengeling, 2008, S. 417 (434); ähnlich *Härtel*, Energieeffizienzrecht – ein neues Rechtsgebiet?, NuR 2011, 825 (826).

zum 1. 1. 2008 und des EEWärmeG zum 1. 1. 2009 überhaupt verbindliche Regelungen zur Förderung Erneuerbarer Wärme existieren.[6] Zwar können auch die Regelungen zur Förderung der Erneuerbaren Wärme, die mittlerweile auf allen Ebenen des Systems aus Union, Bund und Ländern (einschließlich der Kommunen) zu finden sind, nicht ohne einen gewissen Aufwand durchdrungen werden. Allerdings ist dies neben den sich überlagernden Regelungsebenen vor allem der Vielgestaltigkeit der von Energie- bzw. Wärmeversorgungsfragen betroffenen Lebenssachverhalte geschuldet.[7] Es kommt deshalb auch nicht auf eine Begrenzung der Zahl der Instrumente an, mit der die Vorstellung einer (vermeintlichen) Belastungsminimierung verbunden sein könnte, sondern auf ihre möglichst widerspruchsfreie und effektive Verbindung.[8]

Auch wenn der Erlass ordnungsrechtlicher Regelungen für die Erneuerbare Wärme länger auf sich warten ließ als bei der (Gebäude-)Energieeffizienz, ist festzustellen, dass die mittlerweile geschaffenen Pflichten trotz verbleibenden Weiterentwicklungsbedarfs mehr Ambition erkennen lassen als im Energieeffizienzbereich.[9] Ferner wird richtigerweise versucht, der Gefahr einer unreflektierten Hinzufügung immer neuer Instrumente[10] durch eine Überprüfung der Wirkungen bereits bestehender Regelungen mittels regelmäßiger Erfahrungsberichte (vgl. § 18 EEWärmeG) entgegenzutreten.

Im Zuge der fortwährend notwendigen Untersuchung der Wirksamkeit des Normengefüges der Erneuerbaren Wärme erscheint es geboten, der Bewertung des Rechts des kommunalen Klimaschutzes bzw. der kommunalen Förderung Erneuerbarer Wärme in integrativer Weise besondere Bedeutung einzuräumen.[11] Wegen der spezifischen Bedingungen der Wärmeversorgung, die erhebliche Verminderungen der Umwelt- und Klimabelastungen bei entsprechender Planung auf *örtlicher* Ebene ermöglichen, sollte der kohärenten Einbindung und Weiterentwicklung des kommunalen Klimaschutzes, d.h. seiner rechtlichen Grundlagen und vor allem der Sicherstellung des tatsächlichen Gebrauchs eben dieser Grundlagen, besondere Aufmerksamkeit gewidmet werden.

---

[6] Zur vorherigen Rechtslage *T. Müller*, in: Müller/Oschmann/Wustlich (Hrsg.), EEWärmeG, 2010, Einleitung Rn. 71 ff., 79 ff.

[7] Näher zur Komplexitätsproblematik unten S. 402 ff.

[8] Vgl. auch *Rodi*, Grundstrukturen des Energieumweltrechts, EurUP 2005, 165 (169); ähnlich für das Umweltrecht insgesamt *Rodi*, Instrumentenvielfalt und Instrumentenverbund im Umweltrecht, ZG 2000, 231 (236 ff.), der zudem in der Förderung von EE-*Strom* immerhin erste Ansätze für einen Instrumentenverbund sieht, so a.a.O., S. 243 f.

[9] Dies mag seine Ursache auch in den unterschiedlichen Ressortzuständigkeiten haben, da die Forcierung der Erneuerbaren Wärme in der Hauptsache dem Bundesumweltministerium zufällt, während die Energieeffizienzverbesserung Aufgabe des Bundeswirtschafts- bzw. des Bundesbauministeriums ist.

[10] Dies wird für das Energieeffizienzrecht moniert von *Schulte*, Instrumentenmix im Energieeffizienzrecht, in: Ipsen/Stüer (Hrsg.), Festschrift für Hans-Werner Rengeling, 2008, S. 417 (434 f.).

[11] Siehe insbesondere unten S. 393 ff.

Die Herausforderungen einer Intensivierung der Klimaschutzbemühungen unter den Vorzeichen eines Mehrebenensystems rechtfertigen es, den aus dem Unionsrecht (siehe Art. 7 AEUV) bekannten Begriff der Kohärenz, der zwar keine absolute Widerspruchsfreiheit für alle Einzelfälle, doch aber eine inhaltliche und konzeptionelle Abstimmung erfordert,[12] auch hier als Bewertungsmaßstab heranzuziehen,[13] da die Vielzahl der Akteure auch im Klimaschutzbereich die Gefahr zusammenhangloser Einzelmaßnahmen impliziert.[14] Nichtsdestoweniger ist dabei kein Gleichlauf mit der Kohärenz-Diskussion auf Unionsebene angezeigt,[15] da die dort behandelten Problemfragen sehr viel weiter ausgreifen und in größerem Maße eine dogmatische Behandlung verlangen als es bei der Bewertung des kommunalen Klimaschutzrechts notwendig erscheint,[16] wo sich die Einschätzung der Maßnahmenkohärenz stärker einer Beurteilung der Effektivität annähert.[17] Wenn im vorliegenden Zusammenhang die Kohärenz des kommunalen Klimaschutzrechts bewertet werden soll, ist also nach der inhaltlichen und konzeptionellen Abstimmung[18] der einzelnen, die Kommunen ermächtigenden Rechtssätze sowohl aufeinander als auch – ebenenübergreifend – auf die sonstigen einschlägigen Bestimmungen des Umweltenergierechts insgesamt zu fragen sowie nach den Mechanismen der tatsächlichen und widerspruchsfreien Nutzung dieser Instrumente.

---

[12] Näher zum Begriff stellvertretend etwa *Ruffert*, Kohärente Europäisierung: Anforderungen an Verfassungs- und Verwaltungsverbund, in: Hoffmann-Riem, Offene Rechtswissenschaft, 2010, S. 1397 (1399ff.); *Schmidt-Aßmann*, Kohärenz und Konsistenz des verwaltungsgerichtlichen Rechtsschutzes, DV 44 (2011), 105 (118ff.); *Schorkopf*, in: Grabitz/Hilf/Nettesheim (Hrsg.), Das Recht der EU, Art. 7 AEUV Rn. 11.

[13] So auch für das Umweltenergierecht insgesamt und m.w.N. *Schmidt/Kahl*, Umweltrecht, 8. Aufl. 2010, § 3 Rn. 103 (mit Fn. 377).

[14] Vgl. auch die systematische Betrachtung des EE-*Strom*sektors bei *Lehnert/Templin/Theobald*, Die Erneuerbaren Energien im System des Energierechts, VerwArch 102 (2011), 83 (85ff., 91ff.).

[15] Allerdings lässt sich auch auf Unionsebene eine spezifisch umweltrechtliche Kohärenzdiskussion erkennen, vgl. *Rengeling*, Kooperationsprinzip, Kooperationsinstrumente und Instrumentenverbund im Umweltrecht, in: Eberle/Ibler/Lorenz (Hrsg.), Festschrift für Winfried Brohm, 2002, S. 509 (510, 522f.).

[16] Vgl. etwa *Schmidt-Aßmann*, Der Kohärenzgedanke in den EU-Verträgen: Rechtssatz, Programmsatz oder Beschwörungsformel?, in: Appel/Hermes/Schönberger (Hrsg.), Festschrift für Rainer Wahl, 2011, S. 817 (824ff., 828ff.). Ferner mit Schwerpunkt auf dem nationalen Recht *Ruffert*, Kohärente Europäisierung: Anforderungen an Verfassungs- und Verwaltungsverbund, in: Hoffmann-Riem, Offene Rechtswissenschaft, 2010, S. 1397 (1401ff.).

[17] Zu verschiedenen denkbaren Beurteilungskriterien siehe *Schomerus*, Rechtliche Instrumente zur Verbesserung der Energienutzung, NVwZ 2009, 418 (419).

[18] Das Element des Zusammenhangs und der konzeptionellen Abstimmung, das den zentralen Bestandteil der Definition darstellt, findet sich für den unionsrechtlichen Kohärenzbegriff auch bei *Ruffert*, Kohärente Europäisierung: Anforderungen an Verfassungs- und Verwaltungsverbund, in: Hoffmann-Riem, Offene Rechtswissenschaft, 2010, S. 1397 (1399); *Schmidt-Aßmann*, Kohärenz und Konsistenz des verwaltungsgerichtlichen Rechtsschutzes, DV 44 (2011), 105 (107); *Schorkopf*, in: Grabitz/Hilf/Nettesheim (Hrsg.), Das Recht der EU, Art. 7 AEUV Rn. 11.

Bei der Einschätzung der Effektivität, die stets auch Erwägungen zur Grundrechtsbetroffenheit berücksichtigen muss, ist strikt zu differenzieren zwischen der Komplexität der Überlegungen bei der Auswahl aus der Fülle der einzelnen, etwa den Kommunen zur Verfügung stehenden und mit Regelungen auf Bundes- und Landesebene abzustimmenden Instrumenten einerseits und den tatsächlich für den einzelnen (Grundrechts-)Betroffenen im Ergebnis geltenden Verpflichtungen andererseits. Die (im weitesten Sinne) planerischen – und deshalb mit nicht ganz unerheblichen Unsicherheiten verbundenen – Herausforderungen, welche die Abstimmung von Maßnahmen zur Förderung Erneuerbarer Wärme an Rechtswissenschaftler wie Rechtsanwender stellt, dürfen dabei nicht gleichgesetzt werden mit der tatsächlichen Auswirkung auf den einzelnen Rechtsunterworfenen, der „lediglich" mit dem Ergebnis dieses komplexen Prozesses konfrontiert wird.[19]

II. Entwicklung des Instrumentenverbundes – Status quo und Perspektiven

1. Einzelfragen

a) EEWärmeG

aa) Gesamtbewertung

Das EEWärmeG hat einen wesentlichen Beitrag geleistet, den Rechtsbereich der klimafreundlichen *Wärme*versorgung aus seinem Schattendasein zu holen. Die mit dem Gesetz erstmals bundesweit[20] eingeführten ordnungsrechtlichen Regelungen haben auf allen Ebenen für eine wesentliche Steigerung der Aufmerksamkeit für den Wärmebereich gesorgt. Das EEWärmeG ist damit auch für eine Bewertung des kommunalen Klimaschutzrechts der notwendige Ausgangspunkt, wenngleich seine Existenz gleichzeitig bereits den Handlungsdruck auf Länder und Kommunen, selbst aktiv zu werden, erheblich reduziert hat.

Die Schaffung ordnungsrechtlicher Vorgaben ist zu begrüßen, da sich die denkbaren Alternativen, nämlich eine Untätigkeit des Gesetzgebers bei gleichzeitigem Vertrauen auf hinreichende Klimaschutzmaßnahmen nach Marktgesetzen (als Folge der Verteuerung fossiler Brennstoffe) oder ein erheblicher Ausbau der finanziellen Anreizmechanismen, als völlig unzureichend bzw. bei einer Ausgestaltung als Bezuschussung aus dem allgemeinen Bundeshaushalt

---

[19] Vgl. entsprechend dieser Differenzierung die Ausführungen auf S. 402 ff.

[20] Zwar trat das BaWüEWärmeG noch vor dem EEWärmeG in Kraft, die gegenseitige Beeinflussung beider Initiativen ist jedoch offenkundig.

als kaum finanzierbar erwiesen hätten. Grundlegend ist jedoch anzumerken, dass jede gesetzliche Pflicht auch eines effektiven Vollzuges bedarf, der derzeit im Hinblick auf das EEWärmeG und dessen Ausführung durch die Länder nicht gewährleistet erscheint.[21]

bb) Entwicklungspotenzial

Der Bundesgesetzgeber hat bisher nahezu[22] darauf verzichtet, mit dem EEWärmeG auch den klimapolitisch so bedeutsamen Bestandsgebäudebereich zu adressieren. Dieses erhebliche Defizit effektiv zu beheben, dürfte zur größten Herausforderung für die kurzfristige Weiterentwicklung des EEWärmeG werden, die im Übrigen auch bereits unionsrechtlich determiniert ist. Bisher wurde der Gebäudebestand in kompetenzieller Hinsicht den Ländern überlassen (vgl. § 3 Abs. 4 Nr. 2 EEWärmeG). Da die Diskussionen auf Länderebene um eigene Wärmegesetze jedoch bisher mit Ausnahme Baden-Württembergs ohne greifbare Ergebnisse blieben,[23] ist eine Initiative auf Bundesebene angezeigt, um die unionsrechtlichen Vorgaben erfüllen zu können, die zur Einführung entsprechender Regelungen bis 1. 1. 2015 verpflichten.[24] Im Falle der Ausdehnung der ordnungsrechtlichen Nutzungspflicht sollte einer ambitionierten Umsetzung unter Einbeziehung von Höchstnutzungszeiten für alte Wärmeversorgungssysteme der Vorzug gegeben werden, wie es bereits in den ersten Entwürfen für das EEWärmeG angedacht war. Eine bloße Ausdehnung der (restriktiven) Tatbestände der Vorbildpflicht der öffentlichen Hand erscheint hingegen kaum ausreichend.[25] Vielmehr müssten auch letztere im Zuge einer Erfassung des gesamten Gebäudebestands weiter verschärft werden, um auch künftig noch von einer *Vorbild*funktion sprechen zu können. Abzuwarten bleibt, ob sich der Gesetzgeber eventuell an Stelle (oder auch in Kombination[26] mit) einer Ausdehnung der Nutzungspflicht zur Adressierung des Gebäudebestands für die Schaffung eines neuen, „umlagefinanzierten“ Fördermechanismus entscheidet, bei dem etwa aus einer neuen Abgabe auf fossile Brennstoffe ein Fonds zur (unterstüt-

[21] Ausführlich und unter Auseinandersetzung mit zum Teil weitgehenden Vorschlägen zur Verbesserung der Vollzugssituation oben S. 70 ff.

[22] Mit der Vorbildpflicht der öffentlichen Hand, die auch für Bestandsgebäude gilt, und dem Marktanreizprogramm wurde nur ein sehr kleiner Teil des Gebäudebestands erfasst.

[23] Siehe im Einzelnen oben S. 96 ff.

[24] Ausführlich zu den Anforderungen des Unionsrechts und der (rechtspolitischen) Notwendigkeit einer Umsetzung durch den Bund oben S. 83 ff. und S. 88 ff.

[25] Zur Kritik hieran siehe oben S. 36 ff.

[26] Denkbar wären auch hier – wie es bereits einige Zeit mit dem MAP für den Neubaubereich praktiziert wurde – finanzielle Zuschüsse, wenn mit der neuen Anlage die ordnungsrechtlich zwingend vorgegebenen Mindestanforderungen (EE-Deckungsraten) übertroffen werden.

zenden) Finanzierung von Wärmeanlagenerneuerungen in Bestandsbauten finanziert wird.[27]

Der Anwendungsbereich des EEWärmeG weist auch in Bezug auf Neubauten noch einigen Weiterentwicklungsbedarf auf. Zunächst gilt dies für den Ausnahmekatalog des § 4 EEWärmeG. Der Gleichlauf von § 4 EEWärmeG mit den Ausnahmen in der EnEV soll die „Kohärenz und innere Einheit des Umweltenergierechts" sicherstellen.[28] Dem ist jedoch – wie gesehen[29] – zu widersprechen. Hier wäre deshalb eine Nachsteuerung, auch über kommunale Regelungen, nötig. Die Möglichkeit einer Modifizierung der zu weit geratenen Ausnahmeregelung des § 4 EEWärmeG durch kommunale Vorgaben auf bauleitplanerischer Ebene[30] kann jedoch kaum als Ausdruck von Kohärenz eingeordnet werden. Vielmehr handelt es sich um ein eher theoretisches Korrektiv, da bisher keine entsprechenden Beispiele aus der Praxis bekannt geworden sind. Zielführender dürfte stattdessen der obige Vorschlag sein, an Stelle der bisherigen Regelung in § 4 EEWärmeG (auch) an den Wärmeenergiebedarf des jeweiligen Gebäudes anzuknüpfen, um so unverhältnismäßige Belastungen zuverlässig auszuschließen, ohne den Ausnahmetatbeständen durch Pauschalregelungen einen kaum zu rechtfertigenden Umfang zu verleihen.[31]

Hinsichtlich des Anwendungsbereiches wäre schließlich auch die Erfassung von Prozesswärmeanwendungen durch das EEWärmeG dringend erforderlich. Aufgrund mangelnder Standardisierung der erforderlichen Technik dürfte sich dies jedoch kurzfristig als schwierig erweisen,[32] sodass sich stattdessen in rechtlicher Hinsicht nur der Einsatz der zur Verfügung stehenden bauplanungsrechtlichen Instrumente durch die Kommunen anböte. Obwohl entsprechend nutzbare Instrumente existieren und damit ein stimmiges Verhältnis von – insoweit zurückhaltendem – bundesweit geltendem Ordnungsrecht und auf individuelle Entscheidungen abstellendem Planungsrecht besteht, dürften jedoch die technischen und wirtschaftlichen Herausforderungen im Prozesswärmebereich in absehbarer Zeit kaum dazu führen, dass sich Kommunen auf planungsrechtlichem Wege dieser Herausforderung annehmen.[33]

Bei der weiteren Ausgestaltung und Modifizierung der Nutzungspflichten des EEWärmeG sollte die Ambivalenz der Bioenergienutzung[34] stärkere Berücksichtigung erfahren. Die Biomasse ist wegen der mit ihrer Nutzung ver-

---

[27] Vgl. hierzu bereits oben S. 67 ff.

[28] Vgl. *Wustlich*, in: Danner/Theobald (Hrsg.), Energierecht, EEG VI B 4 § 4 Rn. 5, der aber diese Wertung nicht selbst vornimmt, sondern nur den Normzweck erläutert, der in ähnlicher Form auch in BT-Drs. 16/8149, S. 22, zum Ausdruck kommt.

[29] Siehe im Einzelnen oben S. 43 ff.

[30] Dazu oben S. 48 ff.

[31] Näher und unter Anknüpfung an unionsrechtliche Vorgaben oben S. 47 ff.

[32] Zu den Hintergründen oben S. 41 ff.

[33] Siehe näher oben S. 166 ff.

[34] Hierzu im Einzelnen die Quellen oben in Fn. 131 ff., § 1.

bundenen Möglichkeit des Fluktuationsausgleichs (insbesondere im Stromsektor) von zentraler Bedeutung. Sie sollte aber wegen ihrer Begrenztheit und der intra-ökologischen Konflikte, die ihre Nutzung hervorruft, auch nach Möglichkeit (nur) gezielt hierfür eingesetzt werden.[35]

Überdacht werden müssen ferner die im EEWärmeG enthaltenen Optionen zur ersatzweisen Erfüllung der Nutzungspflicht durch Maßnahmen, die keinerlei EE-Einsatz erfordern, wie etwa Effizienzmaßnahmen. Insbesondere die vorbehaltlose Eröffnung dieser Möglichkeiten ohne Kopplung an Verhältnismäßigkeitserwägungen lässt sich nicht nur schwerlich mit dem Ziel des EEWärmeG überein bringen, sondern dürfte in dieser Form ab 1. 1. 2015 im Übrigen unionsrechtswidrig sein.[36] Es sprechen gute Gründe für eine Stärkung etwa der Energieeffizienzanstrengungen im Gebäudebereich, allerdings sollten entsprechende Vorgaben nicht alternativ zur Erhöhung des EE-Anteils gestellt und so der Eindruck erweckt werden, beide Stellschrauben des Umweltenergierechts würden gegeneinander ausgespielt.

b) Bauplanungsrecht

Mit dem Inkrafttreten der BauGB-Klimanovelle 2011 sind durch die Klarstellungen und Erweiterungen, die mit dieser Novelle hinsichtlich der Berücksichtigung des globalen Klimaschutzes im Rahmen der Bauleitplanung vorgenommen wurden, eine Vielzahl an Widersprüchen und Unstimmigkeiten ausgeräumt worden. Damit wurde der Missstand, dass das maßgebliche gesamtplanerische Instrument in der Bundesrepublik (Bauleitplanung) keine hinreichenden Möglichkeiten zur Herbeiführung örtlich abgestimmter Lösungen zur Behandlung der wohl größten Umweltherausforderung des 21. Jahrhunderts (Klimawandel) gewährte, in überzeugender Weise behoben. Den Kommunen sind damit für den Neubaubereich hinreichende und vor allem äußerst flexible Möglichkeiten an die Hand gegeben, die Vorgaben des EEWärmeG nachzusteuern[37] – entsprechende Initiativen auf örtlicher Ebene vorausgesetzt.[38] Bisher sind Bebauungspläne mit energiebezogenen Festsetzungen gleichwohl eine seltene Ausnahme.[39] In der Planungspraxis ist vielmehr die Tendenz erkennbar, die Bebauungspläne auf das Notwendigste zu beschränken, um durch diese Kom-

[35] Näher, insbesondere zum daraus abgeleiteten Erfordernis stromgeführter KWK-Anlagen in Verbindung mit (solaren) Wärmenetzen und Saisonspeichern oben S. 52 ff. sowie sogleich S. 393 ff.

[36] Ausführlich und unter Einbeziehung verfassungsrechtlicher Fragen sowie der Sonderregelungen im Rahmen der Vorbildpflichten der öffentlichen Hand oben S. 55 ff.

[37] Zu den Möglichkeiten im Einzelnen oben S. 141 ff. und S. 163 ff.

[38] Siehe bereits in diesem Zusammenhang den Vorschlag oben auf S. 364 ff. zur Einführung einer Klimaaktionsplanung, um eine Auseinandersetzung der Städte und Gemeinden mit den ihnen zur Verfügung stehenden Möglichkeiten zu gewährleisten.

[39] Zu konkreten Beispielen oben S. 134 ff.

plexitätsreduktion zum einen die Planungskosten zu senken und zum anderen die Risiken einer rechtlichen Angreifbarkeit zu minimieren.[40] Angesichts der sehr niedrigen Erfolgsquoten beim gerichtlichen Vorgehen gegen Bebauungspläne[41] sowie der Bedeutung einer konsistenten Energiepolitik für die örtliche Wertschöpfung[42] und damit auch für die wirtschaftliche Entwicklung einer Gemeinde, erscheint diese Zurückhaltung indessen nicht immer nachvollziehbar.

Erfreulicherweise stellt das BauGB auch eine Vielzahl von konsensual-kooperativen Instrumenten zur Verfügung, mit denen Kommunen Klimaschutzinhalte auch dann in die Bauleitplanung einbringen können, wenn es an der Bereitschaft zum Einsatz von ordnungsrechtlich wirkenden Bebauungsplanfestsetzungen fehlt. Dazu gehören städtebauliche Verträge (§ 11 BauGB), städtebauliche Sanierungsmaßnahmen (§§ 136 ff. BauGB), Stadtumbaumaßnahmen (§§ 171a ff. BauGB) und Maßnahmen im Rahmen so genannter Privater Initiativen (§ 171 f BauGB). Während die gesetzlichen Regelungen zu städtebaulichen Verträgen und Stadtumbaumaßnahmen bereits im Rahmen der BauGB-Klimanovelle 2011 fortentwickelt wurden, steht dies für die städtebaulichen Sanierungsmaßnahmen und die Normierung der Privaten Initiativen noch aus.[43] Für die bereits geänderten §§ 171a ff. BauGB ist nochmals darauf hinzuweisen, dass erst eine ausdrückliche Aufnahme des Klimaschutzaspektes in die gesetzlichen und untergesetzlichen Regelungen über die Städtebauförderungsmittel, verbunden mit einer entsprechenden Mittelaufstockung zur Effektuierung der Neuregelungen führen kann.[44] Die im Zuge der BauGB-Klimanovelle 2011 bereits vorgeschlagenen, dann aber kurzfristig abgelehnten Änderungen in den §§ 136 ff. BauGB werden nun voraussichtlich im Rahmen der BauGB-Novelle 2012/13 nachgeholt. Die Notwendigkeit einer klimaschutzbezogenen Weiterentwicklung der Regelungen zur Städtebauförderung besteht jedoch auch insofern. Andernfalls wären sowohl die geplanten Änderungen in §§ 136 ff. als auch die bereits stattgefundenen in §§ 171a ff. BauGB kaum mehr als „kostengünstige", klarstellende Bekenntnisse zum Klimaschutz im Besonderen Städtebaurecht. Von einer echten Maßnahmenkohärenz kann dagegen erst gesprochen werden, wenn auch die in der Praxis wichtige Säule der finanziellen Förderung entsprechend ausgerichtet wird.

---

[40] So das Ergebnis einer Expertenanhörung, wiedergegeben bei *Ecofys* (Hrsg.), Energieeffizienz und Solarenergienutzung in der Bauleitplanung, 2006, S. 67.

[41] Vgl. die Zahlen bei *Koch/Hendler*, Baurecht, Raumordnungs- und Landesplanungsrecht, 5. Aufl. 2009, § 18 Rn. 8 f.

[42] Dazu auch oben S. 13 ff.

[43] Für die Regelung des § 171 f BauGB zu Privaten Initiativen wird an dieser Stelle eine Ergänzung um einen neuen S. 2 vorgeschlagen, der die Instrumentalisierung aus Klimaschutzgründen herausstellt, die nähere Ausgestaltung aber weiterhin – wie es bisher für Private Initiativen üblich ist – den Landesgesetzgebern überlässt. Näher oben S. 212 ff.

[44] Notwendig ist etwa eine Aufnahme des Klimaschutzes in § 164b Abs. 2 BauGB. Siehe näher oben S. 209 ff.

c) Bauordnungsrecht

Die bauordnungsrechtlichen Regelungen einiger Bundesländer enthalten Ermächtigungsgrundlagen zum Erlass örtlicher Bauvorschriften, mit denen auch die Energie- bzw. Wärmeversorgung bestimmt werden kann.[45] Solange es keine bundesweit gültigen Vorgaben für *bestehende* Gebäude gibt, kann diesen Ermächtigungen *insoweit* Bedeutung für klimaschützende Maßnahmen zukommen. Wichtige Rechtsfragen wurden durch die Auseinandersetzungen rund um die Marburger Solarsatzung geklärt.[46] Bedauerlicherweise wurde eben dieser Rechtsstreit bisher allerdings offenbar weniger als Gelegenheit zur Klärung streitiger Fragen aufgefasst, sondern vielmehr als Absage an den kommunalen Klimaschutz insgesamt. Angesichts der Reaktion des hessischen Landesgesetzgebers auf die Umgestaltung der Marburger Solarsatzung nach den Vorgaben der Rechtsprechung, der zuerst die einschlägige Rechtsgrundlage vollständig aufhob, anstatt sie zeitgemäß fortzuentwickeln, und schließlich auch die geänderte Solarsatzung – zusammen mit allen weiteren bis dato auf dieser Ermächtigungsgrundlage erlassenen Satzungen – nachträglich noch durch eine ausdrückliche gesetzliche Regelung im Zuge einer weiteren Änderung der HessBO endgültig zu Fall brachte, erscheint dies in gewissem Maße nachvollziehbar.

Demgegenüber bestehen in einigen Ländern Überlegungen, entsprechende Ermächtigungsgrundlagen neu einzuführen. Sollten diese Überlegungen in konkrete Gesetzesinitiativen münden, bietet sich eine Anlehnung an die in Brandenburg bestehende Regelung (§ 81 Abs. 7 BbgBO) an.[47] Dabei sollte jedoch auf den strengen Wirtschaftlichkeitsmaßstab (§ 81 Abs. 7 S. 1 2. Hs. BbgBO) sowie auf den Verweis auf zahlreiche Normen des EEWärmeG (§ 81 Abs. 7 S. 3 BbgBO) verzichtet werden.[48] Beides führt zu einer unnötigen und politisch fragwürdigen Einschränkung der Möglichkeiten des kommunalen Klimaschutzes. Bestimmte Restriktionen ergeben sich ohnehin bereits aus dem Verbot unverhältnismäßiger Beschränkungen des Eigentumsgrundrechts.[49]

Es stellt sich jedoch die Frage, inwieweit der Erhalt bzw. die Neuschaffung solcher Ermächtigungsgrundlagen überhaupt noch notwendig ist, wenn das EEWärmeG (zukünftig) selbst bereits den Bestandsgebäudebereich adressieren sollte, zumal schon von den bestehenden Regelungen nahezu kein Gebrauch gemacht wurde. Die Frage lässt sich nicht ohne weiteres beantworten. Vieles wird von der genauen Ausgestaltung des EEWärmeG abhängen, denn dementsprechend könnten sich Nachsteuerungsmöglichkeiten oder -bedarfe in Abhän-

---

[45] Siehe im Einzelnen oben S. 218 ff.

[46] Ausführlich oben S. 228 ff.

[47] Hierzu näher oben S. 218 f.

[48] Gleiches gilt auch für die ausdrückliche Nennung der Fotovoltaik in § 81 Abs. 7 S. 2 Nr. 1 BbgBO. Ermächtigungsgrundlagen für kommunale Klimaschutzmaßnahmen sollten sich insoweit auf den Wärmebereich konzentrieren.

[49] Siehe oben S. 238 ff.

gigkeit von den besonderen Verhältnissen in einzelnen Kommunen ergeben. Die (voreilige) Streichung von bauordnungsrechtlichen Ermächtigungsgrundlagen kann jedenfalls kaum empfohlen werden.

d) Kommunaler Anschluss- und Benutzungszwang und Wärmenetzversorgung

Der Bund hat mit § 16 EEWärmeG einen ganz wesentlichen Beitrag zur Schaffung von Rechtssicherheit bzw. zur Vermeidung von Widersprüchen geleistet. Zuvor hatten die ABZ-Ermächtigungsgrundlagen, die zwar in allen Bundesländern vorhanden sind, allerdings höchst unterschiedliche Klimaschutzbezüge enthielten,[50] die Nutzung dieses Instruments zum Ausbau der Wärmenetzversorgung, der enormes Klimaschutzpotenzial zukommt, mit erheblichen Unsicherheiten versehen. Der (partielle) „Durchgriff" des Bundes auf landesrechtliche Ermächtigungen durch § 16 EEWärmeG, mit der der Klimaschutz als zulässiger Anordnungsgrund für ABZ-Satzungen bundesweit klargestellt wurde,[51] mag zunächst zwar angesichts dieser neuartigen Regelungstechnik Verwirrung gestiftet haben, ist aber kompetenzrechtlich im Ergebnis unproblematisch[52] und belässt den Ländern im Übrigen weitere Gestaltungsspielräume im Detail. Es handelt sich also um eine zwar bisher unübliche, aber durchaus effektive Form der Schaffung stimmiger Regelungen im Klimaschutzbereich.

Im Bereich der Wärmenetzversorgung kommt der Erhaltung kommunaler Entscheidungs- und Gestaltungsspielräume erhebliche Bedeutung zu, da am ehesten die Kommunen – und nicht Bundes- oder Landesgesetzgeber – über die nötigen Kenntnisse der vielen verschiedenen Faktoren verfügen, die beim Aufbau einer nachhaltigen Netzlösung auf ihrem Gebiet von Bedeutung sind.[53] Wärmenetze, die gerade vor dem Hintergrund der langfristigen Umstellung auf immer höhere EE-Anteile künftig sogar eine noch größere Rolle spielen dürften,[54] lassen sich nur schwer durch pauschale gesetzliche Regelungen etablieren. Notwendig sind vielmehr kleinräumige Abstimmungen und genaue örtliche Planungen, da Wärmenetze – anders als das Stromnetz – in aller Regel keine überörtliche Ausdehnung erreichen. Die landesgesetzlichen Ermächtigungsgrundlagen für Anschluss- und Benutzungszwänge bedürfen jedoch teilweise einer Präzisierung, um die aus Gründen der Verhältnismäßigkeit erforderlichen Befreiungstatbestände deutlich zu machen.[55]

---

[50] Im Einzelnen oben S. 292 ff.

[51] Näher oben S. 304 ff.

[52] Ausführlich oben S. 298 ff.

[53] Vgl. etwa oben S. 317 ff.

[54] Siehe auch sogleich S. 393 ff.

[55] Siehe einen entsprechenden Vorschlag für den Wortlaut der Ermächtigungsgrundlage auf S. 324.

Kritisch zu sehen ist die Aufhebung des Nahwärmebegriffs im EEWärmeG im Allgemeinen sowie in § 16 EEWärmeG im Besonderen. Dem Begriff kam angesichts seiner systematischen Verwendung das Potenzial für eine Stärkung von EE-gespeisten Wärmenetzen – gegenüber der traditionell auf fossiler KWK beruhenden Versorgung – zu.[56]

e) *Kommunale Wärme- und Klimaaktionspläne*

Wie bereits an verschiedenen Stellen angedeutet, sind gemeindliche Initiativen zur Schaffung *verbindlicher* Klimaschutzregelungen bislang die Ausnahme. In aller Regel wird diese Aufgabe den übergeordneten Ebenen (Land, Bund, EU) überlassen, (mutmaßlich) vor allem wegen fehlender Kapazitäten in der Verwaltung, aber auch aus „Unsicherheit" über die Auswirkungen verbindlicher Regelungen auf das Verhalten der Gemeindeeinwohner bei den nächsten kommunalen Wahlen. Bestimmte Entscheidungen wie etwa solche zur Wärmenetzversorgung können jedoch nicht ohne weiteres auf höhere Ebenen verlagert werden. Ferner werden die Anforderungen des EEWärmeG zunehmend einer Feinsteuerung auf örtlicher Ebene bedürfen, wenn der Anteil Erneuerbarer Energien kontinuierlich gesteigert werden soll. Die daraus folgende Bedeutung des kommunalen Klimaschutzes macht Maßnahmen erforderlich, die bei den Städten und Gemeinden in der Breite zu einer Sensibilisierung für ihre eigenen, bereits heute hinreichend verfügbaren Steuerungsmöglichkeiten führen, idealerweise darüber hinaus auch zur tatsächlichen Nutzung dieser Möglichkeiten. Eine solche bewusstseinsbildende und stimulierende Maßnahme kann die hier vorgeschlagene Schaffung einer gesetzlichen Pflicht zur Erstellung von Wärme- bzw. Klimaaktionsplänen sein.[57]

Die Schaffung einer solchen Verpflichtung kann gemäß den nachfolgenden Erwägungen auch als ein Gebot der Kohärenz des kommunalen Klimaschutzes eingeordnet werden. Einerseits wurden die Kommunen von Bund und Ländern mit einer Vielzahl rechtlicher Klimaschutzinstrumente ausgestattet. Diese weisen – sowohl jeweils für sich betrachtet als auch im Verhältnis zueinander und im Verhältnis zu den bundes- und landesgesetzlichen Pflichten – eine erhebliche Komplexität auf, vor allem bedingt durch die stets zu berücksichtigenden technischen und wirtschaftlichen Hintergründe.[58] Andererseits ist bisher aber nicht dafür gesorgt worden, dass eine tatsächliche Auseinandersetzung mit diesen

---

[56] Ausführlich oben § 9 (S. 327 ff.).

[57] Im Detail und einschließlich eines Vorschlags für den Wortlaut einer in das EEWärmeG einzufügenden Neuregelung oben S. 346 ff.

[58] Ähnlich *Sailer*, Klimaschutzrecht und Umweltenergierecht – Zur Systematisierung beider Rechtsgebiete, NVwZ 2011, 718 (721), der die schwer überschaubare Regelungsdichte im Klimaschutzrecht insgesamt auf die Vielzahl und Unterschiedlichkeit der Emissionsquellen zurückführt.

Instrumenten auf kommunaler Ebene stattfindet, sondern es wird allein auf die Eigeninitiative der Kommunen gesetzt. Dies erscheint nicht zielführend, ja sogar widersprüchlich. Eine BauGB-Klimanovelle wird praktisch verzichtbar, wenn sich der Anteil der Kommunen, die von den erweiterten Möglichkeiten Gebrauch machen, wie bisher im Bereich von (kleinen) Prozentbruchteilen bewegt.[59]

Es kann folglich als ein Erfordernis der Kohärenz verstanden werden, dem komplexen Instrumentenverbund ein übergreifendes verpflichtendes Element hinzuzufügen, das für eine *Auseinandersetzung* der Planungs- und Verwaltungspraxis mit den zum Teil so intensiv in der Rechtswissenschaft diskutierten und mehrmals von der Legislative fortentwickelten Instrumenten sorgt. Wenn dabei – wie hier vorgeschlagen[60] – auch (zunächst) auf eine Verpflichtung der Kommunen zum *Einsatz* der Instrumente verzichtet wird, dürfte kaum zweifelhaft sein, dass der Selbstverwaltung und damit der Eigenverantwortung der Kommunen immer noch genügend Raum bleibt.

2. Perspektiven

Hinsichtlich der Anteile der einzelnen Energieträger an der (langfristigen) Wärmebereitstellung existieren bisher noch kaum Regelungen, die eine übergreifende Vorstellung vermitteln bzw. eine gezielte Steuerung erkennen lassen. Vorrangregelungen für bestimmte Technologien – selbst in moderater Form – sind dem EEWärmeG bisher fremd, sodass allein über die Ausgestaltung des MAP eine (begrenzte) Technologiesteuerung vorgenommen werden kann. Mit der bestehenden Wahlfreiheit wird stattdessen die Minimierung von Belastungen der Verpflichteten angestrebt. Dies ist derzeit ohne weiteres damit zu begründen, dass ein so relativ neuer Rechtsbereich wie die Erneuerbare Wärme sich nicht durch rechtliche Vorgaben von Beginn an gleichsam wie auf dem Reißbrett durchkonstruieren lässt. Nichtsdestoweniger wird anhand der nachfolgenden Erörterungen bereits absehbar, dass eine kohärente und nachhaltige Entwicklung des Energiesystems insgesamt künftig für die Wärmeversorgung Abstriche bei der Wahlfreiheit zu Gunsten der Verknüpfung der Energiebereiche – und damit im Ergebnis zu Gunsten der Versorgungssicherheit aller Energiesektoren – erfordern dürfte. In der Gesamtperspektive sollte der Rechtsrahmen der Erneuerbaren Energien im Wärmemarkt dabei stärker auf die Förderung der *Solarwärme* ausgerichtet werden.[61]

---

[59] Gleichfalls kritisch *Ekardt*, Theorie der Nachhaltigkeit, 2011, S. 439.

[60] Oben S. 364 ff., insbesondere S. 369 f.

[61] Auch das Bundesministerium für Umwelt, Naturschutz und Reaktorsicherheit geht von Anteilen der Solarthermie (einschließlich solarer Nahwärmenetze) an der Wärmeerzeugung in 2050 von 40–50% aus, vgl. *Bundesministerium für Umwelt, Naturschutz und Reaktorsi-*

Bis 2050 soll die Energieversorgung in Deutschland zu 60% auf Erneuerbaren Energien beruhen, die Stromversorgung sogar zu 80%.[62] In diesem Zeithorizont ist – unabhängig von der Entwicklung in Deutschland und bei aller Zurückhaltung, die im Zusammenhang mit Energieszenarien angeraten ist[63] – mit einer zunehmenden Verknappung und in der Folge einer entsprechenden Verteuerung jedenfalls bestimmter fossiler Brennstoffe (Erdöl, unter Umständen auch Erdgas) zu rechnen. Aus marktwirtschaftlichen Gründen wird diese Verteuerung auch biogene Brennstoffe erfassen („faktische Ölpreisbindung"). Die EE-Formen im Wärmebereich sind jedoch begrenzt auf Biomasse, Solarthermie, Geothermie und Umweltwärme, wobei die tiefe Geothermie noch etlichen Entwicklungsaufwand erfordert und die Umweltwärme praktisch die Verwendung von Strom zu Heizungszwecken bedeutet, also kaum als Erneuerbare Wärme im engeren Sinne klassifiziert werden kann. Die EE-Nutzung im Wärmebereich stützt sich deshalb heute zu mehr als 90% auf die Biomasse, hinzu kommen Anteile in Höhe von je etwa 4% für Solarthermie und Umweltwärme.[64]

Für die langfristige Ausrichtung der Wärmeversorgung ist zu beachten, dass Gebäude regelmäßig Nutzungsdauern von bis zu 100 Jahren aufweisen.[65] Auch wenn ihre Wärmeversorgungstechnik im Laufe dieser Zeit angepasst werden kann, werden bei der Errichtung aber bereits ganz wesentliche Prämissen gesetzt, die über die Möglichkeiten des Sonnenenergieeinsatzes entscheiden und die sich später nur unter großem – ggf. unverhältnismäßigem – Aufwand abändern lassen. Dem bisherigen Trend hinsichtlich der einzelnen EE-Anteile an der Wärmeversorgung, der vor allem aus Kostengründen in Richtung Biomassenutzung geht, muss deshalb *rechtzeitig* gegengesteuert werden.

Die Solarwärme ist diejenige Energieart, die zum einen unerschöpflich ist (abgesehen von der noch nicht weit genug entwickelten tiefen Geothermie) und

---

cherheit (Hrsg.), Leitstudie 2011, S. 125 (http://erneuerbare-energien.de/files/pdfs/allgemein/application/pdf/leitstudie2011_bf.pdf; abgerufen: 30. 10. 2012); *Bundesministerium für Umwelt, Naturschutz und Reaktorsicherheit* (Hrsg.), Innovation durch Forschung – Jahresbericht 2010, 2011, S. 48 (http://www.bmu.de/files/pdfs/allgemein/application/pdf/broschuere_innovation_forschung_2010_bf.pdf; abgerufen: 30. 10. 2012), ohne dass allerdings entsprechende rechtliche Steuerungsinstrumente erkennbar sind.

[62] *Bundesregierung*, Energiekonzept für eine umweltschonende, zuverlässige und bezahlbare Energieversorgung v. 28. 9. 2010, BT-Drs. 17/3049, S. 2.

[63] Näher zu diversen Szenarien der Energiezukunft in Deutschland *Fischedick/Samadi/Venjakob*, Die Rolle Erneuerbarer Energien am Beispiel Deutschlands, in: Müller (Hrsg.), 20 Jahre Recht der Erneuerbaren Energien, 2012, S. 51 (53 ff., 67 ff.), die sich auch zu Recht differenziert mit der Szenario-Methodik auseinandersetzen.

[64] Vgl. die Zahlen von 2010 bei *Bundesministerium für Umwelt, Naturschutz und Reaktorsicherheit* (Hrsg.), Erneuerbare Energien in Zahlen, 2011, S. 15 (http://www.bmu.de/files/pdfs/allgemein/application/pdf/broschuere_ee_zahlen_bf.pdf; abgerufen: 30. 10. 2012).

[65] Zur Altersstruktur des Gebäudebestands in Deutschland siehe *Deutsches Institut für Urbanistik* (Hrsg.), Klimaschutz in Kommunen, 2011, S. 231 (auch online unter http://leitfaden.kommunaler-klimaschutz.de/; abgerufen: 30. 10. 2012).

zum anderen auch praktisch emissionslos. Den hohen Investitionskosten stehen relativ geringe und zuverlässig kalkulierbare Betriebskosten gegenüber, da kein Brennstoffeinsatz notwendig ist. Biomasse wird hingegen steigendem Nachfrage- und deshalb auch Kostendruck ausgesetzt sein und weist, neben der ebenfalls problematischen Nutzungskonkurrenz mit der Nahrungs- und Futtermittelproduktion, eine Reihe von umweltpolitischen Nachteilen auf. Anbau und Verarbeitung von Bioenergiepflanzen sind mit erheblichen Belastungen von Boden und Wasser und Einschränkungen der Biodiversität (Landverbrauch etc.) verbunden.[66] Die Bioenergienutzung birgt deshalb das Risiko eines Klimaschutzes zum Preis von unangemessenen sonstigen Umweltbelastungen, das es so weit als möglich zu reduzieren gilt. Den intra-ökologischen Konflikten zwischen Klimaschutz und Boden-, Gewässer- und Naturschutz muss (auch) durch entsprechende Vorgaben zur *Verwendung* des wertvollen Energieträgers Biomasse Rechnung getragen werden. Regularien zur nachhaltigen *Erzeugung* allein genügen hierfür nicht, zumal die Effektivität derartiger Vorgaben äußerst fraglich bleibt.[67] Die zurückhaltende Nutzung der Biomasse als EE-Form, deren Kapazitäten im Übrigen begrenzt sind,[68] stellt deshalb ebenso ein Gebot der umweltpolitischen Kohärenz dar, denn Klimaschutzmaßnahmen sollten auch im Hinblick auf sonstige Umweltbelastungen (neben dem Klimasystem) *möglichst* frei von dysfunktionalen Effekten sein.

Eine ambitionierte Forcierung der Solarwärme jedenfalls im Neubaubereich stellt damit eines der grundlegenden Gebote nachhaltiger Energiepolitik dar, da die spezifischen Kosten im Neubaubereich am geringsten sind. Die sonstigen Arten Erneuerbarer Wärme, v.a. auch die verschiedenen Bioenergieformen, dürften wegen ihrer technischen Flexibilität vorrangig für die Umstellung der Wärmeversorgung im Gebäudebestand notwendig sein, der von weit größeren wirtschaftlich-technischen Restriktionen geprägt ist. Im Übrigen ergeben sich auch im Neubaubereich bestimmte Grenzen des Solarwärmeeinsatzes, sodass eine vollständige Umstellung auf diese Energieform ohnehin utopisch wäre. Dort, wo es mit vertretbarem Aufwand realisiert werden kann, sollte jedoch vorrangig die Solarthermie zum Einsatz kommen. Hilfsweise müssen bei Neubauten zumindest Vorkehrungen für eine vereinfachte Umstellung auf eine so-

---

[66] Überblick über die negativen Folgen der Biomassenutzung etwa bei *Ekardt/Schmeichel/Heering*, Europäische und nationale Regulierung der Bioenergie und ihrer ökologisch-sozialen Ambivalenzen, NuR 2009, 222ff.

[67] Siehe dazu bereits oben S. 50ff. mit Fn. 132, § 1.

[68] *Bundesministerium für Umwelt, Naturschutz und Reaktorsicherheit* (Hrsg.), Leitstudie 2011, S. 285 (http://erneuerbare-energien.de/files/pdfs/allgemein/application/pdf/leitstudie2011_bf.pdf; abgerufen: 30. 10. 2012), weist bereits darauf hin, dass der (heute mit einem Anteil von über 90% dominierende) Einsatz von Biomasse im Wärmesektor kaum nennenswert gesteigert werden kann und eine substanzielle Verschiebung hin zu den sonstigen Formen der Erneuerbaren Wärme, d.h. insbesondere Solarthermie und Geothermie, notwendig ist.

larthermische Versorgung zu einem späteren Zeitpunkt, d.h. bei Erneuerung der Heizungsanlage, getroffen werden. Angesprochen ist damit insbesondere eine Versorgung über solare Nahwärmenetze.[69] Ein weiterer Ausbau der Wärmenetzversorgung (mit Fokus auf der Solarwärme, nicht wie bisher auf der fossilen KWK) einschließlich großer Wärmespeicher ist damit dringend geboten, flankiert von weiterer Forschung und Entwicklung der Technik.

Dies wirft die Frage nach entsprechenden Steuerungsmöglichkeiten auf Bundesebene auf. Gedacht werden könnte *erstens* an eine Veränderung der in § 5 EEWärmeG festgeschriebenen Deckungsanteile für die verschiedenen EE-Arten, um die Solarthermie „attraktiver" zu gestalten. Die Erfolgsaussichten dürften allerdings gering sein, zumal auch die vorgeschriebene Deckungsrate für die Solarthermie selbst zur Förderung ihres Einsatzes zu Heizzwecken (und nicht nur zur Warmwasserbereitung) sprunghaft angehoben werden müsste. Ebenso wenig geeignet sein dürfte *zweitens* eine kategorische Beschränkung der Technologieoffenheit des EEWärmeG für Neubauten durch Reduzierung der Tatbestände zur Nutzungspflichterfüllung, weil eine derartige Vorgabe für das gesamte Bundesgebiet zu undifferenziert wäre. Theoretisch denkbar ist *drittens* eine „Vorrangregelung" für solarthermische Anlagen (mit Heizungsunterstützung) in Bezug auf die Erfüllung der EE-Nutzungspflicht in Neubauten. Sonstige EE-Formen dürften danach im Neubaubereich nur dann „hilfsweise" zum Einsatz kommen, wenn die Nutzung der Solarthermie (rechtlich oder technisch) unmöglich oder nur mit unverhältnismäßigem Aufwand zu realisieren wäre. Die notwendige Überprüfung jedes Einzelfalls durch die Vollzugsbehörde würde jedoch einen kaum akzeptierten Verwaltungsaufwand verursachen. Im Übrigen ist für die technische Variante mit dem größten Potenzial, nämlich die solare Nahwärme mit Wärmespeichern, die Initiative einzelner Bauherren nicht ausreichend, sondern es bedarf einer „koordinierenden Stelle", um eine Netzlösung aufzubauen.

Rein ordnungsrechtliche Instrumente auf Bundesebene werden zur Umstellung der Wärmeversorgung also nicht genügen. Notwendig ist stattdessen eine gezielte Koordination der Solarwärmeversorgung von Neubauten auf kommunaler Ebene, da so die örtlichen Gegebenheiten (einschließlich der potenziellen Einbeziehung von Bestandsbauten) berücksichtigt werden können. Der bestehende Rechtsrahmen des kommunalen Klimaschutzes stellt hierfür *zum Teil* bereits die notwendigen Instrumente bereit. Über Bebauungsplanfestsetzungen (§ 9 Abs. 1 Nr. 23 lit. b BauGB[70]) oder städtebauliche Verträge[71] bzw. mittels

---

[69] Auch diese bedürfen im Übrigen selbst beim Einsatz von großen Wärmespeichern für Spitzenzeiten einer Unterstützung durch ergänzende KWK-Anlagen, vgl. die oben auf S. 330 mit Fn. 12, § 9 angegebenen so genannten solaren Deckungsraten.

[70] Vgl. auch oben S. 152 ff. sowie S. 168 ff.

[71] Oben S. 185 ff.

ABZ-Satzungen[72] kann eine Kommune die Wärmeversorgung von Neubauten unter Nutzung der Solarthermie verbindlich vorgeben. Dort, wo Solarthermie bzw. solare Nahwärme im Neubaubereich aktuell ausscheidet (z.B. wegen zu geringer Abnehmerzahl), können Gemeinden über Bebauungsplanfestsetzungen zumindest sicherstellen, dass spätere Nachrüstungen nicht von vornherein am unverhältnismäßigen Aufwand scheitern.[73] Insoweit ist das kommunale Klimaschutzrecht folglich gut aufgestellt. Allerdings fehlt es an einem Instrument, mit dem sichergestellt ist, dass die Kommunen ihrer zentralen Rolle bei der Förderung der Solarenergie, die sich aus den Schwierigkeiten einer effektiven Steuerung auf Bundesebene ergibt, auch *tatsächlich* gerecht werden. Von wesentlicher Bedeutung ist deshalb die Schaffung der Verpflichtung zur Aufstellung von Wärme- bzw. Klimaaktionsplänen, wie sie hier vorgeschlagen wird.[74] Darüber hinaus dürften finanzielle Fördermechanismen für die erheblichen Investitionen in eine entsprechende solare Versorgungsstruktur unentbehrlich sein, und zwar sowohl in direkter (Investitionszuschüsse) als auch in indirekter Form (Förderung von weiterer Forschung und Entwicklung).[75]

III. Effektive Umsetzung im Mehrebenensystem

1. Unionsebene

Zwar wurde das EEWärmeG als zentrales Instrument der Förderung Erneuerbarer Wärme in Deutschland noch vor der EE-RL[76] der EU beschlossen. Auch die Weiterentwicklung einiger zentraler Rechtsgrundlagen des kommunalen Klimaschutzes durch die BauGB-Klimanovelle 2011 erfolgte ohne europäischen Anstoß. Allerdings gehen wesentliche Weiterentwicklungen mittlerweile auf Verpflichtungen aus der EE-RL zurück.[77] Dies gilt für die Vorbildfunktion öffentlicher (Bestands-)Gebäude[78] ebenso wie für die noch ausstehende Einbeziehung des privaten Gebäudebestands. Die EU wird damit immer mehr zum

---

[72] Vgl. in diesem Zusammenhang die ausführlichen Erörterungen oben auf S. 313ff. sowie S. 338f.

[73] Dies betrifft etwa die Dachform und -ausrichtung sowie die Installation von Leerrohren, vgl. hierzu oben S. 142ff., 144ff., 147ff. sowie S. 156ff.

[74] Ausführlich oben § 11 III.

[75] Zum mittlerweile ausgelaufenen Förderprogramm „Solarthermie2000" des Bundesministeriums für Umwelt, Naturschutz und Reaktorsicherheit siehe *Deutsches Institut für Urbanistik* (Hrsg.), Nutzung erneuerbarer Energien durch die Kommunen, 2010, S. 35.

[76] Fundstelle oben Fn. 12, § 1.

[77] Zumindest indirekt spielen für die Erneuerbare Wärme im Übrigen auch die novellierte GEEG-RL (Fundstelle oben Fn. 44, § 1) sowie die (novellierte) Energieeffizienz-RL (Fundstelle oben Fn. 23, § 11) eine Rolle.

[78] Hierzu *Wustlich*, Öffentliche Gebäude als Vorbilder für Erneuerbare Energien, DVBl. 2011, 525 (526f.).

Motor des Klimaschutzes,[79] auch abseits des Emissionszertifikatehandels.[80] Bezogen auf das gesamte Umweltenergierecht erwächst daraus freilich eine wahre Flut von Regelungen, wie das dichte Vorschriftengeflecht zur Energieeffizienz im Strombereich mustergültig illustriert.[81] Im Wärmebereich ist die Zahl der Unionsvorschriften dagegen erheblich kleiner, wenngleich auch hier kaum von mangelnder Komplexität gesprochen werden kann. Für die deutsche Rechtsordnung entfalten wiederum nur einzelne Normen aus dieser Zahl tatsächlich durchschlagende Wirkung. Diese Folge der Heterogenität der Rechtsordnungen der Mitgliedstaaten bzw. dieses sichtbare Zeichen eines bereits relativ weit fortentwickelten deutschen Rechts zur Förderung Erneuerbarer Wärme stellt die Notwendigkeit der europäischen Initiativen keineswegs in Frage.[82] Bereits die in der EE-RL enthaltene Verpflichtung zur Schaffung verbindlicher Vorgaben für die Nutzung Erneuerbarer Wärme bei bestehenden Gebäuden ist (jedenfalls bei entsprechender Umsetzung) klimapolitisch so bedeutsam, dass sie allein schon den Aufwand für die EE-RL legitimieren würde.

2. Kompetenzverteilung zwischen Bund und Ländern

a) Sachgesetzgebungskompetenzen

Die Kompetenzverteilung zwischen Bund und Ländern im Hinblick auf die Förderung Erneuerbarer Wärme bzw. das Recht des kommunalen Klimaschutzes kann als einigermaßen komplex bezeichnet werden. So ist der Bund mit dem EEWärmeG für den Neubaubereich maßgeblich verantwortlich, die Länder hingegen (grundsätzlich) für den Gebäudebestand (§ 3 Abs. 4 Nr. 2 EEWärmeG). Ausnahmsweise gilt dies hingegen nicht hinsichtlich der bestehenden öffentlichen Gebäude, für die der Bund zur Bestimmung ihrer Vorbildfunktion Regelungen im EEWärmeG getroffen hat. Hiervon können die Länder aber wiederum teilweise abweichen (§ 3 Abs. 4 Nr. 1 EEWärmeG).[83] Nicht minder vielschichtig sind die Regelungen, mit denen Kommunen „ermächtigt" werden

---

[79] So auch für das Umweltrecht insgesamt *Rodi*, Instrumentenvielfalt und Instrumentenverbund im Umweltrecht, ZG 2000, 231 (235).

[80] Vgl. in diesem Zusammenhang *Knauff*, Die Entwicklung eines europäischen Rechts der Erneuerbaren Energien im Kontext des europäischen Umweltenergierechts, in: Müller (Hrsg.), 20 Jahre Recht der Erneuerbaren Energien, 2012, S. 408 (412 ff.).

[81] Einen Eindruck hiervon vermitteln die Beiträge bei *Britz/Eifert/Reimer* (Hrsg.), Energieeffizienzrecht, 2010, wobei der Normenkanon zwischenzeitlich bereits weiter ausgebaut wurde. Siehe außerdem *Schomerus*, Rechtliche Instrumente zur Verbesserung der Energienutzung, NVwZ 2009, 418 ff.

[82] Ähnlich *Lehnert/Templin/Theobald*, Die Erneuerbaren Energien im System des Energierechts, VerwArch 102 (2011), 83 (86).

[83] Zu den Abweichungsmöglichkeiten und den „abweichungsfesten Kernen" siehe im Einzelnen *Wustlich*, in: Danner/Theobald (Hrsg.), Energierecht, EEG VI B 4 § 1a Rn. 17 ff.

(im weitesten Sinne), eigene Klimaschutzvorgaben zu erlassen. Sie finden sich im Allgemeinen und im Besonderen Städtebaurecht, das Neu- bzw. Bestandsbauten betreffen kann und für das der Bund zuständig ist, sowie – für Bestandsbauten – im Bauordnungsrecht der Länder (Ermächtigungsgrundlagen für EE-Satzungen) und im Kommunalrecht bzw. im landeseigenen Energierecht (ABZ-Ermächtigungsgrundlagen), das wiederum neu zu errichtende und bestehende Gebäude betreffen kann.

Tatsächlich drängt sich für die verschiedenen „Ermächtigungen“ die Frage auf, ob nicht eine Reduktion der Normenvielfalt angeraten wäre. Da zum einen die unterschiedlichen Regelungen jedoch den Kommunen teils abweichende Regelungsspielräume eröffnen, die dann verloren gingen, und zum anderen bisher keine Ineffizienzen bekannt sind, die sich aus der Parallelität verschiedener „Ermächtigungen“ ergeben, erscheint die Systematisierung und Information der Kommunen über die einzelnen Befugnisse wichtiger als ihre Reduktion.

Hinsichtlich der unmittelbaren gesetzlichen EE-Nutzungspflichten (EEWärmeG, Landeswärmegesetze) folgt die Komplexität der Aufteilung der Regelungsbefugnisse im Übrigen weniger aus den grundgesetzlichen Vorgaben zur Sachgesetzgebungskompetenz, sondern vielmehr aus der selbst auferlegten Zurückhaltung des Bundes, von seinen Kompetenzen nach Art. 74 Abs. 1 Nr. 11 bzw. Nr. 24 GG hinsichtlich der Erneuerbaren Wärme umfassend Gebrauch zu machen.[84] Auf diese Art sollten den Ländern eigene Entscheidungs- und Differenzierungsmöglichkeiten verbleiben. Der Bund ist jedoch durch die Verfassung keineswegs an einer umfassenden Regelung gehindert.

Seine Möglichkeiten, die wesentlichen Fragen selbst zu regeln, hat der Bund mit dem EEWärmeG genutzt und ist damit für den Neubaubereich vorangeschritten noch bevor auf Unionsebene entsprechende Verpflichtungen etabliert wurden.[85] Mit der BauGB-Klimanovelle 2011 wurden auch hinsichtlich des Instrumentenkastens der Kommunen zahlreiche Fragen aus dem Weg geräumt, ohne dass es zu Streitigkeiten hinsichtlich der Sachkompetenz gekommen wäre. Nunmehr steht als nächste Herausforderung vor allem die Schaffung effektiver Regelungen für den *Gebäudebestand* an, die von der EU gefordert wird und vom Bund – unter Ausnutzung der bisher den Ländern belassenen und von diesen weitestgehend nicht genutzten Regelungsmöglichkeit – ohne grundlegende Kompetenzschwierigkeiten zu bewältigen sein dürfte. Außerdem bedarf es eines *übergreifenden* Instruments zur Stärkung der Auseinandersetzung mit den zur Verfügung stehenden Klimaschutzinstrumenten auf kommunaler Ebene. Von europäischen Vorgaben ist diesbezüglich kaum auszugehen, zumal die Wahrnehmung der Kommunen dort nicht derjenigen in der Bundesrepublik

[84] Die Kompetenzgrundlage für das EEWärmeG ist im Detail, nicht aber hinsichtlich des Ergebnisses, strittig, vgl. dazu oben S. 299 ff.

[85] Folglich drängt sich hier die Vermutung einer fruchtbaren Beeinflussung der europäischen Diskussion durch die nationale Ebene auf.

entspricht. Hier kann abermals der Bund bei der Herstellung eines kohärenten Rechtsrahmens für Erneuerbare Wärme voranschreiten. Die Sachgesetzgebungskompetenz dürfte auch insoweit kaum problematisch sein.

b) *Verwaltungskompetenzen*

Eine Gefahr erheblicher Dysfunktionalitäten kann stattdessen aus der Verteilung der Verwaltungskompetenzen erwachsen. Diesbezüglich konnten bereits verschiedene Problembereiche identifiziert werden, die entweder erhebliche Defizite bedeuten oder aber juristische Behelfskonstruktionen erfordern.

So bestehen etwa hinsichtlich der Mängel beim Vollzug des EEWärmeG[86] kaum Möglichkeiten für den Bund, steuernd einzugreifen, abgesehen von der eher theoretischen Option der Aufsichtsmaßnahmen nach Art. 84 Abs. 3, 4 GG oder des – nicht minder theoretischen – Wechsels der Vollzugsform weg von der Ausführung durch die Länder als eigene Angelegenheit.

Im Hinblick auf die Stärkung der kommunalen Klimaschutzaktivitäten fällt als potenzieller Hemmschuh effektiver Regelungen außerdem das Aufgabenübertragungsverbot gemäß Art. 84 Abs. 1 S. 7 GG auf, dessen Grenzen erst allmählich ausgelotet werden. Die Intention der Norm, eine finanzielle Überforderung der Kommunen durch die unbegrenzte und kompensationslose Zuweisung kostenträchtiger Aufgaben zu vermeiden, verdient durchaus Zustimmung, sodass die Notwendigkeit des kommunalen Aufgabenübertragungsverbots trotz der hierdurch ausgelösten Streitfälle zu bejahen ist. Ebenso kann man in den durch einige neue Klimaschutzregelungen ausgelösten Auseinandersetzungen immerhin auch den Vorteil sehen, dass die Konturierung des Art. 84 Abs. 1 S. 7 GG voranschreitet. Für Neuregelungen wie § 16 EEWärmeG sowie die Regelungen über Vorbildpflichten der öffentlichen Gebäude, soweit sie die Kommunen betreffen, konnte die Betroffenheit von Art. 84 Abs. 1 S. 7 GG verneint werden.[87]

Freilich ist nach wie vor klärungsbedürftig, in welchem Verhältnis Art. 84 Abs. 1 S. 7 GG zu Art. 28 Abs. 2 S. 1 GG steht. Um eine verbindliche – verfassungsgerichtliche – Klärung herbeizuführen, ob die (hier für zutreffend befundene) These vom Spezialitätsverhältnis[88] der Normen zutrifft, müsste den Kommunen durch bundesgesetzliche Regelung eine Aufgabe zugewiesen werden, die als Angelegenheit der örtlichen Gemeinschaft im Sinne von Art. 28 Abs. 2 S. 1 GG einzuordnen wäre, aber bisher von den Kommunen noch nicht verpflichtend erfüllt werden muss. Bei der Bauleitplanung, anhand derer diese These entwickelt wurde, ist die letztgenannte Voraussetzung nicht erfüllt, so-

---

[86] Hierzu ausführlich oben S. 70 ff.
[87] Siehe oben S. 301 ff. und S. 30 ff. mit Fn. 54, § 1.
[88] Näher oben S. 132 ff.

dass etwa mit der BauGB-Klimanovelle 2011 noch kein „echter" Anwendungsfall für die These vom Spezialitätsverhältnis vorlag, sondern auch mit der bloßen Änderung einer bereits übertragenen Aufgabe argumentiert werden konnte. Die Frage würde sich jedoch erneut stellen, wenn etwa eine Bundesregelung zur Erstellung von Wärme- bzw. Klimaaktionsplänen unmittelbar an die Kommunen gerichtet würde. Mit Rücksicht auf die Schwierigkeiten bei der politischen Durchsetzung einer solchen Regelung sieht der hier unterbreitete Vorschlag für eine Bundesregelung einer entsprechenden Planungspflicht hiervon ab. Stattdessen wurde die Adressierung der Länder als primär Verpflichtete gewählt, denen dann eine Verpflichtung der Kommunen offen steht.[89] Diese „Hilfskonstruktion" ist eine Folge der Unsicherheit betreffend das Verhältnis von Art. 28 Abs. 2 S. 1 GG und Art. 84 Abs. 1 S. 7 GG zueinander, die jedoch die Gefahr von „Reibungsverlusten" durch unzureichende Umsetzung der Verpflichtung seitens der Länder birgt. Im Sinne der Rechtssicherheit wäre deshalb die unmittelbare Adressierung der Kommunen unter Inkaufnahme bzw. in Erwartung einer verfassungsgerichtlichen Klärung vorzugswürdig.

3. Zwischenfazit

Das Verhältnis der unterschiedlichen Ebenen, die mit der Förderung der Erneuerbaren Wärme befasst sind (EU, Bund, Länder), lässt sich kaum prägnant umschreiben, zumal der Aufbau eines kohärenten Rechtsrahmens noch nicht abgeschlossen ist. Es ist festzustellen, dass sowohl die EU als auch der Bund Beispiele für innovative legislative Vorgaben gesorgt haben. Die Länder hingegen blieben bislang weit hinter ihren Möglichkeiten zurück. Da der Bund stets über die nötigen Kompetenzen verfügte, die entsprechenden Defizite auf Landesebene zu beheben, führte dies jedoch nicht zu tiefgreifenden Störungen, wohl aber zum Verlust wertvoller Zeit bei den drängenden Herausforderungen des Klimaschutzes. Die Zurückhaltung auf kommunaler Ebene, die dort zur Verfügung stehenden Steuerungsinstrumente klimapolitisch zu nutzen, erfordert hingegen aus den bereits beschriebenen Gründen[90] einen baldigen – etwa durch gesetzliche Vorgaben des Bundes zur Wärme- bzw. Klimaaktionsplanung zu forcierenden – Bewusstseinswandel, da Städten und Gemeinden als Träger der örtlichen Planung eine immer größere Bedeutung bei der Sicherstellung einer nachhaltigen Wärmeversorgung zukommt.[91] Abgesehen von einzel-

[89] Ausführlich oben S. 373 ff.

[90] Siehe soeben S. 393 ff.

[91] Ebenfalls kritisch zum bisher weit hinter den rechtlichen Möglichkeiten zurückbleibenden Engagement in den meisten Städten und Gemeinden *Rodi*, Kommunale Handlungsmöglichkeiten in der Energie- und Klimapolitik – Status quo und Reformansätze, IR 2012, 242 (243). Die Bedeutung der Kommunen für den Klimaschutz gibt auch der umfangreiche

nen, hinsichtlich ihres genauen Inhalts noch verbindlich zu bestimmenden Kompetenzregelungen (Art. 84 Abs. 1 S. 7 GG) kann dabei in der Verteilung der Kompetenzen auf die verschiedenen genannten Ebenen kein grundlegendes Hemmnis für die klimaverträgliche Gestaltung der Wärmeversorgung erblickt werden.

IV. Effektive Umsetzung durch Akzeptanz

1. Komplexität und Akzeptanz

a) Kommunen

Die Weiterentwicklung bestehender wie auch die Schaffung neuer Instrumente für einen kommunalen Klimaschutz ist grundsätzlich positiv zu bewerten, da die Einflussmöglichkeiten der Städte und Gemeinden, die (potenziell) die größte Nähe zu den Verpflichteten und den konkreten Sachfragen aufweisen, vergrößert werden. Die Vielzahl der rechtlichen „Stellschrauben" und die Komplexität der Instrumente sowohl jeweils für sich als auch im Verhältnis zueinander und zu den einschlägigen höherrangigen Regelungen, ist letztlich auch weniger Ausdruck einer mangelnden Ordnung und Stringenz, sondern der Vielgestaltigkeit der betroffenen Sachfragen und den technischen und wirtschaftlichen Zusammenhängen geschuldet. Von einer Überforderung der Kommunen mit einer eigenen lokalen „Energiepolitik" sollte nicht pauschal ausgegangen werden, eher noch von einer Notwendigkeit der Freisetzung zusätzlicher Sach- und Personalmittel zur Auseinandersetzung mit diesen wichtigen Fragen der nachhaltigen Entwicklung.[92] Außerdem erscheint ein weiterer Anschub kommunaler Klimaschutzinitiativen durch die Schaffung von Aktionsplanungspflichten unumgänglich. Zur Förderung der Akzeptanz einer solchen neuen Aufgabe kann die Unterstützung und Anleitung durch Empfehlungen und Leitlinien zur Erstellung derartiger Pläne – wie beschrieben[93] – nützliche Dienste leisten, da so die Komplexität der Materie reduziert wird bzw. auf die Erfordernisse der Verwaltungspraxis heruntergebrochen werden kann.[94] Im Übrigen ist es, wie bereits angesprochen, ein Gebot der Maßnah-

---

und nicht auf den Wärmesektor begrenzte Überblick über entsprechende, häufig durch den Bund forcierte Aktivitäten einzelner Städte und Gemeinden in UMWELT 2010, 608 ff., wieder.

[92] Selbstverständlich werden die hier ausführlich beschriebenen Instrumente nichtsdestoweniger in sehr kleinen Kommunen nicht zum Einsatz kommen. Dies stellt den Verbund insgesamt aber keineswegs in Frage.

[93] Oben S. 377 ff.

[94] Siehe außerdem zu verwaltungsinternen Vorgaben zur bauleitplanerischen Berücksichtigung des Klimaschutzes oben S. 162 f.

menkohärenz, in angemessener Weise die Nutzung geschaffener Instrumente zu forcieren und zu unterstützen.[95]

b) Verpflichtete

Es wurde bereits darauf hingewiesen,[96] dass die komplizierten Überlegungen bei der Entwicklung und Anwendung der Instrumente zur Förderung Erneuerbarer Wärme nicht darüber hinweg täuschen sollten, dass die Verpflichteten lediglich mit den Ergebnissen dieser Erwägungen, d.h. mit den konkreten Verpflichtungen konfrontiert werden, deren Durchdringung regelmäßig leichter fallen dürfte als die Erfassung der (juristischen) Hintergründe ihrer Entstehung. Die verbleibende Schwierigkeit für die betroffenen Eigentümer und Bauherren besteht häufig vor allem in der Auswahl aus den verschiedenen, rechtlich gleichrangigen Optionen zur Erfüllung ihrer gesetzlichen Verpflichtungen etwa im EEWärmeG. Eine Vielzahl an Wahlmöglichkeiten (und Ausnahmen), die gerade im Sinne der Erhaltung großer Entscheidungsfreiheit und der Reduzierung spezifischer (Grundrechts-)Belastungen (Stichworte: Technologieoffenheit, Verhältnismäßigkeit) eingeräumt wurden, würde allerdings das Urteil einer Überforderung der Verpflichteten kaum überzeugend rechtfertigen, jedenfalls nicht allein für den Bereich der Wärmeversorgung.

Schwieriger erscheint die Situation allerdings, wenn der – hier nicht schwerpunktmäßig behandelte, aber für die Betroffenen stets in gleicher Weise bedeutsame – Bereich der Gebäudeenergieeffizienz hinzugenommen wird. Die hieraus erwachsende Komplexitätserhöhung in Verbindung mit der enormen Dynamik dieser Gesamtmaterie erschwert zum Teil eine effektive Umsetzung durch die Baubeteiligten, was letztlich auch akzeptanzmindernd wirken kann. Dieser Nachteil der in gewissem Maße jedoch notwendigen zügigen Weiterentwicklung des Rechtsrahmens ließe sich wohl am besten durch die dauerhafte Einrichtung kompetenter Ansprechpartner für Energiefragen sowohl für die Verpflichteten als auch für alle sonstigen an der Erfüllung der gesetzlichen Vorgaben Beteiligten (Planer, Architekten, Baubeteiligte) auf kommunaler Ebene („Energieagenturen") beheben. Sollten die Städte und Gemeinden von ihren Klimaschutzinstrumenten künftig stärker Gebrauch machen, dürften entsprechende Anlaufstellen auch zur Schaffung der notwendigen Akzeptanz durch Beteiligung der Gemeindeeinwohner an derartigen Entscheidungen kaum verzichtbar sein.[97]

---

[95] Vgl. oben S. 392f.

[96] Oben S. 382ff.

[97] Grundlegend zur Akzeptanzproblematik *Zoellner/Schweizer-Ries/Rau*, Akzeptanz Erneuerbarer Energien, in: Müller (Hrsg.), 20 Jahre Recht der Erneuerbaren Energien, 2012, S. 91 (93ff.), die in diesem Zusammenhang vor allem auf die Wahl von Standorten für EE-Stromerzeugungsanlagen als Referenzbeispiele eingehen. Siehe außerdem *Hübner*, Die Ak-

2. Steigende Klimaschutzkosten und Akzeptanz

Verschiedentlich wurde bereits die Bedeutung finanzieller Förderungen im Bereich der Erneuerbaren Wärme und des kommunalen Klimaschutzes herausgestellt. Zu diesem Zwecke existieren bereits verschiedene Fördersysteme und -programme, wobei im Zusammenhang mit dem EEWärmeG das MAP den größten Bekanntheitsgrad genießt. Hinzu kommt im Bereich des BauGB die Städtebauförderung als *potenziell* für energetische Modernisierungen nutzbare Unterstützung. Die Weiterführung – und nach Möglichkeit auch die Aufstockung – dieser Programme bzw. einiger besonders zukunftsträchtiger Elemente hieraus (z.B. Förderung solarer Wärmenetze) erscheint dabei unabdingbar, um die ordnungsrechtlichen Vorgaben etwa des EEWärmeG durch angemessene Anreize zu flankieren. Eine strikte Trennung von Ordnungsrecht und finanziellen Anreizen ist nicht möglich und auch kaum sinnvoll.[98] Dabei wird hinsichtlich des MAP zukünftig auch die Umstellung von einer Finanzierung aus allgemeinen Steuermitteln auf eine „Umlagefinanzierung" (aus einer zusätzlichen Abgabe auf fossile Brennstoffe) zu diskutieren sein, um so das Aufkommen haushaltsunabhängig sicherzustellen und ggf. auch zu erhöhen.[99] Eine größere Haushaltsunabhängigkeit kann vor allem Planungssicherheit schaffen. Angesichts der unsteten Zurverfügungstellung von Mitteln für das MAP in den vergangenen Jahren,[100] stellt auch dies eine wesentliche Voraussetzung für eine widerspruchsfreie Forcierung der Erneuerbaren Wärme dar.

Eine Begleitung der ordnungsrechtlichen Vorgaben durch substanzielle Förderungen ist neben der Akzeptanzerhöhung durch Ausräumung wesentlicher finanzieller Hemmnisse auch aus Gründen der Glaubwürdigkeit der Klimaschutzpolitik insgesamt geboten. So können Modernisierungs- und Investitionsentscheidungen durch eine ausreichende monetäre Unterstützung ganz erheblich erleichtert werden. Das heißt, die „Rentabilitätslücke" von bestimmten, aus Umweltgründen insgesamt vorzugswürdigen Technologien sollte durch angemessene Bezuschussung verkleinert oder geschlossen werden.[101] Der Verpflichtete erhält damit auch das Signal, dass der Staat nicht nur einseitig Investi-

---

zeptanz von Erneuerbaren Energien, in: Ekardt/Hennig/Unnerstall (Hrsg.), Erneuerbare Energien, 2012, S. 117ff.

[98] So zu Recht *Wustlich*, Ökonomisierung im Umweltrecht, ZUR 2009, 515 (519f.), der auch den Emissionszertifikatehandel als weiteres Referenzbeispiel für die allgemein im Umweltrecht zu beobachtende Instrumentenmischung nennt.

[99] Dazu näher oben S. 67ff.

[100] Hierzu kritisch oben S. 33.

[101] Gemäß einer bei *Hübner*, Die Akzeptanz von Erneuerbaren Energien, in: Ekardt/Hennig/Unnerstall (Hrsg.), Erneuerbare Energien, 2012, S. 117 (122f.), beschriebenen Erhebung stellen fehlende finanzielle Möglichkeiten das Haupthemmnis für die Verbreitung von EE-Kleinanlagen (einschließlich Solarthermieanlagen) dar. Nach den Erhebungsergebnissen erwarten die Nutzer zwar in der Mehrheit keinen monetären Gewinn aus ihrem Umstieg auf EE, allerdings wird Wert darauf gelegt, dass kein „Verlustgeschäft" vorliegt.

tionspflichten auferlegt, sondern sich an der Belastung durch die Klimaschutzanstrengungen zumindest beteiligt. Die durch entsprechend ausgelöste Investitionen erfolgenden Steuermittelrückflüsse und die positiven volkswirtschaftlichen Effekte[102] sollten genügen, um verbleibende Zweifel an der Gebotenheit derartiger „Beihilfen" auszuräumen.

[102] Zur Bedeutung der örtlichen Wertschöpfung, die eine Umstellung auf Erneuerbare Wärme mit sich bringt, siehe oben S. 13 ff.

§ 13 Zusammenfassung

Die vorliegende Studie gibt einen umfassenden Überblick über die Rechtsgrundlagen des kommunalen Klimaschutzes einschließlich der Praxisbeispiele für deren Nutzung, über die Entwicklung der einschlägigen Normen in den vergangenen Jahren, die juristischen Probleme bei ihrer Anwendung sowie die Potenziale zur weiteren Verbesserung des Rechtsrahmens.

I. Einleitung

Zunächst werden hierzu in der Einleitung die teils dramatischen Ausblicke, die in den jüngsten wissenschaftlichen Untersuchungen zum Klimawandel wiedergegeben werden, reflektiert. Hierauf aufbauend wird die Bedeutung der Förderung Erneuerbarer Energien als eine zentrale Säule der Klimaschutzpolitik verdeutlicht, die zudem – in Abgrenzung zu anderen Mechanismen und Instrumenten – auch praktisch weltweit konsentiert ist. Weiterhin wird ein kurzer Überblick gegeben über die wesentlichsten Anstrengungen auf internationaler, europäischer, Bundes- und Landesebene, die für den kommunalen Klimaschutz von Bedeutung sind, sowie über die generelle Befähigung von Städten und Gemeinden, Klimaschutz zu betreiben. In diesem Zusammenhang werden auch die positiven Begleiteffekte eines kommunalen Klimaschutzes für die örtliche Wertschöpfung und den Arbeitsmarkt, die Energieversorgungssicherheit sowie den Umweltschutz insgesamt umrissen.

II. Das Erneuerbare-Energien-Wärmegesetz des Bundes (§ 1)

In § 1 der Untersuchung werden zunächst die Entwicklungsgeschichte des EEWärmeG einschließlich der jüngsten Änderungen durch das EAG EE sowie die Struktur des EEWärmeG kurz erläutert, da die Vorgaben dieses Gesetzes den maßgeblichen Rechtsrahmen für den Ausbau der Erneuerbaren Wärme darstellen und damit auch den kommunalen Klimaschutz, der großteils den Wärmebereich betrifft, ganz wesentlich vorprägen.

Zentraler Bestandteil des § 1 sind die Ausführungen zur Bewertung des EEWärmeG. Kritisch gewürdigt werden dabei zunächst verschiedenste Implikationen hinsichtlich des Anwendungsbereichs des EEWärmeG. Dabei wird besonderes Augenmerk auf die Ausgestaltung der Vorbildpflichten der öffentlichen Hand gelegt, die als zu eng klassifiziert werden. Demgegenüber zu weit geraten, weil unreflektiert aus dem Gebäudeenergieeffizienzsektor übernommen, sind hingegen die Ausnahmevorschriften des EEWärmeG. Ferner werden die Schwierigkeiten bei der – bisher nicht erfolgten – Einbeziehung des Prozesswärmesektors erläutert. Im Übrigen werden die einzelnen Erfüllungsoptionen, die mit der technologieoffenen Ausgestaltung des EEWärmeG gewährt werden, beurteilt, wobei Schwerpunkte bei der (ökologischen) Ambivalenz der Bioenergie als Erfüllungsform sowie bei der vorbehaltlosen Zulassung von „Ersatzmaßnahmen" ohne Einsatz von Erneuerbaren Energien gesetzt werden. Neben Ausführungen zur finanziellen Förderung Erneuerbarer Wärme durch das MAP wird schließlich noch der Vollzug des EEWärmeG intensiv diskutiert. Die bestehenden Defizite werden erläutert und es wird auf Vorschläge zu deren Behebung eingegangen. Den einzelnen Abschnitten zur Bewertung des EEWärmeG sind jeweils Schlussfolgerungen, die sich für den kommunalen Klimaschutz ergeben, angefügt.

Im abschließenden Ausblick auf die weitere Entwicklung des EEWärmeG wird noch ausführlich auf die Problematik der klimapolitisch überragend wichtigen Einbeziehung des Gebäudebestands eingegangen. Im Fokus stehen dabei die Anforderungen der EU, die hier entsprechende Weiterentwicklungen des Bundesrechts notwendig machen.

III. Landeswärmegesetze (§ 2)

Im Anschluss an die Würdigung des EEWärmeG werden in § 2 der Untersuchung die verbliebenen Länderkompetenzen im Einzelnen dargestellt und die (wenigen) bestehenden Landesregelungen zur Förderung der Nutzung Erneuerbarer Wärme beleuchtet. Insbesondere wird dabei auf das Landeswärmegesetz von Baden-Württemberg einschließlich der bestehenden Überlegungen zu dessen Weiterentwicklung eingegangen. Ferner sind die Regelungen in Berlin und Hamburg sowie die entsprechenden Pläne zum Erlass neuer Klimaschutzgesetze in Nordrhein-Westfalen, dem Saarland und in Thüringen Bestandteil der Untersuchung.

IV. Bauplanungsrecht (§ 3)

Ein großer Teil der Rechtsgrundlagen des kommunalen Klimaschutzes ist heute im Bauplanungsrecht zu finden, dessen Untersuchung im § 3 deshalb einen zentralen Bestandteil der Studie darstellt. Dabei wird ausführlich auf die Weiterentwicklung durch die BauGB-Klimanovelle 2011 eingegangen. Zunächst wird der Flächennutzungsplan als auf das gesamte Gemeindegebiet ausgerichtete Planungsform thematisiert und es werden konkrete Darstellungsmöglichkeiten erläutert, mit denen zugleich die insoweit durch die BauGB-Klimanovelle 2011 geänderte Rechtslage dargestellt und bewertet wird.

Im Detail wird sodann auf mögliche Klimaschutzinhalte des Bebauungsplans eingegangen. Die Ausführungen befassen sich zunächst mit der intensiven Diskussion um die grundlegende Frage der Rechtmäßigkeit bauleitplanerischer Aktivitäten zu Gunsten des globalen Klimaschutzes. Aufbauend auf der Würdigung der früheren Rechtslage wird insbesondere die diesbezügliche Wirkung der BauGB-Klimanovelle 2011 erläutert. Anschließend werden konkrete Beispiele für klimaschützende Festsetzungen, die in bestimmten Gemeinden bereits erprobt wurden, wiedergegeben. Vor dem Hintergrund dieser Ausführungen zur Verwaltungspraxis und hierüber hinausgehend werden anhand der einzelnen Festsetzungstatbestände des BauGB die denkbaren Inhalte von Bebauungsplänen zur Förderung der Nutzung Erneuerbarer Wärme ausgeführt, wobei wiederum auf die Neuerungen durch die BauGB-Klimanovelle eingegangen wird. Daneben bilden die Erörterungen des Verhältnisses von Bebauungsplänen zu den im EEWärmeG enthaltenen Vorgaben einen weiteren Schwerpunkt des § 3. Die unterschiedlichen Konstellationen werden hierzu systematisiert und im Hinblick auf die Regelungsoptionen der Städte und Gemeinden beleuchtet.

Aus dem Bereich des allgemeinen Städtebaurechts wird ferner der städtebauliche Vertrag umfassend gewürdigt. Dazu werden, wiederum auf der Grundlage der durch die BauGB-Klimanovelle 2011 geänderten Rechtsgrundlagen, mögliche Vertragsbestimmungen strukturiert und rechtlich eingeordnet, sowohl unter Einbeziehung konkreter Beispiele aus der Verwaltungspraxis als auch unter Entwicklung neuer Inhalte.

Anschließend widmet sich die Untersuchung den Abschnitten des Besonderen Städtebaurechts, die mit den Bestimmungen zu städtebaulichen Sanierungsmaßnahmen, sowie zum Stadtumbau und zu Privaten Initiativen weitere Grundlagen für eigene kommunale Klimaschutzinitiativen enthalten, mit denen sich vor allem der klimaschutzpolitisch besonders wichtige Gebäudebestand adressieren lässt. Dabei wird festgestellt und begründet, dass der Rechtsrahmen durch die BauGB-Klimanovelle 2011 zwar auch hier einige wesentliche Änderungen hervorgebracht hat, diese jedoch den insgesamt bestehenden Weiterentwicklungsbedarf noch nicht decken konnten.

V. Bauordnungsrecht (§ 4)

Das Bauordnungsrecht einiger Länder enthält Ermächtigungsgrundlagen für örtliche Bauvorschriften, die auch Vorgaben zur Art und Weise der Wärmeversorgung von Gebäuden erlauben. Nach dem Erlass des EEWärmeG, das für neu zu errichtende Gebäude bereits EE-Nutzungspflichten enthält, spielen diese gerade für die Erfassung bestehender Gebäude eine Rolle. In § 4 der Untersuchung werden deshalb die Rechtsgrundlagen derjenigen Bundesländer, die ihren Kommunen entsprechende Regelungsspielräume eröffnen bzw. ehemals eröffnet hatten, im Einzelnen erörtert. Beleuchtet wird dabei die Rechtslage in Brandenburg, Bremen, Hamburg, Hessen, Rheinland-Pfalz, dem Saarland und in Thüringen. Die Ausführungen werden abgerundet durch eine Betrachtung der Pläne in Rheinland-Pfalz und Thüringen zu entsprechenden Neuregelungen. Ferner wird auf die Frage eingegangen, inwieweit es solcher besonderer Ermächtigungen überhaupt bedarf.

Im Zentrum der Untersuchung des Bauordnungsrechts steht sodann die Aufarbeitung der rechtlichen Implikationen rund um die Marburger Solarsatzung, mit der von der (zwischenzeitlich aufgehobenen) Ermächtigungsgrundlage in Hessen Gebrauch gemacht wurde. Dabei wird auf die umfangreichen Auseinandersetzungen, die diese Pionier-Regelung des kommunalen Klimaschutzes in Literatur und Rechtsprechung ausgelöst hat, eingegangen.

VI. Energiewirtschaftsrecht: Konzessionsverträge (§ 5)

Die Studie konzentriert sich im Grundsatz auf die Untersuchung der kommunalen Einflussmöglichkeiten auf die klimaschonende Gestaltung der Wärmeversorgung von Gebäuden, weil Städten und Gemeinden dort – im Gegensatz zum Stromsektor – besondere Gestaltungsspielräume eingeräumt wurden. Von diesem Grundsatz wird lediglich eine Ausnahme gemacht in Bezug auf die Stromkonzessionsverträge, die Kommunen mit den Betreibern der örtlichen Stromverteilnetze über die Nutzung der in ihrem Eigentum stehenden öffentlichen Straßen und Wege zur Leitungsverlegung abschließen. Diese Verträge bergen ein bisher praktisch ungenutztes Potenzial zur Umstellung der Versorgung auf Erneuerbare Energien, insbesondere durch den zunehmend notwendigen Ausbau der Netze auf der Verteilebene. Nach der Erläuterung der Grundlagen dieses Themenfeldes wird zunächst auf die (begrenzten) Möglichkeiten der Förderung Erneuerbarer Energien durch Aufnahme von Bestimmungen zu finanziellen Fördermaßnahmen in die Konzessionsverträge eingegangen. Anschließend wird schwerpunktmäßig die EE-Förderung durch nicht-finanzielle Konzessionsvertragsbestimmungen erörtert. Zentrales Element ist dabei die Auseinandersetzung mit dem in der einschlägigen Konzessionsabgabenverordnung enthaltenen so genannten Nebenleistungsverbot, dessen Wortlaut einer zeitgemäßen Auslegung zugeführt wird.

VII. Kommunaler Anschluss- und Benutzungszwang und Wärmenetzversorgung (§§ 6–9)

Neben der Erhöhung des Anteils von Einzelgebäudeheizungsanlagen auf der Grundlage Erneuerbarer Energien kommt auch der Förderung der Versorgung über Wärmenetze wesentliche Bedeutung für eine nachhaltige Energieversorgung zu, wie in § 6 der Studie näher erläutert wird. In diesem Bereich trifft die Städte und Gemeinden aufgrund ihrer Sachnähe eine besondere Verantwortung, die im Übrigen mit besonderen Rechtsgrundlagen für eigene kommunale Regelungen zusammenfällt. Diese Ermächtigungsgrundlagen für die Verhängung von Anschluss- und Benutzungszwängen an Wärmenetze werden einschließlich ihrer unterschiedlichen Klimaschutzbezüge ebenfalls in § 6 beschrieben.

Anschließend beschäftigt sich § 7 mit der Erweiterung der von den Landesregelungen eingeräumten kommunalen Handlungsmöglichkeiten durch den neuen § 16 EEWärmeG. Die Auseinandersetzung bezieht dabei die Zweifel an der Sachgesetzgebungskompetenz des Bundes ebenso ein wie den Vorwurf des Verstoßes gegen das grundgesetzliche Verbot der Übertragung von Aufgaben auf die kommunale Ebene durch den Bund. Beide Vorwürfe halten einer Überprüfung nicht stand. Gleiches gilt, wie ebenfalls in § 7 gezeigt wird, für den grundlegenden Einwand, dass ein ausgedehnter kommunaler Klimaschutz zur uferlosen Entgrenzung der von der Selbstverwaltungsgarantie geschaffenen Spielräume führen würde.

Nach der Klärung dieser prinzipiellen Fragen werden in § 8 Einzelheiten zur Vereinbarkeit des Anschluss- und Benutzungszwangs an klimaschonende Wärmenetze mit den Grundrechten geklärt, wobei speziell die umfangreichen Implikationen des Verhältnismäßigkeitsgrundsatzes eine nähere Ausdifferenzierung erfahren. Schwerpunktmäßig wird dabei auch auf die wichtige Frage der Einbeziehung bestehender Gebäude eingegangen.

Der dritte Teil der Studie schließt in § 9 mit weiteren Überlegungen zum Übergang zu einer auf EE-gespeisten, flexiblen Nahwärmenetzen beruhenden Versorgung, die das Potenzial sowohl zu einer (partiellen) Abkehr von der aktuell noch vorrangig auf fossilen Brennstoffen basierenden Kraft-Wärme-Kopplung als auch zu einem größeren Ausbau der Energiespeicherkapazitäten hat.

VIII. Klimaschutzkonzepte und Wärme-/Klimaaktionspläne (§§ 10–11)

Teil 4 der Untersuchung befasst sich mit den Optionen einer übergreifenden Planung der kommunalen Klimaschutzmaßnahmen, die – wie gesehen – auf verschiedenste Rechts- und Sachbereiche verteilt sind bzw. sein können und deshalb einer verbesserten Koordination bedürfen. In diesem Zusammenhang werden in § 10 zunächst freiwillige kommunale Klimaschutzkonzepte erörtert. Neben den bestehenden normativen Bezugspunkten für derartige Konzepte werden dabei insbesondere die im Einzelnen hiermit zu erfüllenden Funktionen und die hieraus abzuleitenden Inhalte umschrieben.

Des Weiteren wird in § 11 das – bisher noch nicht existierende – Instrument eines verpflichtend zu erstellenden kommunalen Wärme- bzw. Klimaaktionsplans vorgestellt. Aufbauend auf den Erkenntnissen zu Luftreinhalte- und Lärmaktionsplänen sowie unter Berücksichtigung der Besonderheiten des kommunalen Klimaschutzes wird ein Vorschlag für den Wortlaut einer entsprechenden gesetzlichen Regelung im EEWärmeG unterbreitet und ausführlich erläutert. Neben dem Inhalt der Aktionsplanungspflicht werden dabei die Rechtswirkungen der Pläne, der Verpflichtungsadressat sowie die besonderen Anforderungen an die Öffentlichkeitsbeteiligung und die Einflussmöglichkeiten des Bundes auf den Inhalt der Pläne erörtert.

IX. Gesamtbewertung (§ 12)

Die Untersuchung schließt mit einer Gesamtbewertung von Kohärenz und Effektivität des Instrumentenverbundes im kommunalen Klimaschutzrecht (§ 12). Hierzu werden in komprimierter Form zunächst die identifizierten Entwicklungsbedarfe der einzelnen untersuchten Rechtsbereiche wiedergegeben, um sodann die Gesamtperspektive der Forcierung der Nutzung Erneuerbarer Wärme in den Blick zu nehmen. Außerdem enthält die Bewertung eine Auseinandersetzung mit den grundlegenden Möglichkeiten und Grenzen eines effektiven kommunalen Klimaschutzes im Mehrebenensystem, im Rahmen derer ein differenziertes Fazit gezogen wird. Die Beurteilung endet mit Erwägungen zur grundsätzlichen Frage der Akzeptanz von Klimaschutzvorgaben im Allgemeinen und eines kommunalen Klimaschutzes im Besonderen.

Literaturverzeichnis

Agentur für Erneuerbare Energien e.V., Häuslebauer nehmen Erneuerbare-Energien-Wärmegesetz gut an – Ergebnisse der tns emnid-Umfrage unter 500 Bauunternehmen, Planungs- und Architekturbüros, Renews Spezial, Ausgabe 24, Januar 2010 (http://www.unendlich-viel-energie.de/de/service/mediathek/renewsspezial.html; abgerufen: 30. 10. 2012)

–, Erneuerbare im Netz – Die notwendige Anpassung der Versorgungsinfrastruktur, Renews Spezial, Ausgabe 50, Februar 2011 (http://www.unendlich-viel-energie.de/de/service/mediathek/renewsspezial.html; abgerufen: 30. 10. 2012)

AGFW (Der Energieeffizienzverband für Wärme, Kälte und KWK e.V.; ehemals: *Arbeitsgemeinschaft für Wärme und Heizkraftwirtschaft e.V. beim Verband der Elektrizitätswirtschaft)*, AGFW-Report 2008 (http://www.agfw.de/wir-ueber-uns/agfw-report/agfw-report-2008/; abgerufen: 30. 10. 2012)

–, Leistungs-Bilanz 2010, 2011 (http://www.agfw.de/wir-ueber-uns/leistungs-bilanzen/; abgerufen: 30. 10. 2012)

Allgeier, Erich/Rickenberg, Hans, Die Bauordnung für Hessen – Kommentar der HBO mit Zeichnungen zu den Gebäudeklassen, zum Vollgeschossbegriff und zu den Abstandsregelungen, Kohlhammer Deutscher Gemeindeverlag, Stuttgart, 8. Auflage 2009

Altrock, Martin, Anmerkung zu LG Itzehoe, Urt. v. 23. 12. 2005 – 2 O 254/05, IR 2006, 65–66

Altrock, Martin/Vollprecht, Jens, Zur Entwicklung des Einspeisemanagements zwischen dem Vorrang Erneuerbarer Energien und dem Ausbau fluktuierender Stromerzeugungskapazitäten, ZNER 2011, 231–243

Anker, Helle Tegner, Energieeffizienz und Erneuerbare Energien im Städtebaurecht: Dänemark, in: Mitschang, Stephan (Hrsg.), Energieeffizienz und Erneuerbare Energien im Städtebaurecht, Peter Lang Verlag, Frankfurt/M. u. a., 2010, S. 9–12

Antweiler, Clemens/Gabler, Andreas, Klimaschutz durch Bauleitplanung, BauR 2012, 39–46

Arndt, Marcus/Ziertmann, Marc, Recht der Stadtentwicklung – Instrumente für private Initiativen, Kommunal- und Schul-Verlag, Wiesbaden, 2011

Attig, Dieter, Kraft-Wärme-Kopplung als Ergänzung der erneuerbaren Energien, ET 3/2012, 13–16

Ax, Thomas/Siewert, Josephine, Fernwärmekonzession – vergabepflichtiger Vertrag oder vergabefreie Direktbeauftragung?, ZNER 2010, 553–558

Bärenbrinker, Verena, Nachhaltige Stadtentwicklung durch Urban Governance, Verlag Duncker & Humblot, Berlin, 2012

Bartsch, Michael/Röhling, Andreas/Salje, Peter/Scholz, Ulrich (Hrsg.), Stromwirtschaft – Ein Praxishandbuch, Carl Heymanns Verlag, Köln u. a., 2. Auflage 2008

Battis, Ulrich, Mediation in der Bauleitplanung, DÖV 2011, 340–345

Battis, Ulrich/Kersten, Jens/Mitschang, Stephan, Klimaschützende Stadterneuerung, ZG 2010, 246–259

–, Rechtsfragen der ökologischen Stadterneuerung, Peter Lang Verlag, Frankfurt/M. u. a., 2010

Battis, Ulrich/Krautzberger, Michael/Löhr, Rolf-Peter, Die Änderungen des Baugesetzbuchs durch das Europarechtsanpassungsgesetz Bau (EAG Bau 2004), NJW 2004, 2553–2559

– (Hrsg.), BauGB – Kommentar, Verlag C. H. Beck, München, 11. Auflage 2009

Battis, Ulrich/Krautzberger, Michael/Mitschang, Stephan/Reidt, Olaf/Stüer, Bernhard, Gesetz zur Förderung des Klimaschutzes bei der Entwicklung in den Städten und Gemeinden in Kraft getreten, NVwZ 2011, 897–904

Bauer, Hartmut, Zukunftsthema „Rekommunalisierung", DÖV 2012, 329–338

Baur, Jürgen F., Entstehung und Wandel des Energierechts, in: Baur, Jürgen F./Müller-Graff, Peter-Christian/Zuleeg, Manfred (Hrsg.), Europarecht – Energierecht – Wirtschaftsrecht. Festschrift für Bodo Börner zum 70. Geburtstag, Carl Heymanns Verlag, Köln, 1992, S. 487–499

Baur, Jürgen F./Salje, Peter/Schmidt-Preuß, Peter, Regulierung in der Energiewirtschaft. Ein Praxishandbuch, Carl Heymanns Verlag, Köln, 2011

Beaucamp, Guy, Das Konzept der zukunftsfähigen Entwicklung im Recht – Untersuchungen zur völkerrechtlichen, europarechtlichen, verfassungsrechtlichen und verwaltungsrechtlichen Relevanz eines neuen politischen Leitbildes, Mohr Siebeck Verlag, Tübingen, 2002

Becker, Peter, Das Energiekonzept der Bundesregierung, ZNER 2010, 531–538

Becker, Peter/Longo, Fabio, Kurzgutachten zur Rechtmäßigkeit einer Solarsatzung für die Universitätsstadt Marburg, 2007 (http://www.marburg.de/detail/70999; 30. 10. 2012)

Beckmann, Martin, Klimaschutz in Nordrhein-Westfalen, I+E 2011, 67–79

Berkemann, Jörg/Halama, Günter (Hrsg.), Erstkommentierungen zum BauGB 2004, vhw-Verlag Dienstleistung, Bonn, 2005

Birk, Hans-Jörg, Städtebauliche Verträge – Inhalte und Leistungsstörungen, Richard Boorberg Verlag, Berlin u. a., 4. Auflage 2002

–, Minderung luftverunreinigender Emissionen durch Bauleitplanung?, in: Dolde, Klaus-Peter/Hansmann, Klaus/Paetow, Stefan/Schmidt-Aßmann, Eberhard (Hrsg.), Verfassung – Umwelt – Wirtschaft, Festschrift für Dieter Sellner, Verlag C. H. Beck, München, 2010, S. 207–217

Blaschke, Ulrich, Lärmminderungsplanung – Der Schutz vor Umgebungslärm durch Lärmkartierung und Lärmaktionsplanung, Verlag Duncker & Humblot, Berlin, 2010

Blesl, Markus, Raumwärmebedarf und Fernwärmepotenzial der Haushalte in Deutschland bis 2050, ET 8/2010, 40–43

Bockhorst, Michael, ABC Energie, Books on Demand, Norderstedt, 2002

Böhm, Monika, Autonomes kommunales Satzungsrecht, in: Lübbe-Wolff, Gertrude/Wegener, Bernhard W. (Hrsg.), Umweltschutz durch kommunales Satzungsrecht, Erich Schmidt Verlag, Berlin, 3. Auflage 2002, S. 414–424

–, Umweltschutz durch Baurecht – kommunale Solarsatzungen auf dem Prüfstand, JbUTR 2009, 237–252

Böhm, Monika/El-Shabassy, Tarik, Kommunale Solarsatzungen, LKRZ 2009, 156–160

Böhm, Monika/Schwarz, Philip, Klimaschutz durch Anschluss- und Benutzungszwang für kommunale Fernwärmenetze – Voraussetzungen und Grenzen, DVBl. 2012, 540–546

-, Möglichkeiten und Grenzen bei der Begründung von energetischen Sanierungspflichten für bestehende Gebäude, NVwZ 2012, 129–135

Bork, Gundolf, Energiebezogene Festsetzungen in Flächennutzungs- und Bebauungsplänen, Städte- und Gemeinderat 1996, 349–352

Bosecke, Thomas, Das Integrierte Energie- und Klimaprogramm der Bundesregierung, EurUP 2008, 122–129

Brand, Christoph, Naturschutzrechtliche, insbesondere artenschutzrechtliche Fragestellungen bei der Planung von Windenergieanlagen, ZNER 2010, 33–40

Braun, Annette, Die Hamburgische Klimaschutzverordnung – Die Freie und Hansestadt Hamburg als Vorreiter im Bereich der effektiven Wärmeenergienutzung in Gebäuden, NordÖR 2008, 253–257

Britz, Gabriele, Ökologisierte Auftragsvergabe im Bereich des öffentlichen Personennahverkehrs, in: Schneider, Jens-Peter (Hrsg.), Beihilfe- und Vergaberecht als Rahmenbedingungen der Umweltpolitik, Carl Heymanns Verlag, Köln u. a., 2005, S. 109–130

Britz, Gabriele/Eifert, Martin/Reimer, Franz (Hrsg.), Energieeffizienzrecht – Perspektiven und Probleme, Nomos Verlag, Baden-Baden, 2010

Britz, Gabriele/Hellermann, Johannes/Hermes, Georg (Hrsg.), Energiewirtschaftsgesetz – Kommentar, Verlag C. H. Beck, München, 2. Auflage 2010

Brkić, Željko, Nachhaltige kommunale Energieversorgung: Eine Chance zur Wiederbelebung der Lokale Agenda 21-Prozesse in deutschen Kommunen?, in: Kratz, Sabine (Hrsg.), Energie der Zukunft – Bausteine einer nachhaltigen Energieversorgung, Metropolis-Verlag, Marburg, 2007, S. 125–146

Brügelmann, Hermann (Hrsg.), Baugesetzbuch – Kommentar, Verlag W. Kohlhammer, Stuttgart, Stand: 83. Erg.-Lief. (Juli 2012)

Brunekreeft, Gert/Meyer, Roland, Netzinvestitionen im Strommarkt: Anreiz- oder Hemmniswirkungen der deutschen Anreizregulierung?, ET 1–2/2011, 40–43

Bruns, Heiner, Kommunaler Klimaschutz in Nordrhein-Westfalen: das Klimaschutzkonzept der Stadt Münster, in: Glenewinkel, Werner/Treutner, Erhard (Hrsg.), Kommunaler Umwelt- und Klimaschutz, Eigenverlag der FHöV NRW, 2010, S. 61–76

Buchmann, Felix, Kommunale Energieversorgungsunternehmen in der Krise, Nomos Verlag, Baden-Baden, 2009

Büdenbender, Ulrich, Energiewirtschaftliche Konzessionsverträge in Hamburg, in: Baur, Jürgen F./Sandrock, Otto/Scholtka, Boris/Shapira, Amos (Hrsg.), Festschrift für Gunther Kühne zum 70. Geburtstag, Verlag Recht und Wirtschaft, Frankfurt/M., 2009, S. 101–114

Bührke, Thomas/Wengenmayr, Roland (Hrsg.), Erneuerbare Energie – Alternative Konzepte für die Zukunft, WILEY-VCH Verlag, Weinheim, 2. Auflage 2010

Bundesministerium für Umwelt, Naturschutz und Reaktorsicherheit (Hrsg.), Leitstudie 2008 – Weiterentwicklung der „Ausbaustrategie Erneuerbare Energien" vor dem Hintergrund der aktuellen Klimaschutzziele Deutschlands und Europas, 2008 (http://www.bmu.de/files/pdfs/allgemein/application/pdf/leitstudie2008.pdf; abgerufen: 30. 10. 2012)

- (Hrsg.), Umweltbericht 2010 – Umweltpolitik ist Zukunftspolitik, 2010 (auch online unter http://www.bmu.de/files/pdfs/allgemein/application/pdf/broschuere_umwelt bericht_2010_bf.pdf; abgerufen: 30. 10. 2012)
- (Hrsg.), Erfahrungsbericht 2011 zum Erneuerbare-Energien-Gesetz (EEG-Erfahrungsbericht), Entwurfsfassung v. 3. 5. 2011 (http://www.bmu.de/erneuerbare_energien/downloads/doc/47342.php; abgerufen: 30. 10. 2012)
- (Hrsg.), Erneuerbar beschäftigt! – Kurz- und langfristige Arbeitsplatzwirkungen Arbeitsplatzwirkungen des Ausbaus der erneuerbaren Energien in Deutschland, 2011 (auch online unter http://www.bmu.de/erneuerbare_energien/downloads/doc/46538.php; abgerufen: 30. 10. 2012)
- (Hrsg.), Erneuerbare Energien in Zahlen – Nationale und internationale Entwicklung, 2011 (http://www.bmu.de/files/pdfs/allgemein/application/pdf/broschuere_ee_zahlen_bf.pdf; abgerufen: 30. 10. 2012)
- (Hrsg.), Innovation durch Forschung – Jahresbericht 2010 zur Forschungsförderung im Bereich der erneuerbaren Energien, 2011 (http://www.bmu.de/files/pdfs/allgemein/application/pdf/broschuere_innovation_forschung_2010_bf.pdf; abgerufen: 30. 10. 2012)
- (Hrsg.), Kommunaler Klimaschutz – Möglichkeiten für die Kommunen, 2011 (http://www.bmu.de/klimaschutz/downloads/publ/46961.php; abgerufen: 30. 10. 2012)
- (Hrsg.), Leitstudie 2011 – Langfristszenarien und Strategien für den Ausbau der erneuerbaren Energien in Deutschland bei Berücksichtigung der Entwicklung in Europa und global, 2012 (http://erneuerbare-energien.de/files/pdfs/allgemein/application/pdf/leitstudie2011_bf.pdf; abgerufen: 30. 10. 2012)
- (Hrsg.), Mietrechtliche Umsetzung der Vorbildfunktion öffentlicher Gebäude, 2011 (http://www.erneuerbare-energien.de/files/pdfs/allgemein/application/pdf/eewaermeg_gebauede_bf.pdf; abgerufen: 30. 10. 2012)

Bundesministerium für Verkehr, Bau und Stadtentwicklung (Hrsg.), Erneuerbare Energien: Zukunftsaufgabe der Regionalplanung, 2011 (auch online unter http://www.bbsr.bund.de/cln_032/nn_21918/BBSR/DE/Veroeffentlichungen/BMVBS/Sonderveroeffentlichungen/2011/ErneuerbareEnergien.html; abgerufen: 30. 10. 2012)
– (Hrsg.), Strategische Einbindung regenerativer Energien in regionale Energiekonzepte – Wertschöpfung auf regionaler Ebene, BMVBS-Online-Publikation Nr. 18/2011 (http://www.bbsr.bund.de/cln_032/nn_21918/BBSR/DE/Veroeffentlichungen/BMVBS/Online/2011/ON182011.html; abgerufen: 30. 10. 2012)

Bundesministerium für Wirtschaft und Technologie, Monitoring-Bericht des Bundesministeriums für Wirtschaft und Technologie nach § 51 EnWG zur Versorgungssicherheit im Bereich der leitungsgebundenen Versorgung mit Elektrizität, 2011 (http://www.bmwi.de/DE/Mediathek/publikationen,did=377646.html; abgerufen: 30. 10. 2012)

Bundesnetzagentur für Elektrizität, Gas, Telekommunikation, Post und Eisenbahnen, Beschluss v. 8. 9. 2010: Festlegung zur Verwendung anderer Parameter zur Ermittlung des Erweiterungsfaktors nach § 10 Abs. 2 S. 2 Nr. 4 ARegV für Elektrizitätsverteilnetzbetreiber, Az. BK8-10-004 (www.bundesnetzagentur.de; abgerufen: 30. 10. 2012)
–, Leitfaden zum EEG-Einspeisemanagement – Abschaltrangfolge, Berechnung von Entschädigungszahlungen und Auswirkungen auf die Netzentgelte, 29. 3. 2011 (http://www.bundesnetzagentur.de/cln_1931/DE/Sachgebiete/ElektrizitaetGas/ErneuerbareEnergienGesetz/ErneuerbareEnergienGesetz_node.html; abgerufen: 30. 10. 2012)

Bundesregierung, Eckpunkte für ein integriertes Energie- und Klimaprogramm (IEKP), 2007 (http://www.bmu.de/files/pdfs/allgemein/application/pdf/klimapaket_aug2007.pdf; abgerufen: 30. 10. 2012)

–, Nationaler Aktionsplan für erneuerbare Energie gemäß der Richtlinie 2009/28/EG zur Förderung der Nutzung von Energie aus erneuerbaren Quellen, 2010 (http://www.erneuerbare-energien.de/inhalt/46202; abgerufen: 30. 10. 2012)

Bunk, Michael/Klein, Steffen, In Effizienz investieren – Energiekonzepte für Kommunen, ET 4/2012, 14–15

Bunzel, Arno, Finanzierung städtebaulicher Folgeinvestitionen als Gegenstand städtebaulicher Verträge, DVBl. 2011, 796–802

–, Das Planspiel zur BauGB-Novelle 2011 – Neuerungen für eine klimagerechte Stadtentwicklung, ZfBR 2012, 114–122

Bunzel, Arno/Coulmas, Diana/Schmidt-Eichstaedt, Gerd, Städtebauliche Verträge – ein Handbuch, Deutsches Institut für Urbanistik, Berlin, 3. Auflage 2007

Burger, Simon/Faber, Michael, Art. 84 I 7 GG vor weiterer Bewährungsprobe – Zur Vereinbarkeit des EAG EE mit dem Verbot der Aufgabenübertragung vom Bund auf die Kommunen, KommJur 2011, 161–169

Burgi, Martin, Künftige Aufgaben der Kommunen im sozialen Bundesstaat, DVBl. 2007, 70–78

–, Neuer Ordnungsrahmen für die energiewirtschaftliche Betätigung der Kommunen – Vorschlag für eine sektorspezifische Modernisierung des kommunalen Wirtschaftsrechts am Beispiel Nordrhein-Westfalen, Richard Boorberg Verlag, Stuttgart u. a., 2010

Burmeister, Thomas, Praxishandbuch städtebauliche Verträge, vhw-Verlag Dienstleistung, Bonn, 2. Auflage 2005

Busse, Jürgen, Städtebauliche Verträge im Lichte der Rechtsprechung, KommJur 2009, 241–248

Büttner, Svenja/Templin, Wolf, Gemeinsamer Leitfaden von Bundeskartellamt und Bundesnetzagentur zur Vergabe von Strom- und Gaskonzessionsverträgen und zum Wechsel des Konzessionsnehmers – Ein richtiger Schritt in Richtung Wettbewerb um Strom- und Gasverteilnetze, ZNER 2011, 121–129

Calliess, Christian/Dross, Miriam, Neue Netze braucht das Land: Zur Neukonzeption von Energiewirtschaftsgesetz und Netzausbaubeschleunigungsgesetz (NABEG), JZ 2012, 1002–1011

Cancik, Pascale, Die Pflicht zur Aufstellung von Aktionsplänen zur Lärmminderung und ihre Kopplung an „Auslösewerte", NVwZ 2008, 167–170

–, Umweltrechtliche Aktionspläne in der Bauleitung – eine Annäherung an Probleme der Verzahnung von Planungsinstrumenten, DVBl. 2008, 546–555

Chelmowski, Hubert, Kraft-Wärme-Kopplung – ein frommer Trugschluss!, ET 6/2009, 51–55

Conrad, Sabine, Nachhaltige Regionalentwicklung durch erneuerbare Energien?, in: Kratz, Sabine (Hrsg.), Energie der Zukunft – Bausteine einer nachhaltigen Energieversorgung, Metropolis-Verlag, Marburg, 2007, S. 73–100

Czybulka, Detlef, Biomasseerzeugung als Regelungsgegenstand des Naturschutz-, Landwirtschafts- und Forstwirtschaftsrechts?, EurUP 2010, 13–24

Danner, Wolfgang/Theobald, Christian (Hrsg.), Energierecht – Kommentar, 4 Bände, Verlag C. H. Beck, München, Stand: 74. Erg.-Lief. (April 2012)

Dazert, Andreas/Mahlberg, Dirk, Betrieb eines kommunalen Windparks – Voraussetzungen und Grenzen nach dem Gemeindewirtschaftsrecht, NVwZ 2004, 158–161
Denny, Petra/Spangenberger, Volker, Rechtliche Umsetzung energiebezogener Planungsinhalte, UPR 1999, 331–335
–, Planung einer Solarsiedlung – Festlegung solarenergetischer Planungsvorgaben im Bebauungsplan – Planungsrechtliche Festsetzung einer Solarsiedlung, BBauBl 5/2001, 20–23
Deutscher Städte- und Gemeindebund (Hrsg.), Konzessionsverträge und Konzessionsabgaben – Hinweise für die kommunale Praxis nach der Energierechtsreform 2005, DStGB Dokumentation Nr. 82, Verlag Winkler & Stenzel, Burgwedel, 2008
– (Hrsg.), Repowering von Windenergieanlagen – Kommunale Handlungsmöglichkeiten, DStGB Dokumentation Nr. 94, Verlag Winkler & Stenzel, Burgwedel, 2009
– (Hrsg.), Auslaufende Konzessionsverträge – Ein Leitfaden für die kommunale Praxis, DStGB Dokumentation Nr. 97, Verlag Winkler & Stenzel, Burgwedel, Juni 2010
Deutscher Städte- und Gemeindebund/Deutsche Umwelthilfe (Hrsg.), Intelligenter Energieeinsatz in Städten und Gemeinden – Klimaschutz und Kostensenkung: Gute Beispiele aus dem Wettbewerb „Energiesparkommune", DStGB Dokumentation Nr. 55, Januar 2006
Deutsches Institut für Urbanistik (Hrsg.), Nutzung erneuerbarer Energien durch die Kommunen – Ein Praxisleitfaden, 2010
– (Hrsg.), Klimaschutz in Kommunen – Praxisleitfaden, 2011
(auch online unter http://leitfaden.kommunaler-klimaschutz.de/; abgerufen: 30. 10. 2012)
Dirnberger, Franz, „Repowering" bei Windenergieanlagen – Chancen und Risiken für die städtebauliche Entwicklung, in: Spannowsky, Willy/Hofmeister, Andreas (Hrsg.), Umweltrechtliche Einflüsse in der städtebaulichen Planung, lexxion Verlag, Berlin, 2009, S. 99–110
Dreier, Horst (Hrsg.), Grundgesetz-Kommentar, Band III (Art. 83–146), Mohr Siebeck Verlag, Tübingen, 2. Auflage 2008
Durner, Wolfgang/Ludwig, Rasso, Paradigmenwechsel in der europäischen Umweltrechtsetzung, NuR 2008, 457–467
Düsterdiek, Bernd, Praxishinweis zum Beschluss des BVerwGE 125, 68 ff., KommJur 2006, 353–354
Ecofys (Hrsg.), Energieeffizienz und Solarenergienutzung in der Bauleitplanung – Rechts- und Fachgutachten unter besonderer Berücksichtigung der Baugesetzbuch-Novelle 2004, 2006
– (Hrsg.), Energieeffizienz und Solarenergienutzung in der Bauleitplanung – Zusammenfassung und Thesen zum Rechts- und Fachgutachten, 2007 (http://www.gar-bw.de/fileadmin/gar/pdf/Energie_und_Klima/Gutachten-bauleitplanung.pdf; 30. 10. 2012)
Ekardt, Felix, Theorie der Nachhaltigkeit – Rechtliche, ethische und politische Zugänge – am Beispiel von Klimawandel, Ressourcenknappheit und Welthandel, Nomos Verlag, Baden-Baden, 2011
–, Zur Vereinbarkeit eines Landesklimaschutzrechts mit dem Bundes-, Verfassungs- und Europarecht, UPR 2011, 371–378
–, Energie- und Klimawende, Hemmnisse, Suffizienz, Mengensteuerung und die Grundrechte – Einige Grundfragen von Nachhaltigkeit und erneuerbaren Energien, in: Ekardt, Felix/Hennig, Bettina/Unnerstall, Herwig (Hrsg.), Erneuerbare Energien

– Ambivalenzen, Governance, Rechtsfragen, Metropolis-Verlag, Marburg, 2012, S. 17–33

Ekardt, Felix/Hehn, Nina, Peak Oil: Postfossile Stadtentwicklung als BauGB-Ziel – Rechtinterpretative und rechtspolitische Analysen im Kontext der BauGB-Novelle 2011, ZUR 2011, 413–421

Ekardt, Felix/Heitmann, Christian, Energetische Sanierung im Altbestand und das EEWärmeG – Kann das Investor-Nutzer-Dilemma ökologisch-sozial aufgelöst werden?, RdE 2009, 118–126

–, Probleme des EEWärmeG bei Neubauten, ZNER 2009, 346–354

Ekardt, Felix/Hennig, Bettina, Die Biomassestrom-Nachhaltigkeitsverordnung: Chancen und Grenzen von Nachhaltigkeits-Kriterienkatalogen, ZUR 2009, 543–551

Ekardt, Felix/Schmeichel, Andrea/Heering, Mareike, Europäische und nationale Regulierung der Bioenergie und ihrer ökologisch-sozialen Ambivalenzen, NuR 2009, 222–232

Ekardt, Felix/Schmitz, Bernhard/Schmidtke, Patrick Kim, Kommunaler Klimaschutz durch Baurecht: Rechtsprobleme der Solarenergie und der Kraft-Wärme-Kopplung, ZNER 2008, 334–342

Engel, Rüdiger, Aktuelle Fragen des Lärmschutzes: Lärmaktionsplanung, NVwZ 2010, 1191–1199

Ennuschat, Jörg, Kommunalrechtlicher Anschluss- und Benutzungszwang beim Betreibermodell – Zugleich Anmerkung zu BVerwG, Urteil vom 6. 4. 2005 – 8 CN 1.04, CuR 2005, 75–78

Ennuschat, Jörg/Volino, Angela, § 16 EEWärmeG und der kommunalrechtliche Anschluss- und Benutzungszwang für Fernwärme, CuR 2009, 90–95

–, Kommunale Solarsatzungen und Erneuerbare-Energien-Wärmegesetz – Zugleich Anmerkung zu VG Gießen, Urteil vom 12. 5. 2010 – 8 K 4071/08.GI, CuR 2010, 99–103

Epiney, Astrid, Zur Entwicklung des Emissionshandels in der EU, ZUR 2010, 236–244

Epping, Volker/Hillgruber, Christian (Hrsg.), Grundgesetz-Kommentar, Verlag C. H. Beck, München, 2009

Erbguth, Wilfried/Schlacke, Sabine, Umweltrecht, Nomos Verlag, Baden-Baden, 4. Auflage 2012

Ernst, Werner/Zinkahn, Willy/Bielenberg, Walter/Krautzberger, Michael (Hrsg.), Baugesetzbuch – Kommentar, Verlag C. H. Beck, München, Stand: 105. Erg.-Lief. (Juni 2012)

Everding, Dagmar (Hrsg.), Solarer Städtebau – Vom Pilotprojekt zum planerischen Leitbild, Verlag W. Kohlhammer, Stuttgart, 2007

–, Solare Gütezahlen zur bauleitplanerischen Sicherung solartechnisch geeigneter Flächen an Gebäuden, ZNER 2010, 471–473

Everding, Dagmar/Zerweck, Peter, Solares Bauen und aktuelle Entwicklungen im Baurecht, ZNER 2005, 140–147

Faber, Markus, Der kommunale Anschluss- und Benutzungszwang – Zukunftsperspektiven trotz Privatisierung und Deregulierung?, Nomos Verlag, Baden-Baden, 2005

Falke, Josef, Neue Entwicklungen im Europäischen Umweltrecht, ZUR 2011, 495–499

–, Neue Entwicklungen im Europäischen Umweltrecht, ZUR 2012, 258–262

Faßbender, Kurt, Kommunale Steuerungsmöglichkeiten zur Nutzung erneuerbarer Energien im Siedlungsbereich, NuR 2009, 618–623

Feldmann, Franz-Josef, Wandel im Lärmschutz: Die Umgebungslärmrichtlinie und ihre Umsetzung in deutsches Recht, ZUR 2005, 352–358

Ferner, Hillmar/Kröninger, Holger/Aschke, Manfred (Hrsg.), Baugesetzbuch mit Baunutzungsverordnung – Handkommentar, Nomos Verlag, Baden-Baden, 2. Auflage 2008

Feuerborn, Alfred/Riechmann, Volkhard, Konzessionsabgabenverordnung – Kommentar, Gieseking Verlag, Bielefeld, 1994

Fickert, Hans Carl, Zum Einfluss der in Deutsches Recht umgesetzten Umgebungslärm-Richtlinie der EU auf die Lärmsituation in den Gemeinden und auf die Bürger – Zugleich ein kritischer Beitrag zur heutigen Lärmschutzproblematik –, BauR 2006, 920–937

Fickert, Hans Carl/Fieseler, Herbert, Der Umweltschutz im Städtebau – Ein Handbuch für Gemeinden zur Bauleitplanung und Zulässigkeit von Vorhaben, vhw-Verlag Dienstleistung, Bonn, 2002

Fiebig, Karl-Heinz/Kallen, Carlo, Kommunaler Klimaschutz – Entwicklung von Programmen und konsequente Umsetzung, Städtetag 1994, 476–480

Fieseler, Hans-Georg, Städtebauliche Sanierungsmaßnahmen, Verlag C.H. Beck, München, 2000

Finger, Hendrik/Ufer, Heinz-Werner, Wirkungsmechanismen der Investitionsbudgets nach § 23 ARegV, IR 2010, 253–256

Finkelnburg, Klaus/Ortloff, Karsten-Michael/Kment, Martin, Öffentliches Baurecht, Band I: Bauplanungsrecht, Verlag C.H. Beck, München, 6. Auflage 2011

Fischedick, Manfred/Samadi, Sascha/Venjakob, Johannes, Die Rolle Erneuerbarer Energien am Beispiel Deutschlands, in: Müller, Thorsten (Hrsg.), 20 Jahre Recht der Erneuerbaren Energien, Nomos Verlag, Baden-Baden, 2012, S. 51–73

Fischer, Jochen/Klinski, Stefan, Modelle für eine Förderung erneuerbarer Energien im Wärmemarkt aus rechtlicher Sicht, ZUR 2007, 8–16

Fischer, Henning/Wolf, Thomas/Embacher, Patrick, Rechtliche Anfforderungen an die Ausgestaltung der Auswahlverfahren zur Vergabe von Strom- und Gaskonzessionen nach § 46 EnWG, RdE 2012, 274–279

Fouquet, Dörte/Prall, Ursula/Luhmann, Jochen/Jelitte, Andrea/Hoffmann, Ilka/Zeiss, Christoph/Maaß, Werner, Fachliche Bewertung des Umsetzungsbedarfs der Erneuerbare-Energien-Richtlinie der EU – Untersuchung im Auftrag des Bundesministeriums für Umwelt, Naturschutz und Reaktorsicherheit, 2011 (http://www.bmu.de/erneuerbare_energien/downloads/doc/47170.php; abgerufen: 30. 10. 2012)

Frenz, Walter, Handbuch Europarecht, Band 3: Beihilfe- und Vergaberecht, Springer Verlag, Berlin u.a., 2007

Frenz, Walter/Müggenborg, Hans-Jürgen (Hrsg.), Erneuerbare-Energien-Gesetz – Kommentar, Erich Schmidt Verlag, Berlin, 2. Auflage 2011

Fritz, Aline/Seidler, Anne-Carolin, Vergabe von Konzessionen – Rechtsklarheit ja oder nein?, EuZW 2010, 933–938

Gabler, Andreas, Das Grünstromprivileg des § 37 Abs. 1 Satz 2 EEG in der Praxis, REE 2011, 68–74

Gabriel, Marc/Weiner, Katharina, Vergaberecht und Energieeffizienz – Die Änderung der Vergabeverordnung im Zuge der Energiewende, REE 2011, 213–216

Gärditz, Klaus Ferdinand, Einführung in das Klimaschutzrecht, JuS 2008, 324–329

–, Europäisches Planungsrecht – Grundstrukturen eines Referenzgebiets des europäischen Verwaltungsrechts, Mohr Siebeck Verlag, Tübingen, 2009

–, Ökologische Binnenkonflikte im Klimaschutzrecht, DVBl. 2010, 214–223

Gärditz, Klaus Ferdinand/Rubel, Jörn, Die regulierungsbehördliche Sanktionierung ausbleibender Netzinvestitionen im Rahmen des dritten Legislativpakets zur Liberalisierung der Energiebinnenmärkte, N&R 2010, 194–204

Gassner, Erich, UVPG – Kommentar, C. F. Müller Verlag, Heidelberg, 2006

Gaßner, Hartmut/Fischer, Jochen, Pflichtanteil Erneuerbarer Energien zur Wärmeerzeugung in Gebäuden, ZNER 2005, 21–26

Gawel, Erik, Climate Engineering als Mittel der Klimapolitik – Optionen und Herausforderungen, ZUR 2011, 451–457

Gawel, Erik/Ludwig, Grit, Nachhaltige Bioenergie – Instrumente zur Vermeidung negativer indirekter Landnutzungseffekte, NuR 2011, 329–334

Gerder, Ulf/Tigges, Franz-Josef, Vorfahrt für Erneuerbare Energien – Wind, Sonne & Co. gehört die Zukunft!, ZNER 2009, 230–231

Geßner, Janko/Jansen, Martin, Kommunen und Stromkonzessionsverträge: Drum prüfe, wer sich ewig bindet?, LKV 2011, 450–455

Gern, Alfons, Deutsches Kommunalrecht, Nomos Verlag, Baden-Baden, 3. Auflage 2003

Giessing, Frederik, Steigende Energieeffizienz erfordert Reform der Konzessionsabgabenverordnung, VersWirt 2008, 266–268

Glaser, Andreas, „Angelegenheiten der örtlichen Gemeinschaft" im Umweltschutz, DV 41 (2008), 483–510

Goldschmidt, Jürgen, Stadtumbaumaßnahmen nach §§ 171a–d BauGB, BauR 2004, 1402–1413

–, Stadtumbau und soziale Stadt, DVBl. 2005, 81–89

Grabitz, Eberhard/Hilf, Meinhard/Nettesheim, Martin (Hrsg.), Das Recht der Europäischen Union, Verlag C. H. Beck, München, Stand: 47. Erg.-Lief. (April 2012)

Groß, Thomas, Welche Klimaschutzpflichten ergeben sich aus Art. 20a GG, ZUR 2009, 364–368

–, Die Bedeutung des Umweltstaatsprinzips für die Nutzung erneuerbarer Energien, NVwZ 2011, 129–133

Groth, Klaus-Martin/Schöneich, Michael, Auswirkungen der neuen Klimaschutzvorschriften auf Bauleit- und Gebäudeplanung, vhw-Forum Wohneigentum 2008, 241–244

Gundel, Jörg, Nachhaltigkeit und Energieversorgung, in: Kahl, Wolfgang (Hrsg.), Nachhaltigkeit als Verbundbegriff, Mohr Siebeck Verlag, Tübingen, 2008, S. 443–470

Gundel, Jörg/Germelmann, Claas Friedrich, Kein Schlussstein für die Liberalisierung der Energiemärkte: Das Dritte Binnenmarktpaket, EuZW 2009, 763–770

Güneysu, Sindy/Vetter, Miriam/Wieser, Matthias, Intelligenter Rechtsrahmen für intelligente Netze *(Smart Grids)*, DVBl. 2011, 870–875

Guss, Hermann/Zipp, Alexander, Novellierung des KWKG: Ein Schritt in die richtige Richtung?, ET 3/2012, 28–31

Haag, Theodor/Menzel, Petra/Katz, Jürgen, Städtebauliche Sanierungs- und Entwicklungsmaßnahmen – Ein Handbuch für die Praxis mit zahlreichen Mustern, Beispielen, Schemata und Übersichten, Verlag W. Kohlhammer, Stuttgart, 2007

Haellmigk, Christian F./Wippich, Agnes, Der Anspruch auf Wiedereinräumung von Wegenutzungsrechten im Fernwärmebereich, RdE 2011, 248–254

Hannsmann, Klaus/Sellner, Dieter (Hrsg.), Grundzüge des Umweltrechts, Erich Schmidt Verlag, Berlin, 4. Auflage 2012

Hardach, Felix, Die Anreizregulierung der Energieversorgungsnetze, Nomos Verlag, Baden-Baden, 2010

Härtel, Ines, Energieeffizienzrecht – ein neues Rechtsgebiet?, NuR 2011, 825–833

Hauff, Jochen/Heider, Conrad/Arms, Hanjo/Gerber, Jochen/Schilling, Martin, Gesellschaftliche Akzeptanz als Säule der energiepolitischen Zielsetzung, ET 10/2011, 85–87

Hegger, Manfred/Fuchs, Matthias/Stark, Thomas/Zeumer, Martin, EnergieAtlas – Nachhaltige Architektur, Birkhäuser – Verlag für Architektur, Basel, 2008

Heintzen, Markus, Zur Tätigkeit kommunaler (Energieversorgungs-)Unternehmen außerhalb der kommunalen Gebietsgrenzen, NVwZ 2000, 743–746

Held, Jens/Fenzel, Stefan, Der Konzessionsvertrag als Königsweg? – Maximierung der kommunalen Einnahmen ggf. auch über die Rekommunalisierung, LKV 2010, 19–22

Henneke, Hans-Günter/Ritgen, Klaus, Kommunales Energierecht, Kommunal- und Schul-Verlag, Wiesbaden, 2010

Hentschel, Anja, Umweltschutz bei Errichtung und Betrieb von Windkraftanlagen, Nomos Verlag, Baden-Baden, 2010

Höfken, Ulricke, Energie 2.0 – Die grünen Maßnahmen bis 2020 und der Weg zur kommunalen Energie-Agenda, in: Kratz, Sabine (Hrsg.), Energie der Zukunft – Bausteine einer nachhaltigen Energieversorgung, Metropolis-Verlag, Marburg, 2007, S. 161–191

Hofmann, Heiko, Kommunale Konzessionsverträge im Lichte des Energiewirtschafts- und Wettbewerbsrechts, NZBau 2012, 11–17

Hofmeister, Andreas, Die Anforderungen an die Zulässigkeit von Biomasse- und Photovoltaikanlagen, in: Spannowsky, Willy/Hofmeister, Andreas (Hrsg.), Umweltrechtliche Einflüsse in der städtebaulichen Planung, lexxion Verlag, Berlin, 2009, S. 61–97

Hoppe, Werner, § 77 Planung, in: Isensee, Josef/Kirchhof, Paul (Hrsg.), Handbuch des Staatsrechts der Bundesrepublik Deutschland, Band IV: Aufgaben des Staates, C.F. Müller Verlag, Heidelberg, 3. Auflage 2006

Hoppe, Werner/Beckmann, Martin (Hrsg.), UVPG – Kommentar, Carl Heymanns Verlag, 4. Auflage 2012

Hoppe, Werner/Bönker, Christian/Grotefels, Susan, Öffentliches Baurecht – Raumordnungsrecht, Städtebaurecht, Bauordnungsrecht, Verlag C.H. Beck, München, 4. Auflage 2010

Hoppenberg, Michael/de Witt, Siegfried (Hrsg.), Handbuch des öffentlichen Baurechts, Verlag C.H. Beck, München, Stand: 33. Erg.-Lief. (Mai 2012)

Hornmann, Gerhard, Hessische Bauordnung (HBO) – Kommentar, Verlag C.H. Beck, München, 2004

Horst, Hans Reinold, Das mietrechtliche Verständnis neuer Technologien zur energetischen Instandsetzung und Modernisierung von Wohnraum – Zugleich zum Energiekonzept der Bundesregierung vom 6. 9. 2010, NZM 2010, 761–769

Huber, Peter M./Wollenschläger, Ferdinand, Durchgriffsverbot und landesverfassungsrechtliches Konnexitätsgebot – Das Beispiel des KiföG –, VerwArch 100 (2009), 305–341

Hübner, Gundula, Die Akzeptanz von Erneuerbaren Energien – Einstellungen und Wirkungen, in: Ekardt, Felix/Hennig, Bettina/Unnerstall, Herwig (Hrsg.), Erneuerbare Energien – Ambivalenzen, Governance, Rechtsfragen, Metropolis-Verlag, Marburg, 2012, S. 117–137

Hummel, Konrad, Konzessionsverträge für Energie als Instrumente gemeindlicher Politik, in: Frank, Götz/Langrehr, Heinrich-Wilhelm (Hrsg.), Die Gemeinde. Verfassung, Planung, Wirtschaft und das kommunale Selbstverwaltungsrecht – Festschrift zum 70. Geburtstag von Heiko Faber, Mohr Siebeck Verlag, Tübingen, 2007

Immesberger, Helmut (Hrsg.), Das neue Recht der Konzessionsabgaben – Handbuch und Kommentar, Luchterhand Verlag, Neuwied u. a., Stand: 46. Erg.-Lief. (Mai 2012)

Ingold, Albert, Climate Improvement Districts (CID) – Klimaschutz durch private Initiativen zur Stadtentwicklung (§ 171 f BauGB) –, UPR 2009, 431–436

–, Das Aufgabenübertragungsverbot aus Art. 84 Abs. 1 Satz 7 GG als Hindernis für die bauplanungsrechtliche Gesetzgebung des Bundes?, DÖV 2010, 134–139

–, Möglichkeiten eines Ausschlusses der Nutzung sog. Heizpilze in der Gastronomie, GewArch 2010, 89–93

Ingold, Albert/Schwarz, Tim, Klimaschutzelemente der Bauleitplanung, NuR 2010, 153–162

–, Städtebau- und Energiefachrecht, NuR 2010, 308–316

Institut für Energie- und Umweltforschung Heidelberg gGmbH, Erneuerbare Energien kompakt – Ergebnisse systematischer Studien im Auftrag des Bundesumweltministeriums, Heidelberg, 2. Auflage 2007

Institut für ökologische Wirtschaft (Hrsg.), Kommunale Wertschöpfung durch Erneuerbare Energien, Schriftenreihe des IÖW 196/10, Berlin, 2010 (http://www.unendlich-viel-energie.de/uploads/media/IOEW_ZEE_Kommunale_Wertschoepfung_durch_Erneuerbare_Energien_SR_nov10_03.pdf; abgerufen: 30. 10. 2012)

Institut für Zukunftsstudien und Technologiebewertung gGmbH (Hrsg.), Erneuerbare Energien in Kommunen optimal nutzen – Denkanstöße für die Praxis, 2007 (http://www.izt.de/fileadmin/downloads/pdf/SKEP/SKEP_EE_in_Kommunen.pdf; abgerufen: 30. 10. 2012)

Intergovernmental Panel on Climate Change (Hrsg.), Fourth Assessment Report: Climate Change 2007 (http://www.ipcc.ch/publications_and_data/publications_and_data_reports.shtml; abgerufen: 30. 10. 2012)

– (Hrsg.), Renewable Energy Sources and Climate Change Mitigation – Special Report, 2011 (http://srren.ipcc-wg3.de/report; abgerufen: 30. 10. 2012)

Jacob, Martin, Mehr Markt bei der Strom- und Gasverteilung – Verfassungs- und wettbewerbsrechtliche Analyse der Netzveräußerungspflicht in § 46 Abs. 2 Satz 2, 3 des Regierungsentwurfs zum Energiewirtschaftsgesetz –, RdE 2011, 212–218

Jäde, Henning/Dirnberger, Franz/Weiß, Josef, Baugesetzbuch – Baunutzungsverordnung – Kommentar, Richard Boorberg Verlag, Stuttgart u. a., 6. Auflage 2010

Jänicke, Martin/Wiesenthal, Tobias, Eckpunkte und Entwicklungslinien einer nachhaltigen Energiewirtschaft, ZUR 2004 (Sonderheft), 385–391

Jarass, Hans D., Bundesimmissionsschutzgesetz – Kommentar, Verlag C. H. Beck, München, 9. Auflage 2012

Jarass, Hans D./Pieroth, Bodo (Hrsg.), Grundgesetz-Kommentar, Verlag C. H. Beck München, 12. Auflage 2012

Jarass, Lorenz/Obermair, Gustav M./Voigt, Wilfried, Windenergie – Zuverlässige Integration in die Energieversorgung, Springer Verlag, Berlin u. a., 2. Auflage 2009

Kahl, Wolfgang, Das Kooperationsprinzip im Städtebaurecht, DÖV 2000, 793–802

–, Die Zustimmungsbedürftigkeit von Bundesgesetzen nach Art. 84 I GG unter besonderer Berücksichtigung des Umweltverfahrensrechts, NVwZ 2008, 710–718

–, Alte und neue Kompetenzprobleme im EG-Umweltrecht – Die geplante Richtlinie zur Förderung Erneuerbarer Energien, NVwZ 2009, 265–270

–, Klimaschutz und Bayerische Verfassung, BayVBl. 2009, 97–105

–, § 14 Wasser, in: Fehling, Michael/Ruffert, Matthias (Hrsg.), Regulierungsrecht, Mohr Siebeck Verlag, Tübingen, 2010
–, Einführung in das Umweltenergierecht, JuS 2010, 599–604
–, Klimaschutz durch die Kommunen – Möglichkeiten und Grenzen, ZUR 2010, 395–403
–, Möglichkeiten und Grenzen kommunaler Solarsatzungen, EurUP 2010, 114–122
–, Zur Rechtmäßigkeit der Marburger Solarsatzung – zugleich eine Anmerkung zu VG Gießen, Urt. v. 12. 5. 2010, ZUR 2010, S. 375 ff., ZUR 2010, 371–374
–, Kommunaler Anschluss- und Benutzungszwang an Fernwärmenetze aus Klimaschutzgründen – Die Auswirkungen von § 16 EEWärmeG auf das Landesrecht insbesondere in Baden-Württemberg, VBlBW 2011, 53–59
Kahl, Wolfgang/Schmidtchen, Marcus, Nah- und Fernwärmenetze als Instrumente des Klimaschutzes, ZNER 2011, 35–41
–, Obligatorische Wärmeerzeugung durch erneuerbare Energien in kommunalen Bestandsgebäuden – ein Verstoß gegen Art. 84 I 7 GG?, LKV 2011, 439–444
Kahle, Christian, Die Elektrizitätsversorgung zwischen Versorgungssicherheit und Umweltverträglichkeit, Nomos Verlag, Baden-Baden, 2009
Kaltschmitt, Martin/Streicher, Wolfgang/Wiese, Andreas, Erneuerbare Energien – Systemtechnik, Wirtschaftlichkeit, Umweltaspekte, Springer Verlag, Berlin, 4. Auflage 2006
Kamp, Christina, Kommunale Steuerung der Bebaubarkeit durch Verträge und dingliche Rechte, lexxion Verlag, Berlin, 2008
Keller-Herder, Laurenz, Der Konzessionsvertrag unter dem neuen Energiewirtschaftsrecht, Nomos Verlag, Baden-Baden, 2009
Kermel, Cornelia, Aktuelle Entwicklungen im Konzessionsvertragsrecht, RdE 2005, 153–160
Kermel, Cornelia/Brucker, Guido/Baumann, Toralf, Wegenutzungsverträge und Konzessionsabgaben in der Energieversorgung, VEW Energieverlag, Frankfurt/M., 2008
Kersten, Jens, Business Improvement Districts in der Bundesrepublik Deutschland – Urban Governance zwischen privater Initiative und staatlichem Zwang –, UPR 2007, 121–129
–, Nachhaltigkeit und Städtebau, in: Kahl, Wolfgang (Hrsg.), Nachhaltigkeit als Verbundbegriff, Mohr Siebeck Verlag, Tübingen, 2008, S. 396–422
Kesseler, Paul Alfred, Wärmeschutzbezogene Festsetzungen im Bebauungsplan?, BauR 1996, 309–313
Klemm, Andreas, Das Erneuerbare-Energien-Wärmegesetz – Ein Überblick über die wichtigsten Regelungen, CuR 2008, 124–130
–, Vorgaben aus Brüssel: Das Europarechtsanpassungsgesetz Erneuerbare Energien im Überblick, REE 2011, 61–67
Klinski, Stefan, Energetische Gebäudesanierung und Mietrecht – Hemmnisse und Reformüberlegungen, ZUR 2010, 283–290
Klinski, Stefan/Longo, Fabio, Kommunale Strategien für den Ausbau erneuerbarer Energien im Rahmen des öffentlichen Baurechts, ZNER 2007, 41–47
Kloepfer, Michael, Umweltrecht, Verlag C. H. Beck, München, 3. Auflage 2004
–, Umweltschutzrecht, Verlag C. H. Beck, München, 2. Auflage 2011
Kluth, Winfried, Das kommunale Konnexitätsprinzip der Landesverfassungen – Überblick über Rechtssetzung und Rechtsprechung, LKV 2009, 337–343

Kment, Martin, Rechts vor links? Überlegungen zur Vereinfachung der rechtlichen Vorfahrtsregeln im deutschen Stromnetz, ZNER 2011, 225–230

–, Die Begleitung der Energiewende durch kommunale Bauleitplanung – Schafft das Gesetz zur Förderung des Klimaschutzes bei der Entwicklung in den Städten und Gemeinden neue Optionen?, DVBl. 2012, 1125–1130

Knauff, Matthias, Die Entwicklung eines europäischen Rechts der Erneuerbaren Energien im Kontext des europäischen Umweltenergierechts, in: Müller, Thorsten (Hrsg.), 20 Jahre Recht der Erneuerbaren Energien, Nomos Verlag, Baden-Baden, 2012, S. 408–431

Knitter, Janna, Das Aufgabenübertragungsverbot des Art. 84 Abs. 1 Satz 7 GG, Nomos Verlag, Baden-Baden, 2008

Koch, Hans-Joachim, Der „städtebauliche Grund" (§ 9 Abs. 1 Baugesetzbuch) als Schranke planerischer Gestaltungsfreiheit – Zum Verhältnis von Bauleitplanung und Fachverwaltung, DV 37 (2004), 537–555

– (Hrsg.), Umweltrecht, Verlag Franz Vahlen, München, 3. Auflage 2010

–, Klimaschutzrecht, NVwZ 2011, 641–654

Koch, Hans-Joachim/Behrend, Claudia, Klimaschutz im geltenden Umweltrecht, NuR 1996, 433–440

Koch, Hans-Joachim/Hendler, Reinhard, Baurecht, Raumordnungs- und Landesplanungsrecht, Richard Boorberg Verlag, Stuttgart, 5. Auflage 2009

Koch, Hans-Joachim/Mengel, Constanze, Gemeindliche Kompetenzen für Maßnahmen des Klimaschutzes am Beispiel der Kraft-Wärme-Kopplung, DVBl. 2000, 953–963

Koch, Hans-Joachim/Pache, Eckhard/Scheuing, Dieter H. (Hrsg.), Gemeinschaftskommentar zum Bundes-Immissionsschutzgesetz, Carl Heymanns Verlag, Köln, Stand: 30. Erg.-Lief. (Dezember 2011)

Köck, Wolfgang, § 37 Pläne, in: Hoffmann-Riem, Wolfgang/Schmidt-Aßmann, Eberhard/Voßkuhle, Andreas (Hrsg.), Grundlagen des Verwaltungsrechts, Band II, Verlag C. H. Beck, München, 2. Auflage 2012

–, Planungsrechtliche Anforderungen an die räumliche Steuerung der Windenergienutzung – Unter besonderer Berücksichtigung des Repowering –, ZUR 2010, 507–512

Konstantin, Panos, Praxishandbuch Energiewirtschaft – Energieumwandlung, -transport und -beschaffung im liberalisierten Markt, Springer Verlag, Berlin, 2. Auflage 2009

Koppitz, Hans-Joachim/Schwarting, Gunnar/Finkeldei, Jörg, Der Flächennutzungsplan in der kommunalen Praxis, Erich Schmidt Verlag, Berlin, 3. Auflage 2005

Kraft, Ingo, Aktuelle Fragen immissionsschutzrechtlicher Festsetzungen in Bebauungsplänen – Klimaschutz, Lärmkontingentierung und Planrealisierungsansprüche –, DVBl. 1998, 1048–1058

Kraus, Stefan, Novelle des Baugesetzbuchs – Gesetz zur Förderung des Klimaschutzes bei der Entwicklung in den Städten und Gemeinden, KommP BY, 2011, 297–301

Krautzberger, Michael, Städtebauliche Verträge in der praktischen Bewährung, UPR 2007, 407–414

–, Klimaschutz als Gegenstand städtebaulicher Verträge, vhw-Forum Wohneigentum 2008, 244–248

–, Städtebauliche Verträge zur Umsetzung klimaschützender und energieeinsparender Zielsetzungen, DVBl. 2008, 737–745

–, Gesetz zur Förderung des Klimaschutzes bei der Entwicklung in den Städten und Gemeinden, UPR 2011, 361–365

–, Gesetz zur Stärkung der Innenentwicklung und zur weiteren Fortentwicklung des Städtebaurechts – Zum Gesetzentwurf der Bundesregierung –, UPR 2012, 380–386
–, Klimaschutz als Aufgabe der Stadterneuerung und des Stadtumbaus, DVBl. 2012, 69–74
–, Urbane Strategien zum Klimawandel – Erfahrungen und Strategien in Deutschland beim Klimaschutz und Energieeinsparen in historischen Städten und beim historischen Erbe, UPR 2012, 99–102
Krautzberger, Michael/Stüer, Bernhard, Städtebaurecht 2004: Umweltprüfung und Abwägung – Vom schlichten Wegwägen zum Grundsatz der nachhaltigen Trauerarbeit, DVBl. 2004, 914–924
–, Neues Städtebaurecht des Bundes aus Gründen des Klimaschutzes – Gesetz zur Förderung des Klimaschutzes bei der Entwicklung in den Städten und Gemeinden, BauR 2011, 1416–1424
Kühling, Jürgen/El-Barudi, Stefan, Das runderneuerte Energiewirtschaftsgesetz, DVBl. 2005, 1470–1482
Kühling, Jürgen/Pisal, Ruben, Investitionspflichten beim Ausbau der Energieinfrastrukturen zwischen staatlicher Regulierung und nachfrageorientierter Netzbewirtschaftung, ZNER 2011, 13–22
Kühling, Jürgen/Rasbach, Winfried, Kernpunkte des novellierten EnWG 2011 – Regulierungsausbau im Zeichen der „Energiewende", RdE 2011, 332–341
Kuhnt, Dietmar, Die Konzessionsabgabe in ordnungspolitischer Sicht, in: Baur, Jürgen F./Müller-Graff, Peter-Christian/Zuleeg, Manfred (Hrsg.), Europarecht – Energierecht – Wirtschaftsrecht. Festschrift für Bodo Börner zum 70. Geburtstag, Carl Heymanns Verlag, Köln, 1992, S. 583–592
Kupfer, Dominik, Die Aufstellung von Lärmaktionsplänen in interkommunaler Zusammenarbeit, VBlBW 2011, 128–136
–, Lärmaktionsplanung – Effektives Instrument zum Schutz der Bevölkerung vor Umgebungslärm? – Eine Klärung drängender Rechtsfragen, NVwZ 2012, 784–791
Kuschnerus, Ulrich, Der sachgerechte Bebauungsplan – Handreichungen für die kommunale Praxis, vhw-Verlag Dienstleistung, 4. Auflage 2010
Kuxenko, Michael, Umweltverträgliche Energieversorgung – Analyse eines neuen Gesetzeszwecks im Energiewirtschaftsrecht, Nomos Verlag, Baden-Baden, 2004
Landmann/Rohmer, Umweltrecht – Kommentar, hrsg. vom *Beckmann, Martin/Durner, Wolfgang/Mann, Thomas/Röckinghausen, Marc*, Verlag C.H. Beck, München, Stand: 64. Erg.-Lief. (Februar 2012)
Lange, Klaus, Orientierungsverlust im Kommunalrecht: Wer verantwortet was?, DÖV 2007, 820–826
Lehnert, Wieland/Templin, Wolf/Theobald, Christian, Die Erneuerbaren Energien im System des Energierechts, VerwArch 102 (2011), 83–109
Lehnert, Wieland/Vollprecht, Jens, Neue Impulse von Europa: Die Erneuerbare-Energien-Richtlinie der EU, ZUR 2009, 307–317
Lenz, Christofer/Würtenberger, Thomas, BauGB-Verträge – Leitfaden für Gemeinden und Investoren, Richard Boorberg Verlag, Stuttgart u. a., 2011
Leprich, Uwe, Das EEG als Nukleus einer neuen Energiewirtschaftsordnung, in: Müller, Thorsten (Hrsg.), 20 Jahre Recht der Erneuerbaren Energien, Nomos Verlag, Baden-Baden, 2012, S. 815–840

Libbe, Jens, Rekommunalisierung öffentlicher Dienstleistungen – Empirische Belege und Bezugsrahmen der Entscheidungsfindung am Beispiel der Sektoren Energie und Wasser, IR 2012, 331–333

Lindauer, Dieter, Smart Cities – zehn Thesen für eine nachhaltige Zukunft der Stadt (-werke), ET 1–2/2011, 106–109

Lindner, Sigrid/Klinski, Stefan/Schmidt, Alexander/John, Ashok, Untersuchung möglicher Ansatzpunkte bundespolitischer Instrumente zur Förderung des kommunalen Klimaschutzes, 2009 (http://www.ecofys.com/files/files/ecofys_2009_gutachten_foerderung_kommunaler_klimaschutz.pdf; abgerufen: 30.10.2012)

Lindner, Sigrid/Schmidt, Alexander, Klimaschutzorientiertes Energiekonzept für den Gebäudesektor in Norderstedt – Bericht und Gutachten im Auftrag der Stadt Norderstedt, 2009 (http://www.norderstedt.de/media/custom/1087_7977_1.PDF?1300383005; abgerufen: 30.10.2012)

Lippert, Michael, Energiewirtschaftsrecht – Gesamtdarstellung für Wissenschaft und Praxis, Fachverlag Deutscher Wirtschaftsdienst, Köln, 2002

Longo, Fabio, Neue örtliche Energieversorgung als kommunale Aufgabe – Solarsatzungen zwischen gemeindlicher Selbstverwaltung und globalem Klima- und Ressourcenschutz, Nomos Verlag, Baden-Baden, 2010

–, Anmerkung zu VG Gießen, Urt. v. 12.05.2010 – 8 K 4071/08.GI, ZNER 2010, 312–313

Longo, Fabio/Schuster, Andreas, Zur Rechtmäßigkeit von „solaren" Energiekonzepten in Neubaugebieten – Die Wirkung von Art. 20a GG im Bau- und Kommunalrecht, ZNER 2000, 118–125

Ludwig, Grit, Energetische Verwendung von Biomasse nur mit Augenmaß vorantreiben, NuR 2009, 831–833

–, Nachhaltigkeitsanforderungen beim Anbau nachwachsender Rohstoffe im europäischen Recht, ZUR 2009, 317–322

Lutz, Jana, Repowering-Steuerung aus planungsrechtlicher Perspektive, Nomos Verlag, Baden-Baden, 2012

Maaß, Christian, Landesgesetze zum Klimaschutz: Mehr Substanz, bitte!, ZUR 2012, 265–266

v. Mangoldt, Hermann/Klein, Friedrich/Starck, Christian (Hrsg.), Kommentar zum Grundgesetz, Band 3 (Art. 83–146), Verlag Franz Vahlen, München, 6. Auflage 2010

Manten, Georg/Elbel, Daniel, Möglichkeiten und Grenzen des kommunalen Klimaschutzes in den neuen Bundesländern, LKV 2009, 1–10

Marks, Holger, Solarenergie im Wohnungsbau – Kommunale Handlungsmöglichkeiten zur Förderung regenerativer Energien im Wohnungsbau – Möglichkeiten, Chancen und Perspektiven kommunaler Innovationen im Energiesektor, Tectum Verlag, Marburg, 2001

Maslaton, Martin, Repowering von Windenergieanlagen außerhalb des Planungsumgriffs der Regionalplanung?, LKV 2007, 259–262

Maunz, Theodor/Dürig, Günter (Hrsg.), Grundgesetz-Kommentar, Verlag C.H. Beck, München, Stand: 65. Erg.-Lief. (April 2012)

Maurer, Hartmut, §79 Kontinuitätsgewährung und Vertrauensschutz, in: Isensee, Josef/Kirchhof, Paul (Hrsg.), Handbuch des Staatsrechts der Bundesrepublik Deutschland, Band IV: Aufgaben des Staates, C.F. Müller Verlag, Heidelberg, 3. Auflage 2006

Mayer, Christoph, Raumordnungs- und bauleitplanerische Probleme des Repowerings von Windenergieanlagen, EurUP 2009, 236–241
–, Raumordnungs- und bauleitplanerische Probleme des Repowerings von Windenergieanlagen (Teil 2), EurUP 2009, 281–290
Meadows, Dennis, Die Grenzen des Wachstums – Bericht des Club of Rome zur Lage der Menschheit, Deutsche Verlags-Anstalt, Stuttgart, 1972
Meadows, Donella/Randers, Jørgen/Meadows, Dennis, Grenzen des Wachstums – Das 30-Jahre-Update – Signal zum Kurswechsel, S. Hirzel Verlag, Stuttgart, 2006
Mechel, Friederike, Immobilien und Klimaschutz – Wärmeschutz und Erneuerbare Energien, ZUR 2011, 184–190
Menke, Rainhard, Der vorhabenbezogene Bebauungsplan, NVwZ 1998, 577–581
Meßerschmidt, Klaus, Europäisches Umweltrecht, Verlag C. H. Beck, München, 2011
Meßmann, Andreas, Das Aufgabenübertragungsverbot aus Art. 84 Abs. 1 S. 7 GG: Hindernis für die Erweiterung bereits übertragener Aufgaben und die Übertragung von Angelegenheiten der örtlichen Gemeinschaft?, DÖV 2010, 726–732
Meyer-Hetling, Astrid/Templin, Wolf, Konzessionsvertragliche Mengengrenzvereinbarungen im System des Konzessionsabgabenrechts, ZNER 2010, 139–145
–, Das Ausbleiben des Auswahlverfahrens und Rechtsschutzmöglichkeiten des unterlegenen Bieters, ZNER 2012, 18–29
Michaels, Sascha, Konzessionsverträge zwischen EnWG und europäischem Gemeinschaftsrecht, IR 2009, 246–252
Michaels, Sascha/Kohler, Desiree M., Zur möglichen Integration der Vergabe von Strom- und Gaskonzessionen in das allgemeine Vergaberecht, ZNER 2012, 29–34
Milkau, Alexander, Bundeskompetenzen für ein Umweltenergierecht – dargestellt am Beispiel des Erneuerbare-Energien-Wärmegesetzes, ZUR 2008, 561–567
–, Ansätze zur Förderung der erneuerbaren Energien im Wärmemarkt – Eine rechtliche Bewertung des EEWärmeG und der alternativen Fördermodelle, Nomos Verlag, Baden-Baden, 2009
Mitschang, Stephan, Die Umgebungslärmrichtlinie und ihre Auswirkungen auf die Regional- und Bauleitplanung, ZfBR 2006, 430–442
–, Die heutige Bedeutung der Flächennutzungsplanung: Aufgaben, Stand und Perspektiven für ihre Weiterentwicklung, LKV 2007, 102–109
–, Die Belange von Klima und Energie in der Bauleitplanung, NuR 2008, 601–612
–, Die Umsetzung klimaschützender und energieeinsparungsbezogener Anforderungen in der Bauleitplanung und im Besonderen Städtebaurecht – Sachstand und Perspektiven, ZfBR 2010, 534–550
–, Die Auswirkungen der Klimaschutz-Novelle auf die kommunale Bauleitplanung, DVBl. 2012, 134–141
Moench, Christoph/Ruttloff, Marc, Netzausbau in der Beschleunigung, NVwZ 2011, 1040–1045
Morell, Klaus-Dieter, Konzessionsverträge und Konzessionsabgaben, Kommunal- und Schul-Verlag, Wiesbaden, Stand: 5. Erg.-Lief. (November 2010)
Müller, Bene, Erneuerbare Energien und regionale Wertschöpfung, in: Dratwa, Friederike Anna/Ebers, Malko/Pohl, Anna Kristina/Spiegel, Björn/Strauch, Gunnar (Hrsg.), Energiewirtschaft in Europa – Im Spannungsfeld zwischen Klimapolitik, Wettbewerb und Versorgungssicherheit, Springer Verlag, Berlin, 2010, S. 47–51
Müller, Ruben, Das neue Wärmegesetz als Instrument deutscher Klimaschutzpolitik, ZNER 2008, 132–137

Müller, Thorsten, Der Rechtsrahmen zur Förderung und Nutzung Erneuerbarer Energien, insbesondere Erneuerbare-Energien-Gesetz und Erneuerbare-Energien-Wärmegesetz, in: Köck, Wolfgang/Faßbender, Kurt (Hrsg.), Klimaschutz durch Erneuerbare Energien, Nomos Verlag, Baden-Baden, 2010, S. 15–37

Müller, Thorsten/Oschmann, Volker/Wustlich, Guido (Hrsg.), Erneuerbare-Energien-Wärmegesetz – Kommentar, Verlag C.H. Beck, München, 2010

Musiol, Frank/Nieder, Thomas/van Mark, Kerstin, Mit dem Aufschwung Schritt gehalten: Entwicklung der erneuerbaren Energien im Jahr 2010, ET 10/2011, 64–66

Nast, Michael, Chancen und Perspektiven der Nahwärme im zukünftigen Energiemarkt, Nahwärme 2004 (http://www.dlr.de/tt/Portaldata/41/Resources/dokumente/institut/system/publications/Nahwaerme_Energiemarkt.pdf; abgerufen: 30. 10. 2012)

Nast, Michael/Bürger, Veit/Klinski, Stefan/Leprich, Uwe/Ragwitz, Mario/Schulz, Wolfgang, Ergänzende Untersuchungen und vertiefende Analysen zu möglichen Ausgestaltungsvarianten eines Wärmegesetzes – Endbericht. Ausarbeitung im Auftrag des Bundesministeriums für Umwelt, Naturschutz und Reaktorsicherheit, 2009 (http://www.erneuerbare-energien.de/files/pdfs/allgemein/application/pdf/endbericht_waermegesetz.pdf; abgerufen: 30. 10. 2012)

Nast, Michael/Bürger, Veit/Klinski, Stefan/Schulz, Wolfgang/Steinbach, Johann, Ergänzende Untersuchungen und vertiefende Analysen zum EEWärmeG (Folgevorhaben). Endbericht, Ausarbeitung im Auftrag des Bundesministeriums für Umwelt, Naturschutz und Reaktorsicherheit, 2010 (http://elib.dlr.de/69183/1/Endbericht_Folgevorhaben_EEW%C3%A4rmeG_final-2.pdf; abgerufen: 30. 10. 2012)

Niehof, Roland, Konzessionsverträge und Vergaberecht – Anwendbarkeit der Vorschriften über das Vergaberecht auf das Auswahlverfahren beim Abschluss von Wegenutzungsverträgen nach § 46 EnWG? –, RdE 2011, 15–18

Nill-Theobald, Christiane/Theobald, Christian, Grundzüge des Energiewirtschaftsrechts, Verlag C.H. Beck, München, 2. Auflage 2008

Nolte, Frank, Lokale Agenda 21 zwischen Wunsch und Wirklichkeit – Nachhaltige Entwicklung, ihre Aufnahme in Recht und Praxis, Verlag Duncker & Humblot, Berlin, 2006

Oebbecke, Janbernd, § 136 Verwaltungszuständigkeit, in: Isensee, Josef/Kirchhof, Paul (Hrsg.), Handbuch des Staatsrecht der Bundesrepublik Deutschland, Band VI: Bundesstaat, C.F. Müller Verlag, Heidelberg, 3. Auflage 2008

Oerder, Michael, Praktische Probleme beim vorhabenbezogenen Bebauungsplan gemäß § 12 BauGB – Ist der vorhabenbezogene Bebauungsplan noch zu empfehlen?, BauR 2009, 744–755

Olgemöller, Udo H., Der Hessische Weg: Förderung erneuerbarer Energien durch kommunale Wirtschaftstätigkeit unter Beteiligung Privater, REE 2012, 139–145

von Oppen, Margarete/Klinski, Stefan, Mietrechtliche Umsetzung der Vorbildfunktion öffentlicher Gebäude, KommJur 2012, 201–206

Oschmann, Volker/Rostankowski, Anke, Das Internationale Klimaschutzrecht nach Kopenhagen, ZUR 2010, 59–65

Otting, Olaf, Grünes Vergaberecht – Die Beschaffung energieeffizienter Produkte und Dienstleistungen nach der Vergaberechtsreform, CuR 2009, 44–50

–, Klimaschutz durch Baurecht – Ein Überblick über die BauGB-Novelle 2011, REE 2011, 125–132

Otto, Christian-W., Klimaschutz und Energieeinsparung im Bauordnungsrecht der Länder, ZfBR 2008, 550–560
Paetow, Stefan, Die Rechtsprechung des Bundesverwaltungsgerichts zum vorsorgenden Immissionsschutz in der Bauleitplanung, in: Hansmann, Klaus/Paetow, Stefan/Rebentisch, Manfred (Hrsg.), Umweltrecht und richterliche Praxis – Festschrift für Ernst Kutscheidt, Verlag C.H. Beck, München, 2003, S. 321–330
Pagels, Jörn, Ein Klimaschutzgesetz für Hamburg , in: Koch, Hans-Joachim/Caspar, Johannes (Hrsg.), Klimaschutz im Recht, Nomos Verlag, Baden-Baden, 1997, S. 155–160
Peine, Franz-Joseph, Energiesparen – bau- und planungsrechtliche Aspekte, DVBl. 1991, 965–972
Pestke, Silvia, Offshore-Windfarmen in der Ausschließlichen Wirtschaftszone – Im Zielkonflikt zwischen Klima- und Umweltschutz, Nomos Verlag, Baden-Baden, 2008
Peters, Heinz-Joachim/Balla, Stefan, UVPG – Handkommentar, Nomos Verlag, Baden-Baden, 3. Auflage 2006
Pielow, Johann-Christian, Effektives Recht der Energieeffizienz? – Herausforderungen an Rechtsetzung und -anwendung, ZUR 2010, 115–123
Pielow, Johann-Christian/Finger, Thorsten, Der Anschluss- und Benutzungszwang im Kommunalrecht, JURA 2007, 189–200
Pippke, Nicole/Gaßner, Hartmut, Neuabschluss und Änderung von Konzessionsverträgen nach dem neuen EnWG, RdE 2006, 33–40
Pollmann, Holger/Reimer, Franz/Walter, Jana, Obligatorische Verwendung erneuerbarer Energien zur Wärmeerzeugung am Beispiel der Marburger Solarsatzung, LKRZ 2008, 251–256
Portz, Norbert, Klimaschutz durch kommunale Bauleitplanung, BayGT 2009, 137–141
Prieß, Hans-Joachim/Marx, Fridhelm/Hölzl, Franz Josef, Kodifizierung des europäischen Rechtes zur Vergabe von Dienstleistungskonzessionen nicht notwendig, NVwZ 2011, 65–72
Quambusch, Erwin, Repowering als Planungsproblem, BauR 2007, 1824–1830
Quaschning, Volker, Erneuerbare Energien und Klimaschutz – Hintergründe, Techniken, Anlagenplanung, Wirtschaftlichkeit, Carl Hanser Verlag, München, 2. Auflage 2010
Randers, Jørgen, 2052. Der neue Bericht an den Club of Rome: Eine globale Prognose für die nächsten 40 Jahre, oekom Verlag, 2012
Reck, Hans-Joachim, Pflichten der Kommunen bei auslaufenden Konzessionsverträgen in der Energieversorgung, KommJur 2009, 401–407
Reidt, Olaf, Klimaschutz, erneuerbare Energien und städtebauliche Gründe, BauR 2010, 2025–2034
Rengeling, Hans-Werner, Kooperationsprinzip, Kooperationsinstrumente und Instrumentenverbund im Umweltrecht, in: Eberle, Carl-Eugen/Ibler, Martin/Lorenz, Dieter (Hrsg.), Der Wandel des Staates vor den Herausforderungen der Gegenwart – Festschrift für Winfried Brohm, Verlag C.H. Beck, München, 2002, S. 509–524
Repkewitz, Ulrich, Probleme der Umsetzung der Umgebungslärmrichtlinie, VBlBW 2006, 409–417
Reshöft, Jan (Hrsg.), Erneuerbare-Energien-Gesetz – Handkommentar, Nomos Verlag, Baden-Baden, 3. Auflage 2009
Ringel, Christina/Bitsch, Christian, Die Neuordnung des Rechts der Erneuerbaren Energien in Europa, NVwZ 2009, 807–811

Risch, Ben Michael/Schweitzer, Sandra, Die neue Hessische Gemeindeordnung, LKRZ 2012, 173–179

Rist, Hansjörg, Möglichkeiten und Grenzen ökologischer Festsetzungen im Bebauungsplan – Bedeutung der Landschaftsplanung und informellen städtebaulichen Planung – (Teil 2), BWVP 1994, 271–274

Rixner, Florian/Biedermann, Robert/Steger, Sabine (Hrsg.), Systematischer Praxiskommentar BauGB/BauNVO, Bundesanzeiger Verlag, Köln, 2010

Röckinghausen, Marc, Die neue Verordnung über kleine und mittlere Feuerungsanlagen (1. BImSchV), ZUR 2011, 65–71

Rodi, Michael, Instrumentenvielfalt und Instrumentenverbund im Umweltrecht, ZG 2000, 231–247

–, Grundstrukturen des Energieumweltrechts, EurUP 2005, 165–174

–, Kommunale Handlungsmöglichkeiten in der Energie- und Klimaschutzpolitik – Status quo und Reformansätze, IR 2012, 242–247

Rogall, Holger, Akteure der nachhaltigen Entwicklung, oekom Verlag, München, 2. Auflage 2003

Rojahn, Ondolf, Umwelt- und Klimaschutz zwischen kommunaler Bauleitplanung und fachbehördlicher Zuständigkeit – Abgrenzungsfragen in der höchstrichterlichen Rechtsprechung, in: Mitschang, Stephan (Hrsg.), Klimaschutz und Energieeinsparung in der Stadt- und Regionalplanung, Peter Lang Verlag, Frankfurt/M., 2009, 67–78

Roller, Gerhard, Wärmeschutzbezogene Festsetzungen im Bebauungsplan, BauR 1995, 185–193

Rosenkötter, Anne, Die Vergabe öffentlicher Aufträge im Energieversorgungsbereich, in: Germer, Christoph/Loibl, Helmut (Hrsg.), Energierecht – Handbuch, Erich Schmidt Verlag, Berlin, 2. Auflage 2007, S. 315–342

Rösler, Cornelia, Fördermöglichkeiten für den kommunalen Klimaschutz, KommP spezial 2010, 165–169

Roßnagel, Alexander/Hentschel, Anja, Rechtliche Gewährleistung des Umweltschutzes bei erneuerbaren Energien, JbUTR 2009, 253–319

Ruffert, Matthias, Kohärente Europäisierung: Anforderungen an Verfassungs- und Verwaltungsverbund, in: Hoffmann-Riem, Wolfgang, Offene Rechtswissenschaft, Mohr Siebeck Verlag, Tübingen, 2010, S. 1397–1415

Runkel, Peter, Klimaschutz und Energieeinsparung in der aktuellen Gesetzgebung, in: Mitschang, Stephan (Hrsg.), Klimaschutz und Energieeinsparung in der Stadt- und Regionalplanung, Peter Lang Verlag, Frankfurt/M., 2009, 207–220

Sachs, Michael (Hrsg.), Grundgesetz – Kommentar, Verlag C.H. Beck, München, 6. Auflage 2011

Sachverständigenrat für Umweltfragen, Umweltgutachten 2008: Umweltschutz im Zeichen des Klimawandels, Erich Schmidt Verlag, Berlin (auch zugänglich als BT-Drs. 16/9990)

–, Sondergutachten 2011: Wege zur 100% erneuerbaren Stromversorgung, Erich Schmidt Verlag, Berlin (auch zugänglich als BT-Drs. 17/4890)

–, Umweltgutachten 2012: Verantwortung in einer begrenzten Welt (auch zugänglich als BT-Drs. 17/10285)

Säcker, Franz Jürgen (Hrsg.), Berliner Kommentar zum Energierecht, Bände 1 und 2, Verlag Recht und Wirtschaft, Frankfurt am Main, 2. Auflage 2010

Säcker, Franz Jürgen/Mohr, Jochen/Wolf, Maik, Konzessionsverträge im System des europäischen und deutschen Wettbewerbsrechts, Peter Lang Verlag, Frankfurt/M., 2011

Sailer, Frank, Klimaschutzrecht und Umweltenergierecht – Zur Systematisierung beider Rechtsgebiete, NVwZ 2011, 718–723

Salje, Peter, Erneuerbare-Energien-Gesetz – Kommentar, Carl Heymanns Verlag, Köln, 6. Auflage 2012

Sauer, Mirko, Das Recht der Vergabe von Strom- und Gas-Konzessionsverträgen im EnWG – Legitimität und Anwendung eines Wettbewerbsinstruments im Kontext des Unions- und deutschen Verfassungsrechts, Nomos Verlag, Baden-Baden, 2012

Schalast, Christoph, Vorrang für den Klimaschutz: Der Umbau des Regelungsrahmens der Energieversorgung in Deutschland durch die Eckpunkte der Bundesregierung für ein integriertes Energie- und Klimaprogramm, IR 2008, 34–38

Schau, Götz-Friedrich, Die wettbewerbliche Vergabe von Konzessionen nach § 46 EnWG – Verfahren ohne Regeln und Schiedsrichter?, RdE 2011, 1–8

Scheidler, Alfred, Die Neuregelungen im Bundes-Immissionsschutzgesetz zur Lärmminderungsplanung, UPR 2005, 334–337

–, Neue Aufgaben für die Gemeinden durch die Neuregelungen im BImSchG zur Lärmminderungsplanung, DVBl. 2005, 1344–1351

Schiffer, Hans-Wilhelm, Energiemarkt Deutschland, Verlag TÜV Media, Köln, 11. Auflage 2010

Schindelmann, Pablo/Wagner, Alexander/Joneck, Michael, Kommunaler Klimaschutz – Strategien und Methoden, KommP spezial 2010, 158–164

Schink, Alexander, Regelungsmöglichkeiten der Bundesländer im Klimaschutz, UPR 2011, 91–100

–, Zum Entwurf des nordrhein-westfälischen Klimaschutzgesetzes, NWVBl. 2012, 41–48

Schlacke, Sabine, Klimaschutzrecht – ein Rechtsgebiet?, in: Schlacke, Sabine (Hrsg.), Umwelt- und Planungsrecht im Wandel – System, Funktionen, Perspektiven, Die Verwaltung Beiheft 11, 2010, 121–158

Schlacke, Sabine, Nach Durban und vor Katar: Globaler Klimaschutz erneut in der Warteschleife, ZUR 2012, 69–70

Schläger, Edwin, Das Erneuerbare-Energien-Wärmegesetz: Wesentlicher Inhalt, andere ähnliche Regelungen und zivilrechtliche Folgen, ZMR 2009, 339–341

Schlichter, Otto/Stich, Rudolf (Hrsg.), Berliner Kommentar zum Baugesetzbuch, Carl Heymanns Verlag, Köln, 3. Auflage 2002, Stand: 22. Erg.-Lief. (November 2012)

Schmelzle, Veit/Probst, Stephanie, Klimaschutz und Energieeinsparung durch bauleitplanerische Festsetzungen, IR 2010, 146–149

Schmidt, Alexander, Klimaschutz in der Bauleitplanung nach dem BauGB 2004, NVwZ 2006, 1354–1361

Schmidt, Reiner/Kahl, Wolfgang, Umweltrecht, Verlag C. H. Beck, München, 8. Auflage 2010

Schmidt-Aßmann, Eberhard, Der Umweltschutz im Spannungsfeld zwischen Staat und Selbstverwaltung, NVwZ 1987, 265–275

–, Anschluss- und Benutzungszwang bei der Fernwärmeversorgung: Kommunalem Aktivismus Grenzen setzen!, ZHR 170 (2006), 489–497

–, Das allgemeine Verwaltungsrecht als Ordnungsidee – Grundlagen und Aufgaben der verwaltungsrechtlichen Systembildung, Springer Verlag, Heidelberg, 2. Auflage 2006

–, Der Kohärenzgedanke in den EU-Verträgen: Rechtssatz, Programmsatz oder Beschwörungsformel?, in: Appel, Ivo/Hermes, Georg/Schönberger, Christoph (Hrsg.), Öffentliches Recht im offenen Staat – Festschrift für Rainer Wahl, Verlag Duncker & Humblot, Berlin, 2011, S. 817–835

–, Kohärenz und Konsistenz des verwaltungsgerichtlichen Rechtsschutzes, DV 44 (2011), 105–123

Schmidt-Aßmann, Eberhard/Krebs, Walter, Rechtsfragen städtebaulicher Verträge – Vertragstypen und Vertragsrechtslehren, Deutscher Gemeindeverlag und Kohlhammer Verlag, Stuttgart, 2. Auflage 1992

Schmidt-Bleibtreu, Bruno/Hofmann, Hans/Hopfauf, Axel (Hrsg.), Grundgesetz – Kommentar, Carl Heymanns Verlag, Köln, 12. Auflage 2011

Schneider, Jens-Peter/Theobald, Christian, Recht der Energiewirtschaft, Verlag C.H. Beck, München, 3. Auflage 2011

Schnutenhaus, Jörn/Günther, Julia, Anm. zu BVerwG, Urteil vom 25. Januar 2006 – 8 C 13.05, ZUR 2006, 367–368

Schoch, Friedrich, Verfassungswidrigkeit des bundesgesetzlichen Durchgriffs auf Kommunen, DVBl. 2007, 261–269

Scholtka, Boris/Helmes, Sebastian, Energiewende 2011 – Schwerpunkte der Neuregelungen im Energiewirtschafts- und Energieumweltrecht, NJW 2011, 3185–3191

Scholtka, Boris/Keller-Herder, Laurenz, Das Konzessionsabgabenrecht nach der Energiewirtschaftsreform 2005, RdE 2010, 279–288

Scholz, Friederike, Europarechtsanpassungsgesetz Bau – EAG Bau, EurUP 2004, 134–139

Schomerus, Thomas, Rechtliche Instrumente zur Verbesserung der Energienutzung, NVwZ 2009, 418–423

Schomerus, Thomas/Degenhart, Heinrich (Hrsg.), Repowering – Hindernisse und Lösungsmöglichkeiten, Nomos Verlag, Baden-Baden, 2010

Schomerus, Thomas/Stecher, Michaela, Mehr Fragen als Antworten – das Repowering nach dem EEG 2009, RdE 2009, 269–275

Schomerus, Thomas/Tolkschmitt, Ulrike, Die Umweltinformationsgesetze der Länder im Vergleich, NVwZ 2007, 1119–1125

Schönenbroicher, Klaus/Kamp, Manuel (Hrsg.), Bauordnung Nordrhein-Westfalen (BauO NRW) – Kommentar, Verlag C.H. Beck, München, 2012

Schrödter, Hans (Hrsg.), Baugesetzbuch – Kommentar, Verlag Franz Vahlen, München, 7. Auflage 2006

Schrott, Birgit, Leitfaden Klimaschutz und Stadtplanung Augsburg, vhw-Forum Wohneigentum 2008, 249–252

Schrotz, Jan-Oliver/Mayer, Christian A., Verordnete Innovationsförderung – Neue Vorgaben für die öffentliche Kfz-Beschaffung, KommJur 2011, 81–85

Schubart, Hans-Georg, Der Fernwärme-Begriff in der Heizkostenabrechung, NJW 1985, 1682–1685

Schulte, Martin, Instrumentenmix im Energieeffizienzrecht – Gegenwärtiger Stand und aktuelle Entwicklungen –, in: Ipsen, Jörn/Stüer, Bernhard (Hrsg.), Europa im Wandel – Festschrift für Hans-Werner Rengeling, Carl Heymanns Verlag, Köln, 2008, S. 417–435

Schulz, Klaus-Peter, Einführung in das Recht der Wegenutzungsverträge der Strom- und Gaswirtschaft, LKRZ 2012, 41–45

Schumacher, Pascal, Innovationsregulierung im Recht der netzgebundenen Elektrizitätswirtschaft, Nomos Verlag, Baden-Baden, 2009

Schütte, Peter/Winkler, Martin, Aktuelle Entwicklungen im Bundesumweltrecht – Berichtszeitraum 12. 6. 2010 bis 26. 8. 2010, ZUR 2009, 499–502

–, Aktuelle Entwicklungen im Bundesumweltrecht – Berichtszeitraum 27. 8. 2010–20. 10. 2010, ZUR 2010, 607–610

Schwerdtner, Eberhard, Global denken – Lokal handeln! – Umweltschutz im Spannungsfeld zu den Gemeindeordnungen. Anmerkung zu VGH Bad-Württ., Urt. v. 18. 3. 2004 – 1 S 2261/02 – VBlBW 2004, 337, VBlBW 2005, 99–100

Sellner, Dieter/Fellenberg, Frank, Atomausstieg und Energiewende 2011 – das Gesetzespaket im Überblick, NVwZ 2011, 1025–1035

Siegel, Mechthild, Vergaberechtliche Aspekte des kommunalen Klima- und Umweltschutzes, in: Glenewinkel, Werner/Treutner, Erhard (Hrsg.), Kommunaler Umwelt- und Klimaschutz, Eigenverlag der FHöV NRW, 2010, S. 95–111

Söfker, Wilhelm, Zur bauplanungsrechtlichen Absicherung des Repowering von Windenergieanlagen, ZfBR 2008, 14–21

–, Bebauungsplan, Energieeinsparverordnung und Erneuerbare-Energien-Wärmegesetz – Zu den Festsetzungen des Bebauungsplans für energiesparende Bauweise und den Einsatz erneuerbarer Energien –, UPR 2009, 81–87

–, Städtebauliche Energiekonzepte und deren Umsetzung in der Bauleitplanung, in: Spannowsky, Willy/Hofmeister, Andreas (Hrsg.), Umweltrechtliche Einflüsse in der städtebaulichen Planung, lexxion Verlag, Berlin, 2009, S. 231–244

–, Das Gesetz zur Förderung des Klimaschutzes bei der Entwicklung in den Städten und Gemeinden, ZfBR 2011, 541–549

Sösemann, Fabian, Art. 74 Abs. 1 Nr. 24 GG (Luftreinhaltung) als Kompetenzgrundlage für EEG und EEWärmeG, ZNER 2008, 137–140

–, Umweltverträgliche Energienetze – Bedeutung und Anwendungsmöglichkeiten der Zweckbestimmung des EnWG, Nomos Verlag, Baden-Baden, 2009

Spannowsky, Willy, Vertragliche Regelungen als Instrumente zur Sicherung der nachhaltigen städtebaulichen Entwicklung, DÖV 2000, 569–579

–, Planungsrechtliche Steuerung von Vorhaben der Erneuerbaren Energien durch Verträge – Möglichkeiten vertraglicher Gestaltungen zur bauplanungs- und raumordnungsrechtlichen Steuerung von Vorhaben in den Bereichen Biomasse, Photovoltaik und Repowering von Windenergie-Anlagen, UPR 2009, 201–213

–, Die Zulässigkeit abwägungsdirigierender Verträge, ZfBR 2010, 429–439

–, Regenerative Energien und räumliche Planung, in: Köck, Wolfgang/Faßbender, Kurt (Hrsg.), Klimaschutz durch Erneuerbare Energien, Nomos Verlag Baden-Baden, 2010, S. 95–109

Spannowsky, Willy/Uechtritz, Michael (Hrsg.), Baugesetzbuch – Kommentar, Verlag C.H. Beck, München, 2009

Sparwasser, Reinhard/Engel, Rüdiger, Aktionspläne des Luftreinhalte- und Lärmschutzrechts im Spannungsfeld zwischen deutschem und europäischem Recht, NVwZ 2010, 1513–1520

Sparwasser, Reinhard/Mock, Darío, Energieeffizienz und Klimaschutz im Bebauungsplan, ZUR 2008, 469–474

Späte, Frank/Ladener, Heinz, Solaranlagen – Handbuch der thermischen Solarenergienutzung, ökobuch Verlag, Staufen bei Freiburg, 10. Auflage 2008

Staiger, Ulrich, Energieeffizienz und Solarenergienutzung in der Bauleitplanung – Gesellschaftliche Erfordernisse, rechtliche Möglichkeiten und Grenzen, UVP-Report 2009, 69–73

Stern, Nicholas, The Economics of Climate Change – The Stern Review, Cambridge University Press, 2006

Stüer, Bernhard, Der Bebauungsplan – Städtebaurecht in der Praxis, Verlag C.H. Beck, München, 4. Auflage 2009

–, Handbuch des Bau- und Fachplanungsrechts, Verlag C.H. Beck, München, 4. Auflage 2009

–, Städtebaurechtsnovelle 2012 – Gesetz zur Stärkung der Innenentwicklung und zur weiteren Fortentwicklung des Städtebaurechts –, DVBl. 2012, 1017–1027

Stüer, Bernhard/Stüer, Eva-Maria, Die BauGB-Klimanovelle und das Energiefach- und -finanzierungsrecht 2011, DVBl. 2011, 1117–1126

Stühler, Hans-Ulrich, Zur Auslegung des Verwendungsverbots gem. §9 Abs. 1 Nr. 23 BauGB, VBlBW 1996, 328–334

–, Neue Entwicklungen beim Verwendungsverbot gemäß §9 Abs. 1 Nr. 23 BauGB, BWGZ 2000, 454–458

Terwiesche, Michael, Die Wirkung städtebaulicher Konzepte auf die Zulässigkeit von Bauvorhaben, NVwZ 2010, 553–556

Templin, Wolf, Kommunale Selbstverwaltungsgarantie und örtliche Energieversorgung – Der Einfluss des Art. 28 Abs. 2 Satz 1 GG auf die Auslegung des „Überlassens" nach §46 Abs. 2 Satz 2 EnWG, VerwArch 100 (2009), 529–551

–, Kriterien und Verfahren der kommunalen Auswahlentscheidung bei Abschluss eines Konzessionsvertrages (Teil 1), IR 2009, 101–104

–, Kriterien und Verfahren der kommunalen Auswahlentscheidung bei Abschluss eines Konzessionsvertrages (Teil 2), IR 2009, 125–129

–, Recht der Konzessionsverträge – Eine historische, verfassungsrechtliche, rechtstatsächliche und rechtspolitische Analyse des Konzessionsvertrages als Instrument gemeindlicher Energiepolitik, Verlag C.H. Beck München, 2009

Theobald, Christian, Auslaufende Konzessionsverträge Strom und Gas: Was ist seitens der Kommunen zu tun?, DÖV 2009, 356–364

–, Die erneuerbaren Energien im System des Energierechts, in: Hendler, Reinhard/Marburger, Peter/Reiff, Peter/Schröder, Meinhard (Hrsg.), Energieversorgung und Umweltschutz (UTR Band 102), Erich Schmidt Verlag, Berlin, 2010, S. 69–88

Theobald, Christian/Gey-Kern, Tanja, Das dritte Energiebinnenmarktpaket der EU und die Reform des deutschen Energiewirtschaftsrechts 2011, EuZW 2011, 896–901

Thomale, Hans-Christoph/Kießling, Carsten, Anforderungen an den (Neu-) Abschluss von Konzessionsverträgen, N&R 2008, 166–173

Tietze, Michael, Kooperation im Städtebau – Eine empirische Untersuchung städtebaulicher Verträge im Spannungsfeld funktionaler Differenzierung, Verlag Duncker & Humblot, Berlin, 2003

Topp, Adolf, Der Begriff der Fernwärme, RdE 2009, 133–138

Traube, Klaus/Schulz, Wolfgang, Aktuelle Bewertung der Kraft-Wärme-Kopplung – Ökologische und ökonomische Wirkung eines mittelfristigen Ausbaus der Kraft-Wärme-Kopplung zur Nah-/Fernwärmeversorgung in Deutschland, Peter Lang Verlag, Frankfurt/M., 2001

Troll, Carina, Änderungen im Musterkonzessionsvertrag – Strom zwischen Gemeinden und Elektrizitätsversorgungsunternehmen, Kommunalpraxis BY 2010, 374–375

Umbach, Dieter C./Clemens, Thomas (Hrsg.), Grundgesetz – Mitarbeiterkommentar und Handbuch, C.F. Müller Verlag, Heidelberg, 2002

Umweltbundesamt (Hrsg.), Anpassung an Klimaänderungen in Deutschland – Regionale Szenarien und nationale Aufgaben –, 2006 (http://www.umweltbundesamt.de/uba-info-medien/3545.html; abgerufen: 30. 10. 2012)

– (Hrsg.), Klimaschutz in Deutschland: 40%-Senkung der CO_2-Emissionen bis 2020 gegenüber 1990, Climate Change 05/2007 (http://www.umweltdaten.de/publikationen/fpdf-l/3235.pdf; abgerufen: 30. 10. 2012)

– (Hrsg.), Potenziale von Nah- und Fernwärmenetzen für den Klimaschutz bis zum Jahr 2020, Climate Change 17/2007 (http://www.umweltdaten.de/publikationen/fpdf-l/3501.pdf; abgerufen: 30. 10. 2012)

– (Hrsg.), Klimaauswirkungen und Anpassung in Deutschland – Phase 1: Erstellung regionaler Klimaszenarien für Deutschland, Climate Change 11/2008 (http://www.umweltdaten.de/publikationen/fpdf-l/3513.pdf; abgerufen: 30. 10. 2012)

– (Hrsg.), Umweltschutz im Planungsrecht – Die Verankerung des Klimaschutzes und des Schutzes der biologischen Vielfalt im raumbezogenen Planungsrecht –, Texte 10/2008 (http://www.umweltdaten.de/publikationen/fpdf-l/3443.pdf; abgerufen: 30. 10. 2012)

– (Hrsg.), CO_2-Emissionsminderung im Verkehr in Deutschland – Mögliche Maßnahmen und ihre Minderungspotenziale, Texte 05/2010, (http://www.umweltdaten.de/publikationen/fpdf-l/3773.pdf; abgerufen: 30. 10. 2012)

– (Hrsg.), Leitfaden Klimaschutz im Stadtverkehr, 2010 (http://www.umweltdaten.de/publikationen/fpdf-l/4023.pdf; abgerufen: 30. 10. 2012)

– (Hrsg.), CO_2-Emissionsminderung durch Ausbau, informationstechnische Vernetzung und Netzoptimierung von Anlagen dezentraler, fluktuierender und erneuerbarer Energienutzung in Deutschland, Climate Change 20/2011 (http://www.umweltdaten.de/publikationen/fpdf-l/4195.pdf; abgerufen: 30. 10. 2012)

– (Hrsg.), Daten zur Umwelt – Ausgabe 2011 – Umwelt und Landwirtschaft (http://www.umweltdaten.de/publikationen/fpdf-l/4056.pdf; abgerufen: 30. 10. 2012).

– (Hrsg.), Das Klimaschutzrecht des Bundes – Analyse und Vorschläge zu seiner Weiterentwicklung (Stand November 2010), Climate Change 17/2011 (http://www.umweltdaten.de/publikationen/fpdf-l/4166.pdf; abgerufen: 30. 10. 2012)

– (Hrsg.), Klimaschutz durch Reduzierung des Energiebedarfs für Gebäudekühlung, Climate Change 10/2011 (http://www.umweltdaten.de/publikationen/fpdf-l/3979.pdf; abgerufen: 30. 10. 2012)

– (Hrsg.), Klimaschutzziele in den Bundesländern, Climate Change 15/2011 (http://www.umweltdaten.de/publikationen/fpdf-l/4146.pdf; abgerufen: 30. 10. 2012)

– (Hrsg.), Stakeholder-Dialoge: Chancen und Risiken des Klimawandels, Climate Change 03/2011 (http://www.umweltdaten.de/publikationen/fpdf-l/4071.pdf; abgerufen: 30. 10. 2012)

Vajen, Klaus/Schmitt, Bastian/Lauterbach, Christoph, Das Potential solarer Prozesswärme in Deutschland, Kassel, Dezember 2011 (http://solar-publikationen.umwelt-uni-kassel.de/uploads/Potential_solarer_Prozesswaerme_in_Deutschland.pdf; abgerufen: 30. 10. 2012)

Vergoßen, Judith, Das Einspeisemanagement nach dem Erneuerbare-Energien-Gesetz – im Spannungsverhältnis der Versorgungssicherheit und des Vorrangprinzips, Nomos Verlag, Baden-Baden, 2011

Wachholz, Carsten, Ökologische Anforderungen an Erneuerbare Energien , in: Köck, Wolfgang/Faßbender, Kurt (Hrsg.), Klimaschutz durch Erneuerbare Energien, Nomos Verlag, Baden-Baden, 2010, S. 133–137

Wagener, Martin, Anschluß- und Benutzungszwang für Fernwärme, Richard Boorberg Verlag, Stuttgart, 1989

Wagner, Jörg, Bundesfachplanung für Höchstspannungsleitungen – rechtliche und praktische Belange, DVBl. 2011, 1453–1460

Walsch, Beate Ulla, Regelungsmöglichkeiten der Länder hinsichtlich Erneuerbarer Energien und Energieeffizienz am Beispiel Hessens, LKRZ 2010, 291–296

Weiß, Wolfgang, Öffentliche Monopole, kommunaler Anschluß- und Benutzungszwang und Art. 12 GG, VerwArch 90 (1999), 415–441

Weyer, Hartmut, Netzausbau als Instrument des Klimaschutzes, in: Gundel, Jörg/Lange, Knut Werner (Hrsg.), Klimaschutz nach Kopenhagen – Internationale Instrumente und nationale Umsetzung, Mohr Siebeck Verlag, Tübingen, 2011, S. 79–96

Wickel, Martin, Klimaschutz und Städtebau – Das Gesetz zur Förderung des Klimaschutzes bei der Entwicklung in den Städten und Gemeinden, UPR 2011, 416–421

Widtmann, Julius/Grasser, Walter/Glaser, Erhard (Hrsg.), Bayrische Gemeindeordnung – Kommentar, Verlag C. H. Beck, München, Stand: 25. Erg.-Lief. (April 2012)

Wiehe, Svea, Die Wärmegesetze von Land und Bund im Überblick, BWGZ 2009, 155–159

Wieneke, Annette, Nachhaltigkeit als Ressourcennutzungskonzept für die Bauleitplanung – Zugleich ein Beitrag zur nachhaltigen Flächennutzung, Nomos Verlag, Baden-Baden, 2005

Wilke, Reinhard, Die „Klimaschutznovelle" als erste Stufe zur Reform des Bauplanungsrechts, BauR 2011, 1744–1753

Wissenschaftlicher Beirat der Bundesregierung Globale Umweltveränderungen, Welt im Wandel: Energiewende zur Nachhaltigkeit, Hauptgutachten 2003, Springer Verlag, Berlin u. a. (auch online unter http://www.wbgu.de/hauptgutachten/hg-2003-energiewende/; abgerufen: 30. 10. 2012)

–, Welt im Wandel: Gesellschaftsvertrag für eine Große Transformation, Hauptgutachten 2011, Berlin (auch online unter http://www.wbgu.de/hauptgutachten/hg-2011-transformation/; abgerufen: 30. 10. 2012)

Wohlfarth, Jürgen, Über Solar- und andere Kataster, LKRZ 2012, 11–14

Wuppertal Institut für Klima, Umwelt, Energie, Zukunftsfähiges Deutschland in einer globalisierten Welt – Ein Anstoß zur gesellschaftlichen Debatte, Fischer Taschenbuch Verlag, Frankfurt/M., 2008

Wustlich, Guido, Die Atmosphäre als globales Umweltgut – Rechtsfragen ihrer Bewirtschaftung im Wechselspiel von Völker-, Gemeinschafts- und nationalem Recht, Verlag Duncker & Humblot, Berlin, 2003

–, Das Erneuerbare-Energien-Wärmegesetz – Ziel, Inhalt und praktische Auswirkungen, NVwZ 2008, 1041–1048

–, „Erneuerbare Wärme" im Klimaschutzrecht, ZUR 2008, 113–121

–, Rechtsentwicklung des Netzausbaus in Norddeutschland – eine Zwischenbilanz und zugleich eine Anmerkung zu OVG Schleswig, Urteil vom 12. Februar 2008 – 4 KS 5/07, NordÖR 2008, 201–208

–, Ökonomisierung im Umweltrecht, ZUR 2009, 515–522

–, Ist die öffentliche Hand ein Vorbild beim Umwelt- und Klimaschutz? (und falls nein: warum sich das ändern wird), ZUR 2011, 113–114

–, Öffentliche Gebäude als Vorbilder für Erneuerbare Energien – Die Novelle des Erneuerbare-Energien-Wärmegesetzes und ihre praktischen Auswirkungen insbesondere für die Kommunen –, DVBl. 2011, 525–533

Wustlich, Guido/Müller, Dominik, Die Direktvermarktung von Strom aus erneuerbaren Energien im EEG 2012 – Eine systematische Einführung in die Marktprämie und die weiteren Neuregelungen zur Marktintegration, ZNER 2011, 380–396

Zeiss, Christopher, Weniger Energieverbrauch! – Beschaffung energieeffizienter Geräte und Ausrüstung, NZBau 2011, 658–662

Zeiss, Christopher/Longo, Fabio, Baurechtliche Festsetzungsmöglichkeiten einer solaren Warmwasserbereitung (Solarthermie-Pflicht) – „Global denken, lokal handeln" – Klimaschutz im Baurecht?, UPR 1998, 217–221

Ziehm, Cornelia, Vollzugsdefizite im Bereich des Klimaschutzrechts, ZUR 2010, 411–418

Zoellner, Jan/Schweizer-Ries, Petra/Rau, Irina, Akzeptanz Erneuerbarer Energien, in: Müller, Thorsten (Hrsg.), 20 Jahre Recht der Erneuerbaren Energien, Nomos Verlag, Baden-Baden, 2012, S. 91–106

Stichwortverzeichnis

Recht der Nachhaltigen Entwicklung

Herausgegeben von Wolfgang Kahl

Mit der rechtlichen Ausformung des Konzepts der nachhaltigen Entwicklung (sustainable development) durch die Rio-Konferenz von 1992 wurde eine Wende in der globalen Rechtsentwicklung eingeleitet. Das traditionsreiche Paradigma der Nachhaltigkeit erlebt seitdem eine Renaissance und einen Aufstieg zu einem der normativen Leitprinzipien des nationalen und internationalen Rechts. Das Nachhaltigkeitsprinzip steht heute auf einer Stufe mit klassischen Prinzipien wie Rechtsstaat, Sozialstaat und Demokratie. Es bildet eine der Schicksalsfragen der Menschheit am Beginn des 21. Jahrhunderts. Die neue Schriftenreihe *Recht der Nachhaltigen Entwicklung* (RNE) rückt die Nachhaltigkeit gezielt als wissenschaftliches Leitprinzip in die Mitte juristischer Forschung. Sie behandelt Grundlagenthemen von grundsätzlicher, über den Tag hinaus weisender Bedeutung. Hierzu zählt zunächst die Bewahrung der natürlichen Lebensgrundlagen als Kernaufgabe des ökologischen Verfassungsstaats. Die Reihe erfasst aber auch und gerade die Interdependenzen sowie den Ausgleich von Ökonomie, Ökologie und Sozialem unter besonderer Betonung der Generationengerechtigkeit. Es werden rechtswissenschaftliche Fragen einer Nachhaltigen Entwicklung formuliert und Antworten hierauf gesucht, die auf einem methodisch offenen Verfassungsverständnis beruhen, vor allem die Verfassungswirklichkeit, die Rechtspolitik sowie die Rechtsvergleichung mit in den Blick nehmen.

Die lieferbaren Bände:

1 *Glaser, Andreas:* Nachhaltige Entwicklung und Demokratie. Ein Verfassungsrechtsvergleich der politischen Systeme Deutschlands und der Schweiz. 2006. XXII, 435 Seiten. Fadengeheftete Broschur.

2 Nachhaltigkeit als Verbundbegriff. Herausgegeben von *Wolfgang Kahl.* 2008. XXVI, 686 Seiten. Fadengeheftete Broschur.

3 *Arndt, Birger:* Das Vorsorgeprinzip im EU-Recht. 2009. XX, 425 Seiten. Fadengeheftete Broschur.

4 *Brehme, Julia:* Privatisierung und Regulierung der öffentlichen Wasserversorgung. 2010. XXIV, 507 Seiten. Fadengeheftete Broschur.

5 *Neidhardt, Hilde:* Staatsverschuldung und Verfassung. Geltungsanspruch, Kontrolle und Reform staatlicher Verschuldungsgrenzen. 2010. XIX, 447 Seiten. Fadengeheftete Broschur.

6 *Welke, Britta:* Die integrierte Vorhabengenehmigung. 2010. XXV, 423 Seiten. Fadengeheftete Broschur.

7 *Laskowski, Silke R.:* Das Menschenrecht auf Wasser. Die rechtlichen Vorgaben zur Sicherung der Grundversorgung mit Wasser und Sanitärleistungen im Rahmen einer ökologisch-nachhaltigen Wasserwirtschaftsordnung. 2010. XXX, 973 Seiten. Leinen.

8 Nachhaltige Finanzstrukturen im Bundesstaat. Herausgegeben von *Wolfgang Kahl.* 2011. VIII, 269 Seiten. Fadengeheftete Broschur.

9 *Gehne, Katja:* Nachhaltige Entwicklung als Rechtsprinzip. Normativer Aussagegehalt, rechtstheoretische Einordnung, Funktionen im Recht. 2011. XX, 386 Seiten. Fadengeheftete Broschur.

10 *Koemm, Maxi:* Eine Bremse für die Staatsverschuldung? Verfassungsmäßigkeit und Justitiabilität des neuen Staatsschuldenrechts. 2011. XVI, 462 Seiten. Fadengeheftete Broschur.

11 *Kahl, Wolfgang / Schmidtchen, Marcus:* Kommunaler Klimaschutz durch Erneuerbare Energien. 2013. XXIV, 441 Seiten. Leinen.